普通高等教育"十一五"国家级规划教材

中国现代史

Zhongguo Xiandaishi

（第四版）
下　册
1949—2013

主　编　王桧林

副主编　郭大钧　耿向东

高等教育出版社·北京

内容简介

　　本书为普通高等教育"十一五"国家级规划教材，系统阐述了1949年新中国成立至2013年十二届全国人大一次会议召开60余年的历史。编者以建设富强、民主、文明、和谐的社会主义现代化国家为主要内容，阐述新中国成立后政治、经济、军事、外交、文化思想等方面的艰辛探索历程和伟大成就及其宝贵经验；吸收近年新的研究成果，对许多重大问题作了实事求是的评介；对哲学社会科学、文化、科学的发展设专章概述。本书可供高校历史专业学生使用，也可供一般历史爱好者、自学者学习参考。

图书在版编目（ＣＩＰ）数据

　　中国现代史.下册,1949-2013 / 王桧林主编.--4版.--北京：高等教育出版社,2016.10（2024.12重印）
　　ISBN 978-7-04-045669-1

　　Ⅰ.①中…　Ⅱ.①王…　Ⅲ.①中国历史-现代史-1949-2013-高等学校-教材　Ⅳ.①K26

　　中国版本图书馆 CIP 数据核字（2016）第 138038 号

策划编辑	张　林	责任编辑	张　林	封面设计	王　雕
版式设计	王艳红	责任校对	高　歌	责任印制	刘思涵

出版发行	高等教育出版社	网　　址	http://www.hep.edu.cn
社　　址	北京市西城区德外大街4号		http://www.hep.com.cn
邮政编码	100120	网上订购	http://www.hepmall.com.cn
印　　刷	高教社（天津）印务有限公司		http://www.hepmall.com
开　　本	880mm×1230mm　1/32		http://www.hepmall.cn
印　　张	20.25	版　　次	1988年5月第1版
字　　数	518千字		2016年10月第4版
购书热线	010-58581118	印　　次	2024年12月第21次印刷
咨询电话	400-810-0598	定　　价	40.40元

本书如有缺页、倒页、脱页等质量问题,请到所购图书销售部门联系调换
版权所有　侵权必究
物 料 号　45669-00

前　言

　　这本《中国现代史》下册,从 1949 年 10 月 1 日中华人民共和国成立写到 2013 年 3 月十二届全国人大一次会议召开。60 多年的历史,可以分为六个时期,大致上与本书的一至六章相对应。每个时期的主要内容我们在每章的学习提示里已作概述,在前言里就不再重复了。

　　从宏观历史上说,1919 年是中国新民主主义革命的开端,五四运动高举民主和科学两面大旗,经过 30 年的艰苦卓绝的浴血奋战,在中国共产党领导和毛泽东思想指引下,中国人民推翻了“三座大山”,1949 年建立了中华人民共和国,开辟了中国历史的新纪元。

　　从 1949 年新中国成立,到今天已经走过了 60 多年的历程。60 多年的历程,可以 1978 年 12 月 18 日中共十一届三中全会为伟大转折,大致分为改革开放前和改革开放后两个历史时期。

　　1949 年新中国成立,《共同纲领》规定“为中国的独立、民主、和平、统一和富强而奋斗”。1953 年中共提出过渡时期总路线,并载入 1954 年宪法,到 1956 年,提前完成“一五”计划,生产资料私有制社会主义改造基本完成,在中国建立了社会主义基本制度,中国进入社会主义初级阶段。这是中国历史上的创举和伟大进步。从 1956 年开始,中国共产党带领全国人民探索适合中国情况的社会主义建设道路。毛泽东在中共八大开幕词中发出“团结全党,团结国内外一切可能团结的力量,为了建设一个伟大的社会主义的中国而奋斗”的号召。1964 年在三届全国人大一次会议上,周恩来所作的《政府工作报告》中提出:“在不太长的历史时期内,

I

把我国建设成为一个具有现代农业、现代工业、现代国防和现代科学技术的社会主义强国。"由于对中国的基本国情缺乏清醒的认识,对社会主义社会缺乏准确的认识,对全国规模的社会主义建设也没有经验,社会主义建设经历了曲折的发展过程。在艰辛探索过程中,党在指导方针上有过严重失误。毛泽东和中共中央也曾努力领导全党纠正已经觉察到的错误。但受思想认识上的局限,没有能从源头上纠正"左"倾错误。"左"倾错误在经济工作的指导思想上并未得到彻底纠正,而在政治和思想文化方面还有发展,并且将在一定范围内存在的阶级斗争进一步延伸到党内的高层,步步升级,愈演愈烈,终于导致了"无产阶级文化大革命"的发动。综观改革开放前30年,应该说新民主主义革命的胜利,社会主义基本制度的建立和社会主义建设所取得的巨大成就,为当代中国一切发展奠定了根本政治前提和制度基础,也为改革开放和中国特色社会主义事业打下一个好的基础。

中共十一届三中全会开始全面纠正"文化大革命"中及其以前的"左"倾错误,确定了解放思想、开动脑筋、实事求是、团结一致向前看的指导方针,果断停止使用"以阶级斗争为纲"的口号,作出了把党和国家工作中心转移到经济建设上来,实行改革开放的历史性决策。这次会议标志着中国共产党重新确立了马克思主义的思想路线、政治路线和组织路线,实现了新中国成立以来中国共产党历史上具有深远意义的伟大转折,开启了我国改革开放历史新时期。

1979年3月,在党的理论工作务虚会上,邓小平提出"坚持四项基本原则"。1982年中共十二大,邓小平在开幕词中提出:"把马克思主义的普遍真理同我国的具体实际结合起来,走自己的道路,建设有中国特色的社会主义。"十二大报告提出中国共产党在新的历史时期的总任务是:"团结全国各族人民,自力更生,艰苦奋斗,逐步实现工业、农业、国防和科学技术现代化,把我国建设成为高度文明、高度民主的社会主义国家。"1987年中共十三大报告系统地阐述了社会主义初级阶段的理论和党在社会主义初级阶段的基本路线,即"领导和团结全国各族人民,以经济建设为中心,坚持四项基本原则,坚持改革开放,自力更生,艰苦奋斗,为把我国建设成为富强、民主、文明的社会主义现代化国家而奋斗。"概括地说,就是"一个中心、两个基本点"。1992 年初,邓小平南方谈话指出:"计划多一点还是市场多一点,不是社会主义与资本主义的本质区别。""计划和市场都是经济手段。""社会主义的本质,是解放生产力,发展生产力,消灭剥削,消除两极分化,最终达到共同富裕。"1992 年中共十四大,明确经济体制改革的目标是建立社会主义市场经济体制。1993 年中共十四届三中全会,提出了构建社会主义市场经济体制的基本框架。1997 年中共十五大,确立邓小平理论为中国共产党的指导思想,第一次明确提出了党在社会主义初级阶段的基本纲领。2000 年,江泽民提出"三个代表"重要思想。2002 年中共十六大,系统地总结了建设中国特色社会主义的基本经验,将其概括为"十个坚持"。这样,中国特色社会主义有了"四个基本":基本理论、基本路线、基本纲领和基本经验。中共十六大还提出全面建设小康社会的奋斗目标,并把"三个代表"重要思想同马列主义、毛泽东思想、邓小平理论一道确立为中国共产党必须长期坚持的指导思想。2003 年胡锦涛提出科学发展观。2004 年中共十六届四中全会明确提出构建社会主义和谐社会的重大战略任务。2007 年召开的中共十七大,把改革开放近 30 年的理论创新和实践创新总结为"十个结合起来"的宝贵经验。中共十七大总结说:"改革开放以来我们取得一切成绩和进步的根本原因,归结起来就是:开辟了中国特色社会主义道路,形成了中国特色社会主义理论体系。高举中国特色社会主义伟大旗帜,最根本的就是要坚持这条道路和这个理论体系。"中共十七大还提出了全面建设小康社会奋斗目标的新要求。此后,党和政府适时提出转变经济发展方式的问题,推进区域协调发展的战略,加快社会建设和生态文明建设的步伐。2012 年中共十八大回顾了中国共产党90多年来,紧紧依靠人民,把马克思主义基本原理同中国实际和时代特征结合起来,取得革命建设改革伟大胜利,开创和发展中国特色社会主义的历程,指出:在改革开放30多年一以贯之的接力探索中,我们坚定不移高举中国特色社会主义伟大旗帜,既不走封闭僵化的老路、也不走改旗易帜的邪路。中共十八大还提出,在新的历史条件下夺取中国特色社会主义新胜利,必须牢牢把握的"八个基本要求"。2012年11月习近平提出"实现中华民族伟大复兴中国梦。"2013年3月又提出,实现中国梦必须走中国道路、必须弘扬中国精神、必须凝聚中国力量。总之,改革开放30多年来,中国共产党的全部理论和全部实践,归结起来就是创造性地探索和回答了什么是马克思主义、怎样对待马克思主义,什么是社会主义、怎样建设社会主义,建设什么样的党、怎样建设党,实现什么样的发展、怎样发展等重大理论和实际问题。改革开放30多年的历史经验归结到一点,就是把马克思主义基本原理同中国具体实际相结合,走自己的路,建设中国特色社会主义。

在新中国成立60多年间,中国共产党带领全国各族人民为实现国家繁荣富强、人民幸福而不懈奋斗,我国社会主义经济建设、政治建设、文化建设、社会建设等方面取得辉煌成就,国家面貌和人民物质文化生活状况发生了历史性巨变。这为在中国共产党成立100年时全面建成小康社会,在新中国成立100年时建成富强、民主、文明、和谐的社会主义现代化国家,为实现中华民族伟大复兴的中国梦,奠定了坚实的基础。

学习新中国成立后的历史,对历史学科的同学很重要,也很有意义。它可以帮助我们:(1)增强爱国主义精神和民族凝聚力。(2)坚定社会主义信念,坚定不移地走中国特色社会主义道路。(3)提高马克思主义理论水平,学习和掌握中国特色社会主义理论体系,用它武装我们的头脑,做到真学真懂真信真用。(4)以史为鉴,向书本学习,向实践学习,向群众学习,理论联系实际,增长才干。总之,可以从多方面吸取营养,获得教益。

这本教材从 1988 年出版到今天已整整 28 年了,其间经历过三次修订,因撰稿和修订者的情况略有变化,特说明如下:

本书初版主编王桧林,副主编郭大钧。下册撰稿分工:第一章第一节,李起民;第一章第二节,鲁振祥;第二章,于渊;第三章,徐锡祺;第四章第一、二、三节,郭大钧;第四章第四节由于渊、李起民、徐锡祺、鲁振祥、郭大钧、耿向东等分工撰写。初版获国家教委颁发的普通高等学校优秀教材二等奖。

第二版修订编写分工如下:第一章,鲁振祥;第二章,于渊;第三章,徐锡祺;第四章,郭大钧;第五章,耿向东;第六章,由郭大钧、于渊、徐锡祺、耿向东等分工修改。全书由王桧林、郭大钧统筹修改定稿。第二版获北京市高等教育精品教材奖。2006 年 7 月本书获教育部推荐列入普通高等学校"十一五"国家级规划教材。

第三版修订编写分工如下:第一章,鲁振祥;第二章,于渊;第三章,徐锡祺;第四章,郭大钧;第五章,耿向东;第六章,由郭大钧、于渊、徐锡祺、耿向东等分工修改。王桧林、郭大钧阅看了全书并作了一些修改。郭大钧补写了前言。沈海涛、徐森、张为娜、武翠等参加资料搜集整理工作。

第四版即本次修订增耿向东为副主编,下册由耿向东负责统改定稿,并增写了第六章,原第六章改为第七章。赵万东、邢东洲、彭欣雨、周一帆、张裴桐、李嘉盈等参加了资料搜集整理工作。

感谢高等教育出版社 20 多年的大力支持。我们真诚地欢迎专家和读者继续给予批评指正,以便不断提高本教材的质量。

编者

2015 年 10 月于北京师范大学

V

目　　录

第一章　旧中国的改造和社会主义制度的建立

（1949 年 10 月—1956 年 9 月）

　　1949 年至 1956 年这七年的历史,是中国人民在中国共产党领导下继续完成民主革命遗留任务,在全国建立新民主主义社会制度,进而展开大规模经济建设和社会主义改造,实现由新民主主义到社会主义过渡的历史。这个时期分为两个阶段:前三年,主要是统一大陆,巩固政权,没收官僚资本和恢复国民经济。同时进行了抗美援朝、土地改革、镇压反革命运动,继续解决中国人民同帝国主义、封建主义、官僚资本主义的矛盾。新民主主义国家内部无产阶级同资产阶级之间限制和反限制的斗争也初步展开,进行了"三反""五反"运动。后四年,在中共中央提出的过渡时期总路线指引下,中国开始实行发展国民经济的第一个五年计划和对农业、手工业、资本主义工商业的社会主义改造。到 1956 年,提前完成了第一个五年计划的主要指标和基本完成了社会主义改造的任务,建立了以全民所有制和集体所有制为主要形式的社会主义制度,中国进入社会主义初级阶段。短短七年时间,实现革命性质和社会性质如此深刻的转变,这是中国历史上的创举和伟大进步。

　　学习本章,要充分认识实现祖国大陆统一和各民族团结的意义,注意总结中国共产党领导人民以发展生产为中心开展各项社会民主改革的经验;充分认识中国社会性质转变的过程和意义,注意总结社会主义改造的经验,特别是通过国家资本主义道路与和平赎买方式实现对私人资本主义工商业改造的经验。

第一节　人民民主政权的巩固
国民经济的恢复

一、全国大陆的统一　各级人民民主政权的建立

1949 年 10 月 1 日中华人民共和国宣告成立,标志着帝国主义、封建主义、官僚资本主义在中国统治的半殖民地半封建时代的结束和人民当家作主的新国家、新社会的开始。这个新国家以新民主主义即人民民主主义为建国的政治基础,实行工人阶级(通过共产党)领导的、以工农联盟为基础的、团结国内各民主阶级和各民族的人民民主专政,反对帝国主义、封建主义和官僚资本主义,为中国的独立、民主、和平、统一和富强而奋斗。这个新社会是新民主主义社会,是由半殖民地半封建社会到社会主义社会的过渡,实行社会主义性质的国营经济、半社会主义性质的合作社经济、私人资本主义经济、国家资本主义经济、农民和手工业者的个体经济五种经济共存,而以国营经济为领导,使各种社会经济成分在国营经济领导之下,分工合作,各得其所,以促进整个社会经济的发展。这个新国家新社会是中国历史上从未有过的。

新中国是在人民解放战争尚在进行和财政经济极为困难的条件下成立的。它诞生之初,面临着复杂的社会情况。一方面,就全国主要地域而言,军事任务已经基本完成,恢复和发展经济的任务已摆在一切工作的首位;另一方面,华南、西南地区还在国民党残余军队占领之下,解放全部领土的任务还未完成,同时,繁重的民主改革的任务尚待进行,国内外的阶级斗争都还尖锐复杂地存在着。中共中央冷静地分析了国内外形势,正确把握了社会矛盾的变化。已经站立起来的各族人民,发挥了高度的爱国主义热情和革命英雄主义精神,按照《中国人民政治协商会议共同纲领》(以

3

下简称《共同纲领》①）指引的方向,进行了忘我的劳动和艰苦卓绝的斗争。

人民解放军继续向全国进军。当时,大陆残留的国民党军事力量,主要是盘踞在中南、西南的白崇禧、余汉谋和胡宗南三个集团。国民党以白崇禧集团驻守湖南南部,力图阻止人民解放军进军两广。以胡宗南集团扼守秦岭,防止人民解放军由陕入川;如防线被突破,则撤入四川、广西负隅顽抗,以待国际事变,卷土重来;再不然,则由西康、云南逃往国外。余汉谋集团则盘踞在广东。为了在大陆全歼这些国民党军队,中共中央军委提出了"远距离包围迂回"的作战方针,即不理会敌人的部署,远远超越他,先完成包围然后再回打。遵照这一方针,二、四两大野战军及一野一部,在南方各游击纵队配合下,于1949年9月开始了向中南、西南的大进军。

首先进行的是衡(阳)宝(庆)战役和广东战役。解放军兵分三路,直捣湘粤。西路,四野第十三兵团,由常德出动,10月2日,解放湖南芷江及湘西广大地区,切断了白崇禧集团西逃之路。东路,四野第十五兵团、两广纵队、二野第四兵团,由赣南入粤,10月7日,解放粤北重镇韶关,切断了白崇禧集团南逃之路和白、余两集团的联系,并乘势于10月14日解放广州。余汉谋残部向西江以南地区奔逃。二野第四兵团跟踪追击,于10月24日至26日将其4万余人歼灭于阳春、阳江地区。中路,四野第十二兵团,10月3日,对衡、宝之敌实行攻击,并以一部置于湘西北,以便监视敌宋希濂集团和掩护二野主力在湘西集结。10月6日,白崇禧部全线向广西撤退。10月11日,解放军在湖南祁阳以北歼其4.7万余人。这次湘粤作战,共歼敌10万余人,解放广东大部地区,为将白崇禧集团歼灭于广西创造了条件。

---

① 本教材在引述政策文件时,除特殊注明者外,一般在首次出现时使用全称,以后直接用简称,如《意见》或该《决定》等。

11月6日,人民解放军发起广西战役。兵分三路,迂回围歼。四野第十三兵团,沿黔桂边境进军,阻敌逃往云南、贵州。二野第四兵团和四野第十五兵团一部进驻广东茂名、廉江、信宜地区,防敌夺路雷州半岛逃往海南岛。四野第十二兵团等,先行牵制敌人,待其余两路完成迂回包围任务后即由北向南攻击。11月25日,白崇禧发动所谓"南线攻势",以4个兵团兵力集中突击廉江、信宜一线,企图夺路南逃。解放军顽强阻击,并发动全线反攻。至12月初,将敌歼灭于广西容县、陆川、博白地区和钦州地区,相继解放桂林、柳州、梧州、南宁。12月11日,解放镇南关(今友谊关)。广西战役共歼灭白崇禧部主力及余汉谋集团残部17万余人,敌万余人逃入越南。

11月1日,二野主力及一、四野各一部开始向大西南进军。起初,敌误以为解放军必先进兵川北,因而重兵固守秦岭、巴山防线。中旬,二野第三兵团及四野一部在湘鄂川边神速进击,一举歼灭敌宋希濂部主力,直逼重庆。在重庆的蒋介石急令胡宗南部由秦巴线南撤入川并以其第一军增援重庆。解放军于11月28日在川南地区全歼宋希濂、罗广文等部,并在重庆外围歼灭了胡宗南的第一军一部。11月30日,解放重庆。蒋介石逃往成都。12月9日,云南省主席卢汉在昆明宣布起义,西南军政长官公署副长官邓锡侯、潘文华和西康省主席刘文辉分别在四川彭县(今彭州)、西康雅安(今属四川)宣布起义。12月10日,蒋介石父子逃离成都飞往台北。胡宗南奉命在西康的西昌设指挥部进行最后挣扎。12月27日,成都解放。1950年1月1日至2月7日,二野第四兵团及四野第三十八军在滇桂黔边纵队配合下,将被迫宣布起义而又叛变的李弥、余程万两军歼灭于滇南蒙自、个旧地区,残部逃入缅甸。同年3月12日至4月7日,解放军西南军区部队解放西昌,歼敌万余人。整个西南战役共歼敌93万余人,除西藏外,西南全境解放。

与二、四野战军进军同时,三野一部进行了漳(州)厦(门)战役,10 月 17 日,解放厦门。10 月 24 日,以三个半团的力量向有 3 万敌军据守的金门岛发动进攻,上岛后,无援无粮,被敌围攻,9 000 余人全军覆没。这次失败是由轻敌所致。1950 年 5 月 19 日,解放舟山群岛。

一野第一兵团于 1949 年 10 月 20 日进驻新疆迪化(今乌鲁木齐)。1950 年春新疆全境解放。1950 年 5 月 1 日,四野第十五兵团解放海南岛。

从 1949 年 9 月中旬至 1950 年 6 月,人民解放军共歼敌 130 万人。连同前三年,即从 1946 年 6 月至 1950 年 6 月,共歼灭国民党军 807 万人,解放了除西藏以外的全部中国大陆。原计划解放台湾的任务,由于朝鲜战争的爆发而停止执行。随后,人民解放军一方面积极准备进军西藏,一方面担负起剿灭残留大陆的国民党溃散武装的任务。

国民党败退大陆时,有 200 多万溃散武装残留下来,成为遍布许多新解放地区的武装匪徒。人民解放军先后抽调 39 个军 140 多个师大约 150 万人的兵力担负剿匪任务。首先以重兵在匪患最严重的地区,实行重点清剿,以消灭大股匪徒。然后,实施分区驻剿,分片消灭小股土匪。最后,结合农村土改,清除隐藏漏网分子,根除匪患。到 1952 年,大规模剿匪工作结束,共歼灭武装匪特 240 余万人。

向西藏进军的准备工作,从 1950 年初即已开始。以二野第十八军军长张国华为书记的西藏工作委员会,具体负责这项工作。西藏是中国领土不可分割的一部分,解放西藏是中国的内政,但这一行动遭到英美帝国主义和印度政府的无理干涉与阻挠。西藏地方政府中以摄政达扎为首的亲帝国主义势力也在他们支持下进行“西藏独立”的分裂活动。1950 年 1 月 20 日,中央人民政府政务院发言人发表谈话,正式宣布了中国政府和平解决西藏问题的方针。2 月初,西藏地方当局派出代表团赴北京谈判,但代表团在 4 月初抵印度加尔各答后,却长期滞留下来,不来北京。西南军政委员会委员、西康省人民政府副主席、甘孜白利寺五世格达活佛主动要求前往拉萨,劝说西藏地方当局尽快派代表赴北京谈判,但 7 月 24 日至昌都时被扣留,8 月 22 日被害身亡。西藏当局还在昌都集结藏军,企图武力阻止解放军进藏。

为了早日完成统一大业,人民解放军于 1950 年 10 月进行了昌都战役,歼灭藏军 5 000 余人,打开了进藏门户。

亲政后的十四世达赖喇嘛派出的以阿沛·阿旺晋美为首的五人代表团于 1951 年 4 月抵达北京。从 4 月 29 日起同以李维汉为首席代表的中央人民政府代表团举行谈判,5 月 21 日,达成《中央人民政府和西藏地方政府关于和平解放西藏办法的协议》,5 月 23 日,在中南海勤政殿举行签字仪式。协议共 17 条,主要内容是:西藏人民团结起来,驱逐帝国主义侵略势力出西藏,西藏人民回到祖国大家庭中来;西藏地方政府积极协助人民解放军进入西藏,巩固国防;藏军逐步改编为人民解放军;在中央人民政府领导下,西藏人民有实行民族区域自治的权利;一切涉外事宜由中央人民政府统一处理;西藏现行政治制度、达赖的固有地位和职权不予变更,班禅额尔德尼的固有地位及职权应予维持;实行宗教信仰自由政策,尊重西藏人民的宗教信仰和风俗习惯;寺庙收入,中央不予变更;有关改革事宜,中央不加强迫,由西藏地方政府自动进行;为保证协议执行,中央人民政府在西藏设立军政委员会和军区司令部,所需经费由中央人民政府供给。根据协议,中央人民政府驻藏代表张经武于 8 月 8 日抵达拉萨。10 月 24 日,十四世达赖喇嘛致电毛泽东,表示拥护和平协议。10 月 26 日,人民解放军进驻拉萨。

"十七条协议"不但明确解决了西藏地方与中央的关系,而且解决了西藏内部自 1923 年以来达赖与班禅的不和问题。1951 年 12 月,班禅从青海西宁塔尔寺启程赴藏,1952 年 4 月 28 日,抵拉萨会见达赖。6 月 23 日,回到日喀则扎什伦布寺。

西藏和平解放后,除台湾省及沿海一些岛屿外,实现了全国各地区的统一和各民族的大团结。

随着人民解放军的胜利进军,各级人民民主政权逐步建立起来。

在中央,中国人民政治协商会议第一届全体会议执行全国人民代表大会职权选举中央人民政府委员会,并付之以行使国家权力的职权。10月1日,中华人民共和国中央人民政府宣告成立。毛泽东为中央人民政府主席,朱德、刘少奇、宋庆龄、李济深、张澜、高岗为副主席。陈毅、贺龙等56人为中央人民政府委员会委员,林伯渠为秘书长。周恩来为中央人民政府政务院总理兼外交部长;毛泽东为中央人民政府人民革命军事委员会主席,朱德为中国人民解放军总司令。10月19日,中央人民政府任命董必武、陈云、郭沫若、黄炎培为政务院副总理,李维汉为政务院秘书长,任命政务院政法、财经、文教、人民监察、法制、民族事务、华侨事务等7个委员会的主任和内务、公安、财政等20个部的部长,任命科学院院长,情报、海关、出版、新闻4个总署署长,人民银行行长等。同时任命朱德、刘少奇、周恩来、彭德怀、程潜为人民革命军事委员会副主席,徐向前为总参谋长。10月21日、22日,政务院和最高人民法院、最高人民检察署先后组成。11月1日,政务院各委、部、会、院、署、行开始办公。10月25日,政务院决定组织接收委员会,接收国民党政府中央各机关的人员、档案、物资。

在地方,根据《共同纲领》的规定,初解放时一律实行军事管制。军管的目的和任务,是肃清残敌,接收一切公共机关、产业、物资并加以管制和监督,收缴一切反动分子的武装及其他违禁物品,解散一切反动党团并对少数反动分子实行管制,逮捕战犯及罪大恶极的反动分子,没收官僚资本,建立系统的革命政权机关,建立临时的各界代表会及工会、学生会、青年团等群众团体,整理和建立中国共产党的组织。军管时间的长短,视这些任务完成的情况而定。在普选的人民代表大会召开之前,军管会或人民政府普遍召开各界人民代表会议,以此作为人民群众参政议政的初级形式,并使之逐步代行人民代表大会职权。新中国成立头一年，全国的行政区划是 28 个省(台湾省不包括在内)、13 个直辖市、8 个行署区、1 个自治区(内蒙古)、1 个地方(西藏)、1 个地区(昌都)。就政权机构而言，成立了 1 个大区人民政府(东北)，1 个自治区人民政府(内蒙古)，4 个大行政区军政委员会(即华东、中南、西北、西南 4 个军政委员会，最初为一级地方行政单位，后变为中央人民政府派出的负责领导与监督地方人民政府的机关。1952 年 11 月，改称行政委员会)，各省、直辖市、行政公署及 2 087 个县都成立了人民政府，有 13 个省、3 个行政区以及所有的中央、大区直辖市，省和行署直辖市，都召开了各界人民代表会议，有的代行人民代表大会职权，有的召开了人民代表大会。至 1951 年 9 月，全国有 98.5% 的县召开了各界人民代表会议，其中有 186 个县的各界人民代表会议代行人民代表大会职权。

在少数民族聚居区逐步实行民族区域自治，成立民族区域自治机关。在民族杂居区成立民族民主联合政府，散居的少数民族人民的民主权利也得到法律上的保障。1952 年 8 月 8 日，中央人民政府批准公布《民族区域自治实施纲要》。至 1952 年 6 月，全国建立各级民族自治区共 130 个，自治区内少数民族人口 450 万人。至 1953 年 3 月，达 1 000 万人，县和县以上的自治区达 47 个。

这样，中国历史上从未有过的人民民主政权从上到下在全国建立起来了。在建立过程中，人民群众和广大干部的民主思想也得到增强。

二、社会主义国营经济的建立和社会经济秩序的整顿

建立和发展社会主义国营经济并使之在整个国民经济中居于领导地位，是新中国一项基本经济政策。社会主义国营经济的建立，主要是通过没收官僚资本完成的。

没收官僚资本，为新民主主义革命的三大经济纲领之一。1949 年 1 月，中共中央根据接管石家庄、沈阳等城市的经验，明确

规定了接收官僚资本企业的方针、办法和政策,强调:要把官僚资本与民族资本区别开,把接收企业同对待国民党政权机关的办法区别开。对企业不要打乱原来的生产、技术管理系统和核算制度,企业职工保留原职原薪,需要进行的改革也要逐步进行。根据这样的规定,各地军管会派军代表进驻应没收的企业。军代表监督原来人员管理生产,而不直接管理生产。至 1949 年底,接收的企业有:国民党政府的"四行两局一库"(中央银行、中国银行、交通银行、中国农民银行,中央信托局、邮政储金汇业局,中央合作金库)及省市地方银行系统的银行 2 400 多家,官商合办银行中的官股;交通部、招商局等所属的全部交通运输业,计铁路 2.18 万公里、机车 4 000 多台、客车 4 000 辆、货车 4.7 万辆、铁路车辆和船舶修造厂 30 个、各种船舶 20 万吨;复兴、富华、中国茶叶、中国石油、中国盐业、中国蚕丝、中国植物油、孚中、中国进出口、金山贸易、利泰、扬子建业、长江中美实业公司等十几家垄断性质的商业贸易公司;国民党政府资源委员会、中国纺织建设公司、兵工和军事后勤系统及其他由政府与官僚资本家办的工矿企业共 2 858 个,职工 129 万人,其中有发电厂 138 个,采煤、采油企业 120 个,铁锰矿 15 个,有色金属矿 83 个,炼钢厂 19 个,金属加工厂 505 个,化学加工厂 107 个,造纸厂 48 个,纺织厂 241 个,食品企业 844 个。1951 年初,政务院颁布《企业中公股公产清理办法》《关于没收战犯、汉奸、官僚资本家及反革命分子财产的指示》,清理了隐藏在私营企业中的官僚资本股份和其他应没收的财产。没收的全部财产,缺乏精确的统计。据有关方面事后按资产原值估算,约合今人民币 150 亿元。[①]

在没收官僚资本的同时,废除了帝国主义在中国的一切特权,收回了被霸占的海关,统制了对外贸易,实行了外汇管理。对于资本主义国家在中国的 1 000 多家企业,没有采取没收的办法,只是

---

① 《当代中国经济》,中国社会科学出版社 1987 年版,第 63 页。

由我国政府加以监督和管制。这些企业,在失去特权以后大部处于瘫痪状态。有的申请歇业;有的自动放弃经营;有的自动转让,以抵偿其在中国的债务;有的由我国作价收购。1950年12月16日,美国政府宣布管制中国在美国辖区内的公私财产,并禁止一切在美注册的船只开往中国港口。英国亦几次劫夺中国在海外的船只、飞机等财产。中国政府采取了相应的措施。12月28日,政务院颁布《关于管制美国财产冻结美国存款的命令》。12月29日,又发布《关于处理接受美国津贴的文化教育救济机关及宗教团体的方针的决定》和这些团体的登记办法。1951年4月,征用了英国亚细亚火油公司的财产、英国在上海的英联船厂及马勒机器制造厂,征用了美国在上海的三个石油公司的部分财产并征购其全部油料,接管了上海法商电车、电灯公司并代管其全部财产。

没收的官僚资本,收购、征购、征用以及没收的外资企业,都变成了新民主主义国家的国有企业。再加上解放区原有的公营经济,就使社会主义性质的国营经济控制了全国的经济命脉。据统计,1949年,国营工业固定资产占全国工业企业固定资产的80.7%。全国大型工业总产值中,国营占41.3%。全国生产资料的生产(包括手工业)中,国营占48%。工业总产值中全民所有制工业占26.2%(全部140亿元中占36.8亿元)。国营经济拥有全国发电量的58%,原煤产量的68%,生铁产量的92%,钢产量的97%,水泥产量的68%,棉纱产量的53%。还掌握着全国铁路、大部分现代交通运输业、绝大部分银行和对外贸易。国营经济的建立,巩固了人民政权,为稳定物价,同投机资本作斗争,为恢复国民经济和逐步实行对个体经济、私人资本主义经济的社会主义改造奠定了物质基础。

新中国成立之初,社会经济秩序十分混乱。突出表现是物价飞涨,投机资本兴风作浪。物价飞涨,是旧中国通货膨胀的继续。同时,由于战争还在进行,军费开支庞大;国家还要供应900万脱产的军政公教人员(包括"包下来"的旧军政人员)和救济数百万城市失业者、4 000万农村灾民;重点企业和交通运输急需由国家投资恢复。这样,就使国家收支极不平衡,赤字很大。为弥补赤字,不得不多发行纸币,由此势必刺激物价上涨。在此情况下,旧中国多年造成的巨额投机资本又乘机疯狂追逐暴利。它们捣乱金融,囤积居奇,哄抬物价。1949年4月、7月、11月和1950年2月,连续掀起四次大规模物价上涨风潮。上海的物价,从1949年5月解放到1950年2月,上涨一二十倍。物价上涨首先是从金银、外币开始的。人民政府运用行政手段,首先取缔金银、外币投机,发布禁止金银、外币自由流通的命令,由中国人民银行限期收兑。6月10日,上海查封了"证券大楼",逮捕破坏金融的首要分子238人。武汉查封了两家大钱庄。广州取缔了87家地下钱庄和377家"剃刀门楣"(街畔兑换店)。但是,一波刚平一波又起。投机商们由金融投机转而进行粮食、纱布为主的投机,而且波及全国各大城市。上海的粮、纱、五金、化工等产品每天以20%～30%的幅度猛涨。中央人民政府从11月起采取果断措施,一面部署短期紧缩通货,一面调集大批粮食、棉纱等物资,从经济上制止物价涨风。11月20日,全国各大城市一齐行动,由贸易公司逐渐提高牌价,使之与黑市价格持平。11月25日,又一齐抛售,连售10天,同时催促税收,并进一步紧缩银根。投机商们先是拼命借债购货囤积,企图从中渔利;及至物价下跌,又急于抛货还债,但愈抛愈贱,存货愈滞销,于是又急于举新债以还旧债。物价虽跌,银根仍紧,利息仍高。因此,许多投机商资金周转不灵,因而破产。人民政权和国营经济给投机资本以沉重打击,市场物价回落。

但是,市场物价的真正稳定,必须建立在国家财政收支平衡和市场供求平衡的基础之上。为此,又必须首先解决庞大的财政赤字问题。1949年12月2日,中央人民政府决定1950年1月起发行人民胜利折实公债1亿分(每分折合大米6市斤,面粉1.5市斤,白细布4市尺,煤炭16市斤)。人民群众踊跃购买。1950年2月,中央人民政府召开全国财经会议,研究统一财经问题。3月3

日,政务院通过了《关于统一国家财政经济工作的决定》,决定改变战争年代和根据地条件下实行的政策上统一领导、业务上分散管理的方针,实现国家财政经济工作的统一。统一财经工作的基本内容:一是统一全国财政收支。各地所收公粮,除地方附加粮外,全部归中央人民政府财政部统一调度使用,各省市县区人民政府,非依粮局支付命令,不得支取公粮。除批准征收的地方税收外,所有关税、盐税、货物税、工商税的一切收入,均归财政部统一调度使用。财政部必须保证军队与地方人民政府的开支及恢复国民经济所必需的投资。这一规定,使国家收入中主要部分的中央收入,集中使用于国家的主要开支。二是统一全国物资调度。成立全国仓库物资清理调配委员会,所有仓库物资统由政务院财经委员会统一调度,合理使用,使国家所有的重要物资,从分散状态集中起来,变成有效的力量。各地国营贸易机关的物资调动均由中央人民政府贸易部统一指挥。三是统一全国现金管理。人民银行为国家现金调度的总机构。外汇牌价与外汇调度由人民银行统一管理。一切军政机关和公营企业的现金,除留若干近期使用外,一律存入国家银行,不得对私人放贷,不得存入私人行庄。由于实行了这三个方面的统一,很短时间内就使国家财政收支接近平衡。到 1950 年 5 月,物价趋于稳定。中国历史上多年来的通货膨胀、物价上涨被制止了。这是新中国诞生 8 个月后在经济上取得的重大成就,标志着国营经济取得了在市场上的领导权和国家财经情况的开始好转。

三、中共七届三中全会 争取国家财政经济状况根本好转任务的提出

在全国财经工作统一、物价趋于稳定后,社会经济生活中出现了新的矛盾,主要是在新解放的城市里,发生了生产缩减,商品滞销,劳资纠纷增多,失业人口增加,私人工商业者惶恐不安等现象。1950 年 1 月至 4 月,京津沪汉等 14 个城市有 2 945 家工厂倒闭,

在全国 16 个城市中有 9 347 家商店歇业。5 月份同 1 月份相比，私营工业主要产品的产量，棉布减产 38%，绸缎减产 47%，卷烟减产 59%，烧碱减产 41%，毛纱减产 20%，普通纸减产 31%。随之而来的是失业工人增多。全国 29 个城市中失业半失业工人达 166 万人，上海一地即有 15 万人。这些现象产生的原因是多方面的：第一，新解放区土改尚未完成，农业生产不能迅速发展，农村购买力不能很快增长。国家财政支出中行政与国防开支还很大，1950 年，中央开支预算中只能有 23.9%用于经济建设。第二，各种经济成分之间及各经济部门内部的关系还未理顺，存在着严重脱节和无政府状态。比如国营贸易前进步伐偏快，华北地区国营和合作社经营的粮食、棉纱、棉布、煤炭、食盐、煤油等主要商品占 80%左右，有些物资在某些城市国营甚至占 100%。同时，国家在税收、公债任务的分配上不够公平，户与户、行与行、地区与地区之间畸轻畸重现象严重。有些私营企业负担过重。加之，不少私营企业机构臃肿，经营上具有盲目性，因而产生了停厂歇店现象。第三，整个旧的社会经济结构正在各种不同程度上进行改组，过去以通货膨胀和商业投机为主要内容的经济上的虚假繁荣突然消失了，使一向依靠这种虚假繁荣生存的私营工商业顿时陷入困境。过去适合殖民地经济需要的私营工商业，也因社会制度改变，许多货物失去市场，不适应新社会人民的需要。由于以上原因，出现了暂时的困难。

这些困难，虽然是暂时的，是新民主主义经济形成过程中产生的，但是，它牵涉工人和资本家的切身利益，影响着经济的恢复和政权的巩固。当时，一部分工人产生不满情绪。许多资本家经营消极，甚至惶惶不安，有人把他们的心情形容为：看国旗，五星不变；扭秧歌，左右为难。面对这些困难，社会上有人主张国营经济不要发展，即所谓"不要与民争利"；有人主张扩大信贷，降低利息，恢复证券交易所等，实际是要求恢复通货膨胀；有人甚至主张应向资本主义国家求援。与此同时，党内产生一种提早消灭资本

14

主义、实行社会主义的思想情绪。1950年春召开的第一次全国统战工作会议中，有人主张"今天的斗争对象，主要是资产阶级"；现在对私营企业的政策应是"利用、限制、排挤"；"国营经济要无限制地发展"，"大资本家要停工，我们就让他停工。我们有钱，就接受过来"。这种主张违背了中共七届二中全会决议和《共同纲领》确定的四个阶级合作、五种经济成分在国营经济领导下共同发展的基本精神。

中共中央清醒地估计了面对的困难，及时提出调整关系，争取国家财政经济状况根本好转的任务。毛泽东1950年4月13日在中央人民政府委员会第七次会议上发表讲话，重申《共同纲领》规定的经济方针和政策，强调要澄清在这个问题上已经发生的混乱思想。同时在党内批评了对待私营资本主义经济问题上的"左"的倾向，指出：今天的斗争对象主要不是民族资产阶级，对民族资产阶级应"采用既团结又斗争的政策以达团结它共同发展国民经济之目的"，公私营工商业"应当划分阵地，即划分经营范围"，国营经济"在目前阶段不可能无限制地发展，必须同时利用私人资本"①。政务院总理周恩来也在各种会议上反复强调："今天我们中心的问题，不是什么推翻资产阶级，而是如何同他们合作。"对"有利于国计民生的私营经济"，"应该予以扶助使其发展"。"今天条件不成熟，就要急于转变到社会主义，这说明一些同志对新民主主义缺乏切实的认识"。"不经过新民主主义就不能达到社会主义"②。5月8日至26日政务院财政经济委员会召开全国七大城市工商局长会议，讨论、确定了调整工商业的政策和做法。

为了全面分析新中国成立初期的形势，确定党和国家在这个时期的任务及党应采取的战略方针，中国共产党于1950年6月6日至9日在北京召开了七届三中全会。会上，毛泽东作了《为争

---

① 《建国以来毛泽东文稿》第1册，中央文献出版社1987年版，第292～293页。
② 《周恩来年谱（1949—1976）》上卷，中央文献出版社1997年版，第33、35页。

取国家财政经济状况的基本好转而斗争》的书面报告和《不要四面出击》的重要讲话。在报告中,明确指出了中国共产党在今后三年左右时间内的中心任务及为完成这个中心任务必须创造的三个基本条件和必须做好的八项工作。中心任务,就是争取国家财政经济状况的根本好转。三个基本条件是:(1)土地改革的完成;(2)现有工商业的合理调整;(3)国家机构所需经费的大量节减。八项工作是:有步骤有秩序地进行土地改革;巩固财经工作的统一和物价的稳定,合理调整现有工商业;军队部分复员和行政系统整编;旧有教育文化事业的改革;救济失业和救灾;团结民主人士,开好人民代表会议;肃清各类反革命分子;巩固和发展党的组织。这个报告是国民经济恢复阶段党和国家的行动纲领。在讲话中,毛泽东阐明了党的战略策略思想及斗争方针。他指出:要稳步前进,调节同各方面的关系,要在工人阶级领导下,以工农联盟为基础,把小资产阶级、民族资产阶级、民主党派、知识分子、少数民族都团结起来,集中力量肃清国民党残余、特务、土匪,推翻地主阶级,解放台湾、西藏,跟帝国主义斗争到底。为了孤立和打击这些敌人,必须在一个方面有所让步,有所缓和,集中力量向另一方面进攻。不要四面出击,造成全国紧张,绝不可树敌太多。他强调说:"民族资产阶级将来是要消灭的,但是现在要把他们团结在我们身边,不要把他们推开。我们一方面要同他们作斗争,另一方面要团结他们。"①毛泽东所阐明的这些战略策略思想,就是七届三中全会的指导思想。会上,刘少奇、陈云、周恩来、聂荣臻分别就土改、财经、外交与统战、军事等问题做了报告。全会讨论通过了毛泽东的报告和讲话,还通过了《中华人民共和国土地改革法(草案)》。

七届三中全会制定的纲领和路线,对统一全党的思想和行动,对动员、组织各阶层人民群众进行民主改革和恢复经济起了指导作用。

---

① 《毛泽东文集》第6卷,人民出版社1999年版,第75页。

四、中国人民志愿军抗美援朝作战和全国抗美援朝运动

正当中国人民全力恢复经济、人民解放军准备进军西藏和解放台湾的时候,发生了朝鲜战争。新生的中华人民共和国面临严峻的考验。

第二次世界大战后,在朝鲜半岛上,以北纬38度线(通称"三八线")为界分成了两个性质不同的国家。在美国支持下,1948年8月15日,朝鲜南部成立了大韩民国,以汉城(首尔)为首都,李承晚为总统。同年9月9日,朝鲜北部成立了朝鲜民主主义人民共和国,以平壤为首都,金日成为首相。原为接受日本投降而开入朝鲜的苏美军队,先后于1948年12月25日和1949年6月29日从朝鲜北部和南部撤出。之后,南北方不断在三八线发生武装冲突。1950年6月25日,朝鲜战争爆发。美国政府立刻出兵干涉。6月27日,杜鲁门派美国海、空军侵入朝鲜,并要求英、法等国派兵参战。同时宣布派第七舰队驶入台湾海峡,干涉中国内政,阻止中国人民解放台湾。6月30日又加派第八集团军侵朝。7月7日,美国操纵联合国安理会通过了组织"联合国军"和由美国指派司令官的决议。7月8日,杜鲁门任命麦克阿瑟为"联合国军"总司令。此后,美国先后纠集15个国家的军队打着联合国旗帜侵入朝鲜,支持李承晚。起初,朝鲜人民军突破三八线神速南进,6月28日,解放汉城,至8月初解放三八线以南90%以上的土地。美军和韩军被逼至洛东江以东大丘、釜山一隅。但9月15日、16日,美军4万余人在仁川登陆,切断了朝鲜人民军的主要补给线;据守洛东江的美韩军亦乘势反攻。朝鲜人民军只得退却。9月28日,美韩军占领汉城并进抵三八线。从此,战争朝着极不利于朝鲜人民军的方向发展。

对美国侵略朝鲜和我国台湾,特别是8月27日后美国飞机对我国东北城乡不断进行轰炸、扫射,我国政府多次向美国政府提出抗议和警告,并要求联合国制止美国对中朝的侵略。同时,中共中

央军委及时采取了对策。7月7日,由周恩来主持召开了专门研究国防问题的会议,决定调集4个军3个炮兵师于7月底以前全部到达东北边境集结,组成东北边防军。9月30日,周恩来代表中国政府郑重声明:"中国人民决不能容忍外国的侵略,也不能听任帝国主义者对自己的邻人肆行侵略而置之不理。"10月3日,他又通过外交途径警告美国军队不要越过三八线。但是,美国无视中国的警告,认为中国出兵的可能性很小。10月9日,美军越过三八线北犯,美韩军集中13万余人分东西两线长驱直入,向中朝边界推进,10月11日、19日,接连侵占元山、平壤。

中朝两国山水相连,唇齿相依。敌军的疯狂进攻使朝鲜民主主义人民共和国处在危急之中。从爱国主义和国际主义出发,应金日成首相的要求,中共中央和毛泽东毅然作出了"抗美援朝,保家卫国"的决策,决定派中国人民解放军一部组成中国人民志愿军入朝作战。10月8日,中国人民革命军事委员会主席毛泽东发布命令:将东北边防军改为中国人民志愿军,迅即向朝鲜境内出动;志愿军辖十三兵团及所属之三十八、三十九、四十、四十二四个军,及边防炮兵司令部与所属之炮兵一、二、八师;任命彭德怀为志愿军司令员兼政治委员;志愿军以东北行政区为总后方基地。10月19日,彭德怀率上述部队分别从安东(今丹东)、长甸河口、集安等地跨过鸭绿江进入朝鲜北部。10月21日,十三兵团部改为志愿军总部,中央军委又任命邓华为志愿军副司令员兼副政治委员,洪学智、韩先楚为副司令员,解方为参谋长,指定彭、邓为中共志愿军委员会书记、副书记。从此,中国人民志愿军与朝鲜人民军并肩作战,展开了保卫和平反对侵略的正义战争。11月4日,我国各民主党派联合发表宣言,表示誓与全国人民一道为抗美援朝保家卫国而奋斗。此后,志愿军又先后调五十军、六十六军及第九、三、十九、二十兵团入朝作战。

志愿军一入朝即与敌遭遇。依据毛泽东提出的"以运动战为主,与部分阵地战、敌后游击战相结合"的作战方针,于10月25日至 11 月 5 日在西部的云山、温井、熙川和东部的芳草岭等地进行了入朝后的第一次战役,歼灭敌军 1.5 万余人,给放胆分兵冒进的敌人以迎头痛击。11 月 24 日,敌军再次分兵向北进犯,志愿军主动后撤,诱敌深入,然后集中兵力于 11 月 25 日至 12 月 24 日在新兴洞、德川、军隅里、下碣隅里等地举行第二次战役,歼敌 3.6 万余人,收复平壤、元山等重镇和三八线以北绝大部分地区,使麦克阿瑟"圣诞节前结束朝鲜战争的总攻势"变成了总退却。接着,志愿军和朝鲜人民军相配合,从 1950 年 12 月 31 日至 1951 年 5 月 21 日,在三七线与三八线之间进行了三次大规模的运动战和反击战,共歼敌 17.9 万余人,把战线稳定在三八线附近。总计,志愿军入朝 7 个月,发动 5 次战役,歼灭敌军 23 万余人,其中美军 11 万余人,从根本上扭转了朝鲜战局。战场上的失败,加剧了美国国内矛盾。1951 年 4 月 11 日,杜鲁门将麦克阿瑟撤职,"联合国军"总司令一职由李奇微接替。李奇微接任后于 6 月 30 日致电金日成、彭德怀,表示接受 6 月 23 日苏联提出的和平解决朝鲜问题的建议,愿意谈判。7 月 1 日,金、彭复电同意,并建议谈判在朝中方面控制的开城举行。7 月 10 日,双方代表开始进行停战谈判。朝鲜战争转入边谈边打、以打促谈的阶段。

与志愿军出国作战同时,国内各族各界人民展开了以增产节约为中心的抗美援朝运动。工人、农民响亮地提出"工厂就是战场,机器就是枪炮"和"要人有人,要粮有粮"的口号。广大青年积极报名参军赴朝参战,或报名参加各种军事干部学校,志愿到祖国最需要的岗位上去,为建设强大的海、空军而献身。成千上万的铁路职工、汽车司机、民工组织运输队、担架队,大批医务工作者组成医疗队,赴朝为中朝部队和朝鲜人民服务。各界人民开展的慰问志愿军和朝鲜人民军的活动,遍布城乡。1951 年、1952 年先后派出两批代表全国人民的赴朝慰问团,还带去了重 6 000 吨的慰问物资和 500 亿元(旧币)的慰问金。到 1951 年 5 月止,全国人民捐献慰问品 126 万件,慰问袋 77 万个。1951 年 6 月 1 日,中国人民保卫世界和平反对美国侵略委员会(简称抗美援朝总会)号召捐献飞机大炮,全国人民热烈响应。至 1952 年 5 月,共捐献了相当于购买 3 710 架战斗机的款项,即旧币 5 565 亿余元。全国人民还开展了慰问烈军属、向朝鲜人民捐献救济物资、订立爱国公约等活动。在政治思想上,展开仇视、蔑视、鄙视美帝国主义的运动。运动中,原接受美国津贴的文教救济机关和宗教团体,纷纷发表声明,决心割断同帝国主义国家的联系,坚持自办。基督教、天主教界展开了自治、自养、自传的"三自"革新运动。这些活动的开展,大大清除了一部分人中长期以来存在的亲美、崇美、恐美的思想,提高了民族自尊心和自信心。抗美援朝运动是一次全国范围的、深入的爱国主义和国际主义教育运动,鼓舞、支持了志愿军的浴血奋战,也促进了经济的恢复和社会民主改革的进行。

朝鲜停战谈判,是一场激烈的军事、政治斗争。志愿军按照毛泽东"持久作战,积极防御"的战略方针,在三八线上实施机动防御,很快地将运动战转为阵地战,在横贯半岛东西 250 公里阵地上构筑了能攻能守的地下长城,以此为依托进行了多次战术性的阵地反击战、阵地防御战和攻坚战,有力地配合了谈判斗争。1951 年秋,在军事分界线问题上美国拒绝朝中方面的合理建议,中断谈判。它一面在东西线发动大规模进攻,一面依恃其"空中优势"对中朝部队的后方设施和交通线实行狂轰滥炸。志愿军依托工事和坑道英勇抗击,歼战 25 万余人,迫使敌人回到谈判桌前。10 月 25 日,由开城移至板门店重启谈判。11 月 27 日,美方接受了"以实际接触线为军事分界线"的方案。1952 年 1 月,美方公然违背国际公法,向中朝部队阵地和后方施行细菌战,受到全世界人民谴责。4 月 28 日,李奇微下台,由克拉克接任其职务。8 月 5 日,谈判达成除遣俘问题外的全部协议。但 10 月 8 日美方片面宣布无限期休会。10 月 14 日,敌人以 4 个师 6 万余人的兵力向上甘岭发动进攻。志愿军奋起反击,先后投入兵力亦达 4 万余人。在仅有 3.7 平方公里的两个高地上,敌人共倾泻炮弹 190 余万发,出动飞机 3 000 架次,投弹 5 000 多枚,以致山顶土石被炸松一米多。志愿军固守 43 天,全战役至 11 月 25 日以歼敌 2.5 万人而结束。敌人企图从正面突破志愿军防御体系从而在谈判中争取有利地位的目的未能达到。1953 年 1 月 20 日,艾森豪威尔继任美国总统,声称要扩大战争,并企图从中朝部队侧后实行登陆。由于中朝部队严阵以待,这一阴谋未能得逞。4 月 26 日,谈判恢复。为迫使敌人低头,志愿军于 5 月、6 月、7 月三个月主要针对美军进行了三次反击战,其中第二次在金城以南进行,一举突破敌 4 个师 25 公里的正面防御,发展纵深最远达 15 公里,拉直了金城以南的战线。三次反击战共歼敌 12.3 万人,迫使敌人坐下来在停战协定上签字。7 月 27 日上午 10 时,双方首席代表在停战协定和临时补充协议上签字。当日 22 时完全停火,协定开始生效。随后金日成、彭德怀、克拉克在协定上签字。

两年零九个月的抗美援朝战争,共歼敌 70 万人,连同朝鲜人民军三年多的战绩,共歼敌 109 万人,其中美军 39.7 万人。抗美援朝战争的胜利,保住了朝鲜民主主义人民共和国的独立,保卫了世界和平和中国的安全,提高了中国的国际地位。在战争中,志愿军涌现出 30 万名功臣和 6 000 多个集体立功单位。志愿军英雄黄继光、邱少云、杨根思等数十万中华儿女的鲜血洒在了朝鲜大地上。鲜血凝成了中朝两国人民的伟大友谊。抗美援朝战争的胜利推动了中国人民解放军的建设,保证了国内经济建设的顺利进展。

五、土地改革和镇压反革命斗争

在开展抗美援朝运动的同时,党和政府领导人民群众进行了土地改革、镇压反革命和清除旧社会遗毒恶习的斗争。

全国大陆统一后,大约有 3.1 亿人口(其中农业人口 2.6 亿)的地区面临着土地改革的严重任务。党和政府利用几年时间,领导农民分期、分批,有计划有秩序地完成了这一任务。首先在华北城市郊区及河南省部分地区试点,同时在南方进行清匪反霸、减租退押,为土改作准备。1950年6月28日,中央人民政府委员会第八次会议通过《中华人民共和国土地改革法》,6月30日,公布施行。8月4日,政务院通过《关于划分农村阶级成分的决定》。此后,土改运动分三批逐步展开。第一批,1950年冬至1951年春,在1.28亿农业人口地区进行;第二批,1951年冬至1952年春,在1.1亿农业人口地区进行;第三批,1952年冬至1953年春,在3 000万农业人口地区进行。一般是依解放时间先后,由华东、中南到西北、西南(新疆、西藏少数民族地区除外)。

土地改革是一场深刻、激烈的阶级斗争,大体分为发动群众、划分阶级、没收和分配土地三个步骤。土改的总路线是"依靠贫农、雇农,团结中农,中立富农,有步骤地有区别地消灭封建剥削制度,发展农业生产"。这次土改是在工人阶级掌握了国家政权和国内战争基本结束的条件下进行的。但中共中央没有采取有些人提出的"和平土改",即不要发动群众斗争,只要政府自上而下地发布命令把地主土地分配给农民的意见。坚持了依靠农民,发动和组织农民自己打倒地主阶级取得土地的群众路线。为了发动群众,每年派出约30万人的土改工作队,并建立了城乡最广泛的反封建统一战线。这样就保证了土改的彻底胜利。

采取保护富农经济的政策,是这次土改同解放战争时期土改的最显著的区别。早在1949年11月,毛泽东在一次有华东局、华中局负责人参加的政治局会议上,就提出要考虑暂时不动富农的土地财产的问题。1950年2月,毛泽东访苏期间曾同斯大林谈及此问题,斯大林建议"将分配地主土地与分配富农土地分成两个较长的阶段来做"。他的中心思想是在打倒地主阶级时,中立富农并使生产不受影响。毛泽东在2月17日给刘少奇的电报中提出"江南土改的法令必须和北方土改有些不同"。访苏归国后,他于3月12日致电中南局第三书记邓子恢并转各中央局、分局负责人,征询他们关于改变对富农策略问题的意见,即"不但不动资本主义富农,而且不动半封建富农,待到几年之后再去解决半封建富

22

农问题。"他解释了这样做的三条理由：第一，更能孤立地主，保护中农，并防止乱打乱杀；第二，减少土改所引起的社会震动，使党和政府在政治上更有主动权；第三，可以稳定民族资产阶级。① 经过讨论，中共中央确定了这一策略，并由《土地改革法》从法律上固定下来。《土地改革法》规定："保护富农所有自耕和雇人耕种的土地及其他财产，不得侵犯。""富农所有之出租的小量土地，亦予保留不动；但在某些特殊地区，经省以上人民政府的批准，得征收其出租土地的一部或全部。""半地主式的富农出租大量土地，超过其自耕和雇人耕种的土地数量者，应征收其出租的土地。富农租入的土地应与其出租的土地相抵计算"②。刘少奇在土地改革问题的报告中又进一步分析了这样做的根据，主要是国家的政治形势和面临的历史任务不同了，富农的政治态度也有了变化，能够争取其中立，从而更好地保护中农，去除农民在发展生产中某些不必要的顾虑。因此，在新的形势下，采取保护富农经济的政策，不论在政治上和经济上就都是必要的。他还指出这"不是一种暂时的政策，而是一种长期的政策。这就是说，在整个新民主主义的阶段中，都是要保存富农经济的。"只有"在农村中可以大量地采用机器耕种，组织集体农场，实行农村中的社会主义改造之时，富农经济的存在，才成为没有必要了，而这是要在相当长远的将来才能做到的"③。刘少奇的解释比毛泽东的认识更进了一步。

这次土地改革的完成，加上解放战争时期的土改，共使约 3 亿无地、少地的农民无偿地获得了约 7 亿亩土地，还分得耕畜 297 万头，农具 3 954 万件，房屋 3 807 万间，粮食 105 亿斤，免除了每年向地主缴纳 700 亿斤粮食的地租负担。土改推翻了封建土地所有

① 《建国以来毛泽东文稿》第 1 册,中央文献出版社 1987 年版,第 272~273 页。

② 《建国以来重要文献选编》第 1 册,中央文献出版社 1992 年版,第 337 页。

③ 《建国以来重要文献选编》第 1 册,中央文献出版社 1992 年版,第 299~300 页。

制,使农民从政治、经济上翻了身,巩固了工农联盟,促进了农业生产和整个国民经济的恢复和发展。

新中国成立之初,国民党反动残余势力的活动十分猖獗。国民党逃离大陆时留下了200多万溃散武装(政治土匪)、60多万反动党团骨干分子,60多万特务分子。逃到台湾的国民党及帝国主义势力还不断派遣特务间谍潜入大陆,搜集情报和伺机进行破坏活动。这些人同农村中的地主恶霸、反动会道门头子,同城市中的封建把头、帮会骨干及地痞流氓沆瀣一气,为非作歹。朝鲜战争爆发后,各种反动势力以为第三次世界大战就要爆发,蒋介石"反攻大陆"的时机到了,便更加猖狂地活动起来。他们造谣、破坏、暗杀,甚至公然组织反革命暴乱。1950年春至秋的半年内,全国有革命干部、积极分子等4万余人被杀害。1950年一年内,反革命分子在广西组织暴乱52次,袭击乡、区政府247次,杀害农会会员、民兵、村干部3707人。美蒋间谍分子甚至准备在北京庆祝新中国成立一周年时炮轰天安门。一段时间内,国家专政机关对反革命分子的活动打击不力,片面强调"宽大",助长了反革命分子的嚣张气焰,引起群众不满。

1950年10月10日,中共中央发出《关于纠正镇压反革命活动的右倾偏向的指示》,要求纠正"宽大无边"的错误倾向。接着毛泽东反复强调对反革命分子要"打得稳、打得准、打得狠";要坚持镇压与宽大相结合的政策,即"首恶者必办,胁从者不问,立功者受奖"的政策;必须走群众路线,即党委统一领导下的领导与群众相结合,专门机关和群众发动相结合的工作路线。1951年2月21日《中华人民共和国惩治反革命条例》颁布。由于政策正确,再加上深入细致的宣传和动员,各界人民群众迅速发动起来。1951年春镇压反革命运动进入高潮,反革命分子陷入人民群众张起的天罗地网。一大批首恶分子和民愤极大的分子被逮捕、处决或关押,各类反革命分子均受到毁灭性打击。1951年夏秋,以整风方式在机关内部又清理出一批反革命分子。1951年5月以后,由于镇反取得了决定性胜利,中共中央采取了更加谨慎的方针,提出了"判处死刑、缓期二年执行、强迫劳动、以观后效"的政策,并决定在5个月内停止捕人,集中清理积案。同时,决定自6月1日起将捕人批准权收回到地委、专署一级,将死刑批准权一律收回到省一级。整个运动与人民解放军的剿匪作战同时进行,互相配合。至1953年春胜利结束。这次镇反的主要对象是土匪、恶霸、特务、反动党团骨干分子、反动会道门头子五类反革命分子,共处决罪大恶极者70余万人,关押和管制各100余万人,基本上消灭了大陆上的反革命残余势力,平息了历史上从未平息过的匪患,从而巩固了人民政权,保证了民主改革的顺利进行,使社会秩序出现了前所未有的安定。

伴随土改、镇反运动,在工厂、矿山、交通等部门实行了民主改革,废除了封建把头制度和其他压迫、奴役、侮辱工人的不合理制度,多年来称霸一方、鱼肉百姓的恶霸分子和各种黑社会势力受到严惩。

新中国成立初期,在党和人民政府的领导下,各地还普遍开展了禁止贩毒吸毒、取缔卖淫嫖娼和聚众赌博等旧社会遗毒恶习的斗争。大规模的禁毒运动在1952年展开,重点打击制毒、贩毒罪犯,对吸毒者,促其自觉戒毒。据统计,运动中共登记制造、贩运毒品的罪犯36万人,关押3.5万人,处决大毒犯880人。至1952年末,危害一个多世纪的烟毒,基本被清除。对卖淫嫖娼,各地政府采取封闭妓院、取缔嫖娼、改造妓女等有力措施,加以禁绝。北京市第二届各界人民代表会议于1949年11月21日通过封闭妓院的决定,当夜即将全市237家妓院全部封闭,1 300多名妓女被集中到生产教养院进行改造和疾病治疗,400多名老板(即妓院称为领班、领家和养家的)交军管会军法处审判。上海于1951年11月封闭妓院92家,后又对私娼进行多次收容。长久以来蹂躏和摧残妇女的妓院制度,解放后短短几年内,就被彻底摧毁了。私娼现象也基本被清除。

六、工商业的调整 "三反""五反"运动

中共七届三中全会针对市场物价趋于稳定后私营工商业出现困难局面而确定的合理调整工商业的工作,在会后迅速展开,1950年9月底基本完成。调整的范围很广,主要是三个基本环节:

(一)调整公私关系,即调整国营经济同私人资本主义经济的关系。当时,私营工商业在国民经济中占有相当大的比重。1949年,全国私营工业有12.3万户,职工164万余人,占全国工业职工总数的54.6%,生产总值68亿元,①占全国工业总产值的63.2%。私营工业中以轻工业为主,在轻工产品产量上,棉纱占46%,棉布40%,面粉、卷烟、火柴均占80%。私营商业,1950年全国有402万户,从业人员662万人。商品销售额,批发占全国76%,零售占83.5%。这是一支不可忽视的力量。通过调整,使之从困境中走出来,为发展生产、促进城乡物资交流和恢复经济服务,是个非常重要的问题。这次调整,首先是国家对私营工业扩大产品收购和加工、订货,对私营商业在经营范围和价格上给以出路。在保证物价稳定的条件下,国营零售商业紧缩了一部分机构,把经营品种减为只卖粮、煤、食油、食盐、石油、纱布6种。在照顾产、运、销三方利益的条件下,调整批零差价、地区差价、季节差价、成品与原料差价等方面的价格比例,使私商有利可图。其次是调整税负。农业税由原来占农业总收入的17%降至13%,工商税目由1 136种减为358种。工商税依率计征,盐税减半征收。同时对私营工商业发放贷款,予以扶持。

(二)调整劳资关系。遵循确认工人阶级的民主权利、有利于发展生产、以协商方法解决劳资纠纷三条原则调整资本家与工人的关系,一方面责成资本家改进经营,节省开支,降低成本,另一方

---

① 1955年3月1日,中国人民银行开始发行新版人民币和收回1949年以来通行的旧人民币,旧币1万元折合新币1元。本书中除注明旧币外,均指新币。

面工人努力提高劳动生产率,或担负更多的劳动任务。

（三）调整产销关系,主要是克服生产中的无政府状态。中央召开了一系列专业性会议,公私代表一起参加,开诚协商,按以销定产原则,具体制订各行业的产销计划,合理分配生产任务。国家还公布生产情况,以减少企业生产的盲目性。同时,国家还具体帮助一些企业及时转产。

上述三个方面,核心是调整公私关系。这其中的重要一环是加工、订货、统购、包销、经销、代销这些国家资本主义形式的实行。加工:是国营企业以原料或半成品委托私人企业按照合同规定的规格、数量、质量、交货日期进行加工制造,国营企业付给工缴费（加工费）。工缴费一般包括工资、营业税、合理利润及其他合理费用。订货:是国营企业向私人企业订购产品,私人企业按要求生产并将产品卖给国营企业或国家其他单位,国营企业付给一部分定金或供给一部分原料,私人企业获取货价。货价一般包括合理成本、营业税和合理利润。统购:是国家以法令规定某项产品由国家统一收购,不准自行销售。包销:是国营商业部门通过订立合同规定私营工厂某些产品在一定时期内全部（或一部）卖给国营商业机构。经销、代销:是国营商业同私商的一种关系,私商从批零差价中获取收入或取得手续费。这些办法,在一些大城市刚刚解放时就开始实行了。比如天津,1949 年 3 月就对部分面粉业和织染业实行委托加工。1 月至 9 月天津百货公司收购私营工厂的产品占公司进货总额的 60%。又如上海,解放后几天就对私营工厂实行收购产品和加工订货,使 300 多家私营工厂几天之内就从极度困难中恢复了生产。这次调整是更有计划有目的地扩大实行。这样做,不但直接解决了私营工商业的困难,使之得以维持和扩大再生产,而且很自然地使私营工商业同国营经济挂上了钩。国家在不触动资本家所有制的情况下,从外部（原料来源和产品销售）给私营企业一定的控制,将它初步纳入国家计划轨道。这是新民主主义经济内部关系正在确立的体现,也是对资本主义工商业实行社会主义改造的起点。

由于七届三中全会路线的贯彻,新民主主义经济关系的理顺,再加上土改的逐步完成和城乡物资交流活动的开展,国营工商业得到发展,私营工商业亦摆脱了困境,走上了发展的道路。1951年,全国国营工业总产值比1949年增长148.8%,国营商业商品零售额比1950年增长133.2%;私营工业总产值比1949年增长48.2%,私营商业商品零售额比1950年增长36.6%。据北京、天津、上海、武汉、广州、重庆、沈阳、西安等8大城市统计,1951年底同1950年初比较,私营工商业户增加了27%。资本主义工业利润比1950年增加了135%。同时,实行加工订货等国家资本主义形式的企业逐年增加。它们在资本主义工业总产值中的比重,1950年占29%,1951年占43%,1952年占56%。同时,国家加强了统一管理,许多中小工厂出现了联营方式。私营工商业的发展,增加了国家的税收。据全国10个城市统计,1950年下半年同年初相比,私营工业税增加90%,私营商业税增加80%。随着经济的发展,至1951年7月,全国失业工人由166万人降至45万人。整个经济状况正在迅速好转。

但是,随着私人资本主义工商业的恢复和发展,资产阶级唯利是图、损人利己、投机取巧的本性和追逐非法高额利润的欲望也恶性膨胀起来,许多不法资本家利用他们同国营经济的联系,违背《共同纲领》的规定,以各种方式向工人阶级和国营经济进攻。公开的方式是抗拒加工订货。暗中的方式是释放"五毒",即行贿、偷税漏税、盗骗国家财产、偷工减料、盗窃国家经济情报。他们采用"打进来""拉出去"的手段,腐蚀国家干部,在国家机关和国营企业内部安插坐探和代理人。他们的非法活动,到1951年达到了极为猖狂的程度。据京津沪汉等九大城市审查的45万私营工商业户中,有不同程度五毒行为的占76%。天津市1 807家纳税户中有偷税漏税行为的占82%。仅天津、武汉、青岛、广州、重庆五个城市不法商户的偷漏税一项即达旧币25 250亿元。这些钱可购买战斗机1 683架,可买小米约25亿斤,可供707万人吃一年。有些资本家以次料充好料,以假充真,肆无忌惮地偷工减料。有的资本家在为志愿军制作的工具和食品中偷工减料,以次充好,甚至以腐烂的牛肉做罐头,以废棉、脏纱作急救包,丧心病狂地直接毒害在前线浴血奋战的英雄儿女。

与此同时,中国共产党和国家机关内部,出现并滋长了相当严重的贪污、浪费、官僚主义现象。当时被人们称为"三害"。这些旧社会的污毒严重侵蚀着新生政权的肌体。在"包下来"的旧机关人员中,有的人旧习不改;新参加工作和革命多年的老干部中,有些人经不起资产阶级"糖衣炮弹"的袭击,沾染了严重的官僚主义,有的人腐化堕落,蜕化变质,成为人民的罪人。大贪污犯薛崑山,原是张家口一个仅有200匹布资本的皮毛商人,1950年进入中国皮毛公司,继而担任中国畜产公司业务处副处长。他利用职权,用国家资金投机倒把,盗骗国家资财,并在19家商号投资。他个人非法获利达旧币23亿元。公安部行政处长宋德贵,利用职权,勾结奸商,大量盗窃国家资财达旧币9亿元以上,个人从中获利旧币6.4亿元。原天津地区领导人刘青山、张子善,①居功自傲,贪图享乐,把天津地区变成自己为所欲为的独立王国。他们不顾党纪国法,利用职权任意贪污、盗窃国家资财、地方粮款、治河民工粮款,甚至贪污国家拨发的救灾粮款,总数达旧币155.49亿元。据1952年1月不完全统计,中央人民政府系统27个单位查出贪污犯1 670人。全国共查出贪污1 000万元(旧币)以上的贪污犯15.5万人。清除"三害"和"五毒",成为巩固人民政权和社会主义经济阵地的当务之急。

在朝鲜战局稳定、土改和镇反取得重大胜利之后,首先于1951年冬在国家机关、国营经济部门和企事业单位开展了"反对

---

① 新中国成立后,刘青山先任中共天津地委书记,后任中共石家庄市委副书记。张子善先任天津地区专员,后任中共天津地委书记。

贪污,反对浪费,反对官僚主义"的"三反"运动。11 月 30 日毛泽东指出:"反贪污反浪费一事,实是全党一件大事"。"我们认为需要来一次全党的大清理,彻底揭露一切大中小贪污事件,而着重打击大贪污犯,对中小贪污犯则取教育改造不使重犯的方针",如此才能"实现二中全会防止腐蚀的方针"①。12 月初,"三反"运动在中央机关开始。1952 年元旦,毛泽东在团拜会上发出大张旗鼓地、雷厉风行地开展一个大规模的"三反"运动的号召后,运动在全国范围展开,并迅速进入高潮。运动中,先由单位领导干部检查官僚主义、浪费现象,向群众讲明运动的性质和政策,号召贪污分子坦白交代和群众揭发检举,然后组织队伍同贪污分子,特别是大贪污分子作斗争(时称"打虎"),主要是查经济、查账目和交代政策。起初,由于人为地分配打"老虎"数字,造成有些单位的过火和虚假现象,但很快得到纠正。在中央重材料、重证据、严禁逼供信的指示下,运动很快取得重大成果。2 月上旬,大贪污犯薛崑山、宋德贵、刘青山、张子善等被处决。3 月,转入定案处理和建设阶段。4 月 21 日,中央人民政府公布《惩治贪污条例》。根据"斗争从严,处理从宽"和"严肃与宽大相结合,改造与惩治相结合"的方针,经过对一切坦白、检举材料的查证核实,对所有案件都作了处理。大约有 4.5% 的国家干部受到不同类型的处分。

在"三反"运动进入高潮后,1952 年 1 月 26 日,中共中央部署在各大中城市的工商业者中开展"反对行贿、反对偷税漏税、反对盗骗国家财产、反对偷工减料和反对盗窃国家经济情报"的"五反"斗争。2 月上旬,在各大中城市展开。各级党委和人民政府发动群众批驳了一些资产阶级代表人物散布的"资产阶级没有向工人阶级进攻"的论调,并组织店员、工人和守法的资本家揭发检举;向违法的资本家交代政策,要他们走坦白立功之路,集中力量围攻大的不法资本家。人民政府逮捕法办了一批反动的不法资本

---

① 《建国以来毛泽东文稿》第 2 册,中央文献出版社 1988 年版,第 524 页。

家。3月,转入定案处理阶段。3月5日,中共中央规定了处理违法户的五条原则:"过去从宽,今后从严;多数从宽,少数从严;坦白从宽,抗拒从严;工业从宽,商业从严;普通商业从宽,投机商业从严。"依此原则,北京市以工商业户有无违法行为和违法行为的程度、违法性质的恶劣程度及违法户在"五反"中的态度为标准,将全部5万私营工商户分为五类:守法户,占10%;基本守法户,占60%;半守法半违法户,占25%;严重违法户,占4%;完全违法户,占1%。各大城市基本上依此办法处理,上海、广州分为四类,即将严重违法户和完全违法户合为一类,约占5%。这样划分,充分体现了"五反"的目的和政策。整个运动于10月结束。

"五反"后期,一度出现公私关系、劳资关系紧张的情况。违法资本家最感困难的是退财补税。中央及时地明确了"先活后收""先税后补"的方针。即第一,要活,除极少数大投机商人和完全有害无益的企业任其倒闭外,让私营工商业能够继续经营下去。第二,先收现税,过去偷漏的税款一时无力补缴,可以立下欠约分期偿还。同时,国营经济继续对私营企业扩大加工订货,并大体确定了保证其获得合理利润的幅度,即在正常合理经营的情况下,按其资本计算,每年获得10%~30%的利润。国家又进一步调整了公私商业的比重和批零差价,调解了某些私营企业内的劳资关系。从而很快扭转了市场萧条的局面。

"三反""五反"运动是人民民主统一战线内部无产阶级和资产阶级的斗争,是从国家机关和私营工商业两方面同时进行的从经济上、政治上、思想上击退资产阶级不法分子猖狂进攻的运动,其目的是确立和巩固工人阶级和国营经济的领导地位,确立新民主主义的经济秩序,为国家计划性的经济建设奠定基础。运动的胜利具有重大意义。一是纯洁了国家机关,对广大干部进行了一次阶级教育和廉洁奉公的教育,提高了中国共产党在人民中的威信。二是进一步查明了私营工商业的状况,巩固了工人阶级和国营经济的领导地位。在私营企业中建立了工人监督,推进了国家资本主义的发展。三是增强了广大人民群众对资产阶级丑恶本质和贪污、浪费、官僚主义对社会危害的认识,提高了警惕性,具有移风易俗的作用。这对促进社会的安定、良好社会风气的形成有重大影响。

七、新民主主义文教方针的贯彻　知识分子的思想改造和高等院校的院系调整

结合各项社会民主改革的进行,中国共产党和人民政府大力贯彻《共同纲领》规定的文教方针,对旧有的教育、科学、文化事业进行调整和改造,并领导广大知识分子开展了以划清敌我界限、树立为人民服务思想为主要内容的学习运动。

对原有的一切大中小学校,取消了过去的训导制度,实行民主管理;取消了"党义""公民""童子军"等课程,设置了以人生观教育为主的政治课程;大专院校开设了讲授《新民主主义论》的公共必修课。1949 年底和 1950 年初,学校中公开了中国共产党的组织,着手建立新民主主义青年团、少年儿童队、学生会及教工组织。1949 年 12 月底,在北京召开了全国首次教育工作会议,重申了新民主主义教育总方针,明确了改革旧教育的方针、步骤和发展新教育的方向,强调教育为国家建设服务,学校为工农开门。会上拟定了创办中国人民大学、工农速成中学实施计划和改进北京师范大学及各地师范学校的意见。会议还决定逐步解决各级学校的课程、教材、师资及出版教育刊物等问题。中国人民大学是培养国家建设干部的学校,1949 年 12 月 16 日,政务院正式决定开办,1950 年 10 月 3 日开学。工农速成中学是工农干部补习文化的学校,至 1950 年 12 月,全国在北京、沈阳、大连、哈尔滨、太原、保定、西安、兰州、无锡等地开办 22 所,入学干部 3 700 余人。1950 年 6 月,教育部召开第一次全国高等教育会议,制定了高校的暂行规程、课程改革、领导关系等问题草案,后经政务院批准实行。1950 年,开始实行高等学校有计划的统一招生和毕业生统一分配,但仍允许各校自行招生,毕业生愿自谋职业亦听其自便。

1950年9月教育部决定统一中小学教材,并于12月1日成立了负责统编和出版全国中小学教材的人民教育出版社。为了研究少数民族的历史与文化,为少数民族培养高、中级干部,1950年11月24日,政务院批准在北京设立中央民族学院,在西北、西南、中南设分院,有关的省设立民族干部学校。1950年下半年,开始同苏联、波兰、捷克斯洛伐克、罗马尼亚、匈牙利、保加利亚互换留学生,1951年8月,首批375人赴苏联学习。新中国成立后,东南亚等地的华侨子女纷纷回国学习,国家对他们的入学及学习予以照顾。不少旅居国外的爱国学者、留学生回国参加祖国建设。1950年至1952年3年中约有2 000人回国,其中包括著名数学家华罗庚等。1950年2月,他在由美归国途中发表了《写给留美同学的公开信》,热情地发出了为了抉择真理、为了祖国的建设和发展,"我们应当回去"的呼吁。

从帝国主义手中收回教育主权,是新中国成立初期改革旧有教育事业的一项重要工作。首先接办的是天主教会开办的辅仁大学。1950年10月12日,教育部经政务院核准正式接管该校,任命陈垣为校长。1950年12月29日,政务院发布《关于处理接受美国津贴的文化教育救济机关及宗教团体的方针的决定》和《登记条例》。根据这一决定,全国接受外国津贴的20所高等院校(辅仁大学不计在内。其中接受美国津贴者17所),都在1951年分别作了处理。有的接收改为公办,如燕京大学等院校;有的改为中国人自办的私立学校,政府予以补助,解除美籍人员的董事及校行政职务,美籍教师思想言行反动者辞退,其余留任,中国籍教职员工一律留任,如沪江大学、东吴大学等院校;有的仍归私人办理,改组董事会及校行政,行政权属中国校长。1953年以后,国家在接办私立学校过程中,一并接收了外资津贴的544所中学(其中美资津贴255所)和1 133所小学。

科学研究机构和科研队伍也开始建立。1949年11月1日,成立了以郭沫若为院长的中国科学院,内有自然科学技术机构40多个,人员近千人。1950年8月,成立中华全国自然科学专门学会联合会和中华全国科学技术普及协会。至1952年,全国自然科学技术人员达42.5万人。社会科学方面,50年代建立了考古、语言、历史、近代史、经济、哲学、文学、民族、少数民族语言、法学10个研究所。中国科学院于1955年成立了物理数学化学、生物学地学、技术科学和哲学社会科学4个学部。一些省市也建立了研究机构。

培养、造就一支宏大的知识分子队伍是建设新国家的一项战略任务。由于我国经济文化落后,知识分子在全国人口中的比重很小,1949年尚不足1%。在仅有的几百万知识分子中,大多数是从半殖民地半封建社会成长起来的,出身于非劳动人民家庭,他们的思想上存在不少不适应新社会需要的东西,有的人甚至存留着封建、买办、法西斯思想的残余。至于对马克思主义,多数人是不熟悉的。但是,他们中的绝大多数人是爱国的,具有程度不同的革命性和为新中国献身的精神。为了帮助他们适应新社会需要,中国共产党采取了团结、教育、改造的政策。首先“包下来”,并通过进革命大学或参加社会民主改革实践,对他们施行革命的政治教育。1951年9月初,北京大学12名教授发起思想改造的学习运动,受到党中央的重视。9月29日,周恩来在怀仁堂向京津各大学师生代表作了改造思想问题的报告。他以自己的经历和体会详细分析了知识分子改造思想的必要性,并强调改造思想是一个不断前进的过程。他号召知识分子不要停留在爱国主义这个起点上,要努力从民族观念前进到人民立场和工人阶级立场。由此开始,在全国范围内展开了知识分子自我教育、自我改造的学习运动。11月,中共中央发出《关于在学校中进行思想改造和组织清理工作的指示》《关于在文学艺术界开展整风学习运动的指示》。1952年1月5日,政协全国委员会常委会作出了《关于展开各界人士思想改造的学习运动的决定》。至此,这个学习运动进入高潮。

在各级学校教职员和高中以上学生中进行的思想改造运动，分为思想清理和组织清理两个阶段。在政治上、思想上划清敌我界限的基础上，开展了忠诚老实运动，号召师生向国家忠实地交代清楚自己的历史并检举所知的反革命分子。在清理组织时，把握了划清敌我界限、清理反革命这个重点，及时纠正了有些地方把思想问题同政治问题混为一谈和乱检查、乱逮捕、乱控诉、乱斗争的现象。整个运动至1952年秋结束。通过学习运动，广大知识分子在很大程度上清除了三大敌人的政治思想影响，提高了爱国主义觉悟，树立了为人民服务的人生观。同时清查出一部分反革命分子，查清了许多人的历史问题。运动的总原则是启发自觉，不追不逼，认真审查，宽大处理，但实际工作中仍存在着要求过高过急、方法简单等毛病，因而伤害了一部分人的感情。

随着知识分子思想改造运动的发展，教育改革逐步深入。1951年10月1日政务院公布《关于改革学制的决定》，确定了我国国民教育系统的新学制。新学制的一个重要特点是确立了工农干部学校、各种补习学校及训练班、技术教育学校在整个学校教育系统中的地位。为了便于广大劳动人民子女受到完全的初等教育，新学制取消原学制中小学6年分初、高两级的分段制，改行5年一贯制。适应国家建设的需要，1951年下半年，开始进行高等学校院系调整工作。11月，以华北、华东、中南三大区为重点开始确定全国工学院院系调整方案。1952年7月，确定了农业学院院系调整方案。1952年下半年至1953年各类高校的调整工作全部完成。经过院系调整，全国共有高校182所，计综合大学14所（北京大学、中国人民大学、南开大学、东北人民大学、复旦大学、南京大学、山东大学、厦门大学、武汉大学、中山大学、四川大学、云南大学、西北大学、兰州大学），工业院校38所，师范院校31所，农林院校29所，医药院校29所，财经院校6所，政法院校4所，语文、艺术、体育、少数民族等院校31所。学校的性质、任务更加明确，基本上实现了"以培养工业建设人才和师资为重点,发展专门学院,整顿和加强综合性大学"的方针。这次调整也有不恰当之处,如机械搬用苏联经验,不适当地取消了一些学科,有的专业设置过细,不利于人才的成长与合理使用。

此外,国家对文学、艺术、体育、医药卫生等社会文化事业也谨慎地、有步骤地进行了整顿和一定的改革工作。

在清除三大敌人政治思想影响的过程中,文教界开展了对电影《武训传》和"武训精神"的讨论和批判。武训(1838—1896),山东堂邑(今冠县)人,原名武七。他以乞讨所得放债、置田产用以兴办义学,受到清政府嘉奖。1950年12月,电影《武训传》先后在上海及全国各大城市上映。上映后,报刊上接连发表数十篇文章,歌颂武训和《武训传》,有的说武训"站稳了阶级的立场,向统治者作了一生一世的斗争",是中国历史上劳动人民"文化翻身的一面旗帜";有的说武训是"劳动人民的牛","表现了我们中华民族的勤劳、勇敢、智慧的崇高品质";有的提倡学习武训"为人民服务的伟大精神"。从1951年3月底,开始出现从根本上否定武训的文章,认为武训不是什么值得表扬的人物。5月20日,《人民日报》发表了毛泽东写的社论《应当重视电影〈武训传〉的讨论》,严厉批评了对武训的赞扬。毛泽东认为,武训"狂热地宣传封建文化,并为了取得自己所没有的宣传封建文化的地位,就对反动的封建统治者竭尽奴颜婢膝的能事",这是一种"丑恶的行为"。他问道:"向着人民群众歌颂这种丑恶的行为,甚至打出'为人民服务'的革命旗号来歌颂,甚至用革命的农民斗争的失败作为反衬来歌颂,这难道是我们所能够容忍的吗?"他主张应当"去研究自从一八四〇年鸦片战争以来的一百多年中,中国发生了一些什么向着旧的社会经济形态及其上层建筑(政治、文化等等)作斗争的新的社会经济形态,新的阶级力量,新的人物和新的思想,而去决定什么东西是应当称赞或歌颂的,什么东西是不应当称赞或歌颂的,什么东西是应当反对的"。此社论一出,全国各地报刊纷纷转载并发表批判"武训精神"和《武训传》的文章,形成了新中国成立后第一次"学术批判"运动。7 月 23 日至 28 日,《人民日报》连载《武训历史调查记》,实际上为这次批判作了总结。对《武训传》这样一部电影,有人肯定,有人否定,也有人既肯定又否定,这种讨论是正常的。毛泽东的意见也很深刻,他主张以历史唯物主义观点澄清在这个问题上的"思想混乱",是无可非议的。但是,这次讨论实际成了一次政治批判运动,有的文章简单、粗暴,不是以理服人,甚至认为电影《武训传》是对新中国的挑战。这就在文化思想上开了用政治批判解决学术争论的先例。

八、中国共产党自身的整顿　《毛泽东选集》的出版　各民主党派和群众团体工作的开展

新中国成立后,作为中国人民领导核心的中国共产党的使命经历着深刻的历史性变化。它已经由领导革命战争和群众运动夺取政权的政党,变成领导国家与建设新社会的政党。这种历史地位、历史任务的转变,在党的建设上出现了许多新情况、新问题。其中,如何继续保持与人民群众的血肉联系,显得格外重要。中国共产党已经成为具有数百万党员的广泛群众性的政党。据 1951年春统计,全国共有党员 580 万人,其分布是:军队 160 余万,工矿企业 20 余万,国家行政机关及事业单位 70 万,农村 300 万,其他 20 余万。党的基层组织 25 万个。由于党是在农村革命根据地成长壮大的,工人成分较少,农民成分占大多数。党员文化水平较低。据 1949 年下半年统计,在 320 多万名地方党员中,农民占 83%,工人占 5.87%;文盲半文盲占 69%,小学程度的占 27.66%,中学程度的占 3.02%,大学以上的占 0.32%。从参加革命经历看,大革命及以前的 600 余人,土地革命时期的 3 万余人,抗战时期的 110 万人,日本投降至 1949 年底的 330 余万人。在党的地位改变以后,绝大多数党员保持和发扬了艰苦奋斗、全心全意为人民服务的传统,在各自岗位上起着模范带头作用,为人民群众所信赖。但在一部分党员和党的工作中,存在着与党的性质、地位、使命不相适应的问题。有些老党员以功臣自居,停顿下来不求进步的情绪有所滋长,有的甚至腐化堕落,蜕化变质;有的党员滋长了脱离群众的官僚主义,高高在上,不深入群众,独断专行,有事不同群众商量;1949年、1950年两年增加新党员270余万人,许多人带着各种非无产阶级思想进入党内,思想严重不纯。在发展工作中有的地区未严格按党章办事,甚至以"自报公议党批准"的办法吸收党员,因而吸收了一些不够条件的人;有的地方(农村居多)以家族、亲友为发展对象,吸收新党员是为了壮大个人或宗派的权力;有些阶级异己分子、投机分子及其他敌对分子混入党内,甚至把持了少数党组织。党组织和党员数量的分布也不平衡。河北、山东、平原、山西、察哈尔五省和苏北行署区有党员约290万人,占全国地方党员的70%(河北、山东共有185万),其他二十几个省区只有130万,占30%。个别省份,如察哈尔有15万党员,占全省人口的3%以上。以上这些情况,同革命和建设的需要很不适应。

中共中央和毛泽东十分注意党的地位转变后党的建设,特别是党与人民群众的联系问题。继七届二中全会向全党敲过警钟以后,陆续采取了一些措施。1949年11月,成立了中央及各级党的纪律检查委员会。1950年3月25日,向全党印发《斯大林毛泽东论共产党员要善于和非党群众团结合作》的学习材料。4月19日,做出《关于在报纸刊物上展开批评与自我批评的决定》,并于4月22日在《人民日报》上全文发表。该《决定》明确指出:"吸引人民群众在报纸刊物上公开地批评我们工作中的缺点和错误,并教育党员,特别是党的干部,在报纸刊物上作关于这些缺点和错误的自我批评,在今天是更加突出地重要起来了。""如果我们对于我们党的人民政府的及所有经济机关和群众团体的缺点和错误,不能公开地及时地在全党和广大人民中展开批评和自我批评,我们就要被严重的官僚主义所毒害,不能完成新中国的建设任务。"

5月21日,中共中央确定了新形势下组织发展的方针和要求,即以城市工人为重点,争取三五年内吸收1/3产业工人入党。老区农村以提高党员水平为主,确实具备党员条件的应个别地、慎重地吸收入党。新区农村暂不发展。在方法上,强调公开建党,吸收新党员时要注意听取群众意见。1950年夏、秋、冬三季进行了全党作风特别是区、乡以上干部作风的整顿。1951年2月,中共中央政治局扩大会议决定对全党进行一次系统的整理。随即以三年的时间进行了新中国成立后第一次整党。

1951年3月28日至4月9日,中共中央召开第一次全国组织工作会议,刘少奇作了报告和结论。他在报告中分析了党的状况,提出了整理党的基层组织、发展新党员、试行建立党的同情者小组、改进干部管理、加强党的组织机构等问题。刘少奇分析党员状况说:"在我们党内是存在着优秀的具备共产党员条件的大量的党员,这些党员继承着并且坚持和发扬着我们党的优良的传统。"但也有一部分党员不完全具备党员条件、或有较严重的毛病、或者丧失了党员条件,他们必须加以改造和提高;另有一部分党员不具备党员条件、对党不起作用或作用不大,是一些消极分子,对他们必须加以教育和改造;还有少数混入党内的各种坏分子,这些人应该立即清除。① 针对党员队伍状况,刘少奇在结论报告中,着重讲了"为更高的共产党员的条件而斗争"的问题,要求"必须是成分好,历史清楚,对党忠诚,有实际的阶级觉悟并表现积极,又懂得共产主义与共产党的事业,愿意遵守党纲党章的人,才能被接收为党员"。整党工作中要分清两个界限,首先是敌我界限,其次是党员与群众、先锋队与阶级的界限。② 会议通过了刘少奇拟定的"共产党员标准的八项条件",经过整理和修改写进了大会决议《关于整

---

① 《建国以来刘少奇文稿》第3册,中央文献出版社2005年版,第181页。
② 《建国以来刘少奇文稿》第3册,中央文献出版社2005年版,第250、256页。

顿党的基层组织的决议》。① 党员标准的八项条件,是这次整党的一个基本文件,是对党员教育的教材和进行审查、鉴定的依据。会后,在全党和党外积极分子中进行了怎样做一个共产党员的教育,同时训练组织工作人员和进行整党试点。在取得经验的基础上,从1951年下半年展开了对一切基层组织的整顿。大致分三批完成,至1954年春结束。

这次整党经历了学习、登记、审查、处理四个步骤。每个党员都在学习和提高觉悟的基础上,主动登记和接受组织的审查与鉴定,最后把党员分为四部分人处理,即:够条件的;不完全具备条件或有严重毛病的;不够条件的;混入党内的阶级异己分子、叛变分子、投机分子、蜕化变质分子等。对第三部分人,劝其退党,对第四部分人,一律清除出党。经过整党,对党员普遍进行了一次党纲、党章和怎样做一个共产党员的教育,提高了觉悟,增强了党性,密切了党与人民群众的联系,纯洁了党的组织。至1953年6月底,退出党组织的32.8万人,其中被开除党籍的23.8万人,自愿退党和被劝退的9万人。同时发展了新党员107万人。党员总数增至636.9万人,支部增至32.8万个。党组织的壮大,党员素质的提高,为党领导大规模经济建设和有计划的社会主义改造准备了条件。

党和国家一切事业的成败,归根结底取决于全党干部的马列主义水平,取决于能否将马列主义与中国实际相结合及结合的程度,而毛泽东著作,即是马列主义一般原理与中国具体实际相结合的结晶。因此,在中国革命胜利之际,中共中央决定出版毛泽东的著作选集,供干部和群众学习。1951年10月、1952年4月、1953年4月先后由人民出版社出版了《毛泽东选集》第一、二、三卷。这部选集是按照中国共产党成立后所经历的各个历史时期并且按

① 共产党员标准的八项条件,见《刘少奇选集》下卷,人民出版社1985年版,第62~64页;《建国以来刘少奇文稿》第3册,中央文献出版社2005年版,第174~176页。

照著作年月次序编辑的。第一卷收入第一、二次国内革命战争时期的著作,第二、三卷收入抗日战争时期的著作。选集中的各篇著作,都经著者校阅过,其中有些篇目作了文字上和内容上的修改与补充。各篇著作都作了题解和必要的注释。《毛泽东选集》的出版,提供了学习毛泽东思想的基本教材。1960年出版第四卷,收入了第三次国内革命战争时期的著作。

在新民主主义建设过程中,各民主党派、各人民团体在中国共产党领导下,发挥了团结、组织与教育人民的作用。

民革、民盟、民建、民进、农工、九三、致公、台盟等八个民主党派,纷纷召开全国代表大会或中央工作会议,成立领导机构,宣布接受中国共产党领导和以《共同纲领》为自己的政纲,积极参加政府机关工作,推动自己的成员参加抗美援朝、经济建设和社会民主改革运动,同时与中共协商确定了各党派联系的社会阶层和组织发展的方针,走上了中国共产党领导下的多党合作的轨道。

中国工人阶级自己的组织中华全国总工会,在1949年11月中国劳动协会宣布解散后,成为中国工人统一的群众性组织。而后加紧进行组建产业工会和地方工会的工作。1949年首先建立了铁路、邮电、海员等10个产业工会。到1952年底,除台湾、西藏外,各省市自治区及所属市县都建立了地方工会和产业工会,还建立了全国一级的产业工会23个,基层工会18万个。到1953年春,全国共有工会会员1 020万人。1950年6月29日,《中华人民共和国工会法》的公布与实施,鼓舞了广大职工的政治积极性和劳动热情。

中国新民主主义青年团在各项社会民主改革运动中发挥了中国共产党的助手和后备军的作用。1952年8月25日至9月4日,青年团中央召开一届三中全会,选举胡耀邦等9人为团中央书记处书记。1953年6月,召开第二次全国代表大会,通过了《团结全国青年在建设祖国的伟大行列中奋勇前进》的工作报告和新团章。这时,全国团员达900万人,基层组织38万个。1957年召开的第三次全国代表大会更名为中国共产主义青年团。同时期,全国青联、学联也积极开展了各自的工作。中华全国民主妇女联合会于1953年4月召开中国妇女第二次代表大会,1957年更名为中华全国妇女联合会。由宋庆龄创办的中国福利基金会,1950年8月更名为中国福利会。1950年4月29日,成立了中国人民救济总会。1949年10月成立的中国少年儿童队,1953年6月更名为中国少年先锋队。

1950年4月13日,中央人民政府委员会第七次会议通过了《中华人民共和国婚姻法》,4月30日公布施行。这是新中国第一部婚姻法,确定了婚姻自由、男女平等、一夫一妻、保护妇女儿童和老人合法权益的原则,具有反封建的意义和作用。

九、外交工作的开展和《中苏友好同盟互助条约》的签订

《共同纲领》规定了中华人民共和国的外交原则,这就是:"保障本国独立、自由和领土主权完整,拥护国际的持久和平和各国人民间的友好合作,反对帝国主义的侵略政策和战争政策。"根据这样的原则,《共同纲领》又指出:"凡与国民党反动派断绝关系并对中华人民共和国采取友好态度的外国政府,中华人民共和国中央人民政府可在平等、互利及互相尊重领土主权的基础上,与之谈判,建立外交关系。"按照《共同纲领》的规定,中国政府积极开展了外交工作,同苏联、各人民民主国家及一些资本主义国家先后建立了外交关系,并与许多外国政府和人民恢复、发展了通商贸易关系及友好往来。

新中国的第一次外交活动是1949年10月1日下午,外交部长周恩来以公函方式通过尚留驻中国的使领馆,将毛泽东宣读的《中央人民政府公告》送达该国政府,申明中央人民政府为中国的唯一合法政府,并愿与各国建立外交关系。10月2日晚,苏联政府首先照会周恩来外长,表示愿与中国建交并互派大使。10月16日,苏联首任驻华大使罗申向毛泽东主席递交国书,中国派王稼祥

为首任驻苏大使。继苏联之后,保加利亚、罗马尼亚、匈牙利、捷克斯洛伐克、朝鲜民主主义人民共和国、波兰、蒙古、德意志民主共和国、阿尔巴尼亚、缅甸、印度、丹麦、越南、瑞典、瑞士、印度尼西亚等国家在 1949 年、1950 年相继与新中国建交。英国比较早地表示承认新中国,经过较长时间谈判,在 1954 年 6 月 17 日建立了代办级外交关系,同年有挪威、荷兰,1955 年有南斯拉夫、阿富汗、尼泊尔,1956 年有阿拉伯联合共和国、叙利亚、也门同中国建交。还有一些国家虽未正式建交,但对中国表示了友好态度并发展了通商贸易关系和人民之间的友好交往。

对新中国采取敌视态度的主要是美国。它操纵联合国阻挠中国在联合国及其所属机构中合法代表席位的恢复;在中国周围的国家建立军事基地,并派遣间谍到中国进行破坏活动;直接参与蒋介石集团对大陆的骚扰和轰炸。同时,美、蒋还于 1950 年 1 月 3 日专门订立一项协议:美国供给蒋介石集团 16 艘军舰、5 个师的武器装备、台湾全部雷达及飞机修理设备,并继续拨付援蒋的剩余款项。但杜鲁门于 1 月 5 日又发表一个声明,声称此时美国无意在台湾取得特别权利或建立军事基地,也不想利用其武力干涉台湾现在的局势,卷入中国的内争。对于美国的对华政策,中国政府和人民保持了高度警惕,与之进行坚决的斗争。1949 年 11 月 15 日,周恩来外长致电联合国大会,要求驱除蒋介石集团的代表团,恢复中华人民共和国代表的合法席位。1950 年 1 月 8 日,周恩来外长致电联大主席、秘书长并转安理会各成员国,再次声明蒋介石集团的代表继续留在安理会是非法的,应将其开除出去。1 月 13 日,中国各民主党派发表联合声明,坚决拥护周恩来外长的照会。经过中国政府多次严正交涉,终于冲破美国的阻挠,中国代表伍修权于 1950 年 11 月 28 日在联大安理会作了控诉美国政府武装侵略中国领土台湾的发言,12 月 16 日,又作了支持苏联代表维辛斯基控诉美国侵略中国的发言。有力地揭露了美国散布的"台湾地位未定",由美国进行"托管"或"中立化"的荒谬主张,和麦克阿瑟企图使台湾变成美国"不沉的航空母舰"的侵略言论。但中国人民的正义要求一直遭到美国所操纵的联大的拒绝。

由于第二次世界大战后世界上形成社会主义同帝国主义两大阵营对抗的局面,由于美帝国主义对新中国采取敌视的政策,中国政府确定实行"一边倒"即倒向社会主义一边的外交战略。在处理对外关系(政治、经济、贸易)上,将苏联和东欧人民民主国家放在第一位,首先与苏联结成同盟。1949年12月16日至1950年2月17日,毛泽东访问苏联,同斯大林会谈中苏关系问题。1950年1月20日,周恩来抵苏加入谈判。经过毛泽东主席、周恩来总理兼外长同苏联部长会议主席斯大林、外长维辛斯基多次会谈,2月14日,在莫斯科签订了《中苏友好同盟互助条约》《关于中国长春铁路、旅顺口及大连的协定》《关于贷款给中华人民共和国的协定》。同年4月11日起条约生效,有效期30年。条约规定:"缔约国双方保证共同尽力采取一切必要的措施,以期制止日本或其他直接间接在侵略行为上与日本相勾结的任何国家之重新侵略。"一旦一方受到日本或日本同盟国之侵袭而处于战争状态时,"另一方即尽其全力给予军事及其他援助"。关于中长铁路、旅顺口及大连的协定规定:不迟于1952年末,苏联政府将共同管理中长路的一切权利以及属于该路的全部财产无偿地移交给中国政府;苏军从旅顺口海军基地撤退,并将该地区的设备移交中国政府,由中国政府偿付苏联自1945年起对上述设备的恢复与建设的费用。一旦任何一方受到日本或其他与日本相勾结的国家的侵略因而被卷入军事行动时,经中国政府提议及苏联政府同意可共同使用旅顺口海军基地;双方同意在对日和约缔结后必须处理大连港问题。由于条约及协定的签订,双方外长声明:1945年8月14日的中苏条约与协定失去其效力,双方确认蒙古人民共和国的独立地位。双方外长对苏联经济机关在东北自日本手中所获得的财产无偿地移交中国政府的决定、苏联政府将过去北京兵营的全部房产无偿地移交中国政府的决定,亦互换了照会。关于贷款协定规定:苏联贷款给中国3亿美元,自1950年1月1日起5年内分期以机器设备与器材交付,年利1%,中国以原料、茶、现金、美元等付还贷款与利息,以10年为付还期。1950年2月17日,毛泽东等离开莫斯科回国,有关人员继续在苏联进行经济贸易等问题的谈判,签订了中苏在新疆创办石油股份公司、中苏有色及稀有金属股份公司、中苏民航股份公司及专家、贸易等协定。1952年9月15日,两国会谈,依约确定中长路于12月31日前移交完毕,中苏共同使用旅顺口海军基地的期限延长,至中日、苏日和约缔结时为止。1954年10月12日,中苏再次会谈,决定苏军自旅顺口撤退,将各股份公司中苏联股份移交中国。1955年5月26日,驻旅顺口苏军全部撤回苏联。

中苏两国的关系以条约形式固定下来,推动了两国人民友好往来。早在1949年10月5日就成立了中苏友好协会总会,随后它的基层组织遍及中国大中城市的机关、工厂、学校。各界人民掀起了向苏联学习的热潮。

同时期,中国人民加强了同世界爱好和平的国家和人民的友好往来,积极参加了保卫世界和平的运动。1949年11月16日至12月1日,亚澳工会会议在北京举行。12月10日至16日,亚洲妇女代表会议在北京举行。1952年10月,在北京召开了亚洲及太平洋区域和平会议,会议选出了联络委员会,宋庆龄当选为主席。中国人民派代表出席了世界保卫和平大会,并响应和平大会号召,展开和平签名运动。1950年,在要求无条件禁止原子武器的斯德哥尔摩宣言上签名的达2.3亿人。1951年,在要求苏、美、英、法、中五大国缔结和平公约宣言上签名的达3.44亿人以上。这些充分表达了中国人民对和平的热爱和反对帝国主义战争的坚定意志。

中国外交的初步开展,向全世界表明了中国政府和人民热爱和平、反对帝国主义侵略的鲜明立场,表明了中国政府维护国家独立、领土主权完整的独立自主方针,在维护世界和平、增进人类进步的事业中尽了自己的努力。

十、国民经济恢复任务的完成

在进行抗美援朝战争和社会民主改革的情况下,由于中国共产党和人民政府正确处理了面临的各种矛盾,始终把发展生产作为一切工作的中心环节,由于全国各族人民的忘我劳动、艰苦创业和团结奋斗,在 1949 年到 1952 年的短短三年多时间中,就医治了战争创伤,完成了恢复国民经济的任务,建立了以国营经济为主导、五种经济成分并存的新民主主义经济。1952 年,我国的工业和农业生产,都恢复到新中国成立前的最高水平,而且大部分已经超过这个水平。工农业总产值由 466 亿元增至 810 亿元。比历史上最高年产值增长 20%。同时实现了财政收支平衡,物价稳定。财政经济情况得到了根本好转。

农业生产的恢复是各项经济事业恢复的基础。国家在领导农民进行土改和发展互助合作运动的同时,号召农民开展爱国丰产运动,调动农民在土改后激发的政治、生产两个积极性,并在水利建设、生产技术、财政经济方面给予大力支持。1952 年一年,国家在水利建设上的投资等于国民党政府时期投资最高一年的 52 倍。国家开始考虑治理黄河的方案。1950 年开始治理淮河,收到显著成效。全国 4.2 万公里堤防,大部得到培修。三年中,农民在水利工程上完成的土方达 17 亿立方米。这个数字等于开凿 10 条巴拿马运河或 23 条苏伊士运河要完成的土方。水利的兴修,使我国农田成灾面积逐年减少,灌溉面积逐年扩大。农业生产也迅速恢复。1949 年至 1952 年,农业总产值由 326 亿元增至 461 亿元,增长41%强,年平均增长 14%,主要农产品中,粮、棉等都超过了新中国成立前最高年产量。其中,粮食产量由 11 318 万吨增至 16 392 万吨,增长 44.8%,年平均增长 14.6%,比 1936 年的 1.5 亿吨增长9.3%;棉花产量由 44.4 万吨增至 130.4 万吨,增长近 2 倍,超出1936 年 84.9 万吨的 53.6%。亩产量粮食由 68.5 公斤增至 88 公斤,棉花由 10.5 公斤增至 15.5 公斤。人均农产品产量,粮食由 209 公斤增至 288 公斤,棉花由 0.82 公斤增至 2.29 公斤,肉类由 2.05 公斤增至 5.95 公斤。

工业的恢复比农业更快。以 1952 年不变价格计算,1952 年工业总产值 349 亿元,比 1949 年的 140 亿元增长 149.3%,年均增长 34.8%。主要工业产品的产量较 1949 年有很大增长,并超过了新中国成立前最高年产量。棉纱由 32.7 万吨增至 65.6 万吨,比 1933 年的 44.5 万吨增长 47.4%。棉布由 18.9 亿米增至 38.3 亿米,比 1936 年的 27.9 亿米增长 37.3%。原煤由 0.32 亿吨增至 0.66 亿吨,比 1942 年的 0.62 亿吨增长 6.5%。原油由 12 万吨增至 44 万吨,比 1943 年的 32 万吨增长 37.5%。发电量由 43 亿度增至 73 亿度,比 1941 年的 60 亿度增长 21.7%。钢由 15.8 万吨增至 135 万吨,比 1943 年的 92.3 万吨增长 46.3%。金属切削机床由 0.16 万台增至 1.37 万台,比 1941 年的 0.54 万台增长 153.7%。工业生产技术水平亦有提高。钢铁工业不但已能生产多种普通钢板、钢材和无缝钢管,而且能够生产机械工业所需要的一些优质工具钢、矽钢片、薄钢板等,自己已能够轧制钢轨。新建的成渝路所用钢轨就是国产的。成套纺织机械、多种工作母机、矿山设备、3 000 千瓦发电机组的生产也结束了依靠进口的历史。

工业在国民经济中的比重和工业结构都发生了明显变化。在工农业总产值中,工业产值(包括手工业)的比重由 30%(重工业 7.9%,轻工业 22.1%)上升到 43.1%(重工业 15.3%,轻工业 27.8%),现代工业由 17%上升到 26.6%。现代工业在工业总产值中的比重由 56%上升到 64%,生产资料生产年增长 48.5%,消费资料生产年增长 29%。两者之比由 27∶73 改变为 36∶64。工业中各种经济成分的比重发生显著变化。1949 年,社会主义工业在全国工业(不包括手工业)总产值中的比重为 34.7%,1952 年上升为 56%。三年中,国营工业产值增加 105.8 亿元,私营增加 36.9 亿元,这说明不但国营工业得到优先发展,私营工业也有很大的发展,公私合营工业也在逐步增加。这种情况体现了各种经济成分在国营经济领导下分工合作、各得其所的新民主主义经济方针的正确性。

交通运输和邮电事业也有初步发展。旧中国共有铁路(台湾在内)26 857 公里。由于连年战争破坏,通车里程不及一半。1949 年修复 8 300 公里。1950 年,主要干线均已通车并开始修建来睦(广西来宾至睦南关)、天兰(甘肃天水至兰州)、成渝(四川成都至重庆)三条铁路。成渝路于 1952 年 7 月 1 日正式通车。四川人民数十年来的梦想变成了现实。至 1952 年底,全国通车里程达 24 518 公里。全国公路的通车里程由 80 768 公里增至 126 675 公里,超过新中国成立前最高水平。新中国刚成立时没有民用航空线,1952 年已有 13 123 公里。内河航运由 73 615 公里增至 95 025 公里。全国邮电局所由 26 300 处增至 49 500 处,邮电业务总量由 0.97 亿元增至 1.64 亿元。

国内外贸易均有发展。国内贸易,从成立国营的粮食、花纱布等专业公司开始,基本形成了以国营商业为领导、以合作商业为助手、联系城乡小商贩的贸易网。1952 年,全国有国营商店 33 282 个,农村供销社和城市消费合作社 35 096 个。商品零售额 276.8 亿元,其中国营 95.3 亿元,占 34.4%。人民政府注意少数民族地区商业的发展,共设立国营商业机构 1 300 多个。以合理价格进行交易,改变了过去不等价交换及受私商欺诈、剥削的状况。对外贸易,在极端困难的形势下,也有发展。进出口总值增加,商品构成起了变化,进口货物中主要是生产资料,奢侈品几乎绝迹。出口以农副产品、手工艺品为主,工业品所占比例由 1950 年的 9.3%上升到 17.9%。

三年中,文教事业有很大发展。全国小学由 34.7 万所增至 52.7 万所,学生由 2 439 万人增至 5 110 万人。普通中学及中等专业学校由 5 216 所增至 6 008 所,学生由 126.8 万人增至 312.6 万人。高等学校在校学生由 11.7 万人增至 19.1 万人,其中毕业

48

研究生由 107 人增至 627 人。各级学校的专任教师由 93.5 万人增至 159.1 万人。业余教育、职工在职培训也已开始,扫盲活动普遍开展。我国的卫生、科研、新闻、出版、电影、广播及群众文化活动都有较大发展。

在生产发展的基础上,人民的物质生活逐年提高。三年中,失业者日益减少。全国职工人数由 809 万人上升到 1 603 万人,从 1951 年 3 月 1 日起,实施《劳动保险条例》,对职工的生老病死伤残实行劳动保险。从 1952 年 7 月起,全国各级政府、党派、团体及所属事业单位的国家工作人员实行公费医疗预防制度。10 月各私立学校的教职员工,1953 年春各高校的学生也开始实行这一制度。1952 年 7 月 5 日政务院发出指示,进行新中国成立后第一次工资改革。这次改革制定了供给制人员的津贴标准及工资制工作人员的工资标准,统一实行"工资分"制度。① 以"分"为计算单位,确定职员、工人的八级或七级工资制。各级学校职员中分为 18 至 33 级。经此改革,全国职工平均工资较 1949 年提高 70%左右,高校教职员工平均工资比 1951 年增加 18.6%,中学增加 15.5%,初等学校增加 37.4%。农村小学教师月工资确定为旧币 20 万元。土改后,农民的生活有很大改善,实际收入平均每户增长 30%以上。

党和政府在领导人民恢复生产时,不但注意恢复中的重点建设,而且着眼于拟订长远规划。1949 年,编制了东北建设计划。1950 年中央财委试编了 1950 年国民经济计划概要。我国政府同苏联达成了 50 个建设单位(后来 156 项工程中的一部分)的协议,并聘请苏联几十个设计组帮助我国勘察设计。1951 年 2 月,中共中央政治局扩大会议提出"三年准备,十年计划经济建设"的设想,开始参照苏联经验编制国家的五年计划草案。1952 年 11

① "分"的含量由国家规定,主要是粮 1 市斤,布 0.13 市尺,油 0.25 市斤,盐 0.25 市斤,煤 2 市斤。这种办法至 1956 年 5 月停止实行。

月 15 日,中央人民政府成立国家计划委员会。同月,中央决定把大行政区人民政府或军政委员会改变为行政委员会,以加强中央及省市人民政府的组织。决定在省委以上党委成立农村工作部,并调中南局第三书记邓子恢任中央农村工作部部长。其任务是组织与领导农民的互助合作运动,以配合国家工业化的发展。中共中央还要求高级干部学习斯大林的《苏联社会主义经济问题》一书,以便从中吸取经验,推进我国的经济建设。这就表明,中国的经济不但已经恢复,而且已在着手有计划地建设了。

第二节　有计划经济建设的开始　生产资料私有制社会主义改造的基本完成

一、过渡时期总路线的提出　第一个五年计划的编定

中国共产党在长期奋斗中创立了新民主主义理论。这个理论不仅指导中国革命取得了胜利,而且指导了新中国成立最初几年的各项工作。按照这一理论,中国由于经济文化的极端落后,当无产阶级夺取政权之后,要经过一个相当长时间的新民主主义社会阶段,来集中力量进行经济和文化建设,以便为将来过渡到社会主义创造条件。1950 年 6 月,毛泽东在全国政协一届二次会议上谈到"实行私营工业国有化和农业社会化"时说:"这种时候还在很远的将来","在将来,在国家经济事业和文化事业大为兴盛了以后,在各种条件具备了以后,在全国人民考虑成熟并在大家同意了以后,就可以从容地和妥善地走进社会主义的新时期。"[①]周恩来在同一个会议上也指出:"我们的美满前途是社会主义。只要将共同纲领一条一条不折不扣地加以实施,中国必然会由新民主主义稳步地走向社会主义。但这必须经过相当长期的努力才能达

---

①　《毛泽东文集》第 6 卷,人民出版社 1999 年版,第 80 页。

到,决不可能躐等而进。"①1951年3月,刘少奇为全国组织工作会议拟定的共产党员八项条件的第一条规定:中国共产党"现在为巩固新民主主义制度而斗争,在将来要为转变到社会主义制度而斗争,最后要为实现共产主义制度而斗争"。"一切党员必须具有为党的这些目的而坚持奋斗的决心。"②1952年3月,毛泽东在修改中共中央统战部的一个文件稿时写道:"在新民主主义时期,即允许资产阶级和小资产阶级存在的时期","不允许资产阶级和小资产阶级有自己的立场和思想"的想法,"是脱离马克思主义的,是一种幼稚可笑的思想"③。同年9月5日,毛泽东致书黄炎培说:对资产阶级,"在现阶段,我们只应当责成他们接受工人阶级的领导,亦即接受《共同纲领》,而不宜过此限度。"现在谈"社会主义的思想","在少数人想想是可以的,见之实行则是不可以的"④。这些论述代表了当时中国共产党经过新民主主义建设进入社会主义的立国思想。

经过三年恢复时期,我国社会情况发生很大变化:首先,民主革命的遗留任务、特别是土地改革的任务完成了,工人阶级同资产阶级的矛盾上升为社会的主要矛盾。其次,人民民主专政得到了巩固,国家财政经济状况有了根本好转,这就为进一步开展社会主义建设和改造创造了条件。第三,经过稳定市场物价斗争和几次大的政治运动,特别是经过"三反""五反"运动,工人阶级对资产阶级的优势进一步加强,而资产阶级唯利是图的本性、虚弱的本质和孤立的境地也进一步暴露。第四,在土地改革的基础上,农村的互助合作运动已有初步开展,40%的农民加入了互助组,农业生产合作社出现了几百个;经过两次工商业调整,已有一半左右的资本

① 《建国以来周恩来文稿》第2册,中央文献出版社2008年版,第497页。
② 《刘少奇选集》下卷,人民出版社1985年版,第62页。
③ 《建国以来毛泽东文稿》第3册,中央文献出版社1989年版,第361页。
④ 《毛泽东文集》第6卷,人民出版社1999年版,第236~237页。

主义工业被纳入不同形式的国家资本主义的轨道。第五,国营和私营工业的产值比例发生国营超过私营的根本性变化,即由 1949 年各占 43.8% 和 56.2%,变为 1952 年的各占 67.3% 和 32.7%。由于这些情况的变化,毛泽东开始重新考虑中国向社会主义过渡的部署。1952 年 9 月下旬,毛泽东在中共中央书记处会议上提出从现在开始用 10 年到 15 年的时间基本上完成到社会主义的过渡的设想。① 这就是说,在民主革命遗留任务完成以后,民族资产阶级已是将被消灭的阶级,不要等到将来,而是从现在起,就要逐步向社会主义过渡。9 月以后,毛泽东又多次讲到他对中国向社会主义过渡问题的想法,并逐步形成过渡时期总路线的基本轮廓。

1953 年 6 月 15 日,中共中央政治局召开会议讨论由统战部提交的《关于利用、限制、改组资本主义工商业的若干问题(未定稿)》。② 在这次会上毛泽东第一次对党在过渡时期总路线和总任务的内容作了比较完整的表述。同时他批判了“确立新民主主义社会秩序”“由新民主主义走向社会主义”“确保私有财产”等提法,说“有人在民主革命成功以后,仍然停留在原来的地方。他们没有懂得革命性质的转变,还在继续搞他们的‘新民主主义’,不去搞社会主义改造。这就要犯右倾的错误。”“过渡时期充满着矛盾和斗争,是变动很剧烈很深刻的时期。我们现在的革命斗争,甚至比过去的武装革命斗争还要深刻。要在十年到十五年使资本主义绝种。‘确立新民主主义社会秩序’的想法,是不符合实际斗争

---

① 参见薄一波:《关于过渡时期总路线提出问题致田家英的信》(1965 年 12 月 30 日),《党的文献》2003 年第 4 期;薄一波:《若干重大决策与事件的回顾》上卷,中共党史出版社 2008 年版,第 151 页。

② 这年 5 月,统战部长李维汉在率调查组赴武汉、南京、上海等地调查研究的基础上,向中央提交了《资本主义工业中的公私关系问题》的报告,建议经过国家资本主义特别是公私合营这一主要环节,实现对资本主义工业的改造。后经修改,形成 6 月政治局会议讨论的文件。

情况的,是妨碍社会主义事业的发展的。"①毛泽东的讲话也批评了在过渡问题上的"左"的急躁情绪。同年8月,毛泽东把党在过渡时期的总路线和总任务正式写到周恩来在全国财经会议上所做的结论中。9月下旬,在中国人民政治协商会议全国委员会颁布的庆祝建国四周年的口号中,向全国公布了总路线的基本内容。1953年12月,中共中央批准并转发了经毛泽东修改的中宣部关于党在过渡时期总路线的学习和宣传提纲《为动员一切力量把我国建设成为一个伟大的社会主义国家而斗争》。这个提纲对总路线作了更为完整的表述:"从中华人民共和国成立,到社会主义改造基本完成,这是一个过渡时期。党在这个过渡时期的总路线和总任务,是要在一个相当长的时期内,逐步实现国家的社会主义工业化,并逐步实现国家对农业、对手工业和对资本主义工商业的社会主义改造。这条总路线是照耀我们各项工作的灯塔,各项工作离开它,就要犯右倾或'左'倾的错误"。这条总路线由1954年2月召开的党的七届四中全会正式批准,随后又载入一届全国人大一次会议通过的宪法之中,成为国家在过渡时期的总任务。

过渡时期总路线的提出,表明中国共产党向社会主义过渡的理论有了重要变化。原来主张民主革命胜利后,要建设"新民主主义共和国""为巩固新民主主义制度而斗争",在"相当长久的将来"再"采取相当严重的社会主义的步骤"②;这时改为不要再搞新民主主义,不仅现在要把向社会主义过渡的任务提上日程,而且从新中国一成立就已开始了这一过渡。

过渡时期总路线规定了社会主义工业化和社会主义改造两方面内容。总路线的特点,正是这两个方面的同时并举。

社会主义必须建立在大工业的基础之上,这是确定的。而我国旧有工业的基础却十分落后和薄弱。现代工业产值在整个工农

---

① 《党的文献》2003年第4期。

② 《刘少奇选集》上卷,人民出版社1981年版,第435页。

业产值中的比重,在恢复国民经济任务完成的 1952 年,也只有 26.6%。我国没有真正的机器制造业,不能制造汽车、飞机、拖拉机、重型和精密仪器,没有现代国防工业。所以,实现工业化,成为迫切的任务。我国的工业化是社会主义工业化,因此必须首先充分地发展国营的社会主义工业,同时要逐步地把非社会主义工业改造成为社会主义工业。

社会主义改造,就是要把农民和手工业者的个体所有制改造为合作社社员的集体所有制,把资本主义私有制改造为全民所有制。我国农村在完成土地改革之后,农民生产热情大为提高,但分散落后的小农经济仍然严重地束缚着农业生产力的发展。个体小农业没有也很难使用大机器,无力抵御天灾人祸,它所能提供的产品越来越不能满足工业发展的需要,同时农村已经出现了新的两极分化。这些矛盾只有在把个体小农业引向社会主义大农业之后才能解决,具体途径就是实现农业合作化。个体手工业是小商品经济,具有与个体农业类似的特点,改造的道路也是实行合作化。新中国成立以后,国家对资本主义工商业实行的是利用和限制的政策,即利用其有利于国计民生的积极作用的一面,限制其不利于国计民生的消极作用的一面,限制当中有改造。资本主义工商业对恢复和发展国民经济起了积极作用,但是,在私人资本主义条件下,资本主义所有制和社会主义所有制之间的矛盾、生产资料私人占有和生产社会性之间的矛盾、生产无政府状态和国家有计划的经济建设之间的矛盾、企业中资本家与工人之间的矛盾,都无法克服。这些矛盾的存在,影响着资本主义企业生产力的充分发挥,不利于国家整个的有计划经济建设的进行。根据我国的条件,改造资本主义工商业的途径是经由国家资本主义的形式,采取"赎买"政策,实行和平过渡。

总路线规定过渡时期要经过三个五年计划,连同新中国成立初的 3 年,共 18 年的时间,这同原来对新民主主义社会阶段所需时间的估计,大体相当。总路线不但规定社会主义工业化与社会主义改造同时并举,而且确认工业化是"主体",三大改造是"两翼"。总路线还规定,社会主义工业化与社会主义改造都要"逐步实现"。这些都是恰当的。但是在以后的解释和实践中,却片面强调了所有制的改造,以致出现两者脱节的现象。社会主义改造也不是"逐步实现",而是高潮掀起后一举完成。总路线追求生产资料所有制的单一性,即要求使社会主义所有制成为我国"唯一的经济基础",这是不适当的。这种认识上的局限又是当时难以避免的。

总路线制定和公布以后,在全国掀起了学习和宣传总路线的热潮。"一化三改"的内容,"动员一切力量把我国建设成为一个伟大的社会主义国家"的口号,很快家喻户晓。

根据苏联建设社会主义的经验,中共中央在酝酿提出过渡时期总路线的同时,即由周恩来、陈云等主持着手编制发展国民经济的第一个五年计划(1953—1957)。在计划开始实施后,又经多次补充修改,1955年7月,由全国人民代表大会一届二次会议正式通过。"一五"计划的重点是进行重工业建设。规定的基本任务是:"集中主要力量进行以苏联帮助我国设计的156个建设单位为中心的、由限额①以上的694个建设单位组成的工业建设,建立我国的社会主义工业化的初步基础;发展部分集体所有制的农业生产合作社,并发展手工业生产合作社,建立对于农业和手工业的社会主义改造的初步基础;基本上把资本主义工商业分别纳入各种形式的国家资本主义的轨道,建立对于私营工商业的社会主义改造的基础。"计划五年内,全国经济建设和文化建设的支出总额为766.4亿元,折合黄金7亿两以上。其中用于基本建设的投资

---

① 国家为便于管理和掌握重大的基建项目,参照我国实际制定出各种基建项目的投资限额。凡是一个项目的全部投资大于国家制定的限额,即为"限额以上"的项目,如规定钢铁工业的投资限额为1 000万元,纺织工业为500万元。"限额以上"又被称为"规模以上"。

为 427.4 亿元,占支出总数的 55.8%。"一五"计划是贯彻过渡时期总路线的重大步骤。

为了贯彻过渡时期总路线,实施发展国民经济的第一个五年计划,解决人民生活和国家建设所需的最重要物资的供求矛盾,国家决定对粮、棉、油等农副产品实行统购统销政策。1953 年 10 月,首先决定实行粮食统购统销,即对农民中的余粮户实行粮食计划收购,对城市居民和农村缺粮户实行粮食定量配售,由国家严格控制粮食市场。11 月,决定实行油料计划收购。1954 年 7 月,决定实行棉布计划供应、棉花计划收购。此外,还对糖料、烤烟、生猪、桐油、重要木材、茶叶等农副产品实行统一收购和供应。统购统销政策,是在当时经济发展水平低,基本产品匮乏的情况下实行的。这一政策对保障城乡社会主义建设和人民基本生活资料的需要,稳定市场物价,促进三大改造,起了积极作用。

二、第一届全国人民代表大会的召开和《中华人民共和国宪法》的制定

人民代表大会制,是中国共产党在战争年代就已提出的新中国应实行的国家政治制度。《共同纲领》规定:"人民行使国家政权的机关为各级人民代表大会和各级人民政府"。新中国成立后三年多的时间中,党领导人民完成了大陆的统一和各项民主革命的遗留任务,恢复了国民经济,同时普遍召开了各级各界人民代表会议,积累了民主生活的经验,这就为正式实行人民代表大会制准备了条件。

1953 年 1 月 13 日,中央人民政府委员会根据中共中央的提议,作出召开全国人民代表大会及地方各级人民代表大会的决议,并决定成立以毛泽东为主席的宪法起草委员会和以周恩来为主席的选举法起草委员会。2 月 11 日,中央人民政府委员会通过全国和地方各级人民代表大会选举法,组成以刘少奇为主席的中央选举委员会。接着进行人口普查和选民登记。截至 1953 年 6 月 30

日 24 时,全国人口总数为 601 938 035 人(含台湾省和海外华侨)。登记的选民为 32 381 万人,占 18 岁以上人口总数的 97%以上。按选举法规定,基层政权单位的人民代表,由选民直接选出;县以上各级由其下一级选出的人民代表选举。至 1954 年 6 月,基层选举完成,参加选举的选民占登记选民总数的 85.88%。6 月至 8 月,逐级召开了地方人民代表大会,分别选出出席上一级人民代表大会的代表。最后选出全国人民代表大会代表 1 226 人。

在此期间,中央人民政府为了加强中央的集中统一领导,充实省市级领导,于 1954 年 6 月决定撤销大区一级行政机构。同时对部分省市建制进行调整。辽东、辽西两省合并为辽宁省,松江省并入黑龙江省,宁夏省并入甘肃省(后宁夏成立回族自治区,又从甘肃分出),绥远省划入内蒙古自治区,京、津、沪以外的中央直辖市均改为省辖市。

第一届全国人民代表大会第一次会议于 1954 年 9 月 15 日至 28 日在北京举行。毛泽东致开幕词。他说:"我们的总任务是:团结全国人民,争取一切国际朋友的支援,为了建设一个伟大的社会主义国家而奋斗,为了保卫国际和平和发展人类进步事业而奋斗。"他还着重指出:"领导我们事业的核心力量是中国共产党。指导我们思想的理论基础是马克思列宁主义。"刘少奇代表宪法起草委员会作了《关于中华人民共和国宪法草案的报告》,对宪法草案起草的根据、宪法草案的性质和基本内容、全民讨论中提出的意见和处理情况等作了说明。经过认真讨论,大会于 9 月 20 日一致通过了新中国第一部宪法《中华人民共和国宪法》。大会还通过了《中华人民共和国全国人民代表大会组织法》《中华人民共和国国务院组织法》《中华人民共和国人民法院组织法》《中华人民共和国人民检察院组织法》《中华人民共和国地方各级人民代表大会及地方各级人民委员会组织法》等。周恩来代表中央人民政府作了《政府工作报告》。报告全面总结了新中国成立五年来国家取得的巨大成就,庄严地提出在我国建设现代化的工业、现代化的农业、现代化的交通运输业和现代化的国防的任务。大会于9月26日一致通过了《关于政府工作报告的决议》，批准这个报告。大会最后选举和决定了根据宪法设立的新的国家机构的领导人。选举毛泽东为中华人民共和国主席，朱德为副主席；选举刘少奇为第一届全国人民代表大会常务委员会委员长，宋庆龄、林伯渠、李济深、张澜、罗荣桓、沈钧儒、郭沫若、黄炎培、彭真、李维汉、陈叔通、达赖喇嘛·丹增嘉措、赛福鼎等13人为副委员长；选举董必武为最高人民法院院长，张鼎丞为最高人民检察院检察长；根据毛泽东主席提名，大会决定周恩来为中华人民共和国国务院总理，根据周恩来总理提名，大会通过国务院组成人选的决定，陈云、林彪、彭德怀、邓小平、邓子恢、贺龙、陈毅、乌兰夫、李富春、李先念等10人为副总理。

大会通过的宪法，是我国第一部反映广大人民意志的社会主义类型的宪法。它是采取领导和群众相结合的方法制定的。中共中央在经过一年多时间的起草工作后提出宪法草案初稿，1954年3月交宪法起草委员会讨论通过，然后在北京和全国各大城市组织各方面代表人物8 000多人进行两个多月的讨论。根据讨论意见修改而成宪法草案，于6月14日公布，交全国人民讨论。又经两个多月时间，约有1.5亿人参加讨论。根据全国讨论中提出的修改和补充意见，宪法起草委员会对原草案再次进行修改，并经中央人民政府委员会通过，最后提交全国人民代表大会讨论通过。这个过程说明了宪法制定的严肃性和群众性，使它能够更充分地反映全国人民的意志和愿望。

宪法总结了中国人民一百多年来英勇斗争特别是新中国成立后五年革命和建设的历史经验，确认了人民革命的伟大成果和新中国成立后经济上、政治上的新胜利，规定了我国的国家性质、基本的国家制度和向社会主义过渡的伟大任务。而所有这些总结和规定，都体现了人民民主和社会主义两条原则。

宪法序言首先指出：中国人民经过一百多年的英勇奋斗，终于

58

在中国共产党领导下,取得了反帝反封建反官僚资本主义的人民革命的伟大胜利,建立了人民民主专政的中华人民共和国。"中华人民共和国的人民民主制度,也就是新民主主义制度,保证我国能够通过和平的道路消灭剥削和贫困,建成繁荣幸福的社会主义社会"。这就是百年来中国革命所得出的基本结论。刘少奇在关于宪法草案的报告中说:"长期的革命斗争证明,中国共产党指出的由新民主主义到社会主义的道路是唯一能够救中国的道路。"宪法确认了这样的事实。

关于我国的国家性质,即社会各阶级在国家中的地位,宪法总纲第一条规定:"中华人民共和国是工人阶级领导的、以工农联盟为基础的人民民主国家。"我国的人民民主专政,由于已担负起社会主义改造和社会主义建设的任务,所以它实质上已是无产阶级专政;但它的阶级构成较俄国革命建立的无产阶级专政要广阔,它除去工农联盟外,还包括劳动人民同可以合作的非劳动人民之间的联盟,即广泛的人民民主统一战线。

关于我国的政治制度,宪法规定:"中华人民共和国的一切权力属于人民,人民行使权力的机关是全国人民代表大会和地方各级人民代表大会。"这就是说,我国的根本政治制度就是人民代表大会制。在这一制度下,全国人民代表大会统一和集中行使最高国家权力,各级行政机关都由同级人民代表大会选举产生,并受它们的监督,可由它们罢免。国家和地方的一切重大问题,都须经过全国和地方各级人民代表大会讨论和作出决定。各级人民代表大会和其他国家机关,一律实行民主集中制。

宪法对我国的民族关系和民族政策做了专门规定,这是我国政治生活和政治制度中的重要内容。宪法规定:"各民族一律平等。禁止对任何民族的歧视和压迫,禁止破坏各民族团结的行为。""各少数民族聚居的地方实行区域自治。各民族自治地方都是中华人民共和国不可分离的部分。"

宪法规定了公民享有的广泛的自由和权利及应尽的义务。公民的权利和义务是一致的,任何人都不能只享受权利而不尽义务,也不会只尽义务而不享受权利。公民享有的权利和自由有:公民在法律上一律平等;成年公民的选举权和被选举权;言论、出版、集会、结社、游行、示威、宗教信仰、居住和迁徙的自由;人身自由不受侵犯;住宅不受侵犯,通信秘密受法律保护;劳动的权利;劳动者休息的权利;劳动者在年老、疾病或者丧失劳动能力时获得物质帮助的权利;受教育的权利;进行科学研究、文学艺术创作和其他文化活动的自由;妇女享有同男子平等的权利;控告违法失职的国家机关工作人员的权利;由于公民权利被侵犯而遭受损失时,有取得赔偿的权利;保护国外华侨的正当的权利和利益;对因拥护正义事业、参加和平运动、进行科学工作而受到迫害的外国人,给以居留的权利。公民的义务有:遵守宪法和法律,遵守劳动纪律,遵守公共秩序,尊重社会公德;爱护和保卫公共财产;依照法律纳税;依照法律服兵役。

宪法规定了我国向社会主义过渡的方向。它把中国共产党过渡时期总路线"一化三改"的内容写入序言,确定为国家在过渡时期的总任务,并且在一些具体条文中又作了相应的规定。

宪法规定了我国国家机构体系。全国人大是最高国家权力机关和唯一国家立法机关,常务委员会为其常设机关。常务委员会和国家主席结合行使国家元首职权,国家主席并统率全国武装力量;最高国务会议为议事机构,由国家主席召集,所议事项,由主席提交人大、人大常委会、国务院或其他有关部门讨论并作出决定。国务院是最高国家权力机关的执行机关,为最高国家行政机关,对全国人大及其常委会负责并报告工作。最高人民法院是最高审判机关,对全国人大及其常委会负责并报告工作,人民法院独立进行审判,只服从法律。最高人民检察院对国务院所属各部门、地方各级国家机关、国家机关工作人员和公民是否遵守法律,行使检察权,对全国人大及其常委会负责并报告工作。

第一届全国人民代表大会第一次会议的召开和《中华人民共

和国宪法》的制定,具有重大的历史意义。正如毛泽东在开幕词中所说:"这次会议是标志着我国人民从一九四九年建国以来的新胜利和新发展的里程碑,这次会议所制定的宪法将大大地促进我国的社会主义事业。"《中华人民共和国宪法》以《共同纲领》为基础,又是《共同纲领》的发展。宪法的制定和颁布,使我国有了立国的总章程,有了根本大法,这标志我国的政权建设、法制建设进入了一个新的阶段,并为进一步加强这方面的建设奠定了基础。宪法以国家根本大法的形式把过去革命的成果和今后应走的道路,即人民民主和社会主义这两条原则肯定下来,这就给全国人民指出了一条明确的和正确的道路。宪法的颁布提高了全国人民建设社会主义的积极性,促进了我国社会主义事业的发展。

人民代表大会制实行以后,政协作为人民民主统一战线的组织仍然存在。在 1954 年 12 月召开的政协二届一次会议上,周恩来提出政协今后的五项任务:(1)协商国际问题;(2)对全国和地方各级人民代表大会代表的候选人名单及政协各级组织组成人员的人选进行协商;(3)协助国家机关,推动社会力量,解决社会生活中各阶级相互关系问题,并联系人民群众,向国家有关机关反映群众的意见和提出建议;(4)协商和处理政协内部和党派团体之间的合作问题;(5)在自愿的基础上,学习马克思列宁主义和努力进行思想改造。二届一次会议选举毛泽东为政协名誉主席,周恩来为政协主席,通过了《中国人民政治协商会议章程》。

三、中共七届四中全会 《关于增强党的团结的决议》

1953 年冬至 1955 年春,中国共产党内发生了高岗、饶漱石进行反党分裂活动的重大事件。中共中央同这种反党分裂活动进行了严肃的斗争,强调了维护党的团结的重要性。

1952 年底高岗由东北党政最高负责人岗位调任国家计划委员会主席。1953 年初饶漱石由华东党政最高负责人岗位调任中共中央组织部部长。此时,中共中央为适应有计划的经济建设的

61

需要,考虑是否采用部长会议的国家体制和是否增设中央副主席、总书记等问题,酝酿召开全国人民代表大会和党的第八次全国代表大会,毛泽东还提出中央领导人分一线二线问题。高、饶认为这是权力再分配的极好机会,于是便互相配合,展开了分裂党、企图夺取党和国家最高权力的活动。

1953年6月中旬至8月中旬,中共中央召开全国财经会议,目的是统一党内对过渡时期总路线的认识,纠正前一阶段财经工作中出现的缺点、错误。高岗企图扭转会议方向,达到个人篡权目的。他把1953年以来财经工作中出现的某些问题说成是路线错误,明批薄一波,实攻刘少奇。散布中央有所谓"圈圈"和"摊摊",制造混乱。中共中央及时纠正了在他影响下产生的一些不正确意见。毛泽东一再强调团结的重要,明确指出前段财经工作中的问题并未构成路线错误。财经会议后,高岗以休假为名到华东、中南地区活动,在一些高级干部中拨弄是非。他制造了所谓"两党论"和"军党论"的荒谬理论,说中国共产党分成"根据地和军队的党"与"白区的党"两部分,而党是军队创造的,他是"根据地和军队的党"的代表。现在党中央和国家机关掌握在"白区的党"手里,因此应当彻底改组。与此同时,饶漱石也大肆活动。财经工作会议结束时,他擅自发动了对中组部副部长安子文的斗争。随后,在九十月间召开的全国第二次组织工作会议期间,他又以批判安子文为名,把锋芒指向刘少奇。1953年12月,毛泽东准备外出休假,照例提出由刘少奇代理他的工作。高岗出面反对,主张由几个书记"轮流坐庄"。

高、饶使用阴谋手法,当面一套,背后一套,两面三刀,打着拥护党和毛泽东的旗号,进行反对党、分裂中央的活动。

中共中央发现高、饶的反党阴谋后,同他们进行了坚决的斗争。1953年12月,中央政治局会议上,毛泽东指出:"北京有两个司令部",有人"刮阴风""烧阴火",建议政治局搞一个关于增强党的团结的决议。1954年2月6日至10日,中国共产党召开七届四中全会。刘少奇代替正在休假的毛泽东主持会议并代表中央政治局作了报告。朱德、周恩来、陈云、邓小平等44人发言。会议高度评价了七届三中全会以来中央政治局的工作；批准了政治局提出的党在过渡时期的总路线；决定召开党的全国代表会议；讨论了第一个五年计划纲要及其他有关的各项问题；一致通过了经毛泽东提议起草的《关于增强党的团结的决议》。

《关于增强党的团结的决议》是党的生活中具有重大历史意义的文件。它把党的团结看作"党的生命"，是"马克思列宁主义的基本原则"，要求全党像保护眼珠一样来保护党的一致。决议特别强调高级干部的团结"是全党团结的关键"，指出了当时在一部分高级干部中存在的破坏团结的危险情绪。为了增强全党团结，决议对高级干部作出六条具体规定：（1）把维护和巩固党的团结作为指导自己言论和行动的标准；（2）维护党中央的统一领导，反对任何妨碍中央统一领导、损害中央团结和威信的言论和行动；（3）严格遵守民主集中制和集体领导的原则；（4）经常向所属党组织直至中央报告和反映自己的重要的政治活动和政治意见；（5）检查自己的言论和行动，不利于团结的言行必须改正；（6）对任何有损党的团结的言行应进行批评和斗争。这六条规定，虽然是针对高、饶的分裂活动作出的，但对任何时期党的建设都是有积极意义的。

七届四中全会后，中央分别召开了高岗问题座谈会和饶漱石问题座谈会，进一步揭露高、饶的反党分裂活动。党中央对高、饶采取斗争和挽救的方针，但高岗拒绝党的教育，在第一次自杀未遂后，1954年8月第二次自杀身亡。饶漱石曾检讨承认所犯错误，但不久又翻案。1955年被捕入狱。

1955年3月21日至31日，中国共产党召开全国代表会议。会议通过《关于第一个五年计划草案的决议》；通过决议开除高岗、饶漱石的党籍，撤销他们党内外的一切职务；通过《成立党的中央和地方监察委员会的决议》，选出以董必武为书记的监察委员会。4月4日,召开七届五中全会批准了上述三项决议和中央监委人选。五中全会补选林彪、邓小平为中央政治局委员。

中国共产党从揭露和粉碎高、饶反党分裂活动的斗争中,取得了深刻的经验教训。党的全国代表会议关于高、饶问题的决议指出:党必须坚决地贯彻集体领导的原则,发扬党内民主,加强党内批评和自我批评,必须继续同破坏集体领导原则的个人独裁和分裂主义倾向作斗争,同压制党内民主和批评的现象作斗争,同骄傲自满情绪和个人崇拜习气作斗争;党要对任何地区、部门和工作人员实行严格的、经常的、有系统的、自上而下和自下而上的监督,建立和健全各种检查和巡视制度,成立各级监察委员会;党要加强政治思想工作,反对资产阶级的个人主义思想、政治手段和生活方式,对广大党员进行最低限度的马列主义教育。毛泽东在全国代表会议的开幕词和结论中着重指出:“我们是共产党人,更不待说是党的高级干部,在政治上都要光明磊落,应该随时公开说出自己的政治见解,对于每一个重大的政治问题表示自己或者赞成或者反对的态度,而绝对不可以学高岗、饶漱石那样玩弄阴谋手段。”“在原则性的问题上,在同志之间,对于违反党的原则的言论、行动,应当经常注意保持一个距离……就是说,要划清界限,立即挡回去。”否则会越陷越深。① 所有这些总结都是党的建设上的重要之点。

四、对外关系的新发展与和平共处五项原则的提出

为了维护世界和平,创造有利的国际环境,中国政府展开了积极的外交活动。

根据苏联的建议和苏、美、英、法四国外长会议的决定,1954年4月26日至7月21日,在日内瓦召开了讨论和平解决朝鲜问题和恢复印度支那和平问题的国际会议。中国政府组成以政务院

---

① 《毛泽东文集》第6卷,人民出版社1999年版,第391、400页。

总理兼外交部长周恩来为首席代表,有张闻天、王稼祥为代表的近200人的中国代表团出席了会议。

关于和平解决朝鲜问题,虽然朝鲜民主主义人民共和国、中国、苏联等国提出了公平合理的方案,内容是:一切外国武装力量在六个月内撤出朝鲜,举行全朝鲜的自由选举,以建立一个独立、统一、民主的朝鲜,但由于美国的竭力阻挠,讨论多日,没能达成任何协议。

关于恢复印度支那和平问题的讨论,取得了成果。第二次世界大战后印支三国(越南、老挝、柬埔寨)的战争局面,完全是由于法国企图恢复在那里的殖民统治所造成的。美国支持法国的殖民战争,并企图取代法国在那里的地位。新中国成立后,对印支人民的抗法斗争给予了大力支援。应胡志明的要求,1950年中国政府派出军事顾问团赴越,并拨出大量军事装备和作战物资援助越南的抗法战争。在日内瓦会议正式讨论印支问题之前,越南军民取得了奠边府战役的胜利,歼灭法国侵略军主力1.6万余人,完全解放了越南北方。印支战局的这一重大变化,为和平解决印支问题创造了条件。5月8日,日内瓦会议开始讨论恢复印度支那和平问题。6月16日,中国代表团提出印支全境停止敌对行动的六点建议。7月21日,会议达成恢复印支和平的协议。协议规定了在印支三国停止敌对行动的具体办法以及解决三国政治问题的原则;法国和与会各国保证三国的独立、主权和领土完整;三国将分别在规定的期限内举行全国自由选举,以实现三国各自的民主统一。这一协议的达成,使持续8年之久的印支战争停止下来,使当时紧张的国际局势得到一定程度的缓和。中国代表团对协议的达成起了很大的促进作用,显示了新中国在国际事务中的重要地位。

日内瓦会议前后,中国同近邻印度、缅甸等国的关系有了发展,并在此过程中共同倡导了和平共处五项原则。1953年12月31日至1954年4月29日,中国和印度就两国在中国西藏地方的关系问题举行了北京会谈。会谈第一天,周恩来在同印度代表团的谈话中,把新中国成立后所确立的处理中印关系的原则概括为五项:互相尊重领土主权、互不侵犯、互不干涉内政、平等互利和和平共处。这五项原则后来正式写入双方达成的《关于中国西藏地方和印度之间的通商和交通协定》的序言中。日内瓦会议期间,6月下旬,周恩来访问印、缅两国,同印度总理尼赫鲁、缅甸总理吴努举行了会谈。在中印、中缅联合声明中,一致同意以上述五项原则作为指导中印、中缅关系的基本原则,并认为这些原则也适用于一般国际关系中。① 五项原则的倡导,在国际上产生了深远的影响,被广泛认为是解决国与国之间关系的基本准则。1954 年 10 月至 12 月,印、缅两国总理相继访问中国。1955 年,中国同阿富汗、尼泊尔建交。

经由缅甸、锡兰(今斯里兰卡)、印度、印度尼西亚、巴基斯坦五国发起,1955 年 4 月 18 日至 24 日,在印度尼西亚万隆举行了亚非会议。中国派出以周恩来为首席代表,陈毅、叶季壮、章汉夫、黄镇为代表组成的代表团出席会议。这是亚非历史上第一次没有殖民国家参加的、由亚非国家自己讨论共同关心的问题的会议,共有 29 个国家 340 名代表参加。会上,周恩来几次发言。他根据会议中出现的情况,特别强调了亚非国家间应"求同存异"的方针,为会议的成功作出了杰出贡献。会议广泛讨论了民族主权、反殖民主义斗争、世界和平以及与会国之间的经济、文化合作等问题,达成了协议,并通过《关于促进世界和平和合作的宣言》。宣言严正谴责帝国主义和殖民主义的侵略行径,支持被压迫国家争取民族解放的斗争,在中印倡导的和平共处五项原则的基础上,提出促进世界和平与合作的十项原则。会议所反映的亚非人民团结一致、反对帝国主义和殖民主义、争取和维护民族独立、保卫世界和平、发展各国人民间友谊的精神,被称作"万隆精神"。会议期间,周恩来代表中国政府与印度尼西亚政府签订了双重国籍条约。规

---

① 五项原则的第一项后改为"相互尊重主权和领土完整"。

定:凡同时具有中国和印度尼西亚双重国籍的人,两年内自愿选择一种国籍;两国侨民都要尊重侨居国政府的法律和社会习惯,不参加侨居国的政治活动。6月3日,两国政府就该条约的实施办法互换了照会。

1953年以后,中国同苏联和各人民民主国家的友好关系进一步发展。1953年11月,朝鲜内阁首相金日成率代表团访华。周恩来、邓小平等代表中国政府与朝鲜代表团举行会谈。中国政府决定:将1950年6月25日至1953年12月31日期间中国援助朝鲜的一切物资和费用,全部无偿地赠给朝鲜政府;并决定,从1954年到1957年,再赠给朝鲜政府8万亿元人民币(旧币),以援助朝鲜恢复国民经济。1954年7月下旬,周恩来总理相继访问了德意志民主共和国、波兰、苏联、蒙古四国。这一年我国国庆期间,苏联和所有人民民主国家都派出高级代表团前来参加庆祝活动。苏联代表团由苏共中央第一书记赫鲁晓夫、部长会议第一副主席布尔加宁、部长会议副主席米高扬等组成,他们在9月底至10月中访问了我国。国务院总理周恩来,副总理陈云、彭德怀、邓小平、邓子恢、李富春等代表中国政府与苏联代表团举行了会谈。毛泽东、朱德、刘少奇也参加了会谈。会谈取得重要成果。双方发表的联合宣言表示,两国在同其他国家的关系上,要严格遵守"互相尊重主权和领土完整、互不侵犯、互不干涉内政、平等互利、和平共处"的各项原则。在关于对日本关系的联合宣言中,谴责美国对日本的继续占领,表示愿意采取步骤实现同日本关系的正常化。会谈决定苏联军队从共同使用的中国旅顺口海军基地撤退,基地设备无偿移交中国(撤退与移交要在1955年5月31日前完成)。决定将1950年和1951年创办的四个联合股份公司①中的苏联股份移交给中国,股份价值由中国以供货方式数年内偿还。双方签订了科

---

① 四个联合股份公司是:新疆开采有色及稀有金属的公司、新疆开采和提炼石油的公司、大连建造和修理轮船的公司、组织和经营民用航空路线的公司。

学技术合作协定。双方还决定联合修建兰州—乌鲁木齐—阿拉木图铁路并组织联运。中、苏、蒙三国决定联合修建集宁—乌兰巴托铁路并组织联运。会谈还签订了关于苏联给予中国5.2亿卢布长期贷款的协定,关于苏联帮助中国新建15项中国工业企业和扩大原有协定规定的141项企业设备的供应范围的议定书。苏联还决定赠给中国为建立播种2万公顷(30万亩)面积的国营谷物农场所必需的机器和设备,以及北京苏联展览馆内的83件机床和农业机器。所有这些成果对于我国的社会主义建设都是有利的。1955年6月,越南民主共和国主席胡志明访问中国。中国决定无偿赠给越南8亿元人民币,并派技术人员赴越帮助进行经济建设。到1956年,由于苏共二十大的召开,中苏两党出现分歧,但社会主义国家间的友好关系继续维持着。中共派出以朱德为首的代表团出席了苏共二十大。苏共二十大前后,朱德访问了民主德国、罗马尼亚、匈牙利、捷克斯洛伐克、波兰、苏联、蒙古等7国。1956年4月,苏联部长会议第一副主席米高扬率代表团访华,苏联决定再援助中国兴建55个新的工业企业,作为前此156项的补充。

这个时期美国坚持奉行敌视和侵略中国的政策,中美关系仍然僵持着。1954年12月2日,美国和台湾蒋介石集团签订所谓《共同防御条约》,企图通过这个条约使美国武装侵占台湾的行为合法化,阻止中国人民解放台湾。12月8日,国务院总理兼外交部长周恩来发表声明,反对美蒋条约。声明严正指出:台湾是中国的领土,解放台湾完全是中国的主权和内政,决不容许他国干涉;美蒋条约根本是非法的,无效的。1955年初,人民解放军解放了一江山岛、大陈岛、渔山列岛、披山岛等岛屿。此后,开始出现中美直接联系的渠道。7月中旬,美国通过英国向中国建议举行大使级会谈,中国政府表示同意。8月1日,两国大使级会谈首次会议在日内瓦举行。9月10日,会谈就双方平民回国问题达成协议。以后大使级会谈多次举行,但两国关系长时期内没有根本性变化。

五、思想文化领域的批判运动　肃反斗争

为了贯彻过渡时期总路线,1954 年和 1955 年,中共中央和毛泽东在文化学术领域相继发动了一系列思想批判运动。

1954 年 10 月,首先发动了对俞平伯《红楼梦》研究观点的批判。俞平伯是"五四"后形成的"新红学"派的权威作家之一。1952 年,他把 30 年前写成的《红楼梦辨》一书修改后重新出版,改名为《红楼梦研究》。1954 年 3 月,又发表《红楼梦简论》一文。俞平伯发挥"新红学"派的"自传说",认为曹雪芹所以写《红楼梦》,一是"感叹自己的身世",二是作"情场忏悔",三是为自己周围的十二个女子("十二钗")"作本传"。他把《红楼梦》一书的基本观念概括为"色"与"空",认为正是这两个观念把书中"现实的""批判的""理想的"三部分内容统一起来了。他说《红楼梦》的写作风格是"怨而不怒",对两个主要女子的态度是无所偏爱,"钗黛合一"。俞平伯在《红楼梦》研究中,对该书的作者和版本作了大量有益的考证工作,但他没有能够深刻地揭示这部作品的思想倾向和社会意义。

1954 年第 9 期《文史哲》和同年 10 月 10 日《光明日报》先后发表李希凡、蓝翎合写的文章《关于〈红楼梦简论〉及其他》《评〈红楼梦研究〉》,对俞平伯红楼梦研究观点提出批评,认为俞平伯"是以反现实主义的唯心论观点分析和批评了《红楼梦》"。李、蓝是两个年轻人,他们的文章曾经受到压制。10 月 16 日,毛泽东就此事写信给政治局和其他有关人员,一方面对李、蓝的文章给以高度评价,另一方面对"阻拦'小人物'"的"大人物"进行严厉批评。信中说:驳俞平伯的两篇文章"是三十多年以来向所谓《红楼梦》研究权威作家的错误观点的第一次认真的开火。""看样子,这个反对在古典文学领域毒害青年三十余年的胡适派资产阶级唯心论的斗争,也许可以开展起来了。""事情是两个'小人物'做起来的,

而'大人物'往往不注意,并往往加以阻拦,他们同资产阶级作家在唯心论方面讲统一战线,甘心作资产阶级的俘虏。"毛泽东指责一些人没有从批判《武训传》中引出教训,"又出现了容忍俞平伯唯心论和阻拦'小人物'的很有生气的批判文章的奇怪事情,这是值得我们注意的"①。

　　毛泽东的信把对一部古典文学著作的研究和争论,提到同资产阶级唯心论作斗争和是否"甘心作资产阶级的俘虏"的高度来认识,使文艺界、学术界继批判《武训传》之后,再次受到巨大的震动。批判俞平伯《红楼梦》研究的高潮很快掀起。从1954年10月下旬开始,首都和全国各地报刊都以大量篇幅登载批判文章。中国作家协会古典文学部召开了关于《红楼梦》研究问题讨论会,认定俞平伯对《红楼梦》的研究"是胡适实用主义主观唯心论的继承",其目的"是割弃作品的社会意义和艺术价值,用主观主义的和趣味主义的考据把读者引向不可知论的泥潭"。10月底至12月上旬,文联主席团和作协主席团召开八次扩大联席会议,批判俞平伯和《文艺报》。《文艺报》主编冯雪峰检讨了他"对于资产阶级唯心论的投降"和"贬低了马克思列宁主义的新生力量"的错误。《文艺报》被改组。文联所属各协会和各省市文联也都对以往工作进行了检查。文艺界领导人周扬号召"我们必须战斗"。俞平伯被迫在1955年2月作出"初步检讨"。学术批判进一步发展为政治围政。

　　这场批判运动的后果是消极的。不仅伤害了被批判者本人,而且不利于整个学术和艺术的发展。对《文艺报》的批评和处理是不公正的。但也应看到,批判期间也出现一些从新的角度研究《红楼梦》的文章,探讨了该书产生的时代背景、它的人民性、现实主义意义、艺术成就等问题。

　　按照毛泽东的信指示的方向,对俞平伯的批判很快发展为对

　　① 《毛泽东文集》第6卷,人民出版社1999年版,第352~353页。

胡适的批判。1954年12月初,中国科学院和作协主席团决定联合召开批判胡适思想的讨论会,并成立"胡适思想批判讨论工作委员会"。随后,对胡适思想的批判全面展开。至1955年3月,全国省市以上报纸和全国学术性刊物大都发表了批判文章,总计在200篇以上。北京召开批判讨论会16次。批判的内容,涉及胡适的政治活动、政治思想和他在哲学、文学、史学、教育学、考据学等各个学术领域的观点。批判的角度是从政治入手,论定胡适是"美国帝国主义所一手造成的买办洋奴",同蒋介石是"一文一武,难兄难弟"。这是一场政治声讨性的批判。这种批判不可能做到深入的学术探讨和评论上的客观与全面,无助于学术事业的发展。

在批俞、批胡相继掀起高潮并已开始对胡风展开批判之时,中共中央于1955年3月1日发出《关于宣传唯物主义思想批判资产阶级唯心主义思想的指示》。这个指示认为:没有宣传唯物主义、批判资产阶级唯心主义"这个思想战线上的胜利,社会主义建设和社会主义改造的任务就将受到严重阻碍",因为反动势力"破坏我们事业的最重要的方法之一,就是用资产阶级的思想反对马克思主义的思想,用唯心主义的世界观反对唯物主义的世界观"。指示把"在各个学术领域中对资产阶级唯心主义思想的代表人物的批判",看作宣传唯物主义、推进科学和文化进步、促进马克思主义新生力量成长、培养和组织理论工作队伍的"有效方法",因此要求省市以上党委都要注意领导和发展这种思想斗争。指示规定了学术批判、学术批评和讨论应遵循的一些基本原则:要破除对资产阶级"名人"的偶像崇拜;在学术批评和讨论中,任何人都不能有特权,党员与党员、党员与非党员、非党员与非党员、名人与非名人之间,都可以相互开展批评;批评与讨论应当是说理的,实事求是的;注意对马克思主义各项基本观点的宣传;坚持党的统一战线政策和团结改造知识分子的政策等。这个指示的目的是很清楚的,即扫除实现总路线的思想障碍,其中对学术批评和讨论的一些原则规定,也是正确的;但它把唯心主义一律视作资产阶级反动思想,要求对某些学术问题"必须在根本点上做出结论"等,都是不恰当的。它所倡导的大批判的方法,后果也是不好的,阻碍了学术的自由讨论和发展。

中共中央指示发出后,在开展胡适思想批判的同时,又掀起对胡风文艺思想的批判高潮。胡风是文艺评论家,历史上就同一些共产党员文艺家有过争论。他强调作家的主观精神在创作中的作用。新中国成立以后,分歧仍然存在。1953年林默涵、何其芳分别著文批评了胡风的文艺思想。一年后,1954年7月,胡风向中共中央递交30万言的关于文艺问题的意见书。意见书的内容十分广泛,其中把林、何文章中所阐述的共产主义世界观、工农兵生活、思想改造、民族形式、题材等五个理论问题的观点,称作放在"读者和作家头上"的"五把'理论'刀子"。说"在这五道刀光的笼罩之下,还有什么作家与现实的结合,还有什么现实主义,还有什么创作实践可言?"1955年1月,中共中央批转中宣部《关于开展批判胡风思想的报告》。2月,作协主席团扩大会议决定对胡风文艺思想展开全面的彻底的批判。

对胡风文艺思想的批判,一开始就带有浓重的政治斗争的气息。其结果,争论的问题并没有搞清楚,而且,胡风文艺思想中的合理成分,诸如他所强调的"写真实"、把世界观与创作方法加以区分、注重创作实践、反对"题材决定论"等观点,以及对创作规律的一些正确阐述,也都给批判了、否定了。但直至1955年5月以前,还是限于理论批判的范围。

在上述批判的同时,还开展了对梁漱溟的批判。主要是批判了梁漱溟的文化观、乡村建设论以及总路线提出后的一些言论。在建筑界、卫生界等也都对一些代表人物进行了批判。

对胡风的批判,到1955年5月发生了根本性质的变化。从5月13日至6月10日,《人民日报》相继发表三批"关于胡风反革命集团的材料",毛泽东亲自写了20多条按语,随后又为《胡风反革命集团材料》小册子撰写了序言。三批材料都是新中国成立前后胡风与他的追随者之间往来信件的摘抄,总计 168 封,绝大部分为胡风本人所写。这些信件表达了他们对文艺界党的领导的极端不满,而且使用许多极容易被人误解的政治性言词。据此,毛泽东把胡风和同他有牵连的人定性为"反革命集团"。对胡风文艺思想的批判由此发展为肃清所谓"胡风反革命集团"的斗争。这场斗争共触及 2 100 多人,逮捕 92 人,正式定为"胡风反革命集团分子"的 78 人,骨干分子 23 人。胡风被判处徒刑 14 年。这是一桩严重的冤案错案。

胡风事件后,展开了全国范围的肃清反革命分子的斗争。1951 年的镇压反革命,主要是打击了社会上公开暴露的反革命势力。暗藏在机关、团体、企事业单位的反革命分子没有来得及清理。随着社会主义改造事业的发展,反革命活动又有所抬头。1954 年,全国工矿企业发生反革命破坏事件 340 多起,全国发生凶杀暗害事件 6 300 多起,死伤干部群众 8 300 多人。在十几个省份还发生 8 起反革命暴动和 19 起骚动事件。1955 年 3 月,毛泽东指出:"国内反革命残余势力的活动还很猖獗,我们必须有计划地、有分析地、实事求是地再给他们几个打击,使暗藏的反革命力量更大地削弱下来,借以保证我国社会主义建设事业的安全。"[①]5月,中共中央发出指示,要求全党更加提高警惕,加强同反革命分子和各种犯罪分子的斗争。在揭露所谓"胡风反革命集团"后,7月 1 日,中共中央发出《关于展开斗争、肃清暗藏的反革命分子的指示》。此后肃反斗争在全国分批展开。

中共中央提出肃反的总方针是:"提高警惕,肃清一切特务分子;防止偏差,不要冤枉一个好人。"为此必须划清五个界限:反革命问题和政治问题的界限、政治问题和思想问题的界限、反革命破坏和工作过失的界限、反动言论和落后言论的界限、反革命集团和落后集团的界限。肃反中实行群众路线和专门工作相结合,既广

---

① 《毛泽东文集》第 6 卷,人民出版社 1999 年版,第 392 页。

泛发动群众检举揭发,又进行大量的内查外调。对反革命分子的处理,实行惩办和宽大相结合的政策,"坦白从宽,抗拒从严,立功折罪,立大功受奖"。对普通的历史反革命分子和重要的历史反革命分子、历史反革命分子和现行反革命分子、反革命的一般分子和骨干分子加以严格区分,进行不同处理。到 1956 年,中共中央又提出"有反必肃,有错必纠"的原则,对错斗、错捕、错关、错判的人,做了甄别平反工作。

据 1957 年 12 月统计,在这次肃反斗争中,共查出反革命分子和其他坏分子 10 万多名,其中混入党内者 5 000 多名,混入青年团者 3 000 多名。反革命分子中有新老特务间谍,有重要的历史反革命分子,有久捕未获的要犯。抗战期间河北滦县大惨案的制造者,杀害李大钊、杨虎城、陈潭秋、毛泽民、李兆麟、罗世文等先烈的凶犯,都被清查出来。斗争中有 19 万多名反革命分子投案自首。还查清了 177 万多人的政治历史问题,使他们放下了历史包袱。机关肃清暗藏反革命的同时,社会上开展了镇反,对公开破坏社会主义事业的反革命分子、各种犯罪分子及 1951 年镇反时漏网的反革命分子,进行了打击。肃反斗争使人民民主专政得到进一步巩固,为社会主义建设和改造事业提供了更安定的社会环境。

六、农业、手工业和资本主义工商业社会主义改造的基本完成 社会主义制度在中国的建立

农业生产资料所有制方面的社会主义改造,是通过农业合作化运动完成的。农业合作化运动,实际上从各地土地改革完成之后就陆续开始了。中国共产党执行的是"趁热打铁"的方针,紧接着土地改革就开展农业互助合作。但在党的领导人中,对这一方针的认识有一个过程。

新中国成立前夕,1948 年 7 月,经毛泽东等领导人审阅的新华社信箱《关于农业社会主义的问答》指出,只有工业大发展,能够有"成千成万的农业机器供给农民使用"之时,才能将农民组织到集体农庄之中,实行"社会主义的农业"①。就是说,必须先有机械化,然后才能有集体化。1951年4月,山西省委鉴于老解放区土改后农业互助组织发生涣散的情形,在向华北局所做关于"把老区的互助组织提高一步"的报告中提出:应"积极地稳健地提高农业生产互助组织,引导它走向更高级一些的形式,以彻底扭转涣散的趋势","战胜农民的自发因素"。对农民的私有基础,要"逐步地动摇它、削弱它,直至否定它"。刘少奇和华北局领导人坚持已有的思路,不赞成山西省委的主张,认为山西省委的主张是"错误的、危险的、空想的农业社会主义思想",集体农庄不能由互助组发展而成,要"另外组织"②。面对两种意见的分歧,毛泽东支持了山西省委的意见,认为:既然西方资本主义有一个工场手工业阶段,即尚未采用蒸汽动力机械、而依靠工场分工形成新生产力阶段,则中国的合作社,依靠统一经营形成新生产力,去动摇私有基础,也是可行的。③ 毛泽东还倡议召开互助合作会议,起草关于互助合作问题的文件。

经过全国第一次互助合作会议,中共中央于1951年12月作出新中国成立后第一个《关于农业生产互助合作的决议(草案)》。决议草案首先分析了土地改革后农民的两种积极性:个体经济的积极性和劳动互助的积极性。认为作为小生产者的农民,第一种积极性是不可避免的,党不能忽视和挫伤这种积极性;但是要克服农民分散经营的困难和局限,使广大农民富裕起来,使农业生产满足国家工业化的需要,又必须提倡发展劳动互助的积极性。决议草案规定了劳动互助的性质、形式、原则和发展方针。指出:"这种劳动互助是建立在个体经济基础上(农民私有财产的基础上)

① 《中共中央文件选集》第17册,中共中央党校出版社1992年版,第664页。

② 《建国以来刘少奇文稿》第3册,中央文献出版社2005年版,第530、545~546页。

③ 参见薄一波:《若干重大决策和事件的回顾》(上),中共党史出版社2008年版,第135页。

的集体劳动,其发展前途就是农业集体化或社会主义化。"具体形式大体有三种:一是临时性、季节性的劳动互助,这是小型的、简单的、最初级的形式,是当时最主要的形式;二是常年互助组,其中已有一部分农副业的结合,有某些简单的生产计划和技术的分工,有小量的公有财产,这类形式当时还占少数;三是以土地入股为特点的农业生产合作社,其数量更少,在东北、华北两个老解放区有300多个。劳动互助要严格执行自愿和互利的原则,采取"根据可能的条件而稳步前进的方针"。要大量发展第一种形式,逐步地推广第二种形式,有领导有重点地发展第三种形式。决议草案还指出:发展互助合作,既要反对强迫命令,又要反对放任自流;要发挥劳动互助的示范作用,而这种示范作用主要是提高生产率,增产粮食和其他作物,使农民增收,这是衡量任何互助组和合作社工作好坏的标准。这个决议草案经过一年多的试行,到1953年春经过部分修改,成为中共中央的正式文件向全国公布。至1952年底,全国加入农业互助合作组织的农户已占农户总数的40%,形式主要是临时的和常年的互助组。1953年春,局部地区发生急躁冒进倾向,计划贪多贪大,盲目要求高级形式。4月,中共中央农村工作部召开第一次全国农村工作会议,邓子恢在总结报告中着重批评了这种倾向,强调"互助合作运动必须采取稳步前进的方针,绝不能操之过急"。在中央的及时指导下,冒进倾向很快得到纠正。

过渡时期总路线提出后,1953年10月、11月,毛泽东与中央农村工作部负责人两次谈话,讲到农村工作以什么为"纲"的问题。他说:"确保私有财产""四大自由"这些口号,都是"资产阶级观念","言不及社会主义,不搞社会主义"。"对于农村的阵地,社会主义如果不去占领,资本主义就必然会去占领"。认识这种"社会主义和资本主义的矛盾,并且逐步解决这个矛盾",就是农村各项工作的"纲","拿起纲,目才能张"。他批评了上半年对急躁冒进的纠正,说由此而出现强迫解散合作社的现象,大半年来,不是"稳步前进",而是"稳步而不前进"。他要求不仅要发展互助组,而且要办好农业生产合作社,甚至可以不经过互助组,而"直接搞社"。"既要办多,又要办好,积极领导,稳步前进"。截至 1953 年 11 月,加入互助合作组织的农户已占全国农户总数的 43%,农业社由两年前的 300 多个发展为 1.4 万多个,增加 46 倍。80% ~ 90% 的农业社比当地互助组增产一至二成。

1953 年 12 月,中共中央作出《关于发展农业生产合作社的决议》。这个决议肯定了 1951 年决议的正确内容,又在它的基础上前进一步。决议指出:"发展互助合作运动以提高农业生产力是今后党领导农村工作的中心。"决议对我国农业社会主义改造的道路作了更明确的规定,这就是:"经过简单的共同劳动的临时互助组和在共同劳动的基础上实行某些分工分业而有某些少量公共财产的常年互助组,到实行土地入股、统一经营而有较多公共财产的农业生产合作社,到实行完全的社会主义的集体农民公有制的更高级的农业生产合作社(也就是集体农庄)。"简单地说,就是互助组—初级社—高级社。互助组具有社会主义萌芽性质,初级社是有更多的社会主义因素(或称半社会主义),高级社是完全社会主义的经济组织。当前要把试办和发展初级社作为"领导互助合作运动继续前进的重要的环节"。决议再次强调,发展农业合作化,"必须采取说服、示范和国家援助的方法使农民自愿联合起来","由低级到高级,由小到大,由少到多,由点到面",而绝不能实行"盲目急躁的冒险主义"。如果使用"强迫命令和剥夺农民的手段",那只能是破坏工农联盟、破坏贫农中农联盟、破坏农业合作化的"犯罪行为"。决议对初级社发展的数量作了规划,要求从 1953 年冬至 1954 年秋,由 1.4 万多个发展到 3.85 万多个,即增加一倍半;至 1957 年发展到 80 万个,入社农户占农户总数的 20%。决议规定党对农业合作化运动的方针是:"积极领导,稳步前进"。

合作化运动的实际进展,远远超过中央的规划。1954 年春,全国初级社发展到 10 万个,超过中央决议规定的至 1954 年秋发展指标的 1.6 倍。在合作化运动迅速发展的形势下,中央农村工作部于 1954 年 4 月召开全国第二次农村工作会议,10 月召开全国第四次互助合作会议,两次修订发展规划。决定在 1955 年春耕前,全国初级社发展到 60 万个,至 1957 年前后,基本完成初级合作化,第二个五年计划期间转入高级合作化,第三、四个五年计划实现农业机械化。

从 1954 年秋到 1955 年春,初级社猛增至 67 万个。部分地区再次出现急躁冒进倾向,强迫命令甚至威胁恐吓的情况屡屡发生。由于合作化过程中的强迫命令和 1954 年秋冬国家多征购粮食 70 亿斤这两方面原因,不少地区出现党和农民关系紧张的局面。有的省几十万头牲畜被宰杀,大片林木被砍伐,生产遭到破坏。中共中央和农村工作部及时采取措施,扭转形势,决定将合作化运动转入"控制发展、着重巩固阶段",并着重抓了浙江省的问题。1955年 3 月下旬,中央农村工作部建议浙江对合作社的数量进行压缩。随后,派赴浙江的农村工作部工作人员鉴于那里"粮食、合作两紧张"的形势,又提出"赶快下马"("下粮食之马""下合作之马"),实行"全力巩固,坚决收缩"方针的意见。浙江省委接受并贯彻了"坚决收缩"的方针,把全省农业合作社由 5.3 万多个收缩为 3.75万多个。1955 年 4 月下旬至 5 月上旬,农村工作部召开全国第三次农村工作会议,决定四条方针:一般停止发展;立即抓生产,全力巩固;少数的省县要适当地收缩;把互助组办好,整顿好,照顾个体农民。5 月 17 日,毛泽东在 15 省市书记会议上,对合作化运动提出"乱子不少,大体是好的"这一估计和"停、缩、发"的方针,"该停者停,该缩者缩,该发者发"。经过整顿,全国农业合作社由 67 万个缩减为 65 万个。中央决定,一年内合作社数量由 65 万个发展为 100 万个,即翻半番。

这时,在合作化的速度等问题上,党内的意见分歧发展起来。1955 年 7 月 31 日至 8 月 1 日,中共中央召开省、市、自治区党委书记会议,讨论农业合作化问题。毛泽东在会上对中国农业合作化问题作了系统阐述。他从广大农民具有"走社会主义道路的积极性"和党"有能力领导全国人民进到社会主义社会"这两个方面，论证了在我国实现合作化的可能性；又从合作化与工业化的关系、农业合作化与农业机械化的关系、合作化与工农联盟的关系等方面，论述了实现合作化的必要性。他说："社会主义工业化是不能离开农业合作化而孤立地去进行的。"我国"关于社会制度方面的由私有制到公有制的革命"，同"技术方面的由手工业生产到大规模现代化机器生产的革命"，两者是结合在一起的。"在农业方面，在我国的条件下（在资本主义国家内是使农业资本主义化），则必须先有合作化，然后才能使用大机器"。这就彻底改变了新中国成立前后党内曾普遍存在的先机械化后合作化的观点。在工农联盟问题上，毛泽东认为：已有的工农联盟是建立在反帝、反封、土地改革"这样一个资产阶级民主革命的基础之上的"，而这个革命已经过去。新的情况和问题是农村中两极分化的日趋严重，"这个问题，只有在新的基础之上才能获得解决"，这就是"逐步地实现对于整个农业的社会主义的改造，即实行合作化，在农村中消灭富农经济制度和个体经济制度，使全体农村人民共同富裕起来"。毛泽东的报告鉴于农村土改后中农人数大量增加的情况，提出要区分中农里的上中农和下中农，把新、老中农里的下中农同贫农一样看作合作化的依靠力量。合作化运动要依靠贫农、下中农，团结中农。报告强调合作化要实行自愿互利的原则，注重质量，反对只追求数量，要采取从互助组到初级社再到高级社这样逐步前进的办法，实行"全面规划，加强领导"的方针。毛泽东还对在农村实现合作化与机械化作出大致规划：1960年基本完成半社会主义改造，实现初级合作化；1960年以后到1967年第三个五年计划结束，分期分批地由半社会主义发展到全社会主义，实现高级合作化。前两个五年计划，以社会改革为主，技术改革为辅；第三个五年计划，两者同时并进；第四、五两个五年计划，基本完成农业技术革命，实现农业机械化。毛泽东的以上观点和主张，大体都是正确的，所提规划同过渡时期总路线的要求也是相符的。但是，毛泽东这个报告的基调是反对右倾保守,强调发展速度,因此对中央农村工作部邓子恢等人提出了不符合实际的批评。他认为1953年春和1955年春对合作社的两次整顿和反冒进都是错误的,挫伤了农民和干部的社会主义积极性。他批评邓子恢等人像"小脚女人,东摇西摆地在那里走路,老是埋怨旁人说:走快了,走快了","老是站在资产阶级、富农或者具有资本主义自发倾向的富裕中农的立场上替较少的人打主意,而没有站在工人阶级的立场上替整个国家和全体人民打主意"。他预见"农村中不久就将出现一个全国性的社会主义改造高潮,这是不可避免的"。毛泽东的报告对合作化高潮的到来起了动员作用,也助长了运动中急躁冒进情绪的发展。

1955年10月4日至11日,中国共产党召开七届六中全会。会议根据毛泽东上述报告内容作出《关于农业合作化问题的决议》,毛泽东为会议作了总结。这次会议对邓子恢等人的批判进一步升级。毛泽东的会议结论说:从合作化方针问题引起的辩论,是"关于我们党的总路线是不是完全正确这样一个问题的大辩论",点名指出邓子恢等人犯了"右倾的错误","喜欢分散主义,闹独立性"。会议决议则更把前述"坚决收缩"的主张扣上"右倾机会主义""悲观主义"的大帽子。毛泽东的结论肯定了"大发展"的方针,否定了"小发展"的主张,认为无论是晚解放区,还是山区、落后乡、灾区、少数民族地区,都能发展,没有资金、没有大型农具和牲畜、没有中农参加,都可以办社。决议修改了原来的规划,提出部分地区至1957年春、大部分地区至1958年春,可基本实现半社会主义合作化。

1955年9月至12月,毛泽东亲自主持编辑了《中国农村的社会主义高潮》一书。他为此书两次撰写序言,在104处写了按语,赞颂贫下中农走社会主义道路的积极性,宣传各地办农业合作社的经验。毛泽东的主要目的是继续反"右倾",以此推动合作化更快的发展。至1955年12月,全国已有60%的农户加入了初级社。

于是毛泽东再次修改发展规划,提出:1956年下半年基本完成初级形式的建社工作;1960年基本完成合作化的高级形式,并争取提前一年完成。

在毛泽东的动员和指挥下,一个席卷5亿农民的迅猛异常的农业合作化高潮从1955年下半年兴起。这个高潮由三个部分组成:一是初级合作化高潮。1955年6月,全国有初级社65万个,10月,达到130万个,年底达到190万个。入社农户在农户总数中的比例,1955年6月为14%,年底为60%,1956年1月达到80.3%,基本上实现了初级合作化。二是初级社升高级社的高潮。1955年底,加入高级社的农户还只占农户总数的4%。从1956年1月开始大办高级社,并迅速成为合作化运动的中心。至1956年底,加入高级社的农户已达农户总数的87.8%,初级社的农户只剩下8.5%,两者相加,占农户总数的96.3%。三是小社并大社的高潮。这同高级农业合作化相伴进行。初级社平均规模为二三十户,高级社平均为200户,扩大7至10倍。

农业合作化高潮,包括了大多数少数民族聚居地区。到1956年下半年,农业地区的少数民族入社农户已占农户总数的90%以上。至1958年,少数民族牧业区有85%的牧户加入了牧业生产合作社。少数民族地区的农牧业社会主义改造,一般是在民主改革基础上进行的,也有少数地区未经系统的民主改革,而直接过渡到社会主义。除西藏和其他一些人口稀少的地区外,全国各少数民族地区的民主改革和社会主义改造,到1958年均已基本完成。

农业合作化的实现,是一场深刻的社会变革,它使5亿多个体农民走上社会主义道路,把汪洋大海一样的个体私有制改造成了集体公有制,这在中国历史上乃至整个人类历史上都是一个巨大的进步。我国农业合作化过程中,积累了丰富的经验。特别是合作化高潮出现以前实行的典型示范、逐步推广,由互助组到初级社再到高级社,自愿与互利,说服、示范和国家帮助相结合,边发展边整顿和巩固,既注意数量又注意质量,既反对放任自流又反对急躁冒进等做法,都是很成功的。其基本精神就是在自愿互利的基础上逐步前进。这样做,易于为农民所接受,有利于逐渐培养合作化所必需的管理和技术人才,可以基本上保证合作化过程中不至于减产。1953年开始有计划地进行农业社会主义改造后,连续几年,我国粮食产量和农业生产总值,一直保持上升的势头。在实现合作化的第一年即1956年,尽管遇到严重的自然灾害,粮食产量仍比1955年增加4.8%,有75%以上的农户都增加了收入。这同苏联大力推行农业集体化以后农牧业生产出现波动下降情况相比,是一个很大的成功。农业合作化高潮的出现,造成了社会主义改造的强大声势,并从根本上割断了城市资本主义与乡村富农和小农经济的联系,因而促进了资本主义工商业的社会主义改造,也促进了城市手工业的社会主义改造。农业合作化的基本实现,标志我国农业的社会主义改造在全国范围内已基本完成,并奠定了整个社会主义改造的基础。

我国的农业合作化运动也存在着缺点和不足,主要是1955年下半年掀起高潮后,对以往行之有效的一些正确的方针、原则、做法,没能始终如一地加以贯彻,在错误的反"右倾"的口号下,只追求数量和速度,不注意质量,"要求过急,工作过粗,改变过快,形式也过于简单划一"[①],以致在长时期内遗留下许多问题。特别是当遗留问题尚未来得及逐一克服之时,农业合作社又被更高一级的人民公社所代替,生产关系背离生产力水平更远了。

手工业是我国国民经济的重要组成部分。1954年统计,全国个体手工业从业人数约2 000万人,其中独立手工业者800万人,农民兼手工业者1 200万人。农民所需生产资料和生活资料的60%~70%来自手工业。1952年统计,手工业产值在工农业总产值中约占13%,加上农民的手工业副业产值,占工农业总产值的

---

① 《关于建国以来党的若干历史问题的决议》(1981年6月中共十一届六中全会通过)。

20%。手工制造业和修理业担负着为大工业和农业服务、满足城乡居民生活需要、培养熟练工人、解决人员就业等多方面任务,特种工艺制造业还是发展对外经济文化交流、赚取外汇的重要方面。过渡时期总路线提出三大改造的任务后,1953年11月至12月,中华全国合作社联合总社召开第三次全国手工业生产合作会议,部署对手工业的社会主义改造问题。朱德在会上作《把手工业者组织起来,走社会主义道路》的讲话,论述了手工业在我国国民经济中的重要地位及对其进行社会主义改造的必要性和途径,指出"个体手工业经济要经过合作化的道路,逐步改造为集体所有制"。国家把个体手工业者引上合作化道路的具体形式有三种:(1)初级形式的手工业生产小组。又分两种:一种是少数手工业者自愿联合起来集体经营,但规模很小,是合作社的雏形;一种是一些手工业者组织起来,共同购买原料、推销产品或承担加工任务。生产小组形式已带有某些社会主义萌芽性质。(2)中级形式的手工业供销生产社。由较多的手工业者或几个生产小组组织起来,统一购买原料、推销产品、接受加工订货任务,社内有一些公用生产工具,可以进行部分集中生产。(3)高级形式的手工业生产合作社。又分两种:一种为工具入股、统一经营,类似农业中的初级社,属半社会主义性质;一种为生产资料完全集体所有,实行按劳分配,已是完全社会主义性质的生产组织。至1955年6月底,全国手工业生产合作组织已达5万多个,共有社(组)员145.9万多人。

在农业合作化高潮的推动下,1955年12月下旬召开的第五次全国手工业生产合作会议确定:在"一五"计划期间要基本上完成全国手工业合作化的任务,并且注意发展完全社会主义性质的生产合作社,积极推动低级形式的合作组织向高级的生产合作社过渡;要改变过去零打碎敲的建社方针,进行全行业分期、分批、分片的改造,积极发展,积极过渡。1956年1月上旬,中共中央批转了这次会议的报告,要求各级党委切实加强领导,保证手工业合作化同农业合作化和资本主义工商业改造同时完成。1956 年春出现手工业社会主义改造高潮。至 7 月底，全国组织起来的手工业合作社（组）有 10.4 万多个，社（组）员约 470 万人，基本实现了手工业合作化。到年底，组织起来的手工业者达 509 万人，占手工业从业人员的 92.2%，产值占全部手工业产值的 93%，仍保留个体经营者尚有 43 万人。手工业社会主义改造任务基本完成。

与此同时，其他个体经济，如小商小贩、个体渔业、个体盐业等，也基本通过合作化的道路完成了社会主义改造。

手工业和其他个体经济合作化的实现，使农民以外的绝大部分个体劳动者也都走上了社会主义道路，这是我国社会主义改造的又一个胜利。但在这些行业的合作化高潮中，同样出现了要求过急、工作过粗、改变过快、形式过于单一等缺点。手工业和小商小贩等个体经济的特点，就是分散和灵活，因而可以满足大工业、大商业所不能满足的广泛的、多变的、多方面的需求。合作化高潮掀起后，这样的特点没有被充分的注意。几乎所有的手工业者和小商小贩都被组织起来，一部分手工业者和小商贩还被不适当地并入了公私合营企业；同时，盲目地办大社、并大社，过早过急地集中生产和统一计算盈亏。其结果，一方面使一部分生产力集中了，提高了；另一方面又出现产品品种减少，经营网点减少，服务项目减少等现象，既影响了手工业者的收入，又给居民生活造成了不便。

新中国成立后，党和人民政府对私人资本主义经济采取了利用和限制的政策。1950 年上半年打击投机资本、稳定市场物价的斗争，下半年对工商业的合理调整，1952 年的"三反""五反"运动和随之对工商业的第二次调整，都是利用、限制资本主义工商业政策的具体实施。经过这些工作和斗争，一大批私营工商业被初步纳入国家资本主义的轨道。当土地改革和恢复国民经济的任务已经完成、国家转入大规模经济建设之后，工人阶级和资产阶级的矛盾、私人资本主义经济和国家计划经济之间的矛盾突出起来，这就需要对利用、限制私人资本主义的政策作进一步地调整,并把它向前推进一步。1953年2月,毛泽东在不同场合几次提到"私营工商业的社会主义改造"问题。5月,统战部向中央送交的《资本主义工业中的公私关系问题》的报告,进一步提出:国家资本主义是"我们利用和限制工业资本主义的主要形式,是我们将资本主义工业逐步纳入国家计划轨道的主要形式,是我们改造资本主义工业使它逐步过渡到社会主义的主要形式。""到了高级的公私合营,就与社会主义接近了"①。经过6月15日中央政治局会议,正式提出了党在过渡时期的总路线,也正式确定了经过国家资本主义改造资本主义工业的方针。9月7日,毛泽东同民主党派和工商界代表谈话指出,这一改造资本主义经济的方针,不仅适用于资本主义工业,也适用于资本主义商业,"国家资本主义是改造资本主义工商业和逐步完成社会主义过渡的必经之路",要把这一点"明确起来",争取经过三五年时间,基本上把私营工商业引上国家资本主义的轨道。这是改造资本主义工商业的第一步,第二步是将国家资本主义经济变为社会主义经济。

国家资本主义的性质和作用,是依国家的性质而定的。我国的国家资本主义,就是在人民政府管理下,用各种方式与社会主义国营经济联系和合作的、受工人阶级监督的资本主义经济。当时我国国家资本主义经济的具体形式,在工业中有收购、统购、包销、订货、加工和公私合营。前五种为初级形式,第六种为高级形式。收购、统购、包销、订货四种形式的共同特点,是社会主义经济同资本主义经济在商品销售这个环节上发生联系,把资本主义工业产品纳入社会主义的总流通过程。加工这种形式,使社会主义经济同资本主义经济的联系发展为原料供应和商品销售两个环节。初级形式国家资本主义的利润分配,从1953年起实行"四马分肥"的办法,即把利润划分为国家征收的所得税、企业公积金、职工福

---

① 《李维汉选集》,人民出版社1987年版,第266、278页。

利奖金、资本家股息红利四部分,股息红利一般占 20%~25%。这些形式的国家资本主义都带有不同程度的社会主义成分。但就所有制来说,仍然是资本主义的,社会主义经济同资本主义经济之间只存在着外部联系,社会主义经济还没有深入生产过程中去,还只控制了流通领域的一端或两端。

公私合营是国家资本主义的高级形式。开始只有个别行业的公私合营,后来又出现全行业的公私合营。在这种形式下,实现了社会主义成分同资本主义成分在企业内部的联合和合作,社会主义成分由流通领域进入生产领域,控制了资本主义企业生产的全过程。在所有制上,已由资本家所有制改变为公私共有制(个别行业公私合营)和基本上的社会主义所有制(全行业公私合营)。在利润分配上,个别行业合营企业仍实行"四马分肥"的办法,但其中的股息红利,已不完全由资本家所占有,其中的一部分已划给了公股,就是说,资本家对剩余价值的占有进一步受到了限制。在全行业合营企业中,则实行"定息"制(详后),使企业的性质进一步发生变化。总之,公私合营企业已是半社会主义或基本上社会主义的性质了。

商业中的国家资本主义形式,主要是在零售商中实行的经销、代销和公私合营。经销代销是初级形式,公私合营是高级形式。对于资本主义批发商,国家采取的是排除和代替的政策,而基本上没有利用国家资本主义形式。

上述各种形式的国家资本主义,在国民经济恢复时期,工业方面主要是发展了初级形式的加工、订货、统购、包销等,公私合营企业的数量还不多。1952 年底,加工订货等形式的工业产值已占资本主义工业总产值的 56%,占全部工业产值的 23%,公私合营企业的产值占全部工业产值的 5%。商业方面主要是进行了排除和代替私营批发商的工作,零售商中的国家资本主义还很少。从 1953 年起,开始在全国范围有计划地进行扩展公私合营企业的工作。1953 年 12 月和 1954 年 12 月,两次召开全国扩展公私合营工业计划会议,推进了国家资本主义经济、特别是公私合营经济的发展。到1955年,加工订货等形式的产品产值已占私营工业总产值的82%,公私合营工业产值已占全部工业产值的16%,在资本主义工业和公私合营工业的总产值中,公私合营部分、加工订货部分、资本家自产自销部分三者之间的比例为50:41:9,公私合营部分已占到一半,资本家自产自销的比重已很小。这时,私营商业在社会零售总额中的比重已降到18%。

公私合营企业的发展,提高了劳动生产率。如下表:

项　　　目	1950 年	1951 年	1952 年	1953 年	1954 年	1955 年
公私合营工业平均每人劳动生产率(元)	4 257	6 553	9 297	10 880	13 401	13 358
指　　数	100	154	218	255	315	314
私营工业平均每人劳动生产率(元)	4 357	5 928	6 801	7 848	7 222	6 878
指　　数	100	136	156	180	166	158

资料来源:吴江:《中国资本主义经济改造问题》,人民出版社1982年版,第221页。

从上表可以看出,公私合营工业劳动生产率的提高比私营工业要快得多,五年中提高了两倍多,而私营工业在五年中只提高了半倍多。合营企业人均生产率在1950年较私营企业少100元,而到1955年,已相当私营企业的两倍。但是,个别企业的公私合营只能解决这些企业本身的问题,不能解决各个行业中所有企业的问题。不仅如此,由于开始时合营的企业一般都是规模较大、条件较好的企业,它们合营后就更增加了分散的、条件差的中小企业的困难。从1954年下半年起,不少私营企业陷入了困境。这就提出必须实行统筹安排的问题。

1955年10月,上海棉纺等8个轻工业行业实行了全行业的公私合营,统筹解决了整个行业的合营问题。这时,农业合作化已掀起高潮,城乡资本主义的联系已被切断,这就迫使私营工商业更快地接受社会主义改造。在这种形势下,中共中央加强了对资本主义工商业社会主义改造的动员和引导工作。10月下旬,毛泽东两次邀集工商界代表人士举行座谈,希望工商界人士认清社会发展规律,主动掌握自己的命运,积极接受社会主义改造。11月上中旬,全国工商联召开执委会议,通过《告全国工商界书》,号召工商业者积极接受社会主义改造。11月16日至24日,中共中央政治局召集有各省、市、自治区党委代表参加的资本主义工商业改造会议。中央书记处书记陈云作《资本主义工商业改造的新形势和新任务》的报告,并作了总结发言。毛泽东和中央其他负责人讲了话。陈云在报告中提出目前实行全行业公私合营,是合适的、必要的,是经济发展的结果,要推广定息的办法,要组织各行各业的专业公司,要全面规划,加强领导。会议讨论并通过《中央关于资本主义工商业改造问题的决议(草案)》(1956年2月政治局作个别修改后追认为正式决议)。决议指出:"我们现在已经有了充分有利的条件和完全的必要把对资本主义工商业的改造工作推进到一个新的阶段",即从加工订货经销代销和个别行业公私合营阶段,推进到全行业公私合营、实行定息制的阶段,这将是"资本主义所有制过渡到完全的社会主义公有制的具有决定意义的重大步骤"。决议要求:在1956年和1957年,加入全行业公私合营的企业,要达到90%左右,在第二个五年计划期间,争取逐步地基本上过渡到国有化。

1956年初,全国出现全行业公私合营的高潮。由于运动来势很猛,只好改变以往先清产核资、后批准实行的正常工作程序,而采取先承认合营、后清产改组的办法,即一次批准、全面合营,先收编后改组。北京的工商业者走在前面,1月1日,申请各行各业全部公私合营。1月10日,申请被批准。15日,北京召开有毛泽东、刘少奇、周恩来等中央领导人出席的20万人庆祝社会主义改造胜利联欢大会,市长彭真宣布北京"进入了社会主义社会"。此后,天津于 1 月 18 日,上海于 1 月 20 日,先后完成合营任务。月底,全国所有大城市和 50 多个中等城市都宣布实现了全部资本主义工商业的公私合营。至 1956 年底,私营工业户数的 99%、产值的 99.6%,私营商业户数的 82.2%、资金的 93.3%,纳入全行业公私合营的轨道。

全行业公私合营的实现,标志着资本主义工商业社会主义改造的基本完成。这些企业的生产关系已发生根本的变化,它们实际上已是社会主义性质的企业。这是因为:(1)企业的生产资料已不再为资本家所支配,而转归国家使用管理。国家设立专业公司,统筹安排各行各业的生产和经营,负责对企业和资本家实行改造。(2)资本家已不再是企业的统治者、支配者,而是参加企业管理的公职人员,他们已处在由剥削者到劳动者的转化过程中。(3)由于定息制①的实行,使资本所有权和资本经营权(或企业管理权)相分离,并根本改变了原来资本所有权的性质。资本家对工厂企业的所有权,已只表现为对一定份额的货币量的占有,而不能决定企业的经营管理权、人事调配权,原来占有的资本已不能再转化为新的资本。资本家的定息收入,只取决于原有股金的多少,而同企业的盈亏不再发生关系。一当定息取消,这些企业就变为全民所有制的社会主义企业了。

我国对资本主义工商业社会主义改造任务的完成,如果从新中国成立算起,经过了 7 年多的时间,如果从过渡时期总路线提出算起,只经过了不到 4 年的时间。这是国际共产主义运动史上一个创举。通过"和平赎买"把资本主义经济改造为社会主义经济,这一思想马克思、恩格斯就已提出,列宁在十月革命后还曾为此作过初步尝试;但马、恩只是设想,列宁也没能够使之在苏联实现。

①　定息制,即根据核定的资方股额,给以年息五厘的股息。定息自 1956 年 1 月 1 日算起,原定 7 年,每年国家付息约 1.2 亿元。7 年后又延长 3 年,1966 年 9 月取消。

中国共产党则成功地走出了这样一条道路。在中国,"和平赎买"所以能够实现,是由以下三方面条件决定的:

第一,在阶级力量对比上,无产阶级对资产阶级占有绝对优势。无产阶级是国家的领导阶级,掌握着国家政权;通过没收官僚资本,建立了强大的国营经济,掌握了国家的经济命脉;无产阶级同农民阶级建立有政治上、经济上巩固的联盟。民族资产阶级在国家生活中不占主要地位,在经济上也处在依附国营经济的地位。这种力量对比,迫使资产阶级不能不服从无产阶级的意志,接受社会主义改造。

第二,中国的民族资产阶级具有两面性。"在资产阶级民主革命时期,它有革命性的一面,又有妥协性的一面。在社会主义革命时期,它有剥削工人阶级取得利润的一面,又有拥护宪法、愿意接受社会主义改造的一面。"①民族资产阶级始终具有进步性的一面及其同共产党和工人阶级的联盟关系,使"和平赎买"有了内在可能性。

第三,中国共产党对民族资产阶级实行了正确的政策。在政治上对资产阶级分子团结、教育、改造,在经济上对资本主义工商业利用、限制、改造。在改造资本主义工商业过程中,实行一系列从低级到高级的国家资本主义的过渡形式,并把企业的改造同人的改造相结合,对资方人员的政治待遇、工作、生活等方面尽量做到妥善安排。这些也就是中国共产党改造资本主义工商业中最主要的成功的经验。这些正确的政策把"和平赎买"的可能性变成了现实性。

生产关系的变革,促进了生产力的发展。1956年,全国公私合营工业的总产值比1955年这些企业的总产值增加了32%,公私合营商业和合作化商业的销货额比1955年这些企业的销货额增加15%以上。这说明了我国对资本主义工商业社会主义改造的

---

① 《毛泽东文集》第7卷,人民出版社1999年版,第206页。

成功。但是,农业、手工业改造高潮中存在的要求过急、工作过粗、改变过快、形式过于简单划一等缺点,在资本主义工商业改造高潮中同样存在。几百万私营工商业户一下子涌进改造的洪流,实行"一次批准,全面合营""先收编,后改组",必然造成工作的粗糙。在合营高潮中,把大量并无剥削的小商小贩小手工业者和只有轻微剥削的小业主当作资本家对待,带进公私合营企业,混淆了剥削者与劳动者的界限。企业和商业网点被大裁大并,使合营企业失去原有特点,并造成分布上的不合理和门市部、零售店的大量减少。一部分原有工商业者的使用也不尽合理,使他们不能发挥所能。

生产资料私有制社会主义改造的完成,使我国的经济制度和阶级状况发生了根本性的变化。除个别少数民族地区外,剥削制度已被消灭,剥削阶级作为一个阶级也正被消灭。社会主义公有制成为我国主要的所有制形式。我国进入了社会主义初级阶段。在三大改造中,中国共产党领导全国人民开辟了一条适合中国国情的社会主义改造的道路,丰富了科学社会主义的内容。

七、第一个五年计划的提前和超额完成 高度集中统一的经济体制的形成

从 1953 年开始实施的发展国民经济第一个五年计划,进展顺利。至 1956 年,在社会主义改造方面,不仅提前完成了"一五"计划规定的任务,而且提前 11 年完成了过渡时期总路线规定的任务(即三个五年计划的任务);在社会主义建设方面,许多重要指标也都提前一年完成了。1956 年春,在工业建设中曾出现贪多求快、急躁冒进的倾向。基本建设项目不断追加,基建投资额大大超过原定计划,基建投资增长速度不仅大大超出财政收入增长速度,而且大大超出生产资料生产增长速度。在农业方面,几次调高粮、棉产量指标,离开了现实可能,又不顾客观条件地推广双轮双铧

犁,造成资财和人力的巨大浪费。此外,在文化教育、职工人数、工资调整、财政信贷等方面,也都出现高指标、超指标、超计划的现象。结果,财政紧张,重要生产资料和生活资料严重供不应求。周恩来、陈云、李先念等主持经济工作的中央领导人,在发现急躁冒进后,及时主动采取有效措施,纠正这一倾向。1956 年 6 月 20 日,《人民日报》发表经刘少奇修改审定的社论《要反对保守主义,也要反对急躁情绪》,着重批评了当时发生的"急躁冒进的偏向",要求"使我们的计划、步骤符合于客观实际的可能性"。接着,修订了年度计划,压缩了工农业总产值、粮棉产量增长指标和基建投资额,开展了增产节约运动。反冒进取得良好效果,不仅保证了 1956 年计划的完成,而且使 1957 年的经济建设得以更加健康地发展。到 1957 年底,"一五"计划超额完成。

基本建设:五年内,全国实际完成基本建设投资总额为 588.47 亿元,生产性建设投资占 67%,非生产性建设投资占 33%。新增固定资产 492.18 亿元,其中新增工业固定资产 214 亿元。在工业基本建设投资中,重工业占 85%,轻工业占 15%。施工的工矿企业 1 万个以上,绝大部分都已建成。由于大批新建和扩建企业的投入生产,我国已经有了飞机制造业、汽车制造业、新式机床制造业、发电设备制造业、冶金矿山设备制造业以及高级合金钢、重要有色金属冶炼业等新的工业部门,旧中国工业落后面貌开始改变。地质勘探工作有很大发展,已探明的煤矿储量约 544 亿吨,铁矿储量约 56 亿吨。

工农业生产:1957 年工农业总产值为 1 241 亿元,比 1952 年增长 67.8%。工业总产值年均递增 18%,其中生产资料生产年均增长 25.4%,消费品生产年均增长 12.9%,1957 年的工业总产值达 704 亿元,比 1952 年增长 128.6%。农业总产值年均递增 4.5%,1957 年达 537 亿元,比 1952 年增长 24.8%。现代工业产值在工农业总产值中的比重,由 1952 年的 26.6%增至 40%。1957 年主要工农业产品产量及同 1952 年对比情况如下表:

项　　目　　年份和增长率	1952 年	1957 年	增长率(%)
原　　　煤（万吨）	6 649	13 000	96
发 电 量（亿度）	72.6	193	166
原　　　油（万吨）	43.6	146	235
钢　　　（万吨）	135	535	296
生　　　铁（万吨）	193	594	208
布　　　（亿米）	38.3	50.5	32
纱　　　（万吨）	65.6	84.4	29
粮　　　（万吨）	16 392	19 505	19
棉　　　（万吨）	130.4	164	26
油　　　料（万吨）	419.3	419.6	0.07
猪羊牛肉（万吨）	338.5	398.5	18

交通运输:1957 年底,全国铁路通车里程达到 29 862 公里,比 1952 年增加 22%。工程巨大、条件险恶的宝(鸡)成(都)铁路,鹰(潭)厦(门)铁路及通往蒙古、苏联的集(宁)二(连)铁路先后建成。武汉长江大桥提前两年通车。全国公路通车里程,1957 年底达 2.5 万公里,比 1952 年增加一倍,海拔高、工程艰巨的康藏、青藏、新藏公路相继通车。五年内,内河通航里程增加 52%,航空线路长度增加一倍,现代化运输工具的货运量及货物周转量均增长近 1.5 倍。

商业:1957 年社会商品零售总额比 1952 年增长 71%。市场物价基本稳定。以 1952 年为 100,1957 年全国农产品采购价格指数为 122.4,29 个大、中城市的零售物价指数为 109.5,12 个大城市职工生活费指数为 109.2。1957 年进出口贸易总额比 1952 年增长 62%。

人民物质、文化生活:1957 年,全国职工人数达到 2 451 万人,旧中国遗留下来的大批失业人员基本得到了安置。全国职工的年均工资达到 637 元,比 1952 年增长 42.8%,全国农民的收入比 1952 年增加近 30%。五年内,高等学校共招生 56 万人,毕业 27 万人(不包括研究生);中等专业学校招生 112 万人,毕业 84 万人;普通中学招生 875 万人;小学招生 8 800 万人。1957 年各级学校在校学生,高等学校为 44.1 万人,中等专业学校(包括工农中学、农业中学、职业中学、技工学校)为 86.7 万人,普通中学为 628.1 万人,小学为 6 428.3 万人,比 1952 年分别增长 130.1%、29.4%、152.2%、25.8%。业余文化学习和扫盲工作,都有很大的发展。1957 年全国出版图书 2.7 万多种,报纸 364 种,杂志 634 种,分别比 1952 年增加 101.4%、23%、79.1%。1957 年全国拥有医院病床 29.5 万张,比 1952 年增加 84.4%。

"一五"期间,我国经济建设取得的成就是巨大的,完全达到了"建立我国的社会主义工业化的初步基础"的计划要求。这个时期经济建设的指导思想是正确的。在建设规模和发展速度上,既反保守,又反冒进,当发现急躁冒进倾向之后,及时采取有力措施加以纠正,这就使计划指标建立在既积极又可靠的基础之上。在重工业与轻工业和农业、重点项目与一般项目的安排上,注意了综合平衡,把重点建设与全面安排结合起来,保证国民经济按比例地发展。在积累与消费的关系上,照顾到了发展生产与改善人民生活两个方面的因素。此外,在基本建设和工业生产中比较注意经济核算、经济效果,努力降低成本,提高劳动生产率。在此期间,广大人民群众以主人翁的姿态和高度的政治热情积极投入国家建设。人们对革命胜利的喜悦还没有完全过去,社会主义美好前景又展示在眼前。全国广大的工人、农民、知识分子、爱国工商业者和其他爱国人士,都以一种崭新的面貌和高度负责、积极进取的精神对待自己的工作和事业。共产党的每一个号召都能迅速变成广大群众的行动。增产节约运动不断开展,先进生产者、先进工作者大量涌现出来。整个国家都呈现着一种蓬勃向上的精神。这期间,苏联和东欧人民民主国家对我国的建设给予了很大的援助。"一五"计划的重点,就是苏联援建的156个项目。这些项目对建立我国工业化的初步基础起了骨干作用。苏联建设社会主义的经验也给我国以很大的启示和帮助。当然,由此也出现照搬苏联模式的偏向,但当时向苏联学习,积极作用是主要的。所有这些因素,保证了"一五"计划的胜利完成。

"一五"计划期间,我国高度集中统一的经济体制,即以生产资料公有制为基础,实行大统一小自由、大集中小分散原则的社会主义经济管理体制基本形成。

计划体制:从1952年11月中央人民政府决定设立国家计划委员会后,逐步形成由国家计委、中央各部计划司、各省市自治区和县级计委、地方各级计划处(科)、企业单位计划科(股)所组成的自上而下的计划机构体系。国家实行直接计划(指令性计划)与间接计划(指导性计划)相结合的管理体制。对国营企业和公私合营企业实行直接计划,由国家下达指令性指标;对农业、手工业、私营企业,实行间接计划,国家主要通过各种经济政策、经济立法、经济合同等手段,把它们的经济活动纳入国家计划。随着社会主义改造的基本完成,指令性计划的范围越来越扩大。对基本建设,绝大部分项目由国家统一安排。其中大型项目由国家建委审核、报国务院批准;中型项目由中央各主管部或省、市、自治区审批。

财政体制:1950年3月政务院颁布的《关于统一国家财政经济工作的决定》,奠定了中央集权型的财政体制的基础。当时实行的是绝大部分财政归中央,"统收统支"。一年后改为"划分收支,分级管理",分为中央、大行政区、省(市、自治区)三级财政。大区撤销后,改为中央、省(市、自治区)、县(市)三级财政,由中央统一领导,分级管理,层层负责,但绝大部分资金集中在中央。"一五"计划国家总财政中,中央收入占80%,支出占75%。预算内的基本建设拨款,属于中央项目的占79%。

工业管理体制:1954年前,华北以外地区,基本由各大行政区管理。大区撤销后,主要工业企业陆续收归中央各部直接管理,形成以"条条"为主的企业管理体制。至1957年,中央各部直接管理的工业企业,从1953年的2 800多个增加到9 300多个,其产值占中央和地方管理工业的49%。与这种企业管理体制相适应,实行由中央统一分配生产资料的物资管理体制。从1950年起,中央人民政府即对煤炭、钢材、木材、水泥、机床等八种主要物资,在大区之间进行计划供应,由中央进行差额调拨。大区撤销后,重要物资划分为统配和部管两种,分别由国家计委和主管部平衡分配。国营、公私合营企业所需重要物资,均纳入国家物资分配计划,按企业隶属关系统筹分配。"一五"期间,统配物资由112种增至231种,部管物资由115种增至301种。

商业流通体制:新中国成立后,首先从上到下建立起国营和供销合作的商业体系。国营商业实行高度集中的管理制度,各专业公司对设在各地的分支机构统一管理、统一经营,实行物资大调拨和资金大回笼。1953年改行统一领导、分级管理的制度,即:对国营商业企业核定资金,实行经济核算制;按经济区域设置三级批发机构,实行分级管理,按合理流向组织商品流通;下放管理权,把过去的从专业总公司到各级分支机构的专业系统为主的管理体制,改为专业系统与当地商业行政部门双层领导的管理体制。除大力发展国营商业、供销合作商业外,国家对私人资本主义商业和个体商业也进行统筹安排,给以活动余地,形成多种经济成分、多条渠道的商业流通体制。社会主义改造基本完成后,在商品零售总额中,除68.3%属于国营和供销合作商业外,仍有27.5%属于公私合营和合作商业,4.2%属于私营商业,多种经济成分并存的局面在一定程度上继续保持着。从1953年起,国家根据不同商品在国民经济中所占的地位,分别采取了统购统销、派购、议购等不同购销形式。对外贸易,始终实行国家统制政策,进出口业务均由国家所设外贸公司负责。

劳动工资体制:经历了由分散到集中的过程。在劳动管理方面,新中国成立初期实行多条渠道、多种形式和多种办法的劳动就业制度,介绍就业和自谋职业相结合,对国民党时代的公教人员和接管企业的职工,采取包下来的政策。公私企业都有一定范围的增减职工和一定条件下辞退职工的权力。"一五"期间逐步扩大统一分配范围,从大专毕业生到中专、技校毕业生,再到干部、复员退伍军人和工人,都陆续实行统一分配。全行业公私合营时,对原私营企业的职工也采取包下来的方针,由国家统一安排。此后,自行就业、自谋出路完全被统一分配所代替。1957 年 1 月,国家规定,停止从社会上招工,而对多余的正式职工、学徒不得裁减。这样就形成了统包统配和能进不能出的"铁饭碗"的劳动体制。工资管理方面,新中国成立初期没有统一的工资制度。从解放区进城的干部继续实行供给制(后改为按供给标准折实的包干制),接管企业的职工和留用公教人员的工资,基本维持原状。1954 年,着手实行全国工资制度的统一。1956 年,国务院颁布工资改革方案,规定:工资一律按货币单位计算,废止工资分、折实单位的使用;全国党政机关工作人员实行统一的职务等级工资制,事业单位实行统一的职务、职称等级工资制,国营企业按行业和企业规模分别制定各类职工的工资等级表,工人实行五级或八级的等级工资制;修订和统一技术等级标准;职工的定级、升级均按全国统一规定,地方和企业无权机动处置,但企业可根据条件自行决定计件工资和建立奖励制度。同时,各省、市、自治区参照中央的规定,统一了地方国营企业的工资制度。

以上经济管理体制的基本特点是经济决策权、经济管理权的集中和统一,由国家、政府以行政手段调节经济运行,实行以指令性计划为主的产品生产。这种集中统一的经济管理体制,在当时物资缺乏、经济基础薄弱的条件下,起到了积极作用。它有利于把有限的资金、物力和技术力量集中起来,保证重点建设项目的完成。但是,国家包揽过多、统得过死,不利于地方和企业积极性的发挥,不利于商品经济的发展。这些弊端在"一五"计划末期已暴露出来。随着经济规模的扩大,其弊端就愈加突出。

复习思考题

1. 中共七届三中全会确定的国民经济恢复时期的任务和战略方针。

2. 抗美援朝、土地改革、镇压反革命、"三反""五反"等运动的意义是什么?

3. 国民经济恢复时期财政经济方面相继取得了哪些成就?取得成就的原因是什么?

4. 中国共产党过渡时期总路线的提出过程、内容要点及评价。

5. 我国农业社会主义改造是怎样实现的?有哪些成功的经验和不足?

6. 我国资本主义工商业社会主义改造是怎样实现的?有哪些成功的经验和不足?

第二章 中国社会主义建设道路的探索 社会主义建设在曲折中前进

（1956 年 9 月—1966 年 5 月）

　　1956年生产资料私有制的社会主义改造基本完成以后,中国进入了社会主义时期,到"无产阶级文化大革命"开始这十年间,中国人民在中国共产党的领导下,为寻找适合中国国情的社会主义建设道路进行了艰辛探索,开展了社会主义建设。由于党和人民对社会主义社会缺乏准确的认识,对全国规模的社会主义建设没有经验,社会主义建设经历了曲折的发展过程。一方面,这个时期党和国家的指导方针在大部分时间里基本上是正确的,社会主义建设取得了很大成就,党和国家积累了社会主义建设的经验。这是这十年历史的主导方面。另一方面,1957年以来的"左"倾错误是严重的,影响了社会主义优越性的发挥,社会主义建设没有取得应有的成就,而且由于"左"倾错误的逐渐发展,经济建设呈现反复和徘徊的局面。

　　这十年历史可以分为三个阶段:第一阶段,从1956年9月到1957年底,由于八大确定了正确的路线和方针及其在初期的贯彻,我国在经济上取得了超额完成第一个五年计划的重大成就;在政治上,毛泽东提出了关于正确处理人民内部矛盾的理论,为进行社会主义建设提供了正确的政治方针。但是在反右派斗争中犯了严重的扩大化错误,造成了严重后果。第二阶段,从1958年初到1960年秋,中国共产党在指导思想上犯了严重的"左"倾错误,发动了"大跃进"和人民公社化运动。随后党开始纠正错误,但又中断,发动了反右倾运动,"左"的错误进一步发展,造成了国民经济的三年严重困难局面。第三阶段,从1960年冬到1966年春,中共中央贯彻"调整、巩固、充实、提高"的方针,国民经济得到恢复和发展。但是"左"的错误在经济方面尚未彻底纠正,而在政治、思想、文化方面又有发展,并导致"无产阶级文化大革命"的发动。

　　学习本章应注意掌握以下重点:(一) 中国共产党第八次全国代表大会

的历史功绩;(二)关于正确处理人民内部矛盾理论的基本内容及重要意义;(三)中国在这一时期所取得的成就;(四)中国共产党在这一时期领导探索中国社会主义建设道路的正反两方面的经验教训。

第一节 中国社会主义建设道路探索的开始

一、探索中国社会主义建设道路问题的提出

中国在进行生产资料私有制的社会主义改造的同时,开展了有计划的社会主义建设,实行了国民经济的第一个五年计划。1955年冬和1956年春社会主义改造高潮的到来和实现,意味着中国进入社会主义社会,将实现由阶级斗争到向自然界斗争、由革命到建设的转变。社会主义建设能否像社会主义改造一样,找到一条适合中国情况的道路呢? 中国第一个五年计划在苏联的帮助下,特别是由于自己的努力,取得了很大成就,但是也暴露出不少照搬苏联经验的弊端,尤其是苏共二十大揭露出苏联经济工作的许多错误,从而推动中国从1956年初开始探索建设社会主义的道路问题。

中国是农业大国的国情,促使中国社会主义建设道路的探索从农业开始。1956年1月23日,中共中央政治局讨论通过了毛泽东多次征询各省区市负责同志、各民主党派负责人和有关专家的意见后制定的《1956年到1967年全国农业发展纲要(草案)》,25日,又提交最高国务会议讨论通过,并于26日向全国人民公布。这个纲要的中心任务,就是要求在农业合作化的基础上,迅速地提高农作物的产量,大力发展农林牧副渔等产业。《纲要》规定在12年内,按照全国不同地区(黄河以北、淮河以北和淮河以南),粮食每亩平均产量分别达到400斤、500斤和800斤,棉花(皮棉)每亩平均产量分别达到60斤、80斤和100斤。这个《纲要》虽然带有当时某些急躁冒进的历史印记,但从其主导方面来看,是积极的、正确的,反映了中国共产党从中国实际出发对社会

主义建设道路,特别是农业发展道路的探索,对中国经济建设的发展,尤其是农业生产的发展起了推动作用。

《全国农业发展纲要(草案)》公布以后,党和国家领导在经济方面的探索转向了对工业问题的调查研究。1956年初,先是刘少奇听取了工业、交通等部门负责同志的汇报。接着,毛泽东从2月中旬起用一个半月时间连续听取了中央和国务院34个部委办负责同志的汇报。在经过对农业、工业将近半年的调查研究和中央政治局几次讨论以后,毛泽东在4月25日举行的各省、市、自治区党委书记参加的政治局扩大会议上,发表了《论十大关系》的讲话,5月2日,又在最高国务会议的讲话中进一步作了阐述。

《论十大关系》的讲话,以苏联经验为借鉴,初步总结了我国社会主义建设的经验,提出了调动一切积极因素、为社会主义事业服务的基本方针,向全党和全国人民提出了探索适合我国情况的社会主义建设道路的伟大任务。讲话本身就是这一探索的初步成果。毛泽东指出,要正确地处理十大关系:(1)重工业和农业、轻工业的关系;(2)沿海工业和内地工业的关系;(3)经济建设和国防建设的关系;(4)国家、生产单位和生产者个人的关系;(5)中央和地方的关系;(6)汉族和少数民族的关系;(7)党和非党的关系;(8)革命和反革命的关系;(9)是非关系;(10)中国和外国的关系。

十大关系可以分为经济、政治、中外三个方面。经济方面是重点,有五个关系问题。根据多年来经济建设的实践,毛泽东强调指出:要适当地调整重工业和农业的投资比例,更多地发展农业、轻工业。这样可以更好地供给人民生活的需要,可以更快地增加资金的积累,是一条"又要重工业又要人民"的工业化方针。关于国家、生产单位和生产者个人的关系,毛泽东强调这是一个关系到6亿人口的大问题,必须兼顾三方面关系,不能只顾一头。要在统一领导下,给生产单位一点权力、一点机动余地、一点利益、一点与统一性相联系的独立性,才能发展得生动活泼。我们历来提倡艰苦奋斗,反对把个人物质利益看得高于一切;同时我们也历来提倡关心群众生活,反对不关心群众痛痒的官僚主义,随着国民经济的发展,工资也要适当调整,特别是不能把农民挖得很苦,绝不能又要母鸡生蛋,又不给它米吃;又要马儿跑得好,又要马儿不吃草。在中央和地方的关系上,毛泽东提出应当在巩固中央统一领导的前提下,扩大一点地方的权力,给地方更多的独立性,让地方办更多的事情,注意发挥中央和地方两个积极性。要处理好沿海工业和内地工业的关系,合理布局,更多地利用和发展沿海工业,以便更有力量发展和支持内地工业;在经济建设与国防建设的关系上应懂得国防不可没有,但要加强国防,首先要加强经济建设的道理,可靠的办法就是把军政费用降到一个适当的比例,增加经济建设费用。

为了保证社会主义经济建设的正常进行,必须有一个安定团结的政治局面。《论十大关系》在政治方面讲了四个关系问题。指出,在汉族和少数民族关系方面,要着重反对大汉族主义,要诚心诚意地积极帮助少数民族发展经济建设和文化建设,巩固各民族的团结,共同努力建设伟大的社会主义祖国。在党与非党关系方面,要实行"长期共存,互相监督"的方针,作好统一战线工作,要让民主党派、民主人士发表意见,这对党对人民对社会主义有利。"但是无产阶级政党和无产阶级专政,现在非有不可,而且非继续加强不可"①。否则就不能建设和巩固社会主义。在是非关系方面,党内党外都要分清是非,对待犯错误的同志要一看二帮,"惩前毖后,治病救人"。在革命与反革命关系方面,要肯定以下几点:第一,1951年和1952年的镇反是正确的;第二,现在还有反革命,但已大为减少;第三,今后社会镇反要少捉少杀;第四,机关、部队、学校里清查反革命,坚持一个不杀、大部不捉的方针。

此外,《论十大关系》在中外关系方面,提出了"向外国学习"

---

① 《毛泽东文集》第7卷,人民出版社1999年版,第35页。

的口号,指出每个民族都有它的长处,"我们的方针是,一切民族、一切国家的长处都要学,政治、经济、科学、技术、文学、艺术的一切真正好的东西都要学"①。但是,必须有分析有批判地学,不能盲目地学,不能一切照抄,机械搬用。

《论十大关系》的基本思想,就是调动一切积极因素,正确处理社会主义社会的各种矛盾。毛泽东指出:这十种关系,都是矛盾。我们的任务,是要正确处理这些矛盾,以便把党内党外、国内国外的一切积极因素,直接的、间接的积极因素,全部调动起来,把我国建设成为一个强大的社会主义国家。《论十大关系》的讲话,激发了全国各地区、各部门、各方面探索中国自己的建设道路的积极性,为即将召开的中国共产党第八次全国代表大会制定中国社会主义建设的战略方针提供了思想和理论基础,对我国社会主义事业的发展具有深远的意义。

为了适应社会主义建设事业的需要,充分利用科学技术知识,更好地调动和发挥知识分子的作用,中共中央于 1956 年 1 月 14 日至 20 日召开了关于知识分子问题的会议。会上,周恩来作了《关于知识分子问题的报告》。报告从分析形势出发,阐明了党和国家在知识分子问题上应该采取的正确方针。指出"在社会主义时代,比以前任何时代都更加需要充分地提高生产技术,更加需要充分地发展科学和利用科学知识"。因为"科学是关系我们的国防、经济和文化各方面的有决定性的因素"。为了实现社会主义工业化,"必须依靠体力劳动和脑力劳动的密切合作,依靠工人、农民、知识分子的兄弟联盟"。正确地解决知识分子问题,更充分地动员和发挥他们的力量,为伟大的社会主义建设服务,已成为我们努力完成过渡时期总任务的重要条件。报告首次郑重宣布:"我国的知识界的面貌在过去六年来已经发生了根本的变化",我

---

① 《毛泽东文集》第 7 卷,人民出版社 1999 年版,第 41 页。

国知识分子的绝大部分"已经是工人阶级的一部分"①。报告提出了一系列重要措施:第一,应该改善对于知识分子的使用和安排,使他们能够发挥他们对于国家有益的专长;第二,应该对知识分子有充分的了解,给他们以信任和支持,使他们能够积极地进行工作;第三,应该给知识分子以必要的工作条件和适当的待遇。各级党组织要积极帮助他们进步,并有计划地吸收知识分子入党。

会后成立了以陈毅为主任的国家科学规划委员会,集中了600多位科学家,经过半年努力,制定了1956年到1967年全国科学技术发展规划和哲学社会科学发展规划,全国开始出现了"向科学进军"的新气象。这两个规划为我国科学技术和文化事业的发展指明了奋斗方向,对促进科学技术文化事业的繁荣发展起了积极作用。

为了迅速发展我国科学技术事业,充分发挥知识分子的积极性和创造性,毛泽东在4月28日的中央政治局扩大会议上提出艺术问题上的"百花齐放"、学术问题上的"百家争鸣"应该成为繁荣和发展社会主义科学与文艺事业的方针。他说,讲学术,这种学术可以,那种学术也可以,不要拿一种学术压倒一切,你如果是真理,信的人势必就会越多。5月2日,毛泽东在最高国务会议上又说:现在春天来了嘛,一百种花都让它开放,不要只让几种花开放,还有几种花不让它开放,这就叫百花齐放。百家争鸣,是说春秋战国时代,有许多学派,诸子百家,大家自由争论,现在我们也需要这个。在中华人民共和国宪法范围之内,各种学术思想,正确的,错误的,让他们去说,不去干涉他们。5月26日,中央宣传部部长陆定一在中国科学院和中国文学艺术界联合会举行的报告会上作了《百花齐放,百家争鸣》的报告,全面系统地阐述了"双百"方针,指出这个方针的着重点是要在马克思主义的指引下,充分发扬社会主义的艺术民主和学术民主,充分发挥科学、艺术工作者为社会主

① 《周恩来选集》下卷,人民出版社1984年版,第159、181、160、163、162页。

义事业服务的积极性和创造性,使我国科学和艺术事业得到发展和繁荣。

周恩来从完善人民民主专政的国家政治制度方面来探索中国社会主义建设的道路问题。他在 7 月 21 日中共上海市第一次代表大会上的讲话中,提出了"专政要继续,民主要扩大"的政治方针。他说:"这一方面是形势许可,另一方面是从整个无产阶级专政的历史中得来的经验。我们的人民民主专政是为了建设社会主义,消灭剥削阶级。专政的权力虽然建立在民主的基础上,但这个权力是相当集中相当大的,如果处理不好,就容易忽视民主。苏联的历史经验可以借鉴。所以我们要时常警惕,要经常注意扩大民主,这一点更带有本质的意义。"[①]为了解决好这个问题,他强调要在我们的国家制度上想一些办法,使民主扩大。

党和国家在上述方面关于社会主义建设道路的初步探索,为中国共产党第八次全国代表大会的召开和正确方针的制定作了准备。

二、中国共产党第八次全国代表大会

从七大到八大的 11 年间,中国共产党领导全国人民取得了新民主主义革命的彻底胜利和社会主义革命的决定性胜利,第一个五年计划也将提前完成,中国社会主义革命和建设事业正处在一个重要转折的新时期。为了全面地总结七大以来,特别是新中国成立以来社会主义改造和社会主义建设的经验,正确地分析国内的形势和矛盾,确定党在新的历史时期的主要任务和基本政策,进一步团结全党,团结国内外一切可以团结的力量,把我国建设成为一个伟大的社会主义国家,中国共产党于 1956 年 9 月 15 日至 27 日在北京召开了第八次全国代表大会。八大是中国共产党历史上规模空前的一次代表大会,出席大会的代表共 1 026 人,候补代表

---

① 《建国以来重要文献选辑》第 8 册,中央文献出版社 1994 年版,第 435 页。

107人,代表全国1 073万党员。还有50多个外国共产党、工人党的代表,国内各民主党派和无党派民主人士的代表应邀列席了大会。大会的主要议程是:讨论和通过中央委员会的政治报告、中国共产党章程、关于发展国民经济的第二个五年计划的建议、选举党的中央委员会。

大会开始,毛泽东致开幕词。他指出,七次大会以来,我们彻底完成资产阶级民主革命和取得社会主义革命决定性胜利的实践,证明党中央委员会的路线是正确的,我们的党是一个政治上成熟的伟大的马克思列宁主义的政党。把马克思列宁主义的理论和中国革命的实践密切地联系起来,这是我们党的一贯的思想原则。但是,在我们的许多同志中间,仍然存在着违反马克思列宁主义的观点和作风,这就是:思想上的主观主义、工作上的官僚主义和组织上的宗派主义。必须用加强党内的思想教育的方法,大力克服这些严重缺点。他又指出,要把一个落后的农业的中国改变成为一个先进的工业化的中国,我们面前的工作是很艰苦的,我们的经验是很不够的。因此,必须善于学习。虚心使人进步,骄傲使人落后,我们应当永远记住这个真理。

大会听取了刘少奇作的《中国共产党中央委员会向第八次全国代表大会的政治报告》,邓小平作的《关于修改党的章程的报告》,周恩来作的《关于发展国民经济的第二个五年计划的建议的报告》以及朱德、陈云、董必武、彭德怀、李富春、薄一波等68人的大会发言和45人的书面发言。大会充分发扬民主,代表们畅所欲言,经过认真讨论,通过了《关于政治报告的决议》《中国共产党章程》和《关于发展国民经济的第二个五年计划(1958—1962年)的建议》。

八大从指导思想上提出和解决的主要问题是:

(一)正确地分析了中国社会主义改造基本完成以后国内阶级关系和主要矛盾的变化,提出党和国家今后的主要任务是集中力量发展社会生产力。

108

大会认为,生产资料私有制的社会主义改造基本完成以后,国内的阶级关系和主要矛盾已经发生了根本变化,明确指出:无产阶级和资产阶级的矛盾已经基本解决,几千年来的阶级剥削制度的历史已基本结束,社会主义制度在我国已基本建立,革命的急风暴雨时期已经过去。国内的主要矛盾,已经是人民对于建立先进的工业国的要求同落后的农业国的现实之间的矛盾,是人民对于经济文化迅速发展的需要同当前经济文化不能满足人民需要的状况之间的矛盾;全国人民的主要任务是集中力量发展社会生产力,实现国家工业化,满足人民的经济文化需要。虽然还有阶级斗争,还要加强人民民主专政,但其根本任务已经是在新的生产关系下面保护和发展生产力。这就明确规定把党和国家的工作重心转移到社会主义建设上来,为全党和全国人民规定了全面建设社会主义的总方向。

(二)在总结第一个五年计划期间的经验基础上,坚持了既反保守又反冒进,在综合平衡中稳步前进的经济建设方针。

第一个五年计划取得了很大成绩,同时也两次发生盲目冒进和急于求成的偏向。大会对"一五"期间的经验教训作了系统的总结,概括起来主要是:应该根据需要和可能,合理地规定国民经济的发展速度,把计划放在既积极又稳妥可靠的基础上,以保证国民经济比较均衡地发展;应该使重点建设和全面安排相结合,以便国民经济各部门能够按比例发展;应该增加后备力量,以保证国民经济计划的顺利执行,并应付可能遇到的意外困难;应该正确地处理经济和财政的关系,财政收入必须建立在经济发展的基础上,财政支出也必须首先保证经济的发展。

根据上述经验,大会坚持了当年5月中央提出的既反保守又反冒进即在综合平衡中稳步前进的经济建设方针,实事求是地提出了第二个五年计划的基本任务:第一,继续进行以重工业为中心的工业建设,推进国民经济的技术改造,建立我国社会主义工业化的巩固基础。第二,继续完成社会主义改造,巩固和扩大集体所有

109

制和全民所有制。第三,在发展基本建设和继续完成社会主义改造的基础上,进一步发展工业、农业和手工业生产,相应地发展运输业和商业。第四,努力培养建设人才,加强科学研究。第五,在工农业生产发展的基础上,增强国防力量,提高人民的物质文化生活水平。大会还根据毛泽东《论十大关系》的精神,制定了一系列重要的经济政策,主要是:要正确处理积累和消费之间的关系,大会确定"二五"计划期间,国民收入增长50%,职工工资平均增长25%~30%。要注意国民经济各部门和各方面的全面安排和综合平衡,在优先发展重工业的同时,注意发展轻工业和农业,特别是农业的配合。在经济管理体制上,实行陈云提出的"三个主体、三个补充"的重要观点,即是既要以国家经营和集体经营为主体,又要有一定数量的个体经营作补充;既要以计划生产为主体,又要有自由生产作补充;既要以国家市场为主体,又要有自由市场作补充,以便促进不同水平的生产力得到发展,更好地适应人民群众的需要。

(三)对我国在"一五"期间形成的高度集中统一的经济体制的改革也进行了探索。

集中统一的经济体制基本上适应当时生产力发展的需要,在经济发展水平不高、经济结构还比较简单的条件下,适当地强调集中统一,有利于把有限的资金、物力和技术集中起来,保证156项重点建设。"一五"计划的顺利完成,应该说,当时的经济体制是起了一定的保证作用的。但是,这种经济体制也有局限性。主要缺点是在社会主义改造基本完成以后,中央集权过多,国家对企业管理过严过死,表现在:工业、物资过多地集中在中央;市场范围太小,统得太死;地方和企业的财权太小,等等,从而影响了地方和企业的主动性和积极性的发挥。针对上述情况,刘少奇、周恩来和陈云在八大的报告和发言中都讲了关于经济体制问题。刘少奇指出,国家机关对于企业管得过多过死,妨碍了企业应有的主动性和积极性的发挥,应保证企业在国家统一领导和统一计划下,在计划管理、财务管理等方面,有适当的自治权利。我们的经济部门的领导机关,必须认真把该管的事管好,而不要去管那些可以不管或者不该管的事。只有上级国家机关的强有力的领导同企业本身的积极性互相配合,才能把我们的事业迅速地推向前进。周恩来指出,由于社会主义改造事业的胜利,社会主义经济已经在我国占据绝对的统治地位,这就使我们有可能在适当的范围内,更好地运用价值规律。陈云提出的"三个主体、三个补充"的重要观点是对社会主义的所有制、生产、流通的体制问题有突破性指导意义的理论概括。根据八大决议,1957年党和国家着手改革经济管理体制,在调查研究的基础上,拟订出三个改革方案:《关于改进工业管理体制的规定(草案)》《关于改进财政体制和划分中央和地方对财政管理权限的规定(草案)》和《关于改进商业管理体制的规定(草案)》,后经1957年11月14日一届全国人大常委会第84次会议原则批准,由国务院发布并开始实施。这三个规定的基本精神是把工业、财政、商业管理的部分权力下放给地方和企业,以便进一步发挥其积极性。当然,这次改进经济体制,由于当时的认识水平所限,还没有找到改革的根本办法,但是它开始触及现行经济体制的一些通病,提出了尚待解决的一些重要问题,体现了中共中央和国务院领导同志的探索精神,可惜后来由于党的指导思想的"左"倾错误,经济体制的改革未能坚持下去。

(四)根据社会主义建设的需要,提出在国家政治生活中开展反对官僚主义的斗争,进一步扩大社会主义民主,健全社会主义法制。

大会提出:必须认真地改善国家机关,精简机构,明确工作人员的职责,规定各级领导干部深入下层、检查工作、倾听意见的具体办法;必须加强党对国家机关的领导与监督,加强各级人民代表大会对各级国家机关的监督,加强各级国家机关的由上而下和由下而上的监督,加强人民群众对于国家机关的批评和监督;必须适当调整中央和地方的行政管理职权,注意发挥中央和地方两个积极性;必须按照"长期共存、互相监督"的方针,继续加强同各民主党派和无党派民主人士的合作,充分发挥各级人民政协的作用。大会还指出:由于社会主义革命已基本完成,国家的主要任务已经由解放生产力变为保护和发展生产力,我们必须进一步加强人民民主法制,巩固社会主义建设的秩序。国家必须逐步地系统地制定完备的法律。一切国家机关和工作人员必须严格遵守国家法律,使人民的民主权利充分受到法律的保护。

（五）根据党的地位的变化和新形势、新任务的要求,着重提出了加强执政党的建设问题。

大会指出,中国共产党已经是在全部国家工作中居于领导地位的执政党,党员数目也比七大时增加了8倍,而且多数党员在各级国家机关和经济文化组织中担负了一定的领导职务,这就对于党组织和党员提出了更高要求。而且执政党的地位,容易使有些同志沾染上官僚主义的习气,滋长骄傲自满的情绪,产生脱离群众和脱离实际的现象,这是党面临的新的考验。党员必须经常注意进行反对主观主义、官僚主义和宗派主义的斗争,经常警戒脱离群众和脱离实际的危险倾向。为此,要求全党都要继续坚持群众路线,即坚持全心全意为人民服务的宗旨,坚持从群众中来到群众中去的方法;坚持民主集中制,解决权力过于集中的倾向,在集中统一领导的前提下,中央要给予下级独立处理问题的广泛权力;继续坚持集体领导原则,防止个人崇拜,避免个人专断和个人决定重大问题。

大会选举出第八届中央委员会委员97名,候补中央委员73名;中央监察委员会委员17名,候补委员4名。9月28日举行八届一中全会,选出了新的中央领导机构:毛泽东为中央委员会主席,刘少奇、周恩来、朱德、陈云为副主席;邓小平为总书记;毛泽东、刘少奇、周恩来、朱德、陈云、邓小平、林彪、林伯渠、董必武、陈毅、罗荣桓、李富春、彭真、彭德怀、贺龙、刘伯承、李先念为中央政治局委员,乌兰夫、张闻天、陆定一、陈伯达、康生、薄一波为政治局候补委员;毛泽东、刘少奇、周恩来、朱德、陈云、邓小平为中央政治局常委;邓小平、彭真、王稼祥、谭震林、谭政、黄克诚、李雪峰为中央书记处书记,刘澜涛、杨尚昆、胡乔木为候补书记。董必武为中央监察委员会书记。

八大是中国共产党和中华人民共和国历史上具有深远意义的一次大会。它及时地对国内主要矛盾作出了正确论断,指出全国人民的主要任务是发展社会生产力;提出了反对个人崇拜、反对官僚主义、扩大社会主义民主的任务,从而为新时期社会主义事业的发展和党的建设指明了方向,为探索中国社会主义建设道路作出了可贵的贡献。这是中国共产党在我国社会主义时期对马克思列宁主义的创造性运用,也是毛泽东思想的新发展。邓小平后来指出:"一九五六年召开的党的第八次全国代表大会,分析了生产资料私有制的社会主义改造基本完成以后的形势,提出了全面开展社会主义建设的任务。八大的路线是正确的。但是,由于当时党对于全面建设社会主义的思想准备不足,八大提出的路线和许多正确意见没有能够在实践中坚持下去。八大以后,我们取得了社会主义建设的许多成就,同时也遭到了严重挫折。"① 由于当时的历史条件,八大在有些问题上也有不足之处。如提出反对个人崇拜、扩大民主、健全法制问题,但没有具体措施,更没有从体制上去考虑解决问题,结果这方面问题非但没有很好解决,而个人专断和个人崇拜在以后又有所发展,以致党的指导思想发生了"左"的错误,八大的正确路线未能坚持下去,历史走了曲折的道路。

三、毛泽东提出关于正确处理人民内部矛盾的理论

1956年生产资料私有制的社会主义改造的基本完成,标志着中国进入了社会主义初级阶段。这时,国际国内形势都发生了变化,出现了一些新情况、新问题。

---

① 《邓小平文选》第3卷,人民出版社1993年版,第2页。

1953年3月斯大林逝世后,苏联党和国家领导人几经变换之后由赫鲁晓夫掌握了领导权。苏共于1956年2月召开了第二十次代表大会,赫鲁晓夫向大会作了"总结报告",并于24日深夜作了《关于个人迷信及其后果》的秘密报告。秘密报告揭露了斯大林违背集体领导原则,破坏法制,进行大规模逮捕、镇压的罪行等问题,号召在各个领域内批判、肃清个人迷信的流毒。对赫鲁晓夫的秘密报告,在苏联有人热烈拥护,有人强烈反对。苏共二十大后,苏联的对内对外政策发生了重大变化。

苏共二十大和赫鲁晓夫的秘密报告以及会后开展的批判斯大林的运动在国际上引起了强烈反响。帝国主义者幸灾乐祸,乘机掀起反苏、反共、反社会主义逆流。《纽约时报》1956年6月23日发表题为《共产党危机》的社论,叫喊要"利用赫鲁晓夫的'秘密报告'作为武器来摧毁共产党运动的威望和影响。"赫鲁晓夫的做法在国际共产主义运动中引起了很大的思想混乱。在一些资本主义国家的共产党内,不少党员纷纷退党。东欧一些社会主义国家由于苏联的大国沙文主义错误和这些国家照搬苏联模式,片面发展重工业,不注意发展农业、轻工业以解决人民的生活问题,在人民群众中早已蕴藏着不满情绪。这时矛盾和不满情绪急剧发展起来,导致了波兰的波兹南事件和匈牙利十月事件的发生。

波兰波兹南市采盖尔斯基工厂因派工人代表团就工人收入下降、工厂开工不足、劳保和附加工资不能按时发放等问题向当地政府申述,遭到拒绝,1956年6月28日工人走上街头进行和平示威。由于破坏分子的煽动,和平示威变成了骚动,与警察发生冲突,造成流血事件,双方伤亡100多人。后政府出动军队平息了事件。7月18日,波兰党召开七中全会,通过《关于政治、经济局势和党的主要任务》的决议,承认波兹南事件是"由于经济的疏忽",指出党的工作中严重存在着"个人迷信、官僚主义堕落和党内缺乏民主"。决议从改善人民生活、实行经济合理化和政治民主化着手采取措施,以缓和人民群众的不满情绪。10月19日,波兰党召开八中全会,赫鲁晓夫未经邀请而赴会干涉波兰党领导人选安排,并出兵华沙。波兰党对苏联的大国沙文主义行为进行了坚决斗争,并改选了中央政治局,哥穆尔卡出任第一书记。他对社会生活的各个方面进行了调整,局势得到稳定。

在 20 世纪 50 年代前期,匈牙利共产党总书记拉科西在政治上进行了以反对拉伊克反党暴动为由的涉及 20 万人之多的大清查和反对"右倾路线"的运动;在经济上照搬苏联模式,造成农业、轻工业比例失调,人民生活水平下降。后又指责匈牙利总理纳吉发展轻工业的方针是搞修正主义,并有个人野心,撤销了纳吉党内外一切职务,开除党籍,同时又对纳吉的支持者进行了清洗,从而使党内分歧更加激化,党内外蕴藏着不满情绪。苏共二十大后,纳吉认为自己的观点是正确的,立即重新发表他 1955 年的论文;一批党员、干部和知识分子重新聚集起来,1956 年 3 月 17 日,成立了以爱国诗人裴多菲命名的俱乐部,他们发表了许多抨击党的领导和批评时政的讲演和文章。1956 年 7 月,在米高扬的策划下,拉科西被解除匈牙利党总书记职务,由格罗接替。10 月 23 日,布达佩斯大学生示威游行,提出撤走苏军、政治生活民主化、改善人民生活、恢复纳吉领导职务等 16 条要求,并推倒了斯大林铜像。在国家电台前保安队向游行者射击,引起巷战。24 日,苏军进行镇压,而布达佩斯工人宣布总罢工,暴动向全国发展。25 日,卡达尔接替格罗任匈牙利党总书记,暴动者与保安队的激战仍在继续,帝国主义间谍和国内反动分子也乘机杀害共产党人、进行破坏活动。27 日,以纳吉为总理的新政府成立,11 月 1 日,纳吉宣布退出华沙条约组织和匈牙利中立。4 日,苏军第二次出动,以卡达尔为首的新政府成立。15 日,暴动被平息。

波匈事件,一方面是国内外反动势力煽动的结果(特别是匈牙利事件);另一方面,它是对党、国家与工人阶级之间的"不正常关系",对官僚主义、个人迷信、全盘苏化方针进行抗议的表现;也是苏联大国沙文主义错误干涉的结果。哥穆尔卡在波兰党八中全会上说，波兹南工人走上大街，"抗议的不是人民波兰，不是社会主义，他们抗议的是在我们社会制度中广泛蔓延的、并使他们感到切肤之痛的弊病，抗议的是对于所理想的社会主义基本原则的歪曲"。上述情况说明东欧社会主义国家人民内部矛盾问题的突出，即使是国际国内反动势力的煽动、插手，也是利用了人民内部矛盾而起作用的。

中共中央认为，赫鲁晓夫全盘否定斯大林是不对的。毛泽东在会见苏联部长会议第一副主席米高扬和苏联驻华大使尤金时多次指出，斯大林在执政期间的根本方针和路线是正确的，功大于过，对斯大林要具体分析，要有全面评价，全盘否定斯大林我们是不同意的。同时，中共中央认为苏共二十大在破除对斯大林的个人崇拜、揭露其错误的严重性方面，具有积极意义。从斯大林错误的严重性，可以进一步看出苏联模式的缺点：诸如政治生活方面缺乏社会主义民主、肃反扩大化、个人迷信严重、大国沙文主义、指挥控制别国别党的老子作风等；在经济建设方面片面发展重工业，忽视农业、轻工业，片面扩大积累，忽视群众生活，经济管理体制集中过多过死等。因此，中共中央一方面采取维护斯大林的立场；另一方面又开始以苏联的错误为鉴戒，探索中国建设社会主义的正确道路。针对苏共二十大和国际共产主义运动中出现的一些新问题，《人民日报》于4月5日和12月29日先后发表根据中共中央政治局扩大会议的讨论写成的编辑部文章《关于无产阶级专政的历史经验》和《再论无产阶级专政的历史经验》。这两篇文章，在驳斥帝国主义和各国反动派对无产阶级专政和社会主义制度的攻击的同时，论述了怎样历史地、有分析地看待无产阶级专政下所犯的错误问题，指出斯大林是一个建有不可磨灭的功绩的伟大马克思主义者；分析了斯大林在内外政策方面所犯的一些严重错误和产生错误的原因以及如何从中吸取教训的问题，指出斯大林所犯的错误，是马克思主义者工作中的是非问题，不是敌我问题。《再论》第一次提出了两类社会矛盾的问题，指出"人民内部的矛盾可以而且应该从团结的愿望出发,经过批评或者斗争获得解决,从而在新的条件下得到新的团结"。对斯大林采取全盘否定的态度,是混淆人民内部的是非和敌我两类不同性质的矛盾,在客观上帮助了敌人。这两篇文章还论述了无产阶级专政的基本经验,肯定了十月革命道路的普遍意义。

除上述国际形势的变化以外,我国国内形势也发生了重大变化。

1956 年,我国不仅提前完成了国民经济第一个五年计划,开始改变我国经济、文化落后的面貌,而且提前完成了农业、手工业和资本主义工商业的社会主义改造,我国社会实现了从新民主主义向社会主义的转变,阶级结构、经济成分、社会主要矛盾和任务,都发生了重大改变。这时,官僚买办资产阶级早已被消灭,富农阶级正在消灭中,民族资产阶级作为一个阶级也处在最后消灭的过程中,民族资产阶级分子也正在由剥削者变为自食其力的劳动者。大规模的群众性的阶级斗争已经过去,工人阶级和资产阶级的矛盾已经基本解决,国内的主要矛盾是人民对于经济文化迅速发展的需要同当前经济文化不能满足人民需要状况之间的矛盾。全国人民的主要任务是集中力量发展社会生产力,实现国家工业化,逐步满足人民日益增长的物质和文化需要。虽然还有阶级斗争,人民民主专政还要加强,但其根本任务是在新的生产关系下保护和发展生产力。全国人民在经济建设取得伟大成就和三大改造提前完成的形势鼓舞下,政治积极性和生产积极性十分高涨。

但是,由于社会主义制度刚刚建立起来,某些环节还不够完善,需要一个继续健全、巩固和完善的过程,广大干部对于新的形势和要求,需要有一个提高认识、转变作风、积累经验的过程,人民群众对新的社会制度需要有一个熟悉和习惯的过程,加上 1956 年三大改造和经济建设中出现要求过急、工作过粗的缺点和某些地区、单位存在严重的官僚主义,以及苏共二十大和波匈事件的影响,我国城乡发生了一些情况比较尖锐的事件。1956 年秋至 1957

年春,全国有万余名学生罢课请愿。如成都一所学校 100 多名学生要到北京请愿,后中途被阻止;又如石家庄一所学校部分毕业生因暂时不能分配就业,组织了示威游行。一些城市出现工人罢工;还有一些省、区部分农民闹退社分社;河南省一个地方,修飞机场不同农民商量即开工,引起农民反抗闹事。1957 年上半年,进京上访告状的人数不断增加。上述情况说明,我国社会矛盾呈现出错综复杂的情况:革命时期急风暴雨式的群众阶级斗争已经基本结束,但是阶级斗争在一定范围内还是存在;人民内部矛盾逐渐突出,成为我国社会生活中普遍、大量存在的,居于主要地位的矛盾;在人民内部矛盾中,有的属于阶级斗争在人民内部不同程度的反映,而大量的是人民内部正确与错误、先进与落后、需要与可能的矛盾。

1957 年 1 月 18 日至 27 日,中共中央在北京召开省市自治区党委书记会议,毛泽东作了重要讲话。他着重分析了一年来国内外形势的变化和党内外思想动向,以及三大改造基本完成后中国社会存在的人民内部矛盾和阶级矛盾。他指出,对大民主,我们的方针第一是不怕,第二要加以分析。闹事的原因有些是由于领导上的官僚主义和主观主义,在政策上犯了错误;有些是工作方法不对,太生硬了;再一个因素,是反革命分子和坏分子的存在。对于闹事,要分几种情况处理:闹得对的,我们应当承认错误,并且改正;闹得不对的,要驳回去;有对有不对的,对的部分接受,不对的部分加以批评。他还指出,怎样处理社会主义社会的敌我矛盾和人民内部矛盾,这是一门科学,值得好好研究,认真取得这个问题的经验。

国际国内出现的新情况、新问题,要求中国共产党给以正确的说明和解决。这是一个历史新课题。毛泽东的《关于正确处理人民内部矛盾的问题》的发表,就是适应新的形势的要求,解决这一历史新课题的正确理论。

1957 年 2 月 27 日,毛泽东在最高国务会议第十一次(扩大)

会议上发表了《关于正确处理人民内部矛盾的问题》的重要讲话。会后经过整理并作了若干重要的补充和修改,于 6 月 19 日在《人民日报》发表。其基本内容如下:

第一,分析了社会主义社会的基本矛盾及其特点。毛泽东运用马克思主义的矛盾普遍性原理和对立统一规律,全面分析社会主义社会的基本矛盾及其特点。他根据国际国内社会主义运动的实践经验,明确指出,矛盾是普遍存在的,社会主义社会也充满了各种矛盾。正是这些矛盾推动着社会主义社会向前发展。承认社会主义社会存在矛盾,并采取正确的方法处理,将会使社会主义社会的统一和团结日益巩固。他进一步指出,社会主义社会基本矛盾仍然是生产关系和生产力之间的矛盾,上层建筑和经济基础之间的矛盾。不过社会主义社会的这些矛盾,同旧社会相比,具有根本不同的性质和情况罢了。在旧社会,例如资本主义社会生产关系和生产力的矛盾、上层建筑和经济基础的矛盾表现为剧烈的对抗和冲突,表现为剧烈的阶级斗争,那种矛盾不可能由资本主义制度本身来解决,而只有社会主义革命才能够加以解决。社会主义社会的矛盾则不同,它不是对抗性的矛盾,可以经过社会主义制度本身,不断地得到解决。毛泽东对社会主义社会的基本矛盾还进行了深入具体的分析,指出,"社会主义生产关系已经建立起来,它是和生产力的发展相适应的;但是,它又还很不完善,这些不完善的方面和生产力的发展又是相矛盾的。"① 人民民主专政的国家制度和法律,以马克思列宁主义为指导的社会主义意识形态,这些上层建筑对于我国社会主义改造的胜利和社会主义劳动组织的建立起了积极的推动作用,它是和社会主义的经济基础即社会主义的生产关系相适应的;但是,资产阶级意识形态的存在,国家机构中某些官僚主义作风的存在,国家制度中某些环节上缺陷的存在,又是和社会主义的经济基础相矛盾的。我们今后必须按照具体的

---

① 《毛泽东文集》第 7 卷,人民出版社 1999 年版,第 215 页。

情况,继续解决上述的各种矛盾。矛盾不断出现,又不断解决,就是事物发展的辩证规律。

第二,阐明了关于正确区分和处理社会主义社会中敌我矛盾和人民内部矛盾这两类不同性质矛盾的学说。毛泽东指出,"在我们的面前有两类社会矛盾,这就是敌我之间的矛盾和人民内部的矛盾。这是性质完全不同的两类矛盾"①。敌我矛盾是对抗性矛盾。人民内部矛盾,一般是在人民利益根本一致的基础上的矛盾,是非对抗性的;在被剥削阶级和剥削阶级之间说来,除了对抗性的一面以外,还有非对抗性的一面。毛泽东进一步指出,敌我之间的矛盾和人民内部的矛盾性质不同,处理的方法也不同。解决敌我矛盾要用专政的方法;解决人民内部矛盾只能用民主的方法。我们把解决人民内部矛盾的民主的方法,具体化为一个公式,叫做"团结—批评—团结"。也就是从团结的愿望出发,经过批评或者斗争使矛盾得到解决,从而在新的基础上达到新的团结。当然人民中间的违法分子也要受到法律的制裁,但是这和对敌人的专政是有原则区别的。毛泽东还指出,两类不同性质的矛盾,在一定的条件下是可以互相转化的。如果处理得当,敌我矛盾有的可以转化为非对抗性矛盾;如果处理不当,或者失去警觉,麻痹大意,人民内部矛盾也可以转化为对抗性矛盾,这种情况在社会主义国家通常只是局部的暂时的现象。

第三,要把正确处理人民内部矛盾作为国家政治生活的主题,提出了正确处理人民内部矛盾的各项方针政策。毛泽东根据我国生产资料私有制的社会主义改造基本完成后阶级关系和社会主要矛盾的变化,指出,"革命时期的大规模的急风暴雨式的群众阶级斗争基本结束","还有反革命,但是不多了"②。大量突出的是人民内部矛盾,必须正确区分和处理两类不同性质的矛盾,把正确处

---

① 《毛泽东文集》第 7 卷,人民出版社 1999 年版,第 204 页。
② 《毛泽东文集》第 7 卷,人民出版社 1999 年版,第 216,219 页。

理人民内部矛盾作为国家政治生活的主题。毛泽东还分析了我国政治、经济、思想文化等各个方面的具体矛盾，并提出了处理各方面矛盾的方针政策。指出，在经济工作中对全国城乡各阶层实行"统筹兼顾，适当安排"的方针，兼顾国家、集体、个人三者的利益；在共产党和民主党派的关系上，实行"长期共存，互相监督"的方针；在科学文化工作中，实行"百花齐放，百家争鸣"的方针；在各民族关系上，实行各民族平等团结、民族区域自治、真诚地帮助各少数民族发展经济文化的方针；在肃反问题上，坚持"有反必肃，有错必纠"的方针；对少数人闹事问题，决不可镇压，要特别注意克服官僚主义，也要对群众进行教育和引导。

毛泽东提出的各项方针政策，根本目的是为了正确区分两类不同性质的矛盾，正确处理人民内部矛盾，以便继续建立和巩固社会主义制度，团结全国各族人民进行一场新的战争——向自然界开战，发展我们的经济，发展我们的文化，建设我们的新国家。

毛泽东《关于正确处理人民内部矛盾的问题》的讲话在理论和实践上都具有重大意义。马克思和恩格斯一般地论述了生产力与生产关系的矛盾是人类社会的基本矛盾，阶级斗争是阶级社会的发展动力。限于历史条件，没有具体论述社会主义社会的矛盾和发展动力问题。列宁曾预见：在社会主义下，对抗将会消失，矛盾仍将存在。但没有来得及充分阐述。斯大林在较长时期否认社会主义社会还有矛盾，直至晚年才承认社会主义社会生产力与生产关系之间存在矛盾，弄得不好，还会发生冲突。但没有作为社会主义社会的基本矛盾和发展动力提出来。毛泽东运用马克思主义基本原理，深入研究国际国内社会主义运动的实践经验，肯定了社会主义社会还存在矛盾，指明了社会主义社会的基本矛盾及其特点，明确提出了正确区分和处理两类不同性质的矛盾，并规定了正确处理人民内部矛盾的一系列方针政策。这是对科学社会主义和历史唯物主义理论的一大贡献。讲话坚持和发展了八大提出的正确路线，进一步阐明了社会主义建设的指导方针，是调动一切积极因素,团结一切可以团结的力量,建设社会主义强国的纲领性文献;是我国在探索社会主义建设新道路方面取得的重大成果。

《关于正确处理人民内部矛盾的问题》公开正式发表时,反右派斗争已经开始。由于毛泽东对当时少数右派分子向共产党和社会主义制度进攻的形势作了过分严重的估计,因此,他在整理讲话稿的过程中加进了强调阶级斗争很激烈、社会主义和资本主义之间谁胜谁负的问题还没有真正解决这些同原讲话精神不协调的论述。但从整体来说,仍保持了原讲话稿的基本精神,正确处理人民内部矛盾是国家政治生活的主题这一基本思想仍贯穿全文。

毛泽东发表《关于正确处理人民内部矛盾的问题》讲话后,中共中央于 1957 年 2、3 月间几次发出指示,要求各级党组织进行传达讨论。各级党内外干部和知识分子,遵照中央指示认真学习讲话,并结合当地实际情况,总结和检查工作,倾听党内外群众意见,分析和研究人民内部矛盾的各种表现,努力调整社会主义内部关系的各种问题。3 月 6 日至 13 日,中央召开全国宣传工作会议,除中央和省(市、自治区)两级宣传、文教等部门负责同志参加外,还广泛吸收科教、文艺、新闻出版等单位的党外人士 100 多人参加会议。会上,传达和讨论了《关于正确处理人民内部矛盾的问题》。3 月 12 日,毛泽东又作了重要讲话。他着重讲了知识分子问题、整风问题和加强党的思想工作问题,强调要继续贯彻执行"百花齐放,百家争鸣"的方针,指出这是一个基本性的同时也是长期性的方针。这个方针不但是使科学和艺术发展的好方法,而且推而广之,也是我们进行一切工作的好方法,准备用这个方针来团结几百万知识分子,改变他们现在的面貌,以利于我们国家文化的发展。

四、整风运动和反右派斗争

由于中国革命的胜利、三大改造的顺利完成和经济建设取得重大成就,中国共产党不仅处于执政党的地位,而且在全国人民中享有很高的威望。中共八大和毛泽东《关于正确处理人民内部矛盾的问题》发表以后,中共中央要求全党按照党的方针政策正确处理人民内部矛盾,调动一切积极因素,以团结全国人民建设伟大的社会主义国家。然而党内有许多同志思想认识跟不上新的形势的发展,他们仍习惯于用老眼光、老办法去观察问题、处理问题。甚至有的人滥用党的威信,单纯靠行政命令办事,主观主义、官僚主义、宗派主义有了新的滋长。为了贯彻八大路线,提高全党的马克思列宁主义水平,纠正党员思想作风方面存在的问题,更好地调动一切积极因素,进行社会主义建设,中共中央决定在全党范围内进行一次"开门"形式的整风运动,于 1957 年 4 月 27 日发出了《关于整风运动的指示》,5 月 2 日,《人民日报》发表《为什么要整风》的社论。关于整风运动的指示和社论指出,这次整风运动的目的,就是要使全党学会正确处理人民内部矛盾,自觉地扩大民主生活,扩大批评与自我批评,把我国的政治生活、整个国家引导到生动活泼的发展道路上来,使全体人民更积极地建设社会主义的经济和文化;这次整风运动,要以毛泽东在 2 月最高国务会议第十一次扩大会议上和 3 月中央宣传工作会议上的两个重要讲话为指导思想,把正确处理人民内部矛盾问题作为主题,在全党普遍地、深入地反对官僚主义、宗派主义、主观主义,提高全党的马克思主义的思想水平,改进作风,以适应社会主义改造和社会主义建设新形势新任务的需要;这次整风运动,应该是一次既严肃认真又和风细雨的思想教育运动,应该是恰如其分的批评和自我批评的运动,提倡实事求是,具体分析,采取团结—批评—团结的方针,以便"惩前毖后,治病救人"。于是全党范围的整风运动正式开始,8 月以前首先在县级以上、军队团级以上党政军机关和大的厂矿、大专院校以及民主党派、新闻界、出版界、科学技术界等机关开展起来,8 月以后逐步在工人、农民、工商界、中小学校中展开。

整风运动是发扬社会主义民主的正常步骤。各级党组织根据整风要求,领导党员认真学习文件,按照毛泽东《关于正确处理人民内部矛盾的问题》和《在全国宣传工作会议上的讲话》的基本思想,检查党的各项方针政策的执行情况以及党内存在的官僚主义、宗派主义、主观主义等现象,发动广大群众、干部向党提出批评和建议。

为了广泛听取党外群众的意见,毛泽东和中共中央统战部、国务院第八办公室于 4 月 30 日至 6 月 8 日邀请民主党派负责人、无党派民主人士和工商界人士举行座谈会 39 次;在此期间,《光明日报》编辑部也在上海、北京等九大城市邀集民主人士和高级知识分子座谈,向党提意见。全国各地也都召开了类似的座谈会、"鸣放"会。

广大群众和党员积极响应党的号召,向各级领导和党员干部提出了大量的批评和建议,总的形势是好的。但是,由于我国的社会主义制度刚刚建立,加之国际上反共反社会主义逆流的影响,鸣放中反映出有些人对走社会主义道路还有动摇,一部分人思想混乱。与此同时,极少数资产阶级右派分子乘机散布反党反社会主义言论,把共产党在国家政治生活中的领导地位攻击为"党天下",叫嚷要"轮流坐庄";污蔑人民民主专政和社会主义制度是产生官僚主义、宗派主义、主观主义的根源,叫嚷"根本的办法是改变社会主义制度",实行西方的所谓"民主自由"。这股思潮的核心是反对社会主义,反对共产党的领导。特别是在所谓"大鸣大放"的口号下,一些地方举行群众性集会,贴大字报,有些报刊传播了一些煽动性的错误言论,一时形成了相当紧张的气氛。因此,中共中央认为,对这股反党反社会主义思潮,对极少数资产阶级右派分子的猖狂进攻,进行批判和反击是当时客观形势的要求。否则,全国就要陷入政治思想上的混乱,就不可能在社会主义道路上继续前进。

基于上述形势,中共中央决定开展反右派斗争。毛泽东于 5 月 15 日写了《事情正在起变化》一文,发给党员干部阅读。文章对极少数右派分子的进攻作了过于严重的估计,认为党外知识分子中,右派占1%~10%,党内也有一部分知识分子新党员,跟社会上的右翼知识分子互相呼应。还说在民主党派中和高等学校中,右派表现得最坚决最猖狂,我们还要让他们猖狂一个时期,让他们走到顶点。同时,中共中央指示各地党的领导机关,在一个时期内对于错误意见不要反驳,要让他们畅所欲言,并把这些错误意见不加粉饰地发表出去,以便群众了解他们的面貌。使用这种策略,造成报纸上一时净是反面意见,在群众中引起很大的思想混乱。25日,毛泽东在接见青年团第三次全国代表大会代表时针对右派分子的进攻指出:"中国共产党是全中国人民的领导核心。没有这样一个核心,社会主义事业就不能胜利。""一切离开社会主义的言论行动是完全错误的"①。6月8日,中共中央发出关于"组织力量反击右派分子的猖狂进攻"的指示,对反击右派作了部署,指出:"这是一个伟大的政治斗争和思想斗争。""这是一场大战(战场既在党内,又在党外),不打胜这一仗,社会主义是建不成的,并且有出'匈牙利事件'的某些危险"②。同日,《人民日报》发表社论《这是为什么?》,指出"有人向拥护共产党的人写恐吓信",这"是某些人利用党的整风运动进行尖锐的阶级斗争的信号","我们还必须用阶级斗争的观点来观察当前的种种现象,并且得出正确的结论"③。接着《人民日报》发表《工人说话了》《要有正确的批评,也要有正确的反批评》等社论,从此,在全国范围内开展了大规模的反右派斗争。

7月1日,毛泽东为《人民日报》写了《文汇报的资产阶级方向应当批判》的社论,尖锐地批评说"文汇报在春季里执行民盟中央反共反人民反社会主义的方针,向无产阶级举行猖狂的进攻","其方针是整垮共产党,造成天下大乱,以便取而代之"。7月,中

---

① 《毛泽东文集》第7卷,人民出版社1999年版,第303页。

② 《建国以来重要文献选编》第10册,中央文献出版社1994年版,第285页。

③ 《建国以来重要文献选编》第10册,中央文献出版社1999年版,第289~290页。

共中央在青岛召开省、市委书记会议,着重讨论了反右派斗争问题,毛泽东在会议期间写了《一九五七年夏季的形势》一文,夸大反右派斗争的意义,说"资产阶级右派和人民的矛盾是敌我矛盾,是对抗性的不可调和的你死我活的矛盾"。"资产阶级右派是反动派、反革命派"。"这一次批判资产阶级右派的意义,不要估计小了。这是一个在政治战线上和思想战线上的伟大的社会主义革命。单有1956年在经济战线上(在生产资料所有制上)的社会主义革命,是不够的,并且是不巩固的。匈牙利事件就是证明。必须还有一个政治战线上和一个思想战线上的彻底的社会主义革命。""这个斗争,从现在起,可能还要延长十年至十五年之久"。在这里以阶级斗争为纲的思想已有了明显的表述。文章还说,目前反右派斗争第一个决定性的战斗,我们已经胜利了,但是还需要几个月深入挖掘的时间,取得全胜,决不可以草率收兵。这次会议后,将原来在省区市党政机关、大专院校、民主党派和新闻出版界、科技界、文化卫生界的反右派斗争,又很快扩展到省区市以下机关、工商界和中小学校教师中。1957年8月8日和9月20日,中共中央向农村和企业发出指示,开展整风和社会主义教育大辩论,实际上形成对一部分工农群众的批判和斗争。到1958年上半年整风反右运动基本结束。

反击极少数右派分子的进攻,虽然有其必要性,但是,并不需要为此发动一次全国性的大规模的群众运动,而且反右派斗争被严重地扩大化了,把大量人民内部矛盾当作敌我矛盾,把许多正常的甚至善意的批评和建议,视为右派进攻,把一大批革命的知识分子、爱国民主人士和党员干部错划为右派分子,造成了不幸的后果。首先,是导致对知识分子的不信任、不重用,其重要作用得不到充分发挥,延缓了社会主义建设的前进速度;其次,破坏了生动活泼的政治局面,中断了扩大社会主义民主的进程,破坏了社会主义法制,而家长制、一言堂、个人崇拜的不良风气开始发展;最后,反右斗争的实践,成为阶级斗争扩大化理论形成的基础,导致了八大正确的政治路线的改变,不能真正实现工作重点的转移。反右斗争严重扩大化的主要表现,是未能按照在什么范围和领域中发生的问题就在什么范围和领域中解决的原则,而是在全国开展了大规模的急风暴雨式的群众阶级斗争,采取了"大鸣、大放、大辩论、大字报"的错误形式,和在思想批判之后迅速给以组织处理的错误手段。错划右派的数量和比例很大,全国共划右派分子55万多人。从1978年至1981年根据党中央指示对右派分子进行复查改正的情况看,97%以上属于错划,而且处理太严,打击太重。

反右派斗争严重扩大化的主要原因,是由于中国共产党对社会主义时期阶级斗争的特点和规律缺乏全面的深刻的正确认识。毛泽东认为东欧国家的基本问题是阶级斗争没有搞好,有那么多反革命,所以出了"匈牙利事件"。对国内形势即右派进攻的估计过高,认为右派分子占到知识分子的1%到10%。就大多数党员和干部来说,由于过去长期处于阶级斗争环境中,习惯于用阶级斗争观点观察问题,用大规模政治运动的方式开展阶级斗争,而且使用"四大"(大鸣、大放、大辩论、大字报)形式,易于造成紧张形势,混淆两类不同性质的矛盾,从而造成严重扩大化的恶果。

第二节 中国共产党在经济建设指导方针上的失误和纠正"左"倾错误中的曲折

1957年反右派斗争掀起高潮后,毛泽东和中共中央一方面把关注点放在阶级斗争上,另一方面则放在经济建设中的发展速度上。在这两个大问题上的探索都出现了失误。

一、中国共产党八大二次会议 社会主义建设总路线的制定

为了总结整风反右的经验,解决经济工作方面的一系列问题,特别是发展农业生产问题,中国共产党于1957年9月20日至10

月 9 日在北京召开了八届三中全会。会上邓小平作了关于整风运动的报告,陈云作了关于改进国家行政管理体制问题和农业增产问题的报告,周恩来作了关于劳动工资和劳保福利问题的报告,毛泽东作了《做革命的促进派》的总结讲话。会议着重讨论了整风运动、反右派斗争和国内主要矛盾问题,并讨论和基本通过了《一九五六年到一九六七年全国农业发展纲要修正草案》以及改进工业、商业、财政管理体制和关于劳动工资、劳保福利问题的几项决定草案。这次会议在继承和发展八大的正确路线的同时,也开始产生了偏离八大正确路线的"左"倾错误,为"左"倾思想的发展提供了机会。表现在:

(一)全面地肯定了反右派斗争。肯定党中央和毛泽东对我国政治形势的不恰当估计,认为右派分子的进攻是"有纲领、有组织、有计划的",是"极为猖獗,极为狠毒的"。因此确定整风运动在原有基础上扩大成为全民的整风运动;认为我国多数知识分子是资产阶级的,而且是"同无产阶级较量的主要力量",因而确定反右派斗争"主要是在资产阶级和知识分子范围内进行";进一步肯定了毛泽东在会前提出的关于政治战线上、思想战线上的社会主义革命的观点;充分肯定了大鸣、大放、大辩论、大字报的作用。

(二)轻率地改变了八大关于国内主要矛盾的正确论述。毛泽东在会议开始时提出,对当前我国社会的主要矛盾问题,仍应回到党的七届二中全会时的提法。毛泽东在全会的总结讲话中断言:"无产阶级和资产阶级的矛盾,社会主义道路和资本主义道路的矛盾,毫无疑问,这是当前我国社会的主要矛盾"①。

(三)错误地批判了 1956 年的反冒进为"右倾保守",开始背离了八大关于经济建设的正确方针。毛泽东在总结讲话中指责 1956 年反冒进扫掉了三个东西:一是扫掉了多快好省,二是扫掉了农业发展纲要四十条,三是扫掉了促进委员会,认为这是右倾,

---

① 《建国以来重要文献选编》第 10 册,中央文献出版社 1994 年版,第 606 页。

是促退，是给群众泼冷水，损害了他们的积极性。他强调：我们总的方针，总是要促进的。

1958年3月8日至26日，中共中央召开了有中央各部门负责同志和各省市自治区党委第一书记参加的成都会议。这是发动大跃进的一次会议。会议主要讨论关于1958年计划的第二本账、①关于发展地方工业和实现农业发展纲要问题。毛泽东在会上多次讲话，继续批判反冒进，说冒进是"马克思主义的"，反冒进是"非马克思主义的"；提出了破除迷信，解放思想，要敢想、敢说、敢干。还提出了两种个人崇拜问题，说个人崇拜有两种：一种是正确的，如对马克思、恩格斯、列宁、斯大林正确的东西必须崇拜，一个班必须崇拜班长，不崇拜不得了；一种是不正确的，不加分析，盲目服从。成都会议讨论和通过了《关于1958年计划和预算第二本账的意见》《关于发展地方工业问题的意见》《关于把小型的农业合作社适当地合并为大社的意见》等37个文件，会议制定的各项经济指标，比2月间全国人民代表大会通过的第一本账都大幅度地提高了。例如农业总产值的增长速度由6.1%提高到16.2%，工业总产值的增长速度由10%提高到33%。其中粮食由3 920亿斤增加到4 316亿斤，钢产量由625万吨增加到700万吨。地方工业产值超过农业产值的期限也由5至10年改为5至7年。

1958年5月5日至23日，中国共产党第八次全国代表大会第二次会议在北京召开。会议主要议程是听取刘少奇代表中央委员会作的工作报告；听取邓小平作关于各国共产党和工人党莫斯科会议的报告；讨论通过《全国农业发展纲要》第二次修正草案，谭震林作草案说明报告。周恩来、朱德、陈云、陈毅、李先念等117人作了大会发言，毛泽东在会议期间作了多次讲话。

---

① 国家的经济建设计划实行两本账的办法从成都会议开始，第一本账是公开宣布、必须完成的，第二本账不公开，是争取完成的。实行两本账的结果，造成了层层加码，提高指标，破坏了国民经济的综合平衡发展。

八大二次会议仍然肯定了八大一次会议所确定的建设社会主义现代化国家的伟大任务,党的工作重点要放在经济建设上,并提出开展技术革命和文化革命的任务;正式通过了中共中央根据毛泽东的倡议而提出的"鼓足干劲,力争上游,多快好省地建设社会主义"的总路线。它的基本点是:调动一切积极因素,正确处理人民内部矛盾;巩固和发展社会主义的全民所有制和集体所有制,巩固无产阶级专政和无产阶级的国际团结;在继续完成经济战线、政治战线和思想战线上的社会主义革命的同时,逐步实现技术革命和文化革命;在重工业优先发展的条件下,工业和农业同时并举;在集中领导、全面规划、分工协作的条件下,中央工业和地方工业同时并举,大型企业和中小型企业同时并举。通过这些,尽快地将我国建设成为一个具有现代工业、现代农业和现代科学文化的伟大的社会主义国家。这条总路线反映了广大人民群众迫切要求改变我国经济、文化落后状况的普遍愿望,把实现现代化作为建设社会主义的宏伟目标,肯定发展生产力是巩固与发展社会主义的根本途径,强调正确处理人民内部矛盾,坚持走工农业并举等工业化道路,这些是正确的。但是它忽视了经济发展的客观规律,片面强调人的主观能动性,片面强调速度,没有注意有计划按比例综合平衡发展。实际上过分强调改变生产关系,并在政治思想战线上继续使阶级斗争扩大化。

　　八大二次会议在急于求成的"左"倾思想指导下,把建设速度问题引向了脱离实际的轨道。会议正式提出"在十五年或者更短的时间内,在钢铁和其他主要工业产品的产量方面赶上和超过英国";使我国农业在提前实现全国农业发展纲要的基础上,迅速地超过资本主义国家;使我国科学和技术在实现"十二年科学发展规划的基础上,尽快地赶上世界上最先进的水平"①。会议强调要破除迷信,解放思想,发扬敢想敢说敢做的创造精神,宣称我国正

---

　　① 《建国以来重要文献选编》第 11 册,中央文献出版社 1995 年版,第 305 页。

130

处在"一天等于 20 年"的伟大时代,又提出了争取 7 年赶上英国、15 年赶上美国的更加脱离实际的要求。

八大二次会议正式通过决议修改了八大一次会议关于我国社会主要矛盾的正确论断,肯定了当前我国的主要矛盾是无产阶级和资产阶级之间、社会主义道路与资本主义道路之间的矛盾。这就为阶级斗争扩大化提供了理论根据,并阻碍了党的工作重心向经济建设的转移。

八大二次会议后,接着于 5 月 25 日召开了八届五中全会,增选林彪为中共中央副主席、政治局常委,柯庆施、李井泉、谭震林为政治局委员,李富春、李先念为书记处书记。全会还决定出版理论半月刊《红旗》。

在宣传贯彻社会主义建设总路线的过程中,带有强烈的"左"的理论色彩。如强调高速度是它的灵魂,高速度是社会主义经济规律,高速度是中国社会主义事业的根本方针。同时,在经济建设理论上,把综合平衡的观点斥之为"消极平衡论"而加以批判,提出所谓"积极平衡论",实际是人为地破坏平衡,不要平衡。于是在总路线提出后不久,未经认真的调查研究和试点,就轻率地发动了"大跃进"和人民公社化运动。

二、"大跃进"和人民公社化运动

"大跃进"一词首先出现在 1957 年 10 月中下旬的《人民日报》上。10 月 25 日,经过八届三中全会修改的农业发展纲要四十条正式公布。27 日,《人民日报》发表社论,要求"有关农业和农村的各方面工作在十二年内都按照必要和可能,实现一个巨大的跃进"。11 月 13 日《人民日报》社论《发动全民,讨论四十条纲要,掀起农业生产新高潮》,①它得到了毛泽东同志的称赞,他说:

---

① 社论说:"有些人害了右倾保守的毛病,像蜗牛一样爬行得很慢。他们不了解农业生产合作化以后,我们就有条件也有必要在生产战线上来一个大的跃进。"

"这是个伟大的发明,这个口号剥夺了反冒进的口号。"①1957年11月18日,毛泽东在莫斯科81国共产党和工人党代表会议的讲话中,公开提出15年左右在钢铁和其他重要工业品的产量方面赶上和超过英国。12月2日,刘少奇代表中共中央向中国工会第八次全国代表大会致词时,宣布了这个对国外震动很大的口号。1958年2月2日,《人民日报》社论宣称:"我们国家现在面临着一个全国大跃进的新形势,工业建设和工业生产要大跃进,农业生产要大跃进,文教卫生事业也要大跃进。"1957年冬至1958年春,全国农业生产合作社动员六七千万人大搞农田水利、农田基本建设和积肥的群众运动,掀起了农业大跃进。1958年6月1日,《红旗》创刊号发表毛泽东《介绍一个合作社》一文,提出"我国在工农业生产方面赶上资本主义大国,可能不需要从前所想的那样长的时间了"。文章说:"中国六亿人口的显著特点是一穷二白。这些看起来是坏事,其实是好事。穷则思变,要干,要革命。一张白纸,没有负担,好写最新最美的文字,好画最新最美的画图"②。经过以上会议精神的贯彻和社论、文章的宣传,"大跃进"运动也从酝酿发动进入了全面开展阶段。

"大跃进"的开展是从盲目地、片面地追求工农业生产,尤其是钢铁生产的高速度、高指标开始的。八大二次会议后不久,对钢的生产指标不断加码。1958年5月底,中共中央政治局扩大会议建议把1958年钢产量提高到850万吨。6月,冶金部根据各大区的钢铁规划提出了钢铁"跃进"计划并报告了中央,提出1959年全国钢产量可以超过3 000万吨,1962年可以达到8 000万吨,甚至9 000万吨。为此,1958年必须达到1 000万吨以上。最后毛泽东下了决心,提出1958年钢产量要在1957年的基础上翻一番,达到1 070万吨。中央转发冶金部的报告后,工业上的高指

---

① 《党史研究》1984年第7期,第14页。
② 《建国以来重要文献选编》第11册,中央文献出版社1995年版,第274页。

标、浮夸风日益泛滥起来。对粮食产量的估计也越来越高。1958年6月19日,华东地区召开农业协作会议,会议不切实际地提出:今明两年粮食产量可以提高到每人平均 1 000~1 500 斤,并认为"在三年到五年内,使粮食增产到每人平均有 2 000 斤是完全可能的。"7月,西北地区农业协作会议竟提出 1962 年粮食产量每人平均突破 3 000 斤。中共中央在 6 月估计 1958 年粮食产量比上年能增产 2 000 亿斤(1957 年粮食产量是 3 700 亿斤),8 月估计 1958 年粮食可达 6 000 亿斤到 7 000 亿斤(实际 1958 年的粮食产量为 4 000 亿斤)。各地的浮夸风盛行起来,不断地报高产,放"卫星",出现了小麦亩产 7 320 斤[①]、早稻亩产 36 000 斤[②]、中稻亩产 13 万斤[③]的虚假纪录。《人民日报》还发表"人有多大胆,地有多大产";"不怕做不到,就怕想不到"的宣传报道,片面强调主观能动性。在这种浮夸风的基础上,农业部在 7 月 23 日发布 1958 年夏收公报:粮食总产量达到 1 010 亿斤,比 1957 年增产 413 亿斤,增长 69%。

伴随农业生产上的急于求成而来的,是生产关系上的急于过渡,企图用急剧改变生产关系的办法推动生产力的极大发展,并创造一种新的农村社会模式。1957 年冬至 1958 年春,全国农村比较普遍地开展了农田水利基本建设和春耕生产大协作,这些活动一般超出了乡的范围,在一些地方开始出现了小社并大社的情况。毛泽东认为,农村生产力的发展,使原有合作社的规模已不能适应需要。于是 1958 年 3 月的成都会议通过了《关于把小型的农业生产合作社适当地合并为大社的意见》,各地根据中央的精神,开始

---

① 1958 年 7 月 23 日《人民日报》报道河南西平县和平农业社放"小麦高产卫星"。

② 1958 年 8 月 13 日《人民日报》报道湖北麻城县(今麻城市)溪河农业社放"早稻高产卫星"。

③ 1958 年 9 月 18 日《人民日报》报道广西环江县(今环江毛南族自治县)红旗公社放"中稻高产卫星"。

了小社并大社的工作。当时,河南省一些县行动较快,遂平县于 4 月将 27 个高级农业生产合作社合并成一个大社——嵖岈山卫星社,拥有 9 369 户。辽宁省将全省 9 600 个高级社合并成 1 461 个大社,平均每社 2 000 户左右。山东省也开始筹办大社。1958 年 7 月出版的《红旗》第 3 期、第 4 期先后发表《全新的社会,全新的人》和《在毛泽东同志的旗帜下》两篇文章,传达了毛泽东关于办人民公社的思想。第 4 期的文章转引毛泽东的话说:“我们的方向,应该逐步地有秩序地把工(工业)、农(农业)、商(交换)、学(文化教育)、兵(民兵,即全民武装),组成为一个大公社,从而构成我国社会的基层单位。在这样的公社里面,工业、农业和交换是人们的物质生活,文化教育是反映这种物质生活的人们的精神生活,全民武装是为着保卫这种物质生活和精神生活的。”1958 年 8 月上旬,毛泽东视察河北、河南和山东农村,对河南省新乡县七里营乡建立的人民公社,表示赞同。并说:“有这样一个社,就会有好多社。”当山东省的领导同志汇报历城县打算办大农场时,毛泽东说:“还是办人民公社好,它的好处是可以把工、农、商、学、兵合在一起,便于领导。”当时他认为,人民公社的特点是“一曰大二曰公”,可以加快农业的发展,加速社会主义建设,可为农村向共产主义过渡创造条件。8 月 13 日,各地报纸都报道了毛泽东关于“办人民公社好”的谈话,全国各地出现了小社并大社、大社改公社的热潮。

为了适应钢铁生产翻番和农村生产关系急剧变化的新情况,研究解决出现的新问题,中共中央政治局于 1958 年 8 月 17 日至 30 日在北戴河举行中共中央政治局扩大会议,通常称为“北戴河会议”。会议主要讨论了工业生产、农业生产和农村工作、国民经济计划等问题,通过了《号召全党全民为生产 1 070 万吨钢而奋斗》《关于在农村建立人民公社问题的决议》《关于 1959 年计划和第二个五年计划问题的决定》等 40 项决议。

关于工业生产,由于当时误认为农业产量问题已经解决,因此会议着重研究了工业生产问题。会议决定认为当前工业的中心问题是钢铁生产和机械生产,因此正式决定 1958 年的钢产量要在 1957 年的 535 万吨的基础上翻一番,即达到 1 070 万吨。为确保 1 070 万吨钢任务的完成,会议决定采取以下措施:第一,各省市自治区党委第一书记,亲自挂帅,全党全民齐动员,大抓钢铁和机械。第二,鉴于 1958 年时间已过去近 2/3,但任务还差一大半(还差 620 万吨)的紧急情况,决定所生产的生铁除供机械铸件外,全部供给炼钢;在工业生产上大搞群众运动,大搞小高炉和土高炉生产。会议还确定了 1959 年计划的高指标:要求工业和农业用比 1958 年更高的速度前进,钢产量达到 2 700 万~3 000 万吨,粮食产量达到 8 000 亿~10 000 亿斤。

关于农村工作,会议通过了《关于在农村建立人民公社问题的决议》。决议在对农村形势作了不切实际的分析和估计的基础上,认为"人民公社是形势发展的必然趋势……人民公社发展的主要基础是我国农业生产全面的不断的跃进和五亿农民愈来愈高的政治觉悟"。决议对人民公社的性质、任务和所有制的过渡问题上,均提出了过急的设想和要求。决议肯定"人民公社将是建成社会主义和逐步向共产主义过渡的最好的组织形式,它将发展成为未来共产主义社会的基层单位"。"看来,共产主义在我国的实现,已经不是什么遥远将来的事情了,我们应该积极地运用人民公社的形式,摸索出一条过渡到共产主义的具体途径。"①决议要求人民公社举办公共食堂、幸福院等。

关于国民经济计划,会议批准了关于第二个五年计划的意见书。在充分肯定 1958 年建设经验和"全面大跃进"的形势下,"二五计划"意见书提出了不切实际的建设目标:到 1962 年,全国建成强大的独立完整的工业体系,在钢铁和其他若干重要工业产品的

---

① 《中共中央文件选集(1949 年 10 月—1966 年 5 月)》第 28 册,人民出版社 2013 年版,第 406、410 页。

产量方面接近美国;农业劳动实现机械化或半机械化,有条件的农村基本实现电气化,90%以上的耕地实现水利化;在主要科学技术方面赶上世界先进水平,全国普及中等教育,将我国建设成具有现代工业、现代农业和现代科学文化的伟大社会主义国家,并创造向共产主义过渡的条件。为实现这一目标,安排了各项高指标:"二五"期间,工业总产值平均每年增长53%左右,农业总产值平均每年增长30%左右,基本建设五年投资3 850亿元,比"一五"期间增长6.8倍以上。

北戴河会议是1958年我国经济发展的重要转折点。会后,全党全民齐动员,一个以大炼钢铁为中心的"大跃进"运动和人民公社化运动的高潮,迅速在全国掀起,使得以高指标、瞎指挥、浮夸风和共产风为主要标志的"左"的错误泛滥开来。

不管主观的计划如何雄心勃勃,但客观实际是无情的。1958年生产1 070万吨钢是不切实际的难以实现的高指标。首先,时间不够。1958年已过去8个月,只生产了450万吨钢,要在剩下的1/3时间里完成2/3的任务是不可能的。其次,大大超越了钢铁工业本身炼铁、炼钢、采矿、轧钢的现有生产能力,如炼铁,1—8月生产生铁530万吨,而9—12月要完成1 150万吨生铁生产任务是不可能的。此外,交通运输、煤炭、电力部门的生产,也都远远不能达到钢产量翻番的要求。为了追求这个难以实现的高指标,掀起"一马当先,万马奔腾,以钢为纲,全面跃进"的高潮,采取了以下当时认为是强有力而实际上是违背客观规律的措施:

第一,不顾其他,全力保证钢铁元帅升帐。提出实现钢产量翻番是全党全民最重要的政治任务,规定各部门各地方都要把钢铁生产放在首位。1958年9月5日,《人民日报》发表《全力保证钢铁生产》的社论,指出:"不管任何地方、任何部门,有材料、有设备、有交通运输工具,必须首先让给钢铁工业;有制造能力的,必须首先为钢铁工业而生产;电力必须首先输送给钢铁工业;煤炭及其他燃料必须首先满足钢铁工业的需要;有劳动力和技术力量的,必须首先调给钢铁工业。"

第二,大搞群众运动,大搞小土群。《人民日报》在北戴河会议闭幕的第二天即发表社论,号召全党全民立即行动起来,鼓足干劲,苦战四个月,完成把钢产量翻一番的伟大任务。要求各省市自治区党委第一书记每周检查生产进度,采取最有效的办法,调动各方面的力量,组织各方面的协作,解决生产中的一切困难问题。于是在极短的时间内,掀起了一个全国范围的群众性大炼钢铁运动。除原有大中型钢铁企业发动群众突击生产(称为大洋群)外,又发动群众大搞土法炼铁炼钢(称为小土群),小土群是这次大炼钢铁运动的特征。1958年9月,全国有5 000万人参加大炼钢铁,建成小高炉、土高炉60万座。10月以后,投入的人数更多,田野、街道到处都是大炼钢铁的战场,年底则达到9 000多万人。为适应大炼钢铁,又发动全民大办地质,有的省上山找矿的群众达到几百万人;全民大办小煤窑,全国有2 000万人上山挖煤,小煤窑多达10万多个;全民大办交通运输,数以千万计的农民和各行各业男女老少利用各种交通工具参加运输。

第三,不断追加投资,扩大基本建设规模,基建投资总额从上年的138亿元增到267亿元,增长97%。商业、银行也无条件地支持工业大跃进。商业提出,工业生产什么就收购什么,生产多少就收购多少。银行提出,为了工业生产,需要多少就贷给多少,什么时候需要就什么时候贷给,打乱了正常的资金流通。

经过这样突击蛮干,耗费了巨大的人力和资源,到年底,宣布全国钢产量为1 108万吨,但实际合格的钢产量只有800万吨,仅完成翻番计划的3/4。

"大跃进"运动给国民经济造成了严重后果,损失是巨大的,主要是:国民经济陷入混乱,各部门的比例关系如积累与消费、工业与农业、工业交通内部以及社会购买力与商品可供量比例严重失调;生产上浪费十分严重,经济效益极差;并且造成了农业丰产未能丰收;人民生活水平下降。

在"大跃进"运动的同时,人民公社化运动一哄而起。9月10日,公布《关于在农村建立人民公社问题的决议》,到10月底,就实现了公社化,原74万多个农业社改组成了2.6万多个人民公社,参加人民公社的农民有1.2亿多农户,占全国总农户的99%以上。

人民公社的集中特点是"一大二公"。所谓大,一是规模大,初级农业社数十户,高级农业社一二百户,而人民公社一般都在4 000户以上;二是经营范围大,是农林牧副渔全面发展、工农商学兵五位一体的社会基层组织。这样把原来经济条件好坏不等、贫富水平不一的社队合而为一,统一核算,大搞平均主义。所谓公,一是通过收回自留地、家禽家畜、家庭副业等消灭生产资料私有制残余和扩大积累、建立社办企业,提高公有化程度;二是实行组织军事化、行动战斗化、生活集体化,大搞公共食堂、幼儿园、幸福院等,到1958年底,全国农村共建立公共食堂340多万个,幸福院15万个。公社对生产队的劳力、财物,往往无偿调用,社员的某些财物也被社队无偿占有,破坏了等价交换原则。社队内部贫富拉平,实行平均主义的供给制或半供给制、食堂制,不少地方流行所谓"干活不记分,吃饭不要钱",完全违背了按劳分配原则。人民公社实行政社合一,乡党委就是公社党委,乡人民委员会就是社务委员会,各种权力集中在公社,基层生产单位没有自主权,生产没有责任制,劳动纪律松弛,经济核算制度也被抛弃。

农业合作化运动本来在后期已经出现要求过急、工作过粗、改变过快、形式也过于简单划一的情况,当时的任务应该是巩固原有的农业合作社。一些地方的小社适当合并,也只是反映了农民为兴修水利的联合要求。但是,中共中央在全国农村普遍发动组织人民公社,进一步使生产关系超前变革,特别是大刮"共产风",严重地脱离了当时的社会生产力水平和群众的觉悟水平,挫伤了农民的生产积极性,使生产力遭到很大破坏,"共产风"加上高估产带来的高征购,引起了广大农民的恐慌和不满,农村经济陷入了混乱状态。

三、教育文化领域"左"倾思想的泛滥　对"新人口论"的错误批判

"大跃进"期间,党内的"左"倾思想在教育工作、文艺工作等方面也有明显反映。1958年4月和6月,中共中央召开了教育工作会议,研究了教育方面的理论与实践问题。9月19日,中共中央和国务院联合发出了《关于教育工作的指示》。指示正式公布了党的教育方针是"教育为无产阶级的政治服务,教育与生产劳动相结合"。为实现这个方针,教育工作必须由党来领导。指示公布的教育方针,历史地看,基本上是正确的(不提为经济建设服务是个重大缺陷),在它的指导下教育事业有了新的发展。但是,指示脱离实际地要求各大协作区和省市自治区建立起一个完整或比较完整的教育体系,"然后,每个专区、每个县也应该这样做"。并提出,"全国应在三年到五年的时间内,基本上完成扫除文盲、普及小学教育","以十五年左右的时间来普及高等教育"。这一系列教育工作的跃进指标是无法实现的。因为教育作为一种社会现象不是孤立的,经济是它的基础,建立在无法实现的生产大跃进指标基础上的教育大跃进指标,也是无法实现的。而且在当时"左"倾错误的影响下,在贯彻教育方针的过程中,也存在片面性,教育工作中存在一些缺点、错误,如学校的社会活动过多,生产劳动过多,正常的教学秩序受到影响,以及对知识分子的"左"倾政策等。

文艺界也出现了"大跃进"。1958年9月,中共中央宣传部召开文艺创作座谈会,提出了"发动群众,依靠全党全民办文艺"的号召。在全面大跃进的形势下,与会者表示要像生产1 070万吨钢一样,在文学、电影、戏剧、音乐、美术等方面都争取"大跃进"、放"卫星"。10月,全国文化行政会议又提出群众文化活动要做到:人人能读书、能写诗、能唱歌、能画画、能跳舞、能表演、能创作的脱离实际的空口号。由于对文化艺术工作和群众文化活动提出

了错误的要求,片面地追求数量,过多地占用人力和生产时间,因而对工农业生产产生了一些不利影响,而那些脱离实际的要求也根本不能实现。

这一时期"左"的思想还反映在对马寅初"新人口论"等学术思想的批判上。《新人口论》是马寅初在第一届全国人民代表大会第四次会议上的书面发言,发表于1957年7月5日《人民日报》。马寅初在深入调查和具体分析的基础上,及时指出:我国人口增殖太快,而资金积累不快。人口多、资金少是一个很大的矛盾。马寅初从加速工业化、满足工业原料、促进科学研究、保证粮食供应等多方面论述了控制人口的必要性、迫切性。马寅初对如何控制人口问题提出了积极可行的建议:再行普查人口,进行动态统计,在此基础上确定我国人口政策,并将人口增长数纳入第二个或第三个发展国民经济的五年计划;进行控制人口的宣传教育,然后修改婚姻法(男25岁、女23岁结婚);实行计划生育,最重要的是普遍实行避孕。马寅初还申明他的"新人口论"与反动的马尔萨斯人口论不同,他说:我的人口论在立场上是和马尔萨斯不同的,马尔萨斯从掩盖资产阶级政府的错误出发,我则从提高农民的劳动生产率,从而提高农民的文化和物质生活水平出发。《新人口论》是马寅初经过深入调查和科学分析以后得出的正确结论。

在"大跃进"之前,毛泽东曾提出节制人口、计划生育的思想。1957年2月,他指出:我们这个国家有这么多的人,这一点是世界各国都没有的。它有这么多的人,六亿人口!这里头要提倡节育,少生一点就好了。要有计划地生产。[①] 但在"大跃进"形势下,他又偏重人口多是好事的一面。1958年4月15日他在《介绍一个合作社》中说:"除了党的领导之外,六亿人口是一个决定的因素。人多议论多,热气高,干劲大。""中国六亿人口的显著特点是一穷

---

① 中共中央文献研究室编:《毛泽东传(1949—1976)》上册,中央文献出版社2003年版,第625页。

140

二白。这些看起来是坏事,其实是好事。穷则思变,要干要革命"①。他还说过:"应当看到人口多是好事,实际人口到七亿五到八亿时再控制",宣传人口多的困难会"造成悲观空气"②。从1958年4月开始,马寅初受到批判。首先在北京大学采用大字报、辩论会等方式对马寅初的《新人口论》及其整个学术思想、政治观点进行批判。他的人口控制论被说成是"新马尔萨斯人口论"。在此后一年多的时间中,其他高等院校和一些报刊也发表大量文章,对马寅初进行公开的点名批判。马寅初不仅在会上为自己的正确观点申辩,而且在《光明日报》《新建设》发表答辩文章,表示要坚持真理,"决不向专以力压服不以理说服的那种批判者们投降"。这时康生表示,马寅初的问题已经不是学术问题,而是右派向党进攻的政治问题。"要像批帝国主义分子艾奇逊那样批判马寅初"。1960年1月,随着对马寅初批判的升格,他被迫提出辞去北京大学校长的职务,不久又被罢免了全国人大常委的职务。

对马寅初《新人口论》的批判显然是错误的,它严重干扰了制定和推行正确的人口政策,使中国人口高速度增长,在一段时间失去控制,对中国经济的发展带来长期的不利影响。

四、反对美国在台湾海峡的武装挑衅 平定西藏叛乱

长期以来,美国支持蒋介石集团军队以金门、马祖等沿海岛屿为前哨据点,对中国大陆进行种种骚扰和破坏活动。美国第七舰队也加强在台湾海峡的活动,甚至扬言美国海军随时准备进行像在黎巴嫩那样的登陆。③

为了反击美蒋的挑衅,中国人民解放军空军、海军和海岸炮兵

---

① 《建国以来毛泽东文稿》第七册,中央文献出版社1992年版,第177～182页。

② 《毛泽东对计划生育工作的批示》,转引自《中共党史研究》2001年第2期,第60页。

③ 即1958年7月15日美国出兵黎巴嫩。

部队在 1958 年 8 月中旬前完成了紧急入闽集结。8 月 17 日,中共中央作出炮击金门的决策,"直接对蒋,间接对美"。8 月 23 日,在联合国大会通过了阿拉伯各国要求美国从中东撤军提案的第二天,毛泽东下令中国人民解放军大规模炮击金门,仅一个小时即发射几万发炮弹,蒋军大部军事设施被摧毁,蒋军驻金门司令和美国两名顾问被击毙,整个金门基本被封锁,海上交通被切断。

我军炮击金门后,美国急忙加强在台海地区的军事力量,到 9 月初,集结了各种舰艇 60 多艘、飞机 430 多架、海军陆战队 3 800 人。同时,不断地就台海局势的发展进行恫吓。9 月 4 日,美国国务卿杜勒斯声明:"美国负有条约义务来帮助保卫台湾不受武装进攻,国会的联合决议授权总统使用美国的武装部队来保护像金门和马祖等有关阵地。"但在同时公布的备忘录中杜勒斯又表示,美国不放弃和平谈判,希望在台海地区获致一项"相互放弃使用武力的声明"。据此,中国决定采取边打边谈方针,实行毛泽东提出的"绞索政策",即把台湾问题当做套住美国的绞索,不断对其施加压力。9 月 4 日,中国政府发表关于领海声明,宣布中国领海宽度为 12 海里。12 海里以内的岛屿,包括东引岛、高登岛、大小金门岛、马祖列岛、大旦岛、二旦岛等都是中国的内海岛屿。意在迫使美国军舰不敢靠近中国领海之内的金门岛。9 月 6 日,周恩来总理代表中国政府发表声明,重申中国人民解放台湾的决心,警告美国如果将战争强加于中国人民,必须承担严重后果。同时表示,"为了再一次进行维护和平的努力,中国政府准备恢复两国大使级会谈"。9 月 7 日,蒋军军舰和运输舰队由美国海军编队护航在金门海域活动,中国军队奉命对其开火,击沉蒋舰 3 艘,美舰则掉头撤离金门海域。对于美国军舰和飞机不断侵犯我领海、领空的行为,中国外交部奉命先后共提出 213 次严重警告。中国政府有力地反击了美国在台湾海峡的武装挑衅。

在东南沿海地区遭受美国武装挑衅的同时,我国西南边疆西藏发生了上层反动分子的叛乱事件。

新中国成立以来,实行了民族平等、民族团结、民族区域自治和各民族共同发展繁荣的政策,结成了以平等、团结、互助为特征的社会主义新型民族关系。10年来,少数民族的经济和教育文化事业有了较快发展,人口有了较大增加,平等权利得到了保障,民族区域自治得到普遍推行。除西藏外,已成立内蒙古、新疆、广西、宁夏4个自治区和29个自治州、53个自治县,并且绝大部分地区都已经基本上完成了民主改革和社会主义改造。西藏1951年和平解放后,又于1956年4月成立自治区筹备委员会。由于西藏地方政府中上层反动分子的阻挠,封建农奴制的民主改革和地方军队的改编任务均未能完成。为了等待西藏上层反动分子的觉悟,中央决定在第二个五年计划之内即1962年之前不进行民主改革和藏军改编。但是,西藏地方政府和上层反动集团,长期坚持分裂祖国、维护农奴制度的反动立场,同帝国主义者和外国干涉者相勾结,为实现西藏独立,图谋叛乱,先后于1957年在雅鲁藏布江以东以北地区,1958年在昌都、丁青、黑河、山南等地组织局部武装叛乱和武装窜扰,冲击中央派驻的机关、部队,最终于1959年3月10日,撕毁关于和平解放西藏办法的"十七条协议",在拉萨发动武装叛乱。达赖喇嘛原定3月10日到人民解放军西藏军区礼堂看戏,这是他在一个月前提出的,日期也是他定的。而西藏叛乱集团却大肆散布西藏军区部队扣留达赖喇嘛,提出"汉人滚出去""西藏独立"等反动口号,并当场打死反对叛乱的西藏自治区筹委会藏族官员堪穷帕巴拉·索朗降措,打伤西藏军区藏族副司令员桑颇·才旺仁增等人,同时包围了人民解放军西藏军区司令部和中央驻拉萨的机关,于3月19日夜向驻拉萨的人民解放军发起全面进攻。

为了维护祖国统一和民族团结,彻底解放西藏劳动人民,人民解放军驻藏部队奉命于3月20日开始讨伐叛匪。在当地爱国僧侣和人民的协助下,经过两天战斗,迅速平定了拉萨市区的叛乱。叛乱集团主要头目,经山南地区越过中印边界进入印度,后建立流亡政府。3月28日,国务院发布关于解散西藏地方政府和由西藏自治区筹委会行使西藏地方政府职权的命令,鉴于西藏自治区筹委会主任达赖喇嘛在叛乱失败后逃往印度,国务院决定副主任委员班禅额尔德尼·确吉坚赞代理主任委员,并任命筹委会常务委员帕巴拉·格列朗杰和阿沛·阿旺晋美为副主任委员,阿沛兼秘书长。到11月,叛乱集团在其他各地的主要力量亦被歼灭。随后,人民解放军转入对流窜叛匪的搜剿,到1962年3月,平定叛乱作战胜利结束。

平定叛乱以后几年,西藏在政治、经济、文化战线上出现了欣欣向荣的局面。1965年9月9日,西藏自治区政府正式成立,大力开展社会主义建设,并开始了社会主义改造。至此,过去长期处于停滞状况的西藏社会,在短短的几年中,从封建农奴制社会,经过民主改革,向社会主义迈进。

五、纠正已经觉察到的"左"倾错误　二届全国人大一次会议

北戴河会议后,毛泽东及中央其他领导人到各地进行了视察,发觉了"大跃进"和人民公社化运动中的一些"左"倾错误。从1958年冬到1959年7月,中共中央和毛泽东多次召开会议,制定一系列方针政策,并采取许多具体措施予以纠正。

1958年11月2日至10日,毛泽东在郑州召开有部分中央领导人和部分地方领导人参加的会议(即第一次郑州会议),广泛地讨论了人民公社化运动中出现的亟待解决的理论问题。毛泽东在完全肯定总路线、"大跃进"和人民公社运动的前提下,针对当时普遍存在混淆社会主义与共产主义、集体所有制和全民所有制的情况,明确指出了以下两个问题:一是必须划清这两种界限,肯定现阶段是社会主义,肯定人民公社是集体所有制,反对集体所有制急于向全民所有制过渡、社会主义急于向共产主义过渡。他说,两个过渡需要相当长的时间,两个过渡都只能在发展生产力的基础上进行。二是关于商品生产问题,他批评了陈伯达等人提出的废

除商品、货币,实行产品调拨的错误主张,指出:在社会主义时期废除商品是违背经济规律的,我们不能避开一切有积极意义的诸如商品、价值法则等经济范畴,而必须使用它们来为社会主义服务。中国是商品生产很不发达的一个国家,商品生产不是消灭的问题,而是要大大发展。他说,必须区别资本主义的和社会主义的两种不同性质的商品生产,不应当害怕商品生产。他特别强调,为了团结几亿农民,必须发展商品交换。废除商品,对农产品实行调拨,就是剥夺农民,在农民问题上,必须谨慎小心。

为了帮助全党干部提高对商品和价值法则等经济理论问题的认识,毛泽东和与会同志一起认真阅读和讨论斯大林的《苏联社会主义经济问题》一书。他还在11月9日给中央、省、地、县四级党委委员写了一封《关于读书的建议》的信,建议认真阅读《苏联社会主义经济问题》和《马恩列斯论共产主义社会》,强调"要联系中国社会主义经济革命和经济建设去读这两本书,使自己获得一个清醒的头脑,以利指导我们伟大的经济工作。"

第一次郑州会议结束后不久,中共中央于11月21日至27日在武昌召开了政治局扩大会议(即武昌会议)。会议在继续纠正"共产风"的同时,着重讨论了纠正高指标和浮夸风问题。毛泽东在会上反复讲要"压缩空气",要把根据不足的高指标降下来。他指出,破除迷信,不要把科学破除了。凡迷信一定要破除,凡真理,凡科学,一定要保护。会议根据毛泽东和其他中央领导同志的意见,初步调整了一些过高指标,将1959年的钢产量指标降为2 000万吨,对外公布为1 800万吨。会议还提出要在1958年12月至1959年期间整顿人民公社。

经过第一次郑州会议和武昌会议的准备之后,中国共产党八届六中全会于1958年11月28日至12月10日在武昌举行。参加会议的除中央委员、候补中央委员外,中央各部门负责同志和各省市自治区党委第一书记也列席了会议。会上,邓小平作了《关于人民公社若干问题的决议的说明》,李富春作了《关于1959年国民经济计划安排的说明》，毛泽东作了重要讲话。八届六中全会讨论和通过了由毛泽东主持起草的《关于人民公社若干问题的决议》。《决议》尽管仍然反映和肯定了不少"左"的东西，但它的主要精神是对着那些过分性急的人的，是要纠正已经觉察到的"左"的错误的。《决议》着重批评了那种急于由集体所有制向全民所有制过渡、由社会主义向共产主义过渡的错误倾向，指出现阶段的人民公社是社会主义集体所有制，集体所有制对于今天的农村人民公社的生产发展，仍然有它的积极意义。要在全国农村实行全民所有制，还需要经过一段相当长的时间。由社会主义变为共产主义，需要经过更长得多的时间。《决议》进一步强调：无论由社会主义的集体所有制向社会主义的全民所有制过渡，还是由社会主义向共产主义过渡，都必须以一定程度的生产力发展为基础。我国现在的生产力发展水平，毕竟还是很低的。因此，我们既然热心于共产主义事业，就必须首先热心于发展我们的生产力，首先用大力实现我们的社会主义工业化计划，而不应当无根据地宣布农村人民公社"立即实行全民所有制"，甚至"立即进入共产主义"，等等。那样做，不仅是一种轻率的表现，而且将大大降低共产主义在人们心目中的标准，使共产主义的伟大理想受到歪曲和庸俗化，助长小资产阶级的平均主义倾向，不利于社会主义建设的发展。《决议》还着重指出，在今后一个历史时期内，人民公社仍应实行按劳分配制度，人民公社的商品生产和商品交换，必须有一个很大的发展。"继续发展商品生产和继续保持按劳分配的原则，对于发展社会主义经济是两个重大的原则问题，必须在全党统一认识。有些人在企图过早地进入共产主义的同时，企图过早地取消商品生产和商品交换，过早地否定商品、价值、货币、价格的积极作用，这种想法是对社会主义建设不利的，因而是不正确的。"《决议》还宣布：社员的生活资料（包括房屋、家具等）和银行存款永远归个人所有；"社员可以保留宅旁的零星树木、小农具、小工具、小家畜和家禽等；也可以在不妨碍参加集体劳动的条件下，继

146

续经营一些家庭小副业。"此外,《决议》对浮夸风作了一定的批评,指出:"目前社会主义建设工作中值得注意的一种倾向是浮夸。这是同我们党的实事求是的作风不相容的,是对我们的社会主义建设事业的发展不利的。"

八届六中全会还讨论和通过了《关于1959年国民经济计划的决议》,强调既要有冲天干劲,又要有科学分析的精神,提出了注意国民经济各部门按比例发展的客观法则,努力使各项措施互相保持适当比例,并决定降低北戴河会议所规定的1959年工业生产的高指标,如降低基本建设投资,降低钢产量指标,钢产量由2 700万吨到3 000万吨降为1 800万吨到2 000万吨。全会还决定同意毛泽东提出的关于他不作下届中华人民共和国主席的建议。

八届六中全会结束后,各地积极贯彻全会的精神,并根据全会决定普遍开展了整社工作。这时毛泽东以主要精力,继续对人民公社问题进行调查研究,并于1959年2月下旬赴河北、山东、河南、天津等地视察。毛泽东发现,由于公社内部的平均主义问题没有真正解决,"共产风"并没有煞住;而且由于向农民征购了过头粮,党同农民的关系日益紧张。据此,中共中央政治局于1959年2月27日至3月5日在郑州召开了扩大会议(即第二次郑州会议),着重讨论和解决公社内部的所有制问题。毛泽东在会上发表重要讲话。他在分析了我们跟农民的关系在一些事情上存在着一种紧张状态后指出,"我们在生产关系的改进方面,即是说,在公社所有制问题方面,前进得过远了一点"①,是造成同农民关系紧张的根本原因。现在有的人误认为人民公社一成立,各生产队的生产资料、人力、产品都可以由公社领导机关直接支配。他们在公社范围内,实行贫富拉平,平均分配;对生产队的某些财产无代价地上调;银行方面也把许多农村中的贷款一律收回。这种"一

----

① 《中共中央文件选集(1949年10月—1966年5月)》第30册,人民出版社2013年版,第290页。

平二调三收款"，实际上否认了目前还存在于公社中并且具有极大重要性的生产队的所有制，这就不可避免地引起广大农民的不满和反对。为了纠正这种"左"倾冒险主义错误，我们必须承认，目前实际上还是基本的队有制，部分的社有制。必须纠正平均主义倾向和过分集中倾向。毛泽东还强调指出，价值法则是客观存在的经济法则，我们对于社会产品只能实行等价交换，不能实行无偿占有。

会议根据毛泽东的意见，起草了《关于人民公社管理体制的若干规定（草案）》，形成了《郑州会议记录》，提出了 14 句话的整顿和建设人民公社的方针，即：统一领导，队为基础；分级管理，权力下放；三级核算，各计盈亏；分配计划，由社决定；适当积累，合理调剂；物资劳动，等价交换；按劳分配，承认差别。并规定了在清理"共产风"时，旧账一般不应再算。

各省市自治区根据中央要求，先后召开五级或六级干部会传达第二次郑州会议的精神和有关决定，对解决人民公社的所有制和纠正"共产风"等问题上，起了积极的作用。但第二次郑州会议决定的三级所有、三级核算是指公社、大队（或管理区）、生产队（相当原来的高级社），没有规定生产小队（相当原来的初级社）的所有制问题。又规定旧账一般不算。许多基层干部和农民群众提出了不同意见。

为了检查第二次郑州会议精神的贯彻情况，进一步解决公社管理体制调整中提出的问题，中共中央政治局于 3 月 25 日至 4 月 1 日在上海召开扩大会议。毛泽东在会议期间的一个批示中指出："旧账一般不算这句话，是写到了郑州讲话里面去了的，不对，应改为旧账一般要算。算账才能实行那个客观存在的价值法则。这个法则是一个伟大的学校，只有利用它，才有可能教会我们的几千万干部和几万万人民，才有可能建设我们的社会主义和共产主义。否则一切都不可能"①。政治局扩大会议制定了会议纪要,即《关于人民公社的十八个问题》。经过上述准备,4月2日至5日,接着召开中共八届七中全会。全会检查了人民公社的整顿工作,通过了《关于人民公社的十八个问题》。它除重申第一次郑州会议以来提出的方针政策外,主要内容有:(1)确认生产队为基本核算单位。生产小队是包产单位,有部分的所有制和一定的管理权限。(2)认真清理人民公社建立以来的各种账目,并予退赔。(3)银行从公社收回的贷款,有一部分是没有到期的,应一律退回;原高级社或私人贷款,谁欠谁还,已从公社扣还的,应当退回。(4)规定公社提取公积金、公益金、管理费的适当比例。(5)规定劳动力用于农林牧副渔生产的不少于80%,用于工业生产、基本建设、文教卫生等不超过20%。上述原则的规定,对各地整社工作起了促进作用。

此后,党和国家还采取具体措施纠正农村工作和农业生产方面"左"的偏向。1959年4月29日,毛泽东针对当时农业生产中存在的不实事求是、不讲真话、瞎指挥等不良作风,就包产、密植、节约粮食、播种面积要多、机械化、讲真话等六个问题给省、地、县、社、队、小队六级干部写了一篇《党内通讯》。他指出,包产一定要落实,根本不要管上级规定的那一套指标,只管现实可能性,包产能包多少,就讲包多少。密植应由生产队、生产小队商量决定,上面死硬的密植命令害人不浅。一定要把收割、保管、吃用三件事抓得很紧,节省粮食,按人定量,并且要有储备粮,年年储备一点,逐年增加。在播种面积问题上,要实行广种薄收和少种多收相结合的方针。农业的根本出路在于机械化。他强调各级干部都要讲真话,不要讲假话,干劲一定要有,假话一定不可讲,指出:老实人,敢讲真话的人,归根到底,于人民事业有利,于自己也不吃亏;爱讲假话的人,一害人民,二害自己。1959年5月至6月,中共中央连续

---

① 《毛泽东文集》第8册,人民出版社1999年版,第34页。

发出三个指示,决定恢复农民自留地,允许社员私人喂养家禽家畜,宣布社员屋前屋后的零星树木归社员私有。1959 年 9 月,中共中央和国务院发出《关于组织农村集市贸易的指示》,规定公社、生产队生产的一、二、三类物资,在完成国家任务后,可拿到集市上交易。社员家庭生产的产品,都可在集市上出售。

从 1958 年 11 月第一次郑州会议以来,中共中央多次召开会议,采取一系列措施,纠正已经觉察到的"大跃进"和公社化方面"左"的错误,初步缓和了紧张形势,许多人逐渐正视现实,开始冷静地思考问题。但是毛泽东等是在充分肯定"三面红旗"的前提下,作为实际工作中的具体问题去认识和纠正的,不能从根本指导思想上去认识和纠正。

不能从指导思想上纠正"左"倾错误的原因,是对中国处于社会主义初级阶段缺乏正确认识。到 1956 年,中国用 7 年时间完成了原计划用 18 年完成的三大改造任务。中国式的社会主义改造道路,无疑是一条比较成功的道路,但单一的社会主义生产资料所有制与当时中国社会手工劳动占很大比重、生产力水平低下、商品经济很不发达等状况,是不适应的。那时,人们在胜利的喜悦下,对这次生产关系的"超前变革"没有认识。在高级社建立的第二个年头,在发动"大跃进"的同时,更顺利地实现了人民公社化。建立人民公社的"决议",充满了超越阶段的"穷过渡"理论,就是在纠正已被觉察的"左"倾错误时,人们对于社会主义制度的认识,注意的也仅仅是公有制经济占绝对优势,而忽视社会生产力的发展水平,对中国处于社会主义初级阶段没有正确的认识。毛泽东一方面纠正"大跃进"和公社化运动中的某些"左"的错误,一方面又充分肯定"三面红旗",这本身就是矛盾的,因此纠正"左"倾错误就不会彻底。而当有的人对这一次生产关系的"超前变革"和"大跃进"发出"办早了""搞糟了"的呼声时,就成为毛泽东所不能容忍的了。

1959 年 4 月 18 日至 28 日,第二届全国人民代表大会第一次会议在北京举行。大会听取了国务院总理周恩来作的《政府工作报告》、国务院副总理兼国家计委主任李富春作的《关于1959年国民经济计划草案的报告》、国务院副总理兼财政部长李先念作的《关于1958年国家决算和1959年国家预算草案的报告》以及全国人大常委会副委员长彭真作的《全国人民代表大会常务委员会的工作报告》。

《政府工作报告》在总结第一个五年计划期间及1958年成就的基础上,提出了1959年经济战线上的任务。报告指出,"今年全国人民的主要任务,就是积极努力,为完成和超额完成这个以四大指标(钢产量1800万吨、煤产量3.8亿吨、粮食产量10500亿斤、棉花1亿担)为中心的国民经济计划而奋斗"。又指出,1959年国民经济计划是根据党的社会主义建设总路线拟定的,是一个继续跃进的计划,工农业总产值比1958年的2050亿元增长40%,达到2870亿元,其中工业总产值1650亿元,农业总产值1220亿元。在32种主要工业产品中,产量计划增长50%的有生铁、钢、原油、化肥、硫酸、发电设备、机车、货车、拖拉机等17种,其他产品,除很少几种外,也都增产在30%以上。主要的农业产品中,产量增长40%的有粮食、棉花、黄麻、甘蔗、甜菜、花生、油菜籽以及生猪头数。基本建设投资总额,通过国家预算的部分拟定为270亿元,比1958年的214亿元增长26%。进行建设的限额以上项目共1092个,占投资总额的2/3。

《政府工作报告》还提出了我国在文化教育战线的方针与任务。指出,我国教育事业的发展,必须采取普及和提高相结合的方法。为实现文化的普及和当前社会主义建设事业的需要,除全日制正规学校外,继续发展半日制学校,农村、厂矿的业余学校。同时注意提高各类学校的教学质量。去年各级学校都有了很大发展,现在需要在大发展基础上进行整顿、巩固和提高工作。在科学技术上,我国现在是落后的,必须加紧努力,把直接为生产建设服务的任务,应放在首要的地位。要分工协作提出和解决研究课题。

尖端科学技术必须发展。基础理论的研究,对科学技术的发展有深远影响,必须给以足够重视。为了科学和艺术的发展,要努力贯彻"百花齐放、百家争鸣"的方针。

大会代表对上述报告进行了讨论,通过了相应的决议,批准了国务院根据中共中央建议提出的1959年度国民经济计划。

大会选举刘少奇为中华人民共和国主席,宋庆龄、董必武为副主席;选举朱德为全国人民代表大会常务委员会委员长,林伯渠、李济深、罗荣桓、沈钧儒、郭沫若、黄炎培、彭真、李维汉、陈叔通、达赖·丹增嘉措、赛福鼎、班禅额尔德尼·确吉坚赞、何香凝、刘伯承、林枫为副委员长;选举谢觉哉为最高人民法院院长,张鼎丞为最高人民检察院检察长。大会根据国家主席刘少奇的提名,决定周恩来为国务院总理,并任命陈云、林彪、彭德怀、邓小平、邓子恢、贺龙、陈毅、乌兰夫、李富春、李先念、聂荣臻、薄一波、陆定一、罗瑞卿、习仲勋为国务院副总理。

4月17日至29日,全国政协三届一次会议在北京举行。会议推举毛泽东为全国政协名誉主席,选举周恩来为主席。

二届全国人大一次会议制定的1959年度国民经济计划,仍然是一个脱离实际的无法完成的高指标计划,但是比1958年8月北戴河会议、也比1958年11月八届六中全会提出的1959年工业生产指标降低不少,向实际前进了一步。大会提出的文化教育战线的任务与方针以及关于国家政治生活的意见,还是比较正确的,反映了党和国家在这方面努力克服"左"倾错误的思想。经过这次大会,国家的政权建设前进了一步,进一步健全了国家及各部门的机构。

六、庐山会议和"反右倾"运动

1959年7月2日至8月16日,中共中央在江西庐山召开的政治局扩大会议和八届八中全会,通称庐山会议。以7月23日毛泽东发动批判彭德怀为转折,庐山会议的前期和后期会议的主题和内容是截然不同的。

为了进一步总结 1958 年以来的经验教训,继续纠正实际工作中的一些"左"的错误,中共中央决定在庐山召开有各省区市第一书记、中央和国务院一些部委负责人参加的政治局扩大会议。会前,毛泽东于 6 月 29 日、7 月 2 日上午在庐山同各大协作区主任谈经济工作,指出:"大跃进"的重要教训之一就是没有搞好综合平衡,只有搞好农业本身农、林、牧、副、渔之间的平衡,工业内部各个部门、各个环节之间的平衡,工业和农业之间的平衡,才可能正确处理整个国民经济的比例关系,这是经济工作的根本问题。并首次提出以农、轻、重为序安排国民经济计划。他还认为陈云关于"先市场、后基建"的意见是对的,他说,把衣、食、住、用、行安排好,这是六亿五千万人民安定不安定的问题。7 月 2 日下午会议开始,毛泽东首先讲话,提出读书、形势、任务、宣传、综合平衡、群众路线、体制、三定政策、公共食堂、农村初级市场等 19 个问题要大家讨论。他指出,国内的形势是成绩伟大,问题不少,前途光明。"大跃进"的主要教训之一是没有搞综合平衡。他重申 6 月 29 日、7 月 2 日上午同各协作区主任谈话的内容。他要求各级干部结合实际认真读《政治经济学教科书》(第三版),系统地思考问题,总结经验,认识客观经济规律。

7 月 3 日至 10 日上午,按六个大区分组进行讨论,中央领导同志到各组和大家一起总结经验。刘少奇在西南组发言,讲到 1958 年出了些乱子,得到了有益的教训。他提出国民经济的发展要有综合平衡,做到有计划、按比例、有组织、有节奏地生产。朱德在华中组发言,讲到不能共农民的产,要让农民致富,不能让他们致穷,要让农民搞家庭副业,兴家立业。6 亿人口的中国,农民不稳定,一切都不好办。彭德怀在西北组七次发言和插话。他在 1958 年和 1959 年 4 月下旬出国以前曾到湖南、江西、安徽、甘肃等十多省进行调查。在湖南老家湘潭乌石公社,一个老伤残军人给他的一张条子写着:"谷撒地,薯叶枯。青壮炼铁去,收禾童与姑。来年日子怎么过？请为人民鼓与呼！"在平江等地也了解到所谓放"卫星"的虚假情况。他由于对"大跃进"和人民公社化运动的问题有比较深入的了解，所以在发言中对问题谈得比较深刻、比较尖锐。他说："去年忽视了工作方法六十条中一切经过试验的原则，吃饭不要钱那么大的事，没有经过试验。""人民公社我认为早了些，高级社的优越性还没有充分发挥，就公社化，而且未经过试验，如果试上一年再搞，就好了。""北戴河会议以后，搞了个'左'的东西，全民办钢铁这个口号究竟对不对？"有的省负责同志针对刮'共产风'，比例失调，不按规律办事，惊人浪费，多快与好省分家，抓了重工业丢了农业、轻工业等问题，提出了一些意见。还有的同志提出要改变供给制，取消公共食堂，允许农民在大集体中保留小私有，改变生产中搞群众运动的办法。上述情况说明，会议开始时，毛泽东的意见，是要继续纠正"大跃进"和人民公社化运动中出现的"左"的错误，总结经验教训。许多同志也是赞成总结经验、继续纠正"左"的错误的。

7月10日下午，毛泽东在组长会上讲话，批评党外右派否定一切，批评党内有些干部说去年"大跃进"得不偿失。他强调，总路线、多快好省是根本不会错的，成绩与缺点错误是九个指头与一个指头的关系。他提出会议安排到15日结束。

彭德怀鉴于国民经济比例严重失调，忧虑"左"倾错误能否彻底克服，于7月14日给毛泽东写了一封信。这封信首先肯定总路线是正确的，农村公社化是具有伟大意义的，1958年的成绩确是伟大的；然后，以实事求是的态度对1958年的缺点错误及经验教训提出了中肯的意见。信中指出："现时我们在建设工作中所面临的突出矛盾，是由于比例失调而引起各方面的紧张。就其性质看，这种情况的发展已影响到工农之间、城市各阶层之间和农民各阶层之间的关系，因此也是具有政治性的。""过去一个时期工作中所出现的一些缺点错误，原因是多方面的。其客观因素是我们对社会主义建设工作不熟悉，没有完整的经验。对社会主义有计

154

划按比例发展的规律体会不深,对两条腿走路的方针,没有贯彻到各方面的实际工作中去。我们在处理经济建设中的问题时,总还没有像处理炮击金门、平定西藏叛乱等政治问题那样得心应手。"同时,"在我们的思想方法和工作作风方面,也暴露出不少值得注意的问题",主要是"浮夸风气较普遍地滋长起来……犯了不够实事求是的毛病";"小资产阶级的狂热性,使我们容易犯左的错误","把党长期以来所形成的群众路线和实事求是作风置诸脑后了。在思想方法上,往往把战略性的布局和具体措施、长远性的方针和当前步骤、全体与局部、大集体与小集体等关系混淆起来"。他建议"系统地总结一下我们去年下半年以来工作中的成绩和教训,进一步教育全党同志,甚有益处。其目的是要达到明辨是非,提高思想,一般的不去追究个人责任。反之,是不利于团结、不利于事业的"①。

彭德怀的信的本意是给毛泽东作参考的,所述意见,不论从内容上、提出的方式上,都是无可非议的。然而毛泽东于16日以"彭德怀同志的意见书"为标题印发给与会同志讨论,并在政治局常委中提出要"评论这封信的性质"。7月16日至22日,各组在讨论《庐山会议议定记录》的同时,讨论彭德怀的信。小组会上,较多的人赞同信的看法;有些人基本赞同,对某些提法提出意见;少数人明确提出反对。7月17日黄克诚发言,认为人民公社制度是优越的,但"去年搞好还是不搞好?我想搞也好,不搞也可以。从长远说,搞了好,从短期说,不搞更主动些"。7月19日周小舟发言强调:庐山会议是高级干部会,所以在肯定成绩之后(这点大家意见一致),应该着重总结经验。黄克诚、周小舟均认为彭德怀的信总的精神是好的,表示同意。至于某些提法,可以斟酌。张闻天在小组会上作了系统发言,肯定了成绩,深刻地总结了"大跃

① 《建国以来重要文献选编》第12册,中央文献出版社1997年版,第443、444、445、446页。

进"中的经验教训及产生问题的原因。他认为"大跃进"和人民公社化运动中的缺点及其后果是严重的。第一是"指标太高,求成太急,比例失调,造成很大损失。"第二是"共产风""一平二调"造成农民生产积极性不高。第三是"强迫命令,浮夸虚报",造成的损失相当大,使我们党在人民中间的威信受到影响。他强调应多"从思想观点、方法、作风上去探讨"产生缺点的原因。他针对有的人对彭的责难,明确表示支持彭信中的意见。7月23日,毛泽东在大会讲话中说:"现在党内外夹攻我们,有党外的右派,也有党内那么一批人,他们把自己抛到右派的边缘去了,不过还有30公里,相当危险。"他对彭德怀信中所讲的"比例失调""小资产阶级的狂热性""有失有得"等逐一作了批判。根据毛泽东的意见,会议从纠"左"转向反右,开始对彭黄张周进行错误的揭发批判。

　　8月2日至16日,中共八届八中全会在庐山召开。毛泽东在全会开幕时讲话说:"我们反了九个月'左'倾了,现在不是反'左'的问题,而是反右的问题了。因为右倾机会主义向着党、向着党的领导机关猖狂进攻"。全会进一步开展了对所谓"彭黄张周反党集团"的斗争,批判他们是有计划、有组织、有目的的反对总路线、反对党中央、反对毛泽东。而且翻出许多历史上早已解决的问题,进行"新账老账一起算"。毛泽东还在一些批示和讲话中提出:彭德怀等人从来不是无产阶级革命家,而是"资产阶级民主主义者","马克思主义者的同盟者",指责他们不能正确地对待革命的群众运动,甚至认为"庐山出现的这一场斗争,是一场阶级斗争,是过去十年社会主义革命过程中资产阶级与无产阶级两大对抗阶级的生死斗争的继续"①。全会通过了《为保卫党的总路线、反对右倾机会主义而斗争》的决议和《关于以彭德怀同志为首的反党集团的错误的决议》。决议指出:"右倾机会主义已经成为当前党

　　① 《建国以来重要文献选编》第12册,中央文献出版社1997年版,第524页。

内的主要危险。团结全党和全国人民,保卫总路线,击退右倾机会主义的进攻,已经成为党的当前的主要战斗任务。"①彭德怀、黄克诚、张闻天、周小舟等被调离国防、外交和省委第一书记的工作岗位,黄克诚还被撤销了中央书记处书记的职务。接着任命林彪为国防部长,并主持中央军委日常工作。

全会还检查了 1959 年国民经济计划的执行情况,通过了《关于开展增产节约运动的决议》,全会一方面决定调整降低 1959 年的计划指标(钢产量 1 200 万吨,原煤产量 3.35 亿吨,粮食产量 5 500 亿斤,棉花产量 4 620 万担),另一方面又根据"反右倾,鼓干劲"的精神,要求立即掀起新的生产高潮。

庐山会议以后,接着在全国各地普遍开展了一场反右倾运动。这次运动的重点是党政军机关,据 1959 年底中央国家机关和中央直属机关的统计,运动中重点批判对象占党员总数的 3%,重点帮助对象占党员总数的 4.4%。有一个省在召开省委扩大会议期间揭发出的"右倾机会主义分子"和"阶级异己分子"占与会人数的 3.87%。有两个省揭出了以省委书记、省长为首的"右倾机会主义反党集团"。运动也殃及中下层干部以及知识分子、工人、农民。在学校主要批判党员专家,认为他们"比那些党外的旧资产阶级专家更能迷惑人,危险性更大"。北京大学参加运动的党员教师,被列为重点批判对象的占 9.7%。在农村以保卫"三面红旗"为主要内容,以富裕中农为主要批判对象。广东有个专区就重点批判了 3 800 多个富裕中农。工厂企业先集中批判坚持"一长制"的干部,然后在班组中批判"忘了本的落后变质工人和阶级异己分子"。

庐山会议前期总结经验,纠正"左"倾错误,以及庐山会议结束时对钢煤粮棉指标的压缩,都是正确的、必要的。而庐山会议后期对彭德怀等的批判及会后在全国开展的反右倾运动,是完全错

---

① 《建国以来重要文献选编》第 12 册,中央文献出版社 1997 年版,第 509 页。

误的,是新中国成立以来党内政治生活中一次重大错误。在政治上它使党内从中央到基层的民主生活、使国家的民主生活,遭到严重损害,错误地打击了一批敢于实事求是、反映实际情况、提出批评意见的同志,扩大了浮夸、说假话的不良影响,助长了毛泽东的个人专断作风和个人崇拜现象的发展。在理论上,使阶级斗争扩大化理论进一步发展,把彭德怀、张闻天等久经考验的无产阶级革命家对经济指标、速度高低问题的探讨、争论,斥之为右倾机会主义,上纲为"两大对抗阶级生死斗争的继续",混淆了两类不同性质的矛盾,实际上已提出了"党内资产阶级"理论的雏形。在经济上,打断了郑州会议以来纠正"左"倾错误的进程,使中国共产党内已有所克服的"左"倾思想和"左"的行动再次泛滥,并延续更长时间。

七、"左"倾错误继续发展　国民经济出现严重困难

1959 年 8 月 24 日,国家主席刘少奇主持召开第 17 次扩大的最高国务会议,讨论 1959 年国民经济继续跃进和开展增产节约运动的问题。会议贯彻党的八届八中全会精神,提出了"继续鼓足干劲、反对右倾保守、厉行增产节约"的任务。由于不断"反右倾、鼓干劲",1959 年国民经济计划刚刚调整后不久,又一再加码,要求尽快超额完成年度计划,提前两年实现原定"二五"计划的主要指标。

在基本建设投资方面,1959 年 10 月决定增加 63.6 亿元,实际增加 96.6 亿元,占投资总数的 31%。限额以上的施工项目,增加 230 个,占施工总数的 23%。

在工交生产方面,在 10 月召开的全国工业生产、交通运输等会议上,又提出了更快的跃进要求,号召"第四季度继续鼓足干劲","争取大大提前和超额完成党的八届八中全会规定的各项指标","实现农业和工业同跃进","在 1958 年到 1960 年三年'大跃进'的基础上,争取我国主要工业产品以比十年更短的时间赶上英国"。

在农业方面,我国农村在 1959 年 5 月至 7 月纠正公社化以来的"左"倾错误过程中,有些地区从实际出发,对公社的所有制形式和经营管理,作了一些变动和改进,有的实行生产小队基本所有制,有的实行包产到户或田间管理的包工到户的责任制,有的取消了部分供给制和解散了公共食堂,等等。1959 年 10 月农业部党组《关于庐山会议以来农村形势的报告》,把上述情况称之为"一股右倾的邪气、歪风"。中共中央在批转这个报告时指出:这实际上是"猖狂的反对社会主义道路的逆流",各地应把这些"反动的、丑恶的东西",彻底加以"揭发和批判";并要求立即掀起一个群众性的超产运动的热潮,使农业在特大旱涝虫害的袭击下仍能实现大跃进。在这种"左"的思想指导下,不顾 1959 年受灾面积占耕地 1/8(约 2 亿亩)的客观事实,到 10 月仍决定农副业总产值比上年增长的速度由原定 10%提高到 15%。结果恰恰相反,1959 年的农副业总产值比上年下降了 13.6%。

在"反右倾、鼓干劲"的思想指导下,1960 年仍坚持继续"大跃进"。1 月 7 日至 17 日,中国共产党在上海举行政治局扩大会议。会议确定了 1960 年的国民经济计划,讨论了今后三年和八年的设想。会议又规定了本年度钢产量为 1 840 万吨、粮食产量为 6 000 亿斤的高指标,还脱离实际地提出八年完成人民公社从基本队有制到基本社有制过渡的设想。会后,各省响应中共中央的号召,为继续"大跃进"、为创造过渡的条件,纷纷大办县社工业,大办水利,大办养猪场等,致使"共产风"比 1958 年更严重地泛滥起来。

1960 年的继续"大跃进",表现在以下方面:

(1)制定了不切实际的更高的指标。

1960 年 3 月 30 日至 4 月 10 日,第二届全国人民代表大会第二次会议在北京举行。在"左"的错误思想指导下,大会肯定了 1958 年的"大跃进",并决定 1960 年实现国民经济的继续跃进。大会通过的国家计委编制的《1960 年国民经济计划》规定了更高的指标:与经过核实的 1959 年的数字相比,工业总产值增长 29%,

农业总产值增长 12%,钢产量增长 38%,原煤产量增长 22%,粮食产量增长 10%,棉花产量增长 10%,生猪产量增长 13%。此计划由中共中央转发全国,要各地区各部门照此精神安排工作。还应指出的是,这样的高指标还只是"第一本账"。1960 年 5 月 30 日,中共中央批转了国家计委、经委和建委编制的不公开宣传但必须完成的指标更高的"第二本账",号召为完成和超额完成以 2 100 万吨到 2 200 万吨钢为纲的工业生产计划而奋斗。这样脱离实际的高指标是根本无法完成的,实际结果:工业总产值只完成计划的 77.9%,农业总产值只完成计划的 51.9%,粮食产量只完成计划的 48.3%,棉花产量只完成计划的 40.1%,生猪只完成计划的 30.2%。

(2)大搞"小洋群""小土群"。

当时认为工业问题主要是煤、铁、钢,办法还是发展"小洋群""小土群"。全国 2 000 个左右县、市中,有煤铁资源的约占 3/4,其中建立起钢铁基点的占 2/3。因此,要求在 1960 年内全国所有有煤铁资源的县市至少要搞起一个以煤铁为中心的"小土群""小洋群"基点。有条件的人民公社也要尽可能举办"小土群"的采煤、采矿、炼铁企业。当时还提出各地要使小煤窑、小铁矿、小高炉、小转炉、小铁路"五小成群",有条件的地方还要搞小有色金属矿、小化工、小水泥、小水电等。据 21 个省市自治区统计,"小土群""小洋群"职工曾达到职工总数的 55.2%。

(3)大搞群众性的技术革命运动。

1960 年 1 月 30 日,中共中央批转《太原市委关于开展以机械化和半机械化为中心的技术革新和技术革命运动的决议》,批示指出:这是一项具有重大政治和经济意义的工作,"是我国工业和交通运输业连续'大跃进'的一项极重要的措施。希望中等以上的城市党委把这项工作摆在重要的地位,并且立即掀起一个以大搞半机械化和机械化为中心的技术革新和技术革命的群众运动"。全国各地区、各部门响应号召,积极开展这一运动,从单个

160

项目到全工段、全车间、全企业以至全行业的技术改造,从工具、设备、生产方法的改革发展到产品设计和原材料的技术革命,特别是综合利用。需要指出的是在这一群众运动浪潮中,因急于求成,又出现不少虚假和浪费现象,例如要求 1960 年内工交部门四化(半机械化、机械化、半自动化、自动化)的程度,提高到 60%、70% 或者更高一些,显然是不符合实际的。

（4）坚持推广公共食堂。

农村办公共食堂脱离农民现实生活水平,违反自愿原则,给农民生活带来诸多不便,而且不少公共食堂侵占、尅扣农民口粮,引起农民很大不满。但是,具有"左"倾思想的人,把生活集体化视为社会主义不可缺少的因素。贵州省委 1960 年初关于农村公共食堂情况向中央的报告称:"食堂也是我们必须固守的社会主义阵地。失掉这个阵地,人民公社就不可能巩固,'大跃进'也就没有保证。"中共中央 3 月 6 日批示说:"贵州这篇食堂报告,是一个科学总结,可以使他们在从社会主义向共产主义过渡的事业中,在五年至十年内,跃进一大步。因此,应当在全国仿行,不要例外。"据统计,1959 年底全国在农村公共食堂吃饭的人数达 72%。按说这个比例已属不低,但中共中央 3 月 18 日又发出指示,要求有 80% 的人到食堂吃饭,能争取到 90% 以上更好。同年 12 月 2 日,中共中央又在一个报告的批示中错误地指出:"食堂是当前农村中阶级斗争尖锐所在",要求各地党委"把安排生活和办好食堂提高到阶级斗争的地位上来"。

（5）大办城市人民公社。

1960 年 3 月,中共中央要求各地采取积极态度,建立城市人民公社,"上半年全国城市普遍试点","下半年普遍推广"。除北京、天津、上海、武汉、广州五大城市外,"其他一切城市则应一律挂牌子,以一新耳目,振奋人心"。据统计,到 1960 年 7 月底,全国大中城市已建立了 1 000 多个人民公社,参加公社的人口占城市人口总数的 77%。随着城市人民公社的建立,"共产风"又刮了起来。当时大办城市公社街道工业和各种集体生活组织,几乎都是白手起家,多依靠平调,侵犯了不少个人的住宅、财产。当然,许多城市人民公社是有名无实的。

总之,在"反右倾、鼓干劲"情况下出现的 1960 年的"继续跃进",把高指标、瞎指挥、浮夸风、"共产风"的错误发展到一个新的高峰,持续了较长时间,对国民经济的破坏也更加严重。

"大跃进"期间,由于亿万人民艰苦奋斗,团结协作,并且投入了数以千万计的基建资金和大量物资设备,所以也取得了一定的收获,建成了一批重要项目,增加了一批生产能力。据 1964 年统计,新中国成立以来到 1964 年为止,新建的大中型项目中,属于"大跃进"期间开工的约占 2/3。根据 1950 年至 1979 年新增生产能力的统计,其中 1958 年至 1960 年这三年中新增的,炼钢占36.2%、炼铁占 32.7%、采矿占 29.6%、机制纸占 33.8%、棉纺锭占25.9%。对我国经济有重要贡献的大庆油田的开发、原子能技术的突破,以及北京十大建筑的落成、南京长江大桥的设计和施工,也都在此期间。"大跃进"期间兴修的水利工程和农田基本建设,也使"二五"期间增加 320 万公顷灌溉面积。当然,这些不是"大跃进"和公社化的功劳。"大跃进"和公社化造成了惊人的损失,如按"一五"期间的国民收入年平均增长 8.3% 计算,这三年损失达 1 523.2 亿元,并对生产力造成了巨大破坏,国民经济出现严重困难局面:

(1)国民经济比例全面失调。

主要表现在:首先是积累与消费比例失调,1958 年至 1960 年平均积累率高达 39.1%("一五"期间平均积累率为 24.2%),这三年积累额共达 1 438 亿元,比"一五"期间全部积累还多 44%,而且积累效果极差。第二是工农业比例失调,工业总产值从 1957 年到1960 年增长 1.3 倍,而农业总产值却下降 22.7%,工业与农业产值比例由 5.7:4.3 变为 8:2。第三是工业内部的比例失调,1958 年至 1960 年,生铁产量增长 3.5 倍,铁矿石产量增长 4.8 倍,

162

煤产量增长 2 倍,而货运量仅增长 1.1 倍。轻工业产值在工业总产值中的比重由 55% 下降到 33.4%,而重工业产值由 45% 上升到 66.4%,轻重工业之比,由"一五"期间的 3∶2,变为 1958 年至 1960 年的 1∶2。第四是供求比例严重失调,1958 年至 1960 年三年的社会购买力,比 1957 年的 488.2 亿元不断地大幅度增长,分别为 578.8 亿元、675.1 亿元、716.7 亿元,三年内增加了 46.8%。而市场商品可供量则严重不足,尤其吃和穿的商品缺口很大。1957 年至 1960 年,粮食和花纱布等主要消费品大约消耗库存 1/3,但货源仍然不足,到年终未实现的社会购买力达到 198 亿元。

(2) 生产大幅度下降。

由于"大跃进"和公社化运动过分强调主观能动作用,违反客观经济规律;超越生产力发展水平,过急地改变生产关系,必然造成对生产力的破坏。

首先,农业生产急剧下降(详见下表)。不仅连续下降,而且下降幅度很大,均在 10% 以上。1960 年的粮食产量竟降到了 1951 年的水平,1962 年的棉花产量降到了 1950 年的水平,农业生产大约倒退了 10 年时间。

其次,工业生产下降。由于轻工业生产大部分以农产品(尤其经济作物)为原料,所以 1959 年至 1961 年经济作物产量的下降导致 1960 年至 1962 年轻工业生产严重下降。1962 年与 1959 年相比,轻工业总产值下降 35.2%,棉布产量下降 66.6%,糖产量下降 69.1%,卷烟产量下降 55.8%。

1958—1962 年农业生产下降情况表

项 目 \ 年 份	1958 年	1959 年	1960 年	1961 年	1962 年
农业总产值(亿元)	550	475	415	405	430
粮食总产量(亿斤)	4 000	3 400	2 870	2 950	3 200
棉花总产量(万担)	3 937.5	3 417.6	2 125.8	1 600.0	1 500.0

163

项　目　　　数　字　　年　份	1958 年	1959 年	1960 年	1961 年	1962 年
油料总产量(万担)	9 539.0	8 208.0	3 881.0	3 627.0	4 006.6
甘蔗总产量(万担)	25 105.3	17 958.6	16 516.7	8 536.2	6 886.7
烤烟总产量(万担)	773.1	661.0	372.3	191.5	257.5

资料来源:国家统计局编:《中国统计年鉴1983》,中国统计出版社1983年版,第149、162—164页。

由于农业和轻工业相继下降,重工业(包括钢铁工业)也难以继续增长,从 1961 年开始急剧下降,钢产量 1961 年下降为 870 万吨,到 1962 年更下降为 667 万吨,比 1957 年仅多 132 万吨,基本上退到"大跃进"前的水平。

(3)人民生活严重困难。

农业和工业生产的大幅度下降,必然带来市场商品供应的紧张和人民生活的恶化。

城市职工,由于"大跃进"以来国家实行高积累、低消费政策,加之新职工的迅速增加,职工平均工资尤其平均实际工资大幅度下降。据统计 1957 年全民所有制各部门职工平均工资为 637 元,到 1961 年下降为 537 元。[①] 更严重的是市场商品供应尤其农副产品供应紧张。城市粮食供应,京、津、沪三市和辽宁省的粮食库存接近挖空,几乎出现脱销危险。职工口粮,从 1957 年的人均 392 斤,降到 1962 年的 368 斤,下降 6.1%;食油从 1957 年人均 10.3 斤,降到 1962 年的 4.9 斤,下降 52.4%。猪肉供应,全国 1961 年比 1957 年减少 80.6%,1961 年人均肉类供应,北京 2.1 斤、上海 3.6 斤、武汉 2 斤、天津和广州 1.7 斤、西安 1.3 斤、沈阳 0.6 斤。棉布供应量也因棉花连年歉收而减少。1961 年 2 月,决定第二期(3 月至 8 月)布票不发,并从 3 月起对毛巾等 10 种棉制

---

① 国家统计局编:《中国统计年鉴1983》,中国统计出版社1983年版,第490页。

品实行凭布票供应。1961年9月至1964年8月三个年度,每人每年基本定量只发3市尺布票,加上各种补助和奖售,人均只有8市尺棉布。由于市场供应不足,国家不得不扩大特需供应范围,增加凭票供应商品,1961年北京凭票供应商品多达69种。

农民生活水平更是急剧下降。全国农民人均口粮从1957年407斤下降到1961年的307斤,淮河以北地区人均口粮仅300斤原粮,其中西北地区从1960年至1963年连续四年人均口粮200多斤原粮,有些天灾人祸("共产风"等)严重的地区,农民口粮每天在半斤以下。尽管上面号召实行"瓜菜代""粮食增量法",也无法防止农民浮肿病的发展和农村饥荒的蔓延。

由于收入减少、口粮下降和劳动强度的增加,许多地区农村人口的非正常死亡增加。1958年和1959年人口死亡率改变了"一五"期间逐年下降的趋势,由1957年的10.8‰上升到11.98‰和14.59‰,而1960年死亡率陡然升到25.43‰。特别是农村,1960年农村人口比上一年减少1 702万。[1]

上述三年经济困难,除了发动"大跃进"和公社化的"左"倾错误是主要原因外,自然灾害和苏联的破坏也是不可忽视的客观原因。根据《中国统计年鉴1984》资料,中国农田受灾面积,1959年为4 463万公顷,1960年为6 546万公顷,1961年为6 175万公顷,分别比"一五"期间受灾面积最多的1957年(2 915万公顷)超过53.1%、124.6%、111.8%。赫鲁晓夫也在中国经济困难时期,对中国施加压力,背信弃义地撕毁并废除了600个合同和项目,撤走全部在华专家(1 390名),并带走所有图纸和资料。这些都加重了中国的经济困难。

---

① 国家统计局编:《中国统计年鉴1984》,中国统计出版社1984年版,第81页。

第三节 在调整政策战胜困难中进一步 探索中国社会主义建设道路

一、农村政策的调整

1960 年出现的严重经济困难,表明"大跃进"的失败。毛泽东和中共中央虽然都没有公开承认,但为摆脱"大跃进"以来所造成的国民经济日益严重的困境,从 1960 年下半年开始调整政策。调整政策首先是从农村开始的。

1960 年 6 月 10 日至 18 日,中共中央政治局在上海召开扩大会议,主要讨论国际形势和第二个五年计划后三年(1960—1962 年)的补充计划问题。毛泽东在会议开始时的讲话中指出,1958、1959 年我们曾经讲数量,今年要讲质量、品种,要把质量品种放在第一位。18 日,毛泽东作《十年总结》的讲话,他对国家计委提出的新方案仍不满意,认为后三年指标,"仍然存在一个极大的危险,就是对于留余地,对于藏一手,对于实际可能性还要打一个大大的折扣"①。他强调了实事求是的原则,指出:"对于我国的社会主义革命和建设,还有一个很大的盲目性,还有一个很大的未被认识的必然王国,""我们要以第二个十年时间去调查它,去研究它,从其中找出它的固有的规律,以便利用这些规律为社会主义的革命和建设服务。"②毛泽东的讲话,表明他对原来制定的跃进计划、实现的可能性,产生了怀疑,已含有某些调整的设想,这对我国国民经济抛弃"以钢为纲,全面跃进"的方针,是有积极意义的。

---

① 《建国以来重要文献选编》第 13 册,中央文献出版社 1996 年版,第 420 页。
② 《毛泽东文集》第 8 卷,人民出版社 1999 年版,第 198 页。

接着于 7 月 5 日至 8 月 10 日,中共中央在北戴河召开工作会议,决定对国民经济进行调整,缩短 1960 年第三季度基本建设和工业生产战线,并重申了农村实行以生产队为基本核算单位的三级所有制,要求不再讲三五年内过渡到公社为主的所有制。会后,中共中央发出了《关于全党动员,大办农业,大办粮食的指示》,指出:农业是国民经济的基础,粮食是基础的基础;工业部门应把支援农业的任务放在头等重要的地位;认真清理劳动力,加强农业第一线,尤其是粮食生产。

针对农村纠正"共产风"还不够彻底的情况,中共中央于 1960 年 11 月 3 日发出了由周恩来主持起草的《关于农村人民公社当前政策问题的紧急指示信》(简称《十二条》),规定:人民公社实行三级所有,队(相当原高级社)为基础,至少七年不变;彻底纠正"一平二调"的错误;允许社员经营少量的自留地和家庭副业;认真执行按劳分配原则,目前应少扣多分,尽量使 90% 以上的社员增加收入,从各方面节约劳动力,加强农业第一线;有计划地恢复农贸市场,活跃农村经济;认真实行劳逸结合;普遍开展整风整社等。《十二条》得到了广大农民的普遍拥护,对扭转当时的农村形势起了积极的作用。"共产风"比较严重的甘肃省领导根据《十二条》的要求,认真纠正错误,省委关于贯彻《十二条》向中共中央的第四次报告说:"共产风"一刮再刮的根源是急于从基本队有制向基本社有制过渡,总想多搞一点共产主义因素,要求各地发展各种社有经济过急过高,省委主观主义,去冬今春动员百分之七八十的农村劳动力大搞水利、养猪场、商品基地、丰产方等七八项工作,任务大,要求急,这些都造成平调,刮"共产风"。同时对农业估产偏高,口粮安排不落实,致使部分县、社发生浮肿病,非正常死亡等严重事故。中共中央对甘肃省委的报告作了重要批示,在肯定该省领导同志自我批评的态度和改正错误的决心后指出:"无论何时,队的产业永远归队所有或使用,永远不许'一平二调'。公共积累不能多,公共工程也一定不能过多。不是死规定几年改变农村面貌,而是依情况一步一步地改变农村面貌。"①中央批示还指出,毛泽东同志说,他是同一切愿意改正错误的同志同命运、共呼吸的。他说,他自己也曾犯了错误,一定要改正。1960年12月24日至1961年1月13日,中共中央在北京召开工作会议,讨论1961年国民经济计划,作出了《关于农村整风整社和若干政策问题的讨论纪要》。毛泽东在会上说,社会主义建设不能急,要搞它半个世纪,要搞几年慢腾腾,不要务虚名而遭实祸。他批评"一平二调""共产风"是人祸,要求大家勇于承认错误,有"左"反"左",有右反右,有什么反什么。

二、调整、巩固、充实、提高"八字方针"的制定

在1960年夏季的北戴河会议期间,李富春集中大家的意见,提出了要对国民经济进行"调整、巩固、提高"。8月底,国家计委向国务院汇报时,周恩来表示赞成李富春的意见,并加上"充实"二字。9月30日,在中央批转的国家计委《关于1961年国民经济计划控制数字的报告》中,明确提出"把农业放在首要地位,使各项生产、建设事业在发展中得到调整、巩固、充实、提高",第一次正式提出"八字方针"。

1961年1月14日至18日,中国共产党在北京召开八届九中全会,主要听取和讨论李富春《关于1960年国民经济计划执行情况和1961年国民经济计划主要指标的报告》。鉴于"大跃进"所造成的国民经济比例严重失调及其带来的严重困难局面,会议要求在编制国民经济计划工作中,按照农、轻、重的次序安排经济。强调贯彻执行国民经济以农业为基础的方针,全党全民大办农业,适当压缩基本建设战线和降低重工业发展速度;会议正式通过了对整个国民经济实行"调整、巩固、充实、提高"的八字方针,并决定在农村深入贯彻《十二条》,进行整风整社。全会对1961年国

①《建国以来重要文献选编》第13册,中央文献出版社1996年版,第730页。

民经济主要指标的安排是:农业总产值比 1960 年增长 10%左右,工业总产值增长 8%;粮、棉、钢、煤分别增长 10.8%、33.3%、1.6%和 2.6%;基本建设投资 167 亿元,减少 38%,大中型建设项目 900个,比上年减少 700 个。在工业生产的安排中,要求贯彻先生产、后基建,先采掘、后加工,先维修、后制造,先质量品种、后数量的原则,以便在现有数量基础上加强薄弱环节,改善质量,降低成本,提高劳动生产率。

"八字方针"以调整为中心,主要是适当地调整农业、轻工业和重工业的相互关系,生产和基本建设的相互关系,经济事业和文教、国防事业的相互关系,积累和消费的相互关系,以及财政、信贷和物资的相互关系。不但要调整理顺整个国民经济和各种相互关系,而且要调整经济建设的速度和规模,使之与农业相适应,把整个国民经济转到以农业为基础的轨道上来。当时严重的经济困难和比例失调,是"大跃进"和人民公社化运动中盲目追求高指标、高速度造成的,因此,贯彻"八字方针",必须要降低指标,放慢速度,压缩规模,也就是该退的必须退够。但"八字方针"不是一个退却的消极方针,而是一个积极的方针,即退是为了以后更好地进,而且"八字方针"是有退有进,"充实"二字的含义之一就是在当时要增加我国急需而又没有的新工业部门。事实也是如此。在调整期间,我国引进了先进的石油化工工业、合成纤维工业、电子工业等技术,建立了相应的工业部门。同时在某些方面是既巩固又提高,如完成了大庆油田的建设、制造出万吨级水压机、成功地爆炸了原子弹等。

对"调整、巩固、充实、提高"八字方针的认识和贯彻有一个逐步统一和落实的过程。在 1961 年 9 月以前,由于当时认识上的局限,没有对工业生产、基本建设指标予以坚决削减,主要采取了如下的调整国民经济措施:

(1)努力恢复农业生产。为此:第一,对公社化以来"平调"社队和社员个人的各种财物,认真清理,彻底退赔。中共中央于

1961 年 6 月 19 日作出了《关于坚决纠正平调错误、彻底退赔的规定》,指出:只有彻底退赔,"才能恢复广大农民群众对党的政策的信任"①。调整人民公社的所有制和分配关系,重申生产队为基本核算单位的"三级所有,队为基础"是现阶段人民公社的根本制度,公社对生产队的生产活动不得强加干涉,对生产队的物资、资金等不得调用,生产队之间的生产协作必须坚持自愿互利和等价交换的原则;社员个人的一切生活资料及小农具等生产资料,永远归个人所有,恢复社员自留地,允许社员发展家庭副业和手工业生产,开放农村集市贸易;贯彻多劳多得原则,严格实行评工记分办法,取消部分供给制的规定,停办公共食堂。第二,减少粮食征购,减轻农民负担。1961 年比上年减少购粮 212 亿斤,下降 20.7%;农业税征收额 1961 年比上年减少 98 亿斤,下降 29%;并且提高农副产品的收购价格,1961 年平均提价幅度为:粮食 20%、油料13%、生猪 26%、禽蛋 37%。第三,从各方面精简和节约劳动力,加强农业第一线。从 1960 年秋到 1961 年春,农业生产第一线增加劳动力 2 913 万人。各行各业加强对农业的支援,如 1961 年和1962 年分别拨出 81 万吨和 70 万吨钢材支援农业和农机制造,比1959 年分别增加 65%和 43%。

在恢复农业生产的过程中,1961 年 3 月,安徽省委根据农民群众的要求,决定试行"定产到田,责任到人"的田间管理责任制,很受群众欢迎,不到一个月,就在全省 39.2%的生产队实行起来。到秋末,扩大到全省生产队总数的 85.4%。在广西、广东、河南、湖南等省区,凡属灾情严重、生产破坏大、缺粮少饭的地方,都先后采取了类似安徽责任制的包工、包产和借地等办法,都收到了良好的效果。中共中央农村工作部关于安徽实行责任田的调查报告说:"当地 80%的责任田能够做到五统一(即生产计划、主要生

① 《中共中央文件选集(1949 年 10 月—1966 年 5 月)》第 37 册,人民出版社2013 年版,第 97 页。

资料、劳力、分配和上缴任务统一于集体）"，"责任田是目前经济困难地区增产粮食的最好办法"。报告还提到：社员说"实行一年责任田，粮食三年吃不完"。

在农业中实行责任制的观点，是邓子恢在农业合作化运动中提出的。他在《中国农业的社会主义改造》一文中指出，"适合于目前农业生产特点的生产责任制，是鼓舞社员积极劳动，改进技术、提高劳动效率的良好制度"。1960年至1962年他去福建、黑龙江、广西、湖南、河南等省调查改善经营管理、巩固集体经济问题以后，进一步阐述了生产责任制的观点。他认为分配上的平均主义和经营管理中的混乱，是造成当时我国生产力下降的重要原因，"要调动社员的积极性、必须要有严格的责任制"，这是贯彻按劳分配原则，克服"吃大锅饭"的平均主义的好办法。邓小平在1962年6月下旬中央书记处讨论责任田问题时也表示了支持的意见。他提出，在农村生活困难的地区，可采取各种办法，安徽有的同志说："不管黑猫黄猫，能逮住老鼠就是好猫"，这话有一定道理。新生事物，可以试试看。1962年7月22日，毛泽东对陶铸、王任重关于生产责任制的"龙胜调查"作了批示，批示说："这个文件所作的分析是马克思主义的，分析之后所提出的意见也是马克思主义的。"[①]但时隔不久，生产责任制被指责为"单干"，遭到了错误的批判。

（2）加强对国民经济的集中统一管理。1961年1月，中共中央规定在两三年内经济管理大权更多地集中到中央和中央局，所有生产、基建、物资、劳动、收购、财务都要执行上下一本账的方针，不得层层加码；货币发行权归中央，财权要集中，不允许赤字预算。从1961年1月起，降低全国企业利润留成比例（由13.2%降至6.6%），并严格规定了企业留成的使用方向。

（3）减少城镇人口，压缩城镇粮食销量。中共中央1961年6

---

① 《建国以来重要文献选编》第15册，中央文献出版社1997年版，第541页。

月 16 日发出《关于减少城镇人口和压缩城镇粮食销量的九条办法》,在党的精简机构、下放职工、支援农业的号召下,到 1961 年底,全国职工减少 800 万,城镇人口减少 1 000 万左右,从而每年工资总额减少 15 亿元,减少供应城镇商品粮三四十亿斤、生活用煤二三百万吨、蔬菜 15 亿斤以上。

(4)调整 1961 年的钢产量,由原定 1 800 万吨降为 1 100 万吨。

此外,大力压缩社会集团购买力,对粮食、棉布等 18 类基本生活必需品以外的消费品实行高价政策,对减轻市场需求压力、回笼货币起了积极作用。

三、大兴调查研究之风和各方面工作条例的制定

毛泽东在 1961 年 1 月召开的中共八届九中全会上的讲话中,号召全党发扬实事求是的优良传统,大兴调查研究之风,一切从实际出发,做到情况明、决心大、方法对,并提出 1961 年成为调查研究之年。

八届九中全会之后,中共中央的领导同志带头深入基层进行调查研究。毛泽东率领三个调查组到浙江、湖南、广东、河南等省农村进行调查;刘少奇、周恩来、朱德、陈云、邓小平等中央领导同志和各中央局、省市自治区主要负责同志都带头深入农村和企业进行典型调查。1961 年 3 月 23 日,中共中央发出《关于认真进行调查研究工作问题给各中央局、各省市区党委的一封信》,指出:几年犯错误很大的原因是在于对实际情况缺乏了解,往往根据片面的虚假的汇报材料作出判断和决定,这种状况必须改变。要求县级以上党委的领导人员,把深入基层,亲自进行系统的典型调查,当作领导工作的首要任务。并随信转发了毛泽东1930 年写的《关于调查工作》(以后发表时改题为《反对本本主义》)一文。全国各级领导干部积极响应号召,到农村、工厂、连队、学校等基层单位蹲点,进行调查研究,了解实际情况,并就地解决问题。这次广

泛的调查研究是新中国成立以来规模最大的一次,对于转变各级党政领导机关的作风起了重要作用。

各级领导同志在调查研究的过程中,总结正反两方面的经验,着手解决各项实际工作中存在的问题。中共中央在广泛深入的调查研究基础上,先后制定和发布了各方面的工作条例。

1961年3月,中共中央在广州召开工作会议,毛泽东主持制定了《农村人民公社工作条例(草案)》,即《农业六十条》,它针对当时人民公社内部严重存在的队与队、社员与社员之间的平均主义,社、队规模偏大,公社对下级管得太多太死,民主制度和经营管理制度不健全等方面的问题,作了比较系统的规定。经过广大社员讨论和在部分地区试行的基础上,中共中央于6月在北京召开工作会议,对这个草案进行了修改,制定了《农村人民公社工作条例(修正草案)》,进一步规定取消分配上的供给制部分,停办公共食堂。再次发给全国农村讨论试行。1962年2月,中共中央又发出《关于改变农村人民公社基本核算单位问题的指示》,决定人民公社一般以生产队(即小队)为基本核算单位。这样便将组织生产和分配的单位统一起来,从而解决了自1956年高级社即已存在的而在人民公社成立后更趋严重的生产队之间的平均主义问题。《农业六十条》和这个指示,受到广大社员的热烈拥护,对克服农村工作中的"左"倾错误,恢复和发展农业生产,起了很大作用。

1961年上半年,国家科委和中国科学院在经过调查研究和广泛征求科学技术界的意见的基础上,制定了《关于自然科学研究机构当前工作的十四条意见》(简称《科研十四条》)。这个条例于1961年7月经中共中央批准,在全国试行。《科研十四条》总结了新中国发展科学技术事业的经验教训,特别是针对"大跃进"以来的错误,规定了各项正确的政策和措施。主要包括三方面内容:

(1)关于知识分子政策。纠正在政治运动中和学术批判中的"左"的错误,重申党和国家的一贯政策:团结一切爱国的知识分子,鼓励科技人员走又红又专的道路;进一步阐述了"双百方针",

强调严格划清学术问题、思想认识问题与政治问题的界限,一时难以划清的先作学术问题处理。

(2)整顿科学技术工作的规章制度,保证科学技术工作的正常秩序。强调要树立和倡导理论与实际相结合,敢想敢说敢干的革命精神与严格严肃严密的科学态度相结合的优良学风。

(3)改善中国共产党对科学技术工作的领导。科研单位的党组织要善于团结广大科技人员,尊重他们的专长,充分发挥其创造性和积极性;党的干部要认真执行党的政策,学习业务,加强调查研究。此外,对党的组织形式和领导体制作了适合科研工作特点的具体规定。

1961年秋,为了整顿工业企业,改善和加强企业管理,邓小平主持制定了《国营工业企业工作条例(草案)》(简称《工业七十条》)。《工业七十条》明确规定:国营工业企业是社会主义全民所有制的经济组织,其根本任务是全面完成国家计划,增加社会产品,扩大社会主义积累;实行党委领导下的厂长负责制,建立以厂长为首的全厂生产行政指挥系统,建立健全各级的责任制,防止和克服工作上的无人负责和生产技术上的瞎指挥现象;发扬民主,实行职工代表大会制度;加强经济核算和财务管理。此条例于1961年9月16日发给各地区、各部门,并选择若干企业试行。

在制定《工业七十条》的同时,制定了《高教六十条》,即《教育部直属高等学校暂行工作条例(草案)》,并于1961年9月15日发到26所直属高等学校讨论和试行。《高教六十条》系统总结了新中国成立以来高等教育正反两方面经验,规定了高等学校的方针、任务和有关政策。其主要内容是:

(1)高等学校的主要任务是贯彻执行中国共产党的教育方针,培养社会主义建设所需要的各种专门人才。规定了高等学校学生的培养目标,对学生德育、智育、体育三方面提出了具体要求。这些规定成为中国高等教育区别于资本主义国家高等教育的根本标志之一。

174

（2）高等学校必须以教学为主，努力提高教学质量。要把教学、生产劳动和科学研究很好地结合起来。对教学、生产劳动、科研提出了具体要求。

（3）高等学校实行党委领导下的以校长为首的校务委员会负责制，充分发挥校长、校务委员会和各级行政组织的作用。高等学校必须加强而不是削弱党的领导；必须保证党的方针政策的正确贯彻；加强思想政治工作；团结一切可以团结的知识分子，为社会主义的高等教育事业服务。

1961年6月中旬，文化部在北京召开了文艺工作座谈会和电影故事片创作会议，检查总结几年来文艺工作中存在的问题，研究调整文艺政策。周恩来参加了会议并发表讲话，中心是强调发扬艺术民主，尊重文艺规律，创造出更多更好的作品来。他批评那种"五子登科"的风气（即套框子、抓辫子、挖根子、打棍子、戴帽子），强调要转变领导作风，贯彻"双百方针"。根据中央的指示和周恩来的讲话精神，中共中央宣传部、文化部和全国文联在调查研究基础上起草了《关于当前文学艺术工作的意见（草案）》（简称《文艺十条》），于8月1日印发各地征求意见，并要求在实际工作中贯彻执行其基本精神。1962年3月2日，周恩来在广州召开的全国科学工作会议和全国剧本创作座谈会上作《关于知识分子问题》的报告，指出"十二年来，我国大多数知识分子已有了根本的转变和极大的进步"，重新肯定了我国绝大多数知识分子是属于劳动人民的知识分子，并强调在社会主义建设中要发挥科学和科学家的作用。报告还指出，破除迷信不是破除科学，而要同尊重科学相结合。此后，《文艺十条》经过讨论修改成为《文艺八条》，主要内容包括：贯彻执行"双百方针"；正确地开展文艺批评；批判地继承民族遗产和吸收外国文化；改进领导作风；加强文艺界的团结等。《文艺八条》于1962年4月30日经中共中央批准后由文化部、全国文联下发各文化艺术单位贯彻执行。

此外，中共中央还先后制定和批发了《关于改进商业工作的

175

若干规定(试行草案)》(简称《商业四十条》)、《关于城乡手工业若干政策问题的规定(试行草案)》(简称《手工业三十五条》)、《中学教育五十条》、《小学教育四十条》、《医院工作四十条》等。

这些条例,是我国社会主义建设事业各方面经验的总结,它分别规定了适合各方面工作情况的具体政策。这些条例的规定和实施,对纠正各项工作中的"左"倾错误,贯彻"调整、巩固、充实、提高"的方针,使各方面工作重新纳入正确的轨道,恢复和发展国民经济起了重要作用。

四、"七千人大会" 国民经济的继续调整

由于中国共产党内一些干部对当时困难的经济形势估计不足,对"八字方针"的贯彻执行不够坚决果断,因此,1961年的调整虽然取得一些成绩,但步子不大,尤其整个工业战线的调整进度缓慢,收效甚微。整个国民经济的困难还相当严重:农业、轻工业总产值和财政收入继续减少,分别比上年下降24%、21.6%和43.9%;市场商品供应仍然相当紧张,物价上涨,人民生活还有很大困难。为了总结经验,统一认识,加强团结,加强民主集中制,以便进一步纠正"大跃进"以来工作中的错误,切实做好国民经济的调整、巩固、充实、提高的工作,1962年1月11日至2月7日,中共中央在北京召开了扩大的中央工作会议。参加会议的有中央、各中央局、中央各部门、各省市自治区党委及各地委、县委、重要厂矿企业和部队的负责干部,共计7 118人,因此又称"七千人大会"。会议由毛泽东主持,刘少奇代表中共中央向这次扩大会议提出了一个书面报告,并作了讲话。毛泽东、周恩来、邓小平、朱德、陈云等都作了重要讲话。

刘少奇的书面报告和讲话,初步总结了新中国成立以来,主要是1958年以来社会主义建设的经验教训。对1958年以来工作的缺点错误和成绩的估计,报告指出,从全国总的来讲,是三个指头和七个指头的关系。但全国有一部分地方缺点错误是主要的,农

176

民说是"三分天灾,七分人祸"。主要缺点错误是:(1)工农业指标过高,基本建设战线过长,使国民经济各部门比例关系发生了严重的不协调现象;(2)在农村人民公社的实际工作中,许多地区,在一个时期内曾经混淆集体所有制和全民所有制的界限,曾经对集体所有制的内部关系进行不适当的、过多过急的改变,从而违反了按劳分配和等价交换的原则,犯了"共产风"和平均主义的错误;(3)不适当地在全国范围内建立许多完整的工业体系,权力下放过多,分散主义的倾向有了严重的滋长;(4)对农业增产的速度估计过高,对建设事业的发展要求过急,因而使城市人口大量增加,造成城乡人口的比例同当前农业生产水平极不适应的状况,加重了城市供应的困难,也加重了农业生产的困难。

书面报告和讲话分析了产生缺点错误的原因,指出,一方面是由于我们在建设工作中的经验还很不够;另一方面是由于几年来党内不少领导同志不够谦虚谨慎,违反了实事求是和群众路线的传统作风,在不同程度上削弱了党内生活、国家生活和群众组织生活的民主集中制原则。而指标过高、要求过急等缺点错误又助长了这种脱离实际、脱离群众、不民主的错误作风。这样就妨碍了我们党及时地、尽快地发现问题和纠正错误。

书面报告和讲话提出这几年工作中发生的缺点的责任问题,指出首先要负责任的是中央,其次要负责任的是省、市、自治区一级党委,再其次才是省以下的各级党委。所谓中央负责,包括中央各部门,包括国务院和国务院所属的各部门。包括中央本身发出的一些不恰当的指示、文件和口号。

报告和讲话还总结了1958年以来社会主义经济建设问题上的基本经验教训16条,主要是:以农业为基础来发展国民经济,是我们的根本方针;工业的发展规模必须同农业能够提供的产品和腾出的劳动力相适应;社会主义的两种公有制不能混淆;社会主义经济要有统一计划,指标必须符合实际并留有适当余地,必须注意综合平衡,恰当安排农业、轻工业、重工业、运输之间的比例关系;

必须发展商品交换,除国营商业外,还应有集体商业和农村集市贸易;必须贯彻按劳分配和等价交换原则,不能搞平均主义。

1月30日,毛泽东在会上作了长篇讲话。他指出:不论党内党外,都要有充分的民主生活,认真执行民主集中制。没有民主,就不可能有正确的集中,就不可能正确地总结经验,就不可能制定出好的路线、方针、政策和办法;没有高度的民主,不可能有高度的集中,而没有高度的集中,就不可能建立社会主义经济;没有民主集中制,无产阶级专政不可能巩固。并指出,各级党委是执行集中领导的机关,但是,党委的领导,是集体领导,不是第一书记个人专断。他还讲了探索社会主义建设客观规律问题。他说,对于社会主义建设,我们还缺乏经验,还有很大的盲目性,还有许多未被认识的必然王国。我们应在今后一段时间内,积累经验,努力学习,在实践中逐步地加深对它的认识,弄清它的规律。此外,他还就1958年以来工作中的缺点错误的责任问题作了自我批评,他说:"我们这几年工作中的缺点错误,第一笔账,首先是中央负责,中央又是我首先负责","凡是中央犯的错误,直接的归我负责,间接的我也有份,因为我是中央主席"①。

林彪也在大会上讲了话。他继续鼓吹个人崇拜,别有用心地说,毛主席的思想总是正确的,现在的困难恰恰是由于没有按毛主席的指示去做而造成的。如果按毛主席的指示去做,如果都听毛主席的话,那么,困难会小得多。他说,毛主席总是与实际八九不离十,总是在实际周围,围绕着实际,不脱离实际。还说,过去的工作做得好的时候,都是毛主席思想不受干扰的时候,凡是毛主席的思想不受尊重受到干扰时,就会出毛病。几十年的历史就是这个历史。林彪的讲话虽与大会总的精神相背离,不利于总结经验,纠正错误,但实际上得到了毛泽东的赞赏。

会议对1962年的生产任务和全面工作作了具体部署,并提出

---

① 《毛泽东文集》第8卷,人民出版社1999年版,第310、296页。

了十年长远规划,强调指出:从农业开始的调整工作,已经进行了一年多,今后还要继续进行一段时间,我们必须踏踏实实地干劲十足地作好调整工作,1962年是最关紧要的一年,我们必须抓紧这一年,争取各方面的调整工作做出新的显著成绩。会议还决定对除彭德怀等以外的在庐山会议后被错误地划为右倾机会主义分子的同志,进行甄别平反。4月27日,中共中央发出《关于加速进行对党员、干部甄别工作的通知》,根据通知,各地区各部门为几年来主要在"反右倾"斗争中被错误批判和处分的绝大多数人进行了甄别平反。

"七千人大会"以比较实事求是的态度认真总结"大跃进"以来工作中的经验教训,发扬了民主和批评自我批评的精神,这对于进一步清理"大跃进"以来的"左"倾错误,努力克服国民经济的严重困难,发挥了积极作用。但是,这次大会仍然肯定"三面红旗"是正确的。在对形势的分析和对造成困难的主要原因的认识,以及对工作中的成绩与缺点错误的估计等问题上,中央领导核心中的分歧并未解决。这次大会未能从根本上纠正中国共产党在指导思想上的"左"倾错误,对所谓"彭德怀同志为首的反党集团"错案未予平反。

为了进一步统一对国内经济形势的认识,具体研究贯彻"八字方针"的措施,做好国民经济调整工作,1962年2月21日至23日,在中南海西楼由刘少奇主持召开了中共中央政治局常委扩大会议(毛泽东在外地未参加),亦称"西楼会议"。会议分析了当时农业生产下降、市场紧张、物价高涨、通货膨胀和国家财政存在大量赤字的情况,认为我国的财政经济形势处在一个非常困难的时期,必须确定一个调整恢复时期,以农业为基础,全面地调整国民经济。会上,陈云作了题为《目前财政经济情况和克服困难的若干办法》的讲话,他摆了目前财政经济方面存在的严重困难,分析了克服困难的有利条件,提出了克服困难的六条办法:第一,把十年经济规划分为两个阶段,即恢复阶段和发展阶段。他提出恢复阶段从 1960 年算起, 大体用五年时间, 并在恢复阶段采取两条办法: 一条是要有更多的集中统一, 另一条是一切步骤要稳扎稳打。第二, 减少城市人口, 精兵简政。他说, 不论临时之计还是长久之计, 这都是克服困难的根本性措施之一。第三, 要采取一切办法制止通货膨胀。一是严格现金管理, 节约现金支出; 二是尽可能增产人民需要的生活用品, 回笼货币; 三是增加几种高价商品, 多回笼货币; 四是坚决同投机倒把作斗争。第四, 尽力保证城市人民的最低生活, 如增加大豆和有关日用品的供应。第五, 把一切可能的力量用于农业增产。他说这是一条根本大计, 具体办法: 一是重新考虑保证经济作物的增产办法; 二是对不同产粮区, 研究出不同的增产办法; 三是拨出部分钢材、木材, 制造小农具。第六, 计划机关的主要注意力应从工交方面转移到农业增产和制止通货膨胀方面来, 并且要在国家计划里得到实现。陈云的讲话受到与会同志的一致赞扬, 认为困难讲透了, 信心讲足了, 办法也有了。在得到毛泽东同意后, 将这个讲话转发各地各部门。会后中央决定由陈云担任中央财经小组组长, 统管财经工作。

5 月 7 日至 11 日, 中共中央政治局常委在北京举行工作会议 (通称五月会议), 讨论中央财经小组提出的《关于讨论 1962 年调整计划的报告》。会议由刘少奇主持, 周恩来、朱德、邓小平作了讲话。会议正确地分析了财政经济形势, 作出了全面贯彻"八字方针"和对国民经济进行大幅度调整的重大决策, 要求切实地按照农、轻、重次序对国民经济进行综合平衡。为此, 会议决定采取进一步缩短工业生产建设战线, 大量减少职工和城镇人口, 切实加强农业战线, 增加农业生产和日用品生产, 保证市场供应, 制止通货膨胀等一系列调整国民经济的果断措施。

中共中央召开的上述两次会议情况, 由刘少奇、周恩来、邓小平先后向毛泽东作了汇报, 并得到了他的同意。会后, 党和政府坚决贯彻以调整为中心的"八字方针", 在经济上采取了一系列果断有力的措施。主要有:

（1）压缩基本建设规模,缩短重工业战线。国家对基本建设投资从 1960 年的 384 亿元压到 1962 年的 56 亿元。积累率从 1960 年的 39.6% 降到 1962 年的 10.4%。重工业战线实行必要的关、停、并、转,钢产量从 1960 年的 1 860 万吨、1961 年的 870 万吨压到 1962 年的计划 600 万吨、实际产量 667 万吨。全国县以上国营工业企业三年共减少 4.45 万个。

（2）精简职工,减少城镇人口。1961、1962 两年共减少职工 1 887 万人,全国吃商品粮的人口,从 1961 年到 1963 年 6 月,共减少 2 600 万人。

（3）加强农业战线,发展农业生产。由于上述两方面措施,大批劳动力回到了农业第一线,到 1962 年农村劳动力增加到21 278 万人,超过了 1957 年。国家增加农具、农药和化肥的生产和供应,提高农产品收购价格,削减粮食征购量,从而使农民得以休养生息,农业生产得以恢复和发展。

（4）稳定市场,回笼货币,消灭财政赤字。为此,大力压缩财政开支;清查仓库,处理积存;在稳住人民基本生活必需品价格的同时,继续对 10 种商品实行高价政策;坚决打击投机倒把活动。结果,1962 年 1 至 5 月,就收回了上一年度的大部分货币,制止了通货膨胀。

由于政策正确,措施有力,工作扎实,全党和全国人民同心同德,艰苦奋斗,1962 年的调整工作见效甚快,成绩很大,到 8、9 月间,国民经济形势开始有了比较明显的好转。到 1962 年底,粮食产量达到 3 200 亿斤,比 1961 年增产 250 亿斤。1962 年 1 月至 8 月,城镇商品粮销量比上年同期减少 32.3 亿斤;国家实发工资比上年同期减少 26 亿元;全国财政支出,比上年同期减少 53 亿元。1 月至 7 月的工业生产中,支援农业的主要生产资料,以工业品为原料的轻工业和手工业产品,以及当时最急需的重工业产品,多数比上年同期增产。其中化肥增长 38%,铝增长 28%,石油增长 17%,以工业品为原料的日用品产值增长 27%。多数城市副食品和若干日用品供应情况有了好转。1962年10月,中共中央在《关于当前城市工作若干问题的指示》中满怀信心地指出:最困难的时期已经渡过,农村城市的经济形势正在逐步好转。

第四节　调整国民经济任务的完成　　政治上"左"倾错误的再度发展

一、中印边界自卫反击战　中苏争论　外交工作的新开展

由于历史上的种种原因,中国和一些毗邻国家未正式划定边界。新中国成立后,对边界问题一贯主张通过和平谈判来解决,1960年至1963年先后同尼泊尔、蒙古、巴基斯坦、阿富汗签订了边界条约。

历史上,中印两国人民在友好相处过程中,按照双方的行政管辖范围,形成了一条传统习惯的边界线,其东段沿着喜马拉雅山的南麓,中段沿着喜马拉雅山脉,西段沿着喀喇昆仑山脉。英国统治印度后,于1913年10月至1914年7月召开了由英、中、藏代表参加的旨在分裂中国西藏的西姆拉会议,背着中国中央政府代表,诱迫西藏当局用秘密换文方式制造了一条侵占中国9万平方公里土地的"麦克马洪线"。但中国历届中央政府均未承认。上述情况说明,中印边界问题是由于英帝国主义的侵略造成的。1950年至1958年印度对中国边界地区不断进行蚕食,1959年,印度政府向中国提出大片领土要求:(1)要中国政府承认已被其占领的中印边界东段的中国领土是合法的;(2)承认中印边界西段的阿克赛钦地区是属于印度的。两项合计面积为12.5万平方公里,其中主要包括东段的门隅、洛渝、下察隅三部分;中段的于桑、葱莎等地;西段的阿克赛钦和阿里地区的一部分。印度在向中国提出领土要求后,即不断使用武力来改变早已形成的边界现状。印军于1959

年8月前后,在东段越过非法的麦克马洪线,侵占了线北的塔马顿、朗久和兼则马尼,挑起了第一次边境流血冲突。为避免冲突,争取和平解决边界问题,中国政府于11月7日向印度提出建议,双方武装部队从实际控制线各自后撤20公里,并停止巡逻。在印度拒绝后,中国单方面在自己一边停止了巡逻,以使双方武装脱离接触。周恩来总理于1960年4月访问印度,提出了和平解决边界问题的建议,又遭到印方拒绝。此后,印度扩大了向中国境内的入侵活动。在西段,从1961年特别是1962年4月起,不断入侵,并设立了43个侵略据点。在东段,从1962年6月起,侵入麦克马洪线北的克节朗河和扯冬地区,打死打伤我边防人员47人。

在印度单方面挑衅行动造成形势一触即发的严重局面下,中国一再强调通过和平谈判解决边界问题,但印度以种种先决条件(中国先撤出阿克赛钦、阿里、扯冬地区)堵死了谈判的大门,决心走军事冒险的道路。印度军队在做好了一切准备之后,于1962年10月20日清晨,在中印边界东西两段,同时向中国发动了大规模的全面进攻,中国边防部队伤亡严重。在印军全面进攻的第四天,中国政府发表声明提出停止边界冲突,重开和平谈判,解决中印边界问题的三项建议,又遭到印度拒绝。在忍无可忍的情况下,中国边防部队被迫进行了英勇的反击战,歼灭了入侵的印军两个旅和三个旅的大部,共毙、伤、俘准将旅长豪尔·辛格和达尔维以下官兵8700余人,清除了印军非法设立的43个侵略据点,缴获大量武器、弹药和军用物资。11月22日,中国边防部队遵照中国政府声明,全线停火,并从12月1日起,自1959年11月7日实际控制线后撤20公里。接着将缴获的大量武器、弹药和军用物资交还印方,并分期分批释放和遣返了全部被俘印军3213名。

中印边界自卫反击作战的胜利,保卫了中国的领土主权和边境地区的安全。中国政府为争取和平所做的努力,受到世界舆论的称赞。

在20世纪60年代,中苏之间发生了一场长期而激烈的争论。

这场争论的发生,是由 1957 年莫斯科会议开始的。

1957 年 11 月 2 日至 21 日,毛泽东率中国代表团访苏,并出席了社会主义国家共产党和工人党代表会议以及 64 个共产党和工人党代表会议。起草会议文件期间,中苏两党代表团在关于从资本主义向社会主义过渡等问题上产生了分歧。在中共代表团修正草案的基础上,经过多次讨论,会议最后通过的宣言,同苏共首次提出的草案比较,做了重大修改,主要是在指出和平过渡的可能性的同时,也指出非和平过渡的道路。从资本主义向社会主义的过渡采取什么道路,这本来应由各国党根据当时本国的情况来决定,而不必他党干涉,却成为中苏两党争论的开始。

1958 年 7 月 31 日至 8 月 3 日,苏共中央第一书记赫鲁晓夫访华。会谈中,中国领导人毛泽东等严正拒绝了苏联不久前提出的企图侵犯中国主权的关于建立联合舰队和长波电台的建议,赫鲁晓夫大为不满。以后,苏联采取了恶化两国关系的一系列步骤。1959 年 8 月,苏联单方面撕毁了中苏双方在 1957 年 10 月签订的关于国防新技术的协定,拒绝向中国提供原子弹样品技术资料。9月,苏联发表指责中国,偏袒印度的"中印边界问题的声明",从而把中苏分歧公开暴露在世界面前。同时苏联对中国的内外政策进行攻击,还诽谤中国好战,"像公鸡好打架那样热衷于战争"。

1960 年 4 月,为纪念列宁诞辰 90 周年,《红旗》杂志编辑部发表了《列宁主义万岁》,《人民日报》编辑部发表了《沿着伟大列宁的道路前进》,中共中央宣传部长陆定一发表了《在列宁的革命旗帜下团结起来》三篇文章。文章提出了高举列宁的革命旗帜,批判"现代修正主义"问题。

1960 年 6 月,彭真率中共代表团参加社会主义国家共产党和工人党布加勒斯特会谈。会谈前夕,苏共代表团突然散发苏共 6月 21 日致中共中央的通知书,对中国共产党进行全面攻击。会谈中,赫鲁晓夫又带头对中国共产党进行围攻。中共代表团遵照坚持原则,坚持团结的方针,同他们进行了严肃的斗争。以后,苏联对中国进一步施加政治、军事、经济压力。7月16日苏联违背《中苏友好同盟互助条约》,突然照会中国,单方面决定召回全部(1 390名)在华苏联专家,撕毁343个协定和合同,废除257个科技合作项目,停止供应重要设备。苏联这种背信弃义的行动,加重了中国的经济困难,进一步破坏了两国关系。

1960年11月,刘少奇、邓小平率中共代表团参加在莫斯科举行的81国共产党和工人党代表会议。苏共在会议前夕散发了一封长达6万余字的更加粗暴地攻击中国共产党的信件,挑起了中苏两党代表团在会议上的激烈争论。

1962年下半年以后,苏联一方面向印度提供大量经济、军事援助,支持印度发动侵犯中国边界的战争,一方面发表大量反华文章,挑起中苏公开论战。中国共产党于1962年12月15日至1963年3月8日,发表了《全世界无产者联合起来反对我们的共同敌人》等七篇答辩文章,回击了苏联,并在一些重大问题上阐明了自己的观点。同时发表了苏联攻击中国的文章。七篇文章主要是针对苏联一些基本观点而写的,但没有公开点名批判苏联领导人。

为了平息中苏公开论战,印度尼西亚共产党等提出召开兄弟党会议解决分歧、加强团结的建议,为此先召开中苏两党会谈。苏共于1963年3月30日给中共来信就两党会谈需要讨论的问题系统地提出了自己的观点,特别是提出了关于国际共产主义运动总路线问题。据此中国共产党中央委员会提出并发表了《关于国际共产主义运动总路线的建议》。《建议》提出,现阶段国际共产主义运动的总路线就是:"全世界无产者联合起来,全世界无产者同被压迫人民、被压迫民族联合起来,反对帝国主义和各国反动派,争取世界和平、民族解放、人民民主和社会主义,巩固和壮大社会主义阵营,逐步实现无产阶级世界革命的完全胜利,建立一个没有帝国主义、没有资本主义、没有剥削制度的新世界"。据此批判了"和平共处""和平竞赛""和平过渡"的说法,认为那样背离了马克思列宁主义的革命学说。7月6日至20日,以邓小平为团长的中共代表团参加了中苏两党莫斯科会谈。7月14日,苏共中央发表《给苏联各级党组织和全体共产党员的公开信》,就中苏两党关系和国际共产主义运动的问题全面攻击中国共产党。为了回答苏共的攻击,从1963年9月至1964年7月,《人民日报》和《红旗》联合发表了《苏共领导同我们分歧的由来和发展》等九篇评论苏共中央公开信的文章(史称"九评")。中苏关系急剧恶化起来。

1964年10月,赫鲁晓夫被苏共中央撤职,勃列日涅夫接任苏共中央第一书记。为了庆祝十月革命47周年,中国共产党为缓和中苏关系,派出以周恩来为团长的高级代表团去莫斯科,同勃列日涅夫进行会谈。勃列日涅夫宣称:在国际共产主义运动和中苏关系问题上,他们同赫鲁晓夫没有丝毫分歧,"甚至没有细微的差别"。苏共不顾中共的反对,顽固坚持召开分裂性的国际会议,甚至提出要毛泽东下台,立即遭到周恩来的严重抗议。苏共中央于12月12日发表通告,宣布于1965年3月1日召开26国共产党会议的筹备会。1965年2月,苏联部长会议主席柯西金访越途经中国时,先后同周恩来和毛泽东会谈,妄图使中国共产党在三月会议问题上屈服于苏联的方针,未能得逞。3月1日的"筹备会",中国、朝鲜、罗马尼亚等七国共产党均未参加。这次会议标志着国际共产主义运动的分裂和社会主义阵营的解体。鉴于苏共领导坚持分裂的错误立场,中国共产党亦未派代表参加苏共二十三大。从此,中苏两党关系断绝。此后,苏联在中苏边境不断增兵,从赫鲁晓夫时期的十几个师增加到43个师,坦克1.2万辆、飞机1 700架,占苏军总兵力的24%。1966年3月,苏蒙军事同盟条约签订后,苏联进驻蒙古三个陆军师、两个空降师,并且不断挑起中苏边界武装冲突。从1964年10月至1969年3月,苏联挑起边界事件达4 189起之多,中国的安全受到严重的军事威胁。

上述情况说明,中苏论战是苏联领导人挑起的,其本质是控制与反控制的斗争,中国反对苏联大国沙文主义的斗争是必要的。通过斗争,维护了中国共产党和国家的独立自主地位;对各国党摆脱苏联的控制,独立自主地解决本国的问题,起了促进作用。但是在争论中,双方都讲了许多空话,中共阐述的观点,也不都是对的。以后中共抛弃了那种错误观点。

中苏关系破裂后,美国曾有从中渔利的种种考虑,其基本倾向是拉拢苏联,孤立中国。中国对此作了针锋相对的斗争。中国反对美国霸权主义的斗争重心从60年代起逐步转向援越抗美。

美国破坏1954年日内瓦协议,于1955年取代法国势力进入南越,破坏了1956年普选,阻碍越南和平统一,大力武装吴庭艳集团,妄图使南越成为美国在东南亚的反共前哨阵地。1961年肯尼迪政府派特种部队对越南南方成片村庄进行化学战、"闭锁轰炸"、投掷凝固汽油弹等特种战争。1964年8月4日,约翰逊政府制造所谓北部湾事件,[①]悍然发动对越南民主共和国的"报复性轰炸",进一步扩大侵越战争。1965年3月,美国派出地面部队进入南越,全面展开侵越战争,侵越美军达到18万人之多。越南人民抗美救国战争处于严峻时期。

中国坚决支持日内瓦协议在越南的实施,支持越南人民和平统一国家的斗争。当美国发动全面侵越战争的时候,中国政府对越南人民的抗美救国斗争,更是给予一贯的坚决的支持。1963年8月,毛泽东发表《反对美国—吴庭艳集团侵略和屠杀越南南方人民的声明》,表示"中国人民坚决支持越南人民的正义斗争"。在美国制造"北部湾事件"轰炸北越后,中国政府发表声明,严正指出"美国对越南民主共和国的侵犯,就是对中国的侵犯,中国人民绝不会坐视不救"。美国地面部队入侵北越后,中国外长陈毅致电越南外长表示:"中国人民将尽自己的一切力量,给予英雄的越

---

① 1964年7月底8月初,南越海空军袭击北部湾内的北越沿海岛屿和军事设施,美国军舰则在北部湾北越沿海进行侦察。8月4日晚,美国军舰突然报告受到北越鱼雷快艇攻击,美国政府即以这一后来证明根本没有发生的"攻击"为由,下令对北越实行"报复性轰炸"。

南人民以必要的物质支援,并且随时准备着同越南人民一道,共同战斗"。1965 年 4 月,应越南要求,中越双方签订了向越南派出支援部队的有关协定。从 1965 年 6 月至 1968 年 3 月,中国向越南派出地空导弹、高炮、扫雷等部队 32 万余人,同时还向越南提供了大量的物资援助。据统计,在越南战场上,中国军队共计伤亡5 000 余人,有 1 000 多人的遗骨埋葬在越南土地上。

美国虽然每年在越南战场上投入巨大的兵力和物力,却不能使战局朝着有利于自己的方向发展,反而深深地陷入越南战争泥潭中不能自拔,加之美国人民的反战情绪不断高涨,不得不于1968 年 11 月宣布停止对北越的轰炸和炮击。1969 年 1 月,在巴黎开始举行越南民主共和国、越南南方民主解放阵线和美国、南越政权的四方谈判。中国援越部队奉命于 1970 年 7 月全部撤回。在援越抗美战争中,中国人民承担巨大的民族牺牲,全力支援了越南人民的抗美救国斗争,有力地反击了美国的霸权主义侵略行径。

这个时期,中国领导人还根据独立自主的和平外交政策开展了重大的外交活动,打破了新中国成立以来基本上一边倒的外交格局,广泛进行了国际交往。

中华人民共和国主席刘少奇,于 1963 年 4 月 12 日至 5 月 16日先后访问了印度尼西亚、缅甸、柬埔寨和越南,9 月 15 日至 27日访问了朝鲜。刘少奇对亚洲五国的访问,进一步加强了同这些国家的友好合作关系。

中华人民共和国国务院总理周恩来,在副总理兼外交部长陈毅陪同下,于 1963 年 12 月 14 日至 1964 年 2 月 29 日,先后访问了埃及、阿尔及利亚、摩洛哥、阿尔巴尼亚、突尼斯、加纳、马里、几内亚、苏丹、埃塞俄比亚、索马里、缅甸、巴基斯坦、锡兰等 14 个国家,历时 72 天,行程 10.8 万公里。在访问埃及时,周恩来根据和平共处五项原则和万隆会议精神,亲自拟定出中国同非洲和阿拉伯国家相互关系的五项原则。① 在访问马里期间,周恩来总理宣布了中国政府对外提供经济援助的八项原则,即坚持平等互利;严格尊重受援国的主权;采取无息或低息贷款方式,尽量减少受援国的负担;帮助受援国逐步走上自力更生、经济上独立发展的道路;援建项目力求投资少、收效快,使受援国增加收入,积累资金;提供自己所能生产的质量最好的设备和物资,并根据国际市场价格议价;提供技术援助要保证受援国人员充分掌握这种技术;派出的援外专家同受援国专家享受同样的物质待遇,不允许特殊。这体现了中国对受援国家的真诚帮助,在世界上产生了良好影响。周恩来出访14国,是一次重大而成功的外交活动,增进了中国同亚非国家的友好合作关系,加强了中国人民同亚非人民之间的友谊和团结。

二、中共八届十中全会和关于阶级斗争扩大化的进一步阐述

全国人民在中国共产党的领导下努力贯彻"八字方针",到1962年下半年,国民经济有了明显的好转,但是还没有根本好转。在农村,基本核算单位虽已下放到生产小队,但改善经营管理、落实农村各项政策,都有待于继续努力。在工业方面,关、停、并、转虽已初见成效,但品种质量、成龙配套、企业经营管理等方面的问题,还需大力解决。因此,党的中心任务仍是继续贯彻"八字方针",落实各项政策,争取国民经济的尽快恢复和发展。

中共中央于7月25日至8月24日召开了北戴河工作会议。会议原定主要讨论农村工作问题、粮食问题、商业问题等。可是毛泽东在会议开始时的讲话,却忽视当时党的中心任务是继续贯

---

① 即:(1)中国支持非洲和阿拉伯各国人民反对帝国主义、新老殖民主义,争取和维护民族独立的斗争;(2)支持他们奉行和平中立的不结盟政策;(3)支持他们用自己选择的方式实现统一和团结的愿望,通过和平协商解决彼此之间的争端;(4)主张这些国家的主权应当得到其他国家的尊重;(5)反对来自任何方面的侵略和干涉。

彻"八字方针",尽快恢复和发展国民经济,而对阶级斗争形势估计过于严重,并且对"七千人大会"后刘少奇、邓小平等全面调整国民经济、开展甄别平反等工作产生不满,因而他提出了阶级(社会主义国家究竟存在不存在阶级)、形势(国内形势是不是一片黑暗,还有没有点光明)、矛盾(社会主义是不是就没有矛盾了,有些什么矛盾)三个问题。他还指出,右倾机会主义就是修正主义,党内有人搞修正主义。于是会议着重讨论了毛泽东的讲话,并按此精神为即将召开的十中全会准备文件。

1962 年 8 月 26 日至 9 月 23 日,在北京召开中共八届十中全会的预备会,9 月 24 日至 27 日举行正式会议。到会中央委员 82 人,候补委员 88 人,中央各部门、各省市区党委负责同志 33 人列席了会议。

毛泽东在开幕会上作了关于阶级、形势、矛盾和党内团结问题的讲话,把社会主义社会中仍在一定范围内存在的阶级斗争作了扩大化和绝对化的论述。全会接受了毛泽东的观点,认为整个社会主义历史阶段都存在着无产阶级和资产阶级的阶级斗争,存在着社会主义和资本主义两条道路的斗争,存在着资本主义复辟的危险。同时,社会上还存在着资产阶级的影响、旧社会的习惯势力和小生产的自发资本主义倾向,一些人企图走资本主义道路。因此阶级斗争不可避免,并且要反映到共产党内来,成为产生修正主义的社会根源。

在阶级斗争扩大化观点的影响下,全会错误地批判了所谓"单干风"(指邓子恢提倡建立的队包产、组包工、田间管理包到户的生产责任制)、"翻案风"(指彭德怀的八万言申诉书,硬说小说《刘志丹》是为"高岗"翻案和"七千人大会"后进行的甄别平反工作),还严厉指责了所谓"黑暗风"(指对当时严重困难形势作充分估计的观点),并决定成立彭德怀、习仲勋两个专案审查委员会。

上述观点及种种批判,标志着中国共产党内政治思想上的"左"倾错误的严重发展,使 1957 年以来阶级斗争扩大化思想更加突出,也使"七千人大会"后恢复起来的党内正常民主生活又受到损害。

全会在讨论阶级斗争问题之后,认真讨论了经济工作,并通过了《关于进一步巩固人民公社集体经济,发展农业生产的决定》,《农村人民公社工作条例(修正草案)》(简称《六十条》)等重要文件。全会继续坚持调整国民经济的方针,指出:全国人民当前的迫切任务是贯彻执行"以农业为基础、以工业为主导"的发展国民经济的总方针,把发展农业放在首要地位,坚决把工业部门的工作转移到以农业为基础的轨道上来。《六十条》中还作出关于以生产小队为基本核算单位和至少30年不变的规定;关于继续贯彻按劳分配原则,反对平均主义的规定;关于允许和鼓励社员经营家庭副业,作为集体经济补充的规定;关于社员应有适当的自留地和饲料地的规定;关于少留公积金、公益金以减轻社员负担的规定;关于民主办社、办队,改进经营管理工作的规定等。这些方针和政策规定都是正确的,对当时稳定农民情绪,调动农民生产积极性,巩固集体经济,恢复和发展农业生产,改善农民生活,都起了积极作用。

在十中全会上,毛泽东接受了刘少奇等人的建议,提出:"不要因强调阶级斗争放松了经济工作,要把经济工作放在第一位"。这样,就使全会结束后,经济调整工作能够基本上按照原来计划继续进行。也说明中国共产党内的"左"倾错误虽然进一步发展,但尚未支配全局。

三、城乡社会主义教育运动和思想文化领域的错误批判

1962年秋冬以来,湖南省和河北省保定地区率先在农村开展了社会主义教育运动和"四清"(清账目、清仓库、清财务、清工分)运动,并向中央作了报告。在1963年2月召开的中共中央工作会议上,毛泽东推荐了湖南和河北的经验,提出"社会主义教育……一抓就灵",督促各地注意阶级斗争和社会主义教育问题。3月1日中共中央发布了开展增产节约和"五反"(即反对贪污盗窃、反

对投机倒把、反对铺张浪费、反对分散主义、反对官僚主义）运动的指示，要求在县级以上机关、企事业单位、物资部门开展"五反"运动。

1963年5月20日，中共中央发布了毛泽东在前不久召开的杭州会议上主持制定的《关于目前农村工作中若干问题的决定（草案）》（简称《前十条》）。9月，中共中央根据各地试点中提出的问题，又制定了《关于农村社会主义教育运动中一些具体政策的规定（草案）》，即《后十条》。这两个"十条"虽然都有一些正确的要求和规定，但是指导思想都一样，对当时阶级斗争形势作了夸大的估计，认为当前中国社会中出现了严重的尖锐的阶级斗争情况，资本主义势力和封建势力"正在对我们猖狂进攻"，因此"进行阶级斗争，进行两条道路的斗争，这是决定我们社会主义事业成败的根本问题"，要求"重新组织革命的阶级队伍"，开展大规模的群众运动，打退资本主义和封建势力的猖狂进攻。以后，在试点的基础上，在部分县、社展开社会主义教育运动。

1964年5月15日至6月17日，中共中央召开工作会议，讨论社会主义教育运动等问题。会议认为全国基层有1/3的领导权不在我们手里。在这种错误估计下，毛泽东提出农村、城市的社会主义教育运动要搞四五年，不要急急忙忙，城市"五反"要增加划分阶级的内容。刘少奇说，四不清不仅下面有根子，上面也有根子，而危险性在于上层。这就使"左"倾思想有了进一步的发展。会后，刘少奇经中央和毛泽东同意，对农村社教运动调整了部署，要求各省以地区为单位，采取"大兵团作战"方法，集中工作队于重点县，上下左右同时清理。9月1日，中共中央批转了中央"四清"工作队领导的河北抚宁县卢王庄公社桃园大队的社教经验，主要是先搞"扎根串连"，后搞"四清"，再搞对敌斗争；对基层组织和干部"又依靠，又不依靠"；强调"四不清"干部在上边都有根子，不解决上边问题，"四清"就搞不彻底；"四清"的内容已由原来的清账目、清仓库、清财务、清工分发展为清政治、清经济、清思想、清组织。桃园经验对于运动中"左"的错误的发展产生了一定影响。根据各地经验和提出的问题,9月18日,中共中央发布了由刘少奇主持修订并经毛泽东批改的《后十条》修正草案(简称第二个《后十条》)。第二个《后十条》对形势估计更加严重,提出敌人拉拢腐蚀干部,"建立反革命的两面政权",是"敌人反对我们的主要形式";改变了原来依靠基层组织和干部的规定,强调必须把放手发动群众放在第一位,首先解决干部中的问题,并规定整个运动都由工作队领导,同时采取"大兵团作战"方法,全国有百万以上干部参加社教运动。这些指导方针对运动影响很大,造成了对基层干部打击面过宽、打击过重,以致混淆敌我界限的"左"的错误。10月24日,中共中央发出《关于社会主义教育运动夺权斗争问题的指示》,并转发了天津小站地区夺权斗争的经验。指示肯定了小站地区把三个党支部打成反革命集团,开展夺权斗争,首先解决领导权问题,然后再解决经济上的"四不清"问题的做法。此后,社教运动在很多基层开展了"夺权斗争"。12月5日,毛泽东在谢富治《关于沈阳冶炼厂的蹲点报告》的批示中说:"我们的工业究竟有多少在经营管理方面已经资本主义化了,是三分之一,二分之一,或者还更多些,要一个一个地清查改造,才能知道",并认为这种"资本主义经营管理"的"主要根源"是来自上边;12月12日,在陈正人《关于洛阳拖拉机厂的蹲点报告》的批示中提出所谓"官僚主义者阶级"和"走资本主义道路的领导人"的概念,说他们"与工人阶级和贫下中农是两个尖锐对立的阶级",这些人"已经变成或者正在变成吸工人血的资产阶级分子","是斗争对象,革命对象,社教运动绝不能依靠他们"。这表明毛泽东的阶级斗争扩大化的思想又有了新的发展。

为了总结两年来社会主义教育运动的经验教训,12月15日至28日,中共中央政治局召开了全国工作会议。在会上,毛泽东针对刘少奇关于运动的性质是"四清"和"四不清"的矛盾、党内外矛盾的交叉、敌我矛盾和人民内部矛盾的交叉等提法,以及"人海战术""神秘化"等问题,提出了尖锐批评,说这种提法"没有说明社会主义教育运动的性质","不是马克思列宁主义的"。强调社会主义教育运动的性质是"社会主义和资本主义的矛盾,如果忘记十几年来我党的这一条基本理论和基本实践,就会要走到邪路上去"。1965年1月14日,中共中央发布这次会议的讨论纪要《农村社会主义教育运动中目前提出的一些问题》(简称《二十三条》)。《二十三条》对运动中某些"左"的偏向作了纠正,但是其基本指导思想仍然是"左"的,把国内的阶级斗争形势估计得过于严重,认为"我国城市和农村都存在着严重的、尖锐的阶级斗争。在所有制的社会主义改造基本完成以后,反对社会主义的阶级敌人,企图用'和平演变'的方式,恢复资本主义。这种阶级斗争势必反映到党内"[①]。特别是提出了"这次运动的重点,是整党内那些走资本主义道路的当权派"等更"左"的观点。认为"那些走资本主义道路的当权派,有在幕前的,有在幕后的。支持这些当权派的人,有的在下面,有的在上面"[②]。这种所谓"走资派"的提法为后来把运动的矛头指向党的各级领导核心提供了依据。这是"左"倾错误理论的新的升级。不难看出,《二十三条》是毛泽东、刘少奇矛盾的公开暴露,是"文化大革命"毛泽东反对刘少奇的前奏。《二十三条》下达以后,全国城乡的"四清"运动(《二十三条》规定城乡社会主义教育今后一律简称"四清")继续进行,到1966年春,全国先后开展"四清"运动的县、社达到1/3左右。

在阶级斗争扩大化的"左"倾思想指导下,对思想文化领域的政治形势也作了不切实际的估计,把学术问题夸大成阶级斗争在思想文化领域的反映,对不少文艺作品、理论观点和文艺界、学术界的一些代表人物进行了错误的政治批判。

在八届十中全会上,毛泽东接受了康生就长篇历史小说《刘

---

① 《建国以来重要文献选编》第20册,中央文献出版社1998年版,第19页。

② 《建国以来重要文献选编》第20册,中央文献出版社1998年版,第21页。

志丹》而提出的"利用写小说搞反党活动,是一大发明"的观点,批判《刘志丹》是为高岗翻案,向党进攻;把对修改这部小说发表过意见的习仲勋、贾拓夫、刘景范等打成反党小集团。八届十中全会以后,文艺界根据会议精神检查工作。1963年3月,经请示中央决定停演"鬼戏"。4月,在北京召开的文艺工作会议上,柯庆施、张春桥提出所谓"写十三年"问题,坚持只写社会主义时期的生活才是社会主义文艺的谬论。5月,《文汇报》发表江青等组织编写的《"有鬼无害"论》,把孟超的新编昆剧《李慧娘》和繁星(即廖沫沙)写的《有鬼无害论》作为思想文化领域阶级斗争的重要表现,开始了报刊上的公开点名批判。

这时,毛泽东对文艺工作提出严厉指责。1963年9月批评文化部是帝王将相部、才子佳人部、外国死人部。12月在一个批示中说:文艺界的"问题不少,人数很多,社会主义改造在许多部门中,至今收效甚微。许多部门至今还是'死人'统治着"。又说:"许多共产党人热心提倡封建主义和资本主义的艺术,却不热心提倡社会主义的艺术,岂非咄咄怪事。"1964年6月27日,毛泽东又在一个批示中说:文艺界各协会和它们所掌握的刊物的大多数,十五年来,基本上不执行党的政策,"最近几年,竟然跌到了修正主义的边缘。"之后,根据毛泽东的两个批示,文化部及文联各协会开始整风,对文化部和几个重要文艺团体的负责人进行了错误的批判。同时,在全国各大报刊对一批电影、戏剧和小说进行了批判,如《刘志丹》《怒潮》《李慧娘》《谢瑶环》《北国江南》《早春二月》《舞台姐妹》《林家铺子》《不夜城》《兵临城下》《抓壮丁》《红日》等,被加上"反党反社会主义""鼓吹阶级调和""宣传资产阶级人性论""美化资产阶级""丑化工人阶级和劳动人民""为资本主义复辟鸣锣开道"等不同罪名。

从1963年夏季开始,这种批判就扩大到其他学术领域。1963年9月,中国科学院经济研究所所长孙冶方写了《社会主义计划经济管理体制中的利润指标》的研究报告,并在哲学社会科学部的会议上讲了这个问题。他针对经济管理方面存在的问题,积极呼吁要抓企业利润,反对不计成本、不讲效益的企业管理制度。他的这个观点被扣上修正主义经济观点的帽子,当即遭到康生、陈伯达组织的批判和围攻,并被打成孙张(张闻天)"反党联盟"头目,罢了官、下放农村"劳动改造"。1964年7月14日,《人民日报》发表文章,点名批判杨献珍的"合二而一"论。接着,《红旗》发表《哲学战线上的新论战》一文,开展对杨献珍的政治批判,说杨献珍是在国内外阶级斗争尖锐化的时候,有意识地适应国际现代修正主义和国内资产阶级、封建残余势力的需要,宣扬阶级调和论。之后,杨被撤销中央党校副校长职务,并惨遭迫害。此外,还批判了周谷城的"时代精神汇合论"、翦伯赞的"历史主义"和"让步政策"论,等等。

这些错误批判,破坏了党的"百花齐放,百家争鸣"的方针,混淆了学术问题与政治问题的界限,混淆了人民内部与敌我矛盾的界限,把一些本来是好的和基本好的文艺作品和学术论文当成"毒草",伤害了一批同志,严重影响了我国文化艺术事业和科学研究的发展。这些也成为引导出"无产阶级文化大革命"的前因。

四、调整国民经济任务的完成　十年建设的成就

中共八届十中全会后,虽然在政治和思想文化方面"左"倾的错误日益发展,但是全国人民仍然把主要精力用在继续贯彻"八字方针"、搞好国民经济的调整工作上。1963年9月,中共中央在北京召开工作会议,决定在国民经济已明显好转的基础上,从本年起再用三年时间,继续进行"调整、巩固、充实、提高"的工作,作为第二个五年计划(1958—1962)到第三个五年计划(1966—1970)之间的过渡阶段。会议对三年的调整工作强调以下三点:一是进一步贯彻执行以农业为基础、以工业为主导的发展国民经济的总方针,把发展农业生产放在第一位;二是按照解决吃穿用,加强基础工业,兼顾国防,突破尖端的次序安排国民经济的发展;三是今

后三年的调整工作重点是工业各部门要认真做好提高质量、增加品种、填平补齐、成龙配套的工作,并要搞设备更新和专业化协作,继续调整国民经济各部门的比例关系、工业和农业内部的关系、消费和积累的关系,争取在新的基础上取得基本协调。

在继续调整国民经济阶段,全国开展了工业学大庆、农业学大寨运动,并在部分工业交通企业试办托拉斯,探索用经济办法管理企业。

我国为了改变石油工业的落后面貌,从1960年5月开始,集中全国石油部门的人力、物力,经过三年艰苦奋斗,开发了大庆油田。到1963年,大庆油田的原油产量达600万吨,除收回全部投资外,还为国家积累了大量资金,并锻炼出一支以"铁人"王进喜为代表的有一定技术素养、有组织有纪律、能吃苦耐劳的石油工人队伍。中共中央于1964年2月5日转发了石油工业部关于大庆石油会战情况的报告,在通知中指出:大庆油田的经验不仅在工业部门中适用,在其他部门也适用,或者可作参考。于是全国工交战线掀起了学习大庆经验的运动。此后20多年,大庆一直是中国工业的一面红旗,学大庆运动在各单位起了积极作用。

2月10日,《人民日报》发表《大寨之路》的报道和《用革命精神建设山区的好榜样》的社论,介绍了山西省大寨大队艰苦奋斗、发展生产的事迹。此后,全国农村掀起了农业学大寨运动。这对促进农田基本建设、发展农业生产起过积极作用。但后来学大寨成为推行"左"倾政治运动的工具。

8月17日,中共中央和国务院批转了国家经委关于试办行业托拉斯的报告,批示指出:"在我国社会主义制度下试办托拉斯,用托拉斯的组织形式来管理工业,这是工业管理体制上的一项重大改革"。从1964年第三季度起在中央各部属企业试办了12个工业、交通托拉斯,并以托拉斯为单位编制1965年计划。把多头领导改为托拉斯一个头领导,由行政管理改为经济管理,为经济体制改革进行了初步尝试,并收到了较好效果。以全国烟草工业公司为例,这个托拉斯试办一年多,据 1964 年 11 月统计,全国卷烟厂由原来 104 个减少为 61 个,减少 41%,职工人数由原来 5.9 万人减为 4.1 万人,减少 31%;而卷烟的综合生产能力提高 17%,劳动生产率提高 35%,加工费用降低 21%,产品质量也有显著提高。

由于中央的政策正确,措施得力,经过全国人民同心同德、艰苦奋斗,国民经济得到比较迅速的恢复和发展,1963 年工农业生产开始回升,1964 年全面好转。

1964 年 12 月 21 日至 1965 年 1 月 4 日,第三届全国人民代表大会第一次会议在北京举行,会议主要议程是听取和审议周恩来总理代表国务院所作的《政府工作报告》,选举国家领导人。

周恩来在《政府工作报告》中,从农业、工业、财政贸易、文化教育四个方面概述了国民经济调整工作的巨大成就,宣布调整国民经济的任务已经基本完成。同时提出了今后发展国民经济的任务,规定 1965 年要继续完成国民经济调整工作某些尚未完成的任务,并为 1966 年开始的第三个五年计划作好必要的准备。周恩来在报告中还根据毛泽东的提议,向全国人民提出:我们一定要争取在不太长的历史时期内,把我国建设成一个具有现代农业、现代工业、现代国防和现代科学技术的社会主义强国。这一宏伟目标的提出,大大鼓舞了全国人民争取国民经济全面好转的决心和信心。但是实现四个现代化的任务,由于"文化大革命"的发动而未能实行。

大会经过热烈讨论,通过了《政府工作报告》《一九六五年国民经济计划主要指标和一九六五年国家预算初步安排的决议》,号召全国人民在中国共产党和毛泽东主席的领导下,继续发扬奋发图强、自力更生的英雄气概,为争取在不太长的历史时期内,把我国建设成为伟大强盛的社会主义国家而奋斗。

大会选举刘少奇为中华人民共和国主席,宋庆龄、董必武为副主席,朱德为全国人民代表大会常务委员会委员长,并决定任命周恩来为国务院总理。

三届全国人大一次会议后,全国人民继续努力,到 1965 年,国民经济已经全面好转,调整国民经济的任务胜利完成。经过五年的调整工作,国民经济不仅得到恢复,而且有了发展,国家的经济面貌发生了很大变化:

（1）工农业生产已经超过或接近历史最高水平,农、轻、重比例关系在新的基础上实现了平衡发展。据统计,1965 年工农业总产值达到 2 235 亿元,比 1962 年增长 55%,1963 年至 1965 年,平均年增长速度为 15.7%,超过了"一五"期间的速度（年平均增长 10.9%）,接近新中国成立后恢复时期的速度（年平均 21.1%）。

工农业主要产品的产量有了增加。1965 年粮食总产量达到 3 890 亿斤,比 1960 年增加 1 000 多亿斤,接近 1957 年 3 901 亿斤的水平。棉花产量达到 4 195 万担,比 1962 年增加 2 695 万担,比 1957 年增加 915 万担。钢产量达到 1 223 万吨,比 1960 年增加 703 万吨,比 1957 年增加 688 万吨。原油产量达到 1 131.5 万吨,实现了石油产品全部自给。从 1961 年至 1965 年,全国主要产品的品种增加 3 万多种,产品质量普遍提高,生产成本显著下降。农业、轻工业、重工业在国民经济中的比例关系基本恢复正常。

（2）积累和消费比例关系基本恢复正常,人民生活水平有了提高。1958—1960 年积累率高达 40% 左右,而 1962 年,由于处于经济困难时期,积累率只有 10.4%,同样都是不正常的。到 1965 年积累率回升到 27.1%,积累和消费比例关系基本恢复正常。1965 年国民收入达 1 387 亿元,比 1962 年和 1957 年均增长 50% 以上。职工工资逐步提高,1965 年比 1962 年平均工资增长 10%,同时由于物价下降,城乡人民的实际生活水平有了提高。粮食、棉布、食油、猪肉等主要消费品的供应已接近 1957 年的水平。

（3）市场供应显著改善,物价稳定、财政收支平衡,对外贸易有了新的发展。1965 年社会商品零售总额达 657 亿元,比 1962 年增加 53 亿元,比 1957 年增加 183 亿元。市场供应比较充足,价格稳定,困难时期实行的高价商品已改为平价。许多地方的集市贸易价格已接近国家牌价。国家财政不仅弥补了"二五"期间后4年的80亿赤字,而且到1965年财政收入473亿元,支出466亿元,略有节余。货币流通量恢复正常。1965年对外贸易进出口总额42.5亿美元,其中出口22.3亿美元,进口20.2亿美元,外汇收支平衡。

1964年8月,美国悍然轰炸越南北方,中国周边形势紧张起来。中国估计越南战争扩大的可能性很大,于是在进行援越抗美斗争的同时,根据毛泽东的提议,加强战备,进行三线建设。① 中央确定的三线建设的总目标,是要在西南、西北、中南纵深地区建立起工农业结合的、为国防和农业服务的比较完整的战略后方基地。据不完全统计,从1964年下半年至1965年,在西南、西北部署的新建、扩建和续建大中型项目达300多个,包括钢铁、有色金属、石油化工、森林建材、铁路交通、邮电、教育等各个方面,重点是四川攀枝花钢铁工业基地、甘肃酒泉钢铁厂、成昆铁路、重庆兵器工业基地、成都航空工业基地、西北航空航天工业基地和电子工业基地等。一、二线地区各省市部署了一批本省的"小三线"项目。

从1965年夏天起,三线建设正式进入实施阶段。国家大幅度增加了三线建设的投资,1965年占国家基建总投资的近1/3,1966年占到1/2。为统一协调和指挥三线建设,于1965年4月成立国家建设委员会,谷牧任主任。起步阶段的三线建设进展很快,仅1965年就完成全部搬迁计划的40%,当年建成和部分建成的项目占在建项目的近40%。原计划1966年三线建设将进一步展开,但由于"文化大革命"的爆发而受到严重影响。

综合上述,我国从社会主义改造基本完成以后进行的全面的大规模的社会主义建设,虽然有过严重的失误,走了曲折的道路,但由于全国各族人民同心同德、艰苦奋斗,仍然取得了很大成绩。

---

① 东北和沿海各省市为一线,云、贵、川、陕、甘、宁、青、晋以及豫西、鄂西、湘西等11个省区为三线,一三线之间为二线。

我国现在赖以进行现代化建设的物质基础,很大一部分是这个时期建设起来的;全国经济文化建设等方面的技术力量和他们的工作经验大部分也是在这个期间培养和积累起来的。这是这个期间工作的主导方面。主要成就是:

(1)工业生产能力大大增长,工业产量成倍增加,质量明显提高。十年中建成投产的重大工业项目达1 198项,平均每年近120项。到1966年,全国工业固定资产按原价计算,比1956年增长了3倍,因而工业生产能力大大增长。原煤、钢、发电量、机械设备、棉纱等工业产品产量增长很快。工业总产值,1966年比1956年增长170%。技术经济指标大大改善,1965年生铁合格率达到99.85%,钢材合格率达到98.5%,棉布一等品率达到97.4%,创造了许多技术经济的历史最高水平,有些机械工业产品的性能和质量已接近或达到世界先进水平。

(2)初步建设了有相当规模和一定技术水平的工业体系。新兴的电子工业、原子能工业、航天工业,从无到有,从小到大,逐步发展起来,成为中国的重要工业部门;机械工业逐步形成了门类比较齐全的机械制造体系,主要机械设备自给率达到90%以上,纺织机械已向30多个国家和地区出口;能源工业,已在全国大部分地区形成电网,煤炭工业逐步向现代化发展,石油实现了全部自给;冶金工业,据1964年统计,钢材品种达9 000种,比1957年增加一倍多,钢材自给率达到95%;化纤工业,从无到有,迅速发展,1966年比1956年增长378倍。

(3)工业布局有了改善。原有沿海工业基地得到进一步加强。广大内地和边疆省区新建了不同规模的现代工业,形成不少工业中心,如武汉、包头等钢铁基地,山西、内蒙古、河南、安徽等煤炭基地,兰州石油化工中心,成都、重庆的钢铁、机械基地。少数民族地区的工业也有很大发展,据统计,1963年比1958年发电量增长2.5倍、钢增长3.5倍、化肥增长20多倍。

(4)交通运输、邮电事业有了很大发展,初步形成了以铁路、海运和长江航运为骨干,包括各种运输方式组成的综合运输网和各种形式的邮电通信网。1958年至1965年期间,全国新增铁路里程7 200多公里,有12条干线建成和部分建成,其中包括包兰线、兰青线、兰新线、干武线(宁夏干塘至甘肃武威)、黔桂线、川黔线、成昆线、贵昆线、湘黔线、湘桂线。除西藏外,各省、自治区都通了火车。铁路货运量1965年比1957年增加79%。公路通车里程增长1倍多,载货汽车增加1.6倍,全国大部分县镇通了汽车。内河航运驳船增加1.9倍,货运量增加50%。海运港口新增加十几个万吨深水泊位,远洋运输船只增加53艘,货运量增加3倍。民航里程增加49%。邮路总长度增加57%,通信网络延伸到广大农村,94%以上的乡通了电话。

（5）农田水利基本建设和农业技术改造,规模宏大,获得成效。1958年至1965年,全国用于治理淮河、黄河、海河等水利投资136亿元,大中型项目达290多项,其中建成150多项,提高了全国各大水系的防洪蓄水、灌溉农田和供居民、工业用水的能力,全国灌溉面积1965年比1957年增加572万公顷。农业机械总动力从1957年的165万马力增加到1965年的1 494万马力。化肥由37.3万吨增加到194.2万吨。

（6）教育科学文化卫生体育等事业有了新的发展。1965年,全国各级学校在校生人数发展到:高等学校67.4万人,各类中等学校988.5万人,小学校11 620.9万人,分别比1957年增加23.3万人,272.6万人,5 192.6万人,教育质量达到新中国成立以来最好水平。

科学技术事业的面貌有了很大改变。根据1956年制定的科学技术发展规划,科研机构得到了较大发展,从1955年的800多个到1965年发展为17 144个;科技队伍由1957年的120万人,到1963年已发展到230多万人。在资源勘探、矿藏开采、工农业生产及医疗技术的研究方面,在原子能、喷气和电子技术的研究方面,在基础科学的研究方面,都取得了显著成就。例如只用三年时间就于 1964 年 10 月 16 日成功地爆炸了第一颗原子弹,接着于 1965 年 5 月 14 日成功地爆炸了第二颗原子弹;于 1964 年用化学方法人工合成牛胰岛素,取得世界领先地位;在农业方面,培育成最早的矮秆水稻,并大面积推广成功。

文化、卫生事业也有较大发展。1957 年,全国电影放映单位 1 万个,艺术表演团体 2 884 个,公共图书馆 400 个,博物馆 72 个,到 1965 年,分别发展为 2.04 万个、3 465 个、577 个、214 个。1957 年,全国医院 4 179 个、住院床位 29.5 万张,到 1965 年,发展为医院 42 711 个、住院床位 76.6 万张。在医疗方面,消灭和控制了天花等多种恶性疾病的流行,并取得了治疗烧伤、断肢再植等举世瞩目的成就。

体育技术水平进一步提高,在国际比赛中多次获胜。1965 年就打破 29 项世界纪录,并有 5 人获得世界冠军。

曲折前进的十年社会主义建设,在取得上述成就的同时,也获得了正反两方面的经验教训。主要是:

(1)生产资料私有制的社会主义改造完成以后,中国共产党和国家的工作重点,必须及时转移到以经济建设为中心的社会主义建设上来。必须大力发展社会生产力,并在此基础上逐步改善人民的物质文化生活。我们的社会主义建设必须从中国的国情出发,量力而行,积极地逐步地实现社会主义现代化的目标。社会主义建设必须遵循社会主义经济发展规律,诸如生产关系必须适合生产力的性质和水平的规律、国民经济发展的综合平衡规律、价值规律、按劳分配规律等。

(2)社会主义社会存在着两类不同性质的社会矛盾,而人民内部矛盾是大量的,必须把正确处理人民内部矛盾作为国家政治生活的主题,健全和发展国家的民主生活,调动一切积极因素,推动社会主义事业的发展。社会主义社会在一定范围内存在着阶级斗争,并且在某种条件下有可能激化。要严格地区分和正确地处理两类不同性质的矛盾,对敌我矛盾,要根据法律程序予以处理;

对人民内部矛盾,要采取说服教育的办法,即"团结—批评—团结"的办法来解决,而不能采用阶级斗争的形式来解决。不能把一定范围的阶级斗争扩大化、绝对化,不断地发动以阶级斗争为纲、以两条路线斗争为中心内容的政治运动。否则,必然严重地干扰和破坏社会主义建设事业。

（3）在党和国家的领导方面,从中央到地方各级组织必须贯彻民主集中制的原则,实行集体领导和个人负责相结合的制度;一切重大问题由集体讨论决定,反对个人决定重大问题,又要防止无人负责的现象发生。充分发扬民主,健全法制,反对个人专断和个人崇拜。

以上经验教训,对我国社会主义建设具有重大意义。但在当时认识并不深刻,没有认真吸取。"左"倾错误在经济工作的指导思想上并未得到彻底纠正,而在政治和思想文化方面还有发展,并导致"无产阶级文化大革命"的发动。

复习思考题

1. 中国共产党第八次全国代表大会的历史功绩是什么?

2. 毛泽东关于正确处理人民内部矛盾问题理论的主要内容及意义是什么?

3. "大跃进"和人民公社化运动发动的原因及其影响是什么?

4. 1958年冬至1959年7月中国共产党是如何纠正已经察觉的"左"倾错误的? 这一过程为什么会发生曲折?

5. 为了克服三年国民经济严重困难,党和政府采取了哪些重要措施? 取得了哪些成效?

6. 对"文化大革命"前十年的社会主义建设如何评价? 主要成就是什么? 有何经验教训?

第三章 "无产阶级文化大革命"

（1966 年 5 月—1976 年 10 月）

从1957年至1966年这10年间，毛泽东在关于社会主义社会阶级斗争理论和实践上的错误发展得越来越严重，个人专断作风的发展使中国共产党的集体领导原则和民主集中制不断受到削弱和破坏，他担心中国会不会放弃社会主义而走上资本主义道路，多次提出"如果中央出了修正主义，应该造反"的问题。这就导致了"无产阶级文化大革命"的发动。

"文化大革命"使整个中国陷入空前的浩劫之中。民主被践踏，法制遭破坏，人身受侮辱，权利被剥夺，优秀文化遗产受到严重摧残，社会道德水准下降。社会动乱，国力衰惫，整个国民经济遭受巨大损失。事实证明，"文化大革命"不是任何意义上的革命或社会进步，而是一场由领导者错误发动，被反革命集团利用，给党、国家和各族人民带来严重灾难的内乱。

这个时期的历史可分为三个阶段：第一阶段，从1966年5月中共中央政治局扩大会议的召开，到1969年4月中国共产党第九次全国代表大会的召开。主要是毛泽东错误发动"无产阶级文化大革命"；八届十一中全会召开，通过《关于无产阶级文化大革命的决定》；红卫兵运动；摧毁所谓的刘少奇"资产阶级司令部"；"一月夺权"之风刮遍全国，全国陷于全面内乱。刘少奇等一大批无产阶级革命家被打倒。第二阶段，从1969年5月到1973年8月中国共产党第十次全国代表大会的召开。九大后全国的"文化大革命"进入所谓"斗、批、改"阶段，混乱局面继续发展。林彪集团阴谋夺取党和国家最高权力，策划反革命武装政变，谋害毛泽东。"九一三事件"林彪集团灭亡。之后，周恩来采取措施纠正"左"倾错误，但很快被"批林批孔"运动冲掉。第三阶段，从1973年9月到1976年10月粉碎"四人帮"，"文化大革命"结束。这阶段主要是开展"批林批孔""评法批儒"和所谓学习无产阶级专政理论的运动。周恩来病重，邓小平主持中央日常工作，开始对各方面工作进行整顿。

毛泽东不能容忍对"文化大革命"错误进行比较系统的纠正，又发动"批邓、反击右倾翻案风"运动。"四人帮"的倒行逆施，激起举国义愤。发生了以天安门事件为标志的反对"四人帮"的强大抗议运动，"四人帮"被粉碎。

学习本章要重点掌握："文化大革命"的起因、过程、性质和后果，认识"无产阶级文化大革命"的错误理论和实践对中国革命和建设的严重危害；林彪、江青两个反革命集团的罪行和给国家造成的严重灾难；"文化大革命"期间党和人民同林彪、江青两个反革命集团所进行的斗争；"文化大革命"的深刻教训。

第一节 "无产阶级文化大革命"的
发动 全国性的大动乱

一、"文化大革命"的酝酿和全面发动 全国动乱局面的出现

随着中苏论战的激化,联系到中国共产党内出现的一些意见分歧和"四清"运动中暴露出的一些干部工作作风的问题,毛泽东对国内政治形势看得比过去更加严重了。他越来越担心中国的社会主义制度会被推翻,资本主义会在中国复辟。1965 年 9 月,毛泽东向地方一些领导人说:"中央出了修正主义,你们怎么办?很可能出,这是最危险的。"同年 10 月 10 日,毛泽东在同大区第一书记的谈话时提出:"如果中央出了修正主义,应该造反"的问题。他认为正在进行的"四清"运动和意识形态领域里的批判斗争都不能解决问题,"因为没有找到一种形式,一种方式,公开地、全面地、由下而上地发动广大群众来揭发我们的黑暗面。"于是决心采取非常措施,发动一场更大规模的更深入的政治运动,来防止资本主义在中国复辟。

1965 年 11 月 10 日,上海《文汇报》发表署名姚文元的《评新编历史剧〈海瑞罢官〉》一文,点名批判北京市副市长、明史专家吴晗,从而揭开了"文化大革命"的序幕。

《海瑞罢官》是吴晗在毛泽东提倡学习海瑞之后,于 1960 年写成,翌年初开始演出的。全剧共九场,主要讲述明朝清官海瑞担任应天巡抚期间,敢于将前宰相徐阶的三儿子徐瑛(一个强占民田、强抢民女的恶霸)处死,并通令缙绅退田等事迹,宣扬了海瑞刚直不阿、不畏强暴、敢于斗争的精神。但江青却多次向毛泽东提出《海瑞罢官》有问题,要批判。

姚文元这篇文章是在江青策划下写出来的,发表前有意瞒过

了除毛泽东以外所有的中央政治局常委。这篇文章把《海瑞罢官》中所写的"退田""平冤狱",同所谓"单干风""翻案风"联系起来,说这反映了作者是"要拆掉人民公社的台,恢复地主富农的罪恶统治";要代表国内外敌人的利益,"同无产阶级专政对抗,为他们抱不平,为他们'翻案',使他们再上台执政。"文章强调,"'退田','平冤狱'就是当时资产阶级反对无产阶级专政和社会主义革命的斗争焦点",《海瑞罢官》"是这种阶级斗争的一种形式的反映","是一株大毒草"。毛泽东未经中央政治局集体讨论研究就批准发表这篇文章,并示意全国报刊转载。

该文发表后,《人民日报》和北京各报刊在十天内均无反应。11月20日,毛泽东指令上海立即出单行本,向全国征订;同时打电话给周恩来,要求各报转载姚文。30日,《人民日报》转载姚文,并加了经周恩来和彭真修改审定的编者按语,强调《海瑞罢官》应作为学术问题展开讨论,这次讨论问题的方针是"既容许批评的自由,也容许反批评的自由;对于错误的意见,我们也采取说理的方法,实事求是,以理服人。"北京各报刊晚登姚文引起毛泽东的极大不满,确认北京市委是所谓"针插不进,水泼不进"的"独立王国"。12月21日,毛泽东进一步指出:《海瑞罢官》的"要害问题是'罢官'。嘉靖皇帝罢了海瑞的官,一九五九年我们罢了彭德怀的官,彭德怀也是'海瑞'"。这之后,对《海瑞罢官》的批判带上了更为强烈的政治色彩。姚文的发表,以及随之而来的群众性的批判运动,成为发动"文化大革命"的导火线。

在此期间,林彪进一步神化毛泽东,他把毛泽东著作说成是"最高最活的马克思主义","是我军各项工作的最高指示。毛主席的话,水平最高,威信最高,威力最大,句句是真理,一句顶一万句。"毛泽东对林彪大搞个人崇拜没有制止。1965年12月,毛泽东听信林彪、叶群的汇报,在上海主持召开中央政治局常委扩大会议,对中共中央书记处书记、国务院副总理、中国人民解放军总参谋长、中央军委秘书长罗瑞卿进行所谓背靠背的揭发,将其调离领导岗位隔离审查。此前,中共中央书记处候补书记、中央办公厅主任杨尚昆,以所谓"背着中央私设窃听器"为由而被免职。罗瑞卿、杨尚昆被诬陷,加剧了党内斗争的紧张气氛。

到 1966 年初,意识形态方面的错误批判运动已扩展到史学界、文艺界、哲学界等社会科学各个领域,并在全国范围内展开。为了研究解决学术批判中的不正常情况,中央书记处书记彭真在 1966 年 2 月 3 日召集"文化革命五人小组"扩大会议(这个小组是 1964 年 7 月根据毛泽东指示成立的,组长彭真,副组长陆定一,组员康生、周扬、吴冷西)。经讨论,向中共中央提出《关于当前学术讨论的汇报提纲》(即《二月提纲》)。《二月提纲》共分六个部分,主要目的是试图对学术讨论中的"左"的偏向加以适当限制,不赞成把学术讨论变为政治批判运动。强调,讨论"要坚持实事求是,在真理面前人人平等的原则,要以理服人,不要像学阀一样武断和以势压人",要提倡坚持真理,随时修正错误。《二月提纲》还提出报刊上公开点名作重点批判要慎重。2 月 5 日,在北京主持中央日常工作的政治局常委刘少奇、周恩来、邓小平等,听取五人小组汇报,并同意彭真的意见:吴晗问题是学术问题而不是政治问题,吴晗和彭德怀没有任何联系,在学术问题上要坚持"百花齐放""百家争鸣"的方针。8 日,彭真等赶到武汉,向毛泽东汇报。毛泽东对《二月提纲》没有表示反对。12 日,《二月提纲》转发全国。

针对中宣部向上海市委宣传部负责人责问发表姚文元的文章为什么不向中宣部打招呼这件事,毛泽东指责中宣部是"阎王殿",要"打倒阎王,解放小鬼"。号召地方造反,向中央进攻。

就在拟定《二月提纲》的同时,江青在得到林彪同意后,从 2 月 2 日到 20 日到上海邀集解放军的少数几个人,就部队文艺工作问题进行座谈。之后,写出了《林彪同志委托江青同志召开的部队文艺工作座谈会纪要》。毛泽东对《纪要》十分重视,还做过三次修改,而后由林彪以中央军委的名义报送中共中央审批。4 月,中央将文件下发全国。《纪要》完全抹杀新中国成立以来文艺界所取得的成绩,诬蔑新中国成立以来文艺界"被一条与毛主席思想相对立的反党反社会主义的黑线专了我们的政,这条黑线就是资产阶级的文艺思想,现代修正主义的文艺思想和所谓三十年代的文艺的结合"。《纪要》声称"要坚决进行一场文化战线上的社会主义大革命,彻底搞掉这条黑线"。这个《纪要》反映了毛泽东对文艺领域阶级斗争的严重估计和他要发动一场"文化大革命"的决心。

5 月 4 日至 26 日,中共中央在北京召开政治局扩大会议。毛泽东当时在外地,会议由刘少奇主持。会议以"反党集团"罪名对彭真、罗瑞卿、陆定一、杨尚昆的"错误"进行批判。彭真的罪名是提出了《二月提纲》,抵制对《海瑞罢官》的批判。罗瑞卿的罪名是反对林彪提出的"突出政治",要夺取军权。陆定一的罪名是把中宣部搞成"阎王殿",把"活学活用"毛泽东思想,骂成是"实用主义""庸俗化""简单化",在"文化大革命"问题上与彭真的立场观点"完全一致"。杨尚昆的罪名是"背着中央私设窃听器"。会议毫无根据地说他们四人组成了一个"反党集团",因而决定撤销他们的一切职务,成立专案审查委员会,进一步审查他们的所谓"问题"。

5 月 16 日,会议通过了毛泽东主持制定的《中国共产党中央委员会通知》(即"五一六通知")。《通知》指责《二月提纲》是为资产阶级复辟作舆论准备,是彻头彻尾的修正主义,决定予以撤销。《通知》还批判了《二月提纲》中提出的一系列正确观点,说明这场"无产阶级文化大革命"的目的是"对吴晗及其他一大批反党反社会主义的资产阶级代表人物的批判"。《通知》对党内和国内的政治形势作了完全错误的估计,认为当前学术界、教育界、新闻界、文艺界、出版界的领导权,都不在无产阶级手里。在中共中央和中央人民政府的各机关,各省、市、自治区,都有一批资产阶级代表人物。他们是"混进党里、政府里、军队里和各种文化界的资产阶级代表人物,是一批反革命的修正主义分子,一旦时机成熟,他们就会要夺取政权,由无产阶级专政变为资产阶级专政。这些人物,有些已被我们识破了,有些则还没有被识破,有些正在受到我们信用,被培养为我们的接班人,例如赫鲁晓夫那样的人物,他们现正睡在我们的身旁"。依据这一分析,《通知》号召"高举无产阶级文化革命的大旗,彻底揭露那批反党反社会主义的所谓'学术权威'的资产阶级反动立场,彻底批判学术界、教育界、新闻界、文艺界、出版界的资产阶级反动思想,夺取在这些文化领域中的领导权。而要做到这一点,必须同时批判混进党里、政府里、军队里和文化领域的各界里的资产阶级代表人物,清洗这些人,有些则要调动他们的职务。"①《通知》系统地表达了毛泽东关于社会主义时期阶级斗争的观点,成为发动"文化大革命"的指导性文件。"左"的错误开始在党内全面推行。

5月18日,林彪在会上发表长篇讲话,大讲古今中外各种政变事例,大造党中央内部有人要搞政变、搞颠覆的离奇谎言,制造恐怖气氛,并把毛泽东进一步神化。根据会议决定,原来的"文化革命五人小组"及其办事机构撤销,重新设立文化革命小组,隶属于政治局常委之下。5月28日中央文化革命小组(简称中央文革)成立,组长陈伯达,顾问康生,副组长江青、张春桥等。这个小组虽隶属于政治局常委之下,但实际上是"文化大革命"的指挥机构,掌握了中央的很大部分权力。

政治局扩大会议之后,中共中央内部出现了异常复杂的情况:毛泽东确认中国出了修正主义,中央第一线有严重问题,必须打破常规放手发动群众,在全国全党横扫牛鬼蛇神,使"天下大乱,达到天下大治";刘少奇等大多数中央领导人,对毛泽东的意图很不清楚,也很不理解,他们按照自己的理解,用常规的办法进行领导。

---

① 《人民日报》1967年5月17日。

于是出现了"文化大革命"初期所谓"支持革命"和"压制革命"的斗争。

也就在中央政治局扩大会议召开之际,5月7日,毛泽东在林彪寄来的解放军总后勤部《关于进一步搞好部队农副业生产的报告》上写下批语(简称"五七指示"),要求全国各行各业各单位都办成"一个大学校"。每个大学校以一业为主,兼营其他。要"学政治、学军事、学文化,又能从事农副业生产。又能办一些中小工厂,生产自己需要的若干产品和与国家等价交换的产品","也要批判资产阶级"。他还提出:"学制要缩短,教育要革命,资产阶级知识分子统治我们学校的现象,再也不能继续下去了。""五七指示"是毛泽东设想的未来中国社会的发展方向。如果说"五一六通知"是一个所谓"砸烂旧世界"的纲领,那么"五七指示"就是毛泽东心目中"建设新世界"的蓝图。这个指示在"文化大革命"中广为推行。

在中国共产党和国家政治生活发生复杂变化的时刻,北京清华大学附属中学部分高年级学生,依据当时流传的毛泽东对教育改革的指示,在5月底组织"红卫兵"起来造教师的反,"保卫毛主席,保卫红色江山",掀起了红卫兵运动。1966年6月24日,清华附中红卫兵贴出了《论无产阶级革命造反精神万岁!》的大字报,高喊我们要"敢想、敢说、敢做、敢闯、敢革命,一句话,敢造反"。"把旧世界打个天翻地覆,打个人仰马翻,打个落花流水,打得乱乱的,越乱越好。"8月1日,毛泽东写信给红卫兵"表示热烈的支持"。他们的过激举动使学校正常的教学秩序被破坏。红卫兵就此成为"文化大革命"的急先锋。

毛泽东为了发动这场"文化大革命",在五六月间接连采取了一系列异乎寻常的措施。

5月31日,毛泽东批准陈伯达率工作组进驻《人民日报》社,掌握报纸每天的版面,同时指导新华社和中央人民广播电台的对外广播,把全国主要的舆论阵地紧紧掌握在自己手里。

6月1日，《人民日报》发表陈伯达授意撰写的社论《横扫一切牛鬼蛇神》，把广大干部诬陷为"资产阶级代表人物"，把知识分子叫做"资产阶级'专家''学者''祖师爷'"，把部分群众说成"牛鬼蛇神"，号召人们起来"横扫"，把他们"打得落花流水，使他们威风扫地"。当晚，中央人民广播电台突然播发未经中央政治局常委讨论，而由毛泽东批准的北京大学聂元梓等七人写的大字报。大字报把矛头直指北京大学党委和北京市委。第二天，《人民日报》将大字报予以全文刊载并发表评论员文章《欢呼北大的一张大字报》(8月5日，毛泽东对评论员文章又加写了一段批语："危害革命的错误领导，不应当无条件接受，而应当坚决抵制，在这次文化大革命中广大革命师生及革命干部对于错误的领导，就广泛地进行过抵制。")。由此开始了全国性自下而上冲击、打倒当权派和学术权威的群众运动狂潮。

　　6月4日，《人民日报》公布中共中央关于改组北京市委的决定。同时又公布了北京新市委改组北京大学党委的决定，派工作组进驻学校代行党委职权，领导"文化大革命"。中共北京市委和中共北京大学党委分别是全国第一个被"文化大革命"冲垮的党的领导机关和基层组织。

　　在《横扫一切牛鬼蛇神》社论和聂元梓大字报发表后，各地学生立即起来"造反"，许多大中学校领导和教师受到冲击批斗。为坚持党的领导，使运动有领导、有秩序地进行，防止在运动中出现严重违反党的政策的混乱现象，刘少奇主持召开中央政治局常委扩大会议，决定向各大中学校派工作组，协助学校搞好运动。同时拟定了《八条指示》，提出"内外有别""注意保密""大字报不要上街""不搞大规模声讨会""不要示威游行""不要串联""不要包围黑帮住宅""防止坏人破坏"等要求。此后50多天里，北京和其他各地均采用派工作组的办法来领导运动。

　　然而已被极左思潮煽动起来的学生，把《八条指示》看成"框框"，是"镇压革命群众运动"，起而反对。6月8日，北京邮电学院

214

学生第一个起来赶走工作组。16日，《人民日报》发表社论，宣称"文化大革命"对于一些部门和单位来说，"是一个夺权的斗争，是一个变资产阶级专政为无产阶级专政的斗争"，号召"必须采取彻底革命的办法，必须把一切牛鬼蛇神统统揪出来，把他们斗臭、斗垮、斗倒"。18日，北京大学某些人避开工作组，乱揪乱斗党团干部、教师40多人，在"斗争时，发生了在脸上抹黑、戴高帽子、罚跪、少数人被扭打的现象"。工作组闻讯后立即出动加以制止，并关闭校门，进行整顿。工作组在向中央反映这一事件的《文化革命简报》第九号中说，这是有害于革命运动的行为，发生的事件本身就是一场复杂的阶级斗争，要严防坏人破坏，号召学生不要上阶级敌人的当。工作组还要求左派组织起来，维护无产阶级的革命秩序。要斗争什么人必须经过工作组批准。根据刘少奇的意见，中共中央于6月20日转发了这份简报，并加按语："中央认为北大工作组处理乱斗现象的办法，是正确的，及时的。各单位如果发生这种现象，都可以参照北大的办法处理。"

工作组制止乱揪乱斗的现象，引起了少数造反派的极端不满，他们认为工作组推行了修正主义路线，是镇压革命，造成工作组与"造反"学生之间的矛盾激化。有的单位工作组不适当地采取了一些所谓"排除干扰"措施，批斗了一些带头"造反"、轰工作组的人，并加以"反党分子""假左派"等罪名。对此，江青一伙大加渲染，诬之为"白色恐怖""镇压群众"，力图给工作组加上弥天的罪名。

7月18日，毛泽东回到北京。他首先听取了中央文革小组关于"文化大革命"的情况汇报。在看了一些学校反工作组的材料之后，就否定中央集体做出的派工作组的决定，指责工作组不支持学生造反。说工作组"起坏作用，阻碍运动"，应该"统统驱逐之"。28日，中共北京市委根据毛泽东的意见做出《关于撤销各大专学校工作组的决定》。29日，在人民大会堂召开了"北京市大专院校和中等学校文化革命积极分子大会"，宣读了撤销工作组的决定，刘少奇、周恩来、邓小平被迫在派工作组问题上作了检讨。刘少奇在会上公开承认:"怎样进行无产阶级文化大革命,你们不大清楚,不大知道。你们问我们,我老实回答你们,我也不晓得。我想党中央其他许多同志,工作组成员也不晓得。"真是"老革命遇到了新问题"。会后,因积极支持派工作组,共青团中央被改组。这样,各院校形成了"踢开党委闹革命""踢开工作组闹革命""停课闹革命"的局面,出现了混乱的无政府状态。由于当时人们对学校和工作组领导的看法不同,群众队伍开始分裂成两派。"保"校领导和工作组的这部分人被称为"保皇派","反"的这部分人被叫做"造反派"。

为了排除所谓"阻力",8月1日至12日,毛泽东在北京亲自主持召开中共八届十一中全会。会上,刘少奇对派工作组承担了责任。毛泽东在会上不点名地指责在第一线工作的中央负责人,指责派工作组是犯了"方向性错误,实际上是站在资产阶级立场,反对无产阶级革命","牛鬼蛇神,在座的就有!"5日,毛泽东写了《炮打司令部——我的一张大字报》①,再次指责自6月上旬派工作组以来的"五十多天里,从中央到地方的某些领导同志","站在反动的资产阶级立场上,实行资产阶级专政,将无产阶级轰轰烈烈的文化大革命运动打下去。""联系到1962年的右倾和1964年形'左'而实右的错误倾向,岂不是可以发人深省的吗?"大字报虽未点名,但明显的是针对刘少奇。全会很快转向讨论毛泽东的大字报和对所谓刘少奇、邓小平资产阶级司令部的揭发批判。大字报的发表,标志着"无产阶级文化大革命"在错误方向上的急剧发展。

会议在极度紧张的气氛中进行。8月8日,全会通过《中国共产党中央委员会关于无产阶级文化大革命的决定》(即"十六条")。"十六条"指出:"在当前,我们的目的是斗垮走资本主义道

---

① 这是毛泽东在《北京日报》边空上写的一段批示,并不是正式贴出的大字报。

路的当权派,批判资产阶级的反动学术'权威'。批判资产阶级和一切剥削阶级的意识形态,改革教育,改革文艺,改革一切不适应社会主义经济基础的上层建筑,以利于巩固和发展社会主义制度。"这次运动的重点是"整党内那些走资本主义道路的当权派"。但是文件对"当权派"没有定出明确的划分标准。又规定:"党的领导要善于发现左派,发展和壮大左派队伍,坚决依靠革命的左派","彻底孤立最反动的右派,争取中间派"。但什么是"左派""中间派""右派",文件也没有定出明确的划分标准。"十六条"虽有"在以毛泽东同志为首的党中央领导下","党中央对各级党委的要求,就是要坚持正确领导"等词句,但如何实现党的领导也没有具体的条文规定。而这与"踢开党委闹革命"是无法调和的。"十六条"尽管对某些破坏活动也作了些预防性的政策规定,如"必须严格分别两类不同性质的矛盾","要用文斗,不用武斗","抓革命,促生产",以及保护科技人员等,但这些规定并没有产生多少实际的约束力。"十六条"明确规定,"文化革命小组"为"文化革命的权力机关"。

全会对中央领导机构进行了改组。选举毛泽东、林彪、周恩来、陶铸、陈伯达、邓小平、康生、刘少奇、朱德、李富春、陈云等11人为中央政治局常务委员,但排列次序有了重大变化:林彪紧接毛泽东之后,一下子成为第二号人物。全会没有选举中央副主席,但会后不久,林彪被宣布为中央副主席,原来几位党的副主席不再提及。

八届十一中全会的召开和"十六条"的通过,说明毛泽东错误发动的"文化大革命"为中央全会所接受,为它在全党和全国推行获得了正式批准。

5月中央政治局扩大会议和8月八届十一中全会的召开,是"文化大革命"全面发动的标志。这两个会议相继通过的"五一六通知"和"十六条"以及所采取的一系列错误措施,使"毛泽东同志的'左'倾错误的个人领导实际上取代了党中央的集体领导"①。这些错误后来被林彪、江青集团所利用,给党、国家和各族人民带来严重的灾难。

8月18日,毛泽东在天安门城楼上接见来自全国各地的群众和红卫兵,并带上了红卫兵袖章。以后,毛泽东又在北京先后7次接见全国1 100万"革命"师生和红卫兵。从此,红卫兵运动遍及全国。他们在林彪"要弄得翻天覆地,轰轰烈烈,大风大浪,大搅大闹,这半年就要闹得资产阶级睡不着觉,无产阶级也睡不着觉"以及一系列的"打倒走资本主义道路的当权派""打倒资产阶级反动权威""打倒一切资产阶级保皇派""打倒一切牛鬼蛇神""大破一切剥削阶级的旧思想,旧文化,旧风俗,旧习惯"口号煽动下,走上街头"破四旧"。他们任意改掉原有的街道的路名、商店的字号,焚烧古典著作,撕毁字画,砸毁文物,破坏名胜古迹。北京市1958年确定保护的6 843处文物古迹中,就有4 922处遭到破坏。更有甚者,他们把党政领导干部、专家、学者、民主人士和部分群众统统视为资产阶级代表人物、黑帮分子、反动学术权威、牛鬼蛇神,随意揪斗、抄家、游街示众。甚至设立公堂,滥施酷刑,打人致残致死。② 由北京发起的"破四旧"迅速推向全国。全国各地的许多古代庙宇、祠堂、牌坊等著名建筑和历史文化遗产遭到破坏。红卫兵的打、砸、抢、抓、抄等非法行动是造成全国大动乱的一个重要因素。

---

① 见《关于建国以来党的若干历史问题的决议》。

② 据统计,仅1966年8月18日后的1个月内,北京市被抄家的达11.4万多户,被赶回原籍的有85 198人;上海市从8月23日到9月8日,红卫兵共抄家34 222户。到9月下旬,天津市红卫兵抄家1.2万户。

从6月至10月初,全国红卫兵收缴的现金、存款和公债券就达428亿元,黄金118.8万余两、古董1 000多万件,挖出所谓的"阶级敌人"1.66万余人,破获"反革命"案件1 700余宗,从城区赶走的"牛鬼蛇神"达3 900多万人。参见丁大华:《世所罕见的红卫兵抄家战果展览会》,《文史精华》2008年第1期。

与"破四旧"同时,红卫兵又开始"大串联"。北京的"造反派"离京赴全国各地"点火",建"联络站",冲击当地党政领导机关,揪斗领导干部,使各级党政机构无法正常工作。

10月5日,中央军委、解放军总政治部根据林彪意见发出紧急指示,宣布取消军队院校的"文化大革命"由院校党委领导的规定,今后各院校由"革命学生和教职员工选举成立文化革命小组、文化革命委员会和文化革命代表大会,作为文化革命的权力机构。"中共中央认为这个规定对于全国县以上大中学校都适用,又将它转发全党。这样一来,"踢开党委闹革命""打倒一切"的极左思潮迅速泛滥成灾,"横扫""火烧""炮打""罢官"之风席卷全国。红卫兵运动对社会秩序和民主法制的破坏,引起各地党组织和许多干部群众的不满和抵制。但是,这种不满和抵制当时却被认为是执行了"资产阶级反动路线"。

为了进一步排除所谓"阻力",解决绝大多数党委对"文化大革命"运动领导"不得力"的问题,10月9日至28日,毛泽东主持召开以批判"资产阶级反动路线"为主题的中央工作会议。这次会议实际是八届十一中全会的继续。林彪、陈伯达在会上指名攻击刘少奇、邓小平执行的是"一条压制群众、反对革命的路线"。鼓吹"群众要怎么办就怎么办""革命的群众运动,它天然是合理的",从而进一步否定党的领导、煽动无政府主义,加速了内乱的发展。

会后,在全国掀起了批判所谓"资产阶级反动路线"的高潮。中央文革小组策动造反派把攻击矛头集中转向各级党政领导机关。不少党政领导人由于对批判"资产阶级反动路线"动作稍慢,均被视为"顽固坚持资产阶级反动路线"而被揪斗、被打倒,甚至被监禁。全国人民代表大会常务委员会、全国人民政治协商会议、各民主党派、各人民团体、各级党政机构的工作均处于瘫痪状态。很多人民群众被当作所谓"保皇派"受到冲击,甚至被抄家、坐牢。群众队伍严重分裂成两大派。无政府主义横行,社会主义民主和法制荡然无存。全国除野战部队外,各级党政机关陷于瘫痪或半瘫痪状态,基层党组织停止活动。

在这期间,林彪、江青一伙对无产阶级革命家的迫害进一步加剧。中共中央政治局委员、国务院副总理、中央军委副主席贺龙,被诬陷为搞"二月兵变"受审查;中共中央政治局委员彭德怀被诬称为"反革命修正主义分子""大军阀",由外地绑回北京批斗;年底,中央文革授意清华大学"造反派"上街,公开煽动打倒国家主席刘少奇和国务院副总理邓小平。

12月,中共中央发出《关于抓革命、促生产的十条规定(草案)》(简称《工业十条》)和《关于农村无产阶级文化大革命的指示(草案)》(简称《农业十条》),规定:公交企业和农村四清运动都纳入"文化大革命"中去。在厂矿企业和农村也要建立和发展"革命组织",开展"四大",厂矿与厂矿之间、社队与社队之间可以进行串联,还可以组织一批学生到工厂、农村进行串联。这两个文件下达,使"文化大革命"正式扩及全国工交企业、财贸部门和广大农村。全国陷入全面混乱状态。

二、上海"一月风暴"全面夺权与二月抗争　全国陷入混乱

1967年元旦,《人民日报》《红旗》杂志发表经毛泽东审定的题为《把无产阶级文化大革命进行到底》的社论。宣称:"1967年,将是全国全面展开阶级斗争的一年",也"将是无产阶级联合其他革命群众,向党内一小撮走资本主义道路的当权派和社会上的牛鬼蛇神,展开总攻击的一年。"

这时,江青等人又把矛头指向了中央政治局常委、中央文革小组顾问陶铸。陶铸调进中央后,协助周恩来处理党和国家日常工作,保护过一些领导干部,在许多问题上与江青一伙发生了尖锐的冲突。1月4日,陶铸被江青一伙诬陷是"资产阶级反动路线的忠实执行者""中国最大的保皇派",而被突然打倒。

1月4日和5日,上海"造反派"相继夺了《文汇报》和上海市委机关报《解放日报》的权。6日,32个"造反"组织联合召开"彻底打倒以陈丕显、曹荻秋为首的上海市委大会",夺了上海市的党政大权,刮起了所谓"一月革命"风暴。

毛泽东对上海"造反派"的夺权给予充分肯定。他认为"这是一个大革命,是一个阶级推翻另一个阶级的大革命。这件大事对于整个华东,对于全国各省市的无产阶级文化大革命运动的发展,必将起着巨大的推动作用。"11日,经毛泽东授意,中共中央、国务院、中央军委、中央文革联名致电上海各"造反团体",称赞他们的行动"为全国工人阶级和劳动人民,为一切革命群众,树立了光辉的榜样。"《红旗》杂志、《人民日报》也相继发表社论,肯定和支持夺权,宣称上海夺权标志着"文化大革命"到达了一个新的转折点,开始了一个新的阶段,号召全国"造反派"坚决向党内一小撮走资本主义道路的当权派夺权。

继上海之后,陕西、山东青岛、贵州、黑龙江等地"造反派"也相继起来夺权,建立了军队组织代表、革命干部代表和"造反派"群众组织代表三结合的革命委员会。从而,在很短的时间内引发了从中央各部门到地方各级党政机关乃至各行各业的全面夺权风暴。由于夺权者与当权者之间、不同派别的夺权者之间的对立,导致了各地夺权的反复进行并频繁发生不同规模的武斗。夺权狂潮很快发展成"打倒一切"的全面内乱,全国的动荡混乱局面更加严重。

为了保证夺权的顺利进行,镇压干部、党员、群众对"文化大革命"的不满和反抗,1月13日,中共中央、国务院颁发《关于在无产阶级文化大革命中加强公安工作的若干规定》(即"公安六条"),规定凡是"攻击诬蔑伟大领袖毛主席和他的亲密战友林彪同志的,都是现行反革命行为,应当依法惩办。"以后这一条又在实际上扩展到凡对江青、康生、陈伯达一伙稍有不满的也被以现行反革命治罪。这个规定造成了更多的冤、假、错案。

中共中央、国务院、中央军委、中央文革根据毛泽东"人民解放军应该支持左派广大群众"的批示,在 1 月 23 日发布《关于人民解放军坚决支持革命左派群众的决定》,改变了"文化大革命"开始阶段要求人民解放军不要介入地方运动的规定,要求部队"积极支持广大革命左派群众的夺权斗争"。3 月 19 日,中央军委进一步作出《关于集中力量执行支左、支农、支工、军管、军训任务的决定》。人民解放军先后派出 280 多万人执行"三支两军"任务,在当时混乱情况下,对缓和紧张局面,维护社会秩序,保护部分干部,减少工农业生产和人民生命财产的损失起了一定的积极作用。但"三支两军"只能是执行"文化大革命"的总的错误方针,从而也带来了许多消极的后果。

"文化大革命"造成的混乱,引起广大人民的不满,他们采取各种不同的形式进行抵制和抗争,或表现为对批判、造反持消极态度,在各自的岗位上坚持工作和生产;或表现为对武斗、破坏持抗议立场,对"文化大革命"的错误做法提出严厉批评。2 月前后发生的、后来被诬为"二月逆流"的党内高层的抗争是具有代表性的事件之一。

斗争首先是从军队问题展开的。1 月 19 日和 20 日的中央军委会议上,徐向前、聂荣臻、叶剑英等同江青一伙提出的要在军队搞"大民主"进行了斗争。江青、陈伯达等人要军队发动群众,开展"四大"。康生说军队不能特殊。陈毅、徐向前、聂荣臻、叶剑英等坚决不同意。他们尖锐地提出,"党政机关已经都搞乱了,不能再把军队搞乱!""军队搞乱了,要天下大乱。"

当谈到军队许多高级将领被揪斗、抄家时,老帅们十分愤怒。叶剑英拍案而起,严正警告,谁想要搞乱军队,决不会有好结果。徐向前也愤然站起来推倒茶几说:我们搞了一辈子军队,人民的军队难道就叫他们几个毁掉吗?这就是所谓"大闹京西宾馆"事件。

2 月 11 日和 16 日,在周恩来主持的怀仁堂碰头会上,谭震林、陈毅、叶剑英、李富春、李先念、徐向前、聂荣臻等,围绕着"文化大革命"要不要党的领导,应不应该将老干部统统打倒,要不要

222

稳定军队等重大问题,与中央文革小组几个主要成员展开了针锋相对的斗争。在 11 日的会上,叶剑英责问陈伯达:"你们把党搞乱了,把政府搞乱了,把工厂、农村搞乱了!你们还嫌不够,还一定要把军队搞乱!这样搞,你们想干什么?""革命,能没有党的领导吗?能不要军队吗?"徐向前愤怒地说:"军队是无产阶级专政的支柱。你们这样把军队乱下去,还要不要这个支柱?难道我们这些人都不行啦?要蒯大富这类人来指挥军队吗?"叶剑英还质问说把上海市改名为上海人民公社,"这样大的问题,涉及国家体制,不经政治局讨论,就擅自改变名称,又是想干什么?"他嘲弄陈伯达说:"我们不看书,不看报,也不懂什么是巴黎公社的原则。请你解释一下,什么是巴黎公社的原则?革命,能没有党的领导吗?能不要军队吗?"聂荣臻针对中央文革当时的一些做法提出抗议:你们不能为了要打倒老子,就揪斗孩子,株连家属;残酷迫害老干部,搞落井下石,这就是不安好心!

16 日的斗争更为激烈,即所谓"大闹怀仁堂"。斗争是从谭震林保陈丕显开始的。谭震林质问张春桥,为什么要扣押陈丕显,不把他接到北京来?张春桥推说群众不答应,要回去同群众商量一下。谭震林愤怒地说:"什么群众,老是群众群众,还有党的领导哩!……你们的目的,就是要整掉老干部,你们把老干部一个一个打光。""这一次,是党的历史上斗争最残酷的一次,超过历史上任何一次。"他表示砍脑袋,坐监牢,开除党籍,也要斗争到底!李先念说:"现在这样搞,团结两个百分之九十五还要不要?老干部都打倒了,革命靠什么?现在是全国范围内的大逼供信"。陈毅说:"在延安,过去有人整老干部整得很凶……这个历史教训,不能忘记"。第二天,谭震林又给林彪写信,痛斥江青比武则天还凶,手段毒辣是党内没有见过的;表示这个反造定了,下定决心,准备牺牲,斗下去,拼下去。

在如何认识和对待"文化大革命"这个根本问题上,毛泽东可以允许纠正"文化大革命"中的某些过火行为,但不允许任何人否

223

定他所领导和发动的"文化大革命"。毛泽东根据林彪、江青提供的材料，否定了政治局多数委员的正确意见，严厉指责这些委员是在搞复辟，搞翻案。从2月25日至3月18日，中央文革在怀仁堂召开了七次"政治生活会"，以"二月逆流"的罪名批判这些老革命家。同时，林彪、江青借机掀起所谓"反击全国自上而下的复辟逆流"的浪潮，更大规模地打击迫害党和国家的各级领导人。此后，中央政治局停止了活动，中央文革小组实际上取代了中央政治局。原由周恩来主持，各副总理及有关负责人参加、处理党和国家大事的中央碰头会也被中央文革碰头会取代。

林彪、江青一伙利用毛泽东把刘少奇、邓小平等作为资产阶级代表人物的严重错误，对刘少奇等老一辈无产阶级革命家进行肆意诬陷和疯狂迫害。为了证实刘少奇不仅有一条反动的政治路线，还有一条相应的所谓"招降纳叛"的组织路线的推论，发动所谓"抓叛徒"运动。到4月7日止，短短三个月，全国揪出所谓"历史上被捕、被俘后有自首变节或自首变节嫌疑的人"达5 200余名。由此制造了"六十一人叛徒集团""新疆叛徒集团""东北叛徒集团""南方叛徒集团"等重大冤案，使成千上万的干部遭到残酷迫害，不少人弄得妻离子散，家破人亡。

"抓叛徒"同时，对刘少奇个人的批判和诬陷也进一步升级。1967年3月，康生抓住几个群众组织收集来的诬陷材料向毛泽东报告，声称他已掌握确凿材料证明刘少奇历史上被捕叛变过，建议对刘少奇进行专案审查。毛泽东批准了这个报告，对刘少奇进行专案审查。同时发动"大批判"，以"背叛无产阶级专政"的罪名，公开批判刘少奇写的《论共产党员的修养》，并给他扣上"党内最大的走资本主义道路当权派"的帽子。在"批判"过程中，许多文章断章取义，捏造事实，歪曲历史，无限上纲，否定一切，以极左思想批判正确思想，极大地制造了思想上的混乱。不久，刘少奇被单独关押，剥夺了一切自由，受尽折磨。

"文化大革命"发动后，尤其是开展全面夺权后，各省、市、自治区造反群众组织之间出现严重分裂和激烈对抗,形成相互对立的两派或几派。各派之间对中央的指示各取所需,各行其是,围绕夺权问题互不相让,酿成大规模武斗,以致形成"全面内战"的极度混乱局面。毛泽东对形势的发展充满信心,认为两派群众组织的对立可以通过"细致的思想政治工作"来解决。

7月,为解决武汉地区两大群众组织"工人总部"和"百万雄师"之间尖锐对立的问题,毛泽东亲临武汉,并要谢富治、王力专门做群众的思想工作。但谢富治、王力在群众中却支持"工人总部"压制"百万雄师",并把"百万雄师"定为"保守组织",挑动两派群众组织进行斗争。20日,武汉"百万雄师"群众组织和支持他们的解放军战士,几百人冲进东湖宾馆(他们不知道毛泽东也住在该处),把王力揪到武汉军区大院。这种混乱局面一时被误认为"兵变"。这就是武汉"七二〇事件"。林彪、江青等人乘机大做文章,将这个事件诬蔑为"反革命事件",武汉军区主要负责人陈再道、钟汉华被撤职、批斗,军区所辖的独立师被打成"叛军",湖北全省因此而被打死、打伤、打残的干部、军人、群众达18.4万余人。一时间在全国屡屡发生"揪军内一小撮走资派""打倒带枪的刘邓路线",冲击军事机关事件。军队的总参谋部、总政治部、总后勤部被搞瘫痪。在这种情况下成立的军委办事组完全被林彪所控制。

对"七二〇"事件的错误处理,使林彪、江青的活动更加猖獗。在江青提出所谓的"文攻武卫"口号下,许多省、区、市发生了派性群众杀伤解放军战士,抢夺枪支、弹药,拦截军用列车等事件。武斗升级,造成大规模真枪实弹的派性内战。8月初,谢富治提出"砸烂公检法",以致公安、检察、法院等机关受到冲击,档案被抢,广大干部遭迫害。同时,王力唆使"造反派"冲砸外交部政治部,宣布夺取外交部党委大权,并强行封闭所有副部长办公室。22日,北京红卫兵和造反派冲击并焚烧英国驻华代办处,严重损害了我国的对外关系和声誉。

在全国局势异常混乱的情况下,1967年7月至9月,毛泽东视察了华北、中南和华东地区。在多次谈话中,他继续肯定:"全国的无产阶级文化大革命形势大好,不是小好。整个形势比以往任何时候都好。""有些地方前一段好像很乱,其实那是乱了敌人,锻炼了群众。"但过于混乱的局面,并不利于毛泽东所期求的目标实现。因此,他号召"各地革命组织实现革命的大联合"。在谈到干部问题时,他说:"绝大多数的干部都是好的,不好的只是极少数。""对党内走资本主义道路的当权派,是要整的,但是,他们是一小撮"。"要扩大教育面,缩小打击面","要允许干部犯错误,允许干部改正错误"。在此期间,还决定对"文化大革命"以来一直到处煽风点火的中央文革小组成员王力、关锋、戚本禹实行"隔离审查"。毛泽东的谈话,力图在全局上肯定和坚持"文化大革命"的同时,在一些具体问题上纠正了某些极左的错误做法。但由于根本指导思想的错误,加上林彪、江青一伙从中破坏,他的谈话和做法不可能有太大的效果。

1968年3月,林彪、江青联手制造了打倒杨成武、余立金、傅崇碧的突发事件。时任中国人民解放军代总参谋长杨成武、空军政治委员余立金、北京卫戍区司令员傅崇碧三人因得罪了林彪、江青而被诬陷"为'二月逆流'翻案",是"'二月逆流'的新反扑"。继而又把叶剑英、聂荣臻等诬为"黑后台"进行迫害。同时军委办事组改组,被林彪的亲信黄永胜、吴法宪所控制。不久,根据毛泽东的意见,决定中央军委常委会不再开会,军委办事组取代了军委常委会。

到了1968年5月,群众组织中的两大派仍不能实现"大联合",当时毛泽东对敌情作了过分严重的估计,认为是坏人作祟所致。19日,毛泽东批发《北京新华印刷厂军管会发动群众开展对敌斗争的经验》,要求全国各地区、各单位开展清理阶级队伍工作。由于"清队"活动在指导思想上就是错误的,再加上政策界限模糊和派性作怪,大批无辜群众惨遭迫害。在"清队"之际,全国武斗事件有增无减。有的地区连续发生打砸抢事件:破坏铁路交通,抢劫国家银行、仓库,私设电台等。

为整顿学校秩序,制止武斗,根据毛泽东的指示,1968 年 7 月 27 日,北京 60 多个工厂组成近 3 万人的"首都工人毛泽东思想宣传队"进驻北京派性斗争最激烈的清华大学。在一度发生对抗之后,工人控制了全校的局势。根据这一经验,中央要求各地仿照北京办法,"以优秀的产业工人为主体,配合人民解放军战士,组成毛泽东思想宣传队",把大中城市的大中小学校管起来。在农村,则由贫下中农管理学校。以"打破知识分子独霸的一统天下,占领那些大大小小的独立王国"。于是,各地纷纷派遣"工宣队""军宣队"进驻学校。不久,这种办法,又扩大到除军管以外的各级党政机关和企事业单位,进行"对资产阶级实行全面专政"。

三、中共九大 "无产阶级专政下继续革命的理论"的系统化

毛泽东号召向走资派夺权的结果是造成全国"内乱","全面内战"。林彪确定的夺权方针是:"无论上层、中层、下层都要夺。"张春桥宣称:"我们对所有的权都要夺","文化大革命"就是"改朝换代"。从 1967 年所谓上海"一月风暴",直到 1968 年 9 月 5 日西藏、新疆两个自治区的革命委员会成立,全国 29 个省、市、自治区先后建立了革命委员会,实现了所谓"全国山河一片红"。革命委员会集党政大权于一身,实行党政合一、高度集中的领导体制。

1968 年 10 月,中共八届十二中全会(扩大)在北京举行。原八届中央委员 97 人中,除十一中全会以来去世的 10 人外,还能参加这次全会的只有 40 人,不过半数。其他均被分别定为"特务""叛徒""里通外国分子""反党分子"而不能参加会议。为使会议合法,临时决定从被允许出席的候补中央委员中递补 10 人为中央委员,才稍稍超过法定最低人数。中央候补委员能出席会议的只有 9 人。而被扩大参加会议的其他人员竟达 74 人,占出席会议人

数的 57% 以上。这是"文化大革命"中出现的很不正常的状况。

毛泽东主持会议,在讲话中全面肯定了"文化大革命",认为"这次无产阶级文化大革命,对于巩固无产阶级专政,防止资本主义复辟,建设社会主义,是完全必要的,是非常及时的。"并要求大家讨论统一思想。在分组讨论会上,林彪、江青一伙组织围攻参与过二月抗争的陈毅、叶剑英、李富春、李先念、徐向前、聂荣臻(谭震林被取消参加会议的资格)和"一贯右倾"的朱德、陈云、邓子恢。全会通过了《关于叛徒、内奸、工贼刘少奇罪行的审查报告》,宣布将刘少奇"永远开除出党,撤销其党内外的一切职务"。此外,全会还决定召开中共第九次全国代表大会。

这次全会对刘少奇做出的政治结论和组织处理是完全错误的。这是中华人民共和国和中国共产党历史上最大的一桩冤案。全国因这桩冤案受株连被错定为反革命分子判了刑的案件达 2.6 万件,祸及 2.8 万多人。刘少奇因长期受到惨无人道的人身摧残,于 1969 年 11 月 12 日在河南开封含冤逝世。

1969 年 4 月,中国共产党第九次全国代表大会在北京召开。当时各级党委还没有重建,大多数党员还没有恢复组织生活,因而九大代表是由少数人"协商"产生的,这样林彪、江青得以把他们帮派体系中的许多人塞进了九大,造成九大代表成分严重不纯。

4 月 1 日,大会开幕。大会的议程是:林彪代表中共中央作政治报告;修改中国共产党章程;选举中央委员会。

林彪代表中央作的政治报告,核心内容是阐述"无产阶级专政下继续革命的理论"。这个理论的主要论点是:必须用马克思列宁主义的对立统一规律来观察社会主义社会;在社会主义这个历史阶段中,还存在着阶级、阶级矛盾和阶级斗争,存在着社会主义同资本主义两条道路的斗争,存在着资本主义复辟的危险性;无产阶级专政下的阶级斗争,就是资产阶级要推翻无产阶级专政,无产阶级则要大力巩固无产阶级专政,无产阶级必须在上层建筑(其中包括各个文化领域)中对资产阶级实行全面的专政;党内一小撮走资本主义道路的当权派,就是资产阶级在党内的代表人物;无产阶级专政下继续革命,就是要开展"文化大革命";"文化大革命"在思想领域中的根本纲领是"斗私,批修"。报告歪曲事实,把"文化大革命"的发生,说成是社会主义社会中的两个阶级、两条道路、两条路线长期尖锐斗争的必然结果。报告把在社会主义阶段的任何时候、任何情况下都要以阶级斗争为中心的错误指导思想,规定为"我党在整个社会主义历史阶段的基本路线"。

大会通过的党章取消了党员的权利,把林彪作为"毛泽东同志的亲密战友和接班人"写入总纲。这完全违背了党的组织原则,在党的历史上从未有过。大会新选出的中央委员和候补中央委员 279 人中,原八届中央委员会成员不到总数的 1/5,而林彪、江青的不少亲信和骨干却进了中央委员会。在随后举行的九届一中全会上,毛泽东当选为中央委员会主席。在 21 人组成的中央政治局中,林彪、江青两个集团的骨干成员占了半数以上。

九大使"文化大革命"的错误理论和实践合法化,加强了林彪、江青等人在党中央的地位。这次大会规定的思想上、政治上、组织上的指导方针都是错误的。

四、国民经济的动荡与恶化

"文化大革命"发动前,我国国民经济正处在恢复发展的形势之中。1966 年上半年同 1965 年同期相比,全国工业总产值增长 20.3%,原煤增长 12.6%,原油增长 28.4%,发电量增长 20.3%,钢增长 20.7%;国家财政收入增长 15.7%,收支相抵结余 14 亿元;预算内投资额增长 21%;几乎所有的工业产品的技术经济指标,都达到了新中国成立以来最高水平。

"五一六通知"公布以后,工业战线中的问题逐渐多起来:钢、铁、煤炭的月产量开始减少,部分产品质量下降,事故增多,设备维修计划完成不了,某些基建项目的施工进度迟缓,外贸开始下降,若干科研项目中断,等等。1966 年 7 月 2 日,刘少奇、邓小平在征得毛泽东同意后发出《关于工业交通企业和基本建设单位如何开展文化大革命的通知》与"补充通知",强调这次文化大革命的重点是文教部门和地专以上的党政机关,"县以下单位、基本建设单位、设计单位以及科研单位,应把文化大革命和四清运动结合起来,分期分批进行。"文件还要求各级党委必须"抓革命、促生产"。这就保证了经济建设战线和城乡基层单位的相对稳定,制约了"文化大革命"初期对经济建设的破坏性影响。

但自 8 月后,红卫兵运动掀起,大串联开始,这些给工农业生产带来很大冲击。在周恩来、陶铸主持下,9 月,发出《抓革命促生产的通知》(即"工厂六条")和《关于县以下各级文化大革命的规定》,重申工业、农业、交通、财贸各部门立即加强或组成各级指挥机构,保证生产、建设、科研等工作的正常进行;职工应当坚守岗位,文化革命放在业余时间搞;县以下各级干部和公社社员,也不要外出串联;红卫兵和学生也不到这些地方去串联。这两个文件暂时减轻了"文化大革命"对工农业生产建设的冲击,保证了农村"三秋"任务的完成,保持了城乡建设秩序的暂时稳定。

可是到了 10 月,全国开展批判所谓"资产阶级反动路线"运动,使工农业生产再次受到冲击。大串联大大加重了交通运输的负担,造成大批物资积压待运。据 1966 年底的估计,仅铁路运输就有 1 000 万吨左右的物资运不出去。由于从中央到地方,生产主管部门的领导干部都被卷入运动,厂矿停工停产时有发生。到 1966 年年底,全国有 5%~10%的工业企业的领导班子瘫痪,事故增多,产品质量下降,少数青工、徒工擅离生产岗位等,对生产造成很大影响,明显地表现在基本建设的经济效益下降,大中型项目建成投产率由 1965 年的 22.9%下降到 18.1%。

由于前五年的调整给国民经济的顺利发展打下了较好的基础,而 1966 年"文化大革命"还处于发动阶段,此时动乱主要集中在上层建筑领域,真正影响经济领域特别是基层工作是从第四季度开始。特别是 12 月林彪主持通过《关于抓革命、促生产的十条

230

规定(草案)》和《关于农村无产阶级文化大革命的指示(草案)》以后,动乱才进一步推及工交、财贸、商业服务各部门的基层单位和农村。因而1966年的国民经济虽受到"文化大革命"影响,但仍有较大幅度的增长(工农业总产值增长17.3%),各项生产建设事业都完成和超额完成了国家计划。

自1967年1月夺权之后,全国全面内战给整个国民经济带来严重的后果:夺权使原来的一套经济指挥、调度和管理系统陷于瘫痪,国民经济处于无计划状态。如1967年原定的国民经济计划,因无法层层落实,实际被废止。到了1968年,形势极度混乱,必要的基本统计上不来,致使年度计划无法制定,成为实行计划经济以来唯一没有经济计划的一年。

企业内部许多行之有效的经济政策和规章制度,都被当做"修正主义的管、卡、压"遭到批判、践踏。这样一来,企业管理普遍混乱,产品质量下降,成本上升,劳动纪律松弛的现象遍及全国。

铁路沿线发生大规模武斗,很多路段长时间不能通车。于是造成大批的生产和生活物资,如煤炭、石油、木材、粮食等的积压。

能源生产不足,交通运输阻塞,大规模武斗及大批工人离开生产岗位,造成大批工矿企业停工、停产,或处于半停产状态。如1967年1月,因煤炭不足,全国唯一的车轮轮箍厂停产,全国60多座水泥窑停了13座。到这年11月,全国32座大型高炉已有14座停产,4套初轧机有2套停开,29套主要成品轧机有14套停开。

农村向所谓所有制"升级""过渡""割资本主义尾巴",许多社队储备粮、公积金被"分光吃净",致使农村经济又一次受到破坏,引起市场供应紧张,影响了人民生活。

由于上述破坏性因素的作用,1967年和1968年的工农业生产连续下降。1967年工农业总产值比1966年下降了9.6%,1968年比1967年又下降了4.2%,只有1966年的86.6%。主要工农业产品产量,除棉花大体上持平外,大都连续两年减产。粮食产量1968年比1966年减少99亿斤,减少2.3%。钢产量1968年只有

1966 年的 59%。1968 年的煤产量只有 1966 年的 83.3%。发电量1968 年只有 1966 年的 86.8%。棉布 1968 年只有 1966 年产量的 88%。

随着生产的下降，国民收入也大幅度减少。1967 年比 1966年减少 99 亿元，下降 7.2%。1968 年比 1967 年又减少 72 亿元，下降 6.5%。

1967 年和 1968 年也是国家财政收入锐减的两年。1967 年比1966 年减少收入 139.3 亿元，减少幅度达 25%，出现 22.5 亿元的财政赤字。1968 年又比 1967 年减少收入 58.1 亿元，减少幅度达13.9%。只是由于这年大幅度缩减支出，使财政总支出比 1966 年的支出减少 1/3，基本上保持了收支平衡。

生产下降，交通运输不畅，市场供应日渐紧张。1968 年全年人均消费只有 132 元，下降 3.7%，城乡居民棉布定量比 1967 年减少 4.6 尺，全国平均每人只有 9 尺。再加上废除奖金制度、计件工资等，人民实际生活水平大大降低了。

第二节 "斗、批、改"运动　林彪集团的覆灭
纠正"左"倾错误的努力和受挫

一、全国范围的"斗、批、改"运动

中共九大以后"文化大革命"进入所谓"斗、批、改"阶段。按照毛泽东的设想，"斗、批、改"的主要内容是：建立三结合的革命委员会，大批判，清理阶级队伍，整党，精简机构，改革不合理的规章制度，下放科室人员；在实际工作中还包含"教育革命"、知识青年上山下乡等。其目的是彻底否定所谓"反革命的修正主义路线"，达到"天下大治"，建立起毛泽东设想的社会主义模式，这些也含有结束"文化大革命"的意向。

"革命大批判"被认为是为"斗、批、改"开路。1968年10月，提出批判刘少奇的所谓"黑六论"，即"阶级斗争熄灭论""驯服工具论""群众落后论""入党做官论""党内和平论""公私熔化论"（即"吃小亏占大便宜论"）。说什么"六论"的中心是"阶级斗争熄灭论"和"驯服工具论"，他要使党变修、国变色。同时，林彪、江青一伙又把老革命家和著名学者的一些正确思想、观点、意见，说成"利润挂帅""物质刺激""福利主义""三降一灭""洋奴哲学""智育第一""业务挂帅""技术第一"等，强迫群众去批判。这场混淆是非的"大批判"，把许多马克思主义基本原理歪曲为"修正主义""资本主义"，造成了思想上、理论上、政治上的极大混乱，在当时和以后产生了极坏的影响。

　　九大后的所谓"清理阶级队伍"主要内容是"打击反革命"和清查"五一六"。中共中央在1970年初要求在全国范围内开展一场以打击反革命破坏活动、反对贪污盗窃、反对投机倒把和反对铺张浪费的"一打三反"运动。3月，中共中央发出通知要求清查"五一六"反革命集团。由于指导思想上的"左"倾错误，政策界限模糊不清，派性的严重干扰，再加上诬陷不实之词，在"清理阶级队伍"中又制造了一大批冤假错案。

　　整党建党是"斗、批、改"的一项重要内容。1968年元旦，《人民日报》、《红旗》杂志、《解放军报》社论公布了毛泽东的一个批示："党组织应是无产阶级先进分子所组成，应能领导无产阶级和革命群众对于阶级敌人进行战斗的朝气蓬勃的先锋队组织"。这个批示被称为"五十字建党纲领"。在九届一中全会上，毛泽东提出：党需要重建。此后，已停止活动两年多的各级党组织开始重新建立。在整党中根据毛泽东的指示："一个无产阶级的党也要吐故纳新，才能朝气蓬勃。不清除废料，不吸收新鲜血液，党就没有朝气。"就是要把被诬称为"叛徒""特务""死不改悔的走资派"的党员"吐"出去，而把那些造反派坏头头、打砸抢分子拉入党内。这样不但进一步打击迫害了许多老同志，而且使一批投机分子、野心家、阴谋分子、打砸抢分子混入党内，导致党组织的严重不纯，破坏了党的建设。

毛泽东为实现把全国各行各业都办成工农商学兵相结合的一个"大学校"，提出对知识分子要再教育，广大干部要下放劳动。从此全国各地相继办起"五七"干校，把原党政机关、高等学校绝大部分干部和教师，送到位于山区、农村的"干校"劳动、学习，接受"贫下中农的再教育"。事实是，"干校"并没有使干部"革命化"，相反成了迫害干部、惩罚知识分子的场所，成为反对学习文化科学知识、不准钻研业务和技术的一种手段。同时，组织了1 623万知识青年上山下乡奔赴农村第一线，到农村安家落户。知识青年上山下乡虽然使部分青年得到了一种特殊的磨炼，为边远和不发达地区作出了贡献，但由于整个工作指导思想是错误的，又缺乏整体规划，不少实际问题长期得不到解决，从而给他们在思想、文化、个人生活等方面带来了许多不幸，造成了严重的社会问题。

为打破所谓"资产阶级知识分子统治学校的现象"，毛泽东提出："学制要缩短，教育要革命"，"要从有实践经验的工人农民中间选拔学生。"1970年，高等院校招生复课，此次招生废除了考试制度，实行群众推荐、领导批准和学校复审相结合的办法，招收"工农兵学员"。这些学员的一个重要任务是："上大学、管大学、用毛泽东思想改造大学"。这种做法，根本违背了教育规律，结果造成学校教学秩序混乱，教育质量下降。

1971年4月，全国教育工作会议在北京召开。会议做出了完全违背事实的所谓"两个估计"：新中国成立后17年"毛主席的无产阶级教育路线基本上没有得到贯彻执行"，"资产阶级专了无产阶级的政"；大多数教师和17年培养出来的学生，"世界观基本上是资产阶级的"。重申：工宣队要长期领导学校；让知识分子到工农兵中接受再教育等。这次会议做出的错误估计和提出的政策，实际上把上千万知识分子一棍子打死，把他们17年的辛勤劳动全

234

盘否定,极大地压制了教育战线广大干部和教师的积极性,在很长时间里成为广大知识分子的精神枷锁,使教育事业的发展受到了严重破坏。

"斗、批、改"运动,实际上是把"文化大革命"的"左"倾错误在各个领域具体化。它完全否定了新中国成立后17年由全党全国人民经过艰苦奋斗所取得的伟大成就和宝贵经验,是"左"倾错误的继续和发展。其结果是党内矛盾和社会矛盾继续紧张,引起动乱的因素更加深化。

二、中共九届二中全会　林彪事件

林彪集团,经过中共九大和九届一中全会,势力发展到高峰。但林彪并不满足于当"副统帅"的地位,而是要篡夺党和国家的最高权力,于是进一步加紧进行抢班夺权的阴谋活动。

1970年3月,毛泽东提出召开第四届全国人民代表大会和修改宪法的意见,同时提出不再设国家主席的主张。在他看来,设不设国家主席"那是形式,不要因人设事"。而林彪一再提出设国家主席,强调如果不设,国家就没有个头,名不正言不顺。并建议毛泽东任国家主席。以后,毛泽东又多次讲过不设国家主席和他不当国家主席。但林彪始终坚持要设国家主席。

在8月13日讨论宪法草案的工作小组会议和14日的政治局会议上,吴法宪同康生、张春桥发生了激烈的争论。吴法宪主张在宪法中要写上"毛泽东思想是全国一切工作的指导方针",在表达毛泽东发展了马克思列宁主义前面要加上"天才地、全面地、创造性地"三个副词,而康生、张春桥则反对。以致吴法宪在会上提出:"要防止有人利用毛主席的伟大谦虚,贬低毛泽东思想。"

8月23日,中共九届二中全会在江西庐山召开。会议原定的议程是:讨论修改宪法问题;审定国民经济计划;讨论战备问题。在全会开幕会上,林彪发表讲话。他以颂扬毛泽东个人为幌子,大讲"天才",要设国家主席。之后,林彪集团的成员纷纷活动起来。

为配合林彪讲话,陈伯达等人连夜炮制"称天才"的材料,并拟了国家主席一节宪法条文,在华北组会议第二号简报上提出有人"反对"毛主席,对于这种人"应该揪出来示众,应该开除党籍,应该批倒批臭,应该千刀万剐,全党共诛之,全国共讨之",从而制造了一场混乱。

8月25日,毛泽东召开中央政治局常委扩大会议,决定立即停止讨论林彪讲话,收回刊登有陈伯达发言的华北组会议第二号简报,责令陈伯达检讨。31日,毛泽东写了《我的一点意见》,批驳了"称天才"的谬误观点,提醒大家"不要上号称懂得马克思,而实际上根本不懂马克思那样一些人的当"。全会讨论了这篇文章,开展了对陈伯达的批判。当时,毛泽东对林彪本人是采取了保护的态度,没有指名批评林彪。

中共九届二中全会以后,毛泽东采取了甩石头(发表《我的一点意见》和对三十八军、济南军区报告的批示)、挖墙脚(改组北京军区)、掺沙子(派人参加军委办事组)等一系列措施,限制和削弱林彪一伙的权力和地位,防止突然事变。同时对林彪集团骨干黄永胜、吴法宪、叶群、李作鹏、邱会作等人进行了严肃又耐心的批评、教育和挽救工作。在党的领导机关还开展"批陈整风"运动。

但是,林彪一伙毫无悔改之意。林彪继续玩弄两面手法,一方面指挥其集团成员假检讨,企图掩盖真相,蒙混过关;另一方面,则开始策划武装政变的阴谋活动。1971年3月,制定了《"571工程"纪要》("571"即"武装起义"的谐音)。《纪要》分析了形势与搞政变的可能性、必要性、基本条件;规定了实施要点、口号和策略;提出"打着 B-52 旗号打击 B-52 力量"("B-52"是他们对毛泽东的代号),"军事上先发制人",利用"上层集会一网打尽",或利用特种手段如毒气、轰炸、暗杀等手段发动政变,"夺取全国政权"或"制造割据局面"。

1971年八九月间,毛泽东视察南方,同沿途各地的党政军负责人谈九届二中全会上的斗争,指名批评林彪搞突然袭击,进行地

236

下活动,林彪对这件事"要负一些责任"。林彪得知毛泽东谈话内容后,9月8日,下达发动政变手令,由林立果具体策划在上海及其附近地区谋杀毛泽东的办法。

毛泽东对林彪的反常活动有所察觉,9月11日,突然离开上海,12日,安全抵达北京。林彪集团阴谋杀害毛泽东的计划落空。

林彪一伙在获悉谋杀毛泽东的阴谋失败后,立即调256号专机到山海关,并安排另外几架飞机准备带黄永胜、吴法宪、李作鹏、邱会作等人南逃广州,另立中央。周恩来根据有关方面的报告,追查256号专机下落,并令该机立即返京。林彪一伙见南逃已很难实现,决定北逃国外。13日凌晨1时50分,林彪等乘256号专机飞出国境,飞机在蒙古国温都尔汗附近坠毁,机上人员全部死亡。不久,林彪集团的重要成员被隔离审查。至此,林彪集团的政变阴谋彻底粉碎。

林彪集团的灭亡,促使人们对"文化大革命"进行严肃的思考:"文化大革命"给党和国家带来的是什么结果?"文化大革命"究竟是不是必要?林彪集团的覆灭客观上宣告了"文化大革命"的理论和实践的破产。毛泽东本人也由此陷入极大的痛苦和失望之中。

三、纠正"左"倾错误的努力及其中断

"九一三事件"后,周恩来在毛泽东支持下主持中央日常工作,为纠正"文化大革命"中的"左"倾错误,进行了大量的工作,使各方面的工作一时出现了转机。

首要的大事就是清查林彪集团的罪行。9月18日,中共中央向高级干部发出《关于林彪叛国出逃的通知》:林彪于9月13日仓皇出逃,狼狈投敌,叛党叛国,自取灭亡,成为死有余辜的叛徒卖国贼。鉴于黄永胜、吴法宪、李作鹏、邱会作不向中央作任何揭发交代,反而加紧烧毁罪证,中央决定对他们离职审查。10月3日,中共中央决定撤销军委办事组,成立由军委副主席叶剑英主持的

军委办公会议,负责军委日常工作。同日,成立由周恩来负责的中央专案组,审查林彪集团的问题。24日,决定将林彪叛党叛国事件向全国广大群众传达。12月起在全国开展"批林整风"。其主要内容是:对林彪发动反革命武装政变和叛国外逃的罪行进行揭发批判;对林彪的两面派手法和"怀疑一切、打倒一切"的极左思潮进行清算;对林彪鼓吹的"天才论"等进行批判;结合学习马克思列宁的著作,提高识别真假马克思主义的能力等。"批林整风"运动的开展,对动员群众起来揭批林彪一伙的反革命罪行,争取当时国家形势的好转起了一定的作用。但由于是在"左"倾错误的指导下进行,加上江青等人的干扰破坏,这一运动不可能对林彪反党叛国的罪行进行彻底的清算。

毛泽东在肯定"文化大革命"的总前提下,对"文化大革命"中的某些"左"的错误也作了一些自我批评和纠正。1971年11月,他在接见参加成都地区座谈会的人员时,为1967年的所谓"二月逆流"平了反,说:"你们再不要讲他(指叶剑英)'二月逆流'了。'二月逆流'是什么性质?是他们对付林彪、陈伯达、王(力)、关(锋)、戚(本禹)"。1972年1月,毛泽东参加了陈毅追悼会,肯定陈毅是一个好同志。4月上旬,当陈正人和曾山两位部长因病无人管理,在一周内相继去世后,毛泽东同意周恩来下令,把中央500名副部长以上干部,从各地"五七干校"调回北京,普遍进行身体检查。4月24日,《人民日报》发表经周恩来审定的社论《惩前毖后,治病救人》,强调指出:经过长期革命斗争锻炼的老干部,是党的宝贵财富。这篇社论当时对于解放和使用老干部,在一定程度上起到了扫除政治思想障碍的作用。1972年7月31日晚,让陈云、李富春、陈再道等一批受迫害的老干部出席了庆祝中国人民解放军建军45周年招待会。8月14日,毛泽东在邓小平揭发林彪的信上写了批语,指出邓小平在中央苏区是挨整的,他没有历史问题,他协助刘伯承打仗是得力的,有战功。他没有屈服于苏修压力。1973年3月,邓小平恢复党的组织生活和国务院副总理的职务,协助周恩来处理党和政府的日常工作。12月,又参加军委工作,任总参谋长。同年年底,毛泽东在接见参加中央军委会议的人员时,作了自我批评,说听了林彪一面之词,错整了贺龙、罗瑞卿和杨成武、余立金、傅崇碧。并说朱德是"红司令"。

1972年12月,周恩来根据毛泽东的意见,指示公安部会同北京卫戍区彻底清查北京监狱待遇问题,并要他们废除法西斯式的审查方式和虐待、殴打行为,如有犯者,当依法惩治。1973年春,周恩来给毛泽东写信,建议抓紧解放干部和平反冤假错案工作。对中央组织部提交的300多名干部名单逐个研究,使一大批原党政军各部门负责人重新回到领导岗位。

1972年10月1日,《人民日报》《红旗》杂志等联合发表周恩来主持起草的题为《夺取新的胜利》的社论,提出要"加快社会主义建设的步伐",继续落实干部、知识分子和经济等政策,要提倡又红又专,在无产阶级政治统帅下,为革命学业务、学文化、学技术。这篇社论表达了周恩来要恢复党的"八大"的正确路线和方针的意图。

在批林过程中,周恩来鉴于林彪集团的破坏,极左思潮和无政府主义流毒对实际工作的恶劣影响,在1971年底到1972年初,多次提出要批判极左思潮的问题,并亲自组织文章。这是继1967年二月抗争后要求纠正"文化大革命"错误的进一步发展。1972年7月,周恩来指示北京大学负责人周培源,要纠正科研、教育中的"左"的错误,把北京大学的理科办好,把基础理论水平提高。有什么障碍要扫除,有什么钉子要拔掉。这期间,周恩来还亲自抓出版、中西医结合、文物保护等工作。在科学工作会议上,提出加强科学研究,努力赶上世界先进水平。根据周恩来批判极左思潮的讲话精神,《人民日报》发表《无政府主义是假马克思主义骗子的反革命工具》等三篇文章,指出林彪是煽动极左思潮的罪魁祸首。

但周恩来的正确意见遭到江青一伙的反对,给批极左和落实政策扣上所谓"复辟"的帽子。由于批极左必然触及对"文化大革命"的评价。对此,毛泽东明确表示对极左思潮应当"少批一点",他认为林彪路线的实质"是极右。修正主义,分裂,阴谋诡计,叛党叛国。"这就扭转了批林的正确方向,只准批"极右"实质,不准批极左思潮。这样"文化大革命"造成的灾难仍继续发展,不可能从根本上得到消除。

四、国民经济在动乱中艰难举步

中共九大后的一段时间,全国政治形势相对稳定,经济工作取得一些进展。1969 年基本上刹住了前两年生产下降的趋势,国民经济开始有所好转。1969 年工农业总产值比 1968 年增长 23.8%。1970 年的发展更快,不仅比 1969 年有较大的增长,而且达到和超过了 1966 年的水平,这年工农业总产值比上年增长 25.7%。一些重大工程和科技项目取得了成就。1970 年 4 月,我国成功地发射了第一颗人造地球卫星,标志着我国在宇航技术的研究方面取得历史性的突破。同年 7 月,全长 1 083 公里的成昆铁路通车。但由于受到极左思潮的影响,经济工作又出现了一些问题。

1971—1975 年第四个五年计划纲要(草案),是在强调"备战""要与帝修反争时间、抢速度"的思想指导下制定的,因此计划安排过猛过急,片面追求生产上的高指标和高积累。作为贯彻第四个五年计划纲要的 1971 年年度计划,则具体要求:狠抓内地和国防工业的建设;大办农业,加快农业机械化的进程;狠抓原材料工业,特别是钢铁工业,要大打矿山之仗;发展科学技术,努力赶超世界先进水平。因此年度计划继续突出发展重工业,突出基本建设,指标定得过高,基建规模安排过大。当时国防工业的不少项目,盲目地根据林彪提出的"靠山、分散、进洞"的错误方针,增加了施工的难度和费用,造成很大浪费。加上 1970 年底已暴露出来的建设中的矛盾;粮食和经济作物的生产不能满足工业发展和人口增长的需要;原材料工业,特别是钢铁工业,不能适应加工工业

240

发展的需要;交通运输和电力供应都很紧张;基建规模偏大,项目过多;企业产品质量下降,设备失修等,未能及时予以解决,故1971年的经济发展出现了严重失调。具体表现在:基本建设规模过大,积累率过高。1971年基建投资总额达到340.84亿元,迫使积累在国民收入中的比重从1970年的32.9%上升到34.1%,突破了国民经济的承受能力;随着基建规模的扩大和重工业的急速发展,职工人数达到5 318万,超过原计划(原计划4 850万人);随之工资总额达到302亿元(原计划为296亿元);粮食销量大大提高,达到855亿斤(原计划为794亿斤)。这就是1971年出现的"三个突破",即职工数突破5 000万人,工资支出突破300亿元,粮食销量突破800亿斤。"三个突破"造成了市场紧张,货币回笼困难,银行增发货币又引起通货膨胀、物价上涨等一系列恶果。

有鉴于此,周恩来在1971年底召开的全国计划会议上指出,这"三个突破"不注意解决,就会犯错误,并提出了整顿企业管理的任务。全国计划会议根据周恩来的意见,在《会议纪要》里确定了整顿企业管理的措施:要求加强统一计划;恢复和健全岗位责任制度、考勤制度、技术操作规程、质量检验制度、设备管理和维修制度、安全生产制度、经济核算制;要抓产量,品种,原材料燃、料动力消耗,劳动生产率,成本和利润等七项指标,把产品质量提到第一位;落实党的干部政策,落实党对工人和技术人员的政策,坚持又红又专的方向;反对无政府主义等。《会议纪要》体现了周恩来长期以来致力于恢复和发展生产、反对经济工作中无政府主义的意愿,成为工矿企业落实党的各项经济政策的重要依据。

为扩大我国工业生产能力,提高我国现代化生产技术水平,1972年恢复了中断多年的成套设备和新技术的引进工作。1月,进口化肥、化纤成套设备8套。以后,国家计委又提出从国外进口43亿美元成套设备和单机(加上后来的追加项目,共达51.4亿美元)。这些项目的引进,扩大了对外经济交流,开始打破长期以来闭关锁国的状态。

1972年对"三个突破"虽采取了措施,但未能彻底解决,相反继续有所发展。到年底,职工数和工资总额比上年分别增加292万人、38亿元,粮食销售额比上年增加72亿斤。为解决粮食销售量超计划所造成的困难,除进口粮食外,还动用了国家的粮食库存。这就是当时人们所说的"一个窟窿"问题。

1973年1月至3月,国务院召开全国计划会议,针对"三个突破""一个窟窿"的问题研究解决办法。会议对原计划作了调整,把钢产量等高指标减下来,同时决定加强农业,缩短基本建设战线,节省国防和行政经费支出,精简职工,1973年不再招工等。这样"三个突破"的问题基本上得到了解决。

与此同时,经济领域存在的其他问题,如:企业管理混乱,1972年出现"三个100亿"(即工业利税少收100多亿元,工业流动资金多占100多亿元,基本建设尾巴拖长100多亿元)问题;不少企业对执行国家计划很不严肃,任意中断协作关系;农村刮起的"穷过渡""割尾巴""扩社并队""分光吃净"等歪风。由于周恩来等的努力,采取整顿和加强企业管理,坚持统一计划和加强纪律,重申农村人民公社《六十条》等措施,使问题得到一定程度的解决。

在周恩来的筹划下,经过1972年和1973年两年的努力,国民经济形势有所好转。1973年国民经济计划主要指标都完成和超额完成,国家财政收入结余4 000万元。1973年是这几年中国民经济形势发展最好的一年。但由于江青一伙利用毛泽东不让批极左思潮的错误,把周恩来所采取的一系列正确政策诬之为"黑线回潮",这样国民经济好转的势头又被打断。

五、外交工作的新突破和新局面

中国是联合国的创始会员国和安全理事会的常任理事国。1949年中国人民推翻了国民党蒋介石的反动统治,建立了中华人民共和国之后,理应由新中国的代表占有中国在联合国的一切席位。但是,美国长期执行敌视新中国的政策,阻挠恢复中国在联合国的合法权利,使台湾国民党当局继续留在联合国。到20世纪70年代,美国霸权地位衰落,亚非国家在联合国的作用大为加强。中国重新开展对外活动,在1970年先后同加拿大、意大利、智利等国建立了外交关系。随着中国国际威望的提高,联合国中亚非新会员国的增加,和中国建交的国家越来越多,赞成恢复中华人民共和国在联合国一切权利的国家也逐年增多。在这种情况下美国要把中国排除在外,而让台湾国民党当局继续保住其在联合国的席位已越来越困难。

1971年7月15日,阿尔及利亚等18国(后增至23国)向联合国递交了一份"决议草案",要求恢复中华人民共和国在联合国的一切合法权利,"承认她的政府的代表为中国在联合国组织的唯一合法代表并立即把台湾国民党当局的代表从它在联合国组织及其所属一切机构中所非法占据的席位上驱逐出去。"8月17日,美国常驻联合国代表向联合国秘书长递交了一封信和一份解释性备忘录,声称"支持中华人民共和国在联合国拥有代表权",但"反对任何排除中华民国、剥夺它在联合国代表权的行动"。中华人民共和国外交部发表声明,谴责美国企图制造"两个中国"的阴谋。9月22日,美国政府经过长期的苦心策划,同日本等国向联合国提出了所谓"关于中国代表权问题"的两项提案。第一项提案名曰"关于重要问题的决议草案",认为"剥夺中华民国(即台湾国民党当局)在联合国的代表权的任何建议"是"宪章18条所规定的重要问题",需要2/3多数才能通过。第二项提案名曰"关于代表权的决议草案",主张既"确认中华人民共和国的代表权,并且建议让它得到安全理事会五个常任理事国之一的席位",同时"确认中华民国(即台湾国民党当局)继续拥有代表权",这就是所谓"双重代表权"提案。联大总务委员会在讨论上述两项提案时,美国提出要把它制造"两个中国"的议题与阿尔及利亚等国的提案放在一起,作为一个共同的议题交联大讨论。

第 26 届联合国大会,从 10 月 18 日开始辩论"关于中国在联合国的代表权问题",24 日辩论结束。在 10 月 25 日联大会议上,美日代表要求首先表决美日等国提出的"重要问题"提案。结果大会以 59 票反对、55 票赞成(包括台湾国民党当局一票)、15 票弃权否决了"重要问题"提案。这样,恢复中国合法席位问题已经确定。随后,联大就阿尔及利亚等 23 国的提案进行表决。结果以 76 票赞成、35 票反对、17 票弃权的压倒多数被通过。美日等国"关于双重代表权"的提案也自动被否决。至此正式恢复了中华人民共和国在联合国的合法席位。这就进一步提高了中国的国际地位,加强了它对国际事务的作用和影响。这是中国人民的胜利,也是其他友好国家长期斗争的胜利。

1969 年 1 月尼克松就任美国总统后,决定调整美国的全球战略,改变美国长期敌视中国的政策。他通过各种渠道向中国领导人秘密转达同中国改善关系的意图。

中国领导人也有意改善中美关系。1970 年 10 月 1 日,毛泽东在北京天安门城楼上接见美国友好人士埃德加·斯诺夫妇,说目前中美两国之间的问题要跟尼克松解决。如果尼克松访问中国,将高兴地同他谈。他当做旅行者也行,当做总统也行。1971 年 4 月 6 日,中国邀请美国乒乓球队访华,打开了两国人民友好往来的大门。7 月 9 日,美国总统特使、总统国家安全事务助理基辛格秘密访华。15 日,中美两国同时发表"公告",宣布中国邀请美国总统尼克松访华。

1972 年 2 月 21 日,尼克松访问中国。当天下午毛泽东会见了尼克松,双方就中美关系和国际事务认真、坦率地交换了意见。接着周恩来同尼克松就两国关系正常化及双方关心的其他问题进行了讨论。28 日,在上海发表《联合公报》(通称中美上海公报),宣布中美双方依和平共处五项原则来处理国与国的关系;声明任何一方都不应该在亚洲—太平洋地区谋求霸权;美国政府第一次公开正式承认"在台湾海峡两边的所有的中国人都认为只有一个中国,台湾是中国的一部分";双方同意扩大中美两国人民之间的了解,并为发展贸易和科学、技术、体育、新闻和文化等方面的交流提供便利。中美两国在对抗了 20 多年之后,开始了关系正常化的进程。

外交上长期紧跟美国的日本,这次在美国对华改善关系的"越顶外交"中受到极大冲击。1972 年 9 月 25 日,日本内阁总理大臣田中角荣访问中国。在访华期间,中日两国领导人就两国邦交正常化问题举行了会谈。29 日,两国政府发表联合声明,宣布两国结束不正常状态;日本政府承认中华人民共和国政府是中国的唯一合法政府;中国政府重申台湾是中华人民共和国领土不可分割的一部分,日本政府表示充分理解和尊重中国政府的这一立场,并坚持遵循《波茨坦公告》第八条的立场;两国任何一方都不应在亚洲和太平洋地区谋求霸权,每一方都反对其他国家或国家集团建立这种霸权的努力;双方决定在和平共处五项原则的基础上建立持久的和平友好关系;宣布自即日起建立外交关系;日本方面痛感日本国过去由于战争给中国人民造成的重大损害的责任,表示深刻的反省;中国政府宣布:"为了中日两国人民的友好,放弃对日本国的战争赔偿要求"。中日联合声明的签订,实现了中日邦交正常化,揭开了中日两国关系新的一页。

到 1972 年底,同中国建立外交关系的国家已达 88 个,其中有 31 个国家是近两年内建交的。在此期间,中国国际地位日益提高,国际关系进一步得到改善,为开展对外经济技术交流,发展对外贸易,创造了有利条件。

1973 年 6 月,毛泽东会见马里国家元首特拉奥雷时,提出了关于三个世界划分的战略思想。他说:"我们都叫做第三世界,是发展中国家。"1974 年 2 月,毛泽东会见赞比亚总统卡翁达时进一步说明:美国、苏联是第一世界,中间派,日本、欧洲、澳大利亚、加拿大,是第二世界,亚洲、非洲、拉丁美洲的广大发展中国家属于第三世界。希望第三世界团结起来,联合第二世界,反对超级大国的强权政治和霸权主义。三个世界的划分,体现了毛泽东对 20 世纪 70 年代以来世界政治格局的总体看法。

六、中共十大

周恩来主持中央日常工作,使全国工农业生产逐步回升,生产状况和社会秩序都向好的方面发展。在全国各方面工作有所好转的形势下,中共中央决定召开中国共产党第十次全国代表大会。

为了筹备召开十大,1973 年 5 月 20 日至 31 日,在北京召开中央工作会议,确定了十大代表的产生办法和修改党章的原则、方法。根据毛泽东的意见,会议宣布解放谭震林、李井泉、乌兰夫等13 名老干部;又决定王洪文、华国锋、吴德列席中央政治局会议并参加政治局的工作。会上毛泽东提出了抓上层建筑的问题,表示不要光抓生产,不注意抓上层建筑;不抓上层建筑,经济基础也不会那么巩固。这就为十大继续“文化大革命”的“左”倾错误定了基调。

7 月 10 日,中央专案组提出《关于林彪反党集团反革命罪行的审查报告》。报告概述了林彪集团的罪行,分析了林彪叛党叛国的历史根源,建议党中央永远开除林彪、叶群、陈伯达、黄永胜、吴法宪、李作鹏、邱会作等人的党籍,撤销他们在党内外的一切职务。8 月 20 日,中央政治局批准了这个审查报告。

1973 年 8 月 24 日,中国共产党第十次全国代表大会在北京召开。当时全国有 2 800 万党员。大会议程是:周恩来代表中央委员会作政治报告;王洪文代表中央委员会作关于修改党章的报告;选举新的中央委员会。

政治报告揭露了林彪“语录不离手,万岁不离口,当面说好话,背后下毒手”的反革命两面派本质。但报告强调:“九大政治报告是毛主席亲自主持起草的”,“九大的政治路线和组织路线是正确的”。报告要求继续搞好批林整风,发展国民经济。

修改党章的报告,说明了删去原党章总纲关于林彪地位的规定,充实了所谓"两条路线斗争"经验,明确宣布像"文化大革命"这样性质的"革命"以后还要进行多次。新党章还增加了要求党员有"反潮流"的精神。

大会选举出195名中央委员和124名候补中央委员。一些久经考验的、"文化大革命"中备受打击迫害的老干部,如邓小平、王稼祥、乌兰夫、李井泉、谭震林、廖承志等,被选为中央委员。但是追随江青集团的骨干分子,更多地被选进中央委员会。28日,大会闭幕。在30日的十届一中全会上,毛泽东当选为中共中央主席,周恩来、王洪文、康生、叶剑英、李德生当选为副主席。中央政治局委员是毛泽东、王洪文、韦国清、叶剑英、刘伯承、江青、朱德、许世友、华国锋、纪登奎、吴德、汪东兴、陈永贵、陈锡联、李先念、李德生、张春桥、周恩来、姚文元、康生、董必武。中央政治局常务委员会委员是:毛泽东、王洪文、叶剑英、朱德、李德生、张春桥、周恩来、康生、董必武。十大后,江青一伙在中央领导机构中取得了更多的权力。

十大继续坚持"无产阶级专政下继续革命"的错误理论,把毛泽东所说的"天下大乱,达到天下大治,过七、八年又来一次,牛鬼蛇神自己跳出来",认定为"客观规律",预言"党内两条路线斗争将长期存在,还会出现十次、二十次、三十次"。十大使"文化大革命"全局性的错误得以延续下去。

第三节 "批林批孔""左"倾错误进一步发展 "四五运动""四人帮"的覆灭

一、"批林批孔"运动与"四人帮"组阁阴谋的失败

"文化大革命"后期,毛泽东身体不好,同时在思想上已陷于深刻的矛盾之中。一方面,他震惊于林彪的抢班夺权、武装政变和

外逃叛国,痛感林彪一伙的祸害,认识到并开始消除"文化大革命"所造成的某些消极后果,希望结束动乱,恢复安定团结的局面,发展国民经济;另一方面,也仍然坚持"左"倾错误指导思想,强调"文化大革命"的理论和实践是正确的,是为巩固无产阶级专政所必需的。因此,他一方面同意消除一些"文化大革命"所造成的极端严重的后果,另一方面却认为"文化大革命"的路线方针政策及取得的主要成果(如打倒刘少奇,全国山河一片红等),是绝不允许动摇的。当毛泽东看到周恩来的纠"左"行动超出他能允许的范围时,就开始阻止了。1973 年 7 月 4 日,他指责周恩来不抓大事,说周恩来主管的外交部是"大事不讨论,小事天天送,此调不改动,势必搞修正。"12 月 12 日,毛泽东在中央政治局会议上再次对周恩来提出批评,说:"政治局不议政,军委不议军。"在这次会上他提出了八大军区司令员对调问题。21 日,毛泽东在接见中央军委会议的全体人员时,又重提中国出修正主义问题,说如果中国出了修正主义,大家要注意啊! 他认为当时存在着否定"文化大革命",产生修正主义的现实危险。

鉴于林彪在进行反革命政变活动中,多次摘引孔子孟子的话,把毛泽东比喻为当代秦始皇。因此,毛泽东在 7 月 4 日的谈话中把批林与批孔联系在一起,认为林彪同国民党一样,都是"尊孔反法"。8 月 7 日《人民日报》发表毛泽东批准发表的《孔子——顽固地维护奴隶制的思想家》一文。9 月 23 日,毛泽东会见埃及副总统沙菲,明确表示秦始皇是中国封建社会第一个有名的皇帝,我赞成秦始皇,不赞成孔夫子。

这一切,使江青了解了毛泽东的意图,于是搞起上层建筑领域"反倒退"活动,接过"批林批孔"口号进行密谋策划。1974 年 1 月 12 日,王洪文、江青给毛泽东写信,要求把北京大学、清华大学"大批判"组选编的《林彪与孔孟之道》(材料之一)转发全国。毛泽东基于希望通过宣传历史上法家坚持变革、批判儒家反对变革来维护"文化大革命"的理论和实践,防止所谓"右倾翻案",批准了这一要求。中共中央于1月18日将这本小册子转发全党。"批林批孔"运动在全国开展起来了。

　　1月24日,江青未经中央政治局讨论,召开驻京部队批林批孔大会。25日,又召开中共中央、国务院直属机关"批林批孔"动员大会。江青等人打着"批林批孔"的旗号,在大会上发表煽动性演说,对周恩来、叶剑英等中央领导同志进行不指名的攻击。江青胡说"修正主义仍然是当前主要危险","不斗则退,不斗则垮,不斗则修"。大会前后,江青背着中央政治局以个人名义给军队和地方许多单位写信、送材料,并派人到军队领导机关"点火放炮",进行夺权。之后,江青等人利用掌握的宣传大权,操纵、指挥报刊大量刊载御用写作班子梁效、罗思鼎、康晓文、池恒等写的文章,以批孔为名大批"周公""宰相"。江青在天津的一次谈话露骨地宣称:这次运动的重点是批"现代的大儒",批"党内的大儒",矛头直指周恩来。这批御用文章明目张胆地用"孔老二重病在床",影射身患重病的周恩来;把孔子"张开胳膊"改为"端起胳膊",对周总理进行人身攻击。他们还以批"克己复礼","兴灭国、继绝世、举逸民",影射攻击周恩来前一时期所进行的工作是搞"复辟倒退","开历史倒车"。6月14日,江青又大讲"儒法斗争史",以研究儒法斗争的历史经验为名,鼓吹要在中央始终保持一个法家领导集团。她极力吹捧吕后、武则天等历史上的"女皇",宣称"共产主义也要女皇",为她篡党窃国大造舆论。

　　在"批林批孔"期间,江青一伙又大批了所谓"反复辟"。他们把河南唐河县马振扶中学一女学生因未答完英语试卷而自杀的事件,作为"修正主义教育路线复辟回潮"的典型;把著名画家为对外开放的宾馆画的国画叫"黑画";把晋剧《三上桃峰》说成是"为刘少奇招魂";把宣传教师是辛勤"园丁"的湘剧《园丁之歌》称之为"修正主义教育路线的旧调重弹"。

　　通过这场"批林批孔",一大批刚恢复工作的老干部又被重新打倒,各级领导班子再次瘫痪;中国伦理道德传统中的优秀部分,如"尊师爱生"等统统被否定,代之而起的是"斗争哲学";在破"师道尊严"的幌子下,许多教师被迫作检查,接受批判,教学秩序遭到更加严重的破坏;在"反潮流"的名义下,派性再次猖獗起来,有些地方抢枪、抢粮、抢仓库再度发生,造成武斗不止,打砸抢盛行的局面。"批林批孔"使"左"倾错误更加广泛地渗透到历史、哲学、伦理道德等各个思想文化领域和社会生活各方面,使"九一三事件"以后经过艰苦努力刚刚趋于稳定的形势又遭到破坏。

"批林批孔"运动对经济发展也造成了严重破坏。1974 年 2 月 1 日,《人民日报》刊登了上海港务局的一张大字报,说什么我们"要当码头的主人,不做吨位的奴隶"。霎时间,"不做定额的奴隶""不为错误路线生产"等口号到处出现,使不少企业领导不敢抓生产。刚刚开始恢复的国民经济重又陷入动荡之中,出现工业生产急剧下降,铁路运输堵塞,港口压船等现象。据 1974 年 1—5 月统计,煤炭、钢产量分别比去年同期下降 6.2% 和 4.9%,铁路货运量比上年同期下降 2.5%。由于生产下降,影响到财政收入,与上年同期相比,1—5 月收入减少 5 亿元,支出增加 25 亿元。

毛泽东担心全国再度出现动乱的局面,多次批评江青等人。1974 年 2 月 15 日,毛泽东在一个批语中针对江青等人在"批林批孔"大会上的讲话,指出:"现在,形而上学猖獗,片面性,批林批孔,又夹着走后门,有可能冲淡批林批孔。"并扣发他们的讲话录音带。4 月,中共中央发出通知,规定"批林批孔运动在党委统一领导下进行不要成立战斗队一类群众组织,也不要搞跨行业、跨地区一类的串连。"7 月,中央又发出《关于抓革命、促生产的通知》,批判了"造领导的反就是反潮流""不为错误路线生产"等错误言论,并指出要揭发批判停工停产的幕后操纵者。7 月 17 日,毛泽东在中央政治局会议上批评江青说:"不要设两个工厂,一个叫钢铁工厂,一个叫帽子工厂,动不动就给人戴大帽子";并当众宣布:"她并不代表我,她代表她自己。""总而言之,她代表她自己。"①毛泽东还批评王洪文、张春桥、江青、姚文元搞帮派活动。毛泽东说:"你们要注意呢,不要搞成四人小宗派呢!"这是第一次提出"四人小宗派"的问题。

1974年10月11日,中共中央发出通知,决定在最近期间召开第四届全国人民代表大会。通知还传达了毛泽东的意见:"无产阶级文化大革命,已经八年。现在,以安定为好。全党全军要团结。"江青把这次会议看做权力再分配的好时机,妄图利用这次会议"组阁",窃取更多权力。

早在10月4日,毛泽东因周恩来病重住院,提议邓小平任国务院第一副总理,主持国务院的工作。江青一伙对此非常不满,竭力阻挠。经过密谋,江青在10月17日晚的中央政治局会议上提出"风庆轮"问题,指责向外国买船是"崇洋媚外",对邓小平发动突然袭击。邓小平当即进行了坚决斗争。当晚,江青一伙再次密谋。次日,王洪文飞抵长沙向毛泽东告状,造谣说北京大有"庐山会议味道",妄图阻挠邓小平出任第一副总理,实现由他们组阁的阴谋。王洪文当即受到毛泽东的批评。两天后,江青又派人向毛泽东告状,说财政收支和对外贸易中的逆差,是国务院领导"崇洋媚外"所造成的,又把邓小平的回击诬作"二月逆流"。这时毛泽东已意识到江青的企图,几次批评她。11月12日,毛泽东在江青来信上批示:"不要由你组阁(当后台老板)。""江青有野心,她想叫王洪文作委员长,她自己作党的主席。"12月23日,抱病工作的周恩来和王洪文一起到长沙向毛泽东汇报国家人事安排。毛泽东再次指出江青有野心,警告王洪文:"四人帮"不要搞了,搞宗派要摔跤的。明确表示:总理还是我们的总理。毛泽东高度评价邓小平,提议邓小平担任党的副主席、国务院副总理(名次在其他副总理前)、军委副主席和总参谋长,在京主持工作。毛泽东的

① 《建国以来毛泽东文稿》第13册,中央文献出版社1998年版,第394页。

批评和揭露,阻止了江青的"组阁"阴谋,保证了四届人大的顺利召开。

1975年1月5日,中共中央发出一号文件,任命邓小平为中央军委副主席兼总参谋长。1月8日至10日,召开中国共产党第十届中央委员会第二次全体会议,全会讨论了四届人大的准备工作,选举邓小平为中共中央副主席、中央政治局常委。

二、四届全国人大一次会议

1975年1月,四届全国人民代表大会第一次会议在北京举行。出席会议的代表共2 864名。这些代表并不是自下而上由人民群众民主选举,而是通过所谓"民主协商"产生的。有的人就是以"无产阶级文化大革命和批林批孔运动中涌现出来的先进分子"名义参加大会的。

1月5日至12日,大会举行预备会,讨论会议的主要文件和其他准备工作。13日,大会正式开幕。会议议程是:修改宪法,通过政府工作报告,选举和任命国家领导人。大会由朱德委员长主持。张春桥代表中共中央向大会作《关于修改宪法的报告》。周恩来代表国务院作《政府工作报告》。

《关于修改宪法的报告》把所谓整个社会主义历史阶段的基本路线,即"在社会主义这个历史阶段中,还存在着阶级、阶级斗争,存在着社会主义同资本主义两条道路的斗争,存在着资本主义复辟的危险性",作为修改宪法的指导思想。这就把"文化大革命"以来所推行的"以阶级斗争为纲"的"左"倾错误,用法律的形式肯定下来。新宪法又把"四大"即"人民群众有运用大鸣、大放、大辩论、大字报的权利"规定下来,这就为江青集团篡权提供了合法手段。这次制定的新宪法,对人民民主权利和社会主义法制等方面的规定,与以前的宪法相比大大地退步了。

周恩来抱病所作的《政府工作报告》,重申了三届人大一次会议政府工作报告中提出的,从第三个五年计划开始,我国国民经济发展按两步走的设想:第一步,在 1980 年以前,建成一个独立的比较完整的工业体系和国民经济体系;第二步,在 20 世纪内实现农业、工业、国防和科学技术的现代化,使我国国民经济走在世界前列,成为社会主义的现代化强国。报告还指出:为使我国社会主义经济有更大的发展,要继续执行以农业为基础,工业为主导的方针;要按照农、轻、重的次序安排国民经济计划;要在国家统一计划下充分发挥中央和地方两个积极性。

17 日,大会通过了修改后的《中华人民共和国宪法》和《政府工作报告》。大会选举朱德继续担任全国人民代表大会常务委员会委员长,董必武、宋庆龄等 22 人为副委员长。大会决定周恩来继续担任国务院总理。邓小平、张春桥、李先念、华国锋等 12 人为副总理。以周恩来、邓小平为核心的国务院领导人选的确定,给广大人民群众以极大的鼓舞,为邓小平随后主持国务院工作奠定了基础。但大会通过的报告、决议和宪法,未能摆脱"左"倾错误的影响。

三、邓小平主持中央工作和各条战线的短暂整顿

1974 年的国民经济计划,因"批林批孔"运动的干扰,工农业总产值仅完成 95.6%。与上年相比,钢减产 16.8%,原煤减产 1%,棉纱减产 8.3%,棉花减产 4%,铁路货运量下降 5.2%,新增固定资产交付使用率下降 5.3%,外贸逆差 6.7 亿美元,财政赤字 7.7 亿元。

1974 年的经济情况引起全国上下的不满,也引起了毛泽东的注意。当年 11 月毛泽东同李先念谈话时指示,要"把国民经济搞上去"。

四届人大以后,周恩来病重住院治疗,邓小平在毛泽东支持下主持中央日常工作。为把国民经济搞上去,邓小平做了不少工作。

1975 年 2 月 10 日,毛泽东批准《中共中央批转 1975 年国民经济计划的通知》,要求全党"团结一切可以团结的人,调动一切

积极因素,坚持抓革命、促生产、促工作、促战备的方针,把国民经济搞上去,当前特别要把交通运输和煤炭、钢铁生产抓上去"。中央批转的1975年的计划指标是:工农业总产值比上年预计数增长11%左右。其中工业增长14%左右,农业增长3%左右。主要产品的生产指标:粮食5 600亿斤,棉花5 200万担,钢2 600万吨左右,原煤4.3亿吨,原油7 500万吨,发电量1 830亿~1 900亿度,棉纱1 150万~1 200万件,铁路货运量8.5亿吨。国家预算内基本建设投资300亿元,加上地方自筹投资,总规模为375亿元,计划施工的大中型项目1 106个,其中新开工项目48个,建设重点是18个大型化肥、化纤、乙烯和轧机项目。这个文件在全国干部和群众中进行了传达,得到全国人民的拥护和支持。

要发展经济,当时迫切需要先解决两个问题,一是铁路运输阻塞,一是钢铁产量下降。

自"批林批孔"开始,徐州、南昌、郑州等铁路局的运输严重堵塞,津浦、京广、陇海、浙赣四条铁路干线不能畅通。全国铁路日装车1975年1月份是4.58万车,到2月份降为4.29万车,与实际需要差1.2万车,这严重危及许多地区的工业生产和城市人民的生活。为了扭转这种情况,中共中央于2月25日召开全国工业书记会议。邓小平在会上指出,解决铁路问题的办法,还是要加强集中统一,建立必要的规章制度,增强组织性纪律性,反对派性,把闹派性的头头调开。会议期间发出了《中共中央关于加强铁路工作的决定》。由于贯彻了中央的决定,只用了一个多月的时间,全国铁路运输的形势迅速好转。到4月份,堵塞严重的几个铁路局都疏通了,全国20个铁路局,除南昌局外,都超额完成了国家计划,全国铁路平均日装车量达到5.37万车,比2月份平均日装车多1万多车;煤炭日装车达7 800多车,是五年来第一次完成计划;列车安全正点率也大大提高。

接着是整顿钢铁工业。1975年前四个月,全国钢欠产已达195万吨。5月8日,中共中央召开钢铁工业座谈会,邓小平在会上发表了《当前钢铁工业必须解决的几个问题》讲话,提出了整顿钢铁工业四条办法:第一,从冶金工业部到各个厂,都要建立起一个坚强的领导班子,限期解决领导班子"软、懒、散"的问题;第二,发动群众同资产阶级派性作寸步不让的坚决斗争;第三,认真落实政策;第四,建立必要的规章制度和强有力的生产指挥系统。经过一个月的整顿,到6月份,全国钢的平均日产量达到7.24万吨,超过全年计划平均日产水平,欠产局面根本改观。

自邓小平狠抓整顿工作以后,1975年上半年的工业生产情况有了明显的好转,从3月份以来一月比一月好,原油、原煤、发电量、化肥、水泥、内燃机、纸及纸制品、铁路货运量等在5、6月份创造了历史上月产最高水平。在这样的形势下,国务院于6月间召开了一次计划工作务虚会,对经济工作的路线、方针和政策问题进行了比较全面的研究,提出了一些重要的意见。为进一步解决工业发展方向不明、政策不清、无章可循、管理混乱等问题,国务院委托国家计委起草了《关于加快工业发展的若干问题》(简称《工业二十条》)。它强调不能把搞好生产当作"唯生产力论"和业务挂帅来批;要调整领导班子,把被坏人篡夺的领导权夺回来;建立以岗位责任制为中心的生产管理系统和强有力的生产指挥系统;坚持按劳分配等。它是继1961年《工业七十条》之后,对中国工业建设经验教训的又一次总结,可惜它还没有形成正式文件,就被"四人帮"扼杀了。

6月24日至7月15日,中央军委在北京召开扩大会议,讨论解决军队调整编制体制等问题。邓小平强调,军队必须加强组织性、纪律性,加强军政团结、军民团结和军队本身的团结;军队建设要解决"肿、散、骄、奢、惰"五个字,军队领导班子要解决"软、懒、散"的问题。根据会议精神,军队各大单位的领导班子迅速作了调整,把一批追随"四人帮"、坚持派性的人调了下去,同时落实了干部政策。这就有力地稳定和巩固了军队,对后来顶住"四人帮"的篡党夺权起了极为重要的作用。

7月,毛泽东两次谈到文艺问题,指出:"百花齐放都没有了。""怕写文章,怕写戏。没有小说,没有诗歌。"①党的文艺政策应该调整一下,要逐步扩大文艺节目。② 邓小平抓住这个时机开始对当时处于百花凋零状况的文艺工作进行整顿。他一面强调调整文艺政策,提出要搞百花齐放,不要一花独放;一面在严格保密的情况下组织人力对文艺界的现状进行调查,并鼓励文艺界知名人士向中央反映情况。根据毛泽东的意见,电影《创业》《海霞》《万水千山》《长征组歌》等有影响的节目也被批准重新公演。10月底,举行了聂耳、冼星海音乐会。所有这些都打击了"四人帮"独霸文艺阵地的嚣张气焰,使文艺领域开始出现了新气象。

科技的整顿也同时开始。6月,派张爱萍解决七机部问题。7月,派胡耀邦到中国科学院。胡耀邦经过调查研究,在9月份主持起草了《关于科技工作的几个问题》(即《科学院工作汇报提纲》),针对"左"倾错误造成的危害和影响,提出了加强发展科学技术的一系列指导原则和具体政策。邓小平在听取科学院工作汇报时,强调科研必须走在国民经济的前面,对有水平的科技人员要爱护和鼓励,那些一不懂行、二不热心、三有派性的人不能留在领导班子里。

9月15日至10月19日,中共中央先在昔阳、后在北京召开了农业学大寨会议,重点讨论普及大寨县和1980年实现农业机械化的问题,并提出对农业进行整顿的任务。邓小平在开幕式上讲话,指出我国农业还很落后,很可能拖国家建设的后腿。现在全国存在着各方面的整顿问题,工业、农业、商业、文化教育、科研队伍都要整顿。文艺,毛泽东叫调整,实际上也是整顿。会后,各地抽调了上百万干部到农村帮助社队进行整顿。为了落实农村经济政策,中央专门发文件,强调不能把社员正当的家庭副业当作资本主

---

① 《建国以来毛泽东文稿》第13册,中共文献出版社1998年版,第443页。
② 《建国以来毛泽东文稿》第13册,中央文献出版社1998年版,第446页。

义去批判。

针对当时教育事业摧残严重、教师挨骂、学生不读书的现象，邓小平强调指出，要使科技事业后继有人，中心是办好教育，要调动教师的积极性，选数理化好的高中生入科技大学。10月，教育部在周荣鑫主持下，开始起草教育工作汇报提纲，准备经中央批准后对教育进行全面整顿。

对理论宣传的整顿难度更大。为了打破"四人帮"独霸理论宣传的局面，邓小平采取了另起炉灶的办法。6月，经中共中央批准，国务院设立了政治研究室。为阐明和宣传整顿的指导思想和大政方针，为从思想上、理论上破除阻碍整顿的"左"倾错误观点，政治研究室根据邓小平多次讲话的精神，于1975年10月中旬起草了《论全党全国各项工作的总纲》。"总纲"针对"四人帮"散布的"左"倾观点进行了抨击，提出要识破那些继承林彪的衣钵，打着"反修正主义"旗号搞修正主义，打着"反复辟"旗号搞复辟的反马克思主义的阶级敌人，把他们篡夺的权力夺回来。还提出，一切政党工作成绩的大小好坏，路线正确与否，归根结底要看它对生产力的发展是否有帮助及帮助大小。在争夺理论宣传阵地的斗争中，邓小平还明确提出要正确宣传毛泽东思想的问题。这篇"总纲"没有定稿，更没有在报刊上发表。

随着各方面整顿的开展，党组织的整顿也提到议事日程上来了。9月27日，邓小平在农村工作座谈会上作《各方面都要整顿》的讲话，强调整顿的核心是党的整顿，只要抓住整党这个中心环节，各个方面的整顿就不难。整党的主要任务是要整顿各级领导班子，农村包括公社、大队一级，工厂包括车间一级，科研机构包括研究室一级，这样解决问题比较快。

从2月到10月，整顿工作由经济领域迅速发展到上层建筑。邓小平进行的全面整顿，实质上是要纠正"文化大革命"的"左"倾错误，恢复党的正确路线。经过各方面的整顿，全国形势日趋好转，工农业生产有了较快发展。1975年工农业总产值达到4 467

亿元,比上年增长 11.5%,其中工业总产值增长 15.1%,农业虽然部分地区遭受特大洪灾,但总产值仍增长 4.6%。主要产品产量:粮食增产 927 万吨,钢增产 278 万吨,原煤增产 6 900 万吨,原油增产 1 221 万吨,发电量增加 270 亿度,纱增产 168 万件,铁路货运量增加 10 183 万吨,社会商品零售总额增加 108 亿元,财政赤字只有 5.3 亿元。这是继周恩来主持中央日常工作后,出现的又一次新的转机。

四、学习"无产阶级专政理论"和"批邓、反击右倾翻案风" 国民经济的再次恶化

毛泽东虽然支持邓小平主持中央日常工作,但依然坚持"文化大革命""左"的错误指导思想。1975 年 2 月 18 日,中共中央发出《通知》,要求组织广大党员、干部和党外群众学习毛泽东《关于理论问题的指示》。1974 年 10 月 20 日,毛泽东在会见丹麦首相保罗·哈特林时,谈到无产阶级专政理论问题。他说:"总而言之,中国属于社会主义国家。解放前跟资本主义差不多。现在还实行八级工资制,按劳分配,货币交换,这些跟旧社会没有多少差别。所不同的是所有制变更了。"12 月 26 日,他又对周恩来说:"列宁为什么说对资产阶级专政,要写文章"。"这个问题不搞清楚,就会变修正主义。要使全国知道"。"我国现在实行的是商品制度,工资制度也不平等,有八级工资制,等等。这只能在无产阶级专政下加以限制。所以,林彪一类如上台,搞资本主义制度很容易"。他还说:"列宁说:'小生产是经常地、每日每时地、自发地和大批地产生着资本主义和资产阶级的。'工人阶级一部分,党员一部分,也有这种情况。无产阶级中,机关工作人员中,都有发生资产阶级生活作风的。"这些话表明,毛泽东不仅仍在坚持"文化大革命"的错误方针路线和基本作法,而且进一步从理论上做了补充。

"四人帮"对组阁失败是不甘心的,于是利用学习"无产阶级

专政理论"来达到他们掌握更多权力的目的。1975 年 2 月 9 日,《人民日报》发表《学好无产阶级专政的理论》的社论,传达毛泽东关于理论问题的谈话内容。在全国立即掀起学习这个谈话的运动。1975 年 2 月 22 日,《人民日报》发表张春桥、姚文元主持摘编的《马克思恩格斯列宁论无产阶级专政》的语录共 33 条,对马克思、恩格斯、列宁关于无产阶级专政的论述作了片面的教条式的引证。3 月 1 日,张春桥在全军各大单位政治部主任会议上讲话,鼓吹经验主义是当前的主要危险。同日,姚文元发表《论林彪反党集团的社会基础》,鼓吹"现在,主要危险是经验主义",借此攻击以周恩来、邓小平为代表的无产阶级革命家。随后,江青也鼓吹:"经验主义是当前的大敌"。4 月 1 日,《人民日报》又发表张春桥《论对资产阶级的全面专政》。在这篇文章里他肆意歪曲马克思主义关于无产阶级专政的学说,提出所谓在"一切领域","在革命发展的一切阶段实行全面专政"。"四人帮"抓理论是为了夺权,这一点张春桥讲得很明白,"理论上的权威必然转化为组织上的权威"。

邓小平对"四人帮"的挑衅进行了坚决斗争。4 月,他就"四人帮"提出的"反经验主义为纲"的问题向毛泽东请教,并提出自己的看法,引起毛泽东的重视。4 月 23 日,毛泽东对姚文元指使新华社写的《关于报道学习无产阶级专政理论问题的请示报告》作了批示,他指出"提法似应提反对修正主义,包括反对经验主义和教条主义,二者都是修正马列主义的,不要只提一项,放过另一项。"5 月 3 日,毛泽东召集在京的中央政治局委员谈话,对"四人帮"的反"经验主义"和宗派活动再次提出批评。反复强调要安定团结,提出要搞马克思主义,不要搞修正主义;要团结,不要分裂;要光明正大,不要搞阴谋诡计。叫江青、张春桥、姚文元、王洪文不要搞"四人帮"。根据毛泽东的意见,5 月 27 日和 6 月 3 日,邓小平两次主持中央政治局会议,对"四人帮"进行了批评。在此后的一段时间内,"四人帮"的活动有所收敛,为当时正在进行的整顿工作提供了较为有利的条件。

但"四人帮"作乱之心不死,又利用毛泽东1975年8月14日对小说《水浒》的评价大做文章。毛泽东说:《水浒》这部书,"好就好在投降。做反面教材,使人民都知道投降派。"姚文元写信给毛泽东说,评论《水浒》对于在本世纪和下世纪坚持马克思主义、反对修正主义有"重大的深刻的意义"。提出应组织或转载评论文章,以充分发挥这部"反面教材"的作用。毛泽东采纳了姚文元的意见。中共中央转发毛泽东对《水浒》的评论。这样"四人帮"又策动了"评《水浒》运动"。以批"宋江"、批"投降派",影射攻击要求纠正"文化大革命"错误的周恩来、邓小平等中央领导人。9月17日,江青在山西大寨说:"《水浒》的要害是架空晁盖,现在党内有人架空毛主席"。毛泽东得知江青的讲话后,立即批评了她,斥责她的讲话是"放屁,文不对题"。明确指示,"稿子不要发,录音不要放,讲话不要印。"毛泽东的批评抑制了"四人帮"的猖狂活动。

毛泽东支持邓小平工作,是有条件的,是要邓小平在肯定"文化大革命"基本方针的前提下实现安定团结,把国民经济搞上去。1975年9月和11月,毛泽东听了联络员毛远新两次歪曲情况汇报后,对邓小平的态度发生了变化。毛远新在汇报中说:"感到社会上有股风,就是对文化大革命怎么看,是肯定还是否定,成绩是七个指头还是错误是七个指头,有分歧。"这股风,"似乎比七二年批极左还凶些。""我很注意小平同志的讲话,我感到一个问题,他很少讲"文化大革命"的成绩,很少提批刘少奇的修正主义路线"。"担心中央,怕出反复"。毛远新在汇报中还竭力否定当时各条战线经过初步整顿所取得的成绩。联系到不久发生的清华大学党委副书记刘冰等人给毛泽东写信,反映该校党委书记迟群、副书记谢静宜在思想意识、工作作风等方面的问题。毛泽东认为:"有两种态度,一是对文化大革命不满意,二是要算账,算文化大革命的账。"他认为"他们信中的矛头是对着我的。""小平偏袒刘冰。"

毛泽东不能容忍任何从根本上否定"文化大革命"的事情发生。

11月下旬,中共中央在京召开"打招呼会议",邓小平在会上宣读了经毛泽东审阅批准的《打招呼的讲话要点》。"要点"认为,清华大学出现的问题绝不是孤立的,是当前两个阶级、两条道路、两条路线斗争的反映。这是一股右倾翻案风。打招呼会正式向全国提出了"反击右倾翻案风"的问题。至此整顿工作被迫中断。26日,中共中央向各省、市、自治区党委第一书记等通报了打招呼会议的情况,此后,运动推向全国,不点名地批判邓小平。

1976年元旦《人民日报》、《红旗》杂志、《解放军报》发表社论《世上无难事,只要肯登攀》,向全国人民传达了毛泽东对邓小平的指责,强调"阶级斗争是纲,其余都是目"。

"四人帮"利用毛泽东的决策错误,把1975年邓小平主持进行的工作诬蔑为"右倾翻案风""整顿就是复辟";他们把恢复工作的老干部诬称是"还乡团",抛出"老干部—民主派—走资派—党内资产阶级"的公式,煽动层层揪"走资派""复辟派""投降派",企图把一大批党政军领导干部重新打倒;他们诋毁四个现代化是为"资本主义准备物质基础";把抓生产建设说成"唯生产力论",胡说"革命搞好了,生产下降也可以",声称"八亿人民生活苦一点没有关系";把按劳分配原则说成"产生资产阶级分子的基础",关心群众生活是搞"物质刺激";攻击出口石油是"卖国主义",引进成套乙烯装置是"崇洋媚外""买办阶级""比蒋介石还厉害";诬称加强企业管理是鼓吹"修正主义王法"、搞"管、卡、压";搞经济核算是"利润挂帅"。甚至提出"利润越低越好"。他们把全国搞得乌烟瘴气,国家再次陷入混乱状态,国民经济急剧下降。据国家计委的报告:1976年1月至5月份,钢少产123万吨,钢材少产86万吨,化肥少产58万吨,棉纱少产57万件。这些严重影响了生产建设的物资供应,影响了市场和财政收入。1月至5月,轻工业生产大约少供应14亿元商品,财政收入大约少收20亿元。

五、"四五运动""四人帮"的覆灭 "无产阶级文化大革命"结束

1976年1月8日,周恩来与世长辞,全国人民无限悲痛。11日下午4时45分,周恩来的遗体送往八宝山火化时,首都百万群众自动伫立在十里长街默哀送灵。

但是"四人帮"却一再下禁令,不许人们悼念周恩来,不让报纸报道悼念活动,反而发表《大辩论带来大变化》等"批邓"文章。"四人帮"的所作所为引起人民强烈的不满和反对。

1月下旬,中共中央政治局根据毛泽东的提议,确定华国锋任国务院代总理和主持中央日常工作,邓小平专管外事。

2月下旬,由华国锋主持,中共中央分批在北京召开各省、市、自治区和各大军区负责人"打招呼"会议,传达《毛主席重要指示》,部署各地各部门的"反击右倾翻案风"运动。在《指示》里,毛泽东对"文化大革命"的错误理论和实践,依然采取肯定的态度。"对文化大革命,总的看法:基本正确,有所不足"。在《指示》中,错误地点名批评邓小平,认为"他这个人是不抓阶级斗争的","代表资产阶级"。但也表示:"他还是人民内部问题"。华国锋在会上要求各地各部门"深入揭发批判邓小平同志的修正主义路线错误","要牢牢掌握斗争大方向"。"批邓"的问题正式在党内公开。

"四人帮"利用"批邓"另搞一套。"四人帮"利用他们所把持的宣传舆论工具,向邓小平进行恶毒攻击。把"三项指示为纲"说成是"翻案复辟的政治纲领","实现四个现代化"是在鼓吹"阶级斗争熄灭论"和"唯生产力论",并把"党内不肯改悔的走资本主义道路的当权派""右倾翻案风的风源"等罪名扣到邓小平身上。3月2日,江青私自召集12个省、自治区的负责人开会,大批邓小平,诬称邓小平是"代表买办资产阶级""国际资本家的代理人"和"大汉奸"。毛泽东虽然批准发起"反击右倾翻案风"运动,并且点了邓小平的名,但他并不赞成全盘否定邓小平,因而在

10日批示:"江青干涉太多了",并让人转告华国锋:江青的这个讲话是不对的。这场运动一开始,毛泽东曾强调运动不要冲击工业、农业、商业、军队。可是姚文元却在2月25日发出"工农业方面要考虑扩大批判"的指令。

"批邓、反击右倾翻案风",完全违背了广大人民的意愿,使广大群众对"文化大革命"的错误和"四人帮"的真面目有了更进一步的认识。

3月5日,新华社播发沈阳部队广大指战员纪念毛泽东题词"向雷锋同志学习"发表13周年的纪念文章,其中引用了周恩来的题词"憎爱分明的阶级立场,言行一致的革命精神,公而忘私的共产主义风格,奋不顾身的无产阶级斗志。"全国报刊对这篇文章大多按原文刊载,唯独上海《文汇报》例外,一是把它挤到第四版,二是删掉周恩来的题词。过了20天,《文汇报》在题为《走资派还在走,我们就要同他斗》的新闻稿里,居然出现"党内那个走资派要把被打倒的至今不肯改悔的走资派扶上台"这样令人不能容忍的词句,激起人民极大义愤。3月底,南京市人民首先起来揭露和声讨《文汇报》反周恩来的事件,贴出"打倒大野心家大阴谋家张春桥","揪出《文汇报》的黑后台"等大标语,并不顾高压到梅园新村和雨花台悼念周恩来和革命烈士。

与此同时,北京上百万人连续几天到天安门广场,在人民英雄纪念碑前敬献花圈、花篮,张贴标语,朗诵诗歌,发表演说,抒发对周恩来的悼念之情,痛斥"四人帮"的倒行逆施。4月初,在全国范围内掀起了以天安门为中心的悼念周恩来、反对"四人帮"的强大抗议运动。

根据中共中央政治局的意见,北京市委于4月2日派出民兵、警察干预群众悼念活动。在传达上级禁令里说"清明节是鬼节","送花圈是四旧","天安门有反革命分子活动捣乱"。这样更激怒了群众。3日,到天安门广场的达100万人次,并出现了针锋相对的驳斥"四人帮"谬论的诗词。

4月4日是清明节，天安门广场的悼念活动达到高潮。估计这天到天安门广场的达200万人次，有1400多个单位送了2073个花圈。当晚，中央政治局开会，会议认为：天安门前聚集那么多人，公开发表"反革命"演说，这是新中国成立以来没有过的，是有计划有组织的所谓"反革命性质的反扑"，是"反革命"煽动群众借此反对毛泽东，反对中央，干扰破坏斗争大方向。江青提出：清明已过，要连夜把花圈撤走，要抓发表"反革命演说"的人。会议决定搞一次大反击。毛泽东批准了会议决定。中共北京市委遵命对群众采取镇压措施。

4月5日，广大群众继续涌向天安门广场，发现花圈全被收走，守卫花圈的人也被抓走，异常气愤，要求"还我花圈""还我战友"，《国际歌》歌声响彻云霄。在交涉过程中，群众同部分民兵、警察、战士发生冲突，在混乱中，公安部出动的广播宣传车和几辆小汽车被群众砸坏，天安门广场东南角的"工人民兵指挥部"着火。下午6时半，广场播发北京市委第一书记吴德的录音讲话，声称"天安门广场有坏人进行破坏捣乱，进行反革命破坏活动"，要人们迅速离开广场。晚9时半，1万名民兵、3000名警察和5个营的卫戍部队，带着木棍、铁棒封锁广场，采取合围的方式，殴打并逮捕留在广场里的群众。这就是震惊中外的"天安门事件"。

中央政治局和毛泽东对天安门事件的性质作了错误的决断。4月7日，毛泽东同意公开发表姚文元组织炮制的《人民日报》记者关于天安门事件的所谓"现场报告"。这篇报道捏造罪名诬陷悼念周恩来是"反革命活动"，说天安门广场发生的事件是"反革命政治事件"，"扭转当前批邓和反击右倾翻案风的大方向"。当晚，中央政治局根据毛泽东提议通过了两个决议：第一个决议是华国锋任中共中央第一副主席，国务院总理；第二个决议是撤销邓小平党内外一切职务，保留党籍，以观后效。

以天安门事件为代表的悼念周恩来、反对"四人帮"的强大抗议运动，实质上是拥护以邓小平为代表的党的正确领导。这场运动为后来粉碎"四人帮"奠定了群众基础。

　　天安门事件发生以后,在全国展开了更大规模的"批邓"运动。"四人帮"露骨地提出:"有一层人势力很顽固",要特别警惕"中央出修正主义",要"一级盯一级","一级一级往上盯","一直盯到中央政治局"。7月,"四人帮"指使上海、辽宁的爪牙在全国计划工作座谈会上发难,诬蔑1975年国务院务虚会和全国计划会议是"右倾翻案风的风源","是复辟的高潮",借此向华国锋和中央其他领导人发动攻击。7月28日,河北唐山、丰南地区发生强烈地震,波及天津、北京。这次地震累计死亡24.2万多人,重伤16.4万人,物质损失惨重。中共中央派出以华国锋为总团长的中央慰问团慰问受灾群众,转达党中央、毛泽东对灾区人民的关怀。但"四人帮"却认为这是"以救灾压批邓",竟然说出"抹掉个唐山算得了什么"的话。8月23日《人民日报》发表社论《抓住要害,深入批邓》,将《论全党全国各项工作的总纲》《关于加强工业发展的若干问题》和《关于科技工作的几个问题》等三个文件诬之为"三株大毒草",是所谓"邓小平修正主义纲领的产物"。社论认为《论全党全国各项工作的总纲》是"邓小平复辟资本主义的政治宣言",说《关于加快工业发展的若干问题》是"加快资本主义复辟"的工业管理条例,说《关于科技工作的几个问题》是"反对无产阶级在整个上层建筑领域对资产阶级实行全面专政的一个修正主义标本"。据统计从8月23日至10月6日的短短四十几天里,仅《人民日报》发表的批判文章就有上百篇。但他们发动的批判受到广大干部群众的广泛抵制。

　　7月6日,中共中央政治局常委、全国人大常委会委员长朱德逝世。

　　9月9日,中共中央主席、中央军委主席、全国政协名誉主席毛泽东逝世。毛泽东是伟大的马克思主义者,是伟大的无产阶级革命家、战略家和理论家,是中国共产党、中国人民解放军、中华人民共和国的主要缔造者。他为中国共产党和中国人民解放军的创立和发展,为中国各族人民解放事业的胜利,为中华人民共和国的缔造和我国社会主义事业,建立了不可磨灭的功勋。他为世界被压迫民族的解放和人类进步事业作出了重大的贡献。他从1957年以来,特别是在"文化大革命"中犯了严重错误,使国家遭受了重大损失,延缓了中国现代化的进程。但这些错误是在探索中国的社会主义道路过程中所犯的错误。就毛泽东的一生来看,功绩是第一位的,错误是第二位的。全党全军和全国人民为失去自己的领袖深感悲痛,也为党和国家的前途深切忧虑。

在毛泽东病重之际,"四人帮"加紧夺权步伐。他们在上海的死党已于8月15至25日突击向上海民兵发枪7.42万支,大炮300门,各种弹药1 000多万发。毛泽东逝世的第二天,又发各种子弹600多万发,炮弹1.5万多发。9月11日,王洪文不通过党中央和中央办公厅,擅自在紫光阁架设17部电话,组成与各省、市、自治区联系的电话网,并盗用中央办公厅的名义,通知全国各地,要求重大问题都要直接向他们请示报告,企图取代中央的领导。"四人帮"伪造了一个所谓毛泽东临终嘱咐"按既定方针办"。在9月16日的两报一刊社论《毛主席永远活在我们心中》中公开发表。9月19日,江青要求中央政治局召开"紧急常委会",说要讨论"重大问题",并提出她和姚文元、毛远新也要参加常委会。9月21日和28日,张春桥两次要上海死党加紧为武装叛乱作准备。9月29日,江青在政治局会议上公开提出"毛主席逝世了,党中央的领导怎么办?"10月4日,《光明日报》登载梁效文章《永远按毛主席的既定方针办》,声称谁要改这条"遗言"就是背叛马克思主义、背叛社会主义、背叛无产阶级专政下继续革命的理论,决然没有好下场。文章影射攻击中央领导是"修正主义头子"。"四人帮"已拟定了政变后党和政府部长以上的人选名单,并照了标准像,还到处散布说10月7、8、9日有"特大喜讯"。

党和国家面临着严重的危机。10月6日晚8时,以华国锋、叶剑英等为核心的中央政治局采取断然措施,对王洪文、张春桥、

266

江青、姚文元实行隔离审查。当晚,由华国锋召集的中央政治局会议一致同意粉碎"四人帮"的果断行动。7 日,中央政治局一致通过华国锋任中共中央主席、中央军委主席。这个决定后由 1977 年 7 月举行的十届三中全会追议。

"四人帮"在上海的死党获悉江青等人被拘禁后,妄图发动武装叛乱。由于中共中央为解决上海问题作了周密部署,采取了有力措施,反革命武装叛乱未能得逞。

10 月 21 日至 30 日,全国 29 个省、市、自治区的亿万群众,先后举行了盛大的集会和游行,庆祝粉碎"四人帮"的历史性胜利。粉碎"四人帮"的胜利,从危难中挽救了国家,挽救了党,挽救了中国的社会主义事业。华国锋、叶剑英等领导人在粉碎"四人帮"的斗争中发挥了重要作用。以粉碎"四人帮"为标志,"文化大革命"至此结束。

1976 年,是"四人帮"对生产建设破坏最严重的一年,加上唐山大地震的影响,整个国民经济遭受重创。这年工农业总产值仅比上年增长 1.7%,大大低于计划要求的 7%～7.5%;国民收入下降 2.7%,减少 10 多亿元。主要产品产量:粮食 5 726 亿斤,完成计划 99%。号称"天府之国"的四川需调进粮食,全国第一个达到《农业发展纲要》所规定指标的浙江省这时也大量吃返销粮。棉花只产 4 111 万担,完成计划的 79%。钢完成计划的 79%,倒退到 1971 年水平。原煤增加 100 万吨,完成指标 100.1%。原油 8 716 万吨,完成计划的低限指标。发电量 2 037 亿度,完成计划的 96%。纱 1 080 万件,完成计划的 88%。铁路货运量减少 4 889 万吨,完成计划的 91%。基本建设投资比上年减少 32.8 亿元。固定资产交付使用率为 58.9%。全部建成的大中型项目 85 个,比上年少 82 个,这是历史上投资效果最差的一年。进出口贸易比上年减少 13.1 亿美元。国家财政赤字达 29.6 亿元。

"无产阶级文化大革命"在国家政治制度上、法制上造成了极大的混乱和破坏。国家主席竟然被迫害致死;大批党政军机关、企业、事业单位的领导人被造反的群众打倒,遭到迫害。仅据对林彪、江青两个集团《起诉书》所列举的受诬陷名单统计,党和国家领导人受诬陷的有38人,其他中央党政军领导干部、民主党派负责人、各界知名人士受诬陷的有382人,受到残酷迫害的干部和群众有70多万人,被迫害致死的达3.4万多人。总的估计,因大量冤假错案受到诬陷、迫害和株连的达1亿人以上。

"无产阶级文化大革命"是一场由毛泽东错误发动,被林彪、江青两个集团利用,给党、国家和各族人民带来严重灾难的内乱。它的出现有国内社会历史原因,也有国际的背景。毛泽东发动这场"文化大革命"的出发点是防止资本主义复辟,维护党的纯洁性和走中国自己的社会主义道路。但他对党和国家政治状况做了错误估计,混淆了是非和敌我。1957年反右派斗争以后,党和毛泽东在社会主义社会阶级斗争问题上"左"的错误不断发展,是导致"文化大革命"发动和持续十年之久的直接原因。党内和国内不断增长的个人专断作风和个人崇拜现象,损害了民主集中制原则,为"文化大革命"的发动提供了便利条件。林彪、江青两个集团利用和助长了毛泽东的错误,背着他进行了大量阴谋活动,这也是导致"文化大革命"发生和持续不止的重要原因。"文化大革命"的发动还有深刻的社会历史根源。中国作为一个封建历史很长的国家,封建专制主义遗毒和小农经济的平均主义思想不易短时间内肃清。这对我国的社会主义建设事业会产生消极的影响。苏联领导人挑起中苏论战以及对中国政治、经济、军事上的压力,引起中国党内和国内"防修"的警惕性空间增强。与此同时,毛泽东晚年对社会主义建设的长期性、复杂性和艰巨性缺乏深刻认识,对什么是社会主义、怎样建设社会主义的重要问题没有完全搞清楚,犯了"左"的错误。他在犯严重错误的时候,还始终认为自己的理论和实践是正确的,是为巩固无产阶级专政所必需的。这正是他的悲剧所在。

"文化大革命"是错误理论指导下的错误实践。对"文化大革命"这一全局性的、长时间的错误,毛泽东负有主要责任。但是,毛泽东的错误终究是一个伟大的无产阶级革命家所犯的错误。他虽在全局上一直坚持"文化大革命"的错误,但也制止和纠正过一些具体错误,保护过一些党和国家领导干部和党外人士,使一些负责干部重新回到重要领导岗位。他领导了粉碎林彪集团的斗争,对江青等人进行了重要的批评和揭露,不让他们夺取最高领导权的野心得逞。这对后来党粉碎"四人帮"起了重要作用。毛泽东晚年仍高度警觉地维护国家的安全,顶住了霸权主义的压力,执行了正确的对外政策,坚决支持了各国人民的正义斗争。

"文化大革命"留给人们的教训是非常深刻的。它警示人们要正确认识社会主义社会的主要矛盾和根本任务,正确认识社会主义社会的阶级斗争,适时地把党和国家的工作重点转移到社会主义现代化建设上来。要加强对社会主义民主和法制建设重要性的认识,不断推进党和国家政治生活的民主化、法治化、制度化,把建设真正的社会主义民主作为党和国家的一项根本任务。要深化对什么是社会主义、怎样建设社会主义这一重要问题的认识,在社会主义建设中坚持实事求是的思想路线,坚持从实践出发,坚持接受实践检验。"文化大革命"留给人们的深刻教训必将引导出中国的伟大变化。

复习思考题

1. "文化大革命"发生的原因和性质。
2. 评析毛泽东关于无产阶级专政下继续革命的理论。
3. 林彪、江青两个集团的主要罪行。
4. 评述1975年的全面整顿。
5. 应从"无产阶级文化大革命"中吸取哪些教训?

第四章 伟大的历史转折 社会主义现代化建 设新局面的开创

（1976 年 10 月—1992 年 1 月）

　　本章主要是叙述粉碎"四人帮"后,国家又经历了徘徊中前进的两年,到中国共产党十一届三中全会,重新确立了正确路线,把党和国家的工作重点转移到社会主义现代化建设上来,实行对外开放和进行经济体制、政治体制的改革,实现国家发展战略的转变。中共十二大邓小平提出建设有中国特色社会主义的思想,中共十三大制定了社会主义初级阶段理论和党在社会主义初级阶段的基本路线,开创了社会主义现代化建设的新局面。这一时期从1976年10月粉碎"四人帮"到1992年1月邓小平视察南方发表重要谈话之前。

　　这个时期可分为四个阶段。第一个阶段,从1976年10月粉碎"四人帮"到1978年12月召开中共十一届三中全会。这个阶段的主要内容是:揭发批判"四人帮";"两个凡是"的提出和经济建设中的新冒进;真理标准问题的讨论;以教育战线为突破口纠正"左"倾错误和放宽农村政策;国民经济的初步恢复。第二个阶段,从1978年12月中共十一届三中全会到1982年9月中共十二大。这是拨乱反正、实现国家发展战略转变的四年。这个阶段的主要内容是:中共十一届三中全会的伟大转折;全面平反冤假错案和调整国民经济;农村改革的兴起和城市经济体制改革的启动。中共十一届六中全会上《关于建国以来党的若干历史问题的决议》的通过,标志着党在指导思想上拨乱反正的基本完成。第三个阶段,从1982年9月中共十二大到1987年10月中共十三大。这是国家经济体制改革全面展开的五年。以1984年10月中共十二届三中全会通过关于经济体制改革的决定为标志,改革的重点由农村转向城市。这个阶段的主要内容是:中共十二大邓小平提出建设有中国特色社会主义的思想;全国农村普遍实行家庭联产承包责任制和乡镇企业的兴起;社会主义有计划的商品经济的提出和以城市为重点的整个经济体制改革;对外开放格局的基本形成;"一国两制"构想的提出和实践;对外政策的调整;加强社会主义精神文明建设;坚持四项基本原则,反对资产阶级自由化。第四个阶段,从1987年10月中共十三大到1992年1月邓小平视察南方发表重要谈话之前。这个阶段的主要内容是:中共十三大制定社会主义初级阶段理论和党在社会主义初级阶段的基本路线;1989年政治风波;治理整顿和深化改革;冷战结束后的外交工作新格局。

本章学习应抓住以下几个重点:(一) 中共十一届三中全会实现了新中国历史的伟大转折;(二) 中共十二大邓小平提出建设有中国特色社会主义的思想;(三) 社会主义有计划商品经济理论的提出和城乡经济体制改革的全面展开;(四) 对外开放格局的基本形成;(五)"一国两制"构想的提出和实践;(六) 社会主义初级阶段的理论和党在社会主义初级阶段的基本路线。

第一节　在徘徊中前进

一、揭发批判"四人帮"

粉碎"四人帮"的胜利，结束了"无产阶级文化大革命"十年动乱。经过十年动乱，积累下许多严重的政治问题和社会问题，遭到严重破坏的国民经济和文化教育事业亟待整顿、恢复，"文化大革命"及其以前的"左"倾错误还没有得到全面的清理和纠正。解决"文化大革命"遗留下来的问题，进行全面的拨乱反正，就成为党和国家面临的迫切任务。

从1976年10月7日至14日，中共中央政治局在北京分批召开了中央党政军机关、各省市自治区、各大军区负责人参加的打招呼会议，通报了粉碎"四人帮"的情况，提出了既要解决问题，又要稳定局势的方针。

10月18日，中共中央将粉碎"四人帮"消息传达到全党和全国人民，得到了全党全军和全国人民的热烈拥护。10月下旬，全国各地群众先后举行盛大的集会和游行，欢庆胜利。24日，首都100万军民在天安门广场举行隆重、盛大的庆祝会。

中共中央号召全党全军和全国各族人民团结一致，深入揭批"四人帮"的罪行，清查其帮派体系，夺回被他们篡夺的那部分权力，彻底肃清其流毒和影响。10月20日，中共中央成立专案组，审查王、张、江、姚的罪行。中共中央根据实际情况，决定揭批"四人帮"的斗争分三个战役进行。11月15日至19日，中共中央在北京召开了宣传工作座谈会，初步揭批了"四人帮"在宣传理论战线上的罪行，并部署了继续揭批"四人帮"的任务，夺回了被"四人帮"控制的宣传阵地的领导权。12月10日，中共中央发出了《王洪文、张春桥、江青、姚文元反党集团罪证（材料之一）》，以大量的事实和确凿的证据,揭露了王、张、江、姚结成"四人帮"篡党夺权的阴谋和祸国殃民的罪行。1977年3月和9月,中共中央又发出了"四人帮"罪证"材料之二"和罪证"材料之三"。全国人民积极响应中共中央的号召,以极大的革命热情和实际行动,深入揭批"四人帮"的反动理论、思想及其严重罪行,清查他们的帮派体系。清查同"四人帮"篡党夺权阴谋活动有牵连的人和事是揭批斗争的一个重要组成部分。对于"四人帮"的帮派骨干分子坚决予以揭露并进行审查。中央先后向仍处于武斗的少数地区派出工作组,制止武斗,恢复正常秩序。到1978年,全国绝大部分地区和单位的清查工作基本结束。中共中央要求把揭批"四人帮"的斗争,同整顿全国各条战线的工作和恢复国民经济结合起来进行,在揭批斗争中,把机关整顿好,把厂矿、企业、社队、商店、学校整顿好,把各行各业整顿好。

1978年6月,邓小平在全军政治工作会议上指出:要把"四人帮"揭深批透,非联系揭批林彪不可。林彪、"四人帮"早就勾结在一起,阴谋篡党夺权。揭批"四人帮"联系揭批林彪,这是顺理成章的事。1979年9月29日,叶剑英在庆祝中华人民共和国成立30周年大会上,正式宣布林彪、"四人帮"是两个反革命阴谋集团。

1980年9月29日,第五届全国人大常委会通过成立最高人民检察院特别检察厅和最高人民法院特别法庭,检察、审判林彪、江青反革命集团案主犯的决定。11月5日,特别检察厅依法对林彪、江青反革命集团主犯江青、张春桥、姚文元、王洪文、陈伯达、黄永胜、吴法宪、李作鹏、邱会作、江腾蛟等10人提起公诉(林彪、康生、谢富治、叶群、林立果、周宇驰已经死亡,依法不再追究刑事责任)。特别检察厅起诉书确认林彪、江青反革命集团犯罪事实:(1)诬陷、迫害党和国家领导人,策划推翻人民民主专政即无产阶级专政的政权;(2)迫害、镇压广大干部和群众;(3)谋害毛泽东主席,策动反革命武装政变;(4)策动上海武装叛乱。11月20日,特别法庭开庭审判林彪、江青反革命集团案。经过42次法庭调查和辩论,到 1981 年 1 月 25 日,最高人民法院特别法庭,对林彪、江青反革命集团案 10 名主犯进行宣判。判处江青、张春桥死刑,缓期两年执行,剥夺政治权利终身;判处王洪文无期徒刑,剥夺政治权利终身;判处姚文元有期徒刑 20 年,陈伯达 18 年,黄永胜 18 年,吴法宪 17 年,李作鹏 17 年,邱会作 16 年,江腾蛟 18 年,并均剥夺政治权利 5 年。1983 年 1 月 25 日,最高人民法院刑事审判庭裁定,对江青、张春桥原判处的死刑缓期两年执行的刑罚,依法改为无期徒刑,原判处剥夺政治权利终身不变。

二、"两个凡是"的提出和经济建设中的新冒进

在揭批"四人帮"的斗争中,党内外的许多同志越来越强烈地要求为天安门事件平反和让邓小平出来工作。这实际上是要纠正"文化大革命"的"左"倾错误,恢复党的马克思主义正确路线、方针、政策和优良传统。可是,这种正当的要求却遇到了严重的阻力。这主要是由于十年"文化大革命"造成的政治上思想上的混乱不容易在短期内消除;党对全面清理"左"倾错误思想准备不够;而且当时担任中共中央主席的华国锋没有从根本上认清"文化大革命"的问题,特别是没有认清"文化大革命"和毛泽东晚年错误的关系,在指导思想上继续坚持"文化大革命"的"左"倾错误。

1976 年 10 月初,华国锋即提出要"继续批邓、反击右倾翻案风",号召广大党员干部对"文化大革命"要做到"三个正确对待",即所谓正确对待"文化大革命",正确对待群众,正确对待自己。1977 年 2 月 7 日,《人民日报》《红旗》杂志、《解放军报》发表经汪东兴决定、报华国锋批准的社论《学好文件抓住纲》。社论在强调抓纲治国的同时,明确提出"两个凡是"的方针:"凡是毛主席作出的决策,我们都坚决维护,凡是毛主席的指示,我们都始终不渝地遵循"。它的实质是要把毛泽东晚年的"左"倾错误延续下来。3 月 10 日至 22 日,中共中央召开工作会议,初步总结了粉碎"四

人帮"以来的工作,并部署了当年的工作。华国锋在讲话中一方面坚持"两个凡是",继续沿用"文化大革命"中的一些错误提法,仍然认为确有极少数反革命分子制造了天安门广场反革命事件,认为"批邓、反击右倾翻案风"是毛主席决定的,批是必要的。这就为全党纠正"文化大革命"的"左"倾错误、拨乱反正,设置了重重障碍。另一方面,华国锋也表示群众悼念周总理是合乎情理的。他还表示,邓小平同志根本没有插手天安门事件,邓小平同志的问题应当解决,但是要有步骤,要有一个过程,在适当的时机让邓小平同志出来工作。① 会上陈云、王震等抵制"两个凡是"的错误观点,要求为 1976 年 4 月的天安门事件平反,邓小平与天安门事件无关,让邓小平重新参加党中央的领导工作,是完全必要的。他们坚持原则的斗争,揭开了拨乱反正的序幕。

4 月 10 日,邓小平给中共中央写信,针对"两个凡是"的错误观点指出:"我们必须世世代代地用准确的完整的毛泽东思想来指导我们全党、全军和全国人民,把党和社会主义的事业,把国际共产主义运动的事业,胜利地推向前进"。5 月 3 日,中共中央转发此信,肯定了邓小平的正确意见,为邓小平重新参加中央的领导工作做了准备。5 月 24 日,邓小平同中央两位同志谈话时又说"'两个凡是'不符合马克思主义。""这是个重要的理论问题,是个是否坚持历史唯物主义的问题。""马克思、恩格斯没有说过'凡是',列宁、斯大林没有说过'凡是',毛泽东同志自己也没有说过'凡是'。"②邓小平对"两个凡是"的批评,开了全党解放思想的先河。

粉碎"四人帮"后,华国锋重视恢复和发展工农业生产,强调要千方百计把经济搞上去,使国民经济从瘫痪、半瘫痪状态中走了

---

① 当代中国研究所:《中华人民共和国史稿》第四卷(1976—1984),人民出版社、当代中国出版社 2012 年版,第 10 页。

② 《邓小平文选》第 2 卷,人民出版社 1994 年版,第 38~39 页。

出来,使工农业生产得到较快的恢复。粉碎"四人帮"后两年,中共中央在重申实现四个现代化的宏伟目标,集中力量抓经济建设,加快发展生产力等问题上,认识是一致的。针对"文化大革命"中"左"倾错误造成的国民经济混乱的局面,中共中央和国务院采取果断措施,加以解决。在广大干部群众中迸发出一种"大干四化"的工作热情,产生加快发展的迫切心情。然而这时候,党和国家的主要领导人对于长期以来经济工作中"左"倾错误造成的影响尚未认真清理和纠正,造成在经济工作中又出现急于求成、急躁冒进的倾向。

1976年12月,全国第二次农业学大寨会议在北京召开。华国锋在会议上讲话,提出"迅猛兴起"一个"农业学大寨、普及大寨县的伟大革命群众运动的新高潮"。会议不顾客观实际可能,要求到1980年全国有1/3的县建成大寨县,各省、市、自治区都实现粮、棉、油、猪产量达到《全国农业发展纲要》规定的目标,基本上实现全国农业机械化。

1977年4月至5月,又召开全国工业学大庆会议。华国锋在讲话时说:大庆是"把无产阶级专政下继续革命的伟大理论运用于工业战线的典范","是用革命化统率工业化"的典范。他提出,第五个五年计划(1976—1980)期间,全国至少要有1/3企业办成大庆式企业。他还提出,"石油光有一个大庆不行,要有十来个大庆"。他认为,"我国国民经济必将出现一个全面跃进的新局面",强调要"大大加快我国国民经济发展的步伐"。

为研究和制定长远规划,1977年11月至12月,在北京召开了全国计划会议。经过会议讨论,国家计委向中央政治局提出了《关于经济计划的汇报要点》。《汇报要点》提出,今后23年,在经济上,要分三个阶段,打几个大战役。第一阶段,在"五五"计划后三年(1978—1980),重点是打好农业和燃料、动力、原材料工业这两仗,使农业每年以4%到5%、工业每年以10%以上的速度持续地大步前进,为"六五"大上作准备。第二阶段,在"六五"(1981—

1985）期间,各项生产建设事业都要有一个较大的展开,提高到一个新的水平。到 1985 年,粮食产量要求达到 8 000 亿斤,钢产量达到 6 000 万吨,原油产量达到 2.5 亿吨。为了实现生产上的高指标,相应地拟订了基本建设的大计划,提出在工业方面,新建和续建 120 个大项目,其中主要有 30 个大电站、8 个大型煤炭基地、10 个大油气田、10 个大钢铁基地、9 个大有色金属基地、10 个大化纤厂、10 个大石油化工厂、十几个大化肥厂以及新建续建 6 条铁路干线,改造 9 条老干线,重点建设秦皇岛、连云港、上海、天津、黄埔等 5 个港口。第三阶段,在 2000 年以前全面实现四个现代化,使我国国民经济走在世界的前列。到那个时候,粮食总产量要达到 13 000 亿~15 000 亿斤,居世界第一位。钢产量达到 1.3 亿~1.5 亿吨。许多省的工业水平将赶上和超过欧洲的某些工业发达国家。在召开全国计划会议同时,又召开了普及大寨县工作座谈会。会议认为当前“农业生产新跃进的形势正在到来”。到 1980 年,全国粮食产量要达到 7 000 亿斤,棉花产量达到 6 000 万~6 750 万担。为完成这个高指标,会议强调要大搞农田基本建设,要确保 1980 年基本上实现农业机械化。会议在肯定“三级所有、队为基础”制度的同时,又强调实现基本核算单位由生产队向大队过渡是大势所趋,各级党委要积极热情地为这种过渡创造条件。会议确定 1977 年冬和 1978 年春,全国要选择 10%左右的大队实行大队核算。

在各部门拟定的大计划、高指标的基础上,1978 年 2 月,华国锋向五届全国人大一次会议提出国务院关于《1976 年到 1985 年发展国民经济十年规划纲要(草案)》。按照这个规划,在工业方面,到 1985 年,钢产量要达到 6 000 万吨,原油产量要达到 2.5 亿吨。从 1978 年至 1985 年的八年期间,在全国形成 14 个大型重工业基地,全国基本建设投资相当于过去 28 年的总和。在农业方面,到 1985 年,粮食产量要达到 8 000 亿斤;农业主要作业机械化水平达到 85%以上;按农业人口达到一人一亩旱涝保收、高产稳产农田;要建设 12 个大面积商品粮基地。这个十年规划纲要脱离当时国民经济的实际,指标订得过高,基建投资安排过大,许多项目没有经过综合平衡就草率决定。它虽然没有正式公布和下达,但在实际工作中是起了作用的。

根据华国锋的意见,国务院于 1978 年 7 月至 9 月召开务虚会,集中研究了加快中国"四化"建设速度问题。会议提出要组织国民经济的"新的大跃进",要以比过去设想的更快的速度实现中国的"四化",要在本世纪末实现更高程度的现代化。在组织新的大跃进的思想指导下,9 月 5 日,国务院召开全国计划会议,安排 1979 年、1980 年计划。会议拟订的 1979 年、1980 年计划是:农业总产值平均每年增长 5%~6%;工业总产值平均每年增长 10%~12%。工农业主要产品产量平均每年增加:粮食300亿斤,棉花 500 万担,钢 300 万吨,原煤4 000万吨,原油 600 万~1 000万吨。

1977 年到 1978 年经济建设中的新冒进,加剧了长期以来形成的国民经济重大比例失调。由于急于求成,大规模引进成套设备。1978 年确定从日本、美国和联邦德国等国家引进以钢铁、石油化工、化纤、化肥等为主的 22 个大中型项目,引进总额为 78 亿美元,都要用现汇支付。在 22 个项目中,上海宝山钢铁总厂的规模最大。引进项目总规模超过了我国的承担能力和消化能力。结果只好大规模借用外债,总数约为 51 亿美元。造成 1979 年和 1980 年我国国际收支严重逆差的困难局面,1980 年我国外汇收支逆差高达 13 亿美元。

总之,经济建设中的新冒进对国情缺乏科学分析,对经济形势的判断过于乐观,对社会主义建设客观规律的认识还未有新的突破,所走的仍是一条以高速度、高积累、低效益、低消费的"大跃进"式的老路。和 20 世纪 50 年代以"小土群"著称的"大跃进"相比,这次新冒进是以大量引进国外的技术设备和大借外债为特征的。正因为如此,称这次冒进为"洋"的,而不是"土"的。它给国民经济带来的危害,成为十一届三中全会以后党和政府不能不首先解决的重大经济课题。

三、中共十一大和五届全国人大一次会议

在全国揭批"四人帮"取得初步成效的形势下，为对"四人帮"作出组织处理，健全、充实中共中央，让邓小平等老同志及早出来工作，并且准备提前召开中国共产党第十一次全国代表大会，中共于 1977 年 7 月在北京召开十届三中全会。全会一致通过《关于追认华国锋同志任中国共产党中央委员会主席、中国共产党中央军事委员会主席的决议》。全会一致通过《关于恢复邓小平同志职务的决议》，决定恢复邓小平中共中央委员、中央政治局委员、常委、中共中央副主席，中共中央军委副主席，国务院副总理，中国人民解放军总参谋长的职务。全会还一致通过《关于王洪文、张春桥、江青、姚文元反党集团的决议》，决定永远开除王、张、江、姚的党籍，撤销其党内外一切职务。全会完全同意中央政治局关于提前召开中国共产党第十一次代表大会的决定。全会在揭批"四人帮"和恢复邓小平的工作方面起了积极作用，为召开十一大作了必要的准备。

1977 年 8 月 12 日至 18 日，中国共产党第十一次全国代表大会在北京召开。出席大会的代表1 510人，代表着3 500多万党员。大会的议程有三项：(1) 中央委员会的政治报告；(2) 修改中国共产党章程和关于修改党的章程的报告；(3) 选举中央委员会。

大会听取并通过了华国锋代表中央委员会作的政治报告。报告总结了同"四人帮"的斗争，宣告"文化大革命"已经结束，重申在 20 世纪内把我国建设成为社会主义的现代化强国，是新时期党的根本任务。但是，报告仍然肯定"文化大革命"的错误理论、政策和口号；仍然肯定十大的政治路线和组织路线是正确的；仍然坚持"以阶级斗争为纲"和"无产阶级专政下继续革命"的错误理论；在宣告"文化大革命"已经结束的同时，不仅继续肯定"文化大革命"的所谓"功绩"，称"我国这次无产阶级文化大革命，必将作为

无产阶级专政历史上的伟大创举而载入史册,随着历史的前进,越发显示它的灿烂光辉",而且肯定党内有"走资派"。又说"'文化革命'这种性质的政治大革命今后还要进行多次",等等。

大会听取了叶剑英代表中共中央作的《关于修改党的章程的报告》。报告就党的性质和指导思想,党在整个社会主义历史阶段的基本纲领和党的基本任务,党的民主集中制,党的干部路线,保持和发扬党的优良传统和优良作风,以及对党员和党的基层组织的要求等作了说明。章程总纲规定"在本世纪内,党要领导全国各族人民把我国建设成为农业、工业、国防和科学技术现代化的社会主义强国"。为了维护民主集中制的原则和纪律,新党章规定党的中央委员会,地方县和县以上、军队团和团以上各级党的委员会,都设立纪律检查委员会。新党章还强调必须保持和发扬群众路线、实事求是的优良传统,保持和发扬理论联系实际、密切联系群众、批评和自我批评的作风。规定新党员一律经过一年的预备期才能转为正式党员,以保证党员的政治质量。大会通过的新党章虽然对十大党章作了不少修改,但仍保留了"文化大革命"中的一些错误提法,未能从根本上否定九大、十大党章中的"左"倾错误。

大会在充分协商和酝酿的基础上,选出中央委员 201 人,候补中央委员 132 人,组成中国共产党第十一届中央委员会。8 月 19 日,中国共产党第十一届中央委员会举行第一次全体会议,选出中央政治局委员 23 人,中央政治局候补委员 3 人。华国锋、叶剑英、邓小平、李先念、汪东兴 5 人为中央政治局常委。华国锋为中央委员会主席,叶剑英、邓小平、李先念、汪东兴为中央委员会副主席。

这次代表大会宣告"文化大革命"已经结束,重申在 20 世纪内把我国建设成为社会主义的现代化强国,是新时期党的根本任务,这对于动员全党、全军和全国人民继续揭批"四人帮",团结起来建设社会主义现代化强国起了积极作用。但是由于当时的中共中央没有能在根本思想上彻底清理"文化大革命"时期和多年来党内的"左"倾错误,因而中共十一大未能完成从理论和指导方针上拨乱反正的任务,为"文化大革命"结束后的新时期制定正确的路线、方针和政策。

中共十一大之后不久,9月9日,在毛主席纪念堂落成典礼上,华国锋把中共十一大路线概括成为:高举毛主席的伟大旗帜,坚持党的基本路线,抓纲治国,继续革命,为建设社会主义的现代化强国而奋斗。华国锋这个讲话仍然坚持以阶级斗争为纲和"无产阶级专政下继续革命"的错误提法。

1978年2月至3月,五届全国人大一次会议在北京召开。华国锋代表国务院作题为《团结起来,为建设社会主义的现代化强国而奋斗》的政府工作报告,报告总结了粉碎"四人帮"以来16个月的工作,提出新时期的总任务是:"坚决贯彻执行党的十一大路线,坚持无产阶级专政下的继续革命,深入开展阶级斗争、生产斗争和科学实验三大革命运动,在本世纪内把我国建成为农业、工业、国防和科学技术现代化的伟大的社会主义强国"。由于受"左"倾指导思想的影响,报告对当时国民经济比例失调的严重情况估计不足,急于求成,提出了一些过高的不切实际的口号和目标。

叶剑英受中共中央的委托,向大会作《关于修改宪法的报告》。大会一致通过了《中华人民共和国宪法》。新宪法包括序言、第一章总纲、第二章国家机构、第三章公民的基本权利和义务、第四章国旗、国徽、首都,共60条。把新时期的总任务写进了序言。新宪法虽然恢复了1954年宪法中的许多好的内容,但仍未能彻底纠正1975年宪法中的错误。同时,会议通过了中华人民共和国国歌新词。

会议选举叶剑英为全国人大常委会委员长,宋庆龄等20人为副委员长。继续任命华国锋为国务院总理,任命邓小平、李先念、徐向前等13人为副总理。

与全国人大召开同时,举行了全国政协五届一次会议。

邓小平当选为政协全国委员会主席。政协在"文化大革命"期间完全停止活动。它恢复活动,对于加强中国共产党同各民主党派的合作,加强人民民主统一战线,有重要的意义。

四、以科教战线为突破口纠正"左"倾错误

十年"文化大革命",给教育造成极其严重的后果。粉碎"四人帮"后,揭露他们在教育战线的罪行,肃清他们的流毒是整个揭批"四人帮"群众运动的重要组成部分。揭批首先从一些典型事例开始。报刊纷纷发表文章,揭露"四人帮"围剿电影《园丁之歌》,打击教师,搞乱教育思想的罪行;揭露"四人帮"制造张铁生这个交白卷的"反潮流典型"的经过及其罪恶用心;批判"四人帮"鼓吹"读书无用论"对青少年的毒害;批判"四人帮"把我国知识分子诬为"资产阶级知识分子"、攻击新中国成立后 17 年的学校是在造就"毕业后还得重新接受改造的资产阶级知识分子"、诬蔑 17 年培养出来的学生"基本上是对社会主义经济基础起了破坏作用"等谬论。这些揭批对清除"文化大革命"的恶劣影响是有积极作用的。但是,对"四人帮"在 1971 年炮制并强制推行的"两个估计",由于受到"两个凡是"的思想束缚,还没有涉及。

邓小平恢复领导职务后,分管科学和教育方面的工作。他以科教为突破口,对科学和教育一系列问题提出了拨乱反正的意见,着手纠正"文化大革命"的"左"倾错误。1977 年 5 月,邓小平在同中央两位同志谈话时提出:"我们要实现现代化,关键是科学技术要能上去。发展科学技术,不抓教育不行。"[①]8 月,中共中央召开科学和教育工作座谈会。邓小平在会上指出:"对全国教育战线十七年的工作怎样估计? 我看,主导方面是红线。"应当肯定,十七年中,绝大多数知识分子,"辛勤劳动,努力工作,取得了很大成绩。特别是教育工作者,他们的劳动更辛苦。现在差不多各条

---

① 《邓小平文选》第 2 卷,人民出版社 1994 年版,第 40 页。

战线的骨干力量,大都是建国以后我们自己培养的,特别是前十几年培养出来的"。推翻经毛泽东同意的所谓"两个估计",对长期受到"两个估计"严重压抑的广大知识分子,尤其是教育工作者,是一次大解放。对我国知识分子队伍应该怎样估计,邓小平说:"我国的知识分子绝大多数是自觉自愿地为社会主义服务的。反对社会主义的是极少数,对社会主义不那么热心的也只是一小部分"①。9月19日,邓小平又同教育部主要负责人谈话,指出:"对这个《纪要》(指《全国教育工作会议纪要》)要进行批判,划清是非界限"。"《纪要》是毛泽东同志画了圈的。毛泽东同志画了圈,不等于说里面就没有是非问题了"②。邓小平这次谈话以后,教育部即以大批判组名义,发表题为《教育战线的一场大论战——批判"四人帮"炮制的"两个估计"》的文章,揭露了"两个估计"的出笼经过,提出"十七年是红线主导,还是'黑线专政'?""知识分子是革命力量,还是革命对象?"等问题,批判了"四人帮"的谬论。借批判"两个估计"的有利形势,全国高校招生工作会议在北京召开,决定高校招生改变"文化大革命"期间不考试的做法,采取统一考试、择优录取的办法。这一决定,成为鼓励学生努力学习、提高教育质量的有效措施,受到广大师生和学生家长的欢迎。1977年,全国约有570万青年参加高校招生考试,各大专院校从中择优录取了27.3万名学生。11月6日,中共中央批准工宣队撤出学校。

1978年3月,全国科学大会在北京举行,出席代表近6 000人,是我国科学界的一次盛会。邓小平在开幕式上作重要讲话,阐明了马克思主义关于科学技术在社会发展中的地位、作用的基本原理,指出四个现代化关键是科学技术的现代化,要大力发展科技和教育事业,充分调动科技和教育工作者的积极性。他着重阐述了

---

① 《邓小平文选》第2卷,人民出版社1994年版,第49页。
② 《邓小平文选》第2卷,人民出版社1994年版,第66、67页。

"科学技术是生产力"这一马克思主义观点,明确肯定我国知识分子的绝大多数已经是工人阶级和劳动人民自己的知识分子,也可以说已经是工人阶级自己的一部分。他强调在我国造就更宏大的科学技术队伍的必要性。华国锋作了《提高整个中华民族的科学文化水平》的报告。大会制定了《1978年至1985年全国科学技术发展纲要(草案)》。表彰了先进集体、先进工作者和优秀科技成果的完成单位和个人。大会号召大家树雄心,立壮志,向科学技术现代化进军。

全国科学大会之后不久,四五月间,在北京召开全国教育工作会议。教育部长蒋南翔在开幕式上作了报告。全体代表讨论了《1978至1985年全国教育事业规划纲要(草案)》,以及全国普通高校、全日制中学、全日制小学的暂行工作条例。邓小平在会上作了重要讲话。首先,他要求学校提高教育质量,提高科学文化的教学水平,更好地为社会主义建设服务。他说:我们的学校是为社会主义建设培养人才的地方。"四人帮"反对学生以学习科学文化为主,胡说这是"智育第一",是"脱离无产阶级政治",鼓吹"宁要没有文化的劳动者",胡说"知识越多越反动",并把今天掌握了文化的劳动者及其子弟诬蔑成为资产阶级知识分子,"四人帮"这些谬论的流毒,现在仍然需要大力肃清。我们必须培养具有高度科学文化水平的劳动者,必须造就宏大的又红又专的工人阶级知识分子队伍。这些要求本身就是无产阶级的政治要求。他指出教育事业必须同国民经济发展的要求相适应。我们培养训练专家和劳动后备军也应有与国民经济有计划按比例相适应的周密的计划,不但要看到近期的需要,而且必须预见到远期的需要,不但要依据生产建设发展的要求,而且必须充分估计到现代科学技术的发展趋势。他指出一个学校能不能为社会主义建设培养合格的人才,培养德智体全面发展、有社会主义觉悟的有文化的劳动者,关键在教师。我们要提高人民教师的政治地位和社会地位。整个社会都应该尊重教师。要采取适当的措施,鼓励人们终身从事教育事业。

在全国教育工作会议之后，国务院批准教育部在全国恢复和增设 55 所普通高等学校。经国务院批准各高等院校都恢复了教师原有的职称，还根据"坚持标准，保证质量，全面考核，择优提升"的原则，分期分批进行了提升和确定教师职称的工作。教育部还决定增加派出留学生数量。一些高等院校先后邀请外国教授、专家来我国讲学。1978 年底，国务院又决定在全国恢复和增设 169 所普通高等学校，进一步发展高等教育事业。

五、真理标准问题的讨论

"两个凡是"的方针严重地阻碍拨乱反正的进行，窒息着国家和民族生机。全党上下对继续"左"倾指导思想的不满与抗议，集中地表现在 1978 年 5 月开始的关于真理标准问题的讨论上。当时，胡耀邦任中共中央党校副校长，主持中央党校的工作。针对"文化大革命"造成的混乱，他在全校整风会议的讲话中就提出，要把被"四人帮"颠倒了的是非"重新颠倒过来"。在胡耀邦的支持和指导下，1978 年 5 月 10 日，中央党校的内部刊物《理论动态》第 60 期上刊登《实践是检验真理的唯一标准》一文。5 月 11 日，《光明日报》以特约评论员的名义公开发表《实践是检验真理的唯一标准》这篇文章，当天新华社全文转发全国。次日，《人民日报》和《解放军报》同时转载。全国绝大多数省、市、自治区的报纸也陆续转载。文章鲜明地指出：检验真理的标准只能是社会实践；理论与实践的统一，是马克思主义的一个最基本的原则；任何理论都要不断接受实践的检验。文章说：检验真理的标准是什么？这是早被无产阶级的革命导师解决了的问题。但是这些年来"四人帮"把它搞得混乱不堪，十分需要拨乱反正。现在，"四人帮"及其帮派体系已被摧毁，但是，"四人帮"加在人们身上的精神枷锁，还远没有完全粉碎。"圣经上载了的才是对的"的错误倾向依然存在。对"四人帮"设置的禁锢人们思想的"禁区"，我们要敢于去触及，敢于去弄清是非。凡有超越于实践并自奉为绝对的"禁区"的地方,就没有科学,就没有真正的马列主义、毛泽东思想,而只有蒙昧主义、唯心主义、文化专制主义。文章最后说:社会主义对于我们来说,有许多地方还是未被认识的必然王国。我们要完成新时期的总任务,面临着许多新的问题,需要我们去认识,去研究,躺在马列主义毛泽东思想的现成条文上,甚至拿现成的公式去限制、宰割、裁剪无限丰富的飞速发展的革命实践,这种态度是错误的。我们要有共产党人的责任心和胆略,勇于研究生动的实际生活,研究现实的确切事实,研究新的实践中提出的新问题。只有这样,才是对待马克思主义的正确态度,才能够逐步地由必然王国向自由王国前进,顺利地进行新的伟大的长征。这篇文章从理论上否定了"两个凡是",在全党和全国引起了强烈反响,由此,引发了关于真理标准问题的讨论。

文章发表后,党内外多数人支持和拥护文章的观点。但是,1978年5月18日,在中央召开的部分宣传和新闻单位负责人会议上,文章被指责为"实际上把矛头指向毛主席思想"。当天,各省主管宣传工作的负责同志被告知:对《实践是检验真理的唯一标准》一文,不要以为《人民日报》转载了,新华社发了,就成了定论。讨论中也有人就实践是不是检验真理的唯一标准问题提出疑问,他们认为实践固然是检验真理的标准,但是马克思主义也应当是检验真理的标准。这场真理标准问题的争论,实质上是关于党的思想路线的争论。这一讨论受到邓小平、叶剑英、陈云、李先念、胡耀邦、聂荣臻、徐向前、罗瑞卿等中央同志的积极支持,讨论在全国逐步展开。

1978年6月2日,邓小平在全军政治工作会议上阐述了实事求是,一切从实际出发,理论和实际相结合,这是毛泽东思想的出发点和根本点,是做好一切工作必须遵循的原则,再次批评了"两个凡是"的错误观点,有力地支持了正在开展的关于真理标准问题的讨论。6月24日,《解放军报》发表特约评论员文章《马克思主义的一个最基本的原则》。这篇文章比较系统地从理论上回答

288

了对于坚持实践是检验真理的唯一标准的原则所提出的责难。当时担任中央军委秘书长的罗瑞卿对文章亲自作了多次修改,并审阅定稿。7月22日,邓小平同胡耀邦谈话,明确肯定和支持真理标准问题的讨论。指出:《实践是检验真理的唯一标准》这篇文章是马克思主义的。争论不可避免,争得好。引起争论的根源就是"两个凡是"。9月,邓小平在长春、沈阳等地视察期间说:怎么样高举毛泽东思想旗帜,是个大问题。"两个凡是"不是高举,"这样搞下去,要损害毛泽东思想"。他说:"毛泽东思想的基本点就是实事求是,就是把马列主义的普遍真理同中国革命的具体实践相结合。毛泽东同志在延安为中央党校题了'实事求是'四个大字,毛泽东思想的精髓就是这四个字"①。实践是检验真理的唯一标准,这是马克思主义,是毛主席经常讲的。所谓理论要通过实践来检验这样的问题还要引起争论,可见思想僵化。在邓小平等老一辈革命家的引导和支持下,广大干部、党员和群众冲破阻力,积极参加关于真理标准问题的讨论,批判"两个凡是"的错误方针。从6月到11月,中央党政军各部门、全国绝大多数省、市、自治区和各大军区的主要负责人相继发表文章或讲话,一致认为,坚持实践是检验真理的唯一标准这一马克思主义的原则,具有重大的现实意义。许多老同志也发表署名文章,支持"实践是检验真理的唯一标准"的观点。关于真理标准问题的讨论,使人们的思想进一步从教条主义和个人崇拜的禁锢下解放出来,冲破了长期以来"左"倾错误思想的束缚,促进了全国性的马克思主义的思想解放运动,为中共十一届三中全会的召开作了思想上和理论上的准备。

六、放宽农村政策　国民经济的初步恢复

摆脱了"四人帮"困扰的全国各族人民,以极大的热情投入国民经济的恢复工作。党和政府为恢复和发展国民经济采取了一系

---

① 《邓小平文选》第2卷,人民出版社1994年版,第126页。

列措施。通过清查"四人帮"的帮派体系,调整和加强各级领导班子,重建了生产指挥系统。国务院先后召开经济建设各部门的全国性会议,消除林彪、江青两个集团的影响,狠抓企业整顿,建立各项规章制度,恢复和发展生产。通过整顿,铁路运输严重堵塞的问题得到解决,工业部门和企业的生产秩序、工作秩序混乱的状况有所改变。工农业生产得到恢复。1977年工农业总产值为4 978亿元,比上年增长10.7%;国民收入为2 644亿元,比上年增长7.8%。全国工业总产值比上年增长14.3%;钢产量2 374万吨,比上年增长16%;原煤产量5.5亿吨,比上年增长13.9%;原油产量9 364万吨,比上年增长7.4%。农业生产虽然受严重自然灾害的影响没有完成原定计划,但由于广大农民的努力,大大减少了自然灾害造成的损失。农业总产值虽比上年增长1.7%,但粮食产量比上年下降1.2%。

在城市,当时最迫切的是扩大厂矿企业的自主权和调动大家的积极性。1978年4月,中共中央颁布《关于加快工业发展若干问题的决定(草案)》(即"工业三十条")。《决定》指出:国营工业企业要实行党委领导下的厂长分工负责制,并建立党委领导下的职工代表大会或职工大会制。为调动工人的生产积极性,1978年初,中共中央提出"实行精神鼓励和物质鼓励相结合的方针"。不久,《人民日报》先后发表了开滦煤矿坚持按劳分配促进生产发展和黄埔港装卸工人实行计件工资的消息报道。5月5日,《人民日报》发表特约评论员文章《贯彻执行按劳分配的社会主义原则》。这篇文章是国务院政策研究室起草的。文章着重论述了按劳分配是社会主义原则,它是作为资本主义的对立物出现的,是社会主义生产关系的一个不可缺少的重要方面;按劳分配能够促进社会生产力的发展,促进创造出新的比资本主义高得多的劳动生产率,归根到底是保证社会主义彻底战胜资本主义的最重要和最主要的东西。号召在全国掀起社会主义劳动竞赛和社会主义建设高潮。在文章起草过程中,邓小平曾与国务院政治研究室负责同志作过谈话。他说:"我们一定要坚持按劳分配的社会主义原则","处理分配问题如果主要不是看劳动,而是看政治,那就不是按劳分配,而是按政分配了。总之,只能是按劳,不能是按政,也不能是按资格"。他强调:贯彻按劳分配原则有好多事情要做。有些制度,如考核制度、奖金制度、稿费制度等,要恢复起来,建立起来。"总的是为了一个目的,就是鼓励大家上进。"①9 月 12 日,《人民日报》发表特约评论员文章《马克思主义者怎样看待物质利益》。其主要论点有:人们进行生产斗争和阶级斗争都是直接间接为了物质利益;应当实现个人物质利益和阶级物质利益的统一;国营企业要有本企业集体的物质利益;领导阶级必须保障被领导阶级的物质利益;无产阶级政治挂帅的一个重要任务,是保证国家、集体、个人利益的结合。

在农村主要做的是放宽政策,减轻农民负担。1977 年 11 月,安徽省委发出了一个以落实党的农村政策为主要内容的文件——《关于目前农村经济政策几个问题的规定》,简称"省委六条"。这些政策对农民休养生息,恢复农业生产有明显的效果。1978 年秋,安徽遇到百年未有的大旱灾,省委决定,从实际出发,把集体无法播种的土地借给社员种麦、种菜。这个办法调动了农民的生产积极性,大大加快了秋种进度。在借地的基础上,有些地方实行包产到组,有的搞了包产到户。社员群众创造的这些办法,得到了省委的支持,并在滁县、六安专区进行了试点。不到 3 个月,全省实行联系产量责任制的生产队就发展到 4.1 万多个,约占生产队总数 15.2%。中共四川省委在 1977 年底全面清理,认真落实农村经济政策,重点贯彻执行按劳分配原则。具体工作是从搞好 1977 年的分配兑现入手的,让社员群众真正多劳多得,增产增收,分配兑现,保证社员群众得到实际的经济利益。与此同时,四川省委在农业方面,也实行了"放宽政策""休养生息"的方针,将农民的自留

---

① 《邓小平文选》第 2 卷,人民出版社 1994 年版,第 101、102 页。

地扩大到总耕地面积的 15% 左右,并且支持农民采取包产到组的形式经营土地。这是我国农业经济体制改革的最初试验。

1978 年,工农业生产得到进一步恢复。农业生产获得丰收,农业总产值达到 1 459 亿元,完成计划 102.7%,比上年增长 9%。其中粮食产量 6 095 亿斤,比上年增加 440 亿斤;棉花产量 4 334 万担,比上年增加 236 万担;油料、糖料和猪牛羊肉产量都比上年有较大幅度的增加。工业总产值达 4 231 亿元,完成计划 101.5%;比上年增长 13.5%(轻工业增长 10.8%,重工业增长 15.6%)。其中原煤产量 6.18 亿吨,比上年增长 12.4%;钢产量 3 178 万吨,比上年增长 33.9%。由于工农业生产的较快增长,财政收入也有较大幅度的增加。对外贸易有显著增加。国内市场供应情况有所改善。人民生活也有所提高。

第二节 拨乱反正 实现国家发展战略的根本转变

一、中共十一届三中全会 历史的伟大转折

国家经济政治的发展,迫切要求尽快结束国内工作在徘徊中前进的局面,以便认真地全面清理和纠正"文化大革命"及其以前的"左"倾错误,拨乱反正,开拓社会主义现代化建设的新局面。中共十一届三中全会和全会形成的以邓小平为核心的中央领导集体肩负起历史的重任,实现了历史的伟大转折。

在这次全会之前,作为会议的准备,中共中央从 1978 年 11 月 10 日至 12 月 15 日召开了工作会议,为期 36 天,共 212 人参加。华国锋在开幕会上宣布中央政治局的决定:从 1979 年 1 月起,把全国工作的着重点转移到社会主义现代化建设上来。他强调,这是关系全局的问题,是这次会议的中心思想。会议的议题有三个:

一是讨论如何进一步贯彻执行以农业为基础的方针,尽快把农业生产搞上去;二是商定 1979 年和 1980 年两年国民经济计划的安排;三是讨论李先念在国务院务虚会上的讲话。会议首先讨论关于党和国家工作重点转移到现代化建设上来的问题。这个问题是邓小平在 1978 年 9 月最先提出来的。邓小平的意见得到中央政治局常委的赞同,并作为常委的集体意见向中央工作会议提出。在会议讨论中,陈云率先要求解决"文化大革命"中遗留的一大批重大问题和一些重要领导人的功过是非问题,以发展安定团结的政治局面,保证党和国家工作重点的顺利转移。他提出"天安门事件"是一次伟大的群众运动,应该肯定;要肯定彭德怀对党的贡献;薄一波等 61 人出反省院是党组织和中央决定的,不是叛徒;陶铸一案应移交中央组织部复查,做出实事求是的结论;中央应该承认 1937 年"七七"决定和 1940 年中组部的决定①是党的决定,应根据这两个决定的精神,对那些在"文化大革命"中被错误定为叛徒的同志给以重新审查;康生的错误是很严重的,中央应给以应有的批评。到会的许多老同志还提出了"一月风暴""二月逆流""批邓、反击右倾翻案风"等许多在"文化大革命"中被颠倒了的重大是非问题,要求中央作出正确的结论;并对华国锋提出和坚持的"两个凡是"的错误方针、两年来领导工作中的失误问题和恢复党的优良传统问题等,提出了中肯的批评和建议。胡耀邦就彻底平反冤假错案,放手恢复老干部工作等问题,提出了重要意见。陈云在又一次发言中,提出了有关经济工作的意见,主要是:经济工作要从国情出发,克服急于求成的"左"的思想影响;重视 8 亿农民这个大头,把农业搞上去;要处理好经济发展的重大比例关系;注意发挥中央和地方的两个积极性。会议恢复和发扬了党的民主传

---

① "七七"决定是指 1937 年 7 月 7 日,中央组织部关于所谓自首分子的决定。1940 年中组部决定是关于从反省院出来履行过出狱手续,但继续干革命的那些同志,经过审查可给以恢复党籍的决定。

统,开得生动活泼,大家敞开思想,畅所欲言,能够积极地开展批评,把意见摆在桌面上。

在 11 月 25 日大会上华国锋明确表示:"天安门事件","批邓、反击右倾翻案风","二月逆流",薄一波、彭德怀、陶铸、杨尚昆等同志的问题,都是过去处理错了的案件,应当予以纠正;康生、谢富治的问题很大,应当进行揭发和批判;关于地方性重大事件,中共中央决定由省、市、自治区党委实事求是地处理。

叶剑英在闭幕会上讲了三个问题。第一个是领导班子问题,也就是要十分注意培养革命事业接班人问题。第二个是关于发扬民主和加强法制问题,只有充分发扬民主,才能最大限度地调动起广大干部和群众的积极性,集思广益,群策群力地建设社会主义。第三个是关于"勤奋学习,解放思想"问题。

12 月 13 日,邓小平在会上作了《解放思想,实事求是,团结一致向前看》的讲话,提出和阐述了关系到党和国家前途命运的几个重大问题。(1)解放思想是当前的一个重大政治问题。他说:"不打破思想僵化,不大大解放干部和群众的思想,四个现代化就没有希望。""一个党,一个国家,一个民族,如果一切从本本出发,思想僵化,迷信盛行,那它就不能前进,它的生机就停止了,就要亡党亡国。"(2)民主是解放思想的重要条件。他认为,解放思想,一个十分重要的条件是要真正实行民主集中制。在当前这个时期,特别需要强调民主,要创造民主的条件,要重申"三不主义"(不抓辫子、不扣帽子、不打棍子)。"为了保障人民民主,必须加强法制"。"必须使民主制度化、法律化,使这种制度和法律不因领导人的改变而改变,不因领导人的看法和注意力的改变而改变"。他在阐述政治民主的同时,还着重讲了发扬经济民主的问题,指出现在我国的经济管理体制权力过于集中,应该有计划地大胆下放,当前最迫切的是扩大厂矿企业和生产队的自主权,使每一个工厂和生产队能够千方百计地发挥主动创造精神。(3)处理遗留问题为的是向前看。他强调指出,解决过去遗留下来的问题,纠正重大的冤假错案,是解放思想的需要,也是安定团结的需要,目的正是为了向前看,正是为了顺利实现全党工作重心的转变。他说要完整地准确地理解和掌握毛泽东思想的科学原理,要科学地历史地认识毛泽东的伟大功绩。(4)研究新情况,解决新问题。他指出要及时地研究各方面的新情况和解决各方面的新问题,尤其要注意研究和解决管理方法、管理制度、经济政策这三方面的问题。在管理方法上当前要特别注意克服官僚主义,要学会用经济的方法管理经济。在管理制度上当前要特别注意加强责任制。在经济政策上,要允许一部分地区、一部分企业、一部分工人农民,由于辛勤努力成绩大而收入先多一些,生活先好起来。他说:"这是一个大政策,一个能够影响和带动整个国民经济的政策。"①邓小平在这次中央工作会议上的讲话,为十一届三中全会提出了基本的指导思想,实际上成为这次全会的主题报告。

经过中央工作会议的充分准备,中国共产党第十一届中央委员会第三次全体会议于 1978 年 12 月 18 日至 22 日在北京举行。会议的中心议题是讨论把全党工作的重点转移到社会主义现代化建设上来。

全会认为,鉴于中央在十一届二中全会以来的工作进展顺利,全国范围的大规模的揭批林彪、"四人帮"的群众运动已经基本上胜利完成,国民经济得到了进一步的恢复和发展,全国出现了安定团结的政治局面,我国外交政策得到了重大进展,应该从 1979 年起把全党工作的重点转移到社会主义现代化建设上来。全会果断地停止使用不适用于社会主义社会的"阶级斗争为纲""无产阶级专政下继续革命"等错误口号。全会明确指出:实现工业、农业、国防和科学技术的现代化,要求大幅度地提高生产力,也就必然要求多方面地改变同生产力发展不适应的生产关系和上层建筑,改变一切不适应的管理方法、活动方式和思想方法,因而是一场广

---

① 《邓小平文选》第 2 卷,人民出版社 1994 年版,第 140~153 页。

泛、深刻的革命。我们国内现在还存在着极少数敌视和破坏我国社会主义现代化建设的反革命分子和刑事犯罪分子,我们决不能放松同他们的阶级斗争,决不能削弱无产阶级专政。但是正如毛泽东同志所说,大规模的急风暴雨式的群众阶级斗争已经基本结束。对于社会主义社会的阶级斗争,应该按照严格区别和正确处理两类不同性质的矛盾的方针去解决,按照宪法和法律规定的程序去解决,决不允许混淆两类不同性质矛盾的界限,决不允许损害社会主义现代化建设所需要的安定团结的政治局面。这样,就在我国社会的主要矛盾这个根本问题上重新恢复和确认了中共八大的正确估计,从而解决了从 1957 年以来未能解决的工作重点转移问题。这是共产党在政治路线上最根本的拨乱反正。

为了迎接社会主义现代化建设的伟大任务,全会回顾了新中国成立以来经济建设的经验教训。全会指出,实践证明,保持必要的社会政治安定,按照客观经济规律办事,我国的国民经济就高速度地、稳定地向前发展,反之,国民经济就发展缓慢甚至停滞倒退。粉碎"四人帮"以后,我国国民经济恢复和发展的步子很快,但是必须看到,由于林彪、"四人帮"的长期破坏,国民经济中还存在不少问题。一些重大的比例失调状况没有完全改变过来,生产、建设、流通、分配中的一些混乱现象没有完全消除,城乡人民生活中多年积累下来的一系列问题必须妥善解决。全会指出我们必须纠正急于求成的错误倾向,切实注意解决好国民经济比例严重失调问题,做到综合平衡,基本建设必须循序渐进地进行,要集中力量打歼灭战,不可一拥而上,造成窝工和浪费。全会指出,现在我国经济管理体制的一个严重缺点是权力过于集中,应该有领导地大胆下放,让地方和工农业企业在国家统一计划的指导下有更多的经营管理自主权,应该坚决实行按经济规律办事,重视价值规律的作用,注意把思想政治工作和经济手段结合起来。这些思想,是党摆脱经济建设中"左"倾错误指导方针影响的开端。全会认为全党目前必须集中主要精力把农业尽快搞上去,并提出了当前发展农业生产的一系列政策措施和经济措施。全会还讨论了1979、1980两年国民经济计划的安排，并原则上通过了相应的文件。

全会审查和解决了历史上一批重大冤假错案和一些重要领导人的功过是非问题。全会指出：1975年，邓小平同志主持中央工作期间，各方面工作取得了很大成绩。"四人帮"硬把1975年的政治路线和工作成就说成所谓"右倾翻案风"，这个颠倒了的历史必须重新颠倒过来。全会指出：1976年4月5日的"天安门事件"完全是革命行动。全会决定撤销中央发出的有关"反击右倾翻案风运动"和"天安门事件"的错误文件。全会审查和纠正了过去对彭德怀、陶铸、薄一波、杨尚昆等同志所作的错误结论，肯定了他们对党和人民的贡献。全会指出，解决历史遗留问题必须遵循实事求是、有错必纠的原则。要坚决地平反假案，纠正错案，昭雪冤案。全会还认为，由于在过去一个时期内，民主集中制没有真正实行，离开民主讲集中，民主太少，当前这个时期特别需要强调民主。为了保障人民民主，必须加强社会主义法制，使民主制度化、法律化。

全会坚决地批判了"两个凡是"的错误方针，高度评价了关于实践是检验真理的唯一标准问题的讨论，认为这对于促进全党同志和全国人民解放思想，端正思想路线，具有深远的历史意义。全会指出：毛泽东同志在长期革命斗争中立下的伟大功勋是不可磨灭的，毛泽东同志是伟大的马克思主义者。党中央在理论战线上的崇高任务，就是领导、教育全党和全国人民历史地、科学地认识毛泽东同志的伟大功绩，完整地、准确地掌握毛泽东思想的科学体系，把马列主义、毛泽东思想的普遍原理同社会主义现代化建设的具体实践结合起来，并在新的历史条件下加以发展。

根据党的历史的经验教训，全会决定健全党的民主集中制，健全党规党法，严肃党纪。全会提出，全国报刊宣传和文艺作品要多歌颂工农兵群众，多歌颂党和老一辈革命家，少宣传个人。全会重申在党内不要叫官衔，一律互称同志，任何负责党员包括中央领导同志的个人意见，不要叫"指示"。全会指出，一定要保障党员在党内对上级领导直至中央常委提出批评性意见的权利，一切不符合党的民主集中制和集体领导原则的做法应该坚决纠正。党的各级领导干部必须带头严守党纪。

全会增选陈云为中央政治局委员、政治局常务委员、中央委员会副主席；增选邓颖超、胡耀邦、王震为中央政治局委员。全会考虑到党的十一大以来党的生活的实际变化和目前党的工作的迫切需要，决定采取临时措施，增补黄克诚、宋任穷、胡乔木、习仲勋、王任重、黄火青、陈再道、韩光、周惠为中央委员，将来提请党的十二大对这一增补手续予以追认。全会选举陈云为中央纪律检查委员会第一书记，邓颖超为第二书记，胡耀邦为第三书记，黄克诚为常务书记，王鹤寿为副书记。在这次全会后，虽然华国锋仍担任中共中央主席，但是就党的指导思想和实际工作来说，邓小平已经成为中共中央领导的核心。

中共十一届三中全会是新中国历史上具有深远意义的伟大转折。全会从根本上冲破了长期"左"倾错误的严重束缚，端正了指导思想，使广大干部和群众从过去盛行的个人崇拜和教条主义中解放出来，在思想上、政治上和组织上恢复和确立了马克思主义的正确路线，结束了 1976 年 10 月以来党的工作在徘徊中前进的局面，开始认真地全面纠正"文化大革命"中及其以前的"左"倾错误，把党和国家工作重点转移到现代化建设上来，实行改革开放的政策，实现国家发展战略的根本转变，因而成为开辟有中国特色社会主义道路，开创中国社会主义事业发展新时期的伟大起点。

十一届三中全会后，中央政治局于 12 月 25 日召开会议，决定设立秘书长、副秘书长，负责中央日常工作。决定胡耀邦任秘书长，胡乔木、姚依林任副秘书长，免去汪东兴的中央办公厅主任职务。1979 年 1 月 4 日至 22 日，中央纪律检查委员会召开第一次全体会议。会议通过了《中共中央纪律检查委员会关于工作任务、职权范围、机构设置的规定》，并决定对康生、谢富治问题进行审查。此后，中央纪律检查委员会进行了一系列认真的工作，对维护党规党法、严肃党纪、整顿党风,发挥了重大的作用。

二、坚持四项基本原则的提出 全面平反冤假错案和调整社会政治关系

中共十一届三中全会以后,全国上下思想活跃,出现了研究新情况、解决新问题的生动景象。但这时党内和社会上也出现了若干值得严重注意的干扰三中全会路线贯彻的思想倾向。一方面,党内外有一部分人还深受林彪、"四人帮"极左思潮的影响,不少人思想还处于僵化或半僵化状态,有的成为解放思想的阻力,极少数人甚至攻击三中全会以来实行的一系列正确的方针政策"违背马列主义、毛泽东思想"。另一方面,在批判极左思潮的同时,社会上又出现了一股右的思潮,反对共产党的领导,反对无产阶级专政,反对社会主义。例如有个所谓"中国人权小组",贴出大字报,要求美国总统"关怀"中国的人权;有个所谓"解冻社",发表一个宣言,公开反对无产阶级专政,说这是分裂人类的;上海有个所谓"民主讨论会",其中有人诽谤毛泽东,打出大幅反革命标语,鼓吹"万恶之源是无产阶级专政",要"坚决彻底批判中国共产党";有的人要求到外国去"政治避难"。而党内有的人不承认这种思潮的危险性,甚至有人直接间接地给以某种程度的支持。

为了总结30年来理论宣传战线的基本经验教训,彻底清除林彪、"四人帮"的流毒,研究全党工作重心转移之后理论宣传工作的方针和任务,中央有关部门根据三中全会的决定,于1979年1月18日至4月3日在北京召开了理论务虚会。中共中央秘书长、中共中央宣传部部长胡耀邦在会上讲了这个会议的由来、目的和开会方法,对两年来思想理论战线的形势作了估计,提出了理论工作在伟大历史转变中的任务。邓小平受中共中央委托,在会上作了《坚持四项基本原则》的讲话。他指出:我们要在中国实现四个现代化,必须在思想政治上坚持四项基本原则。这是实现四个现代化的根本前提。这四项基本原则是:第一,必须坚持社会主义道

路;第二,必须坚持无产阶级专政;第三,必须坚持共产党的领导;第四,必须坚持马克思列宁主义、毛泽东思想。必须反复强调坚持这四项基本原则。如果动摇了这四项基本原则中的任何一项,那就动摇了整个社会主义事业,整个现代化建设事业。

会议就有关社会主义社会的基本矛盾和目前时期的主要矛盾,社会主义社会的阶级斗争,"无产阶级专政下继续革命"的理论和"文化大革命"的历史教训,个人崇拜,30年来党在理论、路线、方针、政策方面的得失,"两个凡是"以及当前经济工作等问题,进行了广泛热烈的讨论,提出了不少值得注意和研究的问题。会议拥护邓小平提出的坚持四项基本原则,认为宣传和贯彻四项基本原则,既是重大的政治任务,又是重大的理论任务。会议对"两个凡是"和思想僵化现象进行了尖锐的批评,对多年来被林彪、"四人帮"和"左"倾指导思想歪曲了的重大理论问题,如社会主义时期阶级斗争的一些提法、关于无产阶级专政下继续革命的口号、关于党内斗争是否都是社会阶级斗争的反映等问题,要求按照马克思主义观点,予以纠正。会议要求继续解放思想,坚持实事求是,把解放思想同坚持四项基本原则统一起来。这次会议促进了十一届三中全会确立的思想路线和政治路线的正确贯彻。中共十一届三中全会的伟大决策和坚持四项基本原则的提出,奠定了中国共产党在社会主义初级阶段的基本路线的基础。

在"文化大革命"中,林彪和"四人帮"制造了一大批冤假错案。粉碎"四人帮"后,广大干部和群众都要求对"文化大革命"中的案件以及历史遗留问题进行清理,对一些重要领导人的功过是非重新评价。在揭批"四人帮"的群众运动中,中共中央于1976年12月5日发出通知:"凡纯属反对'四人帮'的人,已拘捕的,应予释放,已立案的,应予销案;正在审查的,解除审查;已判刑的,取消刑期予以释放;给予党籍团籍处分的,应予撤销。"但是,由于"两个凡是"的错误方针,仍然认定"天安门事件"是"反革命事件",平反冤假错案障碍重重,进展迟缓。在粉碎"四人帮"一年之后,1977年10月7日,《人民日报》发表了根据胡耀邦意见、由中共中央党校几个同志写的《把"四人帮"颠倒了的干部路线是非纠正过来》的文章。文章强调要敢于冲破阻力,推翻"四人帮"一伙对干部审查中的不实之词和所作的错误结论,带头为平反干部的冤假错案作了舆论准备。12月10日,中共中央任命胡耀邦为中央组织部部长。在他主持下打开了平反冤假错案、落实党的政策的新局面。1978年11月14日,经中共中央政治局常委批准,中共北京市委宣布:1976年清明节,广大群众到天安门广场沉痛悼念敬爱的周总理,愤怒声讨"四人帮",完全是革命行动。对于因悼念周总理、反对"四人帮"而受到迫害的同志,一律平反,恢复名誉。在十一届三中全会上审查和解决了党的历史上一批重大冤假错案。从此,平反冤假错案的工作在全国全面铺开。

从1978年11月中央工作会议起,到1982年9月中共十二大,中共中央先后为一大批冤假错案进行了平反。其中"文化大革命"中的冤假错案主要有:"天安门事件","武汉'七二〇'事件","薄一波等'六十一人案件'","中宣部'阎王殿'","'旧文化部''帝王将相部''才子佳人部'","'乌兰夫反党叛国集团''内蒙古二月逆流'和'新内人党'",中联部和整个外事工作的"三和一少""三降一灭"修正主义路线,全国统战工作部门"执行投降主义、修正主义路线","总政'阎王殿'","杨余傅事件","'三家村'反党集团","习仲勋反党集团"等。中共中央撤销了关于教育工作"两个估计"的文件和《部队文艺工作座谈会纪要》,否定了以上海夺权为标志的所谓"一月革命"。中共中央先后为一大批受迫害的党、国家、军队领导人和老干部老同志平反,其中主要有彭德怀、陶铸、薄一波、杨尚昆、彭真、陆定一、张闻天、谭震林、邓子恢、黄克诚、李立三、瞿秋白、罗瑞卿、贺龙等。1980年2月,中共十一届五中全会,通过了为刘少奇平反的决议。5月17日,在北京隆重举行追悼大会。

中共中央对"文化大革命"前历次政治运动中发生的冤假错

案,本着实事求是的精神,坚持"有反必肃、有错必纠"的方针,认真地进行了清理。1979年7月13日,中共中央发出通知,指出在1959年以来的"反右倾"斗争中,因反映实际情况或在党内提出不同意见,被定为右倾机会主义分子或犯右倾机会主义错误的人,一律予以平反。1979年7月为马寅初平反并恢复名誉。1980年9月29日,中共中央批转公安部、最高人民检察院、最高人民法院党组《关于"胡风反革命集团"案件的复查报告》认为,胡风反革命集团一案应属错案错判,予以平反。1982年8月23日,为潘汉年彻底平反。到1982年底,全国大规模的平反冤假错案工作基本结束。涉及300万干部的冤假错案得到平反纠正,47万多名共产党员因此恢复了党籍,数以千万计的因各种错案受到株连的干部、群众得到解脱。

在平反冤假错案的同时,中共中央认真地落实了各项政策。

1. 落实知识分子政策。"文化大革命"中,我国的知识分子统统被打成"资产阶级知识分子""臭老九"。1978年10月至11月,中共中央组织部分批召开落实知识分子政策座谈会。会议认为:知识分子队伍的状况已经发生深刻变化,新中国成立初期提出的对知识分子"团结、教育、改造"的方针已经不适用于目前的情况。当前要继续做好复查与平反昭雪知识分子中的冤假错案工作。对知识分子要充分信任,放手使用,做到有职有权有责。调整用非所学,做到人尽其才,才尽其用。努力改善他们的工作条件和生活条件。此后,知识分子政策逐步得到落实。

2. 右派摘帽和错划改正。1957年全国反右派斗争,被划为资产阶级右派分子的有55万人。从1959年到1964年先后五批摘掉约30多万右派分子的帽子,1978年4月5日,中共中央决定全部摘掉右派分子帽子。到1978年11月,全国各地摘掉右派分子帽子的工作全部完成。随后,进行错划右派的改正工作。改正工作到1980年基本结束,改正的占原划"右派分子"总数的98%以上。

3. 地主、富农分子摘帽问题。新中国成立后,经过土地改革、合作化和人民公社化运动,农村的情况和阶级关系已经发生很大的变动,对地主、富农及其子女的政策是一个亟待解决的问题。1979年1月11日,中共中央作出《关于地主、富农分子摘帽问题和地、富子女成分问题的决定》。《决定》指出:地富分子经过近30年的劳动改造,他们当中的绝大多数已经成为自食其力的劳动者。因此,除极少数坚持反动立场的以外,凡是多年遵守政府法令,老实劳动,不做坏事的地主、富农分子以及反革命分子、坏分子,级过群众评审,县革委会批准,一律摘掉帽子,给予农村人民公社社员待遇。地主、富农家庭出身的社员的子女,家庭出身应一律为社员,不应再作为地主、富农家庭出身。今后,他们在入学、招工、参军、入团、入党和分配工作等方面,主要应看本人的政治表现,不得歧视。全国先后有400多万人被摘掉地主、富农帽子,加上被摘掉反革命分子、坏分子帽子的共2 000多万人。

4. 落实对民族资产阶级的政策。1979年1月,中共中央统战部在北京召开大型座谈会,重申党对民族资产阶级的一贯政策。乌兰夫就进一步落实对资产阶级的八个政策问题作了阐述:(1)"文化大革命"中许多资产阶级工商业者被查抄的存款,无论金额大小,全都解冻,一次发还。其他财物,也要抓紧落实、退还。(2)"文化大革命"中资产阶级工商业者被扣减了的高薪,一般应当恢复他们原来的薪金,并且补发过去被扣减的部分。(3)"文化大革命"中一些大中城市部分资产阶级工商业者被占用的私人房屋仍然属于他们个人所有,被占用了的私房,应当归还给他们。(4)对"文化大革命"中被下放到车间或门市部从事体力劳动的资产阶级工商业者的工作要进行适当调整。(5)积极组织资产阶级工商业者和职工一起参加劳动竞赛和评比。(6)对资产阶级工商业者病假期间的工资一律按照本人的工资发给50%至70%;已经按照职工待遇办理的,不变。退休问题,应当继续执行1962年国务院规定。(7)按国家的政策,资产阶级工商业者1966年9

月以前应领而未领的定息,可以领取。(8)对于资产阶级家庭出身的子女,要坚持重在本人表现,不能唯成分论,在入党、入团、升学、招工等问题上,都不应歧视他们。1979年12月17日,中共中央又批转中央统战部等五部门《关于对原工商业者的若干具体政策的规定》。《规定》指出,在原工商业者中,不要具体划分谁是自食其力的劳动者,谁是拥护社会主义的爱国者。从1979年7月起,他们填写现在的成分时,是干部就填"干部",和工人一样参加生产劳动的就填"工人"。今后在政治上应与干部、工人一视同仁。此后,对民族资产阶级的政策逐步落实。

5. 落实小商、小贩、小手工业者及其他劳动者的政策。1979年11月12日,中共中央批转中央统战部等六部门《关于把原工商业者中的劳动者区别出来问题的请示报告》指出,1956年对私营工商业实行公私合营时,把一大批小商、小贩、小手工业者以及其他劳动者按资产阶级工商业者对待,这是不妥当的。现在应当将这一部分劳动者从原资产阶级工商业者中区别出来,明确他们原来的劳动者成分。文件下达后,70万小商、小贩、小手工业者及其他劳动者从原工商业者中被区别出来,恢复了劳动者的身份。

6. 落实对国民党起义、投诚人员的政策。1979年1月17日,中共中央批转中央统战部等六单位《关于落实对国民党起义、投诚人员政策的请示报告》。中央批语指出,认真落实对起义、投诚人员的政策,不仅对恢复党的优良传统是必要的,而且对台湾回归祖国、完成祖国统一大业,有着重要的意义。之后,中共中央曾多次批示,对起义、投诚人员的政策落实工作要认真检查,一个人一个人地落实。

7. 落实民族政策。加强民族大团结,维护国家的统一是中国共产党的根本政策之一。1979年10月14日,中共中央批转中央统战部《关于地方民族主义分子摘帽子问题的请示》。《请示》说,凡是1957年反右派斗争期间及以后几年内划为地方民族主义分子的,不论是按照敌我矛盾或者人民内部矛盾对待的,都应全部摘掉地方民族主义分子的帽子;对确实划错了的,也要实事求是地改正过来。中共十一届三中全会后,中共中央指出所谓"民族问题实质是阶级问题"的说法是错误的。① 中共中央指出,巩固汉族同藏族、维吾尔族、蒙古族和其他边疆以及内地的各少数民族的团结,改善各少数民族的政治经济文化状况,是一个具有伟大历史意义和战略意义的重要任务。由于林彪、"四人帮"造成的十年浩劫,我们党的民族政策受了很大摧残,汉族和许多少数民族之间又产生了相当的隔阂,必须用极大的努力才能恢复各民族间的相互信任和团结。我们建国已经三十多年了,加以目前国际形势复杂,我们如再不能抓紧时间迅速大力改善民族关系,就将犯极大的错误。全党对于这个问题的严重性必须有统一的充分的认识。②

1980年3月,中共中央书记处在北京召开西藏工作座谈会,会议确定西藏的中心任务是:以藏族干部和藏族人民为主,加强各族干部和人民的团结,调动一切积极因素,千方百计地发展国民经济,提高各族人民的物质生活水平和文化科学水平,有计划有步骤地使西藏兴旺发达、繁荣富裕起来。会议提出西藏工作的八项方针。5月,胡耀邦、万里到西藏进行考察。中共西藏自治区委员会根据中央指示精神在西藏平反冤假错案,纠正平叛扩大化,纠正城镇错划资本家,落实宗教政策。

中共中央和国务院对新疆维吾尔自治区和内蒙古自治区的工作非常重视,本着搞好民族关系加强民族团结的方针都作了处理。

8. 落实宗教政策。中共的宗教政策在"文化大革命"中遭到林彪、"四人帮"的很大摧残,公开的宗教活动几乎全部停止。

---

① 马恩列斯和毛泽东都没有说过这样的话。毛泽东在支持美国黑人斗争时所说"民族斗争,说到底,是一个阶级斗争问题",是指美国广大黑人同美国垄断集团和反动派之间的矛盾是阶级矛盾,广大黑人同白人劳动者联合起来,才能实现自己的解放。毛泽东这个论断,完全不能适用于新中国成立后我国的民族关系。

② 《中共中央关于转发〈西藏工作座谈会纪要〉的通知》(1980年4月7日),《三中全会以来重要文件选编》(上),人民出版社1982年版,第442~446页。

1980 年 7 月 16 日,国务院提出宗教团体房屋的产权全部退给宗教团体,无法退的应折价付款。"文化大革命"期间被占用的教堂、寺庙、道观及其附属房屋,属于对内、外工作需要继续开放者,应退还各教使用。在恢复宗教活动的过程中,中共中央曾指出,对于外来的宗教渗透的危险性,应予以充分估计,要做好对内对外两方面的工作,尽可能地防止和限制其影响。1982 年,中共中央印发《关于我国社会主义时期宗教问题的基本观点和基本政策》。其主要内容有:尊重和保护宗教信仰自由,争取、团结和教育宗教界人士,合理安排宗教活动场所,充分发挥爱国宗教组织的作用,有计划地培养和教育年轻一代的爱国宗教职业人员,坚决保障一切正常的宗教活动,同时要坚决打击一切在宗教外衣掩盖下的违法犯罪活动和反革命破坏活动,以及各种不属于宗教范围的、危害国家利益和人民大众生命财产的迷信活动,等等。同时,也调整、落实了侨务政策和台胞、台属政策。

全面平反冤假错案,调整和落实各方面的政策,赢得了全党和全国人民的信任,调动了各方面的积极因素,促进了国家政治生活的正常化,对于团结全国各族人民建设现代化的社会主义强国,起了重要的作用。

三、"调整、改革、整顿、提高"方针的制定　国民经济的调整

粉碎"四人帮"后的头两年,即 1977 年、1978 年工农业生产有了较快的恢复。但是,由于当时中央的主要领导人在经济建设上急于求成的倾向,加剧了早已存在的国民经济重大的比例失调。

中共中央在 1978 年底对国民经济比例严重失调的情况已经觉察,并采取了相应的措施。中共十一届三中全会指出国民经济中还存在不少问题,一些重大的比例严重失调。陈云、李先念在 1979 年 3 月 14 日给中共中央写信,对当前和今后的财经工作提出六点意见:(1)前进的步子要稳。不要再折腾,必须避免反复和

出现大的马鞍形。(2)从长期来看,国民经济能做到按比例发展就是最快的速度。(3)现在的国民经济是没有综合平衡的,比例失调的情况是相当严重的。(4)要有两三年的调整时期,才能把各方面的比例失调情况大体上调整过来。(5)钢的指标必须可靠。钢的发展方向,不仅要重数量,而且更要重质量。(6)借外债必须充分考虑还本付息的支付能力,考虑国内投资能力,做到基本上循序进行。①

1979年3月,中共中央政治局召开会议,讨论经过修改的1979年国民经济计划和对国民经济实行调整的问题。陈云在会上作了系统的发言,强调坚持按比例发展的原则对国民经济进行调整。他说:我国有9亿多人口,80%在农村,革命胜利30年了还有要饭的,需要改善人民的生活。我们是在这种情况下搞四个现代化的。按比例发展是最快的速度。现在比例失调的情况相当严重。要有两三年调整时间,最好三年。②邓小平在讲话中指出,现在的中心任务是调整,首先要有决心。过去提以粮为纲、以钢为纲,是到该总结的时候了。会议同意国家计委修改和调整1979年国民经济计划的意见,并决定用三年时间调整国民经济。这次会议,是在经济建设上冲破"左"倾思想禁锢,实事求是地决定我国经济建设指导方针的一次会议,它为即将召开的中央工作会议形成"调整、改革、整顿、提高"的八字方针,奠定了思想基础。根据中共中央的决定,在国务院下设立财政经济委员会,作为研究制定财经工作方针政策和决定财经工作中的大事的决策机关。陈云为主任,李先念为副主任。4月,在北京召开中央工作会议,集中讨论了调整国民经济问题。李先念作了关于国民经济调整问题的重

---

① 李先念、陈云:《关于财经工作给中央的一封信》(1979年3月14日),《三中全会以来重要文件选编》(上),人民出版社1982年版,第69~70页。

② 陈云:《调整国民经济,坚持按比例发展》(1979年3月21日),《三中全会以来重要文件选编》(上),人民出版社1982年版,第71~76页。

要讲话。他分析了当时经济战线的形势,论述了调整的必要性、重大意义和方针任务。他指出:多年来造成的国民经济的重大比例失调,主要表现在:第一,农业和工业的比例严重失调;第二,轻、重工业的比例严重失调;第三,燃料动力工业同其他工业的比例严重失调;第四,积累和消费的比例严重失调;第五,劳动就业问题十分严重等。只有解决好这个严重的比例失调问题,才能为今后国民经济的发展创造更好的条件,为我们在实行全党全国工作重点的转移之后创造一个良好的新开端。他指出:"我们这次的方针是:调整、改革、整顿、提高。边调整边前进,在调整中改革,在调整中整顿,在调整中提高。""总之,我们一定要从自己国家的实际出发,走出一条在社会主义制度下实现现代化的中国式的道路。"①中央工作会议制定了从 1979 年起用 3 年时间对国民经济实行"调整、改革、整顿、提高"的方针。六七月间,又召开了五届全国人大二次会议。会议听取和审议了政府工作报告,审查批准了国务院提出的 1979 年国民经济计划。政府工作报告对中共中央提出的全国工作重点转移和对国民经济实行"调整、改革、整顿、提高"的八字方针以及调整国民经济的措施作了说明。报告第一次明确宣布:在我们国家里(除台湾外),已经消灭了封建剥削制度和资本主义剥削制度,作为阶级的地主阶级、富农阶级已经消灭,作为阶级的资本家阶级也已经不再存在,但国内阶级斗争还存在。我们的方针是:承认阶级斗争还没有结束,同时承认今后再不需要也再不应该进行大规模的急风暴雨式的群众阶级斗争;我们的根本任务已经由解放生产力变为在新的生产关系下面保护和发展生产力。现在,我国的生产力发展水平还很低,远远不能满足人民和国家的需要。在本世纪内实现四个现代化,把我国目前很低的生产力水平迅速提高到现代化水平,为此而改革我国目前生产关系和

---

① 李先念:《在中央工作会议上的讲话》(1979 年 4 月 5 日),《三中全会以来重要文献选编》(上),人民出版社 1982 年版,第 104~139 页。

上层建筑中那些妨碍实现四个现代化的部分,扫除一切不利于实现四个现代化的旧习惯势力,这就是我国现阶段所要解决的主要矛盾,也就是全国人民在现阶段的中心工作。会后,我国国民经济的调整工作在全国正式展开。

调整国民经济的过程,实际上是探索适合中国情况的社会主义现代化建设道路的过程,也是推进改革开放的过程。在开始执行以调整为中心的八字方针时,党的各级领导大多对中国的国情和经济形势的严重性认识不足,因而行动迟缓。从 1979 年至 1980 年 10 月近两年的时间内,调整收效不大,国民经济比例严重失调的情况仍没有从根本上改变过来。基本建设总规模没有退下来。此外,国防战备费、行政管理费和各项事业费不但没有收缩,而且又增加了。这样,生产建设的安排和人民生活的改善超过了国家的物力和财力。国家安排的基本建设投资和消费支出超过了财政收入。这使货币流通量接近引起经济危机的临界点。物价上涨已影响到人民生活。在这种情况下,如果不对经济进行大的调整,整个经济就要发生危机。那样,十一届三中全会以后农民和职工在经济上得到的好处就会失掉,甚至会引起政局的不稳。

为了消除国民经济中潜伏的上述危险,1980 年 11 月,在北京召开全国省长、直辖市长、自治区主席会议和全国计划会议。这两个会议讨论了经济形势,调整了 1981 年计划。会议期间,陈云、邓小平、李先念先后对调整 1981 年计划作了重要指示,强调明年基本建设要退够。宝钢、22 个成套进口项目,不行就放下来。明年财政要没有赤字,银行不增发货币。经济发展速度 5% 有困难,4% 也可以。

1980 年 12 月,中共中央在北京召开工作会议。这次会议,着重讨论了经济形势和经济调整问题,决定了在经济上实行进一步调整,在政治上实现进一步安定团结的重大方针。陈云在会上作了《经济形势与经验教训》的重要讲话。他分析了经济形势,总结了经验教训,提出了对经济调整工作产生重要影响的"十四条意见"。他指出,开国以来经济建设方面的主要错误是"左"的错误。他强调调整意味着某些方面的后退,而且要退够。不要害怕这个清醒的健康的调整。会议提出1981年调整工作的总的要求三条:一是基本上做到财政收支平衡;二是基本上实现信贷收支平衡;三是把物价基本稳定下来,特别是把占居民消费总支出70%左右的基本生活必需品的销售价格稳住。但是要把国民经济重大比例严重失调的问题调整过来,需要更长的时间。为了搞好调整,克服当前的困难,必须在宏观经济方面加强中央的集中统一,正确处理调整与改革的关系,努力提高经济效益,走出一条发展经济的新路子。

邓小平在会议最后一天作了《贯彻调整方针,保证安定团结》的重要讲话。他指出:这次调整,在某些方面要后退,而且要退够,主要是说基本建设要退够。其他方面,主要是农业、轻工业和有关人民生活的日用品生产、能源、交通的建设,以及科学、教育、卫生、文化事业还要尽可能地继续发展。这次调整是三中全会以来的各项正确方针、政策的继续和发展,是三中全会实事求是,纠正"左"倾错误的指导思想的进一步贯彻。为了保证这次调整的顺利进行,我们必须坚定不移地继续执行十一届三中全会以来的一切行之有效的方针、政策、措施。今后一段时间内,重点是要抓调整,改革的步骤需要放慢一点,但不是在方向上有任何改变。为了保证调整的顺利进行,必须坚持四项基本原则和加强政治思想工作。安定团结的政治局面是这次调整成败的关键。总之,经济上实行进一步的调整,政治上实现进一步的安定,这都是为了贯彻三中全会以来的一贯方针。贯彻执行三中全会以来的一贯方针,我们的事业一定胜利。①

这次中央工作会议,总结了新中国成立30多年经济建设的经验教训,对经济工作上的"左"倾错误进行了较为彻底的清理,明

---

① 参见《邓小平文选》第2卷,人民出版社1994年版,第354~374页。

确了今后经济建设的指导思想,从而也对贯彻调整方针、规划未来中国的发展道路起了重要作用。邓小平后来这样评价这次会议:"经济工作,应该说,我们真正的转折是 1980 年那次调整会议,在那次前,客观地说,我们还是那种'左'的东西,那次会议真正是一个拨乱反正。""现在看起来,没有那次会议进一步明确八字方针,而且以调整为核心,就没有今天的形势。"①

根据中央的精神和要求,国家计委同有关部门对 1981 年的国民经济计划进行了调整。工农业总产值由原来的 6 955 亿减为 6 800 亿元,比上年预见增长速度由原来的 5.5% 减为 3.7%。其中农业总产值由原来预计增长 4% 提高为 5.6%,工业总产值由原来预计增长 6% 减为 3%。在工业总产值中,轻工业由原来的 2 390 亿元增加到 2 473 亿元,比上年预计增长 8%,重工业由原来的 2 860 亿元减为 2 637 亿元,比上年减少 1.2%。基本建设投资由原来的 550 亿元减为 300 亿元,比上年预计减少 40%。行政管理费用由 62 亿元减为 57 亿元,减少 3%。文教、科学、卫生、体育等事业费略有增加。

经过全党全国的努力,上述调整计划在 1981 年年底基本上实现了。据国家统计局提供的资料,1981 年,我国国民经济贯彻执行进一步调整的方针,取得了比较明显的成效。工农业生产稳步发展,农轻重比例关系有所改善。工农业总产值达到 7 490 亿元(按 1980 年价格计算)比上年增长 4.5%。由于农业和轻工业有较快的增长,重工业由于进行调整而使发展速度有所下降,农轻重比例关系有所改善。农业总产值达到 2 312 亿元,比上年增长 5.7%。其中粮食 32 502 万吨,比上年增产 446 万吨;棉花 296.8 万吨,比上年增产 26.1 万吨。工业总产值达到 5 178 亿元,比上年增长 4.1%(轻工业增长 14.1%,重工业下降 4.7%)。基本建设规

① 参见中共中央文献研究室:《陈云传》(下),中央文献出版社 2005 年版,第 1608 页。

模有所压缩,投资构成有了调整,投资效果有所提高。全年完成基本建设投资总额 428 亿元,比上年减少 111 亿元。财政收支状况有了好转,基本上实现了财政收支平衡。全年财政总收入 1 064.3 亿元,总支出 1 089.7 亿元(包括国外借款收支),财政赤字由上年的 127.5 亿元减少 25.4 亿元。对外经济往来有了进一步发展。科学、教育、文化、卫生等事业有了新的发展。城乡人民生活继续有所提高。这一年,全国城镇共安排 820 万人就业。但是,1981 年经济发展也存在一些问题,一是财政收支基本平衡是在大幅度紧缩支出的条件下实现的,因而是不够巩固的;二是一部分消费品的增长还赶不上人民需要的增长,市场商品供应紧张的状况还没有根本改变,因而保持市场物价基本稳定仍然是一个艰巨的任务;三是经济效益低下的情况还没有多大改变,有的甚至还有下降。这些情况说明,国民经济中潜在的危险虽然有所缓和,但还没有根本消除。

1981 年以后,国民经济的调整继续取得了新的成就。国民经济的发展在保持较高速度(社会总产值年平均增长 8.2%,国民收入年平均增长 7.1%)的条件下,比例关系逐渐协调。在工农业的关系上,农业发展的速度大大加快,年平均速度达到 7.9%,这是 30 年中少有的。在工业内部,轻工业的发展速度高于重工业的发展速度,基本上扭转了过去重工业增长过快的问题。在农业内部也开始扭转了长时期里"以粮为纲"、片面发展的问题。积累与消费的比例关系也有改善,人民生活有较大提高。1982 年全国农民平均每人的纯收入达到 270 元,比 1978 年增加 1 倍;城市职工家庭平均每人每年可用于生活费的收入为 500 元,扣除物价上涨因素,比 1978 年增长 38.3%。

四、农村改革的兴起和城市经济体制改革的启动

经济体制的改革,首先在农村取得突破性的进展。

中共十一届三中全会原则上通过了《中共中央关于加快农业

发展若干问题的决定（草案）》，决心首先集中主要精力把农业搞上去。全会同意将《决定（草案）》发到各省、市、自治区讨论和试行。文件的下达，对于纠正农村工作中长期存在的"左"倾错误和调动农民的生产积极性，促进农业生产，改变农村面貌起了极大的作用。中共中央根据全国讨论和试行的情况对《决定（草案）》作了必要的修改。1979 年 9 月 28 日，中共十一届四中全会正式通过了《关于加快农业发展若干问题的决定》，提出"当前发展农业生产力的二十五项政策和措施"。《决定》强调，各级行政机关的意见，"除有法律规定者外，不得用行政命令的方法强制社、队执行，应该允许他们在国家统一计划的指导下因时因地制宜，保障他们在这方面的自主权，发挥他们的主动性"。这就为鼓舞农民在实践中创造新的经验，并据此进行农村的体制改革敞开了大门。

在三中全会精神鼓舞下，各地农村干部和社员群众从实际出发，解放思想，大胆探索，逐步地突破了人民公社原有的一些经营管理制度，各种形式的农业生产责任制迅速发展起来。开始时，大部分实行的是联产到组责任制。随后，许多地方又逐步将联产到组发展到联产到人，并进一步发展到包产到户、包干到户。对于包产到户、包干到户这种形式，当时党内外不少干部还存在着相当大的疑虑，担心这样做会不会离开了社会主义。因为十一届三中全会制定的《决定（草案）》曾规定"不许包产到户"。十一届四中全会通过的《决定》说："除某些副业生产的特殊需要和边远山区、交通不便的单家独户外，也不要包产到户。""包产到户"成了禁区。实际上各地农民仍在自发地进行。1978 年底，安徽凤阳县小岗生产队干部和群众举行秘密会议，宣誓、按手印写好一份分田到户协议书。一致商定：由于分包田地，使干部挨批、撤职、住监狱，其家属生计由全村共济之。这件事反映农民为实行包产到户宁肯冒风险的决心。1980 年初，中央农委的同志提出在贫困地区试行包产到户。4 月 2 日，邓小平在谈到农业问题时说：对地广人稀、经济落后、生活穷困的地区，像贵州、云南、西北的甘肃等省份中的这类地区,我赞成政策要放宽,使它们真正做到因地制宜,发展自己的特点。政策要放宽,要使每家每户都自己想办法,多找门路,增加生产,增加收入。有的可包给组,有的可包给个人,这个不用怕,这个不会影响我们制度的社会主义性质。① 1980 年春夏之交,中央一些领导人先后去云南、青海、宁夏、陕西、内蒙古、黑龙江、吉林、辽宁等省区和北京郊区农村调查。5 月 31 日,邓小平发表《关于农村政策问题》的谈话。他说:"农村政策放宽以后,一些适宜搞包产到户的地方搞了包产到户,效果很好,变化很快。""有的同志担心,这样搞会不会影响集体经济。我看这种担心是不必要的。""只要生产发展了,农村的社会分工和商品经济发展了,低水平的集体化就会发展到高水平的集体化"。"关键是发展生产力"。他又说:"现在有些干部,对于怎样适合本地情况,多搞一些经济收益大、群众得实惠的东西,还是考虑不多,仍然是按老框框办事,思想很不解放。"②根据邓小平的意见,中央、各省、国家农委分别组织工作组到农村调查。在此基础上,同年 9 月,中共中央召开各省、市、自治区党委第一书记座谈会,着重讨论加强和完善农业生产责任制问题。会上发生了"阳关道"与"独木桥"的争论。会后,中央下发《关于进一步加强和完善农业生产责任制的几个问题》的通知,即座谈会纪要。《纪要》强调要进一步搞好集体经济,同时也指出,"对于包产到户应当区别不同地区,不同社队采取不同的方针。"在那些边远山区和贫困落后的地区,群众要求包产到户的,应当支持群众的要求,可以包产到户,也可以包干到户,并在一个较长的时间内保持稳定。在一般地区,集体经济比较稳定,现行的生产责任制群众满意的,就不要搞包产到户。这些地方已经实行包产到户的,如果群众不要求改变,就应允许继续实行。这个文

---

① 中共中央文献研究室编:《邓小平年谱(1975—1997)》(上),中央文献出版社 2004 年版,第 615~616 页。

② 《邓小平文选》第 2 卷,人民出版社 1994 年版,第 315~316 页。

件肯定包产到户是一种为解决温饱问题的必要措施,应承认群众自由选择的权利,不能自上而下用一个模式强迫群众。《纪要》还强调"在生产队领导下实行的包产到户是依存于社会主义经济,而不会脱离社会主义轨道的,没有什么复辟资本主义的危险"。后来,中央又进一步肯定承包到户是社会主义集体经济的生产责任制,是合作经济中的一个经营层次。

1981年10月,召开全国农村工作会议。会议文件于12月21日经中央政治局讨论通过,定名为《全国农村工作会议纪要》。这个《纪要》正式承认包产到户的合法性,并正式定名为"家庭联产承包责任制"。《纪要》以第一个"中央一号文件"[①]下发执行。会议纪要指出:"全国农村已有90%以上的生产队建立了不同形式的农业生产责任制;大规模的变动已经过去,现在,已经转入了总结、完善、稳定阶段。"[②]建立农业生产责任制的工作,获得如此迅速的进展,反映了亿万农民要求按照中国农村的实际状况来发展社会主义农业的强烈愿望。农业生产责任制大多数实行家庭联产承包责任制,即把集体所有的土地长期包给各家农户使用,农业生产基本上变为分户经营、自负盈亏,农民生产的东西,"保证国家的,留足集体的,剩下都是自己的"。这种责任制使农民获得生产和分配的自主权,把农民的责、权、利紧密结合起来,不仅克服了以往分配中的平均主义、"吃大锅饭"等弊病,而且纠正了管理过分集中、经营方式过分单一等缺点。这种责任制更加适合于我国大多数农村的经济状况,有利于促进社会生产力的更快发展。这种责任制是建立在土地公有制基础上的,集体和农户保持着发包和承包关系。集体统一管理、使用大型农机具和水利设施,有一定的

---

① 1982—1986年,每年的"中央一号文件"都是指导"三农"工作的文件,故也称五个"中央一号文件"。

② 《全国农村工作会议纪要》(1981年12月),《三中全会以来重要文献选编》(下),人民出版社1982年版,第994页。

公共提留,统一安排烈军属、五保户、困难户的生活,有的还统一规划农田基本建设。所以,这种家庭联产承包责任制,不同于农业合作化以前的小私有经济,它没有否定合作化以来集体经济的优越性,而是做到有统有分,统分结合,既发挥集体经济的优越性,又发挥农民家庭经营的积极性。随着生产力的发展,它将会逐步发展成更为完善的集体经济。《纪要》还指出:"不论实行何种类型的承包责任制,土地的承包必须力求合理","严禁在承包土地上盖房、葬坟、起土。社员承包的土地,不准买卖,不准出租,不准转让,不准荒废,否则,集体有权收回;社员无力经营或转营他业时应退还集体。"《纪要》还强调:"要把完善生产责任制的工作和促进农业生产的全面发展目标密切联系起来。当前发展多种经营和商品生产已经成为广大群众的迫切要求,我们的工作必须紧紧跟上。"①家庭联产承包责任制受到农民的普遍欢迎,它调动农民的劳动热情,促进了农业生产的发展,见效之快,是人们没有预想到的。

城市经济体制的改革,远比农村改革复杂。城市改革是从简政放权、扩大企业自主权开始的。1978 年 10 月,四川省首先选择了 6 个企业进行扩大自主权的试点。1979 年四川省试点的工业企业扩大到 100 个。根据四川省试点的经验,全国于 1979 年 5 月在北京、天津、上海选择了 8 个企业进行试点。1979 年 7 月,国务院发布了扩大国有工业企业经营管理自主权等 5 个文件,要求地方、部门按照统一规定的办法选择少数企业试点。1979 年底,试点企业扩大到 4 200 个,1980 年发展到 6 600 个,把扩大企业自主权的改革逐步推开了,到 1982 年已经在全国普遍推行。但是,扩大企业自主权只是城市改革的单项改革,而没有城市其他方面的配套改革,企业自主权不可能得到完全的落实。这样,城市经济体

---

① 《全国农村工作会议纪要》(1981 年 12 月),《三中全会以来重要文献选编》(下),人民出版社 1982 年版,第 994~999 页。

制综合改革试点的问题被提上了议事日程。1981年7月,国务院批准在湖北沙市进行经济体制综合改革试点。1982年3月,又批准在江苏常州进行综合改革试点。但是,这两个城市都是中等城市,条块分割等矛盾不如大城市突出,为此,1983年2月,中共中央和国务院又批准在四川重庆进行大城市的综合改革试点。在3个试点城市的带动下,其他城市也积极进行了改革的探索。

五、党和国家领导体制的初步改革　社会主义民主和法制的加强

在经济体制改革起步的同时,政治体制改革的问题也开始提到国家议事日程上来。1979年9月29日,叶剑英《在庆祝中华人民共和国成立三十周年大会上的讲话》中提出:"我们要在改革和完善社会主义经济制度的同时,改革和完善社会主义政治制度,发展高度的社会主义民主和完备的社会主义法制。"[①]同年10月30日,邓小平在中国文学艺术工作者第四次代表大会上的致词中又重申:"我们要在大幅度提高社会生产力的同时,改革和完善社会主义的经济制度和政治制度,发展高度的社会主义民主和完备的社会主义法制。"[②]

1980年2月,中国共产党在北京召开十一届五中全会。会议的主要议题是讨论加强和改善党的领导问题。全会决定提前召开中国共产党第十二次全国代表大会。全会讨论了《中国共产党章程(修改草案)》,并决定印发全党讨论。全会通过了《关于党内政治生活的若干准则》。全会决定向全国人民代表大会建议,把宪法第四十五条中关于公民"有运用大鸣、大放、大辩论、大字报的权利"的规定,予以取消。全会为了吸收能够坚定地执行党的路线,具有独立工作能力而又年富力强的同志参加党中央的领导工

---

① 《三中全会以来重要文献选编》(上),人民出版社1982年版,第218页。
② 《邓小平文选》第2卷,人民出版社1994年版,第208页。

作,以保证党的路线、方针、政策的长期性和连续性,保证党的集体领导的长期稳定,决定增加中央政治局常委人数,恢复中共八大决定的、在中央政治局及它的常务委员会领导下的日常工作机构——中央书记处。全会增选胡耀邦、赵紫阳为中央政治局常委;选举(以姓氏笔画为序)万里、王任重、方毅、谷牧、宋任穷、余秋里、杨得志、胡乔木、胡耀邦、姚依林、彭冲等11人为中央书记处书记;选举胡耀邦为总书记。这在党的领导体制改革上迈出了重要的一步;是改变个人交班、接班,实行集体接班的重大决策。全会还根据党内外广大群众的意见,决定批准汪东兴、纪登奎、吴德、陈锡联的辞职请求,免除或提请免除他们所担负的党和国家的领导职务。全会决定为刘少奇平反昭雪,通过了《关于为刘少奇同志平反的决定》。会议继中共十一届三中全会之后,进一步解决了党的组织路线问题。会后,中共中央为贯彻五中全会的精神,又进行了一系列工作,主要是:

1. 恢复和发扬党的优良传统。十一届三中全会之后,中共中央非常重视搞好党风问题。1979年1月,十一届三中全会选举产生的中共中央纪律检查委员会在北京举行首次全体会议,着重研究了党规党法和搞好党风问题,讨论并拟订了《关于党内政治生活的若干准则(草稿)》。7月,在北京召开全国纪律检查工作会议。会议研究了进一步搞好党风,严肃党纪,加强党的建设的若干问题。中纪委第三书记胡耀邦作了《关于搞好党风、严肃党纪的几点意见》的讲话。他在讲话中对搞好党风提出六点要求:(1)要坚决执行和维护党中央所确定的新时期的路线、方针和政策。(2)要认真地坚决地同派性作斗争。(3)要认真地把党的组织生活搞得更加正常,一切按照民主集中制办事。(4)要努力克服严重脱离群众,严重腐蚀党的肌体的不良作风,发扬我们党的优良作风。(5)要认真恢复历来行之有效的党内斗争的优良传统,坚持团结—批评—团结和惩前毖后、治病救人的方针。(6)要有步骤地改革党的干部制度,有步骤地实行选举、考试、考核、监督、

318

奖惩、罢免、轮换、退休等制度。他还提出,要迅速拟定出一系列党规党法,诸如党内政治生活准则、领导干部生活待遇标准,认真执行民主集中制的具体规定,党员的权利和义务等。1980 年 3 月 15 日,《人民日报》全文公布《关于党内政治生活的若干准则》。《准则》共 12 条:(1)坚持党的政治路线和思想路线。(2)坚持集体领导,反对个人专断。(3)维护党的集中统一,严格遵守党的纪律。(4)坚持党性,根绝派性。(5)要讲真话、言行一致。(6)发扬党内民主,正确对待不同意见。(7)保障党员的权力不受侵犯。(8)选举要充分体现选举人的意志。(9)同错误倾向和坏人坏事作斗争。(10)正确对待犯错误的同志。(11)接受党和群众的监督,不准搞特权。(12)努力学习,做到又红又专。

2. 消除个人崇拜。十一届三中全会决定要"多歌颂工农兵群众,多歌颂党和老一辈革命家,少宣传个人"后,这个方针的执行是有成效的,但是仍存在一些过于突出个人的现象。为了进一步解决这个问题,中共中央于 1980 年 7 月 30 日发出了《关于坚持"少宣传个人"的几个问题的指示》。10 月 20 日,中央书记处会议决定,今后二三十年内,一律不挂现领导人的像,以利于肃清个人崇拜的影响。

3. 着手进行党和国家领导制度的改革。1980 年 8 月,在北京举行中共中央政治局(扩大)会议。着重讨论了党和国家领导制度的改革和进一步发展社会主义民主的问题。邓小平在会上作了《党和国家领导制度的改革》的讲话。他在讲话中分析了党和国家领导制度、干部制度中存在的种种弊端,指出主要弊端就是官僚主义、权力过分集中、家长制、干部领导职务终身制等现象和形形色色的特权现象。他对上述现象作了分析:(1)官僚主义现象是我们党和国家政治生活中广泛存在的一个大问题,它已达到令人无法容忍的地步。(2)权力过分集中的现象,就是在加强党的一元化领导的口号下,不适当地、不加分析地把一切权力集中于党委,党委的权力又往往集中于几个书记,特别是集中于第一书记。

党的一元化领导,往往因此而变成了个人领导。这种现象,同我国历史上封建专制主义的影响有关,也同共产国际时期实行的各国党的工作中领导者个人高度集权的传统有关。(3)革命队伍内的家长制作风,除了使个人高度集权以外,还使个人凌驾于组织之上,组织成为个人工具。从1958年批评反冒进,1959年"反右倾"以来,党和国家的民主生活逐渐不正常,一言堂、个人决定重大问题、个人崇拜、个人凌驾于组织之上一类家长制现象,不断滋长。不少地方和单位,都有家长式的人物。(4)"文化大革命"中,林彪、"四人帮"大搞特权,给群众造成很大灾难。当前,也还有一些干部搞特权,引起群众的强烈不满,损害党的威信,如不坚决改正,势必使我们的干部队伍发生腐化。我们今天所反对的特权,就是政治上经济上在法律和制度之外的权力。克服特权现象,要解决思想问题,也要解决制度问题。对各级干部的职权范围和政治、生活待遇,要制定各种条例,最重要的是要有专门的机构进行铁面无私的监督检查。邓小平说:"我们过去发生的各种错误,固然与某些领导人的思想、作风有关,但是组织制度、工作制度方面的问题更重要。"邓小平指出:上面讲到的种种弊端,多少都带有封建主义色彩。"现在应该明确提出继续肃清思想政治方面的封建主义残余影响的任务"①。肃清封建主义残余影响,对广大干部和群众说来,是一种自我教育和自我改造,但重点是切实改革并完善党和国家的制度,从制度上保证党和国家政治生活的民主化、经济管理的民主化、整个社会生活的民主化,促进现代化建设事业的顺利发展,充分发挥社会主义制度的优越性。他还指出:"必须把肃清封建主义残余影响的工作,同对于资产阶级损人利己、唯利是图思想和其他腐化思想的批判结合起来。"②为逐步进行党和国家领导制度的改革,邓小平说中央正在考虑采取如下六条措施:(1)中央将

　　① 《邓小平文选》第2卷,人民出版社1994年版,第333、335页。
　　② 《邓小平文选》第2卷,人民出版社1994年版,第338页。

向五届全国人大三次会议提出修改宪法的建议,关于不允许权力过分集中的原则,将在宪法上表现出来。(2)中央已经设立了纪律检查委员会,正在考虑再设立一个顾问委员会,连同中央委员会,都由党的全国代表大会选举产生,并明确规定各自的任务和权限。(3)真正建立从国务院到地方各级政府由上到下的强有力的工作系统。(4)经过试点,逐步推广,分别实行工厂管理委员会、公司董事会、经济联合体的联合委员会领导及其监督下的厂长负责制、经理负责制。(5)各企业事业单位普遍成立职工代表大会或职工代表会议。(6)各级党委要真正实行集体领导和个人分工负责相结合的制度。邓小平这个讲话是共产党和国家领导制度改革的纲领。

1980年8、9月间,五届全国人大三次会议在北京举行。会议讨论了制定发展国民经济长远规划和继续推进经济改革等问题。会议检查了因1977年、特别是1978年经济建设新冒进所造成的一百几十亿元的财政赤字。大会通过决议,接受华国锋辞去国务院总理职务,邓小平、李先念、陈云、徐向前、王震、王任重辞去副总理职务的请求。大会决定赵紫阳为国务院总理,增补杨静仁、张爱萍、黄华为副总理。大会决定接受聂荣臻、刘伯承、张鼎丞、蔡畅、周建人辞去人大常委会副委员长职务的请求,增选彭冲、习仲勋、粟裕、杨尚昆、班禅额尔德尼·确吉坚赞为副委员长,杨尚昆兼人大常委会秘书长。大会还接受陈永贵要求解除他副总理职务的请求。这次会议,在推进国家领导体制改革和废除干部领导职务实际存在的终身制方面,又迈出了一步。

4. 精简机构,进行干部制度改革。1982年1月,中共中央政治局开会讨论中央机关精简问题。邓小平提出“精简机构是一场革命”,“实现干部队伍的革命化、年轻化、知识化、专业化,是革命和建设的战略需要”①。同年3月,赵紫阳在五届全国人大常委会

---

① 《邓小平文选》第2卷,人民出版社1994年版,第396页。

第 22 次会议上提出《关于国务院机构改革问题的报告》,建议减少副总理,设相当于副总理的国务委员,由国务院总理、副总理、国务委员和秘书长组成国务院常务会议,作为国务院的日常领导工作机构,在总理主持下,负责对国务院职权范围内的各项重要工作进行领导和决策。截至 1982 年 4 月,国务院各部、委机构的组建工作完成。国务院原有 52 个部委,经过这次机构改革,共设 41 个部委。在此期间,还开始了企业领导制度改革的试点,着手解决党政企分开的问题。在农村,有的地方还进行了撤销政社合一的人民公社,建立乡政府的试验。

5. 加强社会主义民主和法制的建设。在十一届三中全会以后的几年中,全国各级人民代表大会的作用大大加强了。五届全国人大二次会议制定和通过的《中华人民共和国地方各级人民代表大会和地方各级人民政府组织法》《中华人民共和国全国人民代表大会和地方各级人民代表大会选举法》对地方政权组织和选举制度作了重要改革。还通过了法院组织法、检察院组织法、刑法、刑事诉讼法等。五届全国人大三次会议制定和通过了国籍法、婚姻法、个人所得税法等。同时,还通过了关于修改宪法第 45 条的决议。决议称,为了充分发扬社会主义民主,健全社会主义法制,维护安定团结的政治局面,保障社会主义现代化建设的顺利进行,决定取消宪法原 45 条中"有运用大鸣、大放、大辩论、大字报的权利"的规定。五届全国人大四次会议还通过了《中华人民共和国经济合同法》等。这几年中,国家颁布了几百个新的法律、法令和行政法规,在健全社会主义法制,实现民主的法制化方面开创了新局面。

六、中共十一届六中全会 《关于建国以来党的若干历史问题的决议》

随着国家工作重点的转移,调整国民经济,实行对外开放、对内搞活的经济政策,改革党和国家的领导体制,探索中国式的社会

322

主义建设道路等工作的深入进行,迫切要求对新中国成立以来的历史经验进行系统、深刻的总结,对一系列重大历史问题、现实问题和理论原则问题,作出明确的决议,以统一全党和全国人民的认识,团结一致地去实现新时期的总任务。

1979年10月以后,中共中央决定启动有关新中国成立以来党的若干历史问题决议的起草工作。起草工作是在中央政治局、中央书记处领导下,由邓小平主持进行的。从1980年3月到1981年6月中共十一届六中全会召开,邓小平多次谈了对决议稿的起草和修改意见。1980年3月19日,邓小平对决议稿的起草问题,提出了三条指导思想:第一,确立毛泽东的历史地位,坚持和发展毛泽东思想。这是最核心的一条。第二,对建国三十年来历史上的大事,哪些是正确的,哪些是错误的,要进行实事求是的分析,包括一些负责同志的功过是非,要做公正的评价。第三,要通过这个决议对过去的事情做个基本的总结。总结宜粗不宜细。总结过去是为了引导大家向前看。陈云、叶剑英、李先念、胡耀邦等同志也提出了很多重要的意见。决议草稿先后经中央书记处、党内4 000余名负责干部、50余名老同志、中央政治局数次讨论修改,广泛集中党内外的正确意见,草稿日臻完善和成熟。

1981年6月27日至29日,中共十一届六中全会在北京举行。会议审议并一致通过《关于建国以来党的若干历史问题的决议》。《决议》对新中国成立32年来党的重大历史事件特别是"文化大革命"作出了正确的总结,科学地分析了在这些事件中党的指导思想的正确和错误,分析了产生错误的主观因素和社会原因,实事求是地评价了毛泽东在中国革命中的历史地位,充分论述了毛泽东思想作为共产党的指导思想的伟大意义。《决议》指出:同中国共产党被公认为全国各族人民的领导核心一样,毛泽东同志被公认为中国共产党和中国各族人民的伟大领袖,在党和人民集体奋斗中产生的毛泽东思想被公认为党的指导思想,这是中华人民共和国建国以前28年历史发展的必然结果。毛泽东同志是伟大的马克思主义者,是伟大的无产阶级革命家、战略家和理论家。他为党和中国人民解放军的创立和发展,为中国各族人民解放事业的胜利,为中华人民共和国的缔造和我国社会主义事业的发展,建立了永远不可磨灭的功勋。他为世界被压迫民族的解放和人类进步事业作出了重大的贡献。他虽然在"文化大革命"中犯了严重错误,但是就他的一生来看,他对中国革命的功绩远远大于他的过失。他的功绩是第一位的,错误是第二位的。关于毛泽东思想,《决议》指出:它是在一个半殖民地半封建的东方大国的革命过程中,在同本世纪 20 年代后期和 30 年代前期在国际共产主义运动中和中共党内盛行的把马克思主义教条化、把共产国际决议和苏联经验神圣化的错误倾向作斗争中,在深刻总结这方面的历史经验的过程中逐渐形成和发展起来的。它是党的集体智慧的结晶。毛泽东思想的活的灵魂有三个基本方面,即实事求是,群众路线,独立自主。毛泽东思想是全党、全军、全国各族人民的最宝贵的精神财富,它将长期指导我们的行动。必须坚持它,学习和运用它来研究实践中出现的新情况,解决新问题。因为毛泽东同志晚年犯了错误,就企图否认毛泽东思想的科学价值和对我国革命、建设的指导作用,是完全错误的;对毛泽东同志的言论采取教条主义态度,以为凡是毛泽东同志说过的话都是不可移易的真理,只能照抄照搬,甚至不愿实事求是地承认毛泽东同志晚年犯了错误,并且还企图在新的实践中坚持这些错误,也是完全错误的。这两种态度都是没有把经过长期历史考验形成科学理论的毛泽东思想,同毛泽东同志晚年所犯的错误区别开来。我们一定要坚持毛泽东思想,在新的实践中运用和发展毛泽东思想,保证党的事业沿着马克思列宁主义、毛泽东思想的科学轨道继续前进。

《决议》肯定了十一届三中全会以来逐步确立的适合我国情况的建设社会主义现代化强国的正确道路,进一步指明了我国社会主义事业和党的工作继续前进的方向。《决议》指出,党的新的历史时期的奋斗目标,就是要把我们的国家逐步建设成为具有现代农业、现代工业、现代国防和现代科学技术的具有高度民主和高度文明的社会主义强国。建设这样一个强国的正确道路的基本点是:(1)在社会主义改造基本完成以后,我们所要解决的主要矛盾,是人民日益增长的物质文化需要同落后的社会生产之间的矛盾;(2)社会主义经济建设必须从我国国情出发,量力而行,积极奋斗,有步骤分阶段地实现现代化的目标;(3)社会主义生产关系的变革和完善必须适应生产力的状况,有利于生产的发展;(4)在剥削阶级作为阶级消灭以后,阶级斗争已经不是主要矛盾;(5)逐步建设高度民主的社会主义政治制度,是社会主义革命的根本任务之一;(6)社会主义必须有高度的精神文明;(7)改善和发展社会主义的民族关系,加强民族团结,这对于我们这个多民族国家具有重大意义;(8)在战争危险依然存在的国际条件下,必须加强现代化的国防建设;(9)在对外关系上,必须继续坚持反对帝国主义、霸权主义、殖民主义和种族主义,维护世界和平;(10)根据"文化大革命"的教训和党的现状,必须把我们党建设成为具有健全的民主集中制的党。《决议》还首次提出我国社会主义制度还是处于初级的阶段。《决议》号召全党、全军、全国各族人民紧密团结在党中央周围,为实现党在新时期的总任务而努力奋斗。

全会对中央领导机构进行了重大人事调整,一致同意华国锋辞去中共中央主席和中央军委主席职务。全会对中央主要领导成员进行了改选和增选,选举结果是:胡耀邦为中央委员会主席;赵紫阳、华国锋为副主席;邓小平为中央军事委员会主席。中央政治局常务委员会由胡耀邦、叶剑英、邓小平、赵紫阳、李先念、陈云、华国锋组成,并增选习仲勋为中央书记处书记。

这次全会是继中共十一届三中全会以后中国共产党历史上又一次具有重大意义的会议,是总结经验、团结前进的会议。这次会议以在党的指导思想上完成拨乱反正的历史任务而载入史册。

第三节　国家经济体制改革的全面展开

一、中共十二大　建设有中国特色社会主义的提出

1982 年 9 月 1 日至 11 日,中国共产党第十二次全国代表大会在北京隆重举行。出席大会的正式代表 1 545 名,候补代表 145 名,代表着全国 3 965 万名党员。大会的主要议程是:审议第十一届中央委员会的报告;审议和通过新的党章;选举新的中央委员会、中央顾问委员会和中央纪律检查委员会。

邓小平致开幕词。他说:从十一届三中全会以来,我们党在经济、政治、文化等各方面的工作中恢复制定了正确的政策,我们有充分的根据相信,这次代表大会制定的正确纲领,一定能够全面开创社会主义现代化建设的新局面。这次代表大会将是党的第七次全国代表大会以来的一次最重要的会议。他强调说:"我们的现代化建设,必须从中国的实际出发。无论是革命还是建设,都要注意学习和借鉴外国经验。但是,照抄照搬别国经验、别国模式,从来不能得到成功。这方面我们有过不少教训。把马克思主义的普遍真理同我国的具体实际结合起来,走自己的道路,建设有中国特色的社会主义,这就是我们总结长期历史经验得出的基本结论。"①邓小平还指出:加紧社会主义现代化建设,争取实现包括台湾在内的祖国统一,反对霸权主义、维护世界和平,是我国人民在 80 年代的三大任务。这三大任务中,核心是经济建设,它是解决国际国内问题的基础。今后一个长时期内,至少是到 20 世纪末的近二十年内,我们要抓紧四项工作:进行机构改革和经济体制改革,实现干部队伍的革命化、年轻化、知识化、专业化;建设社会主

---

① 《邓小平文选》第 3 卷,人民出版社 1993 年版,第 2 页。

义精神文明;打击经济领域和其他领域内破坏社会主义的犯罪活动;在认真学习新党章的基础上,整顿党的作风和组织。这是我们坚持社会主义道路,集中力量进行现代化建设的最重要的保证。邓小平提出的关于建设有中国特色的社会主义的思想,是十二大的指导思想,也是整个新的历史时期改革开放和现代化建设的指导思想。

胡耀邦代表十一届中央委员会作了题为《全面开创社会主义现代化建设的新局面》的报告。报告分六个部分:(1)历史性的转变和新的伟大任务;(2)促进社会主义经济的全面高涨;(3)努力建设高度的社会主义精神文明;(4)努力建设高度的社会主义民主;(5)坚持独立自主的对外政策;(6)把党建设成为领导社会主义现代化事业的坚强核心。报告回顾了过去六年党领导人民进行拨乱反正的战斗历程,对比党在新民主主义革命时期发生过的两次历史性转变,满怀信心地宣告了我党历史上第三次历史性伟大转变的胜利实现。报告提出中国共产党在新的历史时期的总任务是:团结全国各族人民,自力更生,艰苦奋斗,逐步实现工业、农业、国防和科学技术的现代化,把我国建设成为高度文明、高度民主的社会主义国家。报告指出,在全面开创新局面的各项任务中,首要的任务是把社会主义现代化建设继续推向前进。从1981年到20世纪末的20年,我国经济建设总的奋斗目标是,在不断提高经济效益的前提下,力争使全国工农业的年总产值翻两番,即由1980年的7 100亿元增加到2000年的2.8万亿元左右。实现这个目标,我国国民收入总额和主要工农业产品的产量将居于世界前列,整个国民经济的现代化过程将取得重大进展,城乡人民的收入将成倍增长,人民的物质文化生活可以达到小康水平。把20世纪末的奋斗目标由先前的实现现代化改为实现小康是符合我国经济落后和发展不平衡的实际情况的。这就从战略指导思想上解决了长期存在的急于求成的问题。报告还实事求是地规定了经济发展的战略重点,即农业、能源、交通以及教育和科学技术。在战略部署上分两步:前十年主要是打好基础,积蓄力量,创造条件;后十年要进入一个新的经济振兴时期。为了促进社会经济的全面高涨,大会提出在经济工作中要注意解决集中资金进行重点建设,根据"一要吃饭,二要建设"的原则继续改善人民生活,坚持国营经济的主导地位和发展多种经济形式,贯彻计划经济为主、市场调节为辅的原则以及坚持自力更生和扩大对外经济技术交流等几个重要原则问题。这都是当时社会经济发展中迫切需要解决的问题。报告在提出经济建设目标的同时,提出要努力建设高度的社会主义精神文明和高度的社会主义民主。报告指出,社会主义精神文明是社会主义的重要特征,是社会主义制度优越性的重要表现。报告还指出,建设社会主义的物质文明和精神文明,都要靠继续发展社会主义民主来保证和支持。社会主义民主的建设必须同社会主义法制的建设紧密地结合起来,使社会主义民主制度化、法律化。这些理论和任务的提出,体现了社会主义现代化建设的全面性要求,丰富和发展了科学社会主义理论。报告最后强调努力把党建设成为领导社会主义现代化事业的坚强核心。①

　　大会审议和通过了新党章。新党章清除了 1977 年十一大党章中"左"的错误,继承和发展了七大、八大党章的优点。在新党章的总纲中,对党的性质和党的指导思想,对现阶段我国的主要矛盾和党的总任务,对党在国家生活中如何正确地发挥领导作用,都作了规定。新党章对党员和党的干部在思想上、政治上和组织上的要求,比过去历次党章的规定更加严格。新党章规定党中央不设主席只设总书记,还规定中央和省一级设顾问委员会,作为新老干部交替的过渡性机构,以发挥许多从第一线退下来的富有经验的老同志对党的事业的参谋作用。针对实际存在的思想不纯、作风不纯和组织不纯的问题,大会严肃地指出:党风问题是关系到执

---

　　①　胡耀邦:《全面开创社会主义现代化建设的新局面》(1982 年 9 月 1 日),《十二大以来重要文献选编》(上),人民出版社 1986 年版,第 6~61 页。

政党生死存亡的问题。大会确定,从 1983 年下半年开始,对党的作风和党的组织进行一次全面整顿。

大会选出中央委员 210 名,候补中央委员 138 名,组成第十二届中央委员会。同时选出中央顾问委员会委员 172 人,中央纪律检查委员会委员 132 人。在随后举行的十二届一中全会上选举了中央机关。中央政治局委员:万里、习仲勋、王震、韦国清、乌兰夫、方毅、邓小平、邓颖超、叶剑英、李先念、李德生、杨尚昆、杨得志、余秋里、宋任穷、张廷发、陈云、赵紫阳、胡乔木、胡耀邦、聂荣臻、倪志福、徐向前、彭真、廖承志;中央政治局候补委员:姚依林、秦基伟、陈慕华。中央政治局常委:胡耀邦、叶剑英、邓小平、赵紫阳、李先念、陈云。中央委员会总书记胡耀邦。全会决定邓小平为中央军事委员会主席,叶剑英、徐向前、聂荣臻为副主席,杨尚昆为常务副主席。全会批准邓小平为中央顾问委员会主任。全会批准陈云为中央纪律检查委员会第一书记,黄克诚为第二书记。邓小平是这一代领导集体的核心。

中共十二大总结了拨乱反正的经验,制定了全面开创社会主义现代化建设新局面的正确纲领,制定了新的完善的党章,是党的历史上的一次重要的代表大会。

二、五届全国人大五次会议 《中华人民共和国宪法》的修改

1982 年 11 月 26 日至 12 月 10 日五届全国人大五次会议在北京举行。这次会议通过并颁布了第四部《中华人民共和国宪法》和批准了第六个五年计划。

彭真受叶剑英主任委员的委托,代表宪法修改委员会作了《关于中华人民共和国宪法修改草案的报告》。现行宪法是 1978 年 3 月五届全国人大一次会议通过的。从那时以来的几年,正是我国处在历史性转变的重要时期。现行宪法在许多方面已经同现实的情况和国家生活的需要不相适应,有必要对它进行全面的修改。宪法修改草案明确规定,"今后国家的根本任务是集中力量

进行社会主义现代化建设。""中国各族人民将继续在中国共产党领导下,在马克思列宁主义、毛泽东思想指引下,坚持人民民主专政,坚持社会主义道路,不断完善社会主义的各项制度,发展社会主义民主,健全社会主义法制,自力更生,艰苦奋斗,逐步实现工业、农业、国防和科学技术的现代化,把我国建设成为高度文明、高度民主的社会主义国家。"彭真就宪法修改草案的基本内容,联系全民讨论中提出的意见和问题,对六个问题作了说明:(1)关于我国的人民民主专政制度;(2)关于我国的社会主义经济制度;(3)关于社会主义精神文明;(4)关于国家机构;(5)关于国家的统一和民族的团结;(6)关于独立自主的对外政策。这个宪法修改草案在 12 月 4 日被正式通过。新宪法有序言、四章,共 138 条。序言中规定"本宪法以法律的形式确认了中国各族人民奋斗的成果,规定了国家的根本制度和根本任务,是国家的根本法,具有最高的法律效力。全国各族人民、一切国家机关和武装力量、各政党和各社会团体、各企业事业组织,都必须以宪法为根本的活动准则,并且负有维护宪法尊严、保证宪法实施的职责"。新宪法不但彻底纠正了 1978 年宪法中存在的缺点,而且内容更加完备,增加了适应社会主义现代化建设的新规定。

赵紫阳作《关于第六个五年计划的报告》。"六五"计划的一个显著特点,是强调提高经济效益。"六五"计划把中共十二大提出的经济建设的战略目标、战略重点和战略步骤具体化了,是一个实现我们宏伟目标的切实可行的近期规划。第六个五年计划规定,1985 年工农业总产值达到 8 710 亿元,比 1980 年的 7 159 亿元增加 1 551 亿元。其中,农业总产值由 2 187 亿元增加到 2 660 亿元,工业总产值由 4 972 亿元增加到 6 050 亿元,都是平均每年递增 4%,在执行中争取达到 5%。在工业总产值中,轻工业产值计划平均每年递增 5%,重工业产值计划平均每年递增 3%。到 1985 年,全国粮食产量计划达到 3.6 亿吨,比 1980 年增长 12.3%;原煤 7 亿吨,增长 12.9%;钢 3 900 万吨,增长 5.1%。"六五"计划期间,全国基本建设投资总额安排2 300亿元。"六五"计划安排教育、科学、文化、卫生、体育事业的经费占国家财政支出总额的15.9%。"六五"计划期间,要继续提高城乡人民的生活水平。会议批准了《国民经济和社会发展第六个五年计划》。

会议还通过了关于恢复《义勇军进行曲》为国歌等决议。

1983年6月,六届全国人大一次会议在北京举行。会议提出今后五年的主要任务是动员全国各族人民为全面、超额完成第六个五年计划,制定和执行第七个五年计划,把以经济建设为中心的各项建设事业继续推向前进而奋斗。大会选举李先念为国家主席,彭真为全国人大常委会委员长,决定赵紫阳为国务院总理,选举邓小平为国家中央军事委员会主席。

三、农村经济体制的改革

中共十二大,提出了全面开创社会主义现代化建设新局面的宏伟目标,并确定发展农业是实现这一宏伟目标的战略重点之一。为了实现十二大提出的农业发展的战略目标,中共中央在1983年1月2日印发《〈当前农村经济政策的若干问题〉的通知》,对农业发展规划、农村发展道路、稳定和完善农业生产责任制、农村领导体制以及放活农村工商业等14个问题作了规定。这个文件在1982年12月31日经中央政治局讨论通过。以第二个"中央一号文件"下发。它的主要精神:(1) 稳定和完善农业生产责任制,改革人民公社的体制。文件说:稳定和完善农业生产责任制,仍然是当前农村工作的主要任务。联产承包责任制的迅速发展,绝不是偶然的。它以农户或小组为承包单位,扩大了农民的自主权,发挥了小规模经营的长处,克服了管理过分集中、劳动"大呼隆"和平均主义的弊病,又继承了以往合作化的积极成果,坚持了土地等基本生产资料的公有制和某些统一经营的职能,使多年来新形成的生产力更好地发挥作用。这种分散经营和统一经营相结合的经营方式具有广泛的适应性,既可适应当前手工劳动为主的状况和农业生产的特点,又能适应农业现代化进程中生产力发展的需要。在这种经营方式下,分户承包的家庭经营只不过是合作经济中一个经营层次,是一种新型的家庭经济。它和过去小私有的个体经济有着本质的区别,不应混同。完善联产承包责任制的关键是,通过承包处理好统与分的关系。文件指出:人民公社的体制,要从两方面进行改革。这就是,实行生产责任制,特别是联产承包制;实行政社分设。在政社分设后,基层政权组织,依照宪法建立。(2)搞活经济,继续放宽某些政策,走全面发展、综合经营的道路。文件指出:我国农村只有走农林牧副渔全面发展、农工商综合经营的道路。根据决不放松粮食生产、积极发展多种经营的正确方针,对农业结构进行调整。适应商品生产的需要,发展多种多样的合作经济。搞活商品流通,促进商品生产的发展,要坚持计划经济为主,市场调节为辅的方针,调整购销政策。改革国营商业体制,放手发展合作商业,适当发展个体商业,实现以国营商业为主导,多种商业经济形式并存,打破城乡分割和地区封锁,广辟流通渠道。总之,"就是要按照我国的国情,逐步实现农业的经济结构改革、体制改革和技术改革,走出一条具有中国特色的社会主义的农业发展道路。"①

1983 年 1 月 20 日,中共中央又发出《关于加强农村思想政治工作的通知》,强调必须根据十二大的战略部署,在建设高度的物质文明的同时要建设高度的社会主义精神文明。根据中共中央关于印发《当前农村经济政策的若干问题》,在搞活经济,继续放宽某些政策的同时,要大大加强和改进党在农村的思想政治工作,逐步提高农民的政治、思想觉悟。当前,要进行一坚持(坚持社会主义道路)、两不变(公有制、责任制长期不变)、三兼顾(兼顾国家、集体、个人利益)的教育。要使"一要吃饭、二要建设"的思想深入

---

① 《当前农村经济政策的若干问题》(1982 年 12 月 31 日政治局讨论通过),《十二大以来重要文献选编》(上),人民出版社 1986 年版,第 252~269 页。

人心。各级党的领导机关，必须坚持"两个文明"一起抓，把思想政治工作列入自己的重要议事日程。①

上述政策经过一年的试行，取得了明显的成效，农业生产获得了创纪录的丰收，农村工作取得了令人鼓舞的进展。1983年农业总产值为3 121亿元，比上年增长9.5%，超过计划增长4%的指标；扣除农村队办工业产值368亿元，比上年增长7.9%。粮食产量3.87亿吨，比去年增长9.2%；棉花463.7万吨，比去年增长28.9%。农村商品生产发展较快，加速了由自给、半自给经济向着较大规模商品经济转化的过程。农民生活有较大改善。

为了发展农村已经开创的新局面，提高生产力水平，发展商品生产，1984年1月1日，中共中央又发出《关于一九八四年农村工作的通知》。这是第三个"中央一号文件"。《通知》说：实践证明中共中央1983年一号文件所提出的基本目标、方针、政策是正确的；中央决定把它作为今后一个时期内指导农村工作的正式文件，继续贯彻执行。一年来农业生产获得了创纪录的丰收的事实，使我们更加坚信，只要保持党的政策的稳定性和持续性，在实践中不断总结新经验，解决新问题，就能团结并带领亿万农民群众，发展农村已经开创的新局面，实现十二大提出的宏伟目标，同时走出一条具有中国特色的社会主义农业发展道路。《通知》指出："今年农村工作的重点是：在稳定和完善生产责任制的基础上，提高生产力水平，疏理流通渠道，发展商品生产。""由自给半自给经济向较大规模商品生产转化，是发展我国社会主义农村经济不可逾越的必然过程。"《通知》对农村经济政策还作了一些具体规定，如土地承包期一般应在15年以上；允许农民和集体的资金自由地或有组织地流动，不受地区限制；农村在实行联产承包责任制基础上出现的专业户是农村发展中的新生事物，应当积极支持；供销社体制改

---

① 参见《中共中央关于加强农村思想政治工作的通知》（1983年1月20日），《十二大以来重要文献选编》（上），人民出版社1986年版，第270~280页。

革要深入进行下去,要办成农民群众集体所有的合作商业,要实行独立核算,自负盈亏;信用社要进行改革,真正办成群众性的合作金融组织;继续调整农副产品购销政策,改善农副产品收购办法;制止对农民的不合理摊派,减轻农民额外负担;等等。总之,要继续放宽政策,调动农民发展生产的积极性,解放生产力和发展商品生产。同时,《通知》指出,党在农村的政策越放宽,商品经济越发展,就越需要加强农村思想政治工作和文化教育工作。各级党组织要充分认识,社会主义的物质文明和精神文明一齐抓,是我们党的长期战略方针。①

继1984年中共中央一号文件之后,2月27日,国务院作出《关于农村个体工商业的若干规定》。《规定》指出,国家鼓励农村剩余劳动力经营社会急需的行业,农村个体工商户的经营方式可以灵活多样。

由于贯彻了继续放宽政策,搞活农村经济的方针,1984年农业生产继续大幅度增长。1984年农业总产值(包括村办工业)为3 612亿元,比上年增长14.5%,大大超过计划规定4%的速度。扣除村(队)办工业,农业总产值为3 062亿元,比上年增长9.9%。粮食产量4.07亿吨,比上年增长5.1%;棉花607.7万吨,比上年增长31.1%。农村多种经营日益扩大,商品经济开始活跃起来,农民生活进一步改善。到1984年,全国已有99.96%的生产队实行以联产承包为主要形式的责任制。在家庭联产承包的基础上,全国出现了2 482万个专业户和重点户,占全国农户总数的13.6%(其中专业户426万户,占全国农户总数的2.3%),成为发展商品经济的带头人。

从1982年之后,农村实行政社分设,恢复农村政权组织。1983年10月,中共中央、国务院发出《关于实行政社分开建立乡

---

① 参见《中共中央关于一九八四年农村工作的通知》(1984年1月1日),《十二大以来重要文献选编》(上),人民出版社1986年版,第424~438页。

政府的通知》,规定建立乡(镇)政府作为基层政权,同时普遍成立村民委员会作为群众性自治组织。到 1984 年底,全国各地基本完成了政社分设,建立了 9.1 万个乡(镇)政府,92.6 万个村民委员会。至此,农村人民公社制度实际上已经不复存在了。

家庭联产承包制的普遍实行,人民公社制度的取消,为农村商品经济的发展创造了条件。中共中央抓住这个有利时机,加快农村经济商品化的进程。1985 年 1 月,中共中央、国务院发出《关于进一步活跃农村经济的十项政策》,取消农副产品统购派购制度,对粮食、棉花等少数重要产品,实行尊重农民自主权的国家计划合同收购的新政策,合同收购以外的产品可以自由出售,或以协议价格卖给国家;其余多数产品,逐步放开,自由交易。国家不再向农民下达指令性的生产计划。农业税,由过去向农民征收实物改为折征现金。这样,就基本上改变了实行三十多年的统购派购政策,把农村经济纳入了有计划的商品经济的轨道,促使传统农业逐步向专业化商品化现代化方向发展。这是第四个“中央一号文件”,在改革上“迈出了相当勇敢的一步”。1986 年 1 月 1 日,中共中央、国务院又发出第五个“中央一号文件”《关于一九八六年农村工作的部署》,主要是讲增加农业投入,深化农村经济改革,调整工农城乡关系。五个“中央一号文件”大大促进了农业的发展。按 1980 年不变价格计算,农业总产值由 1980 年的 2 223 亿元增加到 1986 年的 3 947 亿元,平均每年递增速度达 10%。粮食的年生产量由 1978 年的 3 亿吨增加到 1986 年的 3.9 亿吨。棉花的年生产量也由 1978 年的 216.7 万吨增加到 1986 年的 354 万吨。

农村改革的另一个大收获,是乡镇企业的崛起。家庭联产承包责任制的推行,在农村中解放出一大批劳动力。在改革开放形势的推动下,农村中集体的、个体的及私营的企业迅速发展起来。1984 年 3 月 1 日,中共中央、国务院指出:乡镇企业是多种经营的重要组成部分,是农业生产的重要支柱,是广大农民群众走向共同富裕的重要途径,是国家财政收入新的重要来源。目前,乡镇企业已成为国民经济的一支重要力量，是国营企业的重要补充。近年来，乡镇企业的发展速度超过整个国民经济发展的平均速度，显示出它特有的生命力。为此，各级党委和政府对乡镇企业要在发展方向上给予积极引导，按照国家有关政策进行管理，使其健康发展。① 1986 年，全国有乡镇企业 150 多万个。到 1987 年，全国乡镇企业从业人数达到 8 805 万人，产值达到 4 764 亿元，占农村社会总产值的 50.4%，第一次超过了农业总产值。这是农村经济的一个历史性变化。乡镇企业的兴办，不仅在增加农民收入、促进农业发展、繁荣农村经济、更新农民观念等方面起到重大作用，而且在提供财政收入、发展出口创汇、推进我国工业化进程方面作出了重要贡献。随着乡镇企业的发展，兴起了一大批小城镇。这是在建设有中国特色的社会主义的过程中产生的一个新事物，它在我国经济和社会发展中具有重要的战略地位。

四、以城市为重点的经济体制改革

经过三年经济调整，国民经济开始走上稳步发展的轨道，为经济体制改革的起步创造了较宽松的经济环境。计划与市场的关系，是经济体制改革的关键问题。

1979 年 3 月，陈云写出《计划与市场问题》的研究提纲。这份提纲一方面强调要改进计划工作，实现按比例发展，同时也强调"在社会主义制度下还必须有市场调节这一条"，要发挥市场调节的作用，也就是要按价值规律调节。这份提纲 1979 年春陈云曾在小范围里讲过。它是党内最早以文字形式论述要在计划经济体制下发挥市场调节作用的文献，在计划经济理论上是一个重大突破。从 1981 年 11 月至 1982 年 1 月，陈云先后四次谈了"计划经济为

---

① 参见《中共中央、国务院转发农牧渔业部和部党组〈关于开创社队企业新局面的报告〉的通知》(1984 年 3 月 1 日)，《十二大以来重要文献选编》(上)，人民出版社 1986 年版，第 439~441 页。

主、市场调节为辅"的问题。他强调"我们的国家必须坚持计划经济为主,市场调节为辅"。陈云的主张在十二大上被确定为指导经济建设的重要原则。1982 年 7 月,陈云的《计划与市场问题》提纲,在《文献和研究》上正式发表。陈云针对搞活经济中出现的某些摆脱国家总体计划的倾向,把市场与计划的关系形象地比喻为"鸟"与"笼子"的关系。这个比喻是黄克诚首先提出来的。1982 年 11 月至 12 月,陈云三次运用这个比喻来阐述计划与市场的关系。他说:搞活经济是对的,但是必须在计划的指导下搞活。这就像鸟一样,捏在手里会死,要让它飞,但是只能让它在合适的笼子里飞,没有笼子,它就飞跑了。笼子大小要适当,但是总要有个笼子,这就是计划经济。市场调节只能在计划许可的范围以内。

关于计划经济和市场经济关系的探索,经过多年的实践和争论,在 1984 年有了重大的突破。1984 年 10 月,中共十二届三中全会在北京举行。全会通过了《中共中央关于经济体制改革的决定》。这个决定总结了新中国成立以来特别是十一届三中全会以来经济体制改革的经验,比较系统地提出和阐明了经济体制改革中的一系列重大理论和实践问题,是全面进行经济体制改革的纲领性文献。

《决定》在理论上的重大贡献是,突破了把计划经济同商品经济对立起来的传统观点,确认"我国社会主义经济是公有制基础上的有计划商品经济"。这是对马克思主义政治经济学的新发展,为全面进行经济体制改革提供了新的理论指导。这次改革的基本任务是"建立起具有中国特色的、充满生机和活力的社会主义经济体制,促进社会生产力的发展"。《决定》系统地阐明了建立充满生机的社会主义经济体制所需要解决的主要问题:(1)增强企业活力是经济体制改革的中心环节。《决定》指出,具有中国特色的社会主义,首先应该是企业有充分活力的社会主义。而现行经济体制的种种弊端,恰恰集中表现为企业缺乏应有的活力。所以,增强企业的活力,特别是增强全民所有制大、中型企业的活力,是以城市为重点的整个经济体制改革的中心环节。根据马克思主义的理论和社会主义的实践,所有权同经营权是可以适当分开的。企业活力的源泉,在于脑力劳动者和体力劳动者的积极性、智慧和创造力。确立国家和企业、企业和职工这两方面的正确关系,也即扩大企业自主权和保证劳动者在企业中的主人翁地位,是以城市为重点的整个经济体制改革的本质内容和基本要求。(2)建立自觉运用价值规律的计划体制,发展社会主义商品经济。《决定》指出,改革计划体制,首先要突破把计划经济同商品经济对立起来的传统观念,明确认识社会主义计划经济必须自觉依据和运用价值规律,是在公有制基础上的有计划的商品经济。商品经济的充分发展,是社会经济发展的不可逾越的阶段,是实现我国经济现代化的必要条件。在商品经济和价值规律问题上,社会主义经济同资本主义经济的区别不在于商品经济是否存在和价值规律是否发挥作用,而在于所有制不同,在于剥削阶级是否存在,在于劳动人民是否当家作主,在于为什么样的生产目的服务,在于能否在全社会的规模上自觉地运用价值规律,还在于商品关系的范围不同。在我国社会主义条件下,劳动力不是商品,土地、矿山、银行、铁路等一切国有的企业和资源也都不是商品。总之,我国的计划经济是"有计划的商品经济"。(3)建立合理的价格体系,充分重视经济杠杆的作用。《决定》指出:我国现行的价格体系,由于过去长期忽视价值规律的作用和其他历史原因,存在着相当紊乱的现象,不少商品的价格既不反映价值,也不反映供求关系,必须改革这种不合理的价格体系。价格是最有效的调节手段,合理的价格是保证国民经济活而不乱的重要条件,价格体系的改革是整个经济体系改革成败的关键。改革价格体系关系国民经济的全局,涉及千家万户,一定要采取十分慎重的态度,有计划有步骤地进行。在改革价格体系的同时,还要进一步完善税收制度,改革财政体制和金融体制。我们要学会运用经济杠杆对整个经济进行调节。(4)实行政企职责分开,正确发挥政府机构管理经济的职能。按照政企职责分开、简政放权的原则进行改革,是搞活企业和整个国民经济的迫切需要。实行政企职责分开、简政放权,是社会主义上层建筑的一次深刻改造。(5)建立多种形式的经济责任制,认真贯彻按劳分配原则。为了增强城市企业的活力,提高广大职工的责任心和充分发挥他们的主动性、积极性、创造性,必须在企业内部明确对每个岗位、每个职工的工作要求,建立以承包为主的多种形式的经济责任制。这种责任制的基本原则是:责、权、利相结合,国家、集体、个人利益相统一,职工劳动所得同劳动成果相联系。同时,在企业中实行厂长(经理)负责制。同时,必须健全职工代表大会制度和各项民主管理制度。《决定》还指出,要认真贯彻按劳分配原则,反对平均主义。平均主义的泛滥必然破坏社会生产力。只有允许和鼓励一部分地区、一部分企业和一部分人依靠勤奋劳动先富起来,才能对大多数人产生强烈的吸引和鼓舞作用,并带动越来越多的人走向富裕。鼓励一部分人先富起来的政策,是符合社会主义发展规律的,是整个社会走向富裕的必由之路。(6)积极发展多种经济形式,进一步扩大国内外的经济技术交流。《决定》还强调,要起用一代新人,造就一支社会主义经济管理干部的宏大队伍;要加强党的领导,保证改革的顺利进行。《决定》虽然有不够完善的地方,但它毕竟实现了社会主义理论的重大突破,为中国的改革规定了正确的方向。

从中共十二届三中全会后,我国的经济体制改革开始进入以城市为重点的全面改革阶段。到1987年(即中共十三大召开的那一年),整个经济体制改革取得明显的进展。主要体现在:

第一,在坚持公有制经济的主体地位并使之进一步壮大的前提下,多种经济成分得到发展,原来那种与现实生产力水平不完全适应的单一公有制结构有很大改变。1987年同改革前的1978年相比,在全国工业总产值中,全民所有制企业的产值有相当的增长,而它所占的比重由77.6%下降到59.7%,仍占绝对优势;集体经济由22.4%上升到34.6%;个体经济、私营经济、"三资"企业和其他非公有制经济成分则由几乎为零上升到 5.6%;在社会商品零售总额中,全民所有制商业由 54.6% 下降到 38.7%,集体商业由 43.3% 下降为 35.7%,非公有制经济成分由 2.1% 上升到 25.6%。全国城镇个体工商等各行业从业人员由 15 万人增加到 569 万人。据 1987 年 6 月底统计,我国已批准建立的"三资"企业 8 516 家,协议合同外资金额达 171.76 亿美元。所有制结构的这种变化,对发展经济、方便生活和安置就业起了积极作用。

第二,按照政企分开、所有权和经营权适当分离的原则,改变了统收统支的国营企业经营方式,扩大了企业的生产经营自主权。到 1987 年,全国已有 80% 的国营企业实行各种形式的承包经营责任制。在企业内部,也进行了以实行厂长(经理)负责制为主要内容的改革。

第三,改革计划管理体制,国家宏观调控的范围和方式得到调整与改进。1987 年与改革前相比,国家计委管理的指令性计划的工业产品从 120 种减少到 60 种,其产值占工业总产值的比重由 40% 下降到 17%,国家统配物资由 259 种减少到 26 种,国家计划管理的商品由 188 种减少到 23 种;全国用于生产和建设的资金,由财政筹集的从 76.6% 下降到 31.2%,由银行筹集的从 23.4% 上升到 68.8%。经济杠杆在宏观调控中的作用明显增强。

第四,改革不合理的价格体系和过于集中的价格管理体制。从 1979 年到 1987 年的九年里,价格改革是按照"调放结合"的方针进行的。就是合理调整价格,逐步放开价格。九年来价格改革的主要情况:(1)农副产品的价格改革。1979 年大幅度提高农副产品的收购价格,粮油统购价格提高 20%,超购加价由 30% 上升为 50%,棉花统购价格提高 15%,超购加价 30%,生猪、鲜蛋收购价格提高 26%。1980 年又对少数产品的价格作了调整,如棉花统购价又提高了 10%。1979 年 11 月提高了猪肉、牛肉、羊肉、鲜蛋、家禽、水产品、蔬菜、牛奶等零售价格,平均提价幅度为 30% 左右,同时给予居民物价补贴。1985 年,粮、棉实行合同收购制,价格改为合同价。合同外收购,是参照市场价格,由国家与农民协商确定。这一年还放开了肉、禽、蛋、鱼、蔬菜等副食品的价格。这次放开价格,在大中城市物价上涨的幅度较大。这次价格放开也给居民以物价补贴。(2)生产资料的价格改革。1979年后,原材料价格改革从两个方面展开:一是调整部分产品价格;二是企业超计划自销产品按市场价出售。这就形成了"双重价格",即价格"双轨制"。实际上,一种生产资料往往有国家定价、地方定价和市场交易价等多种价格。(3)消费工业品的价格改革。有升有降地调整了消费工业品销售价格,同时逐步放开小商品的价格,由企业根据市场情况自行定价。(4)交通运价和旅游服务收费也作了局部调整。通过价格改革改变了单一的国家定价方式。我国的价格形式已从基本上是单一的国家定价,改为国家定价、国家指导价、市场调节价三种形式。价格改革,缩小了农产品与工业品的剪刀差(比价)、促进了工农业生产的发展、丰富了市场供应。几年来的价格改革存在问题也不少,主要是物价上涨过猛,要把我国不合理的价格体系理顺,还有大量工作要做。

第五,改革工资制度和劳动制度。1985年1月5日,国务院发出《关于国营企业工资改革问题的通知》,决定从1985年开始,在国营大中型企业中,实行职工工资总额同企业经济效益按比例浮动的办法。1986年又进行了新的改革探索,明确了在国家规定的工资总额和政策范围内,把企业内部职工的工资、奖金分配权交给企业,由企业自主决定分配形式和办法。1985年6月4日,中共中央、国务院发出《关于国家机关和事业单位工作人员工资制度改革问题的通知》,决定国家机关和事业单位实行以职务工资为主的结构工资制,包括基本工资、职务工资、工龄工资三部分。1986年9月,国务院公布了改革劳动制度的四项暂行规定,对劳动制度进行了重大改革,企业新招收的工人开始实行合同制。

此外,在财政、金融、税收、商业流通等方面也进行了不同程度的改革。

总之,我国城市经济体制改革的全面开展,冲破了长期僵化的计划经济体制,克服了一些弊端,搞活了经济,为国民经济的发展注入了新的生机和活力。到1988年,我国国民生产总值已达到14 015亿元,国民收入11 770亿元,平均每年增长约9.6%,国民生产总值上升到世界第8位。一些重要工业产品产量跃居世界前列,其中钢铁产量突破6 000万吨,发电量达到5 400亿千瓦小时,都跃居世界第4位。石油产量上升到世界第5位。煤炭产量居世界第1位。经济改革也使城镇居民的收入增加,生活有了提高,职工平均工资由1978年的615元增加到1988年的1 747元。更重要的是经济体制改革的深化和商品经济的繁荣,为社会主义市场经济的形成创造了条件。当然,在改革的过程中也出现了一些问题,主要是固定资产投资规模过大,消费基金增长过快,货币投放过猛,造成经济过热和通货膨胀,超越了国家财力物力的承受能力,带来了一系列的问题。解决了这些问题,才能使国民经济走上稳定协调的发展轨道。

五、对外开放格局的基本形成

根据广东、福建两省靠近港澳地区、华侨众多的有利条件,1979年7月15日,中共中央、国务院批转广东和福建两个省委的报告,决定对两省的对外经济活动实行特殊政策和灵活措施,给以更多的自主权。

1980年5月,中共中央和国务院决定在广东的深圳、珠海、汕头和福建的厦门,各划出一定范围的区域,试办经济特区。创设经济特区,是实行对外开放的重大步骤。

1983年7月8日,邓小平同几位中央负责同志说:“要扩大对外开放,现在开放得不够。”“中国是一个大的市场,许多国家都想同我们搞点合作,做点买卖,我们要很好利用。这是一个战略问题。”[1]

---

① 《邓小平文选》第3卷,人民出版社1993年版,第32页。

1984年初，邓小平考察了深圳、珠海、厦门三个经济特区。邓小平考察回京后同几位中央负责同志说："我们建立经济特区，实行开放政策，有个指导思想要明确，就是不是收，而是放。""特区是个窗口"。"除现在的特区之外，可以考虑再开放几个港口城市，如大连、青岛。这些地方不叫特区，但可以实行特区的某些政策。我们还要开发海南岛，如果能把海南岛的经济迅速发展起来，那就是很大的胜利。"①1984年3月，中央召开沿海部分城市座谈会。会后中央决定进一步开放大连、秦皇岛、天津、烟台、青岛、连云港、南通、上海、宁波、温州、福州、广州、湛江、北海等14个沿海港口城市和海南行政区。这是扩大对外开放的一个重大步骤。到1984年底，全国共对外开放99个城市、130多个边境贸易站口。1985年2月，把长江三角洲、珠江三角洲和闽南厦门、泉州、漳州三角地区开辟为沿海经济开放区。这是我国实施对内搞活经济，对外实行开放的具有重要战略意义的布局。1988年初，又决定将辽东半岛和山东半岛全部对外开放，与已经开放的大连、秦皇岛、天津、烟台、青岛等连成一片，形成环渤海开发区。从而，使我国形成了"经济特区—沿海开放城市—沿海经济开放区—内地"这样一个多层次、有重点、点面结合的对外开放格局。

1985年以前，深圳、珠海、汕头、厦门四个经济特区主要进行以创建投资环境为重点的基础设施建设，从1986年起，致力于发展以工业为主、工贸结合、农牧渔和旅游业并举的外向型经济。1985年8月1日，邓小平在会见外宾时说："我们特区的经济从内向转到外向，现在还是刚起步"。"现在我要肯定两句话：第一句话是，建立经济特区的政策是正确的；第二句话是，经济特区还是一个试验。""总之，中国的对外开放政策是坚定不移的，但在开放过程中要小心谨慎。"1986年8月，邓小平在天津视察经济技术开发区时又说："对外开放还是要放，不放就不活，不存在收的问

---

① 《邓小平文选》第3卷，人民出版社1993年版，第51~52页。

题。"并为开发区题词:"开发区大有希望"。

1988年4月13日,七届全国人大一次会议通过了设立海南省的决定。同日,还通过了建立海南经济特区的决定。在海南经济特区实行更加灵活开放的经济政策。海南经济特区是我国第五个经济特区,也是最大的一个经济特区。海南经济特区主要"特"在三个方面:(1)经济运行靠市场调节;(2)建立多元化经济所有制结构;(3)对外交往自由。

1990年4月18日,李鹏在上海宣布中央同意上海开发、开放浦东。我们的目标是要把浦东建设成为21世纪现代化上海的象征,成为20世纪90年代我国扩大对外开放的重要窗口和基地。浦东新区就是"新"在把扩大开放和发挥上海的优势紧密地结合起来。开发浦东新区这项宏大的跨世纪开发工程,按照总体规划分三步实施:第一步,"八五"期间为开发起步阶段;第二步,"九五"期间为重点开发阶段;第三步,2000年后的二三十年或更长一些时间,为全面建设阶段。

对外开放加速了我国社会主义现代化建设事业,在科技、经济、管理等方面缩短了与发达国家的差距,并取得了举世瞩目的成就。据1988年即对外开放10年的统计,我国共签订利用外资协议16 377项,协议金额达785.1亿美元,外资企业已达15 948家,外商实际投资121.08亿美元。我国引进的技术合同达3 530项,总金额达205.5亿美元。对外开放促进了我国对外贸易的迅速发展,1988年我国进出口贸易总额达1 028亿美元。1989年、1990年两年,西方发达国家对我国实行经济制裁,但利用外资仍取得了很好的成绩。1989年我国利用外资协议金额达114.9亿美元,实际使用金额为100.6亿美元,分别比上一年减少28.3%和1.6%,新批准外商投资项目5 779个。1990年我国利用外资协议金额120.9亿美元,实际使用金额为102.9亿美元,新批准外商投资项目7 273个,比上年增长17.79%。1991年新签利用外资协议金额178亿美元,比上年增长47.6%,实际使用金额为113亿美元,比上年增长9.6%。1992年新签利用外资协议金额685亿美元,比上年增长2.5倍,实际使用金额为188亿美元,比上年增长62.7%。在利用外资稳步增长的同时,利用外资的结构也日趋合理。在利用外资工作取得上述可喜成就的同时,我国进出口贸易也十分活跃,进出口商品的结构也进一步优化。1989年中国进出口贸易总额达1 116亿美元,比上年增长8.6%;1990年达1 154亿美元,比上年增长3.4%;1991年达1 357亿美元,比上年增长17.6%;1992年达1 656亿美元,比上年增长22%。1989年、1990年两年,技术进口受到限制,到1991年,美国等西方发达国家对我国的"经济制裁"基本上被打破,技术进口有所回升,技术出口迅速发展。

六、中国共产党全国代表会议 "七五"计划的制定

中共十二届三中全会,考虑到中共中央关于制定"七五"计划的建议是关系国计民生的大事;而增选中央委员会成员等组织事项,关系到中央委员会以及中央顾问委员会、中央纪律检查委员会成员要作相当幅度的调整,决定召开中国共产党全国代表会议。

1985年9月,中国共产党全国代表会议在北京举行。出席这次会议的代表总共992人。胡耀邦致《团结奋斗,再展宏图》的开幕词。赵紫阳作《关于制定"七五"计划建议的说明》。

会议通过了《中共中央关于制定国民经济和社会发展第七个五年计划的建议》。《建议》指出,按照建设具有中国特色的社会主义的总要求和对内搞活经济、对外实行开放的总方针,"七五"期间经济和社会发展的基本指导原则是:坚持把改革放在首位,使改革和建设互相适应,互相促进;坚持社会总需求和总供给的基本平衡,使积累和消费保持恰当的比例;坚持把提高经济效益特别是提高产品质量放到十分突出的位置上来,正确处理好质量和数量、效益和速度的关系;坚持在推进物质文明建设的同时,大力加强社会主义精神文明的建设。中共中央建议"七五"期间经济和社会

发展的主要奋斗目标是:争取基本上奠定有中国特色的新型社会主义经济体制的基础,大力促进科学技术进步和智力开发,不断提高经济效益,使 1990 年的工农业总产值和国民生产总值比 1980年翻一番或者更多一些,使城乡居民的人均实际消费水平每年递增 4%~5%,使人民的生活质量、生活环境和居住条件都有进一步的改善,到 1990 年,全国工农业总产值将达到 16 000 亿元,国民生产总值将达到 11 000 亿元。在这五年中,我国财政总收入将达到9 000 亿元左右,比"六五"期间增长 40%以上;全民所有制单位的固定资产将新增 5 000 亿元左右,比"六五"期间新增额多 60%。我国人民的消费将由温饱型逐步向小康型过渡。"七五"期间要求达到的经济增长率是:国民生产总值平均每年增长 7%以上;工农业总产值平均每年增长 7%左右,其中农业总产值平均每年增长 6%,工业总产值平均每年增长 7%。

会议增选中央委员 56 人,候补中央委员 35 人,中顾委委员56 人,中纪委委员 31 人。

邓小平在会议上讲了四点意见:(1)关于形势和改革;(2)关于"七五"计划;(3)关于精神文明建设;(4)关于干部的新老交替和理论学习。他说,十一届三中全会以来的将近七年,是建国以来最好的、关键性的时期之一。这确实来之不易。我们主要做了两件事,一是拨乱反正,二是全面改革。十一届三中全会以来,全党把工作重点转移到社会主义现代化建设上来,在坚持四项基本原则的基础上,集中力量发展社会生产力。这是最根本的拨乱反正。改革是社会主义制度的自我完善,在一定的范围内也发生了某种程度的革命性变革。这是一件大事,表明我们已经开始找到了一条建设有中国特色的社会主义的路子。在改革中,我们始终坚持两条根本原则,一是以社会主义公有制经济为主体,一是共同富裕。他说,当前的精神文明建设,首先要着眼于党风和社会风气的根本好转。思想政治工作和思想政治工作队伍都必须大大加强,决不能削弱。同样,对严重犯罪活动的防范和打击,也必须继

346

续加强。对一些严重危害社会风气的腐败现象,要坚决制止和取缔。思想文化教育卫生部门,都要以社会效益为一切活动的唯一准则。资产阶级自由化的宣传,一定要坚决反对。他说,一批老同志以实际行动,带头废除领导职务终身制,推进干部制度的改革,这件事在党的历史上值得大书特书。中青年干部接班,最重要的是接老同志坚持革命斗争方向的英勇精神的班。他提出新老干部都要学习马克思主义理论,熟悉马克思主义的基本理论,从而加强我们工作中的原则性、系统性、预见性和创造性。陈云也讲了六点意见:(1)干部队伍要保持梯队结构,使党的事业后继有人,代代相传。(2)对于粮食生产,我们还是要抓紧抓好。十亿人口吃饭穿衣,是我国一大经济问题,也是一大政治问题。(3)社会主义经济,还是要有计划按比例。(4)抓党风的好转,仍是全党的一件大事。(5)加强思想政治工作,维护党的思想政治工作部门的权威。(6)坚持民主集中制。

1985年9月24日,在北京召开中共十二届五中全会。全会增选田纪云、乔石、李鹏、吴学谦、胡启立、姚依林为中央政治局委员,增选和调整后的中央政治局由22人组成。政治局常委是胡耀邦、邓小平、赵紫阳、李先念、陈云。全会增选了中央书记处书记,增选和调整后的中央书记处由11人组成,胡耀邦任总书记。同日,召开了中央顾问委员会第五次全体会议和中央纪律检查委员会第六次全体会议。

根据《中共中央关于制定国民经济和社会发展第七个五年计划的建议》,国务院对计划安排作了进一步的深入研究和综合平衡,制定了《中华人民共和国国民经济和社会发展第七个五年计划》。1986年4月,经六届全国人大四次会议批准实施。"七五"计划规定:1990年工农业总产值,按照1980年不变价格计算,达到16 770亿元,比1985年增长38%,平均每年增长6.7%;1990年国民生产总值,按照1985年价格计算,达到11 170亿元,比1985年增长44%,平均每年增长7.5%;1990年国民收入生产额达到

9 350亿元,比 1985 年增长 38%,平均每年增长 6.7%;1990 年全国居民人均实际消费水平提高到 517 元,平均每年增长 5%。1990年,粮食产量达到 42 500 万~45 000 万吨、棉花 425 万吨、钢 5 500万~5 800 万吨、煤炭 10 亿吨、电力 5 500 亿度、原油 1.5 亿吨。"七五"计划的实施,将使我国在实现国家繁荣富强、人民富裕幸福的道路上迈出坚实有力的新步伐。

七、整党和加强社会主义精神文明建设

根据中共十二大的决定,1983 年 10 月十二届二中全会作出关于整党的决定,开始全面整党。

这次整党的任务是:第一,统一思想,进一步实现全党思想上政治上的高度一致,纠正一切违反四项基本原则、违反十一届三中全会以来党的路线的"左"的和右的错误倾向;第二,整顿作风,发扬全心全意为人民服务的革命精神,纠正各种利用职权牟取私利的行为,反对对党对人民不负责任的官僚主义;第三,加强纪律,坚持民主集中制的组织原则,反对无组织无纪律的家长制、派性、无政府主义、自由主义,改变党组织的软弱涣散状况;第四,纯洁组织,按照党章规定,把坚持反对党、危害党的分子清理出来,开除出党,关键是清理"三种人",即追随林彪、江青反革命集团造反起家的人、帮派思想严重的人、打砸抢分子。全党 4 000 万党员(其中有 900 多万干部),近 250 万个基层和基层以上的党组织,都要无例外地积极参加整党。这次整党的步骤是:从中央到基层组织,自上而下、分期分批地整顿。整党的基本方法是:在认真学习文件,提高思想认识的基础上,开展批评和自我批评,分清是非,纠正错误,纯洁组织。

这次整党分三期进行。第一期是中央、国家机关各部委和各省、区、市一级单位以及解放军各大单位;第二期是地、县两级单位;第三期主要是农村的区、乡、村。历时三年半,到 1987 年 5 月基本结束。经过整党,总的说来,全党在思想、作风、组织、纪律四

个方面,都有了进步,党内存在的思想、作风、组织上的严重不纯状况有了改变,同时也积累了正确处理党内矛盾和问题的重要经验。这为新时期党的建设的加强和发展打下了比较好的基础。据统计,通过党员登记和组织处理,开除党籍的有33 896人,不予登记的有90 069人,缓期登记的有145 456人,受留党察看、撤销党内职务和向党外组织建议撤销党外职务、党内受严重警告、警告等党纪处分的共有184 071人。但是,整党工作发展不平衡,有一部分单位包括一些高、中级党政领导机关,没有全面完成整党的四项任务,有的甚至走了过场。

十二大把建设社会主义精神文明提到了重要位置。一般地说,物质文明建设要求加强精神文明建设;特殊地说,商品经济的发展,新时期改革开放的客观环境,更迫切要求加强精神文明建设。邓小平在中共十二大开幕词中提出"建设社会主义精神文明"的任务。1985年3月7日,邓小平在全国科技工作会议上说:"我们在建设具有中国特色的社会主义社会时,一定要坚持发展物质文明和精神文明,坚持五讲四美三热爱,①教育全国人民做到有理想、有道德、有文化、有纪律。这四条里面,理想和纪律特别重要。""要特别教育我们的下一代下两代,一定要树立共产主义的远大理想。""有了理想,还要有纪律才能实现。""一靠理想,二靠纪律","才能团结起来、组织起来","组织起来就有力量。""所以,有理想,有纪律,这两件事我们务必时刻牢记在心。一定要让我们的人民,包括我们的孩子们知道,我们是坚持社会主义和共产主义的,我们采取的各方面的政策,都是为了发展社会主义,为了将来实现共产主义。"②3月28日,他又说:"我们现在搞两个文明建设,一是物质文明,一是精神文明。实行开放政策必然会带来一

---

① 五讲四美三热爱:即讲文明、讲礼貌、讲卫生、讲秩序、讲道德;心灵美、语言美、行为美、环境美;热爱祖国、热爱社会主义、热爱共产党。

② 《邓小平文选》第3卷,人民出版社1993年版,第110~112页。

些坏的东西,影响我们的人民。要说有风险,这是最大的风险。我们用法律和教育这两个手段来解决这个问题。"①

为了加强精神文明建设,1986年9月,中共十二届六中全会作出《关于社会主义精神文明建设指导方针的决议》。这个决议,进一步阐述了社会主义精神文明建设的战略地位、根本任务和基本指导方针,是新的历史时期加强我国社会主义精神文明建设的纲领性文献。《决议》指出,我国社会主义现代化建设的总布局是:以经济建设为中心,坚定不移地进行经济体制改革,坚定不移地进行政治体制改革,坚定不移地加强精神文明建设,并且使这几个方面互相配合,互相促进。全党同志必须从这个总体布局的高度,正确认识社会主义精神文明建设的战略地位。以马克思主义为指导的社会主义精神文明是社会主义社会的重要特征。在社会主义时期,物质文明为精神文明的发展提供物质条件和实践经验,精神文明又为物质文明的发展提供精神动力和智力支持,为它的正确发展方向提供有力的思想保证。社会主义精神文明建设,是关系社会主义兴衰成败的大事。社会主义精神文明建设的根本任务,是用建设有中国特色的社会主义的共同理想动员和团结全国各族人民,树立和发扬社会主义的道德风尚,加强社会主义民主、法制、纪律的教育,普及和提高教育科学文化,培养有理想、有道德、有文化、有纪律的社会主义公民,提高整个中华民族的思想道德素质和科学文化素质。《决议》提出,用共同理想动员和团结全国各族人民,树立和发扬社会主义的道德风尚,加强社会主义民主、法制、纪律的教育,普及和提高教育科学文化。《决议》还指出,全面改革和对外开放对精神文明建设提出了新的更高的要求,能不能适应这种要求,有力地抵制资本主义和封建主义的腐朽思想,防止种种迷失方向的危险,这是一个历史性的重大的考验。《决议》要求坚持马克思主义在精神文明建设中的指导作用,反对

---

① 《邓小平文选》第3卷,人民出版社1993年版,第156页。

350

资产阶级自由化,要求各级党组织和广大党员带头搞好精神文明
建设。

八、"一国两制"构想的提出与国家统一的推进

为了实现包括台湾、香港、澳门在内的国家统一,中国政府提
出了"一国两制"的构想。"一国两制"的提出,是从考虑如何解决
台湾问题开始的。1978 年 12 月中共十一届三中全会之后,中美
关系和中日关系实现了正常化,这就为和平统一祖国创造了内部
和外部的必要条件。同时,我国政府也从实际出发,实事求是地调
整了对台政策,提出了"和平统一"的方针。

1979 年元旦,中华人民共和国国防部宣布停止对金门等岛屿
的炮击,缓和了海峡两岸的关系。全国人大常委会发表《告台湾
同胞书》,宣布新时期党和政府对台湾问题的方针政策:"在解决
统一问题时,尊重台湾现状和台湾各界人士的意见,采取合情合理
的政策和办法,不使台湾人民蒙受损失。"我们寄希望于台湾人
民,也寄希望于台湾当局,首先应当通过中华人民共和国政府和台
湾当局之间的商谈,结束军事对峙状态。同年 1 月 30 日,邓小平
访问美国期间在向美参、众两院议员解释中国政府对台湾的方针
时说:"我们不再用'解放台湾'这个提法了。只要台湾回归祖国,
我们将尊重那里的现实和现行制度。"①

1981 年国庆前夕,叶剑英委员长发表的谈话中提出关于台湾
回归祖国实现和平统一的方针政策(即九条声明),虽然没有使用
"一国两制"的提法,但实际上就是这个意思。1983 年 6 月 26 日,
邓小平在会见美国新泽西州西东大学教授杨力宇时说:"祖国统
一后,台湾特别行政区可以有自己的独立性,可以实行同大陆不同
的制度。司法独立,终审权不须到北京。台湾还可以有自己的军
队,只是不能构成对大陆的威胁。大陆不派人驻台,不仅军队不

---

① 《人民日报》1979 年 1 月 31 日。

去,行政人员也不去。台湾的党、政、军等系统,都由台湾自己来管。中央政府还要给台湾留出名额。"①1984 年 2 月 22 日,邓小平会见美国乔治城大学战略与国际问题研究中心代表团时说:"统一后,台湾仍搞它的资本主义,大陆搞社会主义,但是是一个统一的中国。一个中国,两种制度。香港问题也是这样,一个中国,两种制度。"②6 月 22 日、23 日,邓小平在分别会见香港工商界访京团和香港知名人士钟士元等时说:"我们的政策是实行'一个国家,两种制度'的办法来解决香港和台湾问题。"③1984 年 5 月,在六届全国人大二次会议上通过了"一个国家,两种制度"的政策。这表明这个政策已成为一种国策。

"和平统一、一国两制",这一方针,有以下基本点:(1) 一个中国。世界上只有一个中国,台湾是中国不可分割的一部分,中央政府在北京。这是举世公认的事实,也是和平解决台湾问题的前提。中国政府坚决反对任何旨在分裂中国主权和领土完整的言行,反对"两个中国""一中一台"或"一国两府",反对一切可能导致"台湾独立"的企图和行径。(2) 两制并存。在一个中国的前提下,大陆的社会主义制度和台湾的资本主义制度,实行长期共存,共同发展,谁也不吃掉谁。两岸实现统一后,台湾的现行社会经济制度不变,生活方式不变,同外国的经济文化关系不变,诸如私人财产、房屋、土地、企业所有权、合法继承权、华侨和外国人投资等,一律受法律保护。(3) 高度自治。统一后,台湾将成为特别行政区,享有高度自治权。它拥有在台湾的行政管理权、立法权、独立的司法权和终审权;党、政、军、经、财等事宜都自行管理;可以同外国签订商务、文化等协定,享有一定外事权;有自己的军队,大陆不派军队也不派行政人员驻台。特别行政区政府和台湾各界的

① 《邓小平文选》第 3 卷,人民出版社 1993 年版,第 30 页。
② 《邓小平文选》第 3 卷,人民出版社 1993 年版,第 49 页。
③ 《邓小平文选》第 3 卷,人民出版社 1993 年版,第 58 页。

代表人士还可以出任国家政权机构的领导职务,参与全国事务的管理。(4)和平谈判。通过接触谈判,以和平方式实现国家统一。和平统一,两岸应尽早接触谈判。在一个中国的前提下,什么问题都可以谈。鉴于两岸的现实状况,中国政府主张在实现统一之前,双方按照相互尊重、互补互利的原则,积极推动两岸经济合作和各项交往,进行直接通邮、通商、通航和双向交流,为国家和平统一创造条件。和平统一是中国政府既定的方针。然而,每一个主权国家都有权采取自己认为必要的一切手段包括军事手段,来维护本国主权和领土完整。中国政府在采取何种方式处理本国内部事务的问题上,并无义务对任何外国或图谋分裂中国者作出承诺。台湾问题纯属中国内政,不同于第二次世界大战后经国际协议而形成的德国问题和朝鲜问题。中国政府历来反对用处理德国问题、朝鲜问题的方式来处理台湾问题。台湾问题应该也完全可以通过两岸的协商,在一个中国的架构内求得合理的解决。中国的和平统一,是人心所向,大势所趋,是任何人都无法阻挡的历史潮流。

“一国两制”的构想首先应用于解决香港问题。香港问题是历史遗留的问题。香港地区(包括香港岛、九龙司和新界)自古以来就是中国的领土。这块总面积为1 076平方公里的中国领土,是英国在19世纪通过同清政府签订的三个不平等条约,先后强行割占和租借去的。清朝政府被推翻后,中国历届政府都没有承认英国对香港的永久主权。中华人民共和国成立后,中国政府的一贯立场是:香港是中国的领土,中国不承认帝国主义强加的三个不平等条约,主张在适当时机通过谈判解决这一问题,未解决前维持现状。

恢复对香港的主权,是需要同英国政府谈判的,这是一个外交问题。在香港回到祖国怀抱后,国家对香港地区实行什么政策,这是中国的内政问题。中共十一届三中全会后,邓小平提出按照“一国两制”解决台湾和香港问题的构想。同时,随着1997年的日益迫近,英国方面不断试探中国关于解决香港问题的立场和态度。在这种情况下,解决香港问题的时机已经成熟。

中英两国政府关于解决香港问题的谈判分两个阶段,第一阶段从 1982 年 9 月英国首相撒切尔夫人访华至 1983 年 6 月,双方主要就原则问题和程序问题进行会谈。第二阶段从 1983 年 7 月至 1984 年 9 月,两国政府代表团就具体实质性问题进行了二十二轮会谈。

1982 年 9 月,英国首相撒切尔夫人访华,中国总理同她举行了会谈。中国领导人正式通知英方,中国政府决定在 1997 年收回整个香港地区,同时阐明中国收回香港后将采取特殊政策,包括设立香港特别行政区,由香港当地中国人管理,现行的社会、经济制度和生活方式不变,等等。撒切尔夫人则坚持三个不平等条约仍然有效,提出如果中国同意英国 1997 年后继续管治香港,英国可以考虑中国提出的主权要求。针对撒切尔夫人的言论,邓小平在 9 月 24 日会见她时说:"我们对香港问题的基本立场是明确的,这里主要有三个问题。一个是主权问题;再一个问题,是一九九七年后中国采取什么方式来管理香港,继续保持香港繁荣;第三个问题,是中国和英国两国政府要妥善商谈如何使香港从现在到一九九七年的十五年中不出现大的波动。""关于主权问题,中国在这个问题上没有回旋余地。""应该明确肯定:一九九七年中国将收回香港。""中国和英国就是在这个前提下来进行谈判,商讨解决香港问题的方式和办法。""保持香港的繁荣,我们希望取得英国的合作,但这不是说,香港继续保持繁荣必须在英国的管辖之下才能实现。香港继续保持繁荣,根本上取决于中国收回香港后,在中国的管辖之下,实行适合于香港的政策。香港现行的政治、经济制度,甚至大部分法律都可以保留,当然,有些要加以改革。香港仍将实行资本主义,现行的许多适合的制度要保持。""我们建议达成这样一个协议,即双方同意通过外交途径开始进行香港问题的磋商。前提是一九九七年中国收回香港,在这个基础上磋商解决

354

今后十五年怎样过渡得好以及十五年以后香港怎么办的问题。"①通过这次谈话,双方同意通过外交途径就解决香港问题进行商谈。此后的半年里,由于英方在香港主权问题上立场不变,双方的磋商没有进展。1983年3月,撒切尔夫人写信给中国总理,作出了她准备在某个阶段向英国议会建议使整个香港主权回归中国的保证。4月,中国总理复信表示,中国政府同意尽快举行正式谈判。

1983年7月,中英两国政府代表团举行第一轮会谈,由于英方仍然坚持1997年后英国继续管治香港,直至第四轮会谈毫无进展。第五、六轮会谈中,英方确认不再坚持英国管治,也不谋求任何形式的共管,并理解中国的计划是建立在1997年后整个香港的主权和管治权应该归还中国这一前提的基础上。至此,中英会谈的主要障碍开始排除。从1983年12月第七轮会谈起,谈判进入了以中国政府关于解决香港问题的基本方针政策为基础进行讨论的轨道。

从1984年4月第十二轮会谈后,双方转入讨论过渡时期香港的安排和有关政权移交的事项。1984年9月18日,双方就全部问题达成协议。

1984年9月26日,中英关于香港问题的联合声明和三个附件在北京草签。联合声明确认:中华人民共和国于1997年7月1日对香港恢复行使主权,英国政府将在同日把香港交还给中国。中国政府在联合声明中阐述了对香港的基本方针政策,这些基本方针政策50年内不变。1984年12月19日,中英两国政府首脑在北京正式签署了关于香港问题的联合声明。1985年5月27日,中英两国政府在北京互换批准书,中英联合声明正式生效。

继解决香港问题之后,中葡两国政府于1987年3月26日在北京草签关于澳门问题的联合声明。联合声明称,"中华人民共和国政府和葡萄牙共和国政府声明:澳门地区(包括澳门半岛、氹

---

① 《邓小平文选》第3卷,人民出版社1993年版,第12~15页。

仔岛和路环岛,以下称澳门)是中国领土,中华人民共和国政府将于一九九九年十二月二十日对澳门恢复行使主权。"同时,还作出使澳门保持稳定和发展的各种安排。4月13日,中葡关于澳门问题的联合声明在北京正式签署。

"一国两制"的构想,不仅对解决台湾、香港和澳门问题具有现实意义,而且对解决国际上类似问题以及其他某些重大国际争端,同样具有重大意义。邓小平在1984年2月22日说:我们提出台湾和香港问题用一个中国、两种制度的办法解决。"世界上的许多争端用类似这样的办法解决,我认为是可取的。否则始终顶着,僵持下去,总会爆发冲突,甚至武力冲突。"①6月22日、23日,他又说:"世界上一系列争端都面临着用和平方式来解决还是用非和平方式来解决的问题。""香港问题的成功解决,这个事例可能为国际上许多问题的解决提供一些有益的线索。"②

九、对外关系的发展与对外政策的调整

粉碎"四人帮"后,我国在对外工作中,高举反对霸权主义、维护世界和平的旗帜,打开了新的局面。

1977年八九月间,南斯拉夫总统、南斯拉夫共产主义者联盟主席铁托访问我国,中南两党恢复正常关系。

1978年8月12日,中日和平友好条约在北京签字。10月22日,国务院副总理邓小平应日本政府的邀请访问日本,23日,出席了在日本东京举行的中日和平友好条约批准书互换仪式。这次访问是中华人民共和国成立以来中国国家领导人首次对日本进行的正式友好访问。这次历史性的友好访问和中日和平友好条约的正式生效,使中日友好关系进入了一个新阶段。

1978年12月16日,中美两国政府分别在北京和华盛顿同时

---

① 《邓小平文选》第3卷,人民出版社1993年版,第49页。
② 《邓小平文选》第3卷,人民出版社1993年版,第59~60页。

发表联合公报,决定自 1979 年 1 月 1 日起建立外交关系。联合公报重申了上海公报中双方一致同意的各项原则,并且指出,美国承认中华人民共和国政府是中国的唯一合法政府,台湾是中国的一个省。在中美建交的同日,美国宣布断绝同台湾的外交关系。从此,中美两国关系开始了一个新的阶段。1979 年 1 月 29 日至 2 月 5 日,邓小平副总理对美国进行正式访问。

自 1978 年起越南掀起大规模的反华排华运动,驱赶大批华侨回国。越军不断侵犯我国领土,破坏我国边疆地区的和平安定,制造国与国之间的紧张局势,中越关系恶化。1979 年 2 月 17 日至 3 月 16 日,中国边防部队在广西、云南边境地区,对越南进行了自卫反击、保卫边疆的战斗,取得了政治上、军事上的胜利。

1979 年 4 月,五届全国人大常委会第七次会议一致通过关于不延长《中苏友好同盟互助条约》的决定。此条约是 1950 年 2 月 14 日在莫斯科签订,同年 4 月 11 日生效的,将于 1980 年 4 月 11 日期满。

1980 年 4 月,意大利共产党总书记恩里科·贝林格对我国进行访问。中意两党恢复关系。

1980 年初,邓小平在《目前的形势和任务》的讲话中说:80 年代国际上可以说是非常动荡充满危机的年代,但是"我们有信心,如果反霸权主义斗争搞得好,可以延缓战争的爆发,争取更长一点时间的和平。这是可能的,我们也正是这样努力的。不仅世界人民,我们自己也确确实实需要一个和平的环境。所以,我们的对外政策,就本国来说,是要寻求一个和平的环境来实现四个现代化"[1]。这就为党和国家在国际事务中的方针政策提出了新的思路。

以后,邓小平在同外国客人的谈话和其他场合,反复说明,我们多年来一直强调战争危险的观点,自中共十一届三中全会后有

---

[1] 《邓小平文选》第 2 卷,人民出版社 1994 年版,第 241 页。

所变化。1984年5月29日,邓小平在会见巴西客人时说:"中国的对外政策,主要是两句话。一句话是反对霸权主义,维护世界和平,另一句话是中国永远属于第三世界。""中国对外政策的目标是争取世界和平。在争取和平的前提下,一心一意搞现代化建设,发展自己的国家,建设具有中国特色的社会主义。"①1985年3月4日,邓小平对日本客人说:"总起来说,世界和平的力量在发展,战争的危险还存在。""我们多年来一直强调战争的危险。后来我们的观点有点变化。我们感到,虽然战争的危险还存在,但是制约战争的力量有了可喜的发展。"②6月4日,邓小平在军委扩大会议上讲:党的十一届三中全会后,我们对国际形势的判断有变化,对外政策也有变化,这是两个重要的转变。第一,根据对世界大势的分析,以及对我们周围环境的分析,我们改变了原来认为战争的危险很迫近的看法,得出"在较长时间内不发生大规模的世界战争是有可能的,维护世界和平是有希望的"结论。第二,过去有一段时间,针对苏联霸权主义的威胁,我们的对外政策搞了"一条线"的战略,就是从日本到欧洲一直到美国这样的"一条线"。"现在我们改变了这个战略,这是一个重大的转变"。"我们奉行独立自主的正确的外交路线和对外政策,高举反对霸权主义、维护世界和平的旗帜,坚定地站在和平力量一边,谁搞霸权就反对谁,谁搞战争就反对谁。""根据独立自主的对外政策,我们改善了同美国的关系,也改善了同苏联的关系"③。对战争与和平问题的估量的变化,是新时期党和国家的对外事务方针的一个基本点。

从20世纪80年代初开始,中国共产党调整了同外国党的关系。1982年十二大确定,中国共产党同各国共产党发展关系要遵循四条原则,即独立自主,完全平等,互相尊重,互不干涉内部事

---

① 《邓小平文选》第3卷,人民出版社1993年版,第56~57页。
② 《邓小平文选》第3卷,人民出版社1993年版,第105页。
③ 《邓小平文选》第3卷,人民出版社1993年版,第126~129页。

务。根据这些原则,中国共产党在世界各国共产党的范围内,不仅改善和加强了同一些党已有的友好关系,而且恢复了同一些党已经中断的关系,并同一些党建立了新的关系。根据四项原则,本着超越意识形态的差异、谋求互相了解和合作的精神,中共同大多数发达国家和一些发展中国家的社会党、社会民主党和工党建立了各种形式的友好关系。中共还同为数众多的第三世界国家的各种友好进步的政党进行了交往,发展了关系。到1991年上半年,中国共产党已同世界上270多个各类政党建立了不同形式的联系。

中共十二大后,我国坚持独立自主的对外政策,积极开展外交活动,扩大同各国的联系和交往,增进相互了解和友谊,发展和改善了我国同许多国家的关系。我国领导人出访了日、美、英、法、联邦德国等许多国家。金日成、齐奥塞斯库、里根、密特朗、撒切尔夫人、中曾根康弘等外国元首和政府首脑先后来我国访问。中国和第三世界各国向来保持着国家之间和人民之间的友好关系。1985年3月,邓小平指出:"现在世界上真正大的问题,带全球性的战略问题,一个是和平问题,一个是经济问题或者说发展问题。和平问题是东西问题,发展问题是南北问题。概括起来,就是东西南北四个字。南北问题是核心问题。"[①]解决南北问题要靠南北对话,同时还要加强第三世界国家之间的合作,也就是南南合作。

十、反对资产阶级自由化

1983年10月,在中共十二届二中全会上,邓小平提出"思想战线不能搞精神污染"。他指出:"精神污染的危害很大,足以祸国误民。它在人民中混淆是非界限,造成消极涣散、离心离德的情绪,腐蚀人们的灵魂和意志,助长形形色色的个人主义思想泛滥,助长一部分人当中怀疑以至否定社会主义和党的领导的思潮。""四项基本原则的核心,就是社会主义制度和党的领导,这是我们

---

① 《邓小平文选》第3卷,人民出版社1993年版,第105页。

立国和团结全国人民奋斗的根本。"他说,对于思想理论方面"左"的错误观点,仍然需要继续进行批评和纠正。但是,应当明确指出,当前思想战线首先要着重解决的问题,是纠正右的软弱涣散的倾向。"总之,加强党对思想战线的领导,克服软弱涣散的状态,已经成为全党的一个迫切的任务。"①根据这次全会精神开展的反对精神污染,即反对资产阶级自由化的斗争。

1986年9月,中共十二届六中全会通过的《关于社会主义精神文明建设指导方针的决议》强调:搞资产阶级自由化,即否定社会主义制度、主张资本主义制度,是根本违背人民利益和历史潮流,为广大人民所坚决反对的。针对这次全会上那种不赞成提"资产阶级自由化"的主张,邓小平在全会上说:"反对资产阶级自由化,我讲得最多,而且我最坚持。""自由化本身就是资产阶级的,没有什么无产阶级的、社会主义的自由化,自由化本身就是对我们现行政策、现行制度的对抗,或者叫反对,或者叫修改。"他还说:"看来,反对自由化,不仅这次要讲,还要讲十年二十年。这个思潮不顶住,加上开放必然进来许多乌七八糟的东西,一结合起来,是一种不可忽视的、对我们社会主义四个现代化的冲击。"②但是,六中全会决议所强调的关于加强马克思主义在精神文明建设中的指导地位和反对资产阶级自由化的重要内容,没有立即得到认真有力的贯彻,对于实际存在的右的错误倾向,没有进行有力的斗争。1986年底,发生了波及不少城市的学潮。

这次学潮直接引发的原因,各地各校有所不同,其中包括由中央、地方以及学校某些工作中的失误所造成的对党的领导的不信任情绪。但总的说来,是几年来反对资产阶级自由化旗帜不鲜明,态度不坚决的结果。从中央到许多地方,政治思想战线软弱混乱,不少阵地包括某些高等学校讲坛不能抵制资产阶级自由化思潮的

① 《邓小平文选》第3卷,人民出版社1993年版,第36~48页。
② 《邓小平文选》第3卷,人民出版社1993年版,第181~182页。

侵袭,以致造成资产阶级自由化思潮的泛滥。有极少数共产党员带头鼓吹资产阶级自由化思想,起了很坏的影响。

党和政府对闹事学生采取正面教育、积极疏导的方法。由于学潮波及不少城市,有的地方在学生游行过程中,已经出现了堵塞公共交通,严重妨碍沿途各单位、居民正常工作、学习和生活的现象。12月26日,北京市第八届人大常委会第三十三次会议通过《北京市关于游行示威的若干暂行规定》。29日,《人民日报》发表《讲民主不能离开四项基本原则》的评论员文章。同日《北京日报》发表《大字报不受法律保护》的社论。

12月30日,邓小平同中央几位负责同志谈话。他指出:"学生闹事,大事出不了,但从问题的性质来看,是一个很重大的事件。""凡是闹得起来的地方,都是因为那里的领导旗帜不鲜明,态度不坚决。"他严肃地指出,从中央到地方,在思想理论战线上是软弱的,丧失了阵地,对于资产阶级自由化是个放任的态度,好人得不到支持,坏人猖狂得很。"中国没有共产党的领导、不搞社会主义是没有前途的","所以,我们要理直气壮地坚持社会主义道路,坚持四项基本原则。""没有专政手段是不行的。对专政手段,不但要讲,而且必要时要使用。当然,使用时要慎重,抓人要尽量少。"他坚定地说:"反对精神污染的观点,我至今没有放弃。""反对资产阶级自由化至少还要搞二十年。""走自己的路,建设有中国特色的社会主义,中国才有希望。"①

1987年,反对资产阶级自由化成了我国政治生活中的一件大事。1月12日,中共中央和国务院决定,改组中国科技大学领导班子,撤销方励之副校长职务。17日,中共安徽省纪委作出关于开除方励之党籍的决定。13日,上海市纪委作出关于开除中国作家协会理事、上海作协理事王若望党籍的决定。23日,中共《人民日报》社纪委决定开除刘宾雁党籍。方、王、刘被开除党籍的原因

---

① 《邓小平文选》第3卷,人民出版社1993年版,第194~197页。

是他们反对四项基本原则,鼓吹资产阶级自由化,这是为党纪所不容的。

1987年1月16日,中共中央政治局举行扩大会议。胡耀邦在会议上检讨了他担任党中央总书记期间工作上的失误,并请求中央批准他辞去党中央总书记职务。会议决定同意接受他的辞职请求,继续保留中央政治局委员和政治局常委的职务。会议推选赵紫阳为中共中央代理总书记。这次政治局扩大会议的决定,后经同年10月召开的中共十二届七中全会确认。

鉴于这次学潮的教训,六届全国人大常委会于1987年1月22日作出《关于加强法制教育维护安定团结的决定》。中共中央于1987年1月28日发出《关于当前反对资产阶级自由化若干问题的通知》,要求各级党组织充分认识反对资产阶级自由化斗争的重要性和长期性,切实对广大党员进行坚持四项基本原则,全面、正确理解和贯彻执行党的十一届三中全会以来的路线、方针、政策的教育,并规定了反对资产阶级自由化的若干政策界限。

1987年初,邓小平在会见外国客人时多次谈到这次学潮和我们处理这个问题的方针。他说:学生闹点事,影响不大,搞不垮我们。"问题在于我们思想战线上出现了一些混乱,对青年学生引导不力。这是一个重大失误。我们要改变这种引导不力的软弱状态,要用我们自己的历史来教育青年,也要揭露那些别有用心的人"。"这些煽动者都是成名的人,我们要对付这些人。这些人恰恰就在共产党里。"①他说:"学生闹事和总书记更换都不是小事,但我们党有足够的能力处理这些事情……这两件事的处理,都不会影响我们党的路线、方针、政策,不会影响我们对内对外开放的政策,不会影响经济体制的改革,也不会影响政治体制的改革,而只会使我们的党和人民更加清醒,更加相信我们走的道路是正确

---

① 《邓小平文选》第3卷,人民出版社1993年版,第198页。

的。"①3月8日,他又说:"在实现四个现代化的整个过程中,至少在本世纪剩下的十几年,再加上下个世纪的头五十年,都存在反对资产阶级自由化的问题。"②因为如果不讲,就没有安定团结的政治局面。总之,我们需要一个安定的环境,以便进行改革和建设。

第四节 社会主义初级阶段
基本路线的提出与贯彻

一、中共十三大 社会主义初级阶段理论和党的基本路线的制定

1987 年 10 月 25 日至 11 月 1 日,中国共产党第十三次全国代表大会在北京召开。正式代表 1 936 名,代表全国 4 600 多万名党员。会议的主要议程是:(1) 听取并审查中央委员会的报告;(2) 审查中央顾问委员会和中央纪律检查委员会的报告;(3) 审议党章部分条文修正案;(4) 选举新的中央领导机构。

中共十一届三中全会以来,经过九年的改革,我国的社会主义现代化建设取得了巨大成就,改革开放也日益深入人心。但随着改革的深化和开放的扩大,问题、矛盾也日益暴露出来。因此,如何在困难的情况下深化改革并解决改革中出现的新问题,就成了这次代表大会的主题。

邓小平主持开幕式。赵紫阳代表十二届中央委员会作题为《沿着有中国特色的社会主义道路前进》的报告。报告指出,这次大会的中心任务是加快和深化改革。围绕这一主题,认真总结了十一届三中全会以来的经验,确定了党的基本路线,规定了中国今

---

① 《邓小平文选》第 3 卷,人民出版社 1993 年版,第 201 页。
② 《邓小平文选》第 3 卷,人民出版社 1993 年版,第 211 页。

后经济建设、经济体制改革和政治体制改革的根本方向,团结全党,沿着建设有中国特色的社会主义道路前进。

十三大的突出贡献,是系统地阐述了关于社会主义初级阶段的理论和党在社会主义初级阶段的基本路线。

早在1979年9月,中共十一届四中全会通过的叶剑英《在庆祝中华人民共和国成立三十周年大会上的讲话》中就指出,我国还是发展中的社会主义国家,社会主义制度还不成熟不完善,经济和文化还不发达,搞社会主义现代化有一个从初级到高级的过程,社会主义制度还处在幼年时期。这已初步表述了社会主义初级阶段的思想。1981年6月中共十一届六中全会通过的《关于建国以来党的若干历史问题的决议》,第一次明确提出了"我们的社会主义制度还是处于初级的阶段"。这个结论既是对社会主义建设实践经验的深刻总结,体现了我们党敢于面对现实,实事求是地探索我国社会主义发展道路的理论勇气。1982年9月中共十二大报告确认了"我国的社会主义社会现在还处在初级发展阶段"这个论断。到了1986年9月中共十二届六中全会通过的《关于社会主义精神文明建设指导方针的决议》,再次指出:"我国还处在社会主义的初级阶段"。而全面地展开对社会主义初级阶段理论的讨论,是在十三大的准备过程中。十三大报告的起草稿中,提出把我国还处在社会主义初级阶段作为立论的基础。邓小平明确表示肯定。1987年8月29日,他说:"我们党的十三大要阐述中国社会主义是处在一个什么阶段,就是处在初级阶段,是初级阶段的社会主义。"①正是基于以往的认识,中共十三大第一次系统地阐明了社会主义初级阶段的理论。

社会主义初级阶段是个有着特定内涵的概念。它包括两层含义:第一,我国社会已经是社会主义社会。我们必须坚持而不能离开社会主义。第二,我国的社会主义社会还处在初级阶段。我们

① 《邓小平文选》第3卷,人民出版社1993年版,第252页。

必须从这个实际出发,而不能超越这个阶段。在近代中国的具体历史条件下,不承认中国人民可以不经过资本主义充分发展阶段而走上社会主义道路,是革命发展问题上的机械论,是右倾错误的重要认识根源;以为不经过生产力的巨大发展就可以越过社会主义初级阶段,是革命发展问题上的空想论,是"左"倾错误的重要认识根源。报告指出,社会主义初级阶段,不是泛指任何国家进入社会主义都会经历的起始阶段,而是特指我国在生产力落后、商品经济不发达条件下建设社会主义必然要经历的特定阶段。我国从1956年生产资料私有制的社会主义改造基本完成,到社会主义现代化的基本实现,其间至少需要上百年的时间,都属于社会主义初级阶段。这个阶段,既不同于社会主义经济基础尚未奠定的过渡时期,又不同于已经实现了社会主义现代化的阶段。

十三大对当前我国社会作了深刻的分析,指出:一方面,以生产资料公有制为基础的社会主义经济制度、人民民主专政的社会主义政治制度和马克思主义在意识形态领域中的指导地位已经确立,剥削制度和剥削阶级已经消灭,国家经济实力有了巨大增长,教育科学文化事业有了相当发展。另一方面,人口多,底子薄,人均国民生产总值仍属于世界列后。生产力的落后,决定了在生产关系方面,发展社会主义公有制所必需的生产社会化程度还很低,商品经济和国内市场还很不发达,社会主义经济制度还不成熟不完善;在上层建筑方面,建设高度的社会主义民主政治所必需的一系列经济文化条件很不充分,封建主义、资本主义腐朽思想和小生产习惯势力在社会上还有广泛影响,并且经常侵袭党的干部和国家公务员队伍。这种状况说明,我们今天仍然远没有超出社会主义初级阶段。

这些科学论断,为理解新中国成立以来的成功和失误提供了一把钥匙,也为实行改革开放、建设有中国特色的社会主义提供了有力的理论武器。这是中国共产党人对于科学社会主义理论的重要贡献。

365

据此,十三大系统阐明了党在社会主义初级阶段建设有中国特色社会主义的基本路线,即领导和团结全国各族人民,以经济建设为中心,坚持四项基本原则,坚持改革开放,自力更生,艰苦奋斗,为把我国建设成为富强、民主、文明的社会主义现代化国家而奋斗。概括地说,就是"一个中心,两个基本点"。

十三大规定了三步走的经济发展战略。第一步,在20世纪80年代实现国民生产总值比1980年翻一番,解决人民的温饱问题。第二步,到20世纪末,使国民生产总值再增长一倍,人民生活达到小康水平。第三步,到21世纪中叶,人均国民生产总值达到中等发达国家水平,人民生活比较富裕,基本实现现代化。

十三大的中心任务是加快和深化改革。关于经济体制改革,报告指出,社会主义有计划商品经济的体制,应该是计划与市场内在统一的体制;社会主义商品经济的发展离不开市场的发育和完善;必须把计划工作建立在商品交换和价值规律的基础上;计划和市场的作用范围都是覆盖全社会的。新的经济运行机制,总体上来说应当是"国家调节市场,市场引导企业"的机制。当前深化改革的任务主要是:围绕转变企业经营机制这个中心环节,分阶段地进行计划、投资、物资、财政、金融、外贸等方面体制的配套改革,逐步建立起有计划商品经济新体制的基本框架。为此,报告要求:按照所有权和经营权分离的原则,搞活全民所有制企业;促进横向经济联合的进一步发展;加快建立和培育社会主义市场体系;逐步健全以间接管理为主的宏观经济调节体系;在公有制为主体前提下继续发展多种所有制经济;实行以按劳分配为主体的多种分配方式和正确的分配政策。经济体制改革的展开和深入,对政治体制改革提出了愈益紧迫的要求。政治体制改革的长期目标是"建立高度民主、法制完备、富有效率、充满活力的社会主义政治体制"。

十三大提出,要围绕党的基本路线加强党的建设,同时规定了新时期党的思想建设、组织建设、制度建设和作风建设的方针。特别强调党面临着执政和改革开放的双重考验,这是新时期党的建设必须解决的最重大的课题,提出了从严治党的方针。

十三大提出,马克思主义是在实践中不断发展的科学。"有中国特色的社会主义,是马克思主义基本原理同中国现代化建设相结合的产物,是扎根于当代中国的科学社会主义"。报告指出,六十多年来,在马克思主义与我国实践结合的过程中,有两次历史性的飞跃。第一次飞跃,发生在新民主主义革命时期,中共找到了有中国特色的革命道路,把革命引向胜利。第二次飞跃,发生在十一届三中全会以后,中共开始找到一条建设有中国特色的社会主义道路,开创了社会主义建设的新阶段。

大会通过了十二届中央委员会的报告,通过了《中国共产党章程部分条文修正案》,并作出了相应的决议。大会选出了新的中央委员会、中央顾问委员会和中央纪律检查委员会。11月2日召开了十三届一中全会,选举赵紫阳、李鹏、乔石、胡启立、姚依林为政治局常委,赵紫阳为总书记;决定邓小平为中共中央军委主席,赵紫阳为第一副主席,杨尚昆为常务副主席;批准陈云为中顾委主任,薄一波、宋任穷为副主任,乔石为中纪委书记。

十三大是一次加快改革开放的大会,是十一届三中全会路线的继续和发展。这次大会坚持实事求是的思想路线,总结了新中国成立以来正反两方面的经验,系统地阐明了我国正处在社会主义初级阶段的理论,勾画了建设有中国特色的社会主义理论的基本框架,确定了在社会主义初级阶段党的基本路线,为我国进一步加快和深化改革奠定了理论基础。十三大以改革、开放、民主、团结的大会而载入史册。

二、七届全国人大一次会议　国民经济治理整顿的开始

1988年三四月间,在北京召开了七届全国人大一次会议。会议的主要任务是:审议政府工作报告、审议中华人民共和国宪法修正草案等一系列议案,并确定国务院机构改革方案,选举新的一届国家领导人员、组成新的一届国家领导机构。国务院代总理李鹏

在会上作了《政府工作报告》。他对六届人大以来的政府工作作了基本总结,提出了今后五年建设和改革的目标、方针和任务,并对外交工作进行了阐述。姚依林受国务院的委托,向大会报告1987年国民经济和社会发展计划的执行情况和1988年计划的安排意见。会议选举杨尚昆为国家主席,万里为全国人大常委会委员长,决定李鹏为国务院总理,选举邓小平为国家中央军委主席。

在七届全国人大一次会议期间,全国政协七届一次会议也在北京举行。会议选举李先念为全国政协主席。

从十二大到十三大这五年间,我国经济在改革开放中取得了巨大的成就,但同时也存在许多问题和困难。最突出的是出现了明显的通货膨胀,物价上涨幅度过大,1988年全国零售物价指数比1987年又上涨了18.5%。物价上涨幅度超越了群众、企业和国家的承受能力,相当一部分城市居民的实际生活水平有所下降。通货膨胀的加剧,是经济过热,投资需求和消费需求双膨胀、社会总需求远远超过社会总供给的结果。在供求总量不平衡的同时,经济结构失调,农业发展滞后,有限资源过多地投入加工工业和非生产性建设,在工业生产高速增长的情况下加剧了能源、原材料和运输能力的紧张程度。一些单位和个人为牟取私利、非法倒买倒卖,层层盘剥,制造和出售伪劣商品,更推动了物价上涨,加剧了经济秩序的混乱。

上述情况的产生,是同新旧体制转换时期尚未形成一套自我调节、自我约束的新机制分不开的。但与此同时,党和政府在对工作的指导上也存在缺点和失误。从1984年下半年开始,我国就出现了经济过热、货币发行过多、国民收入超额分配等问题,但党中央、国务院未能及时采取果断措施加以遏制。1987年虽然提出财政信贷双紧方针,但又没有坚决加以贯彻,以致问题越积越多。这些年来,对农村形势的估计一度过于乐观;对加工工业的盲目发展纠正不力;在改革统得过多、管得过死的经济体制过程中,忽视了必要的适当集中;在强调微观搞活的同时,忽视了综合平衡和加强宏观调控。由于对国情仍然缺乏全面深刻的认识,对国力缺乏清醒的估计,在建设和改革两方面都存在急于求成的偏向。我国农副产品和初级工业产品的价格长期偏低,价格体系很不合理。在改革开放条件下,如何认识和解决这个问题,存在着不同意见。1988 年春,赵紫阳提出要用主动涨价和提高工资的办法来进行价格、工资改革。5 月 16 日,中共中央政治局常委讨论这个问题时,赵紫阳又说:现在的形势,不进则退,没有别的路子,只能迎着困难前进。常委拟议中的设想是:从明年开始,每年价格上涨 10%,连涨 5 年,价格总水平提高 60%~80%,工资增加百分之百。5 月 30 日,中共中央政治局召开有各省市自治区党委书记参加的扩大会议,决定对物价和工资制度进行改革。国务院物价委员会提出关于价格、工资改革的初步方案,认为物价改革这一关非过不可,既绕不过去,也不能再拖,但有风险,主要问题是如何控制通货膨胀。价格改革的总方向是,少数重要商品和劳务价格由国家管理,绝大多数商品价格放开,由市场调节。用五年左右时间,初步理顺价格关系。工资改革总的要求是,在价格改革过程中,通过提高和调整工资,适当增加补贴,保证大多数职工实际生活水平不降低,并能随生产的发展而有所改善。这个初步方案,经国务院常务会议讨论后,于 8 月 15 日至 17 日提交中共中央政治局会议讨论,并原则通过。价格改革无疑是必要的。但在物价大幅度上涨的态势下,强调"闯关",没有充分考虑国家、企业和群众的承受能力,宣布大幅度进行价格改革,引起城市居民的恐慌,出现多年少见的全国性抢购商品和大量提取储蓄存款的风潮。①

　　在严峻的经济形势下,为了保证经济建设持续、稳定、健康地发展,1988 年 9 月,在北京召开了中共十三届三中全会,提出了治理经济环境、整顿经济秩序、全面深化改革的方针。全会决定把明

---

① 参见中共中央文献研究室编《陈云传》(下),中央文献出版社 2005 年版,第 1790~1793 页。

后两年改革和建设的重点突出地放在治理经济环境和整顿经济秩序上来,以扭转物价上涨幅度过大的态势。

全会指出,治理经济环境,主要是压缩社会总需求,抑制通货膨胀。首先,明年全社会固定资产的投资规模要压缩 500 亿元,大体相当于今年实际投资规模的 20%。第二,控制消费基金的过快增长,特别要压缩社会集团购买力。第三,稳定金融,严格控制货币投放,开辟多种渠道,引导购买力分流。第四,克服经济过热的现象,把明年工业增长速度降到 10%,甚至更低一点。整顿经济秩序,就是要整顿目前经济生活中特别是流通领域中出现的各种混乱现象。首先要坚决刹住乱涨价风;第二要整顿公司,政企分开,官商分开,惩治"官倒";第三要尽快确立重要产品的流通秩序,坚决制止高价抢购粮、棉和生丝等产品的"大战";第四要加强宏观监督体系;第五要制止各方面对企业的摊派、抽头和盘剥。全会指出,治理和整顿必须同加强和改善新旧体制转换时期的宏观调控结合起来。治理整顿是长期要注意的大问题,最要紧的是明后两年一定要抓出成效。务必确保明年的物价上涨幅度明显低于今年,明年的一切工作都要服从这一点。

全会指出,要有领导有秩序地推进相互配套的全面改革。其中要特别注重深化企业改革,尤其是大中型国有企业的改革。

全会指出,为了保证治理经济环境,整顿经济秩序和深化改革任务的顺利完成,必须加强党的领导,充分发挥我们党的政治优势。运用各种手段综合治理,克服腐败现象,保持党政机关的廉洁。

全会原则通过了《关于价格、工资改革的初步方案》,建议国务院在今后五年或较长一些时间内,根据严格控制物价上涨的要求,并考虑各方面的实际可能,逐步地、稳妥地组织实施。全会还原则通过了《中共中央关于加强和改进企业思想政治工作的通知》。

按照全会确定的基本方针,在两年或者更长一些的时间里,治理整顿要努力实现以下目标:消除经济过热,把发展速度降到比较合理的水平;遏制通货膨胀,使 1989 年物价上涨幅度明显低于1988 年,1990 年以后的物价上涨幅度要进一步下降;压缩固定资产投资规模,使它同国力承担的可能相适应;逐步缓解社会总需求大于总供给的矛盾,实现财政、信贷、物资、外汇的基本平衡;认真调整经济结构,使粮、棉、油等主要农产品的产量有较多增加,使能源、交通、原材料供应的紧张状况有所缓和;建立健全必要的经济法规以及宏观调控体系和监督体系,积极推进社会主义商品经济新秩序的建设。只有实现这些目标,才能使我国经济的素质和效益明显提高,保证国民经济的长期稳定发展。经过一年多的努力,到 1989 年底,治理整顿取得了初步成效:过高的工业增长速度降了下来;农业获得了较好收成;投资规模和消费需求有所控制,物价上涨势头趋于缓和;货币回笼情况良好,整个经济在治理整顿中继续发展。但所取得的成效仅仅是初步的,与治理整顿所要达到的目标还有相当大的距离。

三、1989 年政治风波

　　1987 年初开展的反对资产阶级自由化的斗争,由于种种原因,没有坚持进行下去,使一度收敛的资产阶级自由化思潮又重新泛滥开来。党内外一些热衷于搞资产阶级自由化的人利用这种情况,攻击中国共产党的领导和社会主义制度。国外敌对势力也加紧推行和平演变战略,通过各种渠道对中国施加影响,这些也使我国那些搞资产阶级自由化的人受到鼓舞。这样,终于在 1989 年的春夏之交,发生了严重的政治风波。

　　这场政治风波是从 1989 年 4 月 15 日胡耀邦因心脏病逝世开始的。当时,青年学生举行悼念胡耀邦的活动。动乱策划者和组织者以为时机已到,即大肆活动,散布胡耀邦是受政治迫害而致死的蛊惑人心的谎言,使悼念活动很快发展成为政治性的示威游行。一时间,谣言四起,出现了大量的大小字报和标语口号,攻击共产党的领导和社会主义制度。短短几天内,连续发生了聚众冲击中南海新华门的严重事件,出现了更大规模的非法游行示威和占领天安门广场的非法行为。在西安、长沙、成都和其他一些地方,发生了严重的打、砸、抢、烧等犯罪活动。在此期间,动乱制造者们通过学潮提出了一系列带纲领性的政治要求,其中最主要的是两条:一是重新评价胡耀邦的功过,彻底否定1987年初中央对胡耀邦辞职的处理;二是彻底否定反对资产阶级自由化,为在反自由化中受过批评和处分的人平反。这表明动乱一开始就表现出资产阶级自由化同四项基本原则的尖锐对立。

4月26日,《人民日报》根据中央政治局常委会议和邓小平谈话精神,发表了题为《必须旗帜鲜明地反对动乱》的社论,严正指出:"这是一场有计划的阴谋,是一次动乱,其实质是要从根本上否定中国共产党的领导,否定社会主义制度。"社论号召"全党和全国人民都要充分认识这场斗争的严重性,团结起来,旗帜鲜明地反对动乱","为坚决迅速地制止这场动乱而斗争!"

从社论发表到5月初,经过党和政府的大量工作,形势已趋平稳。但是动乱的策划者从5月13日开始,煽动和挟持部分学生到天安门广场绝食,把他们当作"人质",作为实现其政治阴谋的"赌注"。由于学生绝食引起社会上部分人的同情,加上舆论的错误导向,前往"声援"的人越来越多,从几万、十几万发展到几十万之众。举世瞩目的中苏高级会晤也因此而受到严重干扰,一些国事活动日程被迫变更,有的被迫取消。与此同时,全国各大城市乃至所有省会城市,游行"声援"绝食学生的人数急剧增加,一批中小城市也出现了游行,社会秩序愈来愈混乱。

在十分险恶的形势下,中央政治局常委于5月16日晚召开紧急会议。常委多数同志认为,面对险恶的形势,绝对不能退让,只能更加坚决地反对动乱,制止动乱。为了防止事态进一步恶化,在北京市警力严重不足,已无法维持正常的生产、工作、交通和生活秩序的情况下,国务院宣布自1989年5月20日10时起在首都部分地区实行戒严。

但是,动乱的策划者继续造谣惑众,挑拨军民关系,拦阻军车,围困执行戒严任务的解放军,并继续占据天安门广场。6月3日,在部分戒严部队按计划进入首都戒严地区的过程中,非法组织的头头策动在一些路口设置路障,阻截军车,并且发生了焚烧军车和杀害解放军指战员以及冲击国家要害部门的严重事件。在这万分危急的关头,中共中央、国务院、中央军委不得不下定决心,于6月3日晚命令驻守在首都周围的戒严部队强行开进。部队在开进过程中由于遭受暴徒的野蛮袭击,不得不实行必要的武装自卫。6月4日晨,停留在天安门广场的数千名学生经戒严部队极大的耐心劝告和勒令和平撤离,天安门广场清场任务全部完成。北京的局势很快平稳下来,其他大中城市也很快恢复了正常秩序。

这场政治风波的发生,具有深刻的社会和历史背景。正如邓小平所说:"这场风波迟早要来。这是国际的大气候和中国自己的小气候所决定了的,是一定要来的,是不以人们的意志为转移的。"①

平息这场政治风波,保卫了中国革命的胜利果实,巩固了我国的社会主义阵地和十年改革开放的成果,也给党和人民提供了有益的经验教训。6月9日,邓小平在接见首都戒严部队军以上干部时的讲话,充分肯定了十一届三中全会制定的路线、方针、政策,包括"三部曲"的发展战略的正确性,充分肯定了党的"一个中心、两个基本点"的基本路线的正确性。他说,基本路线和基本方针、政策都不变。要认真总结经验,对的要继续坚持,失误的要纠正,不足的加点劲。总之,要总结现在,看到未来。邓小平在重要的关键性的历史时刻发表的讲话,向全党、全军和全国各族人民指明了继续前进的方向,具有重大意义。

---

① 《邓小平文选》第3卷,人民出版社1993年版,第302页。

四、中共十三届四中全会 新的中央领导机构的组成

1989年6月,中国共产党十三届四中全会在北京召开。这次全会的主要议程是:(1)审议并通过李鹏代表政治局提出的《关于赵紫阳同志在反党反社会主义的动乱中所犯错误的报告》;(2)对中央领导机构的部分成员进行必要的调整。

全会认为,赵紫阳在关系党和国家生死存亡的关键时刻犯了支持动乱和分裂党的错误,对动乱的形成和发展负有不可推卸的责任,其错误的性质和造成的后果是极为严重的。他在担任党和国家重要领导职务期间,虽然在改革开放和经济工作方面做了一些有益的工作,但是在指导思想上和实际工作中也有明显失误。特别是他主持中央工作以来,消极对待坚持四项基本原则、反对资产阶级自由化的方针,严重忽视党的建设、精神文明建设和思想政治工作,给党的事业造成了严重的损失。据此,全会决定撤销他的中央委员会总书记、中央政治局委员和中共中央军事委员会第一副主席的职务,对他的问题继续进行审查。

全会对中央领导机构的成员进行了必要的调整:选举江泽民为中央委员会总书记;增选江泽民、宋平、李瑞环为中央政治局常委,中央政治局常委会由江泽民、李鹏、乔石、姚依林、宋平、李瑞环6人组成;决定增补李瑞环、丁关根为中央书记处书记;免去胡启立中央政治局常委、中央政治局委员、中央书记处书记的职务,免去芮杏文、阎明复中央书记处书记的职务。

关于党的路线和今后的工作,全会指出:邓小平接见首都戒严部队军以上干部的重要讲话,是我们回顾过去,思考未来,统一全党思想认识的纲领性文件。全会强调要继续坚决执行党的十一届三中全会以来的路线、方针、政策,继续坚决执行党的十三大确定的"一个中心、两个基本点"的基本路线。四项基本原则是立国之本,必须毫不动摇、始终一贯地加以坚持;改革开放是强国之路,必须坚定不移、一如既往地贯彻执行,绝不回到闭关锁国的老路上

374

去。当前,特别注意抓好四件大事:一是彻底制止动乱、平息反革命暴乱,严格区分两类不同性质的矛盾,进一步稳定全国局势;二是继续搞好治理整顿,更好地坚持改革开放,促进经济持续、稳定、协调地发展;三是认真加强思想政治工作,努力开展爱国主义、社会主义、独立自主、艰苦奋斗的教育,切实反对资产阶级自由化;四是大力加强党的建设,大力加强民主和法制建设,坚决惩治腐败,切实做好几件人民普遍关心的事情,决不辜负人民对党的期望。全会重申,我国坚持独立自主的和平外交政策不变。这次全会不仅对进一步稳定当时的全国局势具有重大作用,而且对于保证十一届三中全会以来党的路线、方针、政策的连续性,产生深远的影响。会议产生了以江泽民为核心的第三代中央领导集体。这个集体肩负起领导全党和全国人民继续建设有中国特色社会主义的艰巨使命。

早在 1980 年,邓小平就已提出要改革党和国家的领导制度,废除干部领导职务终身制。此后他多次讲要带头建立退休制度,并一直待期着尽早完成新老交替,实现从领导岗位上完全退下来的愿望。1989 年 5 月 31 日,邓小平同李鹏、姚依林谈话时指出:动乱平息之后,有些事情要向人民作出交代。主要有两条:第一,要改换领导层。新的中央领导机构要使人民感到面貌一新,感到是一个实行改革的有希望的领导班子。眼界要非常宽阔,胸襟要非常宽阔,考虑任何问题都要着眼于长远,着眼于大局。这是对第三代领导人最根本的要求。第二,要扎扎实实做几件事情,干出实绩,取信于民。要体现出我们是真正反对腐败,不是假的。要明白地做几件开放的事情,凡是遇到机会就不要丢,要体现改革开放,比过去更开放。总之,改革开放要更大胆一些。① 6 月 16 日,邓小平同江泽民、李鹏、乔石、姚依林、宋平、李瑞环、杨尚昆、万里谈话时又指出:现在要建立起第三代领导集体,核心是江泽民同

---

① 参见《邓小平文选》第 3 卷,人民出版社 1993 年版,第 296~301 页。

志。要注意树立和维护这个集体和这个集体中的核心。新的中央领导需要聚精会神地做几件使人民满意、高兴的事情。第一,经济不能滑坡。第二,更大胆地改革开放和抓紧惩治腐败。第三,平息暴乱抓到底。①

四中全会前后,邓小平又多次表示:等新的领导班子一经建立威信,他就要坚决退出中央领导岗位;他希望大家能够以江泽民为核心,很好地团结。1989 年 9 月 4 日,他同八位中央负责同志商量他退休的时间和方式。他说,一个国家的命运寄托在一两个人的威望上,是很不正常的。退休成为一种制度,领导层变动调动也就比较容易。他提议江泽民当军委主席。② 他在同日致信中共中央政治局提出辞去中共中央军事委员会主席的职务。1989 年 11月,召开中共十三届五中全会,通过了《关于同意邓小平同志辞去中共中央军事委员会主席职务的决定》。全会高度评价了邓小平为我们党和国家建立的卓著功勋。全会决定江泽民为中共中央军事委员会主席。以上这些内容,表明了党中央已完成了第二代领导核心向第三代领导核心的交替。这对于保证党的政策的稳定性、连续性,实现国家的长治久安,具有极其重大的意义。

五、抓紧党的自身建设　加强思想政治工作

中共十三届四中全会以后,中共中央首先抓紧了党的自身建设。

平息动乱的斗争证明,从总体上看,绝大多数党的组织和党员是好的,但也暴露出党内存在严重问题。为了提醒全党认清加强党的建设的重要性和紧迫性,江泽民强调指出,分析党内状况时,不可低估国际敌对势力企图使社会主义国家和平演变对我们党造成的影响,不可低估资产阶级自由化思潮泛滥对党的建设的破坏,

---

① 参见《邓小平文选》第 3 卷,人民出版社 1993 年版,第 309~314 页。

② 参见《邓小平文选》第 3 卷,人民出版社 1993 年版,第 315 页。

不可低估赵紫阳的错误在党内造成的混乱和对实际工作造成的损失。正因为"问题主要出在党内",中央要求"各级党委必须按照党的基本路线的要求,聚精会神地抓党的建设,下决心解决好当前党的建设中的迫切问题"①,使党在新的历史条件下,经得起执政的考验,经得起改革开放和发展商品经济的考验,以及反对和平演变的考验。为此,中共十三届四中全会向全党提出了加强党的建设的任务。

1989年7月,中央政治局全体会议作出《关于近期做几件群众关心的事的决定》。提出进一步清理整顿公司;坚决制止高干子女经商;取消对领导同志少量食品的"特供";严格按规定配车,禁止进口小轿车;严格禁止请客送礼;严格控制领导干部出国;严肃认真地查处贪污、受贿、投机倒把等犯罪案件,特别要抓紧查处大案要案。

1989年8月,中共中央召开全国组织部长会议,专门研究加强党的建设问题。8月28日中央政治局召开全体会议,讨论通过了《关于加强党的建设的通知》。中央要求各级党委把党的建设工作列入重要日程,切实把党建设成为领导改革开放和社会主义现代化建设的坚强核心。

根据中共中央的通知,在1989年秋、冬和1990年,在中央领导下,党组织对动乱中的重点人和重点事认真地进行了一次清查、清理。在清查、清理工作基本结束后,又按照从严治党的方针,在全党进行了一次做合格共产党员的教育,并在部分单位进行了党员重新登记。开展这项工作,主要是为了解决动乱中暴露出来的党内问题,同时也是为了解决党内日常生活中存在的一些突出问题。清查、清理工作是同干部考察工作结合进行的。根据考察的结果,对一些组织和部门的领导班子进行了必要的调整。目的是

---

① 《中共中央关于加强党的建设的通知》(1989年8月28日),《十三大以来重要文献选编》(中),人民出版社1991年版,第588页。

为保证党的各级领导权牢牢地掌握在坚持四项基本原则、坚持改革开放的马克思主义者手中,把各级领导班子建设成为贯彻党的路线、方针、政策的坚强核心。

1989年12月至1990年1月,由中宣部、中组部、中央政策研究室、中央党校联合举办了党建理论研究班。江泽民发表了《为把党建设成更加坚强的工人阶级先锋队而斗争》的讲话,强调要:充分认识搞好党的建设的重要性、紧迫性;必须坚持党的工人阶级先锋队性质;坚持和加强党的执政地位和领导作用;切实把思想建设放在党的建设的首位;健全民主集中制,增强党的团结和统一;始终保持党同人民群众的血肉联系;确保各级领导核心由忠诚于马克思主义的人组成;高度重视马克思主义党建理论的学习、研究和传播。

随着治理整顿、深化改革形势的发展,1990年3月,中共中央召开十三届六中全会,通过了《关于加强党同人民群众联系的决定》。全会提出,今后应坚持不懈地努力加强党同人民群众的联系。会后中央政治局常委带头,深入基层,深入群众,开展调查研究工作。同年11月,中央批转中央纪律检查委员会提出的《关于加强党风和廉政建设的意见》,强调加强党风和廉政建设,必须从领导机关和领导干部抓起,必须贯彻"一要坚决、二要持久"的方针。

1989年12月,中共中央通过《关于坚持和完善中国共产党领导的多党合作和政治协商制度的意见》,强调中国共产党领导下的多党合作和政治协商制度是我国的基本政治制度。重申"长期共存、互相监督、肝胆相照、荣辱与共"是共产党同各民主党派合作的方针,决定加强中共和各民主党派之间的合作与协商,进一步发挥民主党派成员在参政议政中的重要作用。中央指出,坚持和完善共产党领导的多党合作和政治协商制度,对于加强我国的社会主义民主政治建设具有重要的意义。

在采取措施加强党的建设的同时,中央大力加强了思想、宣传工作。1989年7月,中央政治局七月会议通过了《关于加强宣传、思想工作的通知》,要求各级党组织大力加强对宣传、思想工作的领导,切实反对资产阶级自由化,真正让社会主义思想占领意识形态阵地。

中共十三届四中全会以后,开展了整顿书报刊及音像市场和"扫黄"斗争。11月国务院又布置在全国范围内开展扫除"六害"(卖淫嫖娼、制作贩卖传播淫秽物品、拐卖妇女儿童、私种吸食贩运毒品、聚众赌博和利用封建迷信骗财害人)的斗争。同时号召大力弘扬民族优秀文化传统。

六、继续治理整顿、深化改革 "七五"计划的完成

1988年9月,中共十三届三中全会虽然作出关于进行治理整顿和深化改革的决定,但是由于受到当时情况的限制,对经济生活中存在的问题、困难及产生的原因分析不够,因此不少地方、部门和单位对治理整顿的必要性、紧迫性和艰巨性缺乏认识,很多措施没有得到有效贯彻,已经采取的措施一时难以见到明显成效。经济过热和通货膨胀的势头在1988年并未减退,社会需求继续膨胀。在社会需求膨胀的压力下,货币发行量大幅度增长,财政赤字增加,导致零售物价指数出现多年未曾有过的18.5%的上涨幅度,这种情况给1989年经济发展带来困难。

面对1989年严峻的经济形势,3月20日,李鹏在七届全国人大二次会议上所做的政府工作报告中,继续提出并坚决贯彻治理整顿的方针。具体要达到的目标是:(1)消除经济过热,把发展速度降到比较合理的水平;(2)遏制通货膨胀,使1989年物价上涨明显低于1988年,1990年以后的上涨幅度进一步下降;(3)压缩固定资产投资规模,使它同国力承担的可能相适应,控制消费基金的过快增长,使它同国民收入的增长相适应;(4)逐步缓解社会总需求大于总供给的矛盾,实现财政、信贷、物资、外汇的基本平衡;(5)认真调整经济结构,使粮、棉、油等主要农产品产量有较多增

加,使能源、交通、原材料供应的紧张状况有所缓和;(6)建立健全必要的经济法规及宏观调控体系和监督体系,积极推进社会主义商品经济新秩序的建设。但是会后不久发生的政治风波,对治理整顿是很大的干扰,给我国经济造成相当大的损失。随后,西方资本主义国家借口"六四风波",对我国实行所谓的"经济制裁",更加重了我国经济的困难。

在这种严峻的形势下,中共中央在下大力气抓政治稳定的同时,认真抓治理整顿,实现社会经济的稳定与发展。1989年11月召开的中共十三届五中全会,通过了《中共中央关于进一步治理整顿和深化改革的决定》。全会决定从1989年算起,用三年或更长一些时间基本完成治理整顿任务。全会进一步明确了治理整顿的主要目标:(1)逐步降低通货膨胀率,要求全国零售物价上涨幅度逐步下降到10%以下。(2)扭转货币超经济发行的状况,逐步做到当年货币发行量与经济增长的合理需要相适应。(3)努力实现财政收支平衡,逐步消灭财政赤字。(4)在着力于提高经济效益、经济素质和科技水平的基础上,保持适度的经济增长率,争取国民生产总值平均每年增长5%~6%。(5)改善产业结构不合理状况,力争主要农产品生产逐步增长,能源、原材料供应紧张和运力不足的矛盾逐步缓解。(6)进一步深化和完善各项改革措施,逐步建立符合计划经济与市场调节相结合原则的经济、行政、法律手段综合运用的宏观调控体系。为了实现上述治理整顿的目标,全会要求继续控制社会需求和坚持财政信贷双紧方针;加强农业等基础产业和调整经济结构;认真整顿经济秩序,特别是流通领域的秩序;千方百计地提高经济效益,继续深化改革和扩大对外开放,并切实加强党对治理整顿和深化改革的领导。

治理整顿的首要任务是压缩社会总需求。具体措施为:(1)压缩固定资产投资总规模。1989年全社会固定资产投资规模比1988年压缩920亿元,减少21%;1990年、1991年的全社会固定资产投资规模都要维持在甚至低于1989年的水平。(2)坚决控制消费需求过快增长,坚决压缩社会集团的购买力。1989 年社会集团购买力要在 1988 年基础上再压缩 20%。(3)紧缩金融和财政,继续抽紧银根,严格控制货币发行量。要千方百计稳定金融,切实加强对各银行各种贷款的计划管理,控制住全社会的信贷总规模。(4)逐步缓解分配不公的社会矛盾。在控制消费需求的同时,要改进和完善工资奖金制度,逐步克服职工收入分配中的平均主义现象。(5)进一步清理整顿公司特别是流通领域内的公司,逐步消除流通领域内秩序混乱的状况。切实加强对某些高收入人员以及私营企业主和部分个体工商业户收入的监督与调控,推行个人应税收入申报制度。逐步解决生产资料价格"双轨制"问题。大力加强市场管理和物价管理。坚决制止和纠正乱收费、乱摊派、乱罚款现象。

由于认真贯彻治理整顿和深化改革的方针,1988 年底至 1991 年三年的治理整顿取得了显著成效。通过治理整顿和深化改革,解决了我国经济发展中的突出矛盾,有效地控制了通货膨胀,整顿了经济秩序,使我国国民经济摆脱了严重的不稳定状态。

具体说来,三年的治理整顿取得了以下几方面的成效:

一是有效地控制了通货膨胀,经济秩序明显好转。1985 年到 1989 年,社会总需求超过总供给的平均差率为 11.8%。1990 年供需差率缩小为 7.6%,1991 年,基本保持上年水平,已处于基本正常范围。全国零售物价总水平比上年的上涨幅度连年回落,1990 年为 2.1%,1991 年为 3.5%,已进入了各方面可承受的范围。

二是过热的经济明显降温,经济基本恢复正常的增长。1985 年至 1988 年,我国国民经济处在日趋过热的状态,国民生产总值平均每年增长 10.7%,工业总产值平均每年增长 17.8%。经过三年的治理整顿,1989 年国民生产总值比上年增长 4%,1990 年增长 5.3%。1989 年至 1991 年工业总产值平均每年增长 10% 左右。经济增长速度已基本恢复到与经济条件相适应的正常增长水平。

三是基础产业得到加强,产业结构的"瓶颈"矛盾有所缓解。在治理整顿期间,产业结构的调整有了良好的开端。农业和能源、交通、原材料等产业部门均有不同程度的发展,处于长线的加工工业受到一定限制,基础产业与国民经济发展不相适应的状况有所改善。

四是市场商品丰富,人民生活安定。在治理整顿期间,虽然压缩了一些过快的消费需求的增长,但城乡居民继续从经济发展中得到实惠,生活水平不断提高。据统计,城乡居民储蓄额三年增加了5 000亿元。从治理整顿全过程上看,基本上达到既成功地控制了通货膨胀,又保持了经济适度增长的双重目标,从而为新的大发展打下了良好的基础。

五是进出口贸易由逆差转为顺差,国家外汇储量增加,对外开放取得新进展。1989年和1990年,我国出口总额登上了525亿美元和621亿美元两个台阶;1990年,我国对外贸易实现了顺差,改善了1984年以来连续逆差的状况。到1991年6月底,国家外汇储备已上升到330亿美元。我国吸收利用外资取得新进展。这期间,全国批准的外商投资企业达18 083家,比前10年的总和还多,外商实际投资额达85.4亿美元,为前10年的76.5%。更重要的是,这两年外商投资在结构上也发生了明显变化,投资导向更加合理,技术先进型和出口创汇型项目增多。

六是改革开放取得了实实在在的进展。在治理整顿中,稳步推出了一系列重大改革措施。农业方面:不断完善统分结合的双层经营体制①,积极发展社会服务化体系,逐步壮大集体经济力量,在引导农民走共同富裕道路方面取得了很大进展;工业方面:把搞好国有大中型企业提到深化改革的重要议事日程,进一步完善承包经营责任制,在改善外部环境和转变内部机制两个方面,采

———————

① 农村双层经营体制是指在家庭联产承包责任制下,农民家庭承包经营和统一的社会化服务这两个层次的结合。

取了若干改革措施,取得了一定成效。此外,价格改革也迈出了较大步伐。宏观调控方面,对计划、财政、金融体制和流通领域的改革都有新的进展。与此同时,在养老、待业、医疗卫生等社会保障制度和职工住房制度方面,也积极进行了改革试点。

在治理整顿和深化改革的推动下,到 1990 年底,"七五"计划所规定的国民经济和社会发展的各项指标,绝大部分完成或超额完成。1990 年国民生产总值达到 17 400 亿元,5 年增长 39%,平均每年增长 7.8%。工业总产值为 23 851 亿元。农业总产值为 7 382 亿元。全民所有制单位固定资产投资总额为 12 502 亿元,比"六五"计划时期增加 7 172 亿元。改建和扩建了一批重点骨干工程。能源、交通运输均有显著发展,煤产量达到 10.9 亿吨,发电量达到 6 150 亿千瓦小时,原油达到 1.38 亿吨,钢达到 6 850 万吨,铁路货运量达到 14.6 亿吨。特别是治理整顿已经取得明显成效,社会供求总量趋于平衡,通货膨胀得到控制。农业连续两年丰收。粮食达到 8 500 亿斤,棉花达到 425 万吨。科技、教育事业都有新的发展,城乡居民年平均消费水平达 720 元。在"七五"计划期间,我国个体和私营经济也得到了迅速发展。到 1990 年底,全国私营企业已登记注册的有 9.8 万户,从业人员 170.2 万人,拥有注册资金 95.2 亿元;个体工商业户 1 328.3 万户,从业人员 2 092.8 万人,拥有资金 397.4 亿元。[①] "七五"计划的完成,提前实现了中共十二大提出的我国宏伟建设目标的第一步,这就为在 20 世纪末实现第二步的战略目标奠定了坚实的物质基础,并为社会主义现代化建设和深化改革开放积累了丰富的经验。

七、1991—2000 年十年规划的制定 "八五"计划的执行

1991—2000 年,即 20 世纪的最后十年,在我国社会主义建设的历史进程中,是非常关键的时期。能否在 90 年代巩固和发展

---

① 《建国以来私营经济的发展与变化》,《中国工商报》1993 年 6 月 19 日。

80 年代取得的巨大成就,进一步促进经济振兴和社会发展,直接关系我国社会主义制度的巩固和发展,关系中华民族的前途和命运。

在历史的关键时刻,中国共产党在 1990 年 12 月召开了十三届七中全会。李鹏在全会上作了《关于制定国民经济和社会发展十年规划和"八五"计划建议的说明》。全会审议并通过了《中共中央关于制定国民经济和社会发展十年规划和"八五"计划的建议》。《建议》在充分肯定十年成就、科学总结了多年来的经验、正确地分析国际国内形势的基础上,根据建设有中国特色社会主义的理论,确定了今后十年和"八五"期间的奋斗目标、基本指导方针,确定了国民经济和社会发展的重点,确定了深化改革和扩大开放的部署和措施。

根据《建议》,国务院制定了《中华人民共和国国民经济和社会发展十年规划和"八五"计划纲要(草案)》,经 1991 年 3 月至 4 月召开的七届全国人大四次会议审议批准后正式付诸实施。

《纲要》规定了 1991—2000 年的主要目标和指导方针,提出了实现第二步战略目标的基本要求:(1)在大力提高经济效益和优化经济结构的基础上,使国民生产总值按不变价格计算,到 20 世纪末比 1980 年翻两番。按照这个目标,要求到 2000 年,以 1990 年价格计算的国民生产总值达到 31 100 亿元,平均每年增长 6%。工农业总产值平均每年增长 6.1%,其中,农业总产值平均每年增长 3.5%,工业总产值平均每年增长 6.8%;(2)人民生活从温饱达到小康,生活资料更加丰富,消费结构趋于合理,居住条件明显改善,文化生活进一步丰富,健康水平继续提高,社会服务设施不断完善;(3)发展教育事业,推动科技进步,改善经济管理,调整经济结构,加强重点建设,为 21 世纪初叶我国经济和社会的持续发展奠定物质技术基础;(4)初步建立适应以公有制为基础的社会主义有计划商品经济发展的、计划经济和市场调节相结合的经济体制和运行机制;(5)社会主义精神文明建设达到新的水平,社会

384

主义民主和法制进一步健全。

《纲要》在总结历史和现实的经验教训的基础上,确定了制定和实施十年规划和"八五"计划的基本指导方针。这就是:坚定不移地走建设有中国特色的社会主义道路;坚定不移地推进改革开放;坚定不移地执行国民经济持续、稳定、协调发展的方针,始终把提高经济效益作为全部经济工作的中心;坚定不移地执行独立自主、自力更生、艰苦奋斗、勤俭建国的方针;坚定不移地贯彻物质文明建设和精神文明建设一起抓的方针。全面贯彻这些方针,是使我国现代化事业沿着正确方向前进,实现到本世纪末奋斗目标的根本保证。

《纲要》还规定了今后十年国民经济和社会发展的主要任务。有以下几方面:(1) 按照国民经济逐步现代化的要求和居民消费结构的变化,积极调整产业结构,重点是加强农业、基础工业和基础设施,改组、改造和提高加工工业,把发展电子工业放在突出位置,积极发展建筑工业和第三产业,促进产业结构合理化并逐步走向现代化。(2) 根据统筹规划、合理分工、优势互补、协调发展、利益兼顾、共同富裕的原则,努力改善地区经济结构和生产力布局。(3) 继续把发展科学技术和教育事业放在重要战略地位,使我国经济增长逐步转到主要依靠科技进步和提高劳动者素质的轨道。(4) 在搞好经济建设的同时,相应提高人民生活水平和发展各项社会事业,促进经济与社会协调发展。(5) 继续推行经济体制改革,不断完善和发展社会主义制度,争取经过十年的努力,初步建立起适应社会主义有计划商品经济发展的、计划与市场调节相结合的新的经济体制和运行机制。(6) 坚持对外开放的基本国策,进一步扩大对外经济技术交流与合作。(7) 坚持"一国两制"原则,继续推进祖国统一大业。

《纲要》提出的以上奋斗目标,指导方针和主要任务,是今后十年国民经济和社会发展的总体部署。在具体实施中,大致分为前五年("八五"计划时期)和后五年("九五"计划时期)两个阶段。"八五"计划时期,要着眼于控制总量、调整结构、提高效益、完善和深化改革,努力促进经济良性循环,为"九五"时期发展打好基础。"九五"计划时期,要在优化经济结构,改善生产力布局,提高经济素质和理顺基本经济关系方面取得显著进展,全面实现到本世纪末的各项目标和任务。

《纲要》详尽地规划了国民经济发展的第八个五年计划的宏伟蓝图。"八五"时期,必须正确地处理治理整顿、深化改革和经济发展的关系。在整个"八五"期间,都要根据经济发展的需要和现实条件的可能,在确保经济与社会稳定前提下,积极深化改革,使改革更好地促进治理整顿和经济发展。"八五"计划的基本任务有以下八个方面:(1)努力保持社会总需求与社会总供给基本平衡,在控制通货膨胀的前提下,以提高经济效益为中心,促进经济的适度增长。(2)突出抓好经济结构调整,使产品的品种、质量、数量同国内外市场需求的变化相适应;使农业与工业、基础工业与加工工业比例失调的状况有所改善;使企业组织结构不合理的现象逐步得到改善;使地区经济结构趋同化的倾向得到抑制。(3)立足现有基础,充分挖掘潜力,积极地、有重点地推行现有企业技术改造。(4)采取适当的办法与步骤,合理调整收入分配格局,增加国家财政收入,特别是中央财政收入,并严格控制财政支出,减少财政补贴,逐步改善财政收支不平衡状况。(5)进一步推动科技、教育事业发展,并使之更好地为调整结构、提高经济素质和效益服务。(6)更有效地开展对外贸易,积极引进外资、技术和智力,巩固和发展对外开放的格局,把扩大对外开放同提高生产技术和经营管理水平更好地结合起来。(7)以增强国营大中型企业活力,健全企业合理的经营机制为中心,协调配套地进行计划、投资、财政、税收等方面的体制改革,加快社会保障制度和住房制度的改革,促进社会主义有计划商品经济新体制的形成。(8)努力加强社会主义精神文明建设,促进社会主义的全面发展和进步。

为巩固80年代以来取得的巨大成就,进一步促进经济振兴和社会发展,"八五"计划制定更高、更新的国民经济发展的综合经

386

济指标:按 1990 年价格来计算,1995 年国民生产总值达到23 250 亿元,平均每年增长 6%;农业总产值达 8 780 亿元,平均每年增长 3.5%;工业总产值达到32 700亿元,平均每年增长 6.5%;第三产业增加值,1995 比 1990 年增长53.9%,平均每年增长 9%。五年内扣除物价上涨因素,职工实际平均工资每年递增 2%,农民人均收入平均每年递增3.5%。五年内,要通过多种形式安置城镇就业人口3 200万人,争取在"八五"期间把城镇待业率控制在 3.5%以内。"八五"计划在制定规划经济高速发展的宏伟蓝图时,坚持"两手抓"方针,强调"八五"期间要加强科学技术、教育的发展,加强社会主义精神文明和社会主义民主法制建设。"八五"计划规划在 5 年内力争在占全国人口 80%以上的地区普及小学阶段的义务教育,占全国人口 30%以上的地区普及初中阶段义务教育,力争培养各类全日制中等职业技术学校毕业生 1 100 万人。到 1995 年,在校研究生达 9 万多人,在校普通本专科生达 210 万人,同时继续采取多种途径、多种力量、多种形式办学,大力开展岗位培训。

八、对外关系的新格局和外交工作的新开展

20 世纪 80 年代末 90 年代初,国际风云多变,旧的世界格局在改变中,但实际上并没有结束,新的世界格局还没有形成。和平与发展两大问题,和平问题没有解决,发展问题更加严重。美苏两个超级大国垄断一切的情况正在变化,世界上各种力量正在错综复杂的利害矛盾中重新分化组合,世界正朝着多极化方向发展。邓小平指出:"所谓多极,中国算一极。中国不要贬低自己,怎么样也算一极。""我们对外政策还是两条,第一条是反对霸权主义、强权政治,维护世界和平;第二条是建立国际政治新秩序和经济新秩序。这两条要反复讲。具体的做法,还是要坚持同所有国家都来往,对苏联对美国都要加强来往。"①随着东欧剧变、两德统一、

---

① 《邓小平文选》第 3 卷,人民出版社 1993 年版,第 353 页。

苏联解体,世界社会主义事业遭受严重曲折,国际形势出现了空前的动荡与不安。中国政府采取"冷静观察""稳住阵脚""沉着应付""埋头实干"的冷静务实策略。①

80年代末90年代初,中国外交工作最引人注目的成就是推行睦邻政策,大大改善和发展同所有周边国家的关系,使中国同所有周边国家的关系处于新中国成立以来最好的时期,为中国改革开放事业的顺利进行创造了良好的和平环境。

1989年5月,苏联最高苏维埃主席团主席、苏共中央总书记戈尔巴乔夫对中国进行了正式访问,同邓小平举行会晤,宣布两国从此"结束过去,开辟未来"。这次会晤标志着破裂了二十多年的中苏关系开始正常化。1990年国务院总理李鹏、1991年中共中央总书记江泽民分别访苏,使中苏两国的关系得到进一步发展。1991年12月25日苏联解体后,中国坚持不干涉别国内政,尊重各国人民的选择的原则,同独联体各国建立外交关系并保持在各个领域里的友好往来。1992年,中国同俄罗斯关系发展平稳,经济贸易关系出现了上升势头。俄罗斯总统叶利钦访华使两国睦邻友好关系提高到一个新水平。

这几年中,中国与蒙古人民共和国在政治、经济和科技等领域的关系得到全面恢复和发展。

中朝两国领导人经常互访,使中朝传统友谊得到巩固和加强。江泽民总书记、杨尚昆主席、李鹏总理等党和国家领导人先后对朝鲜进行正式友好访问。金日成主席等朝鲜领导人也多次访华。

1992年8月24日,中国同韩国正式建立外交关系。

1989年政治风波以后,中国同日本关系的发展虽然有一些曲折,但总的说来是朝着恢复正常的方向发展。1990年7月,日本率先恢复了对华的第三批贷款,在松动西方对华"制裁"方面起了积极作用。1991年8月,日本首相海部俊树访华,标志中日关系

---

① 参见《邓小平文选》第3卷,人民出版社1993年版,第321页。

全面恢复。在中日邦交正常化 20 周年之际,1992 年 4 月,江泽民总书记、万里委员长先后访日,日本明仁天皇于 10 月首次访华,这使中日关系更加健康地向前发展。

中越两国以 1991 年 11 月的高级会晤为标志,结束了双方长达 13 年的敌对状态,实现了两国关系的正常化。1992 年底,李鹏总理对越南的访问,进一步推动了双边关系的健康发展。

1990 年 12 月,李鹏总理访问老挝,实现中老关系正常化,1992 年,老挝国家主席凯山·丰威汉对中国进行访问,进一步推动了两国关系的发展。

20 世纪 80 年代末 90 年代初,也是中国与东盟关系进入全面发展的时期。1990 年 8 月 8 日,中国与印度尼西亚在中断关系 23 年后正式恢复了外交关系。10 月 3 日,中国与新加坡签署了建交公报。1991 年,中国与文莱正式建立外交关系。至此,中国已同所有东盟六国建立和恢复了外交关系,这标志着中国与东盟六国的关系进入了一个全面发展的新阶段。

巩固和发展与南亚各国的友好合作关系是中国稳定周边环境的重要组成部分。1991 年,李鹏总理访问印度,这是 31 年来中国政府首脑首次正式访问印度。1992 年,印度总统卡塔拉曼访华,开辟和发展了中印关系的新时期。

20 世纪 80 年代末 90 年代初,中国外交工作又一主要成就是,中国政府在平息 1989 年政治风波后,坚持独立自主,反对外来干涉的方针,打破西方国家的“制裁”,同西方国家的关系在和平共处五项原则基础上得到改善和发展。

中国平息动乱后,西方七国首脑会议不顾事实,不顾国际关系公认的准则,对纯属中国内政的事情横加指责,发表宣言“制裁”中国,中国与一些西方国家的关系不同程度地出现了困难和曲折。西方的制裁主要是三条:一是不进行高级官员往来,二是限制经济贸易交流,不给贷款,三是禁止军事合作。邓小平在当时即指出:“什么威胁也吓不倒我们”,“只要中国社会主义不倒,社会主义在世界将始终站得住。"①他还强调指出:"国家的主权、国家的安全要始终放在第一位"②。随着时间的推移,事实已无可争辩地证实,中国没有被压服,也没有被孤立,中国的改革开放继续深入发展,对外关系有了更大的突破。正如邓小平后来在会见加拿大前总理特鲁多时说:"去年以来一些国家对中国实行制裁。我认为,第一,他们没有资格制裁中国;第二,实践证明中国有抵抗制裁的能力。中国经济发展虽然受了一些影响,但影响不大。事实上,制裁正在逐渐消失。"③

1990年,中国与西方七国的关系开始出现积极变化。继日本率先恢复提供第三批日元贷款之后,西欧国家也逐步恢复了对华出口信贷保证、政府贷款、经济合作和科技交流。10月,欧共体外长会议决定取消对华限制措施,恢复同中国在政治、文化、经济领域的正常关系。

中美关系也逐步"解冻"。1990年5月,布什总统宣布决定延长美国对华最惠国待遇。11月底12月初,钱其琛外长应邀访美,会见了美国总统布什、国务卿贝克及参众两院议员,就双边关系和共同关心的问题交换了意见。1991年11月,贝克国务卿访华,经过坦率的会谈,双方就保护知识产权和市场准入等问题达成协议。但正值中美关系恢复之际,美国政府再次违反"八一七公报",于1992年9月决定向台湾地区出售F-16战斗机,这是干涉中国内政、损害中国人民感情的严重事件。这给正在复苏的中美关系又蒙上一层阴影。中美关系曲折发展的历史已证明,中美之间发表的三个联合公报④是两国关系的准则,只要双方高瞻远瞩,求同存异,按和平共处五项原则来发展相互间关系,中美关系就能发展、

---

① 《邓小平文选》第3卷,人民出版社1993年版,第344~346页。

② 《邓小平文选》第3卷,人民出版社1993年版,第348页。

③ 《邓小平文选》第3卷,人民出版社1993年版,第359页。

④ 三个联合公报指:1972年2月28日《中美上海联合公报》、1978年12月6日《中美建交联合公报》和1982年的《中美联合公报》("八一七"公报)。

就能前进。1993 年 11 月 20 日,中国国家主席江泽民应美国总统克林顿的邀请,出席在美国西雅图举行的亚太经济合作组织领导人非正式会议。19 日下午,在西雅图市的雷尼尔俱乐部江泽民和克林顿举行了正式会晤。江泽民强调,中美两个大国是在世界上有影响的国家,在许多重大问题上有共同利益。中美之间增加信任,可以在国际上发挥积极作用。双方都认为,中美关系非常重要,它不仅仅是双边关系的问题,而且应该把它放在世界范围内来看,应该着眼于未来,着眼于 21 世纪。钱其琛在记者招待会上说:中美领导人会晤是积极的建设性的。这次会晤以后,双方领导人的交流和接触会增加,而且会有许多具体问题要进行后继讨论。

加强同第三世界国家的合作与团结,始终是中国外交政策的基本立足点。随着世界多极化形势的发展。中国同广大第三世界国家的团结与合作,在广度和深度上都有了新的发展。正如邓小平说的:"中国永远站在第三世界一边,中国永远不称霸,中国也永远不当头","第三世界有一些国家希望中国当头。但是我们千万不要当头,这是一个根本国策。这个头我们当不起,自己力量也不够。当了绝无好处,许多主动都失掉了。"①

1990 年 5 月,杨尚昆主席访问了拉美的墨西哥、巴西、乌拉圭、阿根廷和智利五国。1992 年 7 月,杨尚昆主席又访问了非洲的摩洛哥、突尼斯、科特迪瓦三国,为中国同发展中国家关系的发展谱写了新的篇章。杨尚昆主席在墨西哥提出了中国发展同拉美国家关系的四条原则。② 在科特迪瓦发表了中国发展同非洲关系

---

① 《邓小平文选》第 3 卷,人民出版社 1993 年版,第 363 页。
② 即:第一,以互相尊重主权和领土完整、互不侵犯、互不干涉内政、平等互利、和平共处五项原则为基础,同所有拉丁美洲国家,包括那些尚未与中国建交的国家建立和发展友好合作关系。第二,平等互利,互通有无,取长补短,立足当前,着眼未来,不断拓展贸易往来与经济合作。第三,尊重彼此的传统和价值观,相互学习和借鉴,加强民间的往来和交流,增进了解和友谊,广泛开展各种形式的文化交流。第四,在国际事务中,密切磋商,互相支持,加强合作,为建立国际政治和经济新秩序而共同努力。

的六条原则。① 这些原则表明了中国加强与发展中国家友好关系的良好愿望,得到了广大发展中国家的积极响应。中国同中东国家关系发展顺利。1990 年,中国同沙特阿拉伯建交。1992 年 1 月 24 日,中国同以色列建立外交关系。至此中国与中东所有国家都建立了外交关系,这对推动中东和平进程产生积极影响。

几年中,中国与南太平洋诸岛国关系有了很大发展。1989 年,中国与南太平洋论坛建立对话伙伴关系。斐济总理、瓦努阿图总理、基里巴斯总统、密克罗西亚总统先后访华。1990 年,中国与马绍尔群岛共和国建立外交关系。1992 年初,李鹏总理访问斐济,7 月,中国人大代表团访问密克罗西亚、马绍尔群岛共和国等五国,进一步促进双方关系的发展。

1992 年 9 月,中国成为不结盟运动的观察员国,标志着同不结盟运动的友好合作进入一个新阶段。此后不久召开的联合国环境与发展大会上,中国同"七十七国集团"通过密切磋商,以"七十七国加中国"方式提出不少谈判文件,促使会议取得了一系列成果。在国际事务和多边外交中,中国坚持原则,伸张正义,反对强权政治,发挥安理会常任理事国的作用,在维护世界和平与安全,促进经济合作,谋求重大国际问题和地区问题的公正合理解决等方面作出了自己的贡献。中国为推动柬埔寨问题的解决作出了不懈的努力。中国对海湾危机的立场是有原则的、一贯的和严肃认真的。从伊拉克入侵科威特第一天开始,中国政府就明确予以反

---

① 即:第一,中国支持非洲各国为维护国家主权,民族独立,反对外来干涉和发展经济所作的各种努力。第二,中国尊重非洲各国根据自己国情选择政治制度和发展道路。第三,中国支持非洲国家加强团结合作,联合自强,通过和平协商解决国与国之间的争端。第四,中国支持非洲统一组织为谋求非洲大陆的和平稳定和发展以及实现经济一体化所作的努力。第五,中国支持非洲国家作为社会平等的社会成员,积极参与国际事务和为建立公正合理的国际政治、经济新秩序而进行的努力。第六,中国愿意在互相尊重主权与领土完整,互不侵犯,互不干涉内政,平等互利,和平共处等原则的基础上,发展同非洲各国的友好往来和形式多样的经济合作。

对,认为这是违反国际关系准则和联合国宪章的,要求伊拉克军队无条件撤出,同时主张和平解决海湾危机。对中东症结的巴勒斯坦问题,中国政府主张通过政治途径解决,以色列必须撤出它所占领的巴勒斯坦领土,巴勒斯坦人民的合法民族权利必须得到恢复,巴、以相互承认,阿拉伯民族与犹太民族和平共处。在巴尔干半岛和原苏联一些地区的武装冲突问题上,中国在联合国和其他场合多次声明原则立场,强调冲突各方面通过和谈解决争端,不能从外部使用武力,用一场战争来制止另一场战争。

中国的多边外交空前活跃,在国际政治舞台上发挥着愈来愈重要的作用。1992年,第48届联合国亚太经济社会委员会会议在北京举行,通过了《北京宣言》。这有利于推动区域经济协调发展,共同繁荣,为亚太地区开创美好的未来注入新的活力。6月,李鹏总理出席了联合国环境与发展大会,从维护世界和平,促进发展,造福子孙后代的原则出发,明确提出了关于加强环境发展领域国际合作的五点主张。① 李鹏总理还代表中国政府签署了《气候变化框架公约》和《保护生物多样化公约》,充分体现了中国政府对国际环境发展事业的高度重视与责任感。关于裁军与军控问题,中国提出公正、合理、全面均衡的裁军原则,得到广泛赞赏。1992年3月,中国正式加入《不扩散核武器条约》,这对推动该条约发挥有利于国际和平与稳定的作用,作出了贡献。

中国政府根据一切大小国家一律平等、互不干涉内政的原则,根据一切国家都应有平等发展权利的原则,根据和平共处的五项基本原则,和一些发展中国家一起,提出了建立国际经济新秩序的主张,这一主张受到世界各国的广泛注意,特别引起了发展中国家

---

① 即:第一,经济发展必须与环境保护相协调。第二,保护环境是全人类的共同任务,但是经济发达国家负有更大的责任。第三,加强国际合作要以尊重国家主权为基础。第四,保护环境和发展离不开世界的和平与稳定。第五,处理环境问题应当兼顾各国现实的实际利益和世界的长远利益。

的热烈响应。

总之,20世纪80年代末90年代初,中国外交战线取得了丰硕的成果,"我们的朋友遍天下",到1992年,中国已同154个国家建立外交关系,同200多个国家和地区发展了经贸、科技、文化交流与合作。这充分说明,中国不以社会制度、意识形态、价值观念的异同作为决定国际关系亲疏的标准,而坚持在和平共处五项原则基础上发展国与国之间的友好关系。中国外交工作新局面的开创,为中国改革开放和社会主义现代化建设创造了和平的国际环境,为世界和平与发展的崇高事业作出了积极的贡献。

复习思考题

1. 简述真理标准问题讨论的意义。

2. 为什么说中共十一届三中全会是中华人民共和国历史上具有深远意义的伟大转折?

3. 我国农村经济体制改革的进程及其取得的成就。

4. 邓小平在中共十二大上提出的关于建设有中国特色社会主义的重大意义。

5. 《关于经济体制改革的决定》在理论上的贡献是什么?

6. 我国对外开放格局如何形成的?

7. "一国两制"构想提出的过程及其意义。

8. 试述社会主义初级阶段基本路线和我国经济建设的战略部署。

第五章 中国特色社会主义建设的蓬勃开展

（1992 年 1 月—2002 年 11 月）

本章叙述的是从 1992 年初邓小平南方谈话到 2002 年中共十六大召开前共 11 年的历史。邓小平南方谈话在科学地总结了 1978 年中共十一届三中全会以来社会主义现代化建设和改革开放的基本实践和基本经验的基础上,提出了许多重大的理论问题,进一步解放了人们的思想。在此基础上,中共十四大确定了今后一个时期的战略部署,促进了改革开放和现代化建设步伐的加快。以邓小平南方谈话和中共十四大为标志,我国改革开放和现代化建设事业进入了一个新的发展时期。在此期间我国逐步构建社会主义市场经济体制,各项改革开放措施全面出台,经济发展迅速,综合国力大大增强,教育、科技、文化、社会、祖国统一等各项事业取得全面进展。1997 年中共十五大确立了邓小平理论为党的指导思想,使得有中国特色的社会主义建设事业继续迈向 21 世纪。在世纪交替之际,江泽民提出了中国进入新世纪的三大历史任务。2000 年,江泽民提出"三个代表"重要思想,并在 2001 年中国共产党成立八十周年大会上系统阐述了这一思想。2001 年,中国正式加入世界贸易组织,这标志着我国对外开放进入了一个新阶段。

这个时期可以分为两个阶段:第一阶段,从 1992 年初邓小平南方谈话到 1997 年 8 月中共十五大召开之前。这个阶段的主要内容有:邓小平南方谈话提出许多重要思想;中共十四大提出建立社会主义市场经济体制以及这一体制的逐步构建;针对经济过热现象,国家采取宏观调控措施,使经济成功地实现了"软着陆";国有企业改革步伐加快,同时,金融、财税、社会保障体制等方面的改革进一步深入;可持续发展战略和科教兴国战略相继制定和实施;中共中央提出了"抓住机遇、深化改革、扩大开放、促进发展、保持稳定"的"二十字"治国方针;加强了党的建设,"三讲"教育的提出和落实,深入开展反腐败斗争。第二阶段,从 1997 年 9 月中共十五大到 2002 年 11 月中共十六大召开之前。这个阶段的主要内容有:中共十五大确立邓小平理论为党的指导思想,对我国跨世纪现代化建设事业作出具体的战略部署;九届全国人大一次会议提出"一个确保、三个到位、五项改革"的具体部署;面对亚洲金融危机和1998年洪涝灾害的严峻考验,全国人民共同努力确保经济持续快速稳定地发展;西部大开发战略制定并开始实施;祖国统一大业取得重大进展,香港、澳门顺利回归祖国;针对国际形势的变化,外交工作继续奉行独立自主的和平外交政策,积极开展多边外交,努力维护我国的独立和主权,促进世界的和平与发展;1999年隆重庆祝新中国成立50周年;"三个代表"重要思想的提出和新世纪我国的三大任务;中共十五届六中全会通过《关于加强和改进党的作风建设的决定》;中国正式加入世界贸易组织。

本章学习的重点是:(一)邓小平南方谈话和中共十四大的主要内容和意义;(二)这一时期社会主义市场经济体制的构建和改革开放各项举措的实施;(三)中共十五大的内容和意义;(四)"九五"计划完成时我国社会经济各方面取得的成绩;(五)"三个代表"重要思想的提出及其内容和意义。

第一节　改革开放和现代化建设
新阶段的到来

一、邓小平视察南方发表重要谈话

20世纪90年代初,国内外形势发生了新的变化。苏联解体和东欧国家的剧变使国际社会主义运动处于低潮,第二次世界大战以来的冷战格局结束,世界向着经济全球化和多极化的方向发展。世界上各种力量在重新进行分化组合,矛盾错综复杂。西方国家加紧了对原社会主义国家所在地区的争夺和渗透。一些发展中国家,特别是亚太地区的一些国家抓住经济全球化进程加快的时机呈现出强劲的发展势头,经济增长比较快。我国在治理整顿期间经济发展放慢。中国面临挑战和机遇、困难和希望并存的局面。但总的来说,中国在国际上的障碍还不算多,仍然还有比较大的回旋余地,可以继续争取一个有利于搞好国内建设的国际环境。从国内来说,十多年的改革开放取得巨大成就,大大增强了中国的经济实力。同时政治形势稳定,社会安定团结。但是,面对复杂的国际形势和国内的问题,在根深蒂固的"左"的思想路线的影响下,一部分干部和群众的思想发生困惑,对社会主义前途缺乏信心,对改革开放提出了姓"资"还是姓"社"的各种质疑。这样就提出了能否毫不动摇地坚持党的基本路线,把改革开放和社会主义现代化建设继续推向前进的重大问题。

在这样一个重要的历史时刻,邓小平于1992年1月18日至2月21日先后视察了武昌、深圳、珠海、上海等地,发表了重要谈话。他的谈话要点是:要坚持党的基本路线,要抓住有利时机,大胆解放思想,加快经济发展,把有中国特色的社会主义事业全面推向前进。谈话的内容可分为6个部分。

（一）深刻阐明了社会主义的本质，强调要坚持党的基本路线一百年不动摇。

实践表明，认清"什么是社会主义，怎样建设社会主义"是我国社会主义建设的根本理论问题。其中关键的问题是认清社会主义的本质。在谈话中，邓小平指出："革命是解放生产力，改革也是解放生产力。""社会主义的本质，是解放生产力，发展生产力，消灭剥削，消除两极分化，最终达到共同富裕。"①这个论断是在深刻总结我国社会主义革命和建设的历史经验教训的基础上得出的，是对马克思主义理论的重大发展，对于建设有中国特色的社会主义具有极为重要的指导意义。他明确指出："要坚持党的十一届三中全会以来的路线、方针、政策，关键是坚持'一个中心、两个基本点'。不坚持社会主义，不改革开放，不发展经济，不改善人民生活，只能是死路一条。基本路线要管一百年，动摇不得。"邓小平的这一论断极其重要。基本路线体现了社会主义本质的要求，反映了我国社会主义发展的根本规律，指明了建设有中国特色社会主义的发展道路。

（二）改革开放胆子要大一些，敢于试验，大胆地闯，市场经济不等于资本主义，社会主义也有市场。

邓小平早在 1985 年时就明确提出："改革是中国的第二次革命。"改革开放是一项前无古人的伟大事业，没有现成的答案和现成的模式，所以，必须大胆地解放思想，大胆地闯。在谈话中，邓小平特别强调："没有一点闯的精神，没有一点'冒'的精神，没有一股气呀、劲呀，就走不出一条好路，走不出一条新路，就干不出新的事业。"对于社会上存在的"怕资本主义的东西多了"，担心"走了资本主义道路"的议论。邓小平指出："要害是姓'资'还是姓'社'的问题。判断的标准，应该主要看是否有利于发展社会主

---

① 《邓小平文选》第 3 卷，人民出版社 1993 年版，第 373 页。下面引自《在武昌、深圳、珠海、上海等地的谈话要点》中的话不再注出处。

义社会的生产力,是否有利于增强社会主义国家的综合国力,是否有利于提高人民的生活水平。"这是决定各项改革措施取舍和检验其得失的根本标准。

根据这一标准,邓小平回答了长期困惑我们的计划与市场关系问题,明确指出:"计划多一点还是市场多一点,不是社会主义与资本主义的本质区别。计划经济不等于社会主义,资本主义也有计划;市场经济不等于资本主义,社会主义也有市场。计划和市场都是经济手段。"这就从根本上突破了长期以来把计划经济看成社会主义的基本特征,把市场经济看成资本主义本质的观点,从而极大地解放了人们的思想,确立了我国经济体制改革的目标模式。这是对马克思主义的一个重大发展,它奠定了建设社会主义市场经济体制的理论基础。

他强调说:"社会主义要赢得与资本主义相比较的优势,就必须大胆吸收和借鉴人类社会创造的一切文明成果,吸收和借鉴当今世界各国包括资本主义发达国家的一切反映现代社会化生产规律的先进经营方式、管理方法。"针对社会上的各种议论,他在认真总结新中国成立以来的历史经验教训后指出:"现在,有右的东西影响我们,也有'左'的东西影响我们,但根深蒂固的还是'左'的东西。""中国要警惕右,但主要是防止'左'。"

(三)抓住时机,发展自己,关键是发展经济。

邓小平十分关注我国经济发展的问题。他强调:"发展才是硬道理。这个问题要搞清楚。""能发展就不要阻挡,有条件的地方要尽可能搞快点,只要是讲效益,讲质量,搞外向型经济,就没有什么可以担心的。低速度就等于停步,甚至等于后退。"

为了更好地实现我国经济发展的"三步走"的战略部署,他提出:"从国际经验来看,一些国家在发展过程中,都曾经有过高速发展时期,或若干高速发展阶段。""从我们自己这些年的经验来看,经济发展隔几年上一个台阶,是能够办得到的。"同时他也强调,经济发展力争几年上一个台阶,"当然,不是鼓励不切实际的

400

高速度,还是要扎扎实实,讲求效益,稳步协调地发展。""经济发展得快一点,必须依靠科技和教育。"科学技术是第一生产力。高科技领域的一个突破能够带动一批产业的发展。"要提倡科学,靠科学才有希望。""高科技领域,中国也要在世界占有一席之地。"

（四）要坚持两手抓,两手都要硬。

邓小平指出:"要坚持两手抓,一手抓改革开放,一手抓打击各种犯罪活动。这两只手都要硬。打击各种犯罪活动,扫除各种丑恶现象,手软不得。"他提出,我们不仅经济要上去,社会秩序、社会风气也要搞好,两个文明建设都要超过资本主义,"这才是有中国特色的社会主义。"他强调:"在整个改革开放过程中都要反对腐败。对干部和共产党员来说,廉政建设要作为大事来抓。还是要靠法制,搞法制靠得住些。"他还指出,"在整个改革开放的过程中,必须始终注意坚持四项基本原则。""依靠无产阶级专政保卫社会主义制度,这是马克思主义的一个基本观点。""我们搞社会主义才几十年,还处在初级阶段。巩固和发展社会主义制度,还需要一个很长的历史阶段,需要我们几代人、十几代人,甚至几十代人坚持不懈地努力奋斗,决不能掉以轻心。"

（五）正确的政治路线要靠正确的组织路线来保证。

邓小平指出:"中国的事情能不能办好,社会主义和改革开放能不能坚持,经济能不能快一点发展起来,国家能不能长治久安,从一定意义上说,关键在人。""中国要出问题,还是出在共产党内部。"对这个问题要清醒,"要把我们的军队教育好,把我们的专政机构教育好,把共产党员教育好,把人民和青年教育好。""要注意培养人,要按照'革命化、年轻化、知识化、专业化'的标准,选拔德才兼备的人进班子。"他还指出:"实事求是是马克思主义的精髓。""我们改革开放的成功,不是靠本本,而是靠实践,靠实事求是。"实事求是的思想路线是我们事业继续坚持和发展下去的根本保证。

（六）坚信马克思主义是科学，坚信社会主义经历一个长过程发展后必然代替资本主义。

邓小平指出："我坚信，世界上赞成马克思主义的人会多起来的，因为马克思主义是科学。"社会主义经历一个长过程发展后必然代替资本主义。这是社会历史发展不可逆转的总趋势。但道路是曲折的。他认为，"世界和平与发展这两大问题，至今一个也没有解决。社会主义中国应该用实践向世界表明，中国反对霸权主义、强权政治，永不称霸。""我们要在建设有中国特色的社会主义道路上继续前进。""如果从建国起，用一百年时间把我国建设成中等水平的发达国家，那就很了不起！从现在起到下世纪中叶，将是很要紧的时期，我们要埋头苦干。我们肩膀上的担子重，责任大啊！"

总之，邓小平的重要谈话是在深刻分析了当时的国际国内形势的基础上，经过深思熟虑后发表的。谈话科学地总结了中共十一届三中全会以来社会主义建设和改革开放的基本实践和基本经验，从理论上明确地回答了长期困扰和束缚人们思想的许多重大认识问题，是他十多年来关于建设有中国特色社会主义思想的高度概括和重要发展，对我国改革开放和现代化建设事业的发展具有重要的现实指导意义，开启了改革开放新的发展阶段。

二、中共十四大　建设有中国特色社会主义理论的形成

邓小平视察南方发表重要谈话后，中共中央政治局于3月9日至10日召开全体会议，认真讨论了我国改革和发展的若干重大问题。会议完全赞同邓小平的重要谈话，认为谈话不仅对当前的改革和建设，对开好中共十四大，具有重要的指导意义，而且对于整个社会主义现代化建设事业具有重大而深远的意义。会议强调，必须坚定不移地贯彻执行党的"一个中心、两个基本点"的基本路线，抓住当前有利时机，加快改革开放的步伐，集中精力把经济建设搞上去。会议提出关键在于狠抓各项工作的落实，要特别

注意抓住改革和建设中牵动全局的重大问题,深入调查研究,确定今后一个时期的战略思想和政策主张。会议就此作出了研究和部署。

这次会议以后,全国各地认真学习邓小平南方谈话精神,落实中央政治局会议的各项部署。我国改革开放的步伐明显加快。6月16日,中共中央、国务院作出《关于加快发展第三产业的决定》,确定了加快发展第三产业的目标,即"争取用十年左右或更长一些时间,逐步建立起适合我国国情的社会主义统一市场体系、城乡社会化综合服务体系和社会保障体系。九十年代,要在发展第一、第二产业的同时加快发展第三产业,促进国民经济每隔几年上一个新台阶。"同月,国家体改委、国家科委决定在北京、沈阳、武汉、重庆、中山建立五个开发区,进行综合改革试点以率先探索和实施各项改革开放措施。6月30日,国务院通过《全民所有制工业企业转换经营机制条例》并开始实施。9月28日,中共中央和国务院发出关于认真贯彻执行《条例》的通知,指出:《条例》的制定和发布,是深化企业改革的大事,是贯彻邓小平南方重要谈话和中共中央有关决定的重要措施。通知还指出,《条例》围绕企业进入市场,充分发挥市场机制的作用,制定了关于企业内部和外部配套改革的各项规定,体现了以转换企业经营机制为重点,加快各项改革步伐的要求,为转换企业经营机制提供了法律依据和保障。此外,还作出允许股票进入社会主义经济领域,在上海、深圳进行股票上市试点;实行外汇期货交易;开放边境城市及长江沿岸主要中心城市等重要决定和措施。

1992年10月12日至18日,中国共产党第十四次全国代表大会在北京举行。大会代表1 989人,代表全国5 100多万党员。大会是在邓小平南方谈话以及我国加快改革开放和现代化建设的新形势下召开的,主要任务是:以邓小平建设有中国特色社会主义的理论为指导,认真总结十一届三中全会以来十四年的实践经验,确定今后一个时期的战略部署,动员全党和全国各族人民,进一步解放思想,把握有利时机,加快改革开放和现代化建设步伐,夺取有中国特色社会主义事业的更大胜利。江泽民代表十三届中央委员会向大会作题为《加快改革开放和现代化建设步伐,夺取有中国特色社会主义事业的更大胜利》的报告。大会的主要内容有:

（一）对十一届三中全会后14年来的实践作出了基本总结。

报告指出,14年来我们从事的事业,就是坚持党的基本路线,通过改革开放,解放和发展生产力,建设有中国特色的社会主义。就其引起的社会变革的深度和广度来说,是开始了一场新的革命。它的实质和目标,是要从根本上改变束缚我国生产力发展的经济体制,建立充满生机和活力的社会主义新经济体制,同时相应地改革政治体制和其他方面的体制,以实现中国的社会主义现代化。14年的实践经验,集中到一点,就是要毫不动摇地坚持以建设有中国特色社会主义理论为指导的党的基本路线。这是我们事业能够经受风险考验,顺利达到目标的最可靠的保证。

（二）对建设有中国特色的社会主义理论作了系统的科学的概括。

主要内容有:(1)在社会主义的发展道路问题上,强调走自己的路,不把书本当教条,不照搬外国模式,以马克思主义为指导,以实践作为检验真理的唯一标准,解放思想,实事求是,尊重群众的首创精神,建设有中国特色的社会主义。(2)在社会主义的发展阶段问题上,作出了我们还处在社会主义初级阶段的科学论断,强调这是一个至少上百年的很长的历史阶段,制定一切方针政策都必须以这个基本国情为依据,不能脱离实际,超越阶段。(3)在社会主义的根本任务问题上,指出社会主义的本质是解放生产力,发展生产力,消灭剥削,消除两极分化,最终达到共同富裕。强调现阶段我国社会的主要矛盾是人民日益增长的物质文化需要同落后的社会生产之间的矛盾,必须把发展生产力摆在首要位置,以经济建设为中心,推动社会全面进步。(4)在社会主义的发展动力问题上,强调改革也是一场革命,也是解放生产力,是中国现代化的必由之路。僵化停滞是没有出路的。(5)在社会主义建设的外部条件问题上,指出和平与发展是当代世界两大主题,必须坚持独立自主的和平外交政策,为我国现代化建设争取有利的国际环境。强调实行对外开放是改革和建设必不可少的,应当吸收和利用世界各国包括资本主义发达国家所创造的一切先进文明成果来发展社会主义,封闭只能导致落后。(6)在社会主义建设的政治保证问题上,强调坚持社会主义道路、坚持人民民主专政、坚持中国共产党的领导、坚持马克思列宁主义毛泽东思想。(7)在社会主义建设的战略步骤问题上,提出基本实现现代化分三步走。在现代化建设的过程中要抓住时机,争取出现若干个发展速度比较快、效益又比较好的阶段,每隔几年上一个台阶。(8)在社会主义的领导力量和依靠力量问题上,强调作为工人阶级先锋队的中国共产党是社会主义事业的领导核心。执政党的党风,党同人民群众的联系,是关系党生死存亡的问题。必须依靠广大工人、农民、知识分子,必须依靠各民族人民的团结,必须依靠全体社会主义劳动者、拥护社会主义的爱国者和拥护祖国统一的爱国者的最广泛的统一战线。(9)在祖国统一的问题上,提出“一个国家、两种制度”的创造性构想。在一个中国的前提下,国家的主体坚持社会主义制度,香港、澳门、台湾保持原有的资本主义制度长期不变,按照这个原则来推进祖国和平统一大业的完成。

报告进一步指出,建设有中国特色社会主义的理论,是在和平与发展成为时代主题的历史条件下,在我国改革开放和社会主义现代化建设的实践过程中,在总结我国社会主义胜利和挫折的历史经验并借鉴其他国家社会主义兴衰成败历史经验的基础上,逐步形成和发展起来的。它是马克思列宁主义基本原理与当代中国实际和时代特征相结合的产物,是毛泽东思想的继承和发展,是全党全国人民集体智慧的结晶,是当代中国的马克思主义,是中国共产党和中国人民最可珍贵的精神财富。报告强调,邓小平对建设有中国特色社会主义理论的创立做出了历史性的重大贡献,这一理论第一次比较系统地初步回答了中国这样的经济文化比较落后的国家如何建设社会主义、如何巩固和发展社会主义的一系列基本问题,用新的思想、观点,继承和发展了马克思主义。大会经过讨论,把建设有中国特色的社会主义理论写入了党章的总纲中,作为我国改革开放和社会主义现代化建设的指导方针,从而确立了邓小平建设有中国特色社会主义理论在全党的指导地位。

(三)提出了 20 世纪 90 年代我国改革开放和建设的主要任务。

报告指出,我们要在 90 年代把有中国特色社会主义的伟大事业推向前进,最根本的是坚持党的基本路线,加快改革开放,集中精力把经济建设搞上去。同时,围绕经济建设这个中心,加强社会主义民主法制和精神文明建设,促进社会全面进步。报告提出,从国际国内形势的发展情况来看,我国经济的发展速度,可以更快一些,国民生产总值平均每年增长 8%～9% 是可能的。在提高质量、优化结构、增进效益的基础上努力实现这样的发展速度,到 20 世纪末我国国民经济整体素质和综合国力将迈上一个新的台阶。

为了加速改革开放,推动经济发展和社会全面进步,报告提出必须在 90 年代实现关系全局的 10 个方面的主要任务:(1)围绕社会主义市场经济体制的建立,加快经济改革步伐;(2)进一步扩大对外开放,更多更好地利用国外资金、资源、技术和管理经验;(3)调整和优化产业结构,高度重视农业,加快发展基础工业、基础设施和第三产业;(4)加速科技进步,大力发展教育,充分发挥知识分子的作用;(5)充分发挥各地优势,加快地区经济发展,促进全国经济布局合理化;(6)积极推进政治体制改革,使社会主义民主和法制建设有一个较大的发展;(7)下决心进行行政管理体制和机构改革,切实做到转变职能、理顺关系、精兵简政、提高效率;(8)坚持两手抓,两手都要硬,把社会主义精神文明建设提高到新水平;(9)不断改善人民生活,严格控制人口增长,加强环境保护;(10)加强军队建设,增强国防实力,保障改革开放和经济建设的顺利进行。

（四）明确提出了我国经济体制改革的目标是建立社会主义市场经济体制。

报告指出，我国经济体制改革确定什么样的目标模式，是关系整个社会主义现代化建设全局的一个重大问题。这个问题的核心，是正确认识和处理计划与市场的关系。实践的发展和认识的深化，要求我们明确提出，我国经济体制改革的目标是建立社会主义市场经济体制，以利于进一步解放和发展生产力。建立社会主义市场经济体制，就是要使市场在社会主义国家宏观调控下对资源配置起基础性作用。社会主义市场经济体制是同社会主义基本制度结合在一起的。在所有制结构上，以公有制包括全民所有制和集体所有制经济为主体，个体经济、私营经济、外资经济为补充，多种经济成分长期共同发展，不同经济成分还可以自愿实行多种形式的联合经营。国有企业、集体企业和其他企业都进入市场，通过平等竞争发挥国有企业的主导作用。在分配制度上，以按劳分配为主体，其他分配方式为补充，兼顾效率与公平。大会确定建立社会主义市场经济体制为我国经济体制改革的目标模式，标志着我国的经济体制改革和经济的发展进入了一个新的历史阶段。

报告分析了国际形势，提出了我国的对外政策，还提出加强党的建设和改善党的领导问题。

大会讨论并通过了关于十三届中央委员会报告的决议、中央顾问委员会工作报告的决议、中央纪律检查委员会工作报告的决议和《中国共产党章程》（修正案）的决议。同意关于不再设立中央顾问委员会的建议。大会选出第十四届中央委员 189 人，候补委员 130 人，中央纪律检查委员会委员 108 人。

1992 年 10 月 19 日，中共十四届一中全会在北京举行。全会选举江泽民、李鹏、乔石、李瑞环、朱镕基、刘华清、胡锦涛为中央政治局常委；选举江泽民为中央委员会总书记；胡锦涛、丁关根、尉健行、温家宝、任建新为书记处书记。全会决定江泽民为中共中央军事委员会主席,刘华清、张震为副主席;批准尉健行为中央纪律检查委员会书记。

中共十四大是在我国改革开放和现代化建设的关键时期召开的,是中国共产党历史上一次继往开来、团结奋进的重要会议。这次大会的一项重大成果,就是确立了邓小平建设有中国特色社会主义理论在全党的指导地位,实现了马克思主义与中国实际相结合的又一次历史性飞跃。十四大明确提出建立社会主义市场经济体制的目标,这是建设有中国特色社会主义理论的重要组成部分,对于我国现代化建设事业具有重大而深远的意义。十四大是团结的大会,胜利的大会,它将为我国改革开放的不断扩大,为经济的持续发展,发挥极其重要的作用。

以邓小平1992年初南方谈话和中共十四大为标志,我国改革开放和现代化建设事业进入了一个新的发展阶段。

三、八届全国人大一次会议 中共十四届三中全会 构建社会主义市场经济体制的基本框架

1993年3月15日至31日,第八届全国人民代表大会第一次会议在北京举行。大会的主要内容是审议《政府工作报告》,选举新的国家领导人。

李鹏在报告中首先总结了七届全国人大一次会议以来的五年中所取得的伟大成就,主要表现在:(1)国民经济持续发展。1992年国民生产总值接近24 000亿元,五年平均每年增长7.9%。农业总产值平均每年增长4.9%,粮食生产摆脱了一度徘徊局面,连续四年获得丰收。工业总产值平均每年增长15%。五年间,进出口总额增长1倍,1992年达到1 656亿美元。五年共利用外资609亿美元,相当于前9年总和的1.6倍。(2)社会主义精神文明建设和各项社会事业取得新的进步。科学技术事业成绩显著,重大科技成果比上五年大幅度增加,某些领域达到或接近世界先进水平。教育事业有较大的发展,五年来国家财政和社会各方面对教

育事业的投入达 3 200 亿元,比上一个五年增加 1 710 亿元。(3)改革开放迈出重要步伐。在农村,以家庭联产承包为主的责任制和统分结合的双层经营体制继续稳定和完善。在城市,为增强国有大中型企业活力,以转换企业经营机制和转变政府职能为重点,采取了新的改革措施。在巩固和发展公有制经济的同时,个体经济、私营经济、外资经济等多种经济成分进一步发展。人民收入和生活水平进一步提高。1992 年城镇居民人均生活费收入达到 1 826 元;农村居民人均纯收入达到 784 元,城乡居民储蓄大幅度增加,城镇居民居住条件逐步改善。市场繁荣活跃,商品琳琅满目,居民消费水平进一步提高。

其次,提出了今后五年的任务。今后五年是实现我国现代化建设第二步战略目标的关键性五年,经济建设方面的基本任务是:全面贯彻十四大精神,抓住机遇,加快改革开放和现代化建设步伐,依靠优化结构、技术进步和改善管理,提高经济效益,努力保持社会供求总量基本平衡,使国民经济再上一个新台阶。根据新的形势,国务院对"八五"计划的国民经济和社会发展主要指标作了必要的调整。按调整后的"八五"计划,国民经济增长速度由原定平均每年 6% 调高到 8%～9%。

第三,提出了加快建立社会主义市场经济体制的改革步伐。我国经济体制改革的目标,是建立社会主义市场经济体制。在 20世纪末初步建立起新的经济体制,今后五年是关键时期。要力争在以下几方面取得突破性进展:加快转换国有企业的经营机制;积极发展各类市场;抓紧进行价格改革;进一步改革劳动工资制度;大力推进社会保障和城镇住房制度的改革;改善和加强宏观经济管理等。

报告还提出要认真进行行政管理体制和政府机构改革,以经济建设为中心,促进社会全面进步;积极推进祖国的和平统一大业;努力开展外交工作。

八届全国人大一次会议审议通过了《政府工作报告》,还讨论通过了《中华人民共和国宪法修正案》及相应的决议。宪法修正案规定："我国正处于社会主义初级阶段。国家的根本任务是,根据建设有中国特色社会主义的理论,集中力量进行社会主义现代化建设。""国家实行社会主义市场经济。"大会还审议通过了《中华人民共和国澳门特别行政区基本法》及有关规定,作出了《全国人民代表大会关于授权全国人民代表大会常务委员会设立香港特别行政区筹备委员会的准备工作机构的决定》。

大会选举江泽民为国家主席和国家中央军委主席,荣毅仁为国家副主席,乔石为八届人大常委会委员长,田纪云等19人为副委员长;任命李鹏为国务院总理,朱镕基、邹家华、钱其琛、李岚清为副总理。

3月,全国政协八届一次会议在北京举行。会议听取了七届政协全国委员会常务委员会的工作报告,列席了八届全国人大一次会议。会议审议通过了政协八届全国委员会第一次会议政治决议和其他各项决议。会议选举李瑞环为政协第八届全国委员会主席,叶选平等25人为副主席。

八届全国人大和全国政协会议的召开,对于进一步动员全国人民在中共十四大路线的指引下,加快社会主义现代化建设和改革开放的步伐,特别是为建立社会主义市场经济体制,有着重要的作用。

从新中国成立到1978年,我国长期实行计划经济体制,其间虽有几次变动和改革的尝试,但未能突破计划经济等于社会主义的固有观念。十一届三中全会以后,中国走的实际上是一条市场取向的改革道路,思想认识上逐渐加深了对商品经济和市场经济的理解。邓小平南方谈话以后社会主义市场经济思想确立。十四大提出建立社会主义市场经济体制是我国经济体制改革的目标。为了使这个目标系统化和具体化,中共中央和国务院组织各方面力量进行了大量深入的调查研究,一方面总结我国改革开放以来的实践经验,另一方面吸收和借鉴国外的成功经验,构建了我国社会主义市场经济体制的基本框架。1993年11月,中共十四届三中全会在北京举行。全会审议并通过了《中共中央关于建立社会主义市场经济体制若干问题的决定》。

《决定》分10个部分,共50条。《决定》指出:"社会主义市场经济体制是同社会主义基本制度结合在一起的。建立社会主义市场经济体制,就是要使市场在国家宏观调控下对资源配置起基础性作用。"①为实现这个目标,必须注意以下环节:(1)坚持以公有制为主体、多种经济成分共同发展的方针,进一步转换国有企业经营机制,建立适应市场经济要求,产权清晰、权责明确、政企分开、管理科学的现代企业制度;(2)建立全国统一开放的市场体系,实现城乡市场紧密结合,国内市场与国际市场相互衔接,促进资源的优化配置;(3)转变政府管理经济的职能,建立以间接手段为主的完善的宏观调控体系,保证国民经济的健康运行;(4)建立以按劳分配为主体,效率优先、兼顾公平的收入分配制度,鼓励一部分地区一部分人先富起来,走共同富裕的道路;(5)建立多层次的社会保障制度,为城乡居民提供同我国国情相适应的社会保障,促进经济发展和社会稳定。《决定》指出:这些主要环节是相互联系和相互制约的有机整体,构成社会主义市场经济体制的基本框架。必须围绕这些主要环节,建立相应的法律体系,采取切实措施,积极而有步骤地全面推进改革,促进社会生产力的发展。

此外《决定》还提出,要稳定农村的基本政策,深化农村经济体制改革,加快农村经济发展;坚定不移地实行对外开放,加快对外开放步伐,充分利用国际国内两个市场、两种资源,优化资源配置;进一步改革科技体制和教育体制;社会主义市场经济体制的建立和完善,必须有完备的法制来规范和保障,要高度重视法制建设;加强廉政建设、反对腐败是建立社会主义市场经济体制的必要条件和重要保证。

---

① 《十四大以来重要文献选编》(上),人民出版社1996年版,第520页。

《决定》是根据邓小平建设有中国特色社会主义的理论和中共十四大精神,把中共十四大提出的经济体制改革的目标和基本原则加以具体化,在许多方面有进一步发展,制定了社会主义市场经济体制的总体规划,构建了社会主义市场经济体制的基本框架,由此成为下一步进行经济体制改革的行动纲领。

第二节　改革开放步伐加快和各项事业的全面发展

一、宏观调控的决策与经济"软着陆"①的实现　可持续发展战略的制定和实施

邓小平南方谈话和十四大精神,极大地鼓舞了广大干部和群众,改革开放加快发展,整个经济保持蓬勃发展的势头。1992 年国民生产总值比上年增长 12.8%。1993 年第一季度,国民生产总值比上年同期增长 15.1%。在经济继续大步前进的过程中,由于一些地方和部门对邓小平南方谈话精神理解不够全面,认识上存在偏差,同时也由于旧的调控机制逐渐失效,新的宏观调控机制尚未完善,致使出现了一些新的矛盾和问题,某些方面的情况还比较严峻。到 1992 年的第二季度,我国经济开始升温,到年底和 1993 年初已明显过热。许多地方发生的"开发区热"、"房地产热",乱集资、乱拆借等现象愈演愈烈。主要表现是:(1)货币过量投放,金融秩序混乱。1993 年上半年净投放现金 528 亿元。金融机构违章乱拆借,社会上乱集资,导致大量资金在银行系统外"体外循环",而正常的银行贷款得不到保证,国库券发行停滞,有的基层

---

① "软着陆"是对经济运行状态的一种形象性比喻,即好比飞行器经过一段飞行之后,平稳地降落到陆地上。"软着陆"的经济含义是:国民经济的运行经过一段过度扩张之后平稳地回落到适度增长区间。

银行甚至出现支付困难。（2）投资需求和消费需求出现膨胀的趋势。1993 年上半年全社会固定资产投资 3 542 亿元,新开工项目、在建工程投资总规模,超过上年同期一倍多。（3）财政困难状况加剧。（4）由于工业增长速度越来越快,基础设施和基础工业的"瓶颈"制约进一步强化。交通运输特别是铁路运输十分紧张,电力、油品供需缺口越来越大。（5）出口增长乏力,进口增长过快,国家外汇结存下降较多。（6）物价上涨越来越快,通货膨胀呈现加速之势。从 1992 年 10 月开始,物价上涨幅度逐月加快,到 1993 年 3 月突破 10%,6 月达到 13.9%。35 个大中城市 6 月份居民消费价格总水平,比上年同期上涨 21.6%。通货膨胀日益加剧,成为当时经济生活中最突出的矛盾,也是广大群众反应最强烈的热点问题。

中共中央、国务院及时发现了在经济生活中的这些问题,果断作出了加强宏观调控的决策。

1992 年 12 月,国务院在北京召开全国计划会议。这次会议改变过去偏重于定指标、分投资、分物资的做法,重点放在正确分析当前经济形势与下一年发展趋势和国内外市场环境,合理确定宏观经济目标、发展重点和重大建设项目以及相应的方针政策和改革措施,引导资源合理配置和市场的健康运行。江泽民在会上强调:当前经济形势很好,同时一定要正视好形势下出现的一些必须解决的问题,防止发生经济过热现象,保证国民经济又好又快地向前发展。1993 年 4 月 1 日,中共中央召开经济情况通报会。会议提出要抓住机遇,珍惜机遇,用好机遇,加快发展。必须从中国当前的实际情况出发,坚持做到解放思想和实事求是相统一。不仅要有高度的热情,同时要有求实的精神。我们要注意认真总结历史的经验教训,特别是要注意汲取历史上造成几次较大经济波折的经验教训。在发展速度上,不搞一刀切。中央提出防止经济过热,就是为了提醒大家注意稳妥,避免大的起伏,避免大的损失,把经济发展的好势头保持下去。5 月和 6 月,江泽民先后召开华东六省一市和西北五省经济工作座谈会,认为:当前我国经济发展中出现的一些矛盾和问题,从根本上讲,是经济体制转换过程中发生的问题。解决这些问题,不能沿用过去的老办法,而应通过改革,主要运用经济手段、法律手段,辅之以必要的行政手段,加强宏观调控力度,对经济运行进行有效的驾驭,使经济生活中的矛盾得以缓解,努力保持和发展经济运行的好形势。

根据中共中央的部署,国务院陆续制定和实施了一系列加强宏观经济调控的政策措施。1992 年底,国务院发出《关于进一步加强证券市场宏观管理的通知》,决定成立国务院证券委员会和中国证券监督管理委员会(简称证监会)。1993 年 4 月中旬,国务院发出《关于坚决制止乱集资和加强债券发行管理的通知》,并决定派出 7 个工作组,由国务院有关部委领导带队到 14 个省区市进行检查。5 月上旬,国务院又发出《关于严格审批和认真清理各类开发区的通知》,要求清理各类开发区,规定设立各类开发区实行国务院和省、自治区、直辖市人民政府两级审批制度,并把设立经济技术区、保税区、高新技术产业开发区、国家旅游度假区、边境经济合作区的审批权收归国务院。

5 月下旬和 6 月初,国务院连续召开会议,研究加强宏观调控,解决经济发展中突出问题的政策措施。随后,根据朱镕基的指示,国家计委经过与财政、银行等有关部门研究,形成《关于加强宏观调控的主要措施意见》。6 月中、下旬,中共中央政治局常委、中央政治局先后听取国家计委汇报,并作了重要指示。1993 年 6 月 24 日,《中共中央、国务院关于当前经济情况和加强宏观调控的意见》以中央 6 号文件的形式正式发出。

《意见》在肯定了我国改革开放和现代化建设取得显著成绩的同时,明确指出了出现的一些新矛盾和问题。《意见》强调:"当前的宏观经济环境已经绷得很紧,有些矛盾和问题还在继续发展,如果不抓住时机,进一步深化改革,抓紧实施宏观调控措施,势必导致社会供需总量严重失衡,通货膨胀进一步加剧,甚至会引起经

414

济大的波动,影响社会安定。"①《意见》要求,积极、正确、全面地领会邓小平南方谈话和十四大精神,把解放思想和实事求是统一起来,切实贯彻"在经济工作中要抓住机遇,加快发展,同时要注意稳妥,避免损失,特别要避免大的损失"的重要指导思想,把加快发展的注意力集中到深化改革、转换机制、优化结构、提高效益上来。为此,《意见》以整顿金融秩序为重点,提出了加强和改善宏观调控的 16 条措施,主要内容有:严格控制货币发行,稳定金融形势;坚决纠正违章拆借资金;灵活运用利率杠杆,大力增加储蓄存款;坚决制止各种乱集资;严格控制信贷总规模;专业银行要保证对储蓄存款的支付;加快金融改革步伐,强化中央银行的金融宏观调控能力;投资体制改革要与金融体制改革相结合;限期完成国库券发行任务;进一步完善有价证券发行和规范市场管理;改进外汇管理办法,稳定外汇市场价格;加强房地产市场的宏观管理,促进房地产业的健康发展;强化税收征管,堵住减免税漏洞;对在建项目进行审核排队,严格控制新开工项目;积极稳妥地推进物价改革,抑制物价总水平过快上涨;严格控制社会集团购买力的过快增长。《意见》要求,各地区、各部门都要从大局出发,加强组织纪律性,做到令行禁止,坚决维护中央对全国宏观经济调控的统一性、权威性和有效性。

《意见》的发布标志着宏观调控措施的全面启动。在进行宏观调控过程中,中共中央、国务院正确处理改革、发展和稳定的关系,把改革的力度、发展的速度和社会可承受的程度协调统一起来,在社会稳定中推进改革发展,在改革发展中保持社会稳定。

金融是国民经济的命脉,在宏观调控中发挥着重要的促进作用。为了加强对宏观调控的领导,1993 年 7 月 2 日,全国人大常委会任命朱镕基兼任中国人民银行行长。在 7 月初国务院召开的全国金融工作会议上,朱镕基作了总结讲话,强调要"整顿金融秩

---

① 《十四大以来重要文献选编》(上),人民出版社 1996 年版,第 313 页。

序,严肃金融纪律,推进金融改革,强化宏观调控"。他说:强化宏观调控,不是实行全面紧缩,而是进行结构调整,把不该搞的停下来,集中资金保证重点。在这次整顿金融秩序中,要贯彻"软着陆、点刹车"的方针,不能刹车过急。要根据优化产业结构的原则,按照国家的产业政策调整资金投向,优先保证农业、重点企业和重点建设的资金需要。此后不久,国务院召开全国财政、税务工作会议,朱镕基到会讲话,也提出四句话:"整顿财税秩序,严肃财经纪律,强化税收征管,加快财税改革。"

抑制通货膨胀和控制物价上涨是中共中央、国务院在宏观调控中的首要举措。1994年初,国务院提出抑制通货膨胀的四项紧急措施。9月,李鹏在全国进一步加强物价管理工作电视电话会议上,提出坚决抑制通货膨胀的10条措施。要求坚决实行适度从紧的财政货币政策,控制固定资产投资规模,加强农业基础地位,增加有效供给,从而使物价涨幅逐步回落。

经过3年的努力,到1996年底,宏观调控取得显著成效。过度投资得到控制,金融秩序迅速好转,物价涨幅明显回落,通货膨胀得到有效抑制。1993年到1996年,物价涨幅从14.8%降到6.1%;通货膨胀率降到9%以下。与此同时,经济发展依然保持了较高速度。国内生产总值维持在年均增长11.6%的速度,年度波动幅度只有1~2个百分点,避免了经济发展的大起大落,实现了从发展过快到"高增长、低通胀"的"软着陆"。这在新中国成立以来是没有过的,在世界上也是不多见的。它充分证明了我国驾驭宏观经济的能力在不断增强。它为我国在社会主义市场经济条件下实行宏观调控积累了宝贵的经验,为经济的跨世纪发展奠定了良好的基础。

在我国经济快速发展的过程中,中共中央、国务院适时地制定了可持续发展战略这一重大决策。20世纪80年代初以来,经济迅速发展之后带来的环境、人口与发展问题越来越引起世界各国的关注。1980年3月,联合国向全世界发出"必须研究自然的、社会的、生态的、经济的以及利用自然资源过程中的基本关系,确保全球的可持续发展"的呼吁。1987年,世界环境与发展委员会提出了一份《我们共同的未来》的纲领性报告,将可持续发展定义为:"既能满足当代人的需要,又不对后代人满足其自身需要的能力构成危害的发展。"我国虽幅员辽阔,但人口众多,耕地、森林和水等许多重要资源人均占有量低于世界平均水平,这决定了我国生态环境的复杂性、脆弱性和地区差异性。1983年第二次全国环境保护会议把环境保护确定为我国的一项基本国策,之后又制定了一些环保法律和环境管理制度、办法。但是,由于80年代初期以后,我国经济发展很快,工业化和城镇化推进速度迅猛,对自然资源的开发强度不断加大,加之经济增长方式呈现粗放型,技术水平和管理水平比较落后,我国以城市为中心的环境污染在不断加剧,生态破坏的范围在扩大。对此,我国政府高度重视环境问题。1991年6月,我国政府在北京率先发起并召开了发展中国家环境与发展部长级会议。1992年6月,联合国环境与发展首脑会议在巴西举行。会议通过了《里约环境与发展宣言》《21世纪议程》等文件,提出了具体实施可持续发展战略的行动依据、目标、活动和实施手段。李鹏代表中国政府在大会上庄严承诺:中国作为最大的发展中国家,将保证经济与环境协调发展,把大会通过的《21世纪议程》付诸实施。此后,根据中央的部署,由国家计委、国家科委、国家经贸委、国家环保局等52个部门,共同编制了《中国21世纪议程》即《中国21世纪人口、环境与发展白皮书》。1994年3月,国务院第16次常务会议讨论并通过了《中国21世纪议程》。它从我国的基本国情和发展战略出发,提出促进经济、社会、资源、环境以及人口、教育相互协调、可持续发展的总体战略和政策、措施方案。这是我国实行可持续发展战略的第一个专门性文件,也是指导以后我国可持续发展战略行动的指导性文件。

1995年9月,中共十四届五中全会提出了《中共中央关于制定国民经济和社会发展"九五"计划和二〇一〇年远景目标的建议》，明确把实现经济和社会可持续发展作为我国发展的重大奋斗目标和国家战略。据此，"九五"计划和2010年远景目标纲要对未来若干年内我国人口自然增长率、国土资源和海洋资源的保护与开发、生态环境保护等都提出了具体的目标和要求。此后，中央领导人又在许多场合强调实施可持续发展战略的重要性，要求把可持续发展战略摆到更突出的位置。经过各方面的共同努力，到90年代中后期，全社会注重保护环境、积极落实计划生育政策、节约资源与合理利用资源的社会风气逐渐树立起来，为进一步实施可持续发展战略创造了良好的社会环境。

实行计划生育、控制人口增长是我国的一项长期的基本国策。自1992年以来，人口总量控制工作力度明显加强，计划生育管理制度日趋规范化，人口增长势头得到了有效控制。根据全国人口变动情况抽样调查显示，1992年全国总人口为117 171万人，人口出生率为18.24‰，自然增长率为11.60‰。此后，我国人口出生率和自然增长率逐年下降，1994年分别为17.70‰和11.21‰，1996年分别为16.98‰和10.42‰，1999年分别为15.23‰和8.77‰。[1] 以2000年11月1日0时为基准，我国进行了第五次人口普查。据普查的初步结果显示，全国总人口为129 533万人。其中：祖国大陆31个省、自治区、直辖市（不包括福建省的金门、马祖等岛屿）和现役军人的人口共126 583万人；香港特别行政区人口为678万人；澳门特别行政区人口为44万人；台湾省和福建省的金门、马祖等岛屿人口为2 228万人。祖国大陆31个省、自治区、直辖市和现役军人的人口，同第四次全国人口普查1990年7月1日0时的113 368万人相比，10年零4个月共增加了13 215万人，增长11.66%。平均每年增加1 279万人，年平均增长率为1.07%。[2]

---

① 国家统计局人口和社会科技统计司编：《中国社会统计资料2000》，中国统计出版社2000年版，第11页。

② 《人民日报》2001年3月29日。

我国实行计划生育政策取得了举世瞩目的成就,人口过快的增长得到了一定抑制。经过多年的不懈努力,全社会对人口问题的认识不断深化。控制人口增长,有利于实现人口与经济、社会、资源、环境的协调发展和可持续发展,这一观点已成为人们的共识。国家制定了中长期的人口与发展的目标,这就是:到 2005 年,全国人口总数控制在 13.3 亿以内(不含香港、澳门特别行政区和台湾省),人口年平均自然增长率不超过 9‰;2010 年,全国人口总数控制在 14 亿以内;到 21 世纪中叶,全国人口总量在达到峰值(接近 16 亿)后缓慢下降,同时人口素质和健康水平全面提高。

　　实现资源与环境的合理利用与保护是可持续发展战略的重要内容。它直接关系我国经济增长和社会进步的全局,关系全民族的根本利益,关系子孙后代的生存和发展。改革开放以来,我国环境污染首推工业污染。乡镇企业对我国经济发展作出了重要贡献,但小造纸、小电镀、小炼焦等工厂造成农村污染。煤炭是我国的主要能源,全国烟尘排放量的 70%、二氧化硫排放量的 90% 来自燃烧煤炭,造成空气污染和酸雨危害。此外,小化工厂、小造纸厂、小制革厂等违规排放工业废水,严重污染了江河湖泊。为了实现可持续发展战略,我国加大了环境保护工作的力度,这一方面表现在增加资金投入,“八五”期间全国环保投入共 2 000 亿元,“九五”期间共投入 3 600 亿元;另一方面表现在加快法制建设,八届全国人大常委会制定和完善了 6 部保护环境与资源方面的法律,连同原有的法律共计 15 部。此外,国务院制定了 120 多部环境与资源保护的行政法规,各地方制定了 600 多部地方性相关法规。环境治理力度的加强使有些地区的环境状况有了明显改善。在这方面主要做了以下几项工作:(1) 治理“三河”(淮河、海河、辽河)、“三湖”(太湖、巢湖、滇池)、“两区”(二氧化硫控制区、酸雨控制区)、“一市”(北京市)的污染防治重点工程全面展开。(2) 根据《国务院关于环境保护若干问题的决定》中提出的取缔、关停污染严重、浪费资源的小造纸、小印染、小制革、小土焦等 15 类小企业

419

的要求,各地在 1996 年 9 月 30 日前,共关停"15 小"企业 65 244 家。(3)积极推进《"九五"期间全国主要污染物排放总量控制计划》和《中国跨世纪绿色工程规划》,截至 1997 年底,已开工项目 700 多个,累计落实资金 868.9 亿元。(4)城市环保工作和工业污染防治工作深入开展,自然保护工作呈现新的局面。作为世界上生物多样性最丰富的国家,中国已建立了 926 处自然保护区和 200 多个动植物引种繁殖中心。(5)在 50 个国家生态农业试点县的带动下,全国又建立了 100 个省级试点县。(6)长江、黄河等 7 大流域水土流失综合治理已经展开,治理水土流失面积 7 000 多万公顷,部分破坏严重地区的生态环境正在恢复。

但是,也必须看到,我国的生态环境问题还很突出,环境质量还在继续恶化。切实坚持经济建设、城乡建设与环境建设同步规划、同步实施、同步发展的方针,加大环保投入,真正做到有污先防,有污必治,治污必清,排污必究,坚持走可持续发展的道路,是我们面临的一项十分艰巨的长期的任务。

二、"二十字"治国方针的提出和贯彻执行

邓小平南方谈话和十四大提出建立社会主义市场经济体制的任务,这是一场全新的深刻革命,是一个艰难的历史过程。在新旧体制转换的过程中,各种社会矛盾错综复杂,一些新的社会问题出现了,而旧的问题又沉渣泛起,治理国家的难度骤然加大。在这些纷繁复杂的社会问题中,主要是改革、发展、稳定这三个基本的问题。正确地把握和处理好这三个问题及其内在联系,是我们制定一切方针政策的基础。在这个问题上,中共中央始终保持清醒的认识,反复强调一定要妥善处理好改革、发展、稳定的关系,努力维护和发展社会全面进步的大局。在这种形势下,中共中央提出了"抓住机遇、深化改革、扩大开放、促进发展、保持稳定"的"二十字"治国方针。

在确定 1994 年工作要点时,中共中央政治局常委会首次提出

"抓住机遇、深化改革、扩大开放、促进发展、保持稳定,是今年全党工作的大局"。按照这个精神,在 1994 年,经济体制改革迈出了决定性的步伐,国民经济宏观调控措施逐步到位,国民经济继续快速增长,各项社会事业全面发展,政治上安定团结。总结这一年的工作,中共中央进一步认为,"抓住机遇、深化改革、扩大开放、促进发展、保持稳定"这二十字,反映了建设有中国特色社会主义的客观要求,不仅是当前而且是今后一个时期全国工作的大局和必须遵循的指导方针。

"二十字"治国方针提出后,江泽民等领导人在很多场合阐发这个方针,促使人们更进一步认识和处理好改革、发展、稳定的关系。1994 年 5 月 12 日,江泽民在会见外宾时说:"稳定是前提,改革是动力,发展是目的,三者相互促进。保证我国长治久安,这已成为全体中国人民的共识。中国的稳定不仅是中国发展的需要,而且有利于亚洲乃至全世界的稳定和繁荣,因为中国作为一个拥有近 12 亿人口的大国,其稳定与否,影响将是世界性的。"6 月 30 日,在优秀县(市)委书记表彰会上,他指出:"抓住机遇、深化改革、扩大开放、促进发展、保持稳定,是全党全国工作的大局,是 12 亿人民的根本利益所在。各个地方、各个部门都服从和服务于这个大局,在这个大局下做好各自的工作,我们党的事业就会越来越兴旺。"①

1995 年 9 月 28 日,江泽民在中共十四届五中全会上发表题为《正确处理社会主义现代化建设中的若干重大关系》的讲话,强调"必须处理好 12 个关系,其中排在首位的、最重要的是改革、发展、稳定的关系。其他 11 个关系:是速度和效益的关系;经济建设和人口、资源、环境的关系;第一、二、三产业的关系;东部地区和中西部地区的关系;市场机制和宏观调控的关系;公有制经济和其他经济成分的关系;收入分配中国家、企业和个人的关系;扩大对外

---

①　江泽民:《论党的建设》,中央文献出版社 2001 年版,第 180 页。

开放和坚持自力更生的关系;中央和地方的关系;国防建设和经济建设的关系;物质文明建设和精神文明的关系。江泽民指出:"改革、发展、稳定三者存在着不可分割的内在联系。""要善于统观全局,精心谋划,从整体上把握改革、发展、稳定之间的内在关系,做到相互协调,相互促进","做到在政治和社会稳定中推进改革和发展,在改革和发展的推进中实现政治和社会长期稳定。"①

"二十字"治国方针的提出和阐释,是对十一届三中全会以来改革开放实践经验的科学概括,是对建设有中国特色社会主义理论的新发展。

为了贯彻"二十字"治国方针,中共中央和国务院在加快改革开放步伐,构建社会主义市场经济体制,实现国民经济宏观调控,以及出台各项改革措施的过程中,注意把改革和发展的紧迫感与科学求实的精神相结合,充分考虑经济、社会各个方面的有利条件和可能出现的困难。针对一个时期人民群众极为关注的物价上涨幅度过大、社会治安不好等问题,中央和各级地方领导部门认真研究对策,采取切实有效的措施,通过积极稳妥地推进物价改革以及开展社会治安综合治理,达到使人民群众基本满意,保证社会的稳定。正是因为认真处理改革、发展、稳定的关系问题,所以十四大以后,尽管有一些社会不安定的因素,但中国的政治经济局势并未发生大的波动,整个社会始终保持着在稳定中发展的良好势头。

三、国有企业建立现代企业制度的改革 金融、财政、税收和社会保障制度的改革

国有企业改革是经济体制改革的中心环节,是建立社会主义市场经济体制的基础。国有企业的改革和发展,不仅是关系整个国民经济发展的重大经济问题,而且是关系社会主义制度的命运的重大政治问题。

---

① 《江泽民文选》第1卷,人民出版社2006年版,第461~462页。

1992年十四大把建立社会主义市场经济体制确定为经济体制改革的总体目标。根据这一目标，国有企业改革的步伐明显加快。1993年中共十四届三中全会通过的《中共中央关于建立社会主义市场经济体制若干问题的决定》明确提出："坚持以公有制为主体、多种经济成分共同发展的方针，进一步转换国有企业经营机制，建立适应市场经济要求，产权清晰、权责明确、政企分开、管理科学的现代企业制度"。这表明国有企业改革进入了以产权制度改革为主要内容的制度创新阶段。

以建立现代企业制度为方向的国有企业改革，是一项前无古人的事业，没有现成的模式和经验提供参考和借鉴，只有通过积极探索，大胆实践，闯出一条新路。

1992年初以来，国家先后出台一系列重要法规文件，为国有企业改革提供必要的法律依据。1992年7月发布实行《全民所有制工业企业转换经营机制条例》，1993年7月发布实行《企业财务通则》《企业会计准则》，1994年7月颁布实行《中华人民共和国公司法》以及《国有企业财产监督管理条例》，1995年1月颁布实施《中华人民共和国劳动法》等。

为使国有企业改革能够稳步推进，国务院统一部署开展了国有企业改革的试点工作。1994年11月，国务院召开全国建立现代企业制度试点工作会议。朱镕基在讲话中指出：对于十四届三中全会关于现代企业制度的四句话，即"产权清晰、权责明确、政企分开、管理科学"，要全面、正确地理解。现在各地搞了那么多企业试点，但许多人理解得不那么准确，过分地强调了产权清晰，把重点放在探索产权形式上，在这方面大作文章。现代企业可以有多种组织形式，我们要在公有制为主体的前提下，进行各种形式的探索。不是要把所有的企业都办成股份制公司，更不是把所有的企业都办成上市公司。只讲"产权清晰"这一句话，注意力只集中在这一方面，其他三句话成了陪衬而已，这样理解太不全面。他要求大家很好地贯彻执行江泽民在十四届四中全会上提出的深化企业改革的关键,即:要抓政企分开,切实转变政府职能;要搞好企业内部的经营管理;要逐步建立社会保障体系。

从 1995 年初开始,国务院重点抓了国有企业的各项改革试点工作。主要做法是:选定 100 户不同类型的企业进行现代企业制度改革试点;重点扶持 1 000 户大型国有企业,加快这些企业的发展步伐;继续扩大企业集团试点工作,由 1991 年第一批 57 家企业集团试点增加到 120 家;进行"优化资本结构"城市试点,至 1996 年试点城市由原有的 18 个扩大到 58 个。对于国有小企业改革,中共中央、国务院要求各地因地制宜,区别不同情况,采取不同方式,不搞一个模式。这类企业改革的主要形式,一是不涉及产权变更,对企业经营方式进行改革,如联合、承包、租赁、委托经营等;二是涉及产权变更,对企业产权制度进行改革,如拍卖出售、股份合作、股份制、兼并、破产等。

随着国有企业改革力度的不断加大,采取的一些措施开始见到成效。到 1997 年,改革试点的大型企业和企业集团,产销率和利税率有所提高。企业增资减债取得进展,部分企业的负债率下降。但是,国有企业改革中面临的困难和矛盾仍然存在。这表明仅仅是国有企业自身的改革还远远不够,还需要其他方面的改革相配套。

金融是现代经济的核心,在我国国民经济中的地位和作用日益显著。从 1994 年开始,金融改革迈出重大步伐。主要体现在:(1)中央银行职能的重新定位和货币政策的调整。中国人民银行的职能被确定为两方面:稳定货币和监督管理金融业。货币政策调整为"保持货币的稳定,并以此来促进经济增长"。(2)分离政策性金融,发展商业性金融体系。原有的国家专业银行是政府经济管理的附庸,政策性业务和商业性业务不分。为此,1994 年组建了 3 家政策性银行,即国家发展银行、中国进出口银行和中国农业发展银行。同时,国有专业银行开始向商业银行转轨,新建一些股份制商业银行,国家专业银行与所属信托投资公司彻底脱钩。

（3）统一汇率,改革外汇管理体制。在改革开放最初的十多年,外汇管理体制的初步改革是变外汇统收统支为企业外汇留成制。这样在全国各地建立了一批外汇调剂中心,并形成浮动汇率,同时还有官方外汇汇率。1994年1月1日,国家采取统一汇率行动。4月,对外汇管理体制进行改革,一是取消外汇留成制度,实行外贸企业结汇、售汇制;二是建立全国性银行间外汇交易市场。除了上述举措外,全国同业拆借市场的建设、利率自由化改革和农村金融体制改革也在逐步进行。

　　财政税收体制改革是经济体制改革的重要内容。1994年初开始,财税改革重大措施出台,主要有:(1)建立以分税制为基础的分级财政体制。分税制改革的原则和主要内容是,按照中央与地方政府的事权划分,合理确定各级财政的支出范围;根据事权与财权相结合原则,将税种统一划分为中央税、地方税、中央和地方共享税,并建立中央税收和地方税收体系,分设中央与地方两套税务机构分别征管;科学核定地方收支数额,逐步实行比较规范的中央财政对地方税收返还和转移支付制度;建立和健全分级预算制度,硬化各级预算约束。(2)建立了以增值税为主体、消费税和营业税为补充的新型流转税制度。增值税征税基础是生产和流转环节的新增价值。增值税改革实行简单统一的税率,只设置了一个基本税率17%和对几种产品适用的低税率13%。取消了旧税制中复杂的税率结构以及多环节重复征税的情况。消费税的征收范围主要是卷烟、白酒、化妆品、珠宝首饰、烟花爆竹、汽油、摩托车、小汽车等11种产品。营业税的征收范围主要是劳务、无形资产转让和出售固定资产。外资企业也适用新的增值税、消费税和营业税。(3)建立和完善了企业所得税制度。合并国有企业、集体企业、私营企业所得税为统一的内资企业所得税。取消原有按不同所有制企业实行不同税种和税率的做法。统一后的企业所得税适用33%的单一税率。

　　社会保障制度是一个国家经济社会制度中不可缺少的重要组

成部分。社会保障制度改革是深化经济体制改革、建立社会主义市场经济体制的重要内容。十四届三中全会以后,社会保障制度改革的重点是紧密配合企业改革,积极推进城镇职工养老保险制度改革。其主要做法是:(1)养老保险实行社会统筹和个人账户相结合。我国的养老保险引入了效率原则,坚持"效率优先,兼顾公平"的原则,激励劳动者通过勤奋工作、自我积累,为将来的幸福打下基础。(2)建立严格的社会保险基金的管理制度。社会保险基金一要实现收缴、支付及营运的规范化、制度化,并制定相应的财务、会计、审计、统计制度;二要纳入国家预算管理,专款专用,不得用于弥补财政赤字;三要做到保值增值,在保证支付的前提下,结余积累应以购买国债的方式保值。(3)加快法规建设。《城镇职工的养老保险条例》《失业保险条例》《工伤保险条例》《医疗保险条例》和《社会保险法》等法律、法规相继出台。(4)建立统一的社会保障管理体制。在建立一个统一精干的法定社会保险基金经办机构的同时,还建立了社会保险监督组织,对社会保险基金的收支、营运、管理加强监督。

四、全方位对外开放的实行

实行对外开放是十一届三中全会以来我国确立的一项长期基本国策,是加快我国现代化建设的强国之路。1992年邓小平南方谈话和十四大以后,对外开放的力度增强,规模进一步扩大。1992年3月,国务院批准黑龙江的黑河、绥芬河和吉林的珲春、内蒙古的满洲里4个城市为首批沿边对外开放城市;批准海南省建立洋浦开发区;进一步支持上海浦东新区的开发开放。8月,中央提出开放重庆、岳阳、武汉、九江、芜湖5个沿江城市。十四大进一步提出,"以上海浦东开发开放为龙头,进一步开放长江沿岸城市,尽快把上海建成国际经济、金融、贸易中心之一,带动长江三角洲和整个长江流域地区经济的新飞跃。""加速广东、福建、海南、环渤海湾地区的开放和开发。"之后,哈尔滨、长春、呼和浩特、石家庄4

个边境、沿海地区省会城市以及太原、合肥、南昌、郑州、长沙、成都、贵阳、西安、兰州、西宁、银川等 11 个内陆省会城市对外开放。在随后的几年中,又陆续开放一大批内陆市县。到 1997 年,我国对外开放的一类口岸达到 235 个,二类口岸达到 350 个。我国已初步形成了从沿海到沿江,从沿边到内陆,多层次、多渠道、多种形式的全方位对外开放的新格局。

随着全方位对外开放格局的形成,作为国民经济重要组成部分和对外开放重要内容的对外贸易取得了长足的发展。在十四大提出建立社会主义市场经济体制以后,外贸体制改革按照"统一政策、放开经营、平等竞争、自负盈亏、工贸结合、推行代理制"的方向继续深化。外贸宏观管理逐渐走上以经济、法律手段调控为主的轨道,外经贸经营主体多元化格局已形成,外贸政策的统一性和透明度进一步增强,涉外法规日益健全,外贸经营的领域和渠道不断拓宽。在这种形势下,我国对外贸易发展迅速。我国年进出口总额由 1992 年的 1 650 亿美元增加到 1997 年的 3 251 亿美元,年均增速15.7%。这个速度不仅高于同期我国国民经济的增长速度,而且比世界贸易的年均增长速度高出近 8 个百分点。我国在世界贸易中的地位大大提高,位次排列由 1978 年的第 32 位跃升为 1992 年的第 11 位,并在连续保持 5 年后,1997 年又跃升至第 10 位。与此同时,我国出口商品的结构明显改善。工业制成品特别是机电产品出口占出口总额的比重由 1978 年的 45.2%上升到 1997 年的 86.9%,实现了由主要出口初级产品向主要出口制成品的历史性转变。对外经济贸易的快速发展有力地促进了我国综合国力的提高。

积极利用外资是对外开放的重要内容。1992 年以来,我国吸收外资的领域不断拓宽,规模不断扩大,水平不断提高。截至 1997 年底,我国累计批准外商投资企业 30.48 万家,合同外资金额 5 211.64亿美元,实际利用外资 2 218.71 亿美元。从 1993 年至 1997 年,我国连续 5 年成为利用外资最多的发展中国家,在世界上仅次于美国,列第 2 位。同时,国家鼓励投资的项目越来越多,限制项目不断减少,像金融、保险、商业、外贸等第三产业也逐步允许外商投资。利用外资不仅弥补了国内建设资金的不足,同时还引进了国外发达国家先进的技术、设备和管理经验,促进了我国经济的市场化进程。

五、实施科教兴国战略　社会主义精神文明建设的深入开展

改革开放以来,中共中央非常重视科学技术和教育在我国现代化建设中的突出作用。1988 年 9 月,邓小平第一次提出"科学技术是第一生产力"的重要论断。他指出:"马克思说过,科学技术是生产力,事实证明这话讲得很对。依我看,科学技术是第一生产力。""从长远看,要注意教育和科学技术。"①他认为要把这些观点提到战略的高度去认识。十四大以后,中共中央、国务院在科学地分析了国内外经济、科技发展趋势的基础上,于 1995 年 5 月 6 日作出《关于加速科学技术进步的决定》,正式提出实施"科教兴国战略"的重大决策。这是新中国成立以来第一次,也是 20 世纪中国历史进程中首次把"科教"作为国家的发展战略。《决定》指出:"科教兴国,是指全面落实科学技术是第一生产力的思想,坚持教育为本,把科技和教育摆在经济、社会发展的重要位置,增强国家的科技实力及向现实生产力转化的能力,提高全民族的科技文化素质,把经济建设转移到依靠科技进步和提高劳动者素质的轨道上来,加速实现国家的繁荣强盛。"

为了全面实施科教兴国战略,1995 年 5 月 26 日至 30 日,中共中央、国务院在北京召开了全国科学技术大会。这是继 1978 年全国科学大会之后,我国科技界又一次盛会。江泽民在会上发表题为《努力实施科教兴国战略》的讲话。他指出,实施科教兴国战略是总结历史经验和根据我国现实情况所作出的重大部署,是顺利

---

① 《邓小平文选》第 3 卷,人民出版社 1993 年版,第 274 页。

实现三步走战略目标的正确选择。实施这一战略必将大大提高我国经济发展的质量和水平,使生产力有一个新的解放和更大的发展。他特别指出:"创新是一个民族进步的灵魂,是国家兴旺发达的不竭动力。如果自主创新能力上不去,一味靠技术引进,就永远难以摆脱技术落后的局面。一个没有创新能力的民族,难以屹立于世界先进民族之林。"关于人才问题,他指出:实施科教兴国的战略,关键是人才。要加速培养优秀科技人才,充分发挥现有科技人才的重要作用。要大力发展教育事业,根据科技发展的趋势和我国现代化建设的要求,深化教育体制改革,培养、造就千百万年轻一代科学技术人才,建设一支跨世纪的宏大科技队伍。

在实施科教兴国战略的过程中,国家科技、教育部门制定了科教兴国战略的具体内容。主要有两个方面:一个是把经济建设和社会发展转移到依靠科技进步和提高劳动者素质的轨道上来,主要包括科教兴农、科教兴工、发展高科技及其产业、科教兴社会;另一个是坚持教育为本,把科技和教育摆在经济和社会发展的战略位置,主要包括加强基础研究、深化科技体制改革、建设科技队伍和提高全民族科技文化素质、增加科技投入、扩大科技合作与交流、加强对科技工作的领导。

在科教兴国战略的指引下,"八五"和"九五"期间,我国科技事业取得了巨大成绩。有重点地开展的高技术研究取得可喜成就。"863"计划重点确定的 7 个高技术研究领域:生物技术、航天技术、信息技术、激光技术、自动化技术、能源技术和新材料技术,自 1987 年开始实施以来取得了较大进展。如两系法杂交水稻比三系法增产 10%~15%;运算速度达到每秒 1 亿次的"银河Ⅱ"型电子计算机研制成功;和平利用核能,先后建立秦山和大亚湾核电站;北京正负电子对撞工程建成并实现对撞,这成为我国继原子弹、氢弹和人造卫星之后又一历史性的成果等。

从 1991 年到 1999 年,仅国家自然科学基金支持的基础性研究项目就达41 324项,投入经费50.04亿元。1995 年,全国取得省部级以上重大科技研究成果31 099项,1999年为31 060项。1991年至1999年,国内申请专利权的研究项目有694 166件,其中被授予专利权的项目有429 925件。[①] 1999年5月,国务院发布《国家科学技术奖励条例》,调整了奖项设置,加大了奖励力度,明确了评价标准。自1999年起设立国家最高科学技术奖。该项奖个人奖金数额为500万元。

国运兴衰,系于教育。邓小平南方谈话以后,随着我国改革开放和社会主义现代化建设事业进入新阶段,中共中央制定了一系列重大的宏观教育决策。1993年2月,中共中央、国务院发布《中国教育改革和发展纲要》,确定了到20世纪末中国教育发展的总目标:"全民受教育水平有明显提高;城乡劳动者的职前、职后教育有较大发展;各类专门人才的拥有量基本满足现代化建设的需要;形成具有中国特色的、面向二十一世纪的社会主义教育体系的基本框架。再经过几十年的努力,建立起比较成熟和完善的社会主义教育体系,实现教育的现代化。"之后,全国人大先后颁布了《中华人民共和国教师法》《中华人民共和国教育法》和《中华人民共和国职业教育法》等重要法律,初步确定了中国教育法律法规体系的基本框架。

在实施科教兴国战略的指导下,1996年3月,八届全国人大四次会议讨论通过国民经济和社会发展"九五"计划和2010年远景目标纲要,明确提出:实施科教兴国战略,要"优先发展教育"。具体举措是:重点是普及义务教育,积极发展职业教育和成人教育,适度发展高等教育,优化教育结构。2000年基本普及九年义务教育,基本扫除青壮年文盲(简称"两基");加快教育体制改革,提高教育质量和办学效益,积极探索与社会主义市场经济体制相适应的办学机制和办学模式;积极推进教学改革,改革人才培养模

---

① 国家统计局人口和社会科技统计司编:《中国社会统计资料2000》,中国统计出版社2000年版,第151、156页。

式,由"应试教育"向全面素质教育转变。上述举措的提出进一步明确了我国中长期教育发展目标和改革的总体思路。1999年1月,国务院批转了教育部制定的《面向二十一世纪教育振兴行动计划》。这个计划是在贯彻落实《教育法》及《中国教育改革和发展纲要》的基础上提出的跨世纪教育改革和发展的蓝图。它确定的主要目标是:到2000年,全国基本普及九年义务教育,基本扫除青壮年文盲,大力推进素质教育;完善职业教育培训和继续教育制度,城乡新增劳动力和在职人员能够普遍接受各种层次和形式的教育与培训;积极稳步发展高等教育,高等教育入学率达到11%左右;瞄准国家创新体系的目标,培养造就一批高水平的具有创新能力的人才;加强科学研究并使高校高新技术产业为培育经济发展新的增长点作贡献;深化改革,建立起教育新体制的基本框架,主动适应经济社会发展。到2010年,在全面实现"两基"目标的基础上,城市和经济发达地区有步骤地普及高中阶段教育,全国人口受教育年限达到发展中国家先进水平;高等教育规模有较大扩展,入学率接近15%,若干所高校和一批重点学科进入或接近世界一流水平;基本建立起终身学习体系,为国家知识创新体系以及现代化建设提供充足的人才支持和知识贡献。

在强调教育的优先发展地位和实施科教兴国战略的环境下,20世纪90年代初以后,我国教育事业进一步发展,取得了显著成绩。"八五"期间,全国小学学龄儿童入学率和初中阶段入学率都有提高。1995年,全国小学在校生达到1.32亿人,学龄儿童入学率达到98.5%。全国初级中学(包括职业初中)在校生达到4 727.5万人,毛入学率达到78.4%。2000年,学龄儿童入学率和初中毛入学率分别达到99.1%和88.6%。"八五"期间,全国每年扫除青壮年文盲保持在400万人以上,青壮年文盲率由1990年的9.3%下降到7%以下。"九五"期间,"两基"工作有了更快的发展。2000年,青壮年文盲率下降到5%以下。"两基"的目标初步实现。

这期间国家重视基础教育中由应试教育向素质教育转变的工

作。1999 年 6 月 13 日,中共中央、国务院作出《关于深化教育改革全面推进素质教育的决定》,指出:"实施素质教育,就是全面贯彻党的教育方针,以提高国民素质为根本宗旨,以培养学生的创新精神和实践能力为重点,造就'有理想、有道德、有文化、有纪律'的、德智体美等全面发展的社会主义事业建设者和接班人。"为落实《决定》精神,各级教育部门积极开展了调整教育结构和布局,更新教材,改革课程体系、考试评价制度和教学方法,努力提高教学质量的工作,积累了一些经验。

高等教育在"八五"和"九五"期间总体规模发展较快,结构有所改善。1995 年,全国有高等学校 2 210 所,其中,普通高校 1 054 所,成人高校 1 156 所,在校本专科学生达到 547.7 万人(其中成人高校在校生 257 万人),比 1990 年增长 46.9%。每 10 万人口中,在校大学生数达到 457 人,18~21 岁学龄人口毛入学率达到 6.5%。"九五"期间,高等学校本专科招生人数增长很快,特别是 1999 年,招收本专科学生 160 万人;2000 年,招收本专科学生 221 万,使在校生人数达到 556 万。同时,研究生教育也有很大发展。

为了贯彻《中国教育改革与发展纲要》和实施科教兴国战略,国家在"九五"期间启动了"211"工程,即面向 21 世纪,重点建设 100 所左右的高等学校和一批重点学科。如此大规模的高等教育建设,在我国教育史上还是第一次。在"九五"期间,高校管理体制改革和教学改革的力度不断加大。高等学校按照国务院提出的"共建、调整、合作、合并"的方针进行管理体制改革。主要做法是:将部委与地方条块各自重复办学转变为共同办学;进行领导体制和院系调整;优势互补、校际教学和科研的合作,多学科合作开展教学科研;因地制宜地对某些院校进行合并。到 1998 年已有 600 多所高等学校进行了这项改革。

此外,在实施科教兴国战略的指导下,我国职业教育、以岗位培训和继续教育为重点的成人教育、学前教育、特殊教育、少数民族教育和对外教育交往等方面也取得了显著成绩。

社会主义精神文明是社会主义的重要特征,是现代化建设的重要目标和重要保证。改革开放以后,中共中央多次强调物质文明和精神文明一起抓的战略方针,积极推进社会主义精神文明建设。但是,在执行这一战略方针的过程中,"一手硬,一手软"的情况没有很好解决。随着改革开放的不断深入,一些地方和部门忽视思想教育,忽视精神文明建设,在社会精神生活方面存在不少问题,有的还很严重。一些领域道德失范,拜金主义、享乐主义盛行;封建迷信活动和卖淫嫖娼、聚众赌博、吸毒贩毒等社会丑恶现象沉渣泛起;假冒伪劣、欺诈活动成为社会公害;文化事业受到消极因素的严重冲击,危害青少年身心健康的东西屡禁不止;干部中的腐败现象在一些地方蔓延;一部分人国家观念淡薄,对社会主义前途发生困惑和动摇。

　　1992年邓小平南方谈话和中共十四大以后,中共中央多次强调要加强社会主义精神文明建设,为全面落实"两手抓,两手都要硬"的方针,从多方面作了积极有效的努力,促进了精神文明建设的深入开展。

　　1994年1月24日,江泽民在全国宣传思想工作会议上又进一步提出:"我们的宣传思想工作,必须以科学的理论武装人,以正确的舆论引导人,以高尚的精神塑造人,以优秀的作品鼓舞人,不断培养和造就一代又一代有理想、有道德、有文化、有纪律的社会主义新人,在建设有中国特色社会主义的伟大事业中发挥有力的思想保证和舆论支持作用。"① 为了加强爱国主义教育,1994年8月23日,中共中央印发了由中宣部拟定的《爱国主义教育实施纲要》。《纲要》提出:爱国主义教育的素材非常广泛,主要包括:中华民族悠久历史的教育、中华民族优秀传统文化教育、党的基本路线和社会主义现代化建设成就的教育、中国国情的教育、社会主义民主和法制教育、国防教育和国家安全教育、民族团结教育以及

---

① 《十四大以来重要文献选编》(上),人民出版社1996年版,第647~648页。

"和平统一、一国两制"方针的教育等。

为了更好地组织广大党员、干部、群众学习邓小平建设有中国特色社会主义理论,1993 年 10 月,中共中央文献编辑委员会编辑出版了《邓小平文选》第三卷。1995 年 5 月中共中央同意印发中宣部组织编写的《邓小平同志建设有中国特色社会主义理论学习纲要》,这为更好地理解建设有中国特色社会主义理论的科学体系提供了重要辅助材料。

"以高尚的精神塑造人"是推进社会主义精神文明建设的一个重要方面。中共十四大以来,中央有关部门突出宣传了领导干部的楷模孔繁森以及各行各业具有鲜明时代特色的先进人物的事迹,号召大家学习他们全心全意为人民服务的精神、艰苦奋斗和敬业奉献精神。这在社会上产生了强烈的反响,成为人们自觉参与社会主义精神文明建设的动力。同时,涌现出了两个文明建设协调发展的先进地区,如江苏张家港市在创造物质文明的同时,更创造了丰富的精神文明成果。

为了进一步增强全党和全社会对加强社会主义精神文明建设重要性和紧迫性的认识,在把物质文明建设搞好的同时切实把精神文明建设提到更加突出的地位,开创新形势下精神文明建设的新局面,中共中央于 1996 年 10 月 7 日至 10 日召开了十四届六中全会,审议并通过了《中共中央关于加强社会主义精神文明建设若干重要问题的决议》。《决议》提出社会主义精神文明建设的总的指导思想和总的要求是:必须以马克思列宁主义、毛泽东思想和邓小平建设有中国特色社会主义理论为指导,坚持党的基本路线和基本方针,加强思想道德建设,发展教育科学文化,以科学的理论武装人,以正确的舆论引导人,以高尚的精神塑造人,以优秀的作品鼓舞人,培育有理想、有道德、有文化、有纪律的社会主义公民,提高全民族的思想道德素质和科学文化素质,团结和动员各族人民把我国建设成为富强、民主、文明的社会主义现代化国家。《决议》提出今后 15 年精神文明建设的主要目标是:在全民族牢

434

固树立建设有中国特色社会主义的共同理想,牢固树立坚持党的基本路线不动摇的坚定信念;实现以思想道德修养、科学教育水平、民主法制观念为主要内容的公民素质的显著提高;实现以积极健康、丰富多彩、服务人民为主要要求的文化生活质量的显著提高;实现以社会风气、公共秩序、生活环境为主要标志的城乡文明程度的显著提高;在全国范围形成物质文明建设和精神文明建设协调发展的良好局面。全会决定,中央成立精神文明建设指导委员会。各省、自治区、直辖市建立相应的机构。这是中央为全面加强社会主义精神文明建设而采取的一项重要措施。

这个决议是改革开放以后中共中央第二个关于精神文明建设的决议,它对社会主义精神文明建设特别是思想道德和文化建设作出全面部署,既有很强的战略性、思想性、指导性,又有很强的现实针对性和可操作性,是今后一个时期指导我国社会主义精神文明建设的纲领性文件。

六、"三讲"教育的开展和基层党组织建设 深入开展反腐败斗争

改革开放以来,中国共产党所处的环境和肩负的任务有了很大变化,党的建设所面临的形势和现状是:一方面,各级党委和广大基层党组织贯彻执行党的基本路线,团结和带领群众艰苦奋斗,发挥了政治核心和战斗堡垒作用。绝大多数共产党员和干部勤勤恳恳、兢兢业业地工作,在各个领域发挥了先锋模范作用。这是主流;另一方面,在改革开放和市场经济的环境中,资本主义的腐朽思想、价值观念、生活方式乘隙而入,侵蚀党的肌体。在这种情况下,有一些党组织软弱涣散,一部分党员和党的干部经不起考验,立场不坚定,甚至有的违法乱纪、腐败变质;有的顽固坚持资产阶级自由化立场,丧失国格人格,站到了党和人民的对立面。

十四大以后,中共中央把抓党的建设摆到重要位置。1994年9月25日至28日,中共十四届四中全会在北京举行。全会讨论

通过了《中共中央关于加强党的建设几个重大问题的决定》。全会把党的建设提到新的伟大工程的高度,提出了明确的目标和任务。这就是:在当代世界风云变幻的条件下,在当代中国改革开放和现代化建设的伟大变革中,把党建设成为用建设有中国特色社会主义理论武装起来、全心全意为人民服务、思想上政治上组织上完全巩固、能够经受住各种风险、始终走在时代前列的马克思主义政党。全会强调,在全面贯彻落实中央关于思想建设和作风建设部署的同时,加强党的组织建设已经成为突出的环节。组织建设方面特别要提出和解决的有三个问题:坚持和健全民主集中制;加强和改进党的基层组织建设;培养和选拔德才兼备的领导干部。

为了进一步加强党的建设,特别是在领导干部中加强党性锻炼,江泽民提出"讲学习,讲政治,讲正气"的"三讲"教育问题。1995 年 9 月 27 日,他在中共十四届五中全会召集人会议上的讲话中提出:"领导干部一定要讲政治。""这里所说的政治,包括政治方向、政治立场、政治观点、政治纪律、政治鉴别力、政治敏锐性。"①同年 11 月 8 日,江泽民在北京考察工作时提出:"在对干部进行教育当中,要强调讲学习,讲政治,讲正气。"②此后,他又在许多场合阐述了"三讲"教育的内容、重要性和现实意义。关于讲学习,他指出:最根本的是学习马列主义、毛泽东思想,特别是邓小平建设有中国特色社会主义理论。同时,还要努力钻研业务,要坚持不懈地学习市场经济知识、现代科学技术知识、法律知识和其他各方面的知识。关于讲政治,他指出:对于一个马克思主义政党来说,不是什么新问题。从我们的老祖宗马克思、恩格斯、列宁,到毛泽东和邓小平同志,可以说是一以贯之的。现在有些领导干部脑子里政治这根弦可以说比较松了,有的甚至到了是非不辨、美丑不分的地步。现在强调这个问题,目的是希望全党更加坚定不移

---

① 《江泽民文选》第 1 卷,人民出版社 2006 年版,第 457 页。
② 《江泽民文选》第 1 卷,人民出版社 2006 年版,第 483 页。

地、更加全面正确地贯彻执行邓小平建设有中国特色社会主义理论和党的基本路线,把我国的改革开放和现代化建设搞得更好。关于讲正气,他指出:讲正气,是中华民族也是我们党的一个优良传统。我们党的宗旨是全心全意为人民服务,这就是全党同志首先是各级领导干部,必须坚持树立和发扬的最大的正气。

"三讲"教育提出后,为了落实建设高素质干部队伍的要求,1996年10月,十四届六中全会提出对县级以上领导干部进行以讲学习、讲政治、讲正气为主要内容的党性党风教育的要求。根据中共中央的部署,1998年11月21日,中共中央发出《关于在县级以上党政领导班子、领导干部中深入开展以"讲学习、讲政治、讲正气"为主要内容的党性党风教育的意见》,决定集中一段时间,在党内县级以上领导班子、领导干部中,用整风的精神,分期分批开展以"三讲"为主要内容的党性党风教育。"三讲"教育的总的要求是:推动县级以上领导班子和领导干部深入学习邓小平理论和十五大精神,提高政治素质,加强党性锻炼,端正思想作风,增强在改造客观世界的同时改造主观世界的自觉性。"三讲"教育的大体步骤和基本方法是:思想发动、学习提高;自我剖析,听取意见;交流思想,开展批评;认真整改,巩固成果。中共中央对"三讲"教育高度重视,作了全面部署和精心指导。从1998年11月下旬至1999年3月下旬进行了试点工作。从1999年3月下旬开始,"三讲"教育按照自上而下、分级分批的原则在全国有计划地开展起来。

从1998年到2000年底,党内有70万领导干部参加了"三讲"教育。通过"三讲"教育,各级领导干部普遍受到了一次深刻的马克思主义教育;普遍增强了政治意识、大局意识、责任意识;普遍受到了一次群众观点、群众路线的再教育;普遍经受了一次严格的党内生活锻炼;普遍增强了党要管党、书记带头抓党建的意识,提高了治党的能力和水平。这种以整风精神进行的"三讲"教育,是新的历史条件下干部教育和党的建设的一种有效途径。

改革开放以来,基层党组织团结带领群众开拓创新,艰苦奋斗,创造了许多新的业绩。与此同时,基层党组织也面临许多新情况新问题,尤其是一些基层党组织软弱涣散,有的甚至处于瘫痪状态。针对这种状况,十四大以来,中共中央在不断强调党的建设的重要性的过程中,特别重视加强和改进党的基层组织建设。

农村党的基层组织有 80 多万个,他们是党在农村全部工作和战斗力的基础,是农村各种组织和各项工作的领导核心。中共中央高度重视农村基层组织建设。十四届四中全会决定用 3 年的时间,分期分批对农村软弱涣散和瘫痪状态的党支部进行整顿。经过 3 年的整顿工作,一些农村基层组织状况有了明显改观。为指导农村基层组织建设,从 1994 年 10 月到 2000 年 10 月的 6 年里,全国各地共分批选派 300 多万名机关干部进驻乡、村,帮助开展整顿工作,共整顿软弱涣散和瘫痪状态村党支部、后进村和贫困村党支部 35.6 万个,占农村党支部总数的 48.8%。一大批年纪轻、有文化的党员进入领导班子,村党支部的凝聚力和战斗力明显增强。

国有企业的党组织在深化企业改革、加强企业内部管理、推动企业发展、增强职工群众凝聚力等方面发挥着重要作用。随着社会主义市场经济体制的确立和国有企业改革的深入,淡化和削弱企业党组织作用的思想和现象并未完全消除。对此,《中共中央关于加强党的建设几个重大问题的决定》特别提出:"国有企业要充分发挥党组织的政治核心作用,坚持和完善厂长(经理)负责制,全心全意依靠工人阶级";"要把保证搞好企业改革、转换经营机制、提高经济效益作为党组织工作的出发点和落脚点。"1997 年 1 月 24 日,中共中央发出《关于进一步加强和改进国有企业党的建设工作的通知》,确定了企业党建工作的目标。按照上述文件的精神,国有企业党组织在深化改革的过程中积极开展工作,努力发挥党组织的政治核心作用,为保障国企改革的顺利进行作出重大贡献。1997 年 3 月,中央有关部门联合组成全国加强国有企业领导班子建设协调小组及其办公室,指导各地开展了一次大规模的国有企业领导班子考核工作。此项工作历时3年,全国共考核企业领导班子22.6万个,考核企业领导班子成员91万人,调整领导班子8.46万个,占已考核总数的37.5%。

深入持久地开展反腐败斗争是党和国家在改革开放新的发展阶段一项重要的工作。中共中央高度重视腐败问题的严重性和危险性,把它作为关系党和国家生死存亡的大事来抓。

1993年初,中共中央作出了加大反腐败斗争力度的重大决策,中共中央、国务院决定从1993年起中共中央纪律检查委员会、国家监察部合署办公,实现一套工作机构,履行党的纪律检查和行政监督两项职能的体制。1994年11月经中央批准在最高人民检察院设立反贪污贿赂总局,并在各级人民检察院中设立相应机构。1993年8月,江泽民在中纪委第二次全会上发表重要讲话,指出:腐败是一种历史现象。这种现象,从本质上说是剥削制度、剥削阶级的产物。共产党和社会主义制度是同任何腐败现象根本不相容的。"腐败现象是侵入党和国家机关健康肌体的病毒。如果我们掉以轻心,任其泛滥,就会葬送我们的党,葬送我们的人民政权,葬送我们的社会主义现代化大业。我们的党、我们的干部、我们的人民,是绝不允许出现这种后果的。"①

中纪委第二次全会后,反腐败斗争正式形成了领导干部廉洁自律、集中力量查处大案要案和纠正行业不正之风三项工作的格局。此后,每年中纪委和国务院都召开会议,及时解决反腐败工作中的重大问题,同时陆续出台相关的政策和规定,如:《关于严禁用公费变相出国(境)旅游的通知》《关于党政机关县(处)级以上领导干部廉洁自律"五条规定"的实施意见》《关于党政机关与所办经济实体脱钩的规定》《关于对行政性收费、罚没收入实行预算管理的规定》《关于治理乱收费的规定》《关于领导干部报告个人重大事项的规定》《中国共产党纪律处分条例(试行)》《中国共产

---

① 《江泽民文选》第1卷,人民出版社2006年版,第319页。

党党员领导干部廉洁从政若干准则(试行)》《关于党政机关厉行节约制止奢侈浪费行为的若干规定》等。

经过各方面的共同努力,严肃查办违纪违法案件,惩处了一批腐败分子,反腐败斗争取得了不同程度的阶段性成果。从1992年10月中共十四大到1997年6月,全国纪检监察机关共立案73.1万多件,结案67万多件,给予党纪政纪处分的66.9万多人。其中县(处)级干部2万余人,厅(局)级干部1 673人,省(部)级干部78人,为国家挽回经济损失159.8亿元。1998年至2000年的3年中,人民检察院立案侦查的涉嫌贪污贿赂和渎职犯罪的县(处)级干部6 455人,厅(局)级干部423人,省(部)级干部13人。查处的大案要案中涉及一些领导干部。如原全国人大常委会副委员长成克杰、原江西省副省长胡长清被判处死刑。大案要案的严肃查处表达了中央反腐败一抓到底的决心,在全国引起了极大震动。对反腐败斗争取得的阶段性成果应予肯定。但是,反腐败斗争的形势仍然十分严峻。

七、加强民主法制建设　以改革创新的精神加强军队建设

自1992年我国改革开放和现代化建设事业进入一个新的发展阶段以来,加强社会主义民主法制建设被提到非常重要的高度。十四大提出:"人民民主是社会主义的本质要求和内在属性。没有民主和法制就没有社会主义,就没有社会主义的现代化。我们应当在发展社会主义民主、健全社会主义法制方面取得明显进展,以巩固和发展稳定的社会政治环境,保证经济建设和改革开放的顺利进行。"十五大进一步提出"依法治国,建设社会主义法治国家"的重要任务。

(一)努力完善人民代表大会制度。人民代表大会制度是我国的根本政治制度,进一步完善这一制度,加强人民代表大会及其常委会的立法和监督等职能,更好地发挥人民代表大会的作用,在我国改革开放和社会主义现代化建设中具有重要的意义。从

1993年八届全国人大一次会议到2000年底,全国人大及其常委会以及地方各级人大做了大量工作,有力地推动了社会主义民主和法制建设。其主要表现是立法工作和监督工作。

首先,全国人大制定和通过了一系列的重要法律,地方人大通过了相关的地方性法规。八届全国人大常委会在任期内把立法工作特别是经济立法放在重要位置。5年间全国人大及其常委会共审议法律和有关法律问题的决定草案129件;通过法律85件、有关法律问题的决定33件,共计118件,其中有关社会主义市场经济方面的法律和法律问题的决定占2/3。九届全国人大常委会在一至四次会议期间审议法律和有关法律问题的决定87件,其中通过法律46件、有关法律问题的决定11件、法律解释1件,共计58件。特别要指出的是,2000年3月15日,九届全国人大三次会议通过《中华人民共和国立法法》,并于当年7月1日起施行。这部法律的制定,对于规范立法活动,健全国家立法制度,建立和完善有中国特色社会主义法律体系,保障和发展社会主义民主,推进依法治国,建设社会主义法治国家,具有重要意义。总起来看,改革开放以来,我国的立法工作取得了举世瞩目的成绩。构成有中国特色社会主义法律体系的7个法律部门已经比较齐全,各个法律部门中基本的、主要的法律大多也已经制定出来。因此可以说,以宪法为核心的有中国特色社会主义法律体系的框架初步形成。

其次,各级人大及其常委会按照宪法赋予的职权,加强了监督工作。1993年至1997年,八届全国人大常委会检查了21部法律和有关法律问题的决定的实施情况。1998年到2000年,九届全国人大常委会先后对十余部法律和关于法律问题的决定的实施情况进行检查,多次听取和审议国务院及其相关部委的工作报告,同时,围绕国家的中心任务和人民群众关心的热点问题,如:加入世界贸易组织的进展情况、实施科教兴国战略工作情况、实施西部大开发战略工作情况、大江大河流域治理情况、国有企业改革与脱困情况、国有企业下岗职工等人员基本生活保障情况和增加农民收入减轻农民负担情况等,听取有关部门的工作报告。

（二）中国共产党领导的多党合作和政治协商制度发展到一个新阶段。1993年3月,八届全国人大一次会议通过的宪法修正案将"中国共产党领导的多党合作和政治协商制度将长期存在和发展"载入宪法,这对于促进我国多党合作制度进一步规范化、制度化,推动有中国特色社会主义民主政治的不断发展,产生了重大而深远的影响。民主党派是接受中国共产党领导的、同中共通力合作、共同致力于社会主义事业的亲密友党,是参政党。民主党派参政的基本点是:参加国家政权,参与国家大政方针和国家领导人选的协商,参与国家事务的管理,参与国家方针、政策、法律、法规的制定和执行。同时,民主党派还发挥监督作用,就是在坚持四项基本原则的基础上发扬民主,广开言路,鼓励和支持民主党派与无党派民主人士对党和国家的方针政策及各项工作提出意见、批评和建议。

（三）坚持和完善民族区域自治制度,依法对宗教事务进行管理。民族区域自治制度是我国的一项重要政治制度,是中国共产党运用马克思主义理论解决我国民族问题的基本政策。改革开放以来,党和国家高度重视民族工作。1984年颁布实施了《中华人民共和国民族区域自治法》。1987年,邓小平就指出:"中国采取的不是民族共和国联邦的制度,而是民族区域自治的制度。我们认为这个制度比较好,适合中国的情况。"①1992年1月14日至18日,中央民族工作会议召开。这是新中国成立以来第一次由中共中央、国务院共同召开的民族工作会议。江泽民在讲话中总结了我国民族工作取得的巨大成就,并指出其最基本经验,"就是我们党始终把马克思主义的基本原理同中国民族的具体实际相结合,坚持各民族平等、团结、互助的原则,坚持实行民族区域自治制度,在建设社会主义事业中促进各民族的共同繁荣,走出了一条具

---

① 《邓小平文选》第3卷,人民出版社1993年版,第257页。

有中国特色的解决民族问题的正确道路。"在看到成就的同时，江泽民还指出，民族问题依然复杂。主要表现在：各民族经济、文化发展上的差别依然存在；各民族在某些具体权益，主要是经济权益方面仍会发生矛盾和纠纷；风俗习惯和语言文字等方面由于相互了解或尊重不够，容易造成某些误会和纠纷；一些地方宗教问题处理不慎或不当也会影响民族关系甚至酿成冲突；有人由于种种原因有时会做出伤害民族感情、损害民族团结的事。尤其值得警惕的是，国际敌对势力明目张胆地支持我国内部的极少数分裂主义分子，对我们进行渗透、破坏和颠覆活动。在中共中央、国务院正确方针的指导下，民族区域自治制度进一步得到落实。截至1998年底，我国共建立了155个民族自治地方，其中自治区5个、自治州30个、自治县（旗）120个，还有1 256个民族乡。在全国55个少数民族中，有44个民族建立了自治地方。实行自治的少数民族人口占少数民族人口总数的75%，民族自治地方行政区域的面积占全国总面积的64%。民族自治地方的自治机关在行使地方国家机关职权的同时，依据宪法和民族区域自治法的规定，还行使立法权、变通执行或者停止执行权、经济发展权、财政权、少数民族干部培养使用权、发展教育和民族文化权、语言文字使用和发展权，以及科技文化发展权等。民族法制已初步形成一个完整的体系。

我国是一个有多种宗教的国家。据不完全统计，中国有各种宗教信徒1亿多人，经登记的宗教活动场所8.5万余处，各种宗教教职人员约30万人，全国性和地方宗教团体3 000多个，宗教院校94所。正确处理宗教问题是建设有中国特色社会主义的一个重要内容。在共产党和国家正确的宗教政策指引下，我国的宗教工作取得了积极成果。政府通过国家宗教事务局，对宗教事务依法管理，保证党和国家的宗教政策得到贯彻实施，努力维护宗教领域的团结稳定，把全体信教和不信教群众的意志和力量集中到建设有中国特色社会主义事业上来，为我国跨世纪战略目标的顺利实现创造良好的社会环境。对于假借宗教名义进行的违法犯罪活动,我国司法机关依法对其作出处理,维护了公共利益和法律尊严。

1989年1月28日,第十世班禅大师在西藏圆寂。国务院于大师圆寂后第三天作出了《关于第十世班禅大师治丧和转世问题的决定》,随后不久批准成立了以嘉雅活佛为首的寻访班子,组成了以中国佛教协会会长赵朴初和副会长、佛教西藏分会名誉会长帕巴拉·格列朗杰为总顾问的顾问班子,着手进行灵童的寻访工作。中央强调在寻访工作中必须按照藏传佛教仪轨和历史定制,必须坚持爱国主义,接受中央政府的领导。在寻访认定期间,逃至国外的达赖集团对这项工作加以干扰和破坏。在中央正确领导下,经过僧俗各界人士的共同努力,达赖等人的干扰破坏失败了。1995年11月29日,第十世班禅转世灵童金瓶掣签仪式,按照藏传佛教仪轨和历史定制在拉萨大昭寺举行。西藏那曲地区嘉黎县6岁男童坚赞诺布中签。随后经西藏自治区人民政府报请国务院批准,国务院批复特准坚赞诺布继任为第十一世班禅额尔德尼,其坐床典礼于12月8日在日喀则扎什伦布寺举行,李铁映代表国务院向他颁授金册和金印。1996年1月12日,国家主席江泽民在北京接受了第十一世班禅的拜见。

(四)加强司法、执法工作,以廉政建设、整顿纪律、严肃执法为重点,建设一支高素质的政法队伍,是社会主义民主法制建设的重要内容。1992年以来,人民法院围绕"保障改革、促进发展、维护稳定"的基本任务,认真执行宪法和法律,全面加强各项审判工作。从1993年至1997年,全国法院共审结一审各类案件2 241.7万余件,其中刑事案件243.7万余件、民事案件1 351.5万余件。从1998年至2000年,全国法院共审结或受理一审各类案件1 646.2万余件,其中刑事案件151.9万余件、民事等类案件1 471.9万余件。为进一步保证严肃执法,公正裁判,人民法院全面推进审判方式改革,进一步贯彻公开审判的原则,依法强化庭审功能,强化合议庭和独任审判员的职责,这些措施都取得了显著成效。

444

1992年以来,人民检察机关成功地侦破了一批在全国震动大、影响大的贪污贿赂等犯罪案件。1993年至1997年,全国检察机关共立案侦查贪污贿赂、渎职和侵犯公民人身权利、民主权利等职务犯罪案件387 352件。通过办案为国家和集体挽回直接经济损失229.2亿多元。1998年至2000年,全国检察机关共立案侦查贪污贿赂、渎职等职务犯罪案件118 579件。通过办案为国家和集体挽回直接经济损失131.7亿多元。这些案件的查处,在社会上引起了强烈反响,充分显示了人民检察机关在反贪污贿赂斗争中的巨大作用。

加强司法、执法队伍建设,从根本上保证严肃、公正执法,是实行依法治国,建设社会主义法治国家的必然要求,也是党和人民群众的殷切期盼。1995年9月,中共中央在《关于制定国民经济和社会发展"九五"计划和二〇一〇年远景目标的建议》中提出:加强和改善司法、行政执法和执法监督;坚决纠正有法不依、执法不严、违法不究、滥用职权等现象,建立对执法违法的追究制度和赔偿制度;加强司法、执法队伍建设。

此外,在民主法制建设方面,还进行了加强和扩大基层民主建设、建立和健全律师制度、在公民中进行普法宣传教育等方面的工作。

改革开放以来,在毛泽东军事思想和邓小平新时期军队建设思想的指导下,人民解放军的革命化、现代化、正规化建设不断前进,战斗力不断提高,为保卫祖国和建设祖国、促进世界和平作出了重大贡献,这主要表现在:

首先,制定新时期军事战略方针。十一届三中全会以后,中共中央对国际形势的变化进行了认真的分析,肯定了"和平与发展是当今时代的两大主题"。基于这种科学判断,同时适应国内工作重点转移到经济建设上来的要求,1985年,军队建设指导思想实行战略性转变,这就是:由准备"早打、大打、打核战争"转到和平时期军队建设的轨道上来,摆脱多年来在临战状态下进行应急式建设的被动局面,在服从和服务于国家经济建设的前提下,有计划有步骤地进行现代化建设。同年5月,邓小平代表中央军委宣布了军队体制改革、裁减员额100万、进行精简整编的重大战略决策。军队建设朝着"精兵、合成、高效"的方向迈出重要一步。

20世纪80年代末90年代初,冷战结束,世界局势发生了巨大而深刻的变化。中共中央经过冷静观察和科学分析,确认国际形势的缓和趋势不会逆转,争取良好的国际环境和周边环境是可行的。我们必须坚定不移地进行改革开放,继续加快现代化建设的步伐,集中力量发展自己。同时也明确指出,霸权主义和强权政治依然存在,领土、民族、宗教矛盾错综复杂,世界一些地区发生局部战争和武装冲突不可避免。我们要坚决维护祖国统一和领土主权的完整,对战争的危险必须保持充分的警惕。要从长计议,有计划有步骤地进行军队现代化建设,同时要抓紧做好军事斗争准备,把两者正确地结合起来。根据上述判断,1993年初,中央制定了新时期军事战略方针,确定要把军事斗争准备的基点放在打赢现代技术特别是高技术条件下的局部战争上。这是积极防御战略思想的重大发展,也是军队建设指导思想战略性转变的深化。中央军委以这个方针统揽军队各项建设,坚决贯彻科技强军战略,以改革创新的精神推动军队由数量规模型向质量效能型、由人力密集型向科技密集型转变。1997年10月,江泽民在十五大上正式宣布在今后3年内再裁减军队员额50万的决定,使我军继续朝着"精兵、合成、高效"的方向前进。

为了实现建设一支强大的现代化、正规化革命军队的总目标,早在1990年12月1日,江泽民在全军军事工作会议上提出,部队要做到"政治合格,军事过硬,作风优良,纪律严明,保障有力"。这五句话成为了新时期军队各项建设的总要求。

其次,确保党对军队的绝对领导,把思想政治建设摆在军队各项建设的首位。在新的形势和任务下,军队建设面临两个历史性的课题,其中之一是在社会主义市场经济和对外开放条件下,我国军队能不能保持人民军队的性质、本色和作风,始终成为中国共产党绝对领导下的革命军队。江泽民担任中央军委主席后多次指出:我军是党绝对领导下执行革命政治任务的武装集团。必须把革命化建设放在第一位,这决定着我军现代化的性质和方向,同时为实现我军现代化提供强大的精神动力。加强思想政治建设的根本目的就是要确保党对军队的绝对领导,使军队现代化建设始终保持正确的方向。

再次,坚持科技强军战略,推进军队现代化建设。新时期军队建设面临的另一个历史性的课题是,在复杂的国际环境下,我军能不能跟上世界军事发展的趋势,打赢未来可能发生的高技术战争。当前军队建设面临的主要矛盾,就是现代化水平与现代战争需要还不相适应,因此,军队建设必须以现代化为中心,而实现军队现代化必须依靠科技进步,关键是实施科技强军战略,这不仅要大力发展先进武器装备,而且要用高技术改进现有武器装备,还要在教育训练、作战指挥、后勤保障等各个方面努力利用科技进步的最新成果,增大高科技含量,这样才能全面提高军队的战斗力。

1998年4月,中共中央、国务院、中央军委决定把国防科工委、总参装备部、总后军械部等单位合并组成总装备部,集中统一领导加强我军武器装备的现代化建设。总装备部的成立,是军队领导体制的重大改革,是落实科技强军战略的重要举措,对加强军队质量建设和国防现代化建设具有重大意义。

经过各个方面的不懈努力,军队现代化建设取得了巨大进步。军队加速实现了从数量规模型向质量效能型、从人员密集型向科技密集型的转变,已经发展为一支较为精干、高效的现代化合成军,高技术军兵种成为我军战斗力的骨干力量。主要表现在:一是陆军火力合成、快速反应能力和技术含量明显提高,炮兵、装甲兵、防化兵、陆军航空兵等兵种部队在陆军中所占比重已升至70%,基本上形成了立体作战装备体系和比较配套的支援和保障体系,以轻武器为代表的通用技术装备接近或达到世界先进水平;二是随着新型驱逐舰、潜艇等新一代主战装备和与之配套的新型导弹、鱼雷、舰炮等武器系统的交付使用，海军水面舰艇部队、岸防兵部队、航空兵部队、潜艇部队和海军陆战队形成了强大的海上综合防卫体系；三是配备了新型战机、雷达和防空导弹等装备的人民空军航空兵、雷达兵、空降兵和地空导弹兵，构成了高中低空、远中近程相结合的防空火力网和覆盖全国的对空情报雷达网，防空作战、空中作战和空降作战能力明显提高；四是战略导弹部队已初步形成了常规导弹、核导弹兼有和近中远程导弹齐配的系列，能够独立或协同其他兵种实施核反击和纵深常规打击。

八、八届全国人大四次会议 "九五"计划和 2010 年远景目标纲要的制定

经过全国人民的共同努力，"八五"计划提出的主要任务在 1995 年已经完成或超额完成。"八五"计划成为新中国成立以来执行得最好的五年计划之一。社会生产力、综合国力和人民生活水平上了一个新台阶。1995 年，国民生产总值达到 57 600 亿元。在 1988 年比 1980 年翻一番的基础上，用 7 年时间又翻了一番。十二大提出的到 20 世纪末国民生产总值比 1980 年翻两番的目标已经提前实现。

1995 年 9 月，中共十四届五中全会在北京举行。全会的主要任务是讨论并通过《中共中央关于制定国民经济和社会发展"九五"计划和二〇一〇年远景目标的建议》。《建议》提出：今后 15 年是承前启后、继往开来的重要时期。我们将在这一时期内建立起比较完善的社会主义市场经济体制，全面实现第二步战略目标，并向第三步战略目标迈出重大步伐，为 21 世纪中叶基本实现现代化奠定坚实基础。国务院根据《建议》的精神，制定了《国民经济和社会发展"九五"计划和二〇一〇年远景目标纲要（草案）》，以提交八届全国人大四次会议讨论。

1996 年 3 月，八届全国人大四次会议在北京举行。李鹏作

《关于国民经济和社会发展"九五"计划和二〇一〇年远景目标纲要的报告》。指出:在制定《纲要(草案)》过程中,着重考虑了四个方面的问题。一是正确处理改革、发展、稳定的关系,要善于从整体上把握三者之间的关系,使之相互协调,相互促进;二是积极推进经济体制和经济增长方式的根本转变,从计划经济体制向社会主义市场经济体制转变,经济增长方式从粗放型向集约型转变,这是实现今后 15 年奋斗目标的关键所在;三是认真解决关系改革和发展全局的重大问题,主要是加强农业基础问题,搞好国有企业改革和发展问题,抑制通货膨胀、保持宏观经济稳定问题,发展教育和科技问题,控制人口、保护资源和环境问题,缩小地区发展差距和理顺分配关系问题,加强社会主义精神文明和民主法制建设问题,勤政廉政建设、反腐败斗争问题,以及社会治安综合治理问题等;四是计划要体现发展社会主义市场经济的要求。大会经过讨论批准了这个《纲要》。

《纲要》提出"九五"国民经济和社会发展的主要奋斗目标是:全面完成现代化建设的第二步战略部署,到 2000 年,人口控制在 13 亿以内,实现人均国民生产总值比 1980 年翻两番;基本消除贫困现象,人民生活达到小康水平;加快现代企业制度建设,初步建立社会主义市场经济体制。2010 年国民经济和社会发展的远景目标是:实现国民生产总值比 2000 年翻一番,人口控制在 14 亿以内,使人民的小康生活更加宽裕,形成比较完善的社会主义市场经济体制。《纲要》提出,经过 15 年的努力,国民经济整体素质将有较大提高,国际竞争力将大为增强,社会生产力、综合国力、人民生活水平再上一个大台阶,社会主义精神文明建设和民主法制建设取得明显进展,为 21 世纪中叶实现第三步战略目标,基本实现现代化,奠定坚实基础。

为实现今后 15 年的奋斗目标和主要任务,《纲要》强调,要在邓小平建设有中国特色社会主义理论指引下,坚持党在社会主义初级阶段的基本路线,努力把握客观规律,正确处理社会主义现代化建设中的若干重大关系,坚持"抓住机遇、深化改革、扩大开放、促进发展、保持稳定"的基本方针。《纲要》提出:今后 15 年,必须认真贯彻国民经济和社会发展的九条重要方针,即:保持国民经济持续、快速、健康发展;积极推进经济增长方式转变,把提高经济效益作为经济工作的中心;实施科教兴国战略,促进科技、教育与经济紧密结合;把加强农业放在发展国民经济的首位;把国有企业改革作为经济体制改革的中心环节;坚定不移地实行对外开放;实现市场机制和宏观调控的有机结合,把各方面的积极性引导好、保护好、发挥好;坚持区域经济协调发展,逐步缩小地区发展差距;坚持物质文明和精神文明共同进步,经济和社会协调发展。

《纲要》还指出,实现"九五"计划和 2010 年的奋斗目标,关键是实现两个具有全局意义的根本性转变:一是经济体制从传统的计划经济体制向社会主义市场经济体制转变,二是经济增长方式从粗放型向集约型转变。经济体制转变要遵循市场经济的一般规律,同时坚持社会主义方向。经济增长方式的转变,需要提高经济整体素质和生产要素的配置效率,注重结构优化效益、规模经济效益和科技进步效益。

《纲要》强调,"九五"期间必须加强和改善宏观调控,实现经济总量基本平衡,促进经济结构优化,把抑制通货膨胀作为宏观调控的首要任务。《纲要》从经济增长速度、价格总水平、固定资产投资、财政收支、货币供应、国际收支、人口和就业七个方面,规定了宏观调控的具体目标和政策。

《纲要》还就保持国民经济持续快速健康发展、实施科教兴国战略、促进区域经济协调发展、深化经济体制改革、扩大对外开放程度及提高对外开放水平、实施可持续发展战略和推进社会事业全面发展、加强社会主义精神文明和民主法制建设、促进祖国和平统一大业等方面,提出了详细的政策、措施,作出了全面部署。

《纲要》的制定,具有重要意义。这是我国在发展社会主义市场经济条件下制定的第一个中长期规划,也是国民经济和社会综

450

合发展的跨世纪宏伟蓝图。《纲要》的制定把握了新时期国内外经济和科技发展趋势,研究了经济体制变化的新特点,努力按照社会主义市场经济和现代化建设的要求,更新了计划观念,改革计划体制、内容和方法,突出了计划的宏观性、战略性和政策性。

第三节　邓小平理论确立为党的指导思想

一、中共十五大　确立邓小平理论为党的指导思想

1997 年 2 月 19 日,邓小平因病在北京逝世,享年 93 岁。中共中央、全国人大常委会、国务院、全国政协和中央军事委员会发布《告全党全军全国各族人民书》,宣告了邓小平逝世的消息,称邓小平是"我党我军我国各族人民公认的享有崇高威望的卓越领导人,伟大的马克思主义者,伟大的无产阶级革命家、政治家、军事家、外交家,久经考验的共产主义战士,我国社会主义改革开放和现代化建设的总设计师,建设有中国特色社会主义理论的创立者"。

2 月 25 日,邓小平追悼会在人民大会堂隆重举行。江泽民在悼词中高度评价了邓小平辉煌的一生。江泽民说:邓小平同志 70 多年波澜壮阔的革命生涯,是同中国共产党的创建和发展,中国人民军队的创建和发展,中华人民共和国的创建和发展,紧密联系在一起的。他是人民共和国的开国元勋,建国以后成为中国共产党以毛泽东同志为核心的第一代中央领导集体的重要成员。十一届三中全会以后,他成为中国共产党第二代中央领导集体的核心,领导我们开辟了建设有中国特色社会主义的新道路。江泽民还指出:邓小平同志留给我们的最可宝贵的财富就是他创立的建设有中国特色社会主义理论和在这个理论指导下制定的党在社会主义初级阶段的基本路线。这个理论是马克思列宁主义基本原理与当

代中国实际和时代特征相结合的产物,是毛泽东思想的继承和发展,是当代中国的马克思主义,是中国共产党的指导思想和中华民族的精神支柱。

1997年9月12日至18日,中国共产党第十五次全国代表大会在北京召开。大会代表2 048人,代表党员5 800万人。

十五大的主要议程是:审议并批准江泽民代表第十四届中央委员会作的题为《高举邓小平理论伟大旗帜,把建设有中国特色社会主义事业全面推向二十一世纪》的政治报告,①审查并批准中央纪律检查委员会的工作报告,审议并通过《中国共产党章程修正案》,选举产生新一届中央委员会和中央纪律检查委员会。

报告以及大会决议的主要内容是:

(一)首次提出和使用邓小平理论这一科学概念并将其确定为党的指导思想。

报告指出:"旗帜问题至关紧要。旗帜就是方向,旗帜就是形象。坚持十一届三中全会以来的路线不动摇,就是高举邓小平理论的旗帜不动摇。"这里第一次正式提出和使用邓小平理论这一科学概念。在十五大修改通过的《中国共产党章程》中把邓小平理论确定为党的指导思想,明确规定:"中国共产党以马克思列宁主义、毛泽东思想、邓小平理论作为自己的行动指南。"把邓小平理论确立为党的指导思想是中共十五大的最大贡献。

报告从三个方面深刻论述了邓小平理论的历史地位和指导意义。(1)论述了马克思列宁主义同中国实际相结合有两次历史性飞跃,产生了两大理论成果。第一次飞跃的理论成果是关于中国革命和建设的正确的理论原则和经验总结,这就是毛泽东思想。党的七大把它确立为党的指导思想。第二次飞跃的理论成果是建设有中国特色社会主义理论,它的主要创立者是邓小平,我们党把它称为邓小平理论。十五大把邓小平理论确立为党的指导思想,

---

① 《十五大以来重要文献选编》(上),人民出版社2000年版,第1~51页。

这是我们党经过近二十年改革开放和社会主义现代化建设的成功实践作出的历史性决策。(2)第一次明确提出了作为毛泽东思想的继承和发展的邓小平理论,是马克思主义在中国发展的新阶段。这个理论深刻揭示了社会主义的本质,把对社会主义的认识提高到新的科学水平;坚持用马克思主义的宽广眼界观察世界,对当今时代特征和国际国内形势作出新的科学判断;形成了新的建设中国特色社会主义理论的科学体系。(3)强调要坚持马克思主义的优良学风,用马克思主义的立场观点方法来研究和解决中国的现实问题。报告指出马克思主义是随着时代、实践和科学的发展而不断发展的科学理论,不可能一成不变。马克思列宁主义、毛泽东思想一定不能丢,同时一定要以我国改革开放和现代化建设的实际问题,以我们正在做的事情为中心,着眼于马克思主义理论的运用,着眼于对实际问题的理论思考,着眼于新的实践和新的发展。在当代中国,马克思列宁主义、毛泽东思想、邓小平理论,是一脉相承的统一的科学体系。在社会主义改革开放和现代化建设的新时期,在跨越世纪的新征途上,一定要高举邓小平理论的伟大旗帜,用邓小平理论来指导我们整个事业和各项工作。

(二)系统阐述了党在社会主义初级阶段的基本路线和基本纲领。

报告指出:十一届三中全会以来,党正确分析国情,作出我国还处于社会主义初级阶段的科学论断。十一届三中全会前我们在建设社会主义中出现失误的根本原因之一,就在于提出的一些任务和政策超越了社会主义初级阶段。

报告强调社会主义初级阶段是我国实现社会主义现代化不可逾越的历史阶段,并进一步从现代化、工业化、经济市场化、科技教育程度、人民生活水平、地区经济发展差异和包括经济体制、政治体制在内的各方面体制的改革和完善,以及社会主义精神文明建设程度,与世界先进水平的差距程度等九个方面阐释了我国社会主义初级阶段的基本特征,强调这样的历史进程,至少需要 100 年时间。报告重申了社会主义初级阶段的主要矛盾、中心工作和中国共产党在社会主义初级阶段的基本路线。在此基础上,第一次明确提出了中国共产党在社会主义初级阶段的基本纲领,提出了建设有中国特色的经济、政治和文化的基本目标和基本政策。

建设有中国特色社会主义的经济,就是在社会主义条件下发展市场经济,不断解放和发展生产力。这就要坚持和完善社会主义公有制为主体、多种所有制经济共同发展的基本经济制度;坚持和完善社会主义市场经济体制,使市场在国家宏观调控下对资源配置起基础性作用;坚持和完善按劳分配为主体的多种分配方式,允许一部分地区一部分人先富起来,带动和帮助后富,逐步走向共同富裕;坚持和完善对外开放,积极参与国际经济合作和竞争。保证国民经济持续快速健康发展,人民共享经济繁荣成果。

建设有中国特色社会主义的政治,就是在中国共产党领导下,在人民当家作主的基础上,依法治国,发展社会主义民主政治。这就要坚持和完善工人阶级领导的、以工农联盟为基础的人民民主专政;坚持和完善人民代表大会制度和共产党领导的多党合作、政治协商制度以及民族区域自治制度;发展民主,健全法制,建设社会主义法治国家。实现社会安定,政府廉洁高效,全国各族人民团结和睦,生动活泼的政治局面。

建设有中国特色社会主义的文化,就是以马克思主义为指导,以培育有理想、有道德、有文化、有纪律的公民为目标,发展面向现代化、面向世界、面向未来的民族的科学的大众的社会主义文化。这就要求我党坚持用邓小平理论武装全党,教育人民;努力提高全民族的思想道德素质和教育科学文化水平;坚持为人民服务、为社会主义服务的方向和百花齐放、百家争鸣的方针,重在建设,繁荣学术和文艺。建设立足中国现实、继承历史文化优秀传统、吸取外国文化有益成果的社会主义精神文明。

上述建设有中国特色社会主义的经济、政治、文化的基本目标和基本政策,有机统一,不可分割,构成党在社会主义初级阶段的基本纲领。它的提出和阐述对于把建设有中国特色社会主义事业推向 21 世纪,具有重要的指导意义。

（三）对我国跨世纪现代化建设事业作出具体的战略部署。

关于经济体制改革,报告指出,从现在起到 21 世纪的前 10 年,是我国实现第二步战略目标,向第三步战略目标迈进的关键时期。在这个时期,要积极推进经济体制改革和经济增长方式的根本转变,为 21 世纪中叶基本实现现代化打下坚实基础。其中必须要解决好两大课题,一个是建立比较完善的社会主义市场经济体制,一个是保持国民经济持续快速健康发展。报告明确指出,公有制为主体、多种所有制经济共同发展,是我国社会主义初级阶段的一项基本经济制度。公有制经济不仅包括国有经济和集体经济,还包括混合所有制经济中的国有成分和集体成分。公有制的主体地位主要体现在公有资产在社会总资产中占优势;国有经济控制国民经济命脉,对经济发展起主导作用,主要体现在控制力上。报告还强调,公有制实现形式可以而且应当多样化。一切反映社会化生产规律的经营方式和组织形式都可以大胆利用。报告论述了股份制和股份合作制经济的性质和作用,指出股份制是现代企业的一种资本组织形式,有利于所有权和经营权的分离,有利于提高企业和资本的运作效率,资本主义可以用,社会主义也可以用。报告认为,目前城乡大量出现的股份合作经济,是改革中的新事物,要支持和引导,使之逐步完善。报告明确提出,非公有制经济是我国社会主义市场经济的重要组成部分。对个体、私营等非公有制经济要继续鼓励、引导,使之健康发展。以上观点是十五大的理论突破,它有利于推进经济体制改革,使生产力获得更大的发展。

报告还强调,建立现代企业制度是国有企业改革的方向,要把改革同改组、改造、加强管理结合起来,坚持抓好大的,放活小的,通过战略性改组,搞好整个国有经济。在保持国民经济持续快速健康发展问题上,报告强调必须在深化改革的同时,努力在加强农业基础地位,调整和优化经济结构,发展科学技术和提高对外开放水平等方面取得重大进展。要根据我国经济发展状况,充分考虑世界科学技术加快发展和国际经济结构加速重组的趋势,着眼于全面提高国民经济整体素质和效益,增强综合国力和国际竞争力,对经济结构进行战略性调整。要实施科教兴国战略和可持续发展战略,把加速科技进步放在经济社会发展的关键地位,把经济建设真正转到依靠科技进步和提高劳动者素质的轨道上来。

关于政治体制改革和加强民主法制建设,报告要求在坚持四项基本原则的前提下,继续推进政治体制改革,进一步扩大社会主义民主,健全社会主义法制,依法治国,建设社会主义法治国家。报告重点论述了依法治国的问题,指出:依法治国,就是广大人民群众在党的领导下,依照宪法和法律规定,通过各种途径和形式管理国家事务,管理经济文化事业,管理社会事务,保证国家各项工作都依法进行,逐步实现社会主义民主的制度化、法律化,使这种制度、法律不因领导人的改变而改变,不因领导人看法和注意力的改变而改变。报告还提出,推进政治体制改革,必须有利于增强党和国家的活力,保持和发挥社会主义制度的特点和优势,维护国家统一、民族团结和社会稳定,充分发挥人民群众的积极性,促进生产力发展和社会进步。当前和今后一段时间,政治体制改革的主要任务是:发展民主,加强法制,实行政企分开、精简机构,完善民主监督制度,维护安定团结。

大会选举产生了新一届中央委员会,有中央委员 193 名,候补委员 151 名;选举产生新一届中央纪律检查委员会委员 115 名。9 月 19 日,十五届一中全会选举江泽民、李鹏、朱镕基、李瑞环、胡锦涛、尉健行、李岚清为中央政治局常委,江泽民为中央委员会总书记。根据中央政治局常委会的提名,全会选举胡锦涛、尉健行、丁关根、张万年、罗干、温家宝、曾庆红为中央书记处书记;决定江泽民为中央军委主席,张万年、迟浩田为副主席;批准尉健行为中纪委书记。

十五大最主要的成果是把邓小平理论确立为党的指导思想。

同时,根据邓小平理论和党的基本路线,认真总结改革开放以来的丰富经验,进一步强调我国还处在社会主义初级阶段,第一次系统地、完整地提出并论述了党在社会主义初级阶段的基本纲领,对我国在21世纪的全面发展作出了战略部署。十五大是党和国家历史上一座重要的里程碑。

二、九届全国人大一次会议 "一个确保、三个到位、五项改革"的任务

为了贯彻落实十五大提出的跨世纪的行动纲领和战略部署,进一步确定改革开放和现代化建设的具体部署,九届全国人大一次会议于1998年3月5日至19日在北京举行。会议主要议程有:审议并通过《政府工作报告》和其他几个重要报告;审议并批准《国务院机构改革方案》;选举新一届国家领导人。

李鹏代表国务院向会议作《政府工作报告》,总结了过去5年取得的成绩和存在的不足,并对1998年政府工作提出8点建议,这就是:进一步稳定和加强农业;国有企业改革要取得新的突破;继续加强和改善宏观调控;进一步提高对外开放水平;积极发展科技教育文化事业;努力改善城乡人民的物质文化生活;积极推进政府机构改革;推进祖国和平统一大业。

会议讨论通过了《国务院机构改革方案》。这次改革的原则是:按照社会主义市场经济的要求,转变政府职能,实现政企分开;按照精简、统一、效能的原则,调整政府组织结构,实行精兵简政;按照权责一致的原则,调整政府部门的职责权限,明确划分各部门职责分工,完善行政运行机制;按照依法治国、依法行政的要求,加强行政体系的法制建设。改革后国务院所属部、委由40个减少至29个,国务院所属机关人员编制减少一半。这次国务院机构改革是我国政治体制改革的一项重大举措,也是新中国成立后最大的一次行政机构改革。

会议经过投票选出了新一届国家领导人。江泽民继续当选为国家主席、国家中央军事委员会主席;胡锦涛当选为国家副主席;李鹏当选为九届全国人大常委会委员长;田纪云等19人当选为副委员长。根据国家主席江泽民的提名,决定朱镕基为国务院总理。

在会议闭幕后举行的中外记者招待会上,新上任的国务院总理朱镕基畅谈了新一届政府面临的主要工作,概括为:"一个确保、三个到位、五项改革"。"一个确保",指确保1998年中国经济发展速度达到8%,通货膨胀率小于3%,人民币不能贬值。"三个到位",一是指全面推进国有企业改革,用三年左右的时间使大多数国有大中型亏损企业摆脱困境而建立现代企业制度;二是指要在三年的时间里彻底改革金融系统,强化中央银行的监管职能,商业银行自主经营;三是指政府机构的改革,三年内把政府机关的人数分流一半,相应各级地方政府也要分流。"五项改革",指粮食流通体制改革;投资融资体制改革;住房制度改革;医疗制度改革;财政税收改革。朱镕基还特别指出:科教兴国是本届政府的最大任务。他宣布中央已经决定成立国家科技教育领导小组,他任组长,李岚清为副组长。

九届全国人大一次会议召开的同时,全国政协九届一次会议也在北京举行。会议选举李瑞环为新一届全国政协主席,叶选平等31人为副主席。

三、在经济和自然两大风险的考验中确保经济发展

十五大确立跨世纪的战略部署以及九届全国人大一次会议提出各项改革开放和促进经济发展的举措之后,国家的发展并非一帆风顺,主要面临着来自两个方面的巨大挑战,存在着两大风险。一是1997年爆发的亚洲金融危机,二是1998年我国长江、嫩江和松花江流域发生的历史上罕见的洪涝灾害。

首先是亚洲金融危机。1997年5月16日,泰国货币泰铢大幅贬值。泰国金融当局7月2日宣布泰币实行浮动汇率制,放弃实施14年之久的泰币与美元挂钩汇率制。之后,泰铢对美元的比

价跌落至创纪录的新低，一日之间贬值 20%。泰国金融危机很快波及东南亚的马来西亚、新加坡、印度尼西亚等国。到 11 月后，韩国、日本也受到很大影响。这些国家和地区的股市、汇市大幅下跌，货币严重贬值，经济迅速滑坡，甚至引发一些国家的政治动荡。亚洲金融危机对我国经济产生了很大影响。我国外贸出口增长速度大幅度回落，据海关统计，1998 年我国对亚洲地区出口下降了 9.9%。实际利用外资出现下降趋势，来自亚洲地区的合同外资和实际利用外资分别下降了 13.4% 和 9.3%。上述情况对我国经济发展构成巨大的冲击，使我国经济增长面临巨大的挑战。

其次是 1998 年我国长江、嫩江和松花江等流域发生了历史上罕见的洪涝灾害。6 月中旬以后，我国江南、华南大部分地区暴雨频繁，北方局部地区也降了大到暴雨。长江干流及洞庭湖、鄱阳湖水系，嫩江、松花江流域，珠江流域的西江和福建闽江等江河相继发生了大洪水。长江发生了继 1954 年以来第二次全流域性大洪水。从 7 月 2 日至 8 月 31 日，先后出现 8 次洪峰。长江干流湖北宜昌以下河段全线超过警戒水位，其中部分河段和洞庭湖、鄱阳湖超过历史最高水位。8 月 22 日，松花江第三次洪峰到达哈尔滨时，洪峰水位 120.89 米，超过 1957 年的历史最高水位 0.84 米。特大洪涝灾害给人民的生命财产造成很大损失，也对生产建设和内外贸易造成很大影响，许多工矿企业停产，长江部分航段中断航运一个多月，直接经济损失达 2 000 多亿元。

此外，由于经济生活中很多深层次的问题尚未完全解决，经济体制改革还处于关键的攻坚阶段，国内经济形势仍存在不少困难和问题。主要表现在：市场需求不旺，启动难度较大；多年重复建设造成大多数工业行业生产能力过剩，经济结构矛盾更加突出，经济运行质量和效益不高；部分国有企业经营困难加剧；财经纪律松弛，经济秩序比较混乱，金融风险加大；乱收费、乱集资、乱摊派、乱罚款屡禁不止，一些地方农民和企业不堪重负；部分群众生活仍然比较困难，下岗职工人数较多，社会就业压力大等。这些问题亟待解决。

针对这种复杂的情况,中共中央、国务院果断决策,采取了一系列措施抵御经济和自然两大风险,确保经济、社会各方面的改革和发展稳步前进。

（1）搞好金融监管和金融体制改革,防范和化解金融风险。亚洲金融危机发生以前,中共中央、国务院就注意到防范金融风险和隐患问题。危机发生后,中央于1997年11月及时召开了全国金融工作会议。朱镕基在会上提出:对于金融领域长期积累的风险,如不切实加以防范和化解,任其发展下去,有朝一日爆发,就有可能发生影响全局的重大金融风波。会议提出要力争用三年左右时间大体建立与社会主义市场经济发展相适应的金融机构体系、金融市场体系和金融调控监管体系。12月6日,中共中央、国务院发出《关于深化金融改革,整顿金融秩序,防范金融风险的通知》,指出:"防范和化解金融风险,保证金融安全、高效、稳健运行,是我国经济工作面临的一项重要和紧迫的任务。"做好这项工作的指导原则是:深化改革,标本兼治;依法规范,强化监管;积极稳妥,分步实施。

金融行业作为经济的核心,充分发挥了在国民经济中的重要作用。中国人民银行在1998年内3次降息,创下新中国成立以来一年内降息的最高频率。改革存款准备金制度,商业银行向中央银行上缴的存款准备金和备付金两个账户合并。各商业银行加大对基建项目的贷款力度,同时开展住房、汽车等耐用消费品的信贷业务,以刺激消费的增长。亚洲金融危机中,周边许多国家的货币大幅度贬值。我国政府坚持人民币不贬值。这一决策有利于我国经济的稳定和发展,对亚洲乃至世界金融和经济的稳定发挥了积极的作用。

（2）实行积极的财政政策,通过扩大内需来促进经济增长。在应对亚洲金融危机的过程中,中央提出"坚定信心,心中有数,未雨绸缪,沉着应付,埋头苦干,趋利避害"的方针,立足于把我们自己的事情办好,特别是促进国内经济的持续快速增长。1998 年 1 月,朱镕基指示国家计委牵头对经济形势进行研究,提出了加大基础设施建设投入、支撑经济持续快速增长的政策建议。2 月 26 日,江泽民在十五届二中全会上的讲话中提出 1998 年要完成的三个最重要目标,即:在不断提高效益和优化结构的前提下,保持全国经济持续快速健康发展的良好势头,要努力扩大内需,发挥国内市场的巨大潜力;采取扶植政策鼓励进出口贸易和吸引外资;保持人民币稳定。为此,中共中央、国务院要求各地做好进一步加强农业,增加对农田水利和交通、通信、环保等基础设施的投入,加快企业技术改造步伐等工作。

尽管采取了有力的应对措施,但亚洲金融危机所产生的影响却比预料的要严重得多。我国 1998 年的出口原先预计增长 10%,但到 5 月份,在连续 22 个月持续增长后,出口出现负增长。出口对经济增长的拉动作用明显减弱。再加上这年出现的严重洪涝灾害对生产建设和交通运输的影响,使得 1998 年上半年经济增长速度出现减缓的趋势。在此情况下,中共中央、国务院作出决定,实施积极的财政政策,加大投入,坚定地通过扩大内需来拉动经济的增长。从 1998 年至 2000 年,国家累计发行 3 600 亿元长期国债,用于建设一批重要项目。其中对农田水利和交通的投入力度空前,仅高速公路 3 年内就新修 1 万多公里,相当于全部高速路的 60%。外商投资信心开始恢复,新进外资踊跃。扩大内需、实施积极财政政策,对于保持经济稳定增长,抵御亚洲金融危机的影响,发挥了重要和关键的作用。1999 年外贸出口从 7 月份起大幅度回升,全年达到 1 949 亿美元,比上年增长 6.1%。实际利用外资虽比上年略有减少,但仍保持相当规模。2000 年出口总额达到 2 492 亿美元,比上年增长 27.8%。这些举措大大促进了我国经济的快速增长,使我国经济在周边国家以至世界经济处于低迷状态的情况下,仍然保持在 7%以上的增长速度。

(3)动员和领导全国人民,战胜历史上罕见的洪涝灾害。党和政府对防汛抗洪工作极为重视。根据受到洪水威胁地区的实际情况,中共中央、国务院明确提出了严防死守,确保长江大堤安全、确保重要城市安全、确保人民生命安全的战略方针。在抗洪抢险的最危急时刻,中央果断决策,调动解放军、武警部队30余万兵力奔赴抗洪第一线。这是新中国成立以来我军抗御自然灾害动用兵力和装备最多的一次行动。全国各受灾省区参加抗洪的各级干部达800万人,群众上亿人。江泽民、李鹏、朱镕基、李瑞环、胡锦涛等中共中央政治局常委分别前往受灾地区察看灾情,慰问抗洪军民。国务院副总理、国家防汛抗旱总指挥部总指挥温家宝多次亲临抗洪前线,直接指挥抗洪抢险斗争。经过全体军民的昼夜奋战,到9月初终于确保了大江、大河、大湖干堤的安全,确保了重要城市和主要交通干线的安全。

（4）进一步推进各项改革,促进经济和社会的全面发展。为了加快国企改革,国务院决定建立国有企业稽查特派员制度。稽查特派员由副部级以上干部担任,他们不干预企业经营管理,主要职责是以财务监督为核心,通过查账对企业执行国家法规、国有资产保值增值、主要领导成员的经营业绩等情况进行监督,根据稽查结果,对企业主要领导成员的经营业绩进行评价并提出奖惩、任免建议。1998年向500家大型企业派出了稽查特派员。

国有企业下岗职工基本生活保障和再就业工作事关改革全局。朱镕基一上任,即要求集中力量保证做好这项工作,职工下岗后要发给基本生活费,并给代交养老、医疗保险费用。5月,中共中央、国务院召开国有企业下岗职工基本生活保障和再就业工作会议。江泽民、朱镕基先后讲话,强调要动员社会力量做好这项工作,这对于深化国企改革,促进经济持续快速发展,保持社会的安定团结,具有重大意义。6月,中央发出《关于切实做好国有企业下岗职工基本生活保障和再就业工作的通知》,要求各地普遍建立再就业服务中心,保障国有企业下岗职工基本生活;加大政策扶植力度,拓宽分流安置和再就业渠道;在所有企业（包括个体、私营等非国有企业）和外资企业的中方职工中推行和深化养老、医疗、失业等社会保险制度的改革；加强劳动力市场建设，强化再就业培训等。

1998年1月，中央农村工作会议召开。针对农村中存在的一部分农业产品销售不畅、价格下跌、农民收入增长减缓的突出问题，会议提出坚持稳中求进的指导方针，稳定和加强农业的基础地位，稳定和落实党在农村的基本政策，稳定农产品总量，稳定农村社会秩序，力求农村改革有新的突破，产业结构调整有新的进展，农村经济整体素质和效益有新的提高，农民收入有新的增长。会议还强调要切实落实减轻农民负担的政策和粮食收购政策。1998年4月，全国粮食流通体制改革工作会议召开。会议提出：粮食流通体制改革应按照"四分开一完善"的原则，即实行政企分开、中央与地方责任分开、储备与经营分开、新老财务账目分开、完善粮食价格体制，以此更好地保护农民的生产积极性和消费者的利益。

此外，城镇住房制度改革、医疗保险制度改革和财政税收改革也稳步推进。1998年7月，中共中央、国务院决定严厉打击走私犯罪活动，并改革缉私体制，组建国家缉私警察队伍，专司打击走私犯罪活动的职能。

上述各项举措和改革方案的出台实施，促进了我国经济和社会事业的发展，这对于有效化解亚洲金融危机带来影响，促进社会主义市场经济体制的建立和完善，维护社会稳定的局面，发挥了积极有效的作用。

四、西部大开发战略的制定和开始实施

我国西部①地区地域辽阔，自然资源极为丰富。由于历史的

---

① 西部指我国西部地区的12个省、自治区和直辖市，即：陕西省、甘肃省、青海省、四川省、贵州省、云南省、内蒙古自治区、宁夏回族自治区、新疆维吾尔自治区、西藏自治区、广西壮族自治区和重庆市。

原因,我国东西部地区的发展存在着很大的差距。改革开放以来,东部地区经济迅速发展,而西部地区经济发展相对比较缓慢,与东部地区经济差距在拉大。东西部经济的差距和矛盾,已日益成为我国宏观经济运行中的一个突出问题,也是一个长期困扰我国经济和社会健康发展的全局性问题。20 世纪 90 年代末,随着我国经济实力的不断增强,加快西部地区开发的条件已经成熟。

1999 年 6 月 17 日,江泽民在西安召开的西北五省区国有企业改革发展座谈会上强调,必须不失时机地加快中西部地区的发展,特别是抓紧研究西部地区的开发。他指出,加快开发西部地区,是全国发展的一个大战略、大思路。改革开放以来,沿海发达地区运用自身较好的经济基础、优越的地理位置和国家支持的政策,经济和社会发展已经积累了相当的实力。现在,加快中西部地区开发的时机已经到来。他提出:在发展社会主义市场经济的条件下,加快开发西部地区,要有新的思路。要适应建立社会主义市场经济体制的要求和新的对外开放环境,充分考虑国内外市场需求的新变化,按客观经济规律办事。国家要加强宏观调控,研究提出符合实际的政策措施。要按照有所为、有所不为的原则,统筹安排,有计划有步骤地进行开发,防止刮风,防止"一哄而起"。

11 月,中央经济工作会议召开。会议提出:抓住时机,着手实施西部地区大开发战略。会议认为,实施西部大开发直接关系到扩大内需,促进经济增长,关系到民族团结、社会稳定和边防巩固,关系到东西部协调发展和最终实现共同富裕。这次会议的召开表明西部大开发作为我国跨世纪经济和社会发展的重大战略被确定下来。

为了落实西部大开发战略,2000 年 1 月 19 日至 22 日,国务院西部地区开发领导小组召开西部地区开发会议,研究加快西部地区发展的基本思路和战略任务。会议指出,实施西部大开发是一项规模宏大的系统工程,也是一项艰巨的历史任务。当前和今后一个时期,要集中力量抓好几件关系西部地区开发全局的重点工作:加快基础设施建设,要在做好充分论证的基础上,着力抓好一批重大骨干工程;切实加强生态环境保护和建设,要加大天然林保护工程实施力度,采取"退耕还林(草)、封山绿化、以粮代赈、个体承包"的政策措施;积极调整产业结构,从各地资源特点和自身优势出发,依靠科技进步,发展有市场前景的特色经济和优势产业;加快发展科技和教育,大力培养各级各类人才;加大改革开放力度。

2000 年 3 月 5 日,九届全国人大三次会议召开。朱镕基在《政府工作报告》中指出:实施西部地区大开发战略,加快中西部地区的发展,是中共中央贯彻邓小平关于我国现代化建设"两个大局"战略思想,面向新世纪所作出的重大决策。实施这个重大决策,是一项系统工程和长期任务,既要有紧迫感,又必须统筹规划,突出重点,分步实施,防止一哄而起。

2000 年 3 月中旬,国务院西部地区开发领导小组办公室正式成立并开始工作。2000 年重点做的 4 项工作是:做好西部开发的总体规划;制定促进西部开发的政策措施;加快西部地区基础设施建设;加强西部地区生态环境保护和建设。2000 年,国家在西部基础设施建设方面开始几项大的工程建设,主要有:建设西安至南京铁路中的西安至合肥段,全长 955 公里,总投资 232 亿元;投资182 亿元修建全长约 640 公里的渝(重庆市)怀(湖南省怀化)公路;兴建西安咸阳国际机场,形成以成都双流机场、昆明巫家坝机场、西安咸阳机场、兰州中川机场和乌鲁木齐机场为中心的轮辐式航空网络;修建的柴达木盆地涩北至西宁至兰州的天然气输气管道,全长 953 公里,输气规模达每年 20 亿立方米,建成后将大大改善兰州、西宁两市的大气质量;修建四川紫坪铺和宁夏黄河沙坡头水利枢纽,这是集发电、灌溉、防洪等功能为一体的大型水利工程,其中位于岷江上游的紫坪铺工程,总投资约 62 亿元,水库总库容约 11 亿立方米,装机容量 76 万千瓦;在长江上游和黄河中上游地区实施退耕 515 万亩的计划,同时安排宜林荒山荒地人工造林

648万亩。此外"西电东送"工程、青海钾肥工程、西部高校基础建设工程和重庆市高架轻轨交通工程也开始投入建设。

五、香港、澳门回归祖国　海峡两岸关系的波折

1984年12月《中英关于香港问题的联合声明》签署生效后,香港进入13年的过渡期。1985年7月1日,香港特别行政区基本法起草委员会正式成立并开始工作。经过起草委员会59位委员近5年的努力,并征询在香港成立的具有广泛代表性的基本法咨询委员会的意见,1990年4月,七届全国人大三次会议正式通过了《中华人民共和国香港特别行政区基本法》。该法共160条,是"一国两制"构想的具体体现,其根本精神是:坚持维护国家主权、统一和领土完整的基本原则;坚持"一国两制"原则;保持香港繁荣稳定,实行港人治港、高度自治原则等。

香港回归的历程并不是一帆风顺的。20世纪90年代初以后,随着国际局势的新变化,英国政府在香港问题上采取了与中方不合作甚至对抗的做法,为香港的平稳过渡设置障碍。中国政府始终坚持中英《联合声明》和香港基本法的原则立场,敦促英方改变立场。但是,英方仍然在1992年10月单方面提出所谓香港"政制改革方案",违反了中英《联合声明》和香港基本法的精神。在这种情况下,中国政府采取"以我为主,两手准备"的方针。1993年4月至11月,中英两国政府就香港1994年、1995年选举安排问题进行了17轮谈判。由于英方单方面中止了谈判,双方未能达成协议。1993年7月,香港特别行政区筹委会预备工作委员会正式成立。这标志着中国对香港恢复行使主权的准备工作进入一个新的阶段。由69名香港和内地人士组成的预委会在两年半的时间里,举行了6次全体会议,下设的政务、经济、法律、文化、社会及保安5个专题小组共举行了89次会议,进行了大量的工作,为后来筹委会的工作打下了良好的基础。

1996年1月26日,香港特别行政区筹委会在北京成立。筹

委会由 150 名委员组成。筹委会成立以后,围绕着香港特别行政区筹建的各项事宜,开展了一系列富有成效的工作。1 月 28 日,国务院和中央军委发布公告,中国人民解放军驻香港部队组成,并在深圳首次正式亮相。这支部队将于 1997 年 7 月 1 日零时起正式进驻香港。香港特别行政区筹委会的成立和驻港部队的组成,标志着中国政府对香港恢复行使主权的准备工作进入具体实施阶段。

根据全国人大的有关规定,筹委会第五次会议通过了关于《第一任行政长官的产生办法》,采纳了更易为港人接受的协商后提名选举的方式。1996 年 11 月 1 日至 2 日,筹委会在北京举行全体会议,产生了由 400 名港人组成的香港特别行政区第一届政府推选委员会。12 月 11 日,推选委员会在香港会议展览中心,举行选举大会,董建华以高票当选为香港特别行政区第一任行政长官。12 月 16 日,国务院第 11 次全体会议作出决定,正式任命董建华为香港特别行政区第一任行政长官。12 月 21 日,推选委员会在深圳举行第四次全体会议,按照此前全国人大关于香港第一届政府和立法会产生办法的决定,选举产生了香港特别行政区临时立法会议员 60 名。1997 年 1 月 25 日,临时立法会以互选方式选举范徐丽泰为临时立法会主席。

经过各方长期的共同努力,香港回归祖国的各项筹备工作都已准备就绪。全国人民翘首等待 7 月 1 日这个喜庆日子的到来。6 月 30 日午夜至 7 月 1 日凌晨,中英两国政府香港政权交接仪式在香港会议展览中心隆重举行。

1997 年 7 月 1 日零时整,在中华人民共和国国歌声中,中华人民共和国国旗和中华人民共和国香港特别行政区区旗在香港升起。零时 4 分,中华人民共和国主席江泽民庄严宣告:根据中英关于香港问题的联合声明,两国政府如期举行了香港交接仪式,宣告中国对香港恢复行使主权。中华人民共和国香港特别行政区正式成立。这是中华民族的盛事,也是世界和平与正义事业的胜利。

经历了百年沧桑的香港回归祖国,标志着香港同胞从此成为祖国这块土地上的真正主人,香港的发展从此进入一个崭新的时代。

同日,中央军委主席江泽民命令中国人民解放军驻香港部队进驻香港特别行政区。驻港部队于 1997 年 7 月 1 日零时开始履行防务职责。

7 月 1 日,中华人民共和国香港特别行政区政府成立。当日上午,中华人民共和国香港特别行政区成立庆典在香港会议展览中心举行。国家主席江泽民在庆典上发表讲话。当日下午,国务院在人民大会堂举行庆祝香港回归盛大招待会。当日晚,中共中央、全国人大常委会、国务院、全国政协、中央军委在北京工人体育场举行"首都各界庆祝香港回归祖国大会"。江泽民在大会上讲话指出:香港回归,标志着中国人民洗雪了香港被侵占的百年国耻,开创了香港和祖国内地共同发展的新纪元;标志着我们在完成祖国统一大业的道路上迈出了重要一步;标志着中国人民为世界和平、发展与进步事业作出了新的贡献。

1987 年 4 月 13 日,《中葡关于澳门问题的联合声明》在北京正式签署。《联合声明》确认:中华人民共和国政府将于 1999 年 12 月 20 日对澳门恢复行使主权,并设立澳门特别行政区。同时,还作出使澳门保持稳定和繁荣的各种安排。1993 年 3 月,八届全国人大一次会议审议通过了《中华人民共和国澳门特别行政区基本法》。澳门基本法在结构与内容上与香港基本法大致相同,如强调了"一国两制、高度自治"的基本原则。但在居民的基本权利和义务上,有许多比香港基本法更细致之处,在法制建设上比香港基本法有进一步的发展。1998 年 5 月 5 日,澳门特别行政区筹备委员会正式成立并开始工作。筹委会由 100 人组成。筹委会的成立标志着澳门回归祖国的准备工作进入实质性阶段。

根据全国人大关于澳门特别行政区第一届政府、立法会和司法机关产生办法的决定,1999 年 4 月 10 日,筹委会选举产生了200 名由澳门永久性居民组成的澳门特别行政区第一届政府推选委员会。5月15日,推委会以无记名投票的方式选举何厚铧为第一任行政长官。5月20日,朱镕基总理签署国务院第264号令,任命何厚铧为中华人民共和国澳门特别行政区第一任行政长官。此后,澳门特别行政区第一届立法会也按照预定程序顺利产生。11月10日,中央军事委员会发布公告宣布,中华人民共和国中央人民政府派驻澳门特别行政区的部队,现已组建完成,将于1999年12月20日起正式担负澳门防务。至此,澳门回归的各项准备工作已经全部就绪。

1999年12月19日午夜,中葡两国政府澳门政权交接仪式在澳门文化中心花园馆隆重举行。20日零时起,在雄壮的《义勇军进行曲》中,中华人民共和国国旗和澳门特别行政区区旗冉冉升起。江泽民主席在致辞中庄严宣布,中国政府对澳门恢复行使主权。从这一刻开始,澳门的发展进入一个崭新的时代。随后,朱镕基总理主持澳门特别行政区第一任行政长官何厚铧及第一任特区政府主要官员就职宣誓仪式。澳门特别行政区政府正式宣告成立。20日上午,人民解放军驻澳部队正式进驻澳门接管防务。当天晚上,由中共中央、全国人大常委会、国务院、全国政协、中央军委在首都体育馆隆重举行"首都各界庆祝澳门回归祖国大会"。中国政府恢复对澳门行使主权及澳门特别行政区的正式成立,是继香港回归之后中华民族的又一盛事,是完成祖国统一大业的又一个重要里程碑。

20世纪90年代初以来的十年间,海峡两岸关系有所发展,但同时也出现很多波折。

在"和平统一、一国两制"方针指引下,两岸之间经济、贸易、科技、文化、教育、新闻、体育、卫生等领域的交流逐渐活跃,探亲、旅游等人员往来也逐年增多。与此同时,海峡两岸民间机构开始进行一些政治性的接触。1992年11月,为了通过商谈妥善解决两岸同胞交往中所衍生的具体问题,大陆"海峡两岸关系协会"同台湾"海峡交流基金会"达成在事务性商谈中各自以口头方式表述"海峡两岸均坚持一个中国原则"的共识(即"九二共识")。在此基础上,海协会会长汪道涵与海基会董事长辜振甫于1993年4月在新加坡举行了"汪辜会谈"。双方就两岸经济合作、科技文化交流及两会联系的方式和会谈制度等问题交换了意见,并签署了《汪辜会谈共同协议》等4项协议,迈出了两岸关系上具有历史意义的重要一步。1994年2月和8月,海协会常务副会长唐树备与海基会副董事长兼秘书长焦仁和先后在北京和台北举行两次会谈,取得重要成果。

台湾当局虽对两岸关系作了某些松动,但其大陆政策仍严重阻碍着两岸关系的发展和国家的统一。他们口头上虽声称"中国必须统一",但行动上却背离一个中国的原则,纵容"台独"猖獗的活动,拒绝就和平统一问题进行商谈,甚至设置障碍,限制两岸交往的进一步发展。

1995年1月30日,江泽民发表《为促进祖国统一大业的完成而继续奋斗》的重要讲话,提出发展两岸关系、推进祖国和平统一的八项看法和主张:(1)坚持一个中国的原则,是实现和平统一的基础和前提。中国的主权和领土决不容许分割。任何制造"台湾独立"的言论和行动,都应坚决反对。(2)对于台湾同外国发展民间性经济、文化关系,我们不持异议。(3)进行海峡两岸和平统一谈判,是我们的一贯主张。作为第一步,双方可先就"在一个中国的原则下,正式结束两岸敌对状态"进行谈判,并达成协议。在此基础上,共同承担义务,维护中国的主权和领土完整,并对今后两岸关系的发展进行规划。(4)努力实现和平统一,中国人不打中国人。我们不承诺放弃使用武力,绝不是针对台湾同胞,而是针对干涉中国统一的外国势力和搞"台湾独立"图谋的人。(5)面向21世纪世界经济的发展,要大力发展两岸经济交流与合作,以利于两岸经济共同繁荣,造福整个中华民族。两岸直接通邮、通航、通商,是两岸经济发展和各方面交往的客观需要,也是两岸同胞利益之所在,完全应当采取实际步骤加速实现直接"三通"。

（6）中华各族儿女共同创造的五千年灿烂文化,始终是维系全体中国人的精神纽带,也是实现和平统一的一个重要基础。两岸同胞要共同继承和发扬中华文化的优秀传统。（7）要充分尊重台湾同胞的生活方式和当家作主的愿望,保护台湾同胞的一切正当权益。（8）我们欢迎台湾当局的领导人以适当身份前来访问;我们也愿意接受台湾方面的邀请,前往台湾。中国人的事我们自己办,不需要借助任何国际场合。

这个讲话是解决台湾问题的纲领性文件。这些主张受到海内外中国人的热烈欢迎,也引起了国际社会的高度重视,对推动两岸关系和祖国统一进程产生了深远影响。由此,1995 年上半年两岸关系出现了良好的发展势头。

然而,台湾当局领导人李登辉仍然坚持分裂祖国的立场,对抗"一个中国"原则。1995 年 6 月,他以所谓"私人身份"访问美国,鼓吹"争取生存空间",搞"务实外交",在国际上制造"两个中国"和"一中一台",严重破坏了两岸关系发展的基础,这直接导致了两岸关系出现倒退。为配合李登辉访美,台湾当局在 5 月底至 6 月初的 10 天里连续进行 4 次针对大陆的军事演习。李登辉带有明显"台独"、分裂祖国倾向的言行,遭到包括台湾人民在内的海内外中国人的强烈反对。7 月 24 日至 27 日,《人民日报》评论员和新华社评论员连续撰文评李登辉在美国的演讲,抨击李登辉的"台独"言行。7 月、8 月、11 月和 1996 年 3 月,人民解放军在东海、台湾海峡、台湾附近海域进行军事演习和导弹发射训练,并获得圆满成功。这充分显示了中国人民反分裂、反"台独",维护国家主权和领土完整的决心和能力。

1997 年,两岸关系出现了和缓的趋势。1998 年 6 月 1 日,海协会致函海基会,重申欢迎海基会董事长辜振甫来访。经过两会的协商,10 月 14 日至 19 日,辜振甫率海基会参访团开始对祖国大陆进行参观访问。海协会会长汪道涵在上海会见了辜振甫,通过交换意见,达成四点共识:两会决定进行包括政治、经济等各方面内容的对话;进一步加强两会间多层次的交流与互访;对涉及两岸同胞生命财产安全的事件,两会加强个案协助;汪道涵表示愿意应辜振甫的邀请在适当时候访问台湾。18日,中共中央总书记江泽民在北京会见了辜振甫,就涉及两岸关系的重大问题发表了意见,对辜振甫与汪道涵达成的四项共识表示赞赏。通过此次汪辜会谈,两会增加了相互了解,达成了共识,为两岸实现政治谈判的程序性商谈创造了条件,促进了两岸关系的发展。

按照两会的磋商,汪道涵预计在1999年秋季赴台湾参观访问,以促进两岸的对话和交流。但是,李登辉在7月9日接受"德国之声"记者采访时,公然宣称台湾当局已将两岸关系定位为"国家与国家的关系,至少是特殊的国与国的关系"。李登辉"两国论"的谬论是对一个中国原则的彻底否定,是对包括台湾同胞在内的全体中国人民的严重挑衅,是他坚持分裂祖国、抗拒祖国统一、推进"台独"的政治本质的大暴露。李登辉的"两国论"一出笼,立即遭到海内外一切爱国的中国人的同声谴责。在国际上也没有得到任何响应与支持,一个中国的原则再次得到世界各国的普遍确认。9月上旬,人民解放军南京、广州战区陆海空三军、第二炮兵和民兵预备役部队,在浙东、粤南沿海举行了大规模的诸军兵种联合渡海登陆作战实兵演习。这表明人民解放军正严阵以待,时刻准备捍卫国家主权和领土完整,坚决粉碎任何分裂祖国的图谋。

2000年3月,台湾当局领导人进行更迭选举,国民党候选人落败,民进党候选人陈水扁当选。5月20日,陈水扁发表就职讲话,其中对两岸关系的有关政策,提到了不会宣布"台独",不会推动"两国论入宪",不会推动"统独公投",没有废除"国统纲领"与"国统会"的问题。但在接受一个中国原则这个关键问题上采取了回避、模糊的态度。同日,中共中央台办、国务院台办受权发表声明表示,台湾当局新领导人既然表示不搞"台独",就不应当附加任何条件;就更不应当否认一个中国、台湾是中国一部分的现实,把一个中国说成是"未来"的。是否接受一个中国原则,是检验台湾当局领导人是维护国家主权与领土完整,还是继续顽固推行"台独"分裂政策的试金石。与此同时,包括台湾在内的海内外众多华人团体和舆论纷纷呼吁台湾当局新领导人回到一个中国原则的立场上来,不要另搞一套,并警告"台独"是没有出路的。然而,人们看到陈水扁上台以后,拒不接受一个中国原则,否认"九二共识",使两岸对话与谈判无法恢复。

尽管 20 世纪 90 年代海峡两岸关系历经波折,但经过两岸同胞的共同努力,两岸往来日渐频繁,民间交流蓬勃发展,特别是两岸经济交流与合作已经形成相当规模。大陆相继出台《台湾同胞投资保护法》《对台湾地区贸易管理办法》等多项法律法规,不断改善投资环境,切实依法保护台商的一切正当权益。两岸贸易额已从 1978 年的 0.46 亿美元发展到 1999 年的 234.79 亿美元。截至 1999 年底,台湾是大陆第五大贸易伙伴,第二大进口市场;大陆(包括香港)是台湾第二大出口市场和最大贸易顺差来源地。两岸各个领域的来往和交流必将有力地推动祖国统一的历史进程。

六、对外关系的新变化

20 世纪 90 年代初至 21 世纪初期,国际局势发生了深刻而剧烈的变化。东欧剧变,尤其是 1991 年 12 月苏联解体,使第二次世界大战后形成的两极格局终结。同时经济全球化的进程在加快。世界上各种力量重新分化组合,新旧矛盾交织在一起,世界向着多极化方向发展。和平与发展仍是当今世界的两大主题。但是,国际局势仍然动荡不安,霸权主义、强权政治还存在。西方敌对势力加紧对我国实施"西化""分化"的战略图谋没有改变。由于多极化趋势的发展,经济全球化的步伐加快,以经济为基础、科技为先导的综合国力的竞争日趋激烈。在这样一个机遇与挑战并存的时期,中国始终奉行独立自主的和平外交政策,把维护国家的独立和主权,促进世界的和平与发展,作为外交政策的基本目标。在处理

473

外交事务中,冷静观察,沉着应付,绝不当头,有所作为。既坚持原则立场,又讲求斗争艺术,坚决维护中国的利益和安全。

在世界多极化发展的过程中,改善和调整同大国关系是中国外交策略的一项重要内容。这个时期的中美关系经历了曲折的发展过程。1989年美国对中国实施制裁,中美关系陷入低谷后,在布什政府任内两国关系仍处于僵持状态。1993年1月克林顿就任美国总统后,对华政策采取以人权问题和限制武器扩散为中心,利用最惠国待遇为施压手段,企图达到以压促变的目的。这一年中发生了一系列损害中国利益的事件。针对美国上述行为,中国政府顶住压力,进行斗争,但又不使中美关系进一步恶化。在克林顿上任不久,江泽民在会见美国国会议员时提出,中国对美方针是:"增加信任,减少麻烦,发展合作,不搞对抗"。并希望双方遵循中美三个联合公报的精神,发展健康、稳定的中美关系。1993年11月,江泽民出席在美国西雅图举行的亚太经济合作组织(APEC)领导人非正式会议期间,与克林顿进行了会晤。这是两国最高领导人自1989年2月以来的首次会晤。双方就中美之间重大问题交换了意见,彼此增进了了解,这标志着中美关系有了一个新的良好的开端。1994年11月,在印度尼西亚举行的第二次APEC领导人非正式会议期间,江泽民在与克林顿的会晤中提出建立新型中美关系的五项原则:第一,双方都着眼于世界大局和21世纪,从更广泛的范围和长远的观点处理中美关系。第二,相互尊重各自的国情和选择,摆脱社会制度和意识形态差异对两国关系的影响,以友好的精神处理相互间的一切问题。第三,充分利用各自经济的优势和特点,在平等互利基础上推动两国经济合作全面发展。第四,加强两国在国际事务和国际组织中的磋商与合作,在解决世界热点、大规模毁灭性武器扩散及环保、缉毒、恐怖主义、走私等社会问题上开展协作。第五,增进相互间的来往和交流,特别是高层互访和接触。

台湾问题是中美关系中最敏感的核心问题。克林顿上任后多

474

次重申美国坚持三个联合公报的原则,奉行一个中国的政策。但是,美国国内反华势力总是企图制造事端,为两国关系的发展设置障碍。1995年5月,在亲台议员的怂恿下,美国国会提出邀请李登辉访美,并得到克林顿的批准。5月23日,中国外交部发表声明,向美国政府提出强烈抗议,同时采取了一些措施。美国政府感到事件的严重性,表示美方坚持"一个中国"的政策,反对"两个中国""一中一台"和"台湾独立",承诺以后限制李登辉等台湾领导人访美。本着"有理、有利、有节"的方针,中国政府在保持对美一定压力的同时,同意开始恢复双方对话和交往。

1996年,克林顿竞选连任。他表示对华政策仍奉行建设性的接触政策。11月,中美双方商定1997年和1998年实现两国领导人正式互访。1997年10月26日至11月3日,江泽民主席对美国进行国事访问。10月29日,中美发表联合声明,决定两国通过增进合作,对付国际上的挑战,促进世界和平与发展,共同致力于建立中美建设性战略伙伴关系。这次访问对于中美关系的改善和发展起了推动作用。1998年6月25日至7月3日,克林顿访问中国。两国领导人在会谈中就双边关系和重大国际与地区问题深入交换了意见,双方同意继续努力,向建立中美建设性战略伙伴关系的目标迈进。双方还确立了中美高层定期对话的机制。克林顿在上海访问时公开重申:美国不支持台湾独立,不支持"一中一台""两个中国",不支持台湾加入任何必须由主权国家才能参加的国际组织。

在中美两国元首实现互访,中美关系出现良好发展势头的时候,美国国内反华势力再次掀起反华浪潮。美国政府迫于压力在1999年的联合国人权会议上再次提出攻击中国人权状况的提案,同时,还计划在亚洲部署"战区导弹防御系统",这严重损害了中国的国家安全,对中国的统一大业构成威胁。

1999年5月8日晨,以美国为首的北约悍然使用导弹袭击了中国驻南斯拉夫联盟共和国大使馆。新华社记者邵云环、《光明日报》记者许杏虎和朱颖夫妇3人遇难身亡,多人受伤,大使馆建筑严重毁坏。当天上午,中国政府发表严正声明,提出最强烈抗议。事件发生后,全国各地人民群众纷纷集会、座谈,强烈谴责以美国为首的北约的野蛮行径。北京、上海、广州、沈阳、成都等城市的学生、群众,在美国驻华外交机构附近举行抗议示威游行。中国政府向以美国为首的北约提出四点严正要求:公开正式向中国政府、中国人民和中国受害者家属道歉;对事件进行全面彻底的调查;迅速公布调查的详细结果;严惩肇事者。中国政府指出:以美国为首的北约必须对这一事件承担全部责任,必须对中国政府提出的要求作出全面交代。否则,中国人民决不答应。在中国人民的强烈抗议和中国政府的严正交涉之下,克林顿在事件发生后表示向中国领导人和中国人民道歉。但随后美方的调查认为,中国驻南联盟大使馆被炸是一起"误炸"事件。中方对美方的上述解释表示不能接受,并要求美方认识到这一事件的严重性,高度重视中国政府的严正立场和要求,切实进行全面、彻底调查,严惩肇事者,承担全部赔偿责任。在这场斗争中,中国政府和人民坚决捍卫了国家主权和尊严,表明了反对霸权主义和强权政治的决心,在世界人民面前树立了坚持原则、伸张正义、爱好和平的良好形象。

1999年11月,江泽民和克林顿在新西兰奥克兰APEC领导人非正式会议期间举行会晤,使中美关系得到恢复和发展。11月15日,中美就中国加入世界贸易组织问题的谈判在北京达成协议。这一协议的签署对于中国加入世贸组织、中美经贸合作的发展以及中美关系的改善和发展,具有重要的现实意义。

中国和俄罗斯的关系在这个时期有了很大发展。苏联解体后,中国根据不干涉别国内政和尊重各国人民选择的原则,先后与独立的15个国家建立了外交关系,并表示愿在和平共处五项原则的基础上发展同这些国家的友好合作关系。俄罗斯继承了原苏联在联合国的席位。中国非常重视发展与俄罗斯的关系。1992年12月,俄罗斯联邦总统叶利钦对中国进行正式访问。中俄两国签署《关于中华人民共和国和俄罗斯联邦相互关系基础的联合声明》,宣布两国将保持和发展长期稳定的睦邻友好、互利合作的关系。此前,1992 年 2 月,俄罗斯联邦人民代表大会通过了 1991 年 5 月中国和苏联政府签署的中苏国界东段协议。3 月,俄外长访华,双方互换批准书,使中苏经过长期谈判达成的有关边界问题的协议正式生效。1994 年 9 月,江泽民主席访问俄罗斯,与叶利钦总统举行会谈。双方就建立面向 21 世纪的中俄建设性伙伴关系达成共识。双方签署了《中俄联合声明》《中华人民共和国和俄罗斯联邦关于中俄国界西段的协定》等重要文件。1995 年 10 月,双方互换了国界西段协议的批准书,使协定开始生效。此后,中俄两国元首、政府首脑多次互访,促进了两国在政治、经贸、地区安全、文化、科技等方面的合作。2000 年 7 月,俄罗斯总统普京正式访问中国。江泽民与普京在会谈中一致商定,为了确保中俄世代友好,永远做好朋友、好邻居、好伙伴,将签署不具结盟性质的中俄睦邻友好合作条约。双方还签署了《北京宣言》,指出 1996 年宣布建立的中俄平等信任、面向 21 世纪的战略协作伙伴关系完全符合两国人民的利益。

中国在重视发展与俄罗斯关系的同时,也重视与哈萨克斯坦、吉尔吉斯斯坦、塔吉克斯坦、土库曼斯坦、乌兹别克斯坦等国家的关系。中国与哈萨克斯坦、吉尔吉斯斯坦、塔吉克斯坦三国的边界问题是历史遗留下来的,苏联时期仍未得以解决。苏联解体后,中国与哈、吉、塔三国本着务实、协商的态度分别进行了边界谈判。1994 年中哈签订了国界协定,并于 1997 年、1998 年签订了第一、第二补充协定;1996 年中吉签订了国界协定;1999 年中塔签订了国界协定,并于 2002 年签订了补充协定。至此,中国与哈、吉、塔三国的边界问题顺利解决。1996 年 4 月 26 日,中国、俄罗斯、哈萨克斯坦、吉尔吉斯斯坦、塔吉克斯坦五国元首在中国上海共同签署了五国《关于在边境地区加强军事领域信任的协定》,其中规定:双方部署在边境地区的军事力量互不进攻;双方不进行针对对方的军事演习;限制军事演习的规模、范围和次数等。以后,五国元首每年举行一次会晤,讨论共同关心的地区和国际局势问题,并在此基础上形成"上海五国"合作机制。这对于双边和多边深化安全领域合作,联合打击各种分裂势力、恐怖主义势力和宗教极端势力,推进经贸合作,加强在国际舞台的合作,反对霸权主义和强权政治,推动世界多极化进程,有着重要的现实意义。2001年6月15日,"上海五国"元首和乌兹别克斯坦元首在上海举行会晤,签署了《上海合作组织成立宣言》,宣告上海合作组织正式成立。这是第一个在中国境内宣布成立,第一个以中国城市命名的国际组织。

20世纪90年代初至21世纪初期,中国注重发展与周边国家的关系。中国和朝鲜之间继续保持传统友好关系。1992年8月24日,中国与韩国正式建交。之后,两国在各个领域的合作进一步发展,两国高层领导人互访不断。中国非常关注朝鲜半岛局势,积极促进南北对话,维护朝鲜半岛的和平。中国和越南经过一个时期的紧张关系后,1991年11月,两国关系实现正常化。1994年11月,江泽民应邀访问越南。这是两国建交以来中国最高领导人首次访越。访问增进了中越两国关系在新的时期的发展。同时,中国继续注重发展与东盟国家的友好关系。90年代,中国领导人多次访问东盟各国,与这些国家建立全面对话、面向21世纪睦邻互信伙伴关系。南海的南沙群岛、西沙群岛等岛屿自古以来就是中国的领土,但东盟一些国家占据了一些岛屿。中国从维护地区和平和稳定大局出发,提出了"搁置争议、共同开发"的倡议。2002年11月,中国与东盟签署了有关南海问题的政治文件,对维护中国主权,保持南海地区和平与稳定,增进彼此互信有重要的意义。中国与南亚各国的关系也在扩大交往、相互尊重、互利互惠、求同存异、团结合作的原则下得以发展。与此同时,中国把发展同发展中国家的关系看作中国外交的基本点。中国始终同情和支持这些国家在维护国家独立与主权、反对外来干涉、争取共同发展方面的斗争,同时加强与这些国家的经贸合作、文化交流及在国际事务中的协调与合作。中国已正式成为不结盟运动的观察员,同七十七国集团的合作不断加强。

日本是中国的近邻。发展中日关系符合两国人民的愿望。1992年10月和1998年11月,日本天皇明仁夫妇和江泽民主席实现互访。这是中日2000多年交流史上两国元首首次互访。江泽民在访日期间,两国领导人就双边关系达成共识,即本着"以史为鉴、面向未来"的精神,在认真总结两国关系经验教训的基础上,一致同意建立致力于和平与发展的友好合作伙伴关系。江泽民在访日期间多次强调"以史为鉴,可以知兴替"。他说:日本国内一些人,包括一些身居高位的人经常歪曲历史、美化历史,伤害了包括中国人民在内的亚洲受害国人民的感情,我们对此不得不作出反应。他表示,中日两国人民只有和睦相处,互相尊重,珍惜和维护来之不易的传统友好关系,防止历史悲剧重演,两国才能永远做好邻居,两国人民才能世代友好下去。

20世纪90年代初,中国在打破西方国家对华制裁之后,中国与西欧关系逐渐恢复。中国和西欧国家领导人互访频繁。1994年9月,江泽民主席在访问法国期间,提出了发展中国与西欧关系的四项原则,即:面向21世纪,发展长期稳定的友好合作关系;相互尊重,求同存异;互利互补,促进共同发展;加强在国际事务中的磋商与合作。1997年5月,法国总统希拉克访华,双方发表联合声明,决定建立面向21世纪的全面伙伴关系。1997年7月,香港回归后,中英关系出现新局面。1998年,朱镕基总理与英国首相布莱尔进行了互访。这期间,中国还进一步发展了同欧盟以及同加拿大、澳大利亚、新西兰等国家之间的关系。

从20世纪90年代初到21世纪初期,中国作为联合国安理会常任理事国,进一步开展多边外交活动,在国际上发挥了积极和建设性的作用,为建立和平稳定、公正合理的国际政治经济新秩序,促进世界多极化趋势的发展,作出了自己的努力。

七、国庆五十周年庆典　"九五"计划的完成和"十五"计划的制定

1999 年 10 月 1 日,全国人民迎来了中华人民共和国成立 50 周年的喜庆日子。为了庆祝新中国成立 50 周年,中共中央、国务院决定在首都北京举行盛大的阅兵式和群众游行活动。

上午 10 时,庆典开始。在 50 响礼炮和中华人民共和国国歌声中,五星红旗冉冉升起。中共中央总书记、国家主席、中央军委主席江泽民乘国产红旗牌检阅车,检阅了人民解放军陆海空三军和人民武装警察部队、民兵预备役部队组成的地面方队。随后,江泽民登上天安门城楼发表了重要讲话。他说,经过 50 年特别是改革开放 20 年来艰苦卓绝的奋斗,昔日积贫积弱的中国发生了翻天覆地的历史巨变。勤劳、勇敢、智慧的中国人民在党的领导下,在古老的华夏大地上创造了举世惊叹的人间奇迹。他向世界庄严宣布:从本世纪中叶到下世纪中叶,中国人民经过一百年的艰苦创业,将基本实现社会主义现代化。中华民族将以更加强劲的英姿屹立于世界民族之林。中国的未来是无限光明的。

10 时 36 分,阅兵分列式开始。中国人民解放军陆军、海军、空军及武装警察部队、民兵预备役的 1 万多名官兵和 400 多台战车、火炮、各种导弹等,分别组成 16 个徒步方队和 25 个车辆方队,浩浩荡荡通过天安门广场,接受祖国和人民的检阅,展示了我军革命化、现代化、正规化建设的巨大成就,展示了共和国钢铁长城维护祖国安全与统一、促进世界和平与发展的坚强决心和强大力量。11 时 5 分,广场上空响起巨大的轰鸣声,以空军航空兵为主体,陆军、海军航空兵联合组成的 10 个空中梯队,132 架轰炸机、强击机、歼击机、空中加油机和直升机低空飞过天安门广场,拉出一道道绚丽的彩烟。当战略导弹方队最后通过时,全场掌声经久不息。

50 万群众游行队伍紧随受阅部队向广场行进。游行队伍依次展示了"开国创业""改革辉煌""世纪腾飞"三个主题,生动地

反映了新中国成立 50 年特别是改革开放 20 年来,在毛泽东、邓小平、江泽民为核心的党的三代中央领导集体的领导下发生的翻天覆地的变化,表现了全国各族人民奋发努力、满怀豪情迈向新世纪的精神风貌。游行队伍行进中,广场上的背景不断变换出"祖国万岁""改革开放""科教兴国""奔向新世纪""民族团结""一国两制""祖国统一""和平发展""祖国明天更美好"等字样和鲜艳的图案。12 时 5 分,国庆 50 周年庆典活动结束。

1999 年,我国改革开放和现代化建设事业取得了新的成绩。国民经济发展继续保持良好态势,增长质量和效益有所提高。国内生产总值完成82 054亿元,比上年增长 7.1%。农业生产条件继续改善,结构调整迈出重要步伐,抗御自然灾害能力进一步增强。工业生产在结构调整中持续增长,全年工业企业实现利润2 202亿元,比上年增长 52%。国有企业改革和脱困取得进展,东北三省等老工业基地国有企业改革和脱困有了重大转机,扭亏增盈成效显著。此外,金融、财政、科教以及城乡人民生活继续得到改善。从 1999 年国庆节开始,国家增加了法定节假日的天数,既促进了消费,又提高了人们的生活质量。1999 年这些成绩是在坚决反对以美国为首的北约袭击我驻南联盟使馆的野蛮行径,沉重打击以李登辉为代表的台湾分裂势力的嚣张气焰和果断处理"法轮功"邪教问题,保持社会安定团结的良好环境的基础上取得的。特别需要提出的是,一段时间里,"法轮功"组织在一些地方发展和蔓延。李洪志编造所谓"法轮大法",宣扬歪理邪说,蒙骗部分群众,甚至组织策划、煽动一些"法轮功"练习者到党政机关和新闻单位非法聚集,严重扰乱社会公共秩序。1999 年 7 月 22 日,民政部发出《关于取缔法轮大法研究会的决定》,认定法轮大法研究会及其操纵的法轮功组织为非法组织,决定予以取缔。同日,公安部发出公告,禁止宣扬法轮大法(法轮功)的一切活动,违反规定构成犯罪的,依法追究刑事责任,尚不构成犯罪的,依法给予治安管理处罚。之后,中共中央作出共产党员不准修炼"法轮大法"的决定。

国家人事部发出国家公务员不准修炼"法轮大法"的决定。在此基础上,拘捕了"法轮功"骨干分子并按法律程序予以审判,对已逃往美国的李洪志发出通缉令。与此同时,各地各部门本着"惩前毖后,治病救人"的原则,对"法轮功"练习者进行教育帮助转化工作,使很多"法轮功"练习者摆脱了精神束缚。

2000年是20世纪的最后一年,也是"九五"计划的最后一年。到这一年国民经济和社会发展取得显著成绩,"九五"计划顺利完成。2000年国内生产总值达89 404亿元,5年间平均每年增长8.3%。人均国民生产总值比1980年翻两番的任务已经超额完成。国民经济持续快速健康的发展使我国综合国力进一步增强。2000年国家财政收入达13 380亿元,5年间平均每年增长16.5%。我国主要工农业产品产量位居世界前列,告别了商品短缺的时代。国有大中型企业建立现代企业制度的改革取得重要进展,企业扭亏增盈成效显著,2000年国有及国有控股工业企业实现利润2 392亿元,为1997年的2.9倍。国有大中型企业改革和脱困的三年目标基本实现。对外开放水平不断提高,全方位对外开放格局基本形成。2000年我国进出口总额为4 743亿美元,其中出口2 492亿美元,分别比1995年增长69%和67%。吸引外资规模不断扩大,5年间累计实际利用外资2 894亿美元,比"八五"期间增长79.6%。2000年底国家外汇储备达1 656亿美元,比1995年底增加920亿美元。

我国的私营、个体经济自1978年开始起步,经过20多年的发展,已经成为国民经济中一支重要的力量。十四大明确提出了"在所有制结构上,以公有制为主体,个体经济、私营经济、外资经济为补充,多种经济成分长期共同发展"的重要观点。十五大更进一步确定"公有制为主体多种所有制经济共同发展,是我国社会主义初级阶段的一项基本经济制度"。这样,发展私营经济被纳入国家社会主义基本经济制度的范畴。据统计,到1993年底,国内登记注册的私营企业为23.8万户,从业人员372.6万人,注册资金 680.32 亿元。到 1997 年底,国内登记注册的私营企业为96.07万户,从业人员 1 349.26 万人,注册资金5 410.12 亿元。在"九五"期间私营、个体经济有了较快的发展。截至 2001 年,全国注册的个体工商户为 2 423 万户,私营企业202.86 万户,从业人员达到7 474 万人,注册资金21 648 亿元,共创产值 19 878 亿元,实现社会商品零售额 19 675 亿元。改革开放以来,我国私营、个体经济等非公有制经济不断发展壮大,已经成为社会主义市场经济的重要组成部分,对于促进社会生产力的快速发展发挥了重要的作用。

"九五"计划的顺利完成,标志着我国现代化建设第二步战略目标已经实现,人民生活总体上达到了小康水平。这是中华民族发展史上一个新的里程碑。

从 2001 年开始,人类社会进入 21 世纪。我国进入全面建设小康社会、加快推进社会主义现代化的新的发展阶段。2000 年 10月 9 日至 11 日,中共十五届五中全会在北京举行。会议通过了《中共中央关于制定国民经济和社会发展第十个五年计划的建议》。《建议》提出:今后五到十年,是我国经济和社会发展的重要时期,是进行经济结构战略性调整的重要时期,也是完善社会主义市场经济体制和扩大对外开放的重要时期。制定"十五"计划,要把发展作为主题,把结构调整作为主线,把改革开放和科技进步作为动力,把提高人民生活水平作为根本出发点。

《建议》提出"十五"计划期间(2001—2005)经济和社会发展的主要目标是:"国民经济保持较快发展速度,经济结构战略性调整取得明显成效,经济增长质量和效益显著提高,为达到二○一○年国内生产总值比二○○○年翻一番奠定坚实基础;国有企业建立现代企业制度取得重大进展,社会保障制度比较健全,完善社会主义市场经济体制迈出实质性步伐,在更大范围内和更深程度上参与国际经济合作与竞争;就业渠道拓宽,城乡居民收入持续增加,物质文化生活有较大改善,生态建设和环境保护得到加强;科技教育加快发展,国民素质进一步提高,精神文明建设和民主法制建设取得明显进展。"

《建议》提出：实现国民经济持续快速健康发展，必须以提高经济效益为中心，对经济结构进行战略性调整。其主要任务是：优化产业结构，全面提高农业、工业、服务业的水平和效益；合理调整生产力的布局，促进地区经济协调发展；逐步推进城镇化，努力实现城乡经济良性互动；着力改善基础设施和生态环境，实现可持续发展。《建议》指出：推动经济发展和结构调整必须依靠体制创新和科技创新。要深化改革，充分发挥市场机制的作用，推进国有经济布局和所有制结构调整，使生产关系适应生产力发展的要求，进一步解放和发展生产力；继续实施科教兴国战略，加快科技进步和人才培养，充分发挥科学技术作为第一生产力的决定性作用。

《建议》具体提出了16个战略性、宏观性和政策性的问题：巩固和加强农业的基础地位；加快工业改组改造和结构优化升级；大力发展服务业；加快国民经济和社会信息化；进一步加强水利、交通、能源等基础设施建设；实施西部大开发，促进地区协调发展；积极稳妥地推进城镇化；促进科技进步和创新；大力开发人才资源，加快发展教育事业；加强人口和资源管理，重视生态建设和环境建设；进一步深化改革，完善社会主义市场经济体制；进一步扩大对外开放，发展开放型经济；积极扩大就业，完善社会保障制度；改善城乡人民生活；加强社会主义精神文明建设和加强社会主义民主法制建设。

按照《建议》的精神，国务院集中各方面的意见，具体落实"十五"计划的制定和实施，使我国在21世纪一开始就有了一个积极向上的经济和社会发展的计划，这对于实现我国现代化建设第三步战略目标具有重要意义。

第四节 "三个代表"重要思想的形成

一、"三个代表"重要思想的提出 中国进入新世纪的三大任务

2000年2月,江泽民在广东考察工作期间提出了"三个代表"重要思想。他指出:"要把中国的事情办好,关键取决于我们党,取决于党的思想、组织、作风、纪律状况和战斗力、领导水平。""总结我们党七十多年的历史,可以得出一个重要结论,这就是:我们党所以赢得人民的拥护,是因为我们党在革命、建设、改革的各个历史时期,总是代表着中国先进生产力的发展要求,代表着中国先进文化的前进方向,代表着中国最广大人民的根本利益。"①

"三个代表"重要思想是江泽民在世纪之交,根据国际国内形势的新变化,根据我国改革开放和现代化建设面临的新问题和新任务,根据中国共产党肩负的历史使命和自身建设的实际,在深刻总结党的历史经验的基础上,经过了长时期的思考后提出的。这以后,江泽民在许多场合继续阐发"三个代表"的思想,要求全党结合现实进行广泛的研究和讨论,并进行宣传教育活动。

在纪念中国共产党成立80周年之际,江泽民系统阐述了"三个代表"重要思想的科学内涵和基本要求。关于党要始终代表中国先进生产力的发展要求,就是党的理论、路线、纲领、方针、政策和各项工作,必须努力符合生产力发展的规律,体现不断推动社会生产力的解放和发展的要求,尤其要体现推动先进生产力发展的要求,通过发展生产力不断提高人民群众的生活水平。关于党要始终代表中国先进文化的前进方向,就是党的理论、路线、纲领、方

---

① 《江泽民文选》第3卷,人民出版社2006年版,第1~2页。

针、政策和各项工作,必须努力体现发展面向现代化、面向世界、面向未来的,民族的科学的大众的社会主义文化的要求,促进全民族思想道德素质和科学文化素质的不断提高,为我国经济发展和社会进步提供精神动力和智力支持。关于党要始终代表中国最广大人民的根本利益,就是党的理论、路线、纲领、方针、政策和各项工作,必须坚持把人民的根本利益作为出发点和归宿,充分发挥人民群众的积极性、主动性、创造性,在社会不断发展进步的基础上,使人民群众不断获得切实的经济、政治、文化利益。

江泽民强调指出:"三个代表"是统一的整体,相互联系,相互促进。发展先进的生产力,是发展先进文化,实现最广大人民根本利益的基础条件。人民群众是先进生产力和先进文化的创造主体,也是实现自身利益的根本力量。不断发展先进生产力和先进文化,归根到底都是为了满足人民群众日益增长的物质文化生活需要,不断实现最广大人民的根本利益。"三个代表"的要求是共产党的立党之本、执政之基、力量之源,也是我们在新世纪全面推进党的建设,不断推进理论创新、制度创新和科技创新,不断夺取建设有中国特色社会主义事业新胜利的根本要求。

"三个代表"重要思想,是在新的历史条件下全面加强党的建设的伟大纲领,是永远保持党的先进性、战斗力和创造性的行动指南。它对于中国人民在新世纪迎接各种机遇和挑战,对于奋发努力实现社会主义现代化建设的第三步战略目标,对于中华民族的伟大复兴,具有重大的指导作用。此后,学习"三个代表"、宣传"三个代表"、贯彻"三个代表"的活动,在全党、全国进一步展开。

在 20 世纪行将过去,新的世纪就要来临之际,人们在回顾总结 20 世纪中国走过的艰难、曲折的历程的同时,对 21 世纪中国的前程抱有极大的希望。2000 年 12 月 31 日,江泽民通过中国国际广播电台、中央人民广播电台和中央电视台,向全中国和全世界宣布了中国进入新世纪的三大任务,这就是:"继续推进现代化建设,完成祖国统一,维护世界和平与促进共同发展。"他说中国人民将坚持以邓小平理论为指导,坚定不移地推进改革开放和经济建设,坚定不移地贯彻"和平统一、一国两制"方针,坚定不移地奉行独立自主的和平外交政策,为不断推进建设有中国特色社会主义事业,最终实现祖国的完全统一,实现中华民族的伟大复兴而不懈奋斗,争取对人类作出新的更大的贡献。

二、江泽民在中国共产党成立八十周年大会上的讲话

2001年7月1日是中国共产党成立八十周年纪念日。中共中央在北京人民大会堂隆重举行纪念大会,江泽民代表中共中央发表讲话。讲话全面总结了中国共产党八十年的光辉历程和基本经验,系统阐述了"三个代表"重要思想的科学内涵,深刻回答了在新的历史条件下加强和改进党的建设需要解决的重大问题,进一步指明了党在新世纪的历史任务和奋斗目标。

讲话指出,中国共产党的成立影响着中国的历史。在八十年的时间里,中国人民先是在中国共产党的领导下取得了新民主主义革命的胜利,接着又在新中国成立后取得了社会主义建设的巨大成功。"在新的世纪,继续推进现代化建设,完成祖国统一,维护世界和平与促进共同发展,是我们党肩负的重大历史任务。"而胜利完成这三大历史任务,我们党"必须坚定不移地贯彻落实'三个代表'要求。'三个代表'要求,是我们党的立党之本、执政之基、力量之源,也是我们在新世纪全面推进党的建设,不断推进理论创新、制度创新和科技创新,不断夺取建设有中国特色社会主义事业新胜利的根本要求"。

讲话对"三个代表"的科学内涵和基本要求进行了高度概括与提炼。讲话深刻分析了新形势下党的建设的重要性。讲话指出:按照"三个代表"的要求加强和改进党的建设,必须坚持解放思想、实事求是的思想路线,大力发扬求真务实、勇于创新的精神,创造性地推进党和国家的各项工作,在实践中不断丰富和发展马克思主义;必须坚持党的工人阶级先锋队性质,始终保持党的先进

性,同时根据经济发展和社会进步的实际,不断增强党的阶级基础和扩大党的群众基础,不断提高党的社会影响力;必须坚持民主集中制,建立健全科学的领导体制和工作体制,充分发挥党内民主,坚决维护党的集中统一,保持并不断增强党的活力;必须全面贯彻干部革命化、年轻化、知识化、专业化的方针和德才兼备的原则,深化干部人事制度改革,努力建设一支高素质、能担当重任、经得起考验的干部队伍;必须坚持党要管党的原则和从严治党的方针,各级党组织必须对党员干部严格要求、严格教育、严格管理、严格监督,坚决克服党内存在的消极腐败现象。讲话指出:"面对我们肩负的历史重任,面对国际国内各种复杂因素的影响和各种风险的考验,我们党要始终成为中国工人阶级的先锋队,同时成为中国人民和中华民族的先锋队,成为中国先进生产力的发展要求、中国先进文化的前进方向、中国最广大人民的根本利益的忠实代表,成为建设有中国特色社会主义事业的领导核心,就必须不断加强和改进党的建设,努力把全体党员锻炼成坚定的共产党人。"

讲话发表后,在党内外产生很大反响。全国各地、各部门由此掀起深入学习和贯彻"三个代表"重要思想的热潮,将学习活动融入具体工作中去,促进了全面推进社会主义现代化建设伟大实践的深入展开。

三、中共十五届六中全会 《关于加强和改进党的作风建设的决定》

2001 年 9 月,中国共产党十五届六中全会在北京召开。全会高度评价了江泽民在中国共产党成立八十周年大会上的讲话,审议并通过了《关于召开党的第十六次全国代表大会的决议》,确定中共十六大于 2002 年下半年在北京召开。全会认为,十六大将是新世纪我国进入全面建设小康社会、加快推进社会主义现代化的新的发展阶段召开的极为重要的会议,是全党、全国各族人民政治生活中的一件大事。全会的另外一项重要议程,审议通过了《中共中央关于加强和改进党的作风建设的决定》。

《决定》指出,执政党的党风,关系党的形象,关系人心向背,关系党和国家的生死存亡。十一届三中全会以来,我们党重新确立了实事求是的思想路线,党的精神面貌焕然一新。广大党员积极投身建设有中国特色社会主义的伟大事业,在发扬党的优良传统的基础上,立足国情、面向世界,锐意改革,致力发展,发扬民主、依法办事,给作风建设注入新的活力。现在,党的作风总的是好的,但也存在一些亟待解决的问题。全党同志要居安思危,增强忧患意识。全党要坚持讲学习、讲政治、讲正气,在推进党的思想建设、组织建设的同时,把加强和改进党的作风建设放在更加突出的位置,切实抓紧抓好。

《决定》提出了在新的发展阶段进一步加强和改进党的作风建设的指导思想和总体要求,总体上说就是要按照"八个坚持"和"八个反对"的要求加强和改进党的作风,即坚持解放思想、实事求是,反对因循守旧、不思进取;坚持理论联系实际,反对照抄照搬、本本主义;坚持密切联系群众,反对形式主义、官僚主义;坚持民主集中制原则,反对独断专行、软弱涣散;坚持党的纪律,反对自由主义;坚持清正廉洁,反对以权谋私;坚持艰苦奋斗,反对享乐主义;坚持任人唯贤,反对用人上的不正之风。

根据《决定》精神,党的各级组织把加强和改进党的作风建设摆上重要日程,制定了具体的切实可行的措施,认真贯彻落实"八个坚持"和"八个反对"的要求。在中国共产党内广泛开展了党风建设和实践"三个代表"的活动,解决不适应改革开放形势需要、不符合群众意愿的突出问题,使党的作风和党群关系、干群关系有了明显改善。

四、中国加入世界贸易组织

全方位对外开放格局的形成以及对外经济贸易的迅速发展,使得我国经济逐步转向开放型经济,并且日渐融入经济全球化的大潮之中。在这种新的形势下,我国加快了恢复关贸总协定(GATT)缔约国地位(简称"复关")的努力。

早在 1986 年 7 月,中国就向关贸总协定正式提出恢复总协定缔约国地位的申请。9 月,开始全面参与关贸总协定乌拉圭回合多边贸易谈判。1987 年 3 月,关贸总协定设立中国工作组,并于同年 10 月举行第一次会议。至 1992 年 10 月,工作组基本结束了对中国经贸体制的审议,并进入有关复关议定书内容的实质性谈判。1994 年 4 月,中国签署了乌拉圭回合最后文件和世界贸易组织协定。签署这两个文件是中国复关的必备条件之一。11 月,中国提出在年底完成复关的实质性谈判,并成为定于 1995 年 1 月 1 日成立的世界贸易组织创始成员的要求。由于美国等少数缔约国阻挠,在 12 月召开的关贸总协定中国工作组第 19 次会议上,未能就中国成为世贸组织创始成员问题达成协议。

1995 年 1 月 1 日,世界贸易组织(WTO)正式成立。7 月 11 日,中国成为该组织的观察员。11 月,关贸总协定中国工作组更名为世贸组织中国工作组,中国"复关"谈判成为加入世贸组织的谈判。在先后与世贸组织许多成员国进行双边谈判并达成协议后,1999 年 11 月 15 日,中美两国政府在北京签署了关于中国加入世贸组织的双边协议。这标志着中国迈出了加入世贸组织关键性的一步。2000 年 5 月 19 日,中国与欧盟代表在北京签署了关于中国加入世贸组织的双边协议。

2001 年 11 月 10 日,世贸组织第四次部长级会议在卡塔尔首都多哈举行。此次会议审议通过了中国加入世贸组织的决定。11 日,中国外经贸部部长石广生向世贸组织总干事递交了《中国加入世贸组织批准书》。根据世贸组织规定,递交批准书后 30 日,中国正式成为世贸组织成员,因此,2001 年 12 月 11 日,中国正式加入世界贸易组织。

加入世贸组织对于我国的改革开放和现代化建设有着重要的意义。它标志着我国对外开放进入了一个新阶段,我国将在更大范围内和更深程度上参与经济全球化进程。加入世贸组织有利于扩大对外开放,为我国经济发展赢得更好的国际环境;有利于促进经济体制改革和经济结构的战略性调整,促进社会主义市场经济更趋完善;有利于增强我国经济发展活力和国际竞争力,促进我国对外贸易蓬勃发展。因此,加入世贸组织,总体上符合我国的根本利益和长远利益。但是,必须看到加入世贸组织对中国来说是一把双刃剑。它既为中国经济发展提供了历史的机遇,同时也带来严峻的挑战。这主要表现在:政府管理经济的方式、企业经营机制、经济运行规则和环境等,都需要进行深刻的变革;国内就业压力增大,国内相当多实行高关税保护的行业将受到较大的冲击;中国成为世界统一市场的有机组成部分后,中国经济在很大程度上难以避免世界经济波动的影响。总之,"机遇与挑战并存,关键看我们如何应对"①。

复习思考题

1. 1992 年初邓小平南方谈话提出了哪些重要思想?

2. 中共十四大取得的重要成果是什么?

3. 社会主义市场经济体制是如何构建的?

4. 试述"二十字"治国方针的具体内涵。

5. 试述国有企业改革及金融、财税、社会保障制度改革的主要内容。

6. 试述中共十五大的主要内容和重大意义。

7. "九五"计划期间,我国经济和社会发展取得了哪些成就?我国进入 21 世纪的三大任务是什么?

8. 20 世纪 90 年代我国外交工作取得哪些新进展?

9. 试述"三个代表"重要思想提出的背景及其主要内容。

10. 中国加入世贸组织的历程及对中国经济的影响。

---

① 江泽民:《当前经济工作需要把握的几个问题》,《十五大以来重要文献选编》(中),人民出版社 2001 年版,第 1469 页。

第六章 全面建设小康社会奋斗目标的积极推进

（2002 年 11 月—2013 年 3 月）

本章叙述的是从 2002 年 11 月中共十六大召开到 2013 年 3 月十二届全国人大一次会议闭幕这段时间的历史。中共十六大系统总结了十三届四中全会以来 13 年的基本经验,概括为"十个坚持";提出了在新世纪新阶段我国全面建设小康社会的奋斗目标和行动纲领;产生了以胡锦涛为总书记的新一届中央领导集体。中国进入全面建设小康社会、加快推进社会主义现代化建设新的发展阶段。这以后,中共中央提出贯彻落实科学发展观,努力构建社会主义和谐社会,使得重点领域改革取得较大进展,对外开放不断扩大,综合国力大幅提升,人民生活显著改善,经济社会各项事业得到较快发展。2007年中共十七大总结了改革开放 30 年的历史进程,指出改革开放符合党心民心、顺应时代潮流,方向和道路是完全正确的,成效和功绩不容否定,停顿和倒退没有出路。十七大还提出了全面建设小康社会的新要求。十七大以后,面对国内严重自然灾害和国际金融危机的影响,我国着力进行经济增长方式的转变,推动经济、社会、文化、生态等诸多领域协调发展。2012 年中共十八大提出了到 2020 年全面建成小康社会的奋斗目标,产生了以习近平为总书记的新一届中央领导集体。实现中华民族伟大复兴的中国梦的提出开启了当代中国历史发展的新的征程。

这个时期可以分为三个阶段:第一阶段,从 2002 年 11 月中共十六大召开到 2007 年 10 月中共十七大召开前。这个阶段的主要内容有:十六大提出全面建设小康社会的奋斗目标;面对突如其来的"非典"疫情,举国上下齐心协力战胜了"非典";中共中央提出贯彻落实科学发展观;社会主义和谐社会建设战略任务的提出;经济发展方面提出了新一轮的宏观调控,东北老工业基地振兴和中部地区崛起战略开始实施,促进经济"又好又快"发展的新方针提出;"三农"问题得到中央的重视,社会主义新农村建设有序开展;中共十六届四中全会提出加强中国共产党执政能力建设问题;依法治国方略得以落实。第二阶段,从2007年10月中共十七大召开到2012年11月中共十八大召开前。这个阶段的主要内容有:十七大提出全面建设小康社会的新要求;十一届全国人大一次会议进行国家机构大部制改革;针对汶川大地震等严重自然灾害,党和政府积极应对,社会各界大力支持,取得了新胜利;成功举办了2008年奥运会和2010年上海世博会等重大活动,彰显了改革开放后中国的生机活力;为促进经济协调发展,提出了转变经济发展方式的问题;以改善民生为重点的社会建设加快推进;保持香港、澳门的繁荣稳定;两岸关系出现和平发展的新局面。外交方面积极开展全方位外交活动,形成中国外交的总体布局。第三阶段,从2012年11月十八大召开开始。十八大总结历史经验,提出了全面建成小康社会的奋斗目标;新一届中央领导集体提出实现中华民族伟大复兴的中国梦,以此作为凝聚中华民族力量,实现"两个一百年"目标的动力。

本章学习的重点是:(一)中共十六大的主要内容和意义;(二)推进改革开放的各项重大举措的内容,如社会主义新农村建设、转变经济发展方式、区域经济协调发展战略等;(三)中共十七大的主要内容和意义;(四)"十五"计划的完成和"十一五"规划的制定与完成;(五)中共十八大的主要内容和意义;(六)实现中华民族伟大复兴的中国梦的提出、内容和意义。

第一节　全面建设小康社会奋斗目标的确立

一、中共十六大　全面建设小康社会奋斗目标的提出

进入 21 世纪以后,随着"十五"计划的全面付诸实施,中国加快了推进社会主义现代化建设的步伐,进入了全面建设小康社会的新阶段。面对新的形势,中共十六大高举邓小平理论伟大旗帜,全面贯彻"三个代表"重要思想,制定了全面建设小康社会的宏伟纲领。

中共十六大于 2002 年 11 月 8 日至 14 日在北京召开。大会正式代表 2 114 人,代表全党 6 500 多万党员。大会主题是:高举邓小平理论伟大旗帜,全面贯彻"三个代表"重要思想,继往开来,与时俱进,全面建设小康社会,加快推进社会主义现代化,为开创中国特色社会主义事业新局面而奋斗。大会的主要议程是:听取和审议江泽民代表第十五届中央委员会所作的《全面建设小康社会,开创中国特色社会主义事业新局面》①的报告;审议《中国共产党章程(修正案)》;审议中央纪律检查委员会的工作报告;选举了新一届中央委员会和中央纪律检查委员会。

江泽民的报告全文共有十个部分,概括起来,主要内容有:

(一)明确回答了在新世纪新阶段中国共产党举什么旗、走什么路、实现什么样的发展目标等重大问题,系统总结了十三届四中全会以来 13 年党领导人民建设中国特色社会主义的基本经验。

报告指出:在新世纪新阶段,中国共产党高举的旗帜,就是马克思列宁主义、毛泽东思想和邓小平理论的旗帜,就是"三个代表"重要思想的旗帜;中国共产党要走的道路,就是邓小平开辟的

---

① 《江泽民文选》第 3 卷,人民出版社 2006 年版,第 528~575 页。

中国特色社会主义道路;中国共产党带领人民在 21 世纪前 50 年要实现的目标,就是全面建设小康社会进而实现现代化的目标。

报告全面回顾了十五大以来 5 年的工作,并联系改革开放以来的实践,系统总结了十三届四中全会以来 13 年的基本经验,并将其概括为"十个坚持":(1)坚持以邓小平理论为指导,不断推进理论创新。(2)坚持以经济建设为中心,用发展的办法解决前进中的问题。(3)坚持改革开放,不断完善社会主义市场经济体制。(4)坚持四项基本原则,发展社会主义民主政治。(5)坚持物质文明和精神文明两手抓,实行依法治国和以德治国相结合。(6)坚持稳定压倒一切的方针,正确处理改革发展稳定的关系。(7)坚持党对军队的绝对领导,走中国特色的精兵之路。(8)坚持团结一切可以团结的力量,不断增强中华民族的凝聚力。(9)坚持独立自主的和平外交政策,维护世界和平与促进共同发展。(10)坚持加强和改善党的领导,全面推进党的建设新的伟大工程。这十条,是党领导人民建设中国特色社会主义必须坚持的基本经验。这样,中国共产党就有了"四个基本",即基本理论、基本路线、基本纲领和基本经验。这是我们统一思想和做好工作的法宝,对于党和国家具有长远的指导作用。

(二)系统阐述了全面贯彻"三个代表"重要思想的根本要求。

报告指出,总结十三届四中全会以来 13 年的基本经验,联系党成立以来的历史经验,归结起来就是,我们党必须始终代表中国先进生产力的发展要求,代表中国先进文化的前进方向,代表中国最广大人民的根本利益。这是坚持和发展社会主义的必然要求,是我们党艰辛探索和伟大实践的必然结论,是在科学判断党的历史方位的基础上提出的。

报告提出,贯彻"三个代表"重要思想,关键在坚持与时俱进,核心在坚持党的先进性,本质在坚持执政为民。全面贯彻"三个代表"重要思想,必须做到以下四点:必须使全党始终保持与时俱进的精神状态,不断开拓马克思主义理论发展的新境界;必须把发展作为党执政兴国的第一要务,不断开创现代化建设的新局面;必须最广泛最充分地调动一切积极因素,不断为中华民族伟大复兴增添新力量;必须以改革的精神推进党的建设,不断为党的肌体注入新活力。报告明确指出了"三个代表"重要思想的历史地位,这就是"三个代表"重要思想是对马克思列宁主义、毛泽东思想和邓小平理论的继承和发展,反映了当代世界和中国的发展变化对党和国家工作的新要求,是加强和改进党的建设、推进我国社会主义自我完善和发展的强大理论武器,是全党集体智慧的结晶,是党必须长期坚持的指导思想。

(三)提出了全面建设小康社会的奋斗目标,并从经济、政治、文化等方面勾画了宏伟蓝图。

报告清醒地指出:必须看到,我国正处于并将长期处于社会主义初级阶段,现在达到的小康还是低水平的、不全面的、发展很不平衡的小康,人民日益增长的物质文化需要同落后的社会生产之间的矛盾仍然是我国社会的主要矛盾。巩固和提高目前达到的小康水平,还需要进行长时期的艰苦奋斗。

基于这一认识,报告提出,综观全局,21世纪头20年,对我国来说,是一个必须紧紧抓住并且大有可为的重要战略机遇期。根据十五大提出的到2010年、建党100周年和新中国成立100周年的发展目标,我们要在21世纪头20年,集中力量,全面建设惠及十几亿人口的更高水平的小康社会,使经济更加发展、民主更加健全、科教更加进步、文化更加繁荣、社会更加和谐、人民生活更加殷实。这是实现现代化建设第三步战略目标必经的承上启下的发展阶段,也是完善社会主义市场经济体制和扩大对外开放的关键阶段。经过这个阶段的建设,再继续奋斗几十年,到21世纪中叶基本实现现代化,把我国建成富强民主文明的社会主义国家。

报告从四个方面提出了我国在新世纪新阶段全面建设小康社会的具体目标:(1)在优化结构和提高效益的基础上,国内生产总

498

值到 2020 年力争比 2000 年翻两番,综合国力和国际竞争力明显增强,基本实现工业化,建成完善的社会主义市场经济体制和更具活力、更加开放的经济体系。(2) 社会主义民主更加完善,社会主义法制更加完备,依法治国基本方略得到全面落实,人民的政治、经济和文化权益得到切实尊重和保障。(3) 全民族的思想道德素质、科学文化素质和健康素质明显提高,形成比较完善的现代国民教育体系、科技和文化创新体系、全民健身和医疗卫生体系。(4) 可持续发展能力不断增强,生态环境得到改善,资源利用效率显著提高,促进人与自然的和谐,推动整个社会走上生产发展、生活富裕、生态良好的文明发展道路。

这是中国特色社会主义经济、政治、文化全面发展的目标,是与加快推进社会主义现代化建设相统一的目标,符合我国国情和现代化建设的实际,符合人民的愿望。

(四)明确了全面建设小康社会的行动纲领,即目前的主要任务。

报告从七个方面对全面建设小康社会进行了全面部署。这七个方面是:经济建设和经济体制改革、政治建设和政治体制改革、文化建设和文化体制改革、国防和军队建设、"一国两制"和实现祖国的完全统一、国际形势和对外工作以及加强和改进党的建设。其中,在经济建设方面,强调要走新型工业化道路,坚持以信息化带动工业化、以工业化促进信息化,走出一条科技含量高、经济效益好、资源消耗低、环境污染少、人力资源优势得到充分发挥的新路子;要统筹城乡经济社会发展,建设现代农业,加快城镇化进程;必须毫不动摇地巩固公有制经济,必须毫不动摇地鼓励、支持和引导非公有制经济发展,两者统一于社会主义现代化建设的进程中;要继续进行分配制度的改革,确立劳动、资本、技术和管理等生产要素按贡献参与分配的原则,完善按劳分配为主体、多种分配方式并存的分配制度。在政治建设和改革方面,强调坚持发展社会主义民主政治,最根本的是要把坚持党的领导、人民当家作主和依法治国有机统一起来,要着重加强制度建设,实现社会主义民主政治的制度化、规范化和程序化。在文化建设方面,强调要牢牢把握先进文化的前进方向,坚持弘扬和培育民族精神,切实加强思想道德建设,大力发展教育和科学事业,积极发展文化事业和文化产业,继续深化文化体制改革。在党的建设方面,强调一定要高举邓小平理论伟大旗帜,全面贯彻"三个代表"重要思想,改革和完善党的领导方式和执政方式、领导体制和工作制度,把思想建设、组织建设和作风建设有机结合起来,把制度建设贯穿其中,切实做好基层党建工作,增强党的阶级基础和扩大党的群众基础。

大会通过的《中国共产党章程(修正案)》,把"三个代表"重要思想作为党的行动指南,写入党章,使"三个代表"重要思想同马克思列宁主义、毛泽东思想、邓小平理论一道,成为党必须长期坚持的指导思想。这是大会作出的一个历史性决策,也是一个历史性贡献。党章还明确规定:"中国共产党是中国工人阶级的先锋队,同时是中国人民和中华民族的先锋队,是中国特色社会主义事业的领导核心,代表中国先进生产力的发展要求,代表中国先进文化的前进方向,代表中国最广大人民的根本利益。"

大会着眼于党和国家的长治久安,顺利实现了中央领导集体的新老交替。经过认真酝酿,大会选出新一届中央委员会委员198名,候补中央委员158名,中央纪律检查委员会委员121名。新进入中央委员会的委员和候补委员达180名,占一半以上。

11月15日,中共十六届一中全会选举产生了新一届中央政治局。胡锦涛当选为中央委员会总书记;胡锦涛、吴邦国、温家宝、贾庆林、曾庆红、黄菊、吴官正、李长春、罗干当选为中央政治局常委;根据中央政治局常委会的提名,通过了中央书记处成员;决定江泽民为中共中央军事委员会主席,胡锦涛、郭伯雄、曹刚川为副主席;批准吴官正为中央纪律检查委员会书记。

十六大以团结的大会、胜利的大会、奋进的大会和继往开来的大会而载入史册。这次代表大会为新世纪新阶段全面建设小康社会进一步确定了目标,指明了方向。

二、十届全国人大一次会议　2004年中华人民共和国宪法修正案的通过

2003年3月5日至18日,十届全国人民代表大会第一次会议在北京举行。会议听取并审议了朱镕基作的《政府工作报告》,批准了国务院机构改革方案,选举产生了新一届国家领导人。

政府工作报告回顾了过去五年的政府工作,肯定了改革开放和经济社会发展的成就,主要有:国民经济保持良好发展势头,经济结构战略性调整迈出重要步伐;改革开放取得突破性进展,社会主义市场经济体制初步建立;科技创新能力明显增强,教育事业蓬勃发展;社会主义民主政治和精神文明建设成效显著;人民生活显著改善;国防和军队建设迈出新步伐;祖国统一大业取得新进展;外交工作开创新局面。报告认为,我们胜利实现了现代化建设第二步战略目标,开始向第三步战略目标迈进。

报告对2003年的政府工作提出了八项建议,主要有:继续扩大国内需求,实现经济稳定较快增长;促进农业和农村经济全面发展;积极推进产业结构调整和西部大开发;深化经济体制改革和扩大对外开放;进一步做好扩大就业和社会保障工作;认真实施科教兴国战略和可持续发展战略;加强社会主义民主法制和精神文明建设以及切实加强政府自身建设等。

会议审议并批准了国务院机构改革方案。其主要任务是:(1)深化国有资产管理体制改革,设立国务院国有资产监督管理委员会;(2)完善宏观调控体系,将国家发展计划委员会改组为国家发展和改革委员会;(3)健全金融监管体制,设立中国银行业监督管理委员会;(4)继续推进流通管理体制改革,组建商务部;(5)加强食品安全和安全生产监管体制建设,在国家药品监督管理局基础上组建国家食品药品监督管理局,将国家经济贸易委员

会管理的国家安全生产监督管理局改为国务院直属机构;(6)将国家计划生育委员会更名为国家人口和计划生育委员会;(7)不再保留国家经济贸易委员会、对外贸易经济合作部。改革后,除国务院办公厅外,国务院组成部门有28个。

大会选举胡锦涛为中华人民共和国主席,曾庆红为副主席;吴邦国为十届全国人大常委会委员长;江泽民为中华人民共和国中央军委主席;肖扬为最高人民法院院长,贾春旺为最高人民检察院检察长。根据国家主席胡锦涛的提名,决定温家宝为国务院总理。

2003年3月3日至14日,全国政协十届一次会议在北京举行。会议通过了全国政协十届一次会议政治决议和九届常委会工作报告的决议。会议选举贾庆林为政协第十届全国委员会主席。

十六大以后,中共中央高度重视树立宪法意识和宪法权威,认为"中华人民共和国宪法是我国的根本法,是治国安邦的总章程"。2002年12月4日,在首都各界纪念中华人民共和国现行宪法公布施行20周年大会上,胡锦涛发表讲话,强调:"二十年来的实践证明,我国宪法是一部符合国情的好宪法,在国家经济、政治、文化和社会生活中发挥了极其重要的作用"。而实践是没有止境的,宪法也要随着实践的发展而不断完善,"要适应改革开放和社会主义现代化建设的发展要求,根据实践中取得的重要的新经验和新认识,及时依照法定程序对宪法的某些规定进行必要的修正和补充"[1]。2003年10月,中共十六届三中全会审议通过了关于修改宪法部分内容的建议。12月,十届全国人大常委会第六次会议讨论了中共中央的修宪建议,通过了宪法修正案草案,提交十届全国人大二次会议审议。

2004年3月,十届全国人大二次会议重点审议了宪法修正案并通过了这一修正案。这次宪法修正案是1982年现行《中华人民

---

[1] 《十六大以来重要文献选编》(上),中央文献出版社2005年版,第72页。

共和国宪法》通过后的第四次修订,共涉及 14 条。主要内容有:
(1) 序言第七自然段中,在马克思列宁主义、毛泽东思想、邓小平理论之后,增加"'三个代表'重要思想",作为思想指引;增加"推动物质文明、政治文明和精神文明协调发展"的内容。(2) 序言第十自然段关于爱国统一战线的表述中,增加"社会主义事业的建设者"的内容。(3) 第十条第三款"国家为了公共利益的需要,可以依照法律规定对土地实行征用",修改为可以依照法律规定对土地实行"征收或者征用并给予补偿"。(4) 进一步明确国家对非公有制经济的方针,第十一条第二款修改为"国家保护个体经济、私营经济等非公有制经济的合法的权利和利益。国家鼓励、支持和引导非公有制经济的发展,并对非公有制经济依法实行监督和管理"。(5) 完善第十三条对私有财产保护的规定,修改为"公民的合法的私有财产不受侵犯。国家依照法律规定保护公民的私有财产权和继承权。""国家为了公共利益的需要,可以依照法律规定对公民的私有财产实行征收或者征用并给予补偿"。(6) 第十四条增加一款:"国家建立健全同经济发展水平相适应的社会保障制度"。(7) 第三十三条增加一款:"国家尊重和保障人权"。(8) 将第六十七条、第八十九条中的"戒严"修改为"进入紧急状态";第八十条中的"发布戒严令"修改为"宣布进入紧急状态"。(9) 第八十一条在"中华人民共和国主席代表中华人民共和国"之后增加"进行国事活动"。(10) 第四章的章名中增加国歌,为"国旗、国歌、国徽、首都";第一百三十六条增加一款:"中华人民共和国国歌是《义勇军进行曲》"。

　　宪法修正案的通过反映了改革开放进程中党和国家对于政治、经济、文化和社会发展的最新成果予以确认,体现了全体人民的共同意愿,它对于推进改革开放和现代化建设事业意义十分重大。

三、战胜"非典"①疫情　科学发展观的提出

2003 年初,正当全国人民为实现全面建设小康社会的目标而奋斗之时,我国遭遇了一场突如其来的"非典"疫病灾害。

2002 年 11 月 16 日,广东佛山发现第一起"非典"病例。2003 年 2 月,广东进入发病高发期。由于"非典"病源不明,其通过空气传染的特性未被掌握,随着人员的流动,疫情开始向全国扩散,广西、四川、湖南、香港等地相继发现病例。北京由于人口密度大、流动快而成为"非典"的重灾区。内地 24 个省市区先后发生非典疫情。截至 8 月 7 日,内地累计报告病例 5 327 例(其中医护人员 969 人),死亡 349 人。

面对严重的疫情,中共中央、国务院果断决策,采取多种应对措施。4 月 2 日,温家宝主持召开国务院常务会议,研究"非典"防治工作。4 月 17 日,中共中央政治局常委召开会议对进一步做好"非典"防治工作进行了研究和部署。4 月 20 日,中共中央、国务院明确提出及时发现、报告和公布疫情,决不允许缓报、漏报和瞒报。同日,卫生部决定把"非典"列入我国法定传染病。21 日,北京确定了首批"非典"定点医院。23 日,国务院防治"非典"指挥部成立,吴仪副总理兼任总指挥。同日,北京对"非典"疫情重点区域采取隔离控制措施。从 24 日起,北京市中小学开始停课两周,之后又继续延长停课两周。5 月 9 日,国务院公布实施《突发公共卫生事件应急条例》,标志着我国突发公共卫生事件应急处理工作纳入法制化轨道。由于采取了及时有效的防控措施,制定了相应的政策,"非典"疫情得到有效控制。6 月 24 日,世界卫生组织宣布解除对北京市的旅行警告,并将北京从"非典"疫区名单中删去。至此,内地抗击"非典"的斗争取得决定性的胜利。

---

① "非典",是一种呼吸道传染病,全称非典型性肺炎。世界卫生组织将其正式定名为 Severe Acute Respiratory Syndromes,即严重急性呼吸综合征,英文缩写为 SARS。

"非典"疫情的迅速蔓延集中反映出我国在经济社会发展中存在着一些薄弱环节和突出问题。4月15日,胡锦涛到"非典"疫情最严重的广东考察,他强调,要坚持"全面的发展观"。7月28日,在全面总结抗击"非典"斗争的经验和做法时,胡锦涛强调,"讲发展是党执政兴国的第一要务,这里的发展绝不只是指经济增长,而是要坚持以经济建设为中心,在经济发展的基础上实现社会全面发展"。进而更明确地也是第一次提出"坚持全面发展、协调发展、可持续发展的发展观"的概念。① 8月底至9月初,胡锦涛在江西考察调研时,在强调进一步完善社会主义市场经济体制时,明确提出,"要牢固树立协调发展、全面发展、可持续发展的科学发展观"。"科学发展观"成为探索发展新思路中出现的新概念。

　　同年10月召开的中共十六届三中全会,第一次正式提出:"坚持以人为本,树立全面、协调、可持续的发展观"。把"以人为本"与"全面、协调、可持续发展"的概念联系在一起,凸显了中共中央对发展观问题的认识有了新的思路。这次全会,还针对我国发展在城乡、区域、经济与社会、人与自然、国内发展与对外开放五个方面存在的突出矛盾,提出了解决这些矛盾的"五个统筹"的原则要求。10月14日,胡锦涛在十六届三中全会第二次全体会议上的讲话中明确提出,"树立和落实全面发展、协调发展和可持续发展的科学发展观,对于我们更好地坚持发展才是硬道理的战略思想具有重大意义"。他要求全党"一定要坚持科学发展观,不断探索促进全面发展、协调发展和可持续发展的新思路新途径"。这些思想和认识的提出,标志着科学发展观初步形成。

　　2004年3月10日,胡锦涛在中央人口资源环境工作座谈会上发表讲话,具体阐释了关于科学发展观的系列重要问题。(1) 明确概括了科学发展观的主题。指出"科学发展观,是用来

---

① 《十六大以来重要文献选编》(上),中央文献出版社2005年版,第396页。

指导发展的,不能离开发展这个主题"。(2)初步阐述了科学发展观的重大意义。强调了科学发展观是"以邓小平理论和'三个代表'重要思想为指导,从新世纪新阶段党和国家事业发展全局出发提出的重大战略思想"。是在总结国内国外成功经验和教训的基础上,对经济社会发展的客观规律的揭示。(3)对科学发展观的基本概念的深刻内涵和基本要求做了明确的阐释和界定。"坚持以人为本,就是要以实现人的全面发展为目标,从人民群众的根本利益出发谋发展、促发展,不断满足人民群众日益增长的物质文化需要,切实保障人民群众的经济、政治和文化权益,让发展的成果惠及全体人民。""全面发展,就是要以经济建设为中心,全面推进经济、政治、文化建设,实现经济发展和社会全面进步。""协调发展,就是要统筹城乡发展、统筹区域发展、统筹经济社会发展、统筹人与自然和谐发展、统筹国内发展和对外开放,推进生产力和生产关系、经济基础和上层建筑相协调,推进经济、政治、文化建设的各个环节、各个方面相协调。""可持续发展,就是要促进人与自然的和谐,实现经济发展和人口、资源、环境相协调,坚持走生产发展、生活富裕、生态良好的文明发展道路,保证一代接一代地永续发展"。(4)确定了贯彻科学发展观的基本要求。强调"必须坚持理论和实际相结合,因地制宜、因时制宜地把科学发展观的要求贯穿于各方面的工作"。"自觉地树立和落实科学发展观和正确的政绩观,坚持按照科学规律来谋划发展大计"①。5月5日,胡锦涛在江苏考察工作时强调,"科学发展观对整个改革开放和现代化建设都具有重要指导意义",要求全党"一定要增强贯彻落实科学发展观的自觉性和坚定性","把科学发展观贯穿于发展的整个过程和各个方面"。

科学发展观的提出,是中共十六大以来以胡锦涛为总书记的

---

① 《十六大以来重要文献选编》(上),中央文献出版社 2005 年版,第 849～852 页。

中央领导集体,紧抓发展这个当今时代和当代中国的主题,集中而系统地回答了实现什么样的发展、怎样发展的问题,深化了对共产党执政规律、社会主义建设规律、人类社会发展规律的认识。科学发展观在全面建设小康社会的实践中所发挥的指导作用日益凸显。

四、《关于完善社会主义市场经济体制若干问题的决定》新一轮宏观调控的启动

在贯彻落实科学发展观的过程中,中共中央、国务院从国家社会经济发展的总体布局着眼,立足"以人为本、全面、协调、可持续发展"的观念,积极推进经济社会和人的全面发展。

自中共十四大确立社会主义市场经济体制的改革目标以后的十年,我国经济体制改革取得重大进展,初步建立了社会主义市场经济体制,确立了公有制为主体、多种所有制经济共同发展的基本经济制度,基本形成了全方位、宽领域、多层次的对外开放格局,社会生产力、综合国力和人民生活水平不断提高。但同时也存在经济结构不合理、分配关系尚未理顺、农民收入增长缓慢、就业矛盾突出、资源环境压力加大、经济整体竞争力不强等问题。其原因是由于我国处于社会主义初级阶段,经济体制还不完善,生产发展仍面临诸多体制性障碍。因此,加快推进改革、完善社会主义市场经济体制成为促进经济社会全面发展的关键。

鉴于此,中共中央于 2003 年 10 月召开了十六届三中全会,审议并通过了《中共中央关于完善社会主义市场经济体制若干问题的决定》,提出了完善社会主义市场经济体制的主要目标和任务。主要目标是:按照统筹城乡发展、统筹区域发展、统筹经济社会发展、统筹人与自然和谐发展、统筹国内发展和对外开放的要求,更大程度地发挥市场在资源配置中的基础性作用,增强企业活力和竞争力,健全国家宏观调控,完善政府社会管理和公共服务职能,为全面建设小康社会提供强有力的体制保障。主要任务是:完善公有制为主体、多种所有制经济共同发展的基本经济制度;建立有利于逐步改变城乡二元经济结构的体制;形成促进区域经济协调发展的机制;建设统一开放、竞争有序的现代市场体系;完善宏观调控体系、行政管理体制和经济法律制度;健全就业、收入分配和社会保障制度;建立促进经济社会可持续发展的机制。

这个文件充分反映了我国改革开放实践的最新发展,反映了对发展社会主义市场经济规律认识的进一步深化,是完善社会主义市场经济体制的纲领性文件。它将为我国经济的快速发展提供动力支持,为全面建设小康社会目标的实现提供体制保障。

确立社会主义市场经济体制以来,国家注重通过加强和改善宏观调控,保持国民经济持续稳步地发展,避免大起大落。中共十四大明确指出:"我们要建立的社会主义市场经济体制,就是要使市场在社会主义国家宏观调控下对资源配置起基础性作用"。加强和改善宏观调控成为发展社会主义市场经济的应有之义。

2003 年,我国经济出现了一些新问题,主要是粮食供求关系趋紧,投资增速过快,货币信贷投放过多等。与 1998 年相比,粮食播种面积减少近两亿亩,粮食产量由 10 246 亿斤降至 8 614 亿斤。2003 年全社会固定资产投产同比增幅由 2002 年的 16.9% 增至 27.7%,2004 年一季度又猛升至 43%。[①] 这种情况任其发展下去,局部性的问题就会变成全局性的问题。对此,2003 年下半年,中共中央、国务院适时启动了新一轮的宏观调控措施和部署。主要是:第一,采取更直接、更有力的政策措施,促进粮食增产和农民增收。国家取消除烟叶以外的农业特产税,对种粮农民实行直接补贴,对重点粮食品种实行最低收购价政策。大幅度增加对农业、农村特别是粮食主产区的建设投入。2004 年中央财政用于"三农"的支出共 2 626 亿元,增长 22.5%。第二,控制固定资产投资过快

---

① 《加强和改善宏观调控是长期主题》,《中国经济导报》2007 年 10 月 31 日。

增长,严把土地审批和信贷投放。深入整顿和规范土地市场秩序,全面清理各类开发区,暂停半年审批农业地转非农建设用地,完善国土资源管理体制。提高商业银行存款准备金率,上调金融机构存贷款基准利率,放开贷款利率上限,提高钢铁、水泥、电解铝、房地产等建设项目资本金比例,钢铁由25%及以上提高到40%及以上,水泥、电解铝、房地产开发(不含经济适用房项目)均由20%及以上提高到35%及以上。

宏观调控措施经过一年多的实施,取得明显成效。经济生活中的突出矛盾和问题得到缓解,不稳定不健康的因素得到抑制。粮食生产出现转机,2004年粮食总产量达到46 947万吨,增产3 877万吨。同年,全社会固定资产投资增长25.8%,增幅比一季度回落17.2个百分点,货币信贷增幅明显减缓。之后的几年,国家继续加强和改善宏观调控,并坚持区别对待、有保有压,不搞"一刀切"、不踩"急刹车"的原则,综合运用财税、货币、土地等手段,控制固定资产投资过快增长,遏制房地产投资过快增长和房价过快上涨的势头,继续缓解煤电油运紧张的状况,保障了经济平稳较快地增长。

第二节　社会主义和谐社会的构建

一、中共十六届四中全会　中国共产党执政能力建设的加强

2004年9月,中共十六届四中全会在北京召开。全会通过决定,同意江泽民辞去中共中央军事委员会主席的职务。全会决定,胡锦涛任中共中央军事委员会主席,并调整充实中共中央军委组成人员。2005年3月,十届全国人大三次会议选举胡锦涛为中华人民共和国中央军事委员会主席。

全会听取和讨论了胡锦涛受中央政治局委托作的工作报告,

审议通过《中共中央关于加强党的执政能力建设的决定》。《决定》指出："党的执政能力,就是党提出和运用正确的理论、路线、方针、政策和策略,领导制定和实施宪法和法律,采取科学的领导制度和领导方式,动员和组织人民依法管理国家和社会事务、经济和文化事业,有效治党治国治军,建设社会主义现代化国家的本领"①。

《决定》明确提出加强执政能力建设的指导思想和总体目标。指导思想是:以马克思列宁主义、毛泽东思想、邓小平理论和"三个代表"重要思想为指导,全面贯彻党的基本路线、基本纲领、基本经验;以保持党同人民群众的血肉联系为核心;以建设高素质干部队伍为关键;以改革和完善党的领导体制和工作机制为重点;以加强党的基层组织和党员队伍建设为基础。总体目标是:通过全党共同努力,使党始终成为立党为公、执政为民的执政党,成为科学执政、民主执政、依法执政的执政党,成为求真务实、开拓创新、勤政高效、清正廉洁的执政党,归根到底成为始终做到"三个代表"、永远保持先进性、经得住各种风浪考验的马克思主义执政党,带领全国各族人民实现国家富强、民族振兴、社会和谐、人民幸福。

《决定》提出了当前和以后一个时期加强党的执政能力建设的主要任务,即:按照推动社会主义物质文明、政治文明、精神文明协调发展的要求,不断提高驾驭社会主义市场经济的能力、发展社会主义民主政治的能力、建设社会主义先进文化的能力、构建社会主义和谐社会的能力、应对国际局势和处理国际事务的能力。②

为进一步加强党的执政能力建设,确保党始终走在时代前列,更好地肩负起历史使命,中共中央于 2004 年 11 月决定,从 2005

---

① 《十六大以来重要文献选编》(中),中央文献出版社 2006 年版,第 272 页。

② 《十六大以来重要文献选编》(中),中央文献出版社 2006 年版,第 272~276 页。

年1月开始,用一年半左右的时间,在全党开展以实践"三个代表"重要思想为主要内容的保持共产党员先进性教育活动(简称"先进性教育")。2005年1月5日至6日,中共中央召开先进性教育活动工作会议,提出:要抓住学习实践"三个代表"重要思想这条主线,把握保持共产党员先进性这个主题,明确提高党的执政能力这个着眼点,坚持党要管党、从严治党这个方针,务求先进性教育活动取得扎实的成效。会议提出用一年半左右的时间,分三批,每批半年左右,对全体党员进行一次集中教育。三批参加单位依次为县级以上机关、城市基层和乡镇机关、农村及部分党政机关。

此后,第一批先进性教育活动正式展开。至2006年6月底,先进性教育活动基本结束。6月30日,胡锦涛在庆祝中国共产党成立85周年暨总结保持共产党员先进性教育活动大会发表讲话,指出:这次先进性教育活动是中国共产党参加人数最多、规模最大的一次马克思主义集中教育活动。"活动主题鲜明、领导有力、措施得当、工作扎实,实现了预期目标,取得了显著成效"。他指出:保持和发展党的先进性是马克思主义政党自身建设的根本任务和永恒课题,必须把加强党的先进性建设作为一项重大战略任务更加突出、更加紧迫地提到全党面前。必须深刻认识到,加强党的先进性建设是一项长期的历史任务,必须紧紧围绕党的历史使命和中心任务,进一步推进党的先进性建设。2006年8月,《江泽民文选》(1—3卷)正式出版发行,这有助于全党深入开展理论学习,更好地加强党的建设。

二、东北老工业基地振兴和中部地区崛起的战略

改革开放以后,我国实行的东部地区率先发展战略,有力地推进了东部省市经济社会跨越式发展。实施西部大开发战略,使得西部地区改革开放的步伐明显加快,成效明显。在此背景之下,将支持东北地区等老工业基地的振兴、促进中部地区崛起摆在更为

突出的战略位置,这有利于促进全国区域协调发展战略的实施。

东北地区老工业基地是新中国工业的摇篮,为我国建成独立、完整的工业体系和国民经济体系,为改革开放和现代化建设,作出历史性的贡献。但是由于在经济转型过程中存在体制性、结构性的矛盾,经济机制不活,产业结构老化,企业包袱沉重,下岗职工众多等诸多难题,东北三省经济发展速度慢于东部沿海地区。鉴于此,十六大从战略的高度明确提出:"支持东北地区等老工业基地加快调整和改造,支持以资源开采为主的城市和地区发展接续产业"。2003年3月,十届全国人大一次会议重申了支持东北地区等老工业基地加快调整和改造的思路。8月,温家宝召开振兴东北老工业基地座谈会,提出把加快东北老工业基地振兴作为一个重大战略决策,现已具备条件,时机已成熟。他提出:要围绕走新型工业化道路,提高经济的整体素质和竞争力,用新思路、新体制、新机制、新方式,走出加快老工业基地振兴的新路子。10月5日,中共中央、国务院发出《关于实施东北地区等老工业基地振兴战略的若干意见》,明确要将老工业基地调整、改造、发展成为结构合理、功能完善、特色明显、竞争力强的新型产业基地,逐步成为国民经济新的重要增长区域。这标志着东北老工业基地振兴战略正式启动。

2004年以后,东北三省经济社会发展步伐逐渐加快。据国务院振兴东北办公室发布的《东北振兴三年评估报告》显示,2004年至2006年的三年,东北三省发展很快、后劲增强、社会进步、民生改善。三年中,东北三省国内生产总值年均同比增长12.6%,比实施振兴战略前的三年平均增速提高了2.6个百分点。国企改革取得重大突破,2006年东北装备制造业总产值同比增长30%以上,利润增速远高于全国装备制造业。非公有制经济快速发展,2006年辽宁、吉林、黑龙江三省非公经济占全省国内生产总值的比重分别达51.8%、37%和37.6%。就业增加,居民收入增速高于全国,社会保障体系正在完善。①

在东北老工业基地振兴全面展开之后,中共中央、国务院又将中部地区的崛起摆到重要议事日程上。

中部地区指的是山西、安徽、江西、河南、湖北、湖南六省。其具有明显的区位优势和丰富的资源。交通便捷、人力、智力资源雄厚;土地肥沃、气候条件优良,是我国重要的农副产品生产基地和剩余农副产品输出基地;已形成举足轻重的产业规模,区内外经济协作分合有序。但是中部地区人口稠密,农业人口高于全国平均水平,经济社会发展相对缓慢、质量不高。

针对中部地区的现状,十六大提出:"中部地区要加大结构调整力度,推进农业产业化,改造传统产业,培育新的经济增长点,加快工业化和城镇化进程"。2004年3月,十届全国人大二次会议审议通过的《政府工作报告》将促进中部地区崛起确定为国家战略。第二年的《政府工作报告》提出了促进中部崛起的具体规划。2006年4月,中共中央、国务院发出《关于促进中部地区崛起的若干意见》,确定促进中部地区崛起的总体要求,即建设全国重要的粮食生产基地、能源原材料基地、现代装备制造及高技术产业基地和综合交通运输枢纽,在发挥承东启西和产业发展优势中崛起。《意见》的出台标志着促进中部地区崛起战略已然形成。

此后,国家出台一系列促进中部地区崛起的政策。2007年1月,国务院发出通知,确定了中部六省中的26个城市比照实施东北地区老工业基地振兴的有关政策,243个欠发达县(市、区)比照实施西部大开发的有关政策。随着相关政策的落实,中部六省结合各自实际,积极谋划新的崛起发展之路。山西省围绕建设新型能源和工业基地来推进经济结构调整。安徽省规划建设沿江城市带,提出经济社会发展的主要指标不低于全国平均水平。江西省谋求与长江三角洲和珠江三角洲经济区的对接,推进农业现代化、

① 《东北三省发展明显提速》,《经济日报》2007年5月24日。

新型工业化、新型城镇化和经济国际化、市场化。河南省坚持走新型工业化的道路。湖南省提出加强基础产业、基础设施和基础性工作。湖北省则一手抓武汉城市圈建设,一手抓县域经济发展。

振兴东北老工业基地和促进中部地区崛起的战略谋划,推进了地区经济社会的发展,深化了区域协调发展战略,对国民经济的总体布局和结构调整以及构建良性互动的发展新格局发挥了重要的促进作用,使得科学发展观的实践更进一步。

三、"十五"计划的完成与"十一五"规划的制定　促进经济又好又快发展新方针

"十五"计划的五年(2001年至2005年)是中国发展进程中不平凡的五年。中国摆脱了亚洲金融危机带来的冲击,战胜了"非典"疫情和重大自然灾害,与此同时,不失时机地推进改革开放,进一步发挥市场配置资源的基础性作用,加强和改善宏观调控,保持了经济平稳较快发展。中国工业化、城镇化、市场化、国际化进程明显加快,社会生产力、综合国力和人民生活水平都跃上了一个新台阶,城乡面貌发生了很大变化。经过全国人民五年的奋斗,中国经济实力显著增强。2005年与2000年相比,国内生产总值增长57.3%,年均增长9.5%;财政收入增长1.36倍,年均增加3 647亿元。农业特别是粮食生产出现重要转机,主要工业产品产量大幅度增长。2005年中国的国内生产总值以汇率计算,已跃居世界第五位。人均国内生产总值由2000年的7 858元(949美元)提高到2005年的13 985元(1 707美元),在向中等发达国家水平挺进的道路上迈出重要的一步。人民生活明显改善。城镇居民人均可支配收入和农村居民人均纯收入,分别实际增长58.3%和29.2%。城镇新增就业4 200万人。住房、通信、汽车和服务消费大幅度增加。科技、教育、文化、卫生、体育等社会事业加快发展。如在航天领域,中国于2003年10月成功实现了"神舟五号"载人航天飞行,将航天员杨利伟送入太空并顺利返回。中国成为世界上第三

个掌握载人航天技术的国家。2005年10月,航天员费俊龙、聂海胜又乘"神舟六号"遨游太空。

"十一五"时期是我国全面建设小康社会的关键时期,是21世纪头20年我国发展重要战略机遇期中承前启后的关键时期。为了更好地部署下一个五年的发展,中共中央于2005年10月召开了中共十六届五中全会,通过《中共中央关于制定国民经济和社会发展第十一个五年规划的建议》。从"十一五"开始,"五年计划"不再使用,而代之以"五年规划"。虽然只是一字之差,但反映了"五年规划"更注重宏观性、战略性和政策性。因此,《建议》从历史的、宏观的、战略的高度出发,在总结"十五"时期经济社会发展经验的基础上,明确了未来五年经济社会发展的奋斗目标和主要任务,对"十一五"时期的经济建设、社会发展、改革开放等问题,作出了全面的总体的部署。《建议》强调要坚持以科学发展观统领经济社会发展的全局,在"十一五"时期要坚持"六个必须"的原则,即:必须保持经济平稳较快发展;必须加快转变经济增长方式;必须提高自主创新能力;必须促进城乡区域协调发展;必须加强和谐社会建设;必须不断深化改革开放。

《建议》综合考虑未来五年我国发展的趋势和条件,提出了"十一五"时期"要实现国民经济持续快速协调健康发展和社会全面进步,取得全面建设小康社会的重要阶段性进展"的总目标,其中主要包括:在优化结构、提高效益和降低消耗的基础上,实现2010年人均国内生产总值比2000年翻一番;资源利用效率显著提高,单位国内生产总值能耗比"十五"期末降低20%左右;形成一批拥有自主知识产权和知名品牌、国际竞争力较强的优势企业;社会主义市场经济体制比较完善等。

《建议》明确了未来五年经济社会发展和改革开放的主要任务,即:建设社会主义新农村;推进产业结构优化升级;促进区域协调发展;建设资源节约型、环境友好型社会;深化体制改革和提高对外开放水平;深入实施科教兴国战略和人才强国战略;推进社会主义和谐社会建设。

2006年3月,十届全国人大四次会议审议批准了《国民经济和社会发展第十一个五年规划纲要》。"十一五规划"描绘了我国在新世纪第二个五年经济社会发展的宏伟蓝图,有助于全面建设小康社会宏伟目标的实现。

从20世纪50年代提出"多快好省"起,在对待经济发展的速度规模与质量的关系问题时,都是"快"在前,"好"在后。改革开放以来,也用"又快又好"的说法,几乎约定俗成,"快"总在"好"之前。这就是在经济发展中偏重速度,兼顾质量。在经济发展的起步时期偏重速度有其必然性。但当经济总量达到一定规模后,原有的粗放的经济增长方式、资源与环境的压力、城乡与区域发展不协调等问题就日益凸显出来,因此,注重经济发展的质量就更为重要。

党和国家高度关注这一问题。中共中央在提出"十一五"规划的建议时,特别强调了坚持以科学发展观统领经济社会发展的全局的重要意义,强调"发展必须是科学发展,要坚持以人为本,转变发展观念、创新发展模式、提高发展质量,落实'五个统筹',把经济社会发展切实转入全面协调可持续发展的轨道"。2006年10月11日,胡锦涛在十六届六中全会上提出"扎实促进经济又好又快发展"[1]的新方针。这是在中央会议上首次出现"又好又快发展"的提法。12月,在中央经济工作会议上,胡锦涛进一步阐述"又好又快",指出:又好又快发展是全面落实科学发展观的本质要求。又好又快发展是有机统一的整体,既要求保持经济平稳较快增长,防止大起大落,更要求提高质量和效益。此后,"又好又快发展"成为全社会对经济社会发展的普遍共识。

"又好又快"方针的提出体现了在指导经济社会发展方面,党和政府的认识向着更加科学、更加合理的方向发展。这是新中国

---

[1] 《十六大以来重要文献选编》(下),中央文献出版社2008年版,第679页。

成立以来关于经济社会发展思路的一个重大转变,为此后中央提出转变经济发展方式的战略任务奠定了基础。

四、出台"三农"问题的"一号文件" 社会主义新农村建设

解决好农业、农村和农民问题是改革开放以来中共中央和国务院高度关注的问题,从 1982 年起至 1986 年,中共中央以五个"一号文件"的形式,出台了农村改革的相关政策,对于改革开放初期农村的巨变产生了重要影响。十六大以后,新的中央领导集体把"统筹城乡经济社会发展,建设现代农业,发展农村经济,增加农民收入"作为全面建设小康社会的一项重大任务,把"三农"工作作为重中之重的一项工作来抓,陆续出台了一系列"中央一号文件"。

2004 年 1 月,中共中央、国务院下发《关于促进农民增加收入若干政策的意见》。这是改革开放以来中央解决"三农"问题的第六个"一号文件",是新世纪第一个关于"三农"工作的"一号文件",也是新中国成立以来中央就农民增收问题出台的首个文件。文件提出,坚持"多予、少取、放活"的方针,调整农业结构,扩大农民就业,加快科技进步,深化农村改革,增加农业收入,深化对农业支持保护,力争实现农民收入较快增长,尽快扭转城乡居民收入差距不断扩大的趋势。2005 年 1 月,中共中央、国务院下发《关于进一步加强农村工作提高农业综合生产能力若干政策的意见》的"一号文件"(即新世纪第二个"三农"工作"一号文件"),提出:当前和今后一个时期,要把加强农业基础设施建设,加快农业科技进步,提高农业综合生产能力,作为一项重大而紧迫的战略任务,切实抓紧抓好。文件明确要求,下决心调整国民收入分配结构,在稳定现有各项农业投入的基础上,新增财政支出和固定资产投资要切实向农业、农村、农民倾斜,逐步建立稳定的农业投入增长机制。这一政策意味着我国将改变把农业作为政府收入来源、由农业为工业提供资本的发展模式,而实现工业反哺农业,城市带动农村,

政府支持农业和农村的新的发展模式。

税费改革是党和政府为解决"三农"问题采取的重大决策。从 1990 年开始,中央和各地着重解决国家税收之外对农民的各种收费、罚款和摊派问题。2003 年,税费改革在全国推开。2004 年"一号文件"提出逐步降低农业税税率,并取消除烟叶外的农业特产税。黑龙江、吉林两省随后进入试点,实行"两减免、三补贴"政策。"两减免"是指免除农业税、取消除烟叶外的农业特产税。"三补贴"即:对种粮农民实行直接补贴,对部分地区农民进行良种补贴,购置农机具补贴。这项政策使农民直接得到实惠 450 亿元。2005 年"一号文件"再次重申了这一政策。12 月 29 日,十届全国人大常委会第十九次会议通过《关于废止〈中华人民共和国农业税条例〉的决定》,宣布自 2006 年 1 月 1 日起废止 1958 年 6 月 3 日通过的《中华人民共和国农业税条例》。延续两千多年的农民缴纳农业税的历史到此结束。

社会主义新农村建设是十六大以来逐步形成的解决"三农"问题的基本思想和思路。2005 年 10 月,《中共中央关于制定国民经济和社会发展第十一个五年规划的建议》提出"建设社会主义新农村",并确定其历史任务是:按照"生产发展、生活宽裕、乡风文明、村容整洁、管理民主"的基本要求,坚持从各地实际出发,尊重农民意愿,扎实稳步推进新农村建设。

2005 年 12 月 31 日,中共中央、国务院发出《关于推进社会主义新农村建设的若干意见》,作为 2006 年"一号文件"(即新世纪第三个"三农"工作"一号文件")。文件提出了重点落实的八项工作:(1) 统筹城乡经济社会发展,扎实推进社会主义新农村建设。实行工业反哺农业、城市支持农村和"多予少取放活"的方针,重点在"多予"上下功夫。(2) 推进现代农业建设,强化社会主义新农村建设的产业支撑。大力提高农业科技创新和转化能力,稳定发展粮食生产。(3) 促进农民持续增收,夯实社会主义新农村建设的经济基础。拓宽农民增收渠道,保障务工农民的合法权益。

（4）加强农村基础设施建设,改善社会主义新农村建设的物质条件。大力加强农田水利、耕地质量和生态建设,加快乡村基础设施建设,加强村庄规划和人居环境治理。（5）加快发展农村社会事业,培养推进社会主义新农村建设的新型农民。加快发展农村义务教育,积极发展农村卫生事业,到 2008 年在全国农村基本普及新型农村合作医疗制度,繁荣农村文化事业,逐步建立农村社会保障制度。（6）全面深化农村改革,健全社会主义新农村建设的体制保障。稳定和完善以家庭承包经营为基础、统分结合的双层经营体制,健全在依法、自愿、有偿基础上的土地承包经营权流转机制。（7）加强农村民主政治建设,完善建设社会主义新农村的乡村治理机制。不断增强农村基层党组织的战斗力、凝聚力和创造力,切实维护农民的民主权利。（8）切实加强领导,动员全党全社会关心、支持和参与社会主义新农村建设。

为落实 2006 年"一号文件",国务院出台了一系列促进农业农村发展的激励政策、调控政策、支持政策和财政保障政策。如加大对"三农"的投入,实现"三个首次":首次在春耕前拨付了良种补贴、农机具购置补贴、测土配方施肥补贴等资金,比往年提前3 个月;首次安排 125 亿元农资增支综合直补和 28.9 亿元渔业燃油补贴资金;首次在春耕前公布了重点粮食品种最低收购价政策,并在夏收前启动了小麦最低收购价执行预案。2006 年 12 月的中央经济工作会议,明确提出 2007 年继续把发展现代农业作为推进社会主义新农村建设的着力点。这些政策和措施,极大地调动和激发了广大农民的积极性,农业和农村经济发展成绩显著。据2006 年、2007 年国民经济和社会发展统计公报显示,这两年中国粮食年产量分别为 49 746 万、50 150 万吨,同比分别增长 2.8%、0.8%,首次实现 1985 年以来粮食生产连续 4 年增产;农民人均纯收入分别增长 7.4%、9.5%以上,首次实现 1985 年以来连续 4 年增幅超过 6%。

农民工是中国改革开放和工业化、城镇化进程中涌现的一支新型劳动大军。他们户籍仍在农村,主要从事非农产业,有的在农闲季节外出务工、亦工亦农,流动性强,有的长期在城市就业,已成为产业工人的重要组成部分。他们为中国改革开放和现代化建设作出了重大贡献。农民进城务工在 20 世纪 80 年代初期就已出现,后期迅速扩大,形成"民工潮"。90 年代以后这一势头更为猛烈,流动区域进一步扩大。据估算,1993 年全国有农民工 6 200 多万人,1994 年约有 7 100 万人。① 据统计,2005 年我国农村外出务工人数达到 12 578 万人。② 农民工为城市创造了财富,也为农村增加了收入,为城乡发展注入了活力。但是,农民工面临的问题也十分突出,如工资偏低、工资被拖欠现象严重,劳动时间长,安全条件差,缺乏社会保障,子女上学、生活居住等方面存在困难等。农民工的现状引起国家高度重视。2006 年 1 月,国务院发出的《关于解决农民工问题的若干意见》提出,解决农民工问题是建设中国特色社会主义的战略任务。基本原则是:公平对待,一视同仁;强化服务,完善管理;统筹规划,合理引导;因地制宜,分类指导;立足当前,着眼长远。解决农民工问题有利于保障广大农民工的合法权益,改善农民工的就业环境,推动社会主义新农村建设和中国特色的工业化、城镇化、现代化健康发展。

五、依法治国基本方略的落实　社会主义法律体系的完善

中共十六大以后,中共中央把依法治国作为党领导人民治理国家的基本方略摆在突出的位置。2002 年 12 月,在纪念现行宪法公布施行 20 周年大会上,胡锦涛指出:"依法治国,就是广大人民群众在党的领导下,依照宪法和法律规定,通过各种途径和形式

---

① 　江流等主编:《1995—1996 中国社会形势分析与预测》,中国社会科学出版社 1996 年版,第 79 页。转引自朱光磊等著《当代中国社会各阶层分析》,天津人民出版社 1998 年版,第 302 页。

② 　中国社会科学院农村发展研究所、国家统计局农村社会经济调查司:《2005～2006 年:中国农村经济形势分析与预测》,社会科学文献出版社 2006 年版,第 10 页。

管理国家事务,管理经济文化事业,管理社会事务,保证国家各项工作都依法进行,逐步实现社会主义民主的制度化、法律化。""在整个改革开放和社会主义现代化的进程中,我们都必须坚持依法治国的基本方略。"2004 年 9 月,中共十六届四中全会讨论关于加强党的执政能力建设的决定时提出,"必须坚持科学执政、民主执政、依法执政,不断完善党的领导方式和执政方式";"要坚持依法治国,领导立法,带头守法,保证执法,不断推进国家经济、政治、文化、社会生活的法制化、规范化"。并强调指出:"依法执政是新的历史条件下党执政的一个基本方式。"①随着科学发展观和构建社会主义和谐社会的提出,依法治国基本方略拥有了更为坚实的理论和实践基础。为了深化对依法治国基本方略的认识,加强对全体人民进行依法治国的宣传教育,全面落实好这一方略,胡锦涛在 2005 年 2 月提出了"弘扬法治精神,增强全社会的法律意识,形成法律面前人人平等、人人自觉守法用法的社会氛围"的要求。2006 年 2 月,他又提出了"开展社会主义法治理念教育"的重要观念。10 月,中共十六届六中全会通过的《关于构建社会主义和谐社会若干重大问题的决定》,将"社会主义民主法制更加完善,依法治国基本方略得到全面落实,人民的权益得到切实尊重和保障",确定为构建社会主义和谐社会的目标和主要任务的第一项。这反映了中国共产党在总结历史经验的基础上,执政方式实现了由主要依据政策执政向主要依据法律执政的历史性转变,标志着党对建设中国特色社会主义法治国家的规律和共产党执政的规律的认识更加深入。

依法治国的前提是有法可依,建设社会主义法治国家的首要环节是完善社会主义法律体系。十六大以后,我国各级立法机关进一步加强立法工作,不断提高立法质量,一大批重要法律出台。

---

① 《十六大以来重要文献选编》(中),中央文献出版社 2006 年版,第 274～275、281 页。

如：为维护国家主权和领土完整，促进国家和平统一，制定了《反分裂国家法》；为发展社会主义民主政治，制定了《各级人民代表大会常务委员会监督法》《行政许可法》《行政强制法》等法律；为保护公民、法人和其他组织的合法权益，保障和促进社会主义市场经济的健康发展，制定了《物权法》《侵权责任法》《企业破产法》《反垄断法》《反洗钱法》《企业所得税法》《车船税法》《企业国有资产法》《银行业监督管理法》等法律；为完善社会保障制度，保障和改善民生，制定了《社会保险法》《劳动合同法》《就业促进法》《人民调解法》《劳动争议调解仲裁法》《食品安全法》等法律；为节约资源，保护环境，建设资源节约型、环境友好型社会，制定了《可再生能源法》《循环经济促进法》《环境影响评价法》等法律。此外，一批加强社会管理、维护社会秩序等方面的法律得以制定和修改。

截至 2011 年 8 月底，我国已有的有效法律涵盖宪法及宪法相关法、民商法、行政法、经济法、社会法、刑法、诉讼法及非诉讼程序法等七个法律部门，"已制定现行宪法和有效法律共 240 部、行政法规 706 部、地方性法规 8 600 多部，涵盖社会关系各个方面的法律部门已经齐全，各个法律部门中基本的、主要的法律已经制定，相应的行政法规和地方性法规比较完备，法律体系内部总体做到科学和谐统一，中国特色社会主义法律体系已经形成。"①

在社会主义法律体系中有一些与全体人民生产生活密切相关的重要法律，它们的制定得到全社会的关注。《中华人民共和国物权法》是这一时期制定的一部重要法律。历经 14 年的酝酿、起草、审议的过程，2007 年 3 月 16 日，《物权法》由十届全国人大五次会议高票通过，自 2007 年 10 月 1 日起施行。《物权法》规定：物

---

① 中华人民共和国国务院新闻办公室：《中国特色社会主义法律体系》白皮书，2011 年 10 月 27 日。

权是指权利人依法对特定的物享有直接支配和排他的权利,包括所有权、用益物权和担保物权。还规定:国家实行社会主义市场经济,保障一切市场主体的平等法律地位和发展权利;国家、集体、私人的物权和其他权利人的物权受法律保护,任何单位和个人不得侵犯。①《物权法》第一次以国家法律的形式,明确规定对公有财产和私有财产给予平等保护。它的制定和实施,对实现和维护人民的根本利益、完善社会主义市场经济体制、坚持和完善国家基本经济制度、实现形成中国特色社会主义法律体系目标,意义十分重大。《中华人民共和国劳动合同法》于 2007 年 6 月 29 日在十届全国人大常委会第二十八次会议上审议通过,自 2008 年 1 月 1 日起施行。《劳动合同法》共 8 章 98 条。这部法律在坚持 1995 年《劳动法》确立的劳动合同制度基本框架基础上进行了较大幅度的完善。规定:企业、个体经济组织、民办非企业单位等组织与劳动者建立劳动关系,订立、履行、变更、解除或者终止劳动关系,适用本法;国家机关、事业单位、社会团体和与其建立劳动关系的劳动者,订立、履行、变更、解除或者终止劳动关系,依照本法执行;订立劳动合同,应当遵循合法、公平、平等自愿、协商一致、诚实信用的原则;依法订立的劳动合同具有约束力,用人单位与劳动者应当履行劳动合同约定的义务等。②《劳动合同法》的颁布实施,对于更好地保护劳动者合法权益,构建和发展和谐稳定的劳动关系,完善劳动保障法律体系,促进社会主义和谐社会建设,具有十分重要的意义。

六、中共十六届六中全会 构建社会主义和谐社会

"和谐"一词,其含义是和睦协调。实现社会的和谐,构筑人与人、人与自然之间和睦相处、稳定有序的美好社会,是古往今

---

① 《十六大以来重要文献选编》(下),中央文献出版社 2008 年版,第 993 页。
② 《十六大以来重要文献选编》(下),中央文献出版社 2008 年版,第 1081 页。

来人们追求的社会理想。改革开放以后,党和政府重视社会领域的建设,从"六五"时期开始,社会发展成为五年计划中的重要内容。实现小康社会的奋斗目标,其中包含了社会事业的具体发展指标和要求。进入新世纪,我国经济社会在快速发展的同时面临一些新情况。2003年,我国人均国内生产总值超过1 000美元。按照一些国家和地区的经验看,人均国内生产总值突破1 000美元后,经济社会进入一个关键的发展阶段,这当中既有因为措施得当促进经济快速发展和社会平稳进步的例子,也有因为失误从而导致经济徘徊、社会陷入动荡的例子。而进入新世纪新阶段的我国正处在一个关键时期。"综合起来看,在当前和今后相当长一段时间内,我国经济社会发展面临的矛盾和问题可能更复杂、更突出"①。如:资源能源紧缺压力加大,对经济社会发展的瓶颈制约日益突出;城乡发展不平衡、地区发展不平衡、经济社会发展不平衡的矛盾更加突出;人民群众的物质文化需要不断提高并更趋多元化,社会利益关系更趋复杂;劳动者就业结构和方式不断变化,人员流动性大大加强,社会组织管理面临新问题,等等。

对于我国经济社会发展面临的诸多新情况、新问题,中共中央、国务院审时度势,客观分析我国社会经济发展的新变化、新特点,适时地提出了构建社会主义和谐社会的战略任务。中共十六大报告在阐述全面建设小康社会的目标时,提出实现"社会更加和谐"的要求。2004年9月,中共十六届四中全会通过的关于加强党的执政能力建设的决定,明确把不断提高"构建社会主义和谐社会的能力"确定为加强党的执政能力建设的重要内容,强调要把和谐社会建设摆在重要位置。"形成全体人民各尽其能、各得其所而又和谐相处的社会,是巩固党执政的社会基础、实现党执政的历史任务的必然要求"。2005年2月,在省部级主要领导干

---

① 《十六大以来重要文献选编》(中),中央文献出版社2006年版,第696页。

部提高构建社会主义和谐社会能力专题研讨班上,胡锦涛第一次全面阐述了构建社会主义和谐社会的重大意义、科学内涵、基本特征、重要原则和主要任务。他提出:"我们所要建设的社会主义和谐社会,应该是民主法治、公平正义、诚信友爱、充满活力、安定有序、人与自然和谐相处的社会。"同年10月,中共十六届五中全会把构建社会主义和谐社会确定为贯彻落实科学发展观必须抓好的一项重大任务。这一时期,"和谐社会"成为党的文件、报纸杂志、街谈巷议中的热词,为人们普遍接受。

2006年10月,中共十六届六中全会在京举行。全会审议通过了《中共中央关于构建社会主义和谐社会若干重大问题的决定》。审议通过了《关于召开党的第十七次全国代表大会的决议》,决定中共十七大将于2007年下半年在北京召开。

《关于构建社会主义和谐社会若干重大问题的决定》是新中国历史上第一个以社会建设为主题的重要文件。《决定》全面把握我国发展的阶段性特征,深刻分析影响我国社会和谐的突出矛盾和问题,明确提出到2020年构建社会主义和谐社会的指导思想、目标任务、工作原则和重大部署,是指导当前和今后一个时期我国构建社会主义和谐社会的纲领性文件。

《决定》共分8个部分,分别是:构建社会主义和谐社会的重要性和紧迫性;构建社会主义和谐社会的指导思想、目标任务和原则;坚持协调发展,加强社会事业建设;加强制度建设,保障社会公平正义;建设和谐文化,巩固社会和谐的思想道德基础;完善社会管理,保持社会安定有序;激发社会活力,增进社会团结和睦;加强党对社会主义和谐社会的领导。《决定》确定了构建社会主义和谐社会的目标和主要任务,有9条,具体是:社会主义民主法制更加完善,依法治国基本方略得到全面落实,人民的权益得到切实尊重和保障;城乡、区域发展差距扩大的趋势逐步扭转,合理有序的收入分配格局基本形成,家庭财产普遍增加,人民过上更加富足的生活;社会就业比较充分,覆盖城乡居民的社会保障体系基本建立;基本公共服务体系更加完备,政府管理和服务水平有较大提高;全民族的思想道德素质、科学文化素质和健康素质明显提高,良好道德风尚、和谐人际关系进一步形成;全社会创造活力显著增强,创新型国家基本建成;社会管理体系更加完善,社会秩序良好;资源利用效率显著提高,生态环境明显好转;实现全面建设惠及十几亿人口的更高水平的小康社会的目标,努力形成全体人民各尽其能、各得其所而又和谐相处的局面。

《决定》提出了构建社会主义和谐社会要遵循的原则,即:必须坚持以人为本;必须坚持科学发展;必须坚持改革开放;必须坚持民主法治;必须坚持正确处理改革发展稳定的关系;必须坚持在党的领导下全社会共同建设。

社会和谐是中国特色社会主义的本质属性。十六届六中全会提出的构建社会主义和谐社会的重大举措,体现了党对社会主义本质认识的深化,对于全面建设小康社会,开创中国特色社会主义事业新局面,具有深远的指导意义。

第三节　全面建设小康社会新要求的贯彻

一、中共十七大　全面建设小康社会新要求的提出

中共十六大以后的五年,我国在改革开放和全面建设小康社会的道路上取得重大进展,重点领域改革取得较大进展,对外开放不断扩大,综合国力大幅提升,人民生活显著改善,经济社会各项事业得到较快发展。面对改革开放以来国内外形势发生的广泛而深刻的变化,中国共产党需要带领人民从新的历史起点出发,抓住和利用好重要战略机遇期,继续全面建设小康社会,加快推进社会主义现代化事业。

2007年10月15日至21日,中共十七大在北京举行。出席大会的正式代表和特邀代表2 237名,代表7 200多万党员。大会的主题是:高举中国特色社会主义伟大旗帜,以邓小平理论和"三个代表"重要思想为指导,深入贯彻落实科学发展观,继续解放思想,坚持改革开放,推动科学发展,促进社会和谐,为夺取全面建设小康社会新胜利而奋斗。

大会的主要议程是:听取和审议胡锦涛代表第十六届中央委员会向大会作的题为《高举中国特色社会主义伟大旗帜,为夺取全面建设小康社会新胜利而奋斗》①的报告;审议中央纪律检查委员会的工作报告;审议并通过《中国共产党章程(修正案)》;选举新一届中央委员会和中央纪律检查委员会。

大会报告的主要内容有:

(一)总结了十六大以来五年的工作和改革开放以来的宝贵经验。

报告回顾了十六大以来的工作,概括了以下十项成就:经济实力大幅提升;改革开放取得重大突破;人民生活显著改善;民主法制建设取得新进步;文化建设开创新局面;社会建设全面展开;国防和军队建设取得历史性成就;港澳工作和对台工作进一步加强;全方位外交取得重大进展;党的建设新的伟大工程扎实推进。

报告总结了改革开放30年的历史进程,指出:改革开放是党在新的时代条件下带领人民进行的新的伟大革命,目的就是要解放和发展社会生产力,实现国家现代化,让中国人民富裕起来,振兴伟大的中华民族;就是要推动我国社会主义制度自我完善和发展,赋予社会主义新的生机活力,建设和发展中国特色社会主义;就是要在引领当代中国发展进步中加强和改进党的建设,保持和发展党的先进性,确保党始终走在时代前列。报告提出,十一届三中全会开启了改革开放历史新时期。新时期最鲜明的特点是改革

---

① 《十七大以来重要文献选编》(上),中央文献出版社2009年版,第1~43页。

开放,最显著的成就是快速发展,最突出的标志是与时俱进。"事实雄辩地证明,改革开放是决定当代中国命运的关键抉择,是发展中国特色社会主义、实现中华民族伟大复兴的必由之路;只有社会主义才能救中国,只有改革开放才能发展中国、发展社会主义、发展马克思主义"。报告明确指出,改革开放作为一场新的伟大革命,不可能一帆风顺,也不可能一蹴而就。最根本的是,改革开放符合党心民心、顺应时代潮流,方向和道路是完全正确的,成效和功绩不容否定,停顿和倒退没有出路。

报告科学总结了在中国这样一个十几亿人口的发展中大国摆脱贫困、加快实现现代化、巩固和发展社会主义的宝贵经验,概括为"十个结合起来",这就是:"把坚持马克思主义基本原理同推进马克思主义中国化结合起来,把坚持四项基本原则同坚持改革开放结合起来,把尊重人民首创精神同加强和改善党的领导结合起来,把坚持社会主义基本制度同发展市场经济结合起来,把推动经济基础变革同推动上层建筑改革结合起来,把发展社会生产力同提高全民族文明素质结合起来,把提高效率同促进社会公平结合起来,把坚持独立自主同参与经济全球化结合起来,把促进改革发展同保持社会稳定结合起来,把推进中国特色社会主义伟大事业同推进党的建设新的伟大工程结合起来。"

报告还指出,改革开放以来我们取得一切成绩和进步的根本原因,归结起来就是:开辟了中国特色社会主义道路,形成了中国特色社会主义理论体系。报告指出,中国特色社会主义道路,就是在中国共产党领导下,立足基本国情,以经济建设为中心,坚持四项基本原则,坚持改革开放,解放和发展社会生产力,巩固和完善社会主义制度,建设社会主义市场经济、社会主义民主政治、社会主义先进文化、社会主义和谐社会,建设富强民主文明和谐的社会主义现代化国家。中国特色社会主义理论体系,就是包括邓小平理论、"三个代表"重要思想以及科学发展观等重大战略思想在内的科学理论体系。报告强调,高举中国特色社会主义伟大旗帜,最根本的就是要坚持这条道路和这个理论体系。

（二）全面系统地阐述科学发展观的科学内涵，对深入贯彻落实科学发展观提出具体要求。

报告指出：科学发展观是对党的三代中央领导集体关于发展的重要思想的继承和发展，是马克思主义关于发展的世界观和方法论的集中体现，是同马克思列宁主义、毛泽东思想、邓小平理论和"三个代表"重要思想既一脉相承又与时俱进的科学理论，是我国经济社会发展的重要指导方针，是发展中国特色社会主义必须坚持和贯彻的重大战略思想。科学发展观是立足社会主义初级阶段基本国情，总结我国发展实践，借鉴国外发展经验，适应新的发展要求提出来的。报告强调科学发展观的内涵：第一要义是发展，核心是以人为本，基本要求是全面协调可持续，根本方法是统筹兼顾。

报告提出，必须坚持把发展作为党执政兴国的第一要务，要牢牢扭住经济建设这个中心，坚持聚精会神搞建设、一心一意谋发展，不断解放和发展社会生产力。必须坚持以人为本，始终把实现好、维护好、发展好最广大人民的根本利益作为党和国家一切工作的出发点和落脚点，尊重人民主体地位，发挥人民首创精神。必须坚持全面协调可持续发展，要按照中国特色社会主义事业总体布局，全面推进经济建设、政治建设、文化建设、社会建设。必须坚持统筹协调，要正确认识和妥善处理中国特色社会主义事业中的重大关系，充分调动各方面积极性，统筹国内国际两个大局，树立世界眼光，加强战略思维。

报告明确提出了"深入贯彻落实科学发展观"的具体要求，即：始终坚持"一个中心、两个基本点"的基本路线；积极构建社会主义和谐社会；继续深化改革开放；切实加强和改进党的建设。

（三）提出实现全面建设小康社会奋斗目标的新要求。

报告在十六大确立的全面建设小康社会目标的基础上对我国发展提出新的更高要求。（1）增强发展协调性，努力实现经济又好又快发展。转变发展方式取得重大进展,在优化结构、提高效益、降低消耗、保护环境的基础上,实现人均国内生产总值到 2020 年比 2000 年翻两番。社会主义市场经济体制更加完善。自主创新能力显著提高。居民消费率稳步提高,城乡、区域协调互动发展机制和主体功能区布局基本形成。社会主义新农村建设取得重大进展。城镇人口比重明显增加。(2) 扩大社会主义民主,更好保障人民权益和社会公平正义。公民政治参与有序扩大,依法治国基本方略深入落实,全社会法制观念进一步增强,法治政府建设取得新成效。基层民主制度更加完善。政府提供基本公共服务能力显著增强。(3) 加强文化建设,明显提高全民族文明素质。社会主义核心价值体系深入人心,良好思想道德风尚进一步弘扬。覆盖全社会的公共文化服务体系基本建立,文化产业占国民经济比重明显提高、国际竞争力显著增强,适应人民需要的文化产品更加丰富。(4) 加快发展社会事业,全面改善人民生活。现代国民教育体系更加完善,终身教育体系基本形成。社会就业更加充分,覆盖城乡居民的社会保障体系基本建立,人人享有基本生活保障,人人享有基本医疗卫生服务,社会管理体系更加健全。(5) 建设生态文明,基本形成节约能源资源和保护生态环境的产业结构、增长方式、消费模式。循环经济形成较大规模,可再生能源比重显著上升。主要污染物排放得到有效控制,生态环境质量明显改善。生态文明观念在全社会牢固树立。

此外,报告还对开创国防和军队现代化建设新局面、推进"一国两制"实践和祖国和平统一大业、始终不渝走和平发展道路、以改革创新精神全面推进党的建设新的伟大工程等方面进行了部署。

大会通过了《〈中国共产党章程(修正案)〉的决议》,一致同意将科学发展观写入党章;一致同意把党的基本路线中的奋斗目标表述为"把我国建设成为富强民主文明和谐的社会主义现代化国家",写入党章。

大会选举产生新的中央领导机构。10月22日,中共十七届一中全会选举胡锦涛为中共中央总书记;选举胡锦涛、吴邦国、温家宝、贾庆林、李长春、习近平、李克强、贺国强、周永康①为中央政治局常委,通过习近平等6人为中央书记处书记;决定胡锦涛为中共中央军委主席;批准贺国强任中共中央纪律检查委员会书记。

十七大科学地回答了党在改革发展关键阶段举什么旗、走什么路、以什么样的精神状态、朝着什么样的发展目标继续前进等重大问题,开启了全面建设小康社会新的宏伟目标和开创中国特色社会主义事业新局面的新的进程,具有重大的历史意义。

二、十一届全国人大一次会议和国家机构大部制改革

2008年3月5日至18日,十一届全国人大一次会议在北京举行。会议代表2 970人。会议听取并审议了温家宝作的《政府工作报告》,讨论通过国务院机构改革方案。选举和决定了新一届国家机构领导人。

报告总结了2003年至2007年我国改革开放和现代化建设取得的重大成就,主要有:经济跨上新台阶,五年里国内生产总值年均增长10.6%,从世界第六位上升到第四位;2007年全国粮食产量达到50 150万吨。国有企业、金融、财税、外经贸体制和行政管理体制等改革迈出重大步伐,2007年进出口总额达到21 700亿美元,从世界第六位上升到第三位。全面实现农村免费义务教育,这是我国教育发展史上的重要里程碑。覆盖城乡的公共卫生体系和基本医疗服务体系初步建立。人民生活显著改善,城镇居民人均可支配收入由2002年7 703元增加到2007年的13 786元,农村居民人均纯收入由2 476元增加到4 140元。报告确定了2008年国民经济和社会发展的预期目标是:在优化结构、提高效益、降低

---

① 2014年12月,鉴于周永康严重违纪,中共中央决定开除其党籍。2015年6月,周永康因受贿、滥用职权、故意泄露国家秘密罪,被判处无期徒刑,剥夺政治权利终身。

消耗、保护环境的基础上,国内生产总值增长 8% 左右;居民消费价格总水平涨幅控制在 4.8% 左右;城镇新增就业 1 000 万人,城镇登记失业率控制在 4.5% 左右;国际收支状况有所改善。

会议审议通过了国务院提出的机构改革方案。其主要任务是:围绕转变政府职能和理顺部门职责关系,探索实行职能有机统一的大部门体制,合理配置宏观调控部门职能,加强能源环境管理机构,整合完善工业和信息化、交通运输行业管理体制,以改善民生为重点加强与整合社会管理和公共服务部门。改革方案的内容包括:合理配置宏观调控部门职能,国家发展和改革委员会、财政部、中国人民银行等部门要建立健全协调机制,形成更加完善的宏观调控体系。加强能源管理机构,设立高层次议事协调机构国家能源委员会,组建国家能源局,由国家发改委管理。组建工业和信息化部、交通运输部、人力资源和社会保障部、环境保护部、住房和城乡建设部。国家食品药品监督管理局改由卫生部管理。

会议选举胡锦涛为中华人民共和国主席,习近平为副主席;选举吴邦国为十一届全国人大常委会委员长;选举胡锦涛为中华人民共和国中央军事委员会主席;根据国家主席胡锦涛的提名,决定温家宝为国务院总理,李克强、回良玉、张德江、王岐山为国务院副总理。

3 月 3 日至 14 日,全国政协十一届一次会议在北京举行。贾庆林作全国政协十届常委会工作报告。会议选举贾庆林为全国政协主席。

三、有效应对各种重大挑战 成功举办多项盛会

中共十七大以后,在贯彻落实科学发展观、实现全面建设小康社会新要求的开局之时,我国遭遇了包括严重自然灾害在内的严峻挑战。在中共中央、国务院的统一领导下,中国人民团结协力、有效应对,战胜了自然灾害,并成功地举办了多项盛会,提振了士气,扩大了国际影响。

2008 年 1 月 10 日至 2 月 2 日,我国南方地区接连出现四次严重

的低温雨雪天气过程,致使我国南方近20个省(区、市)遭受历史罕见的严重低温雨雪冰冻灾害。京广、京九、沪昆铁路因断电运输受阻,京珠高速受阻车龙最长时长达90公里,17个受灾省份的高速公路也不同程度地中断或关闭,上海机场、广州民航系统航班被迫取消,中南、西南、华东部分机场间歇性关闭。13个省(区、市)输电线路因覆冰电塔垮塌断线,170个县(市)供电中断。农作物受灾面积2.17亿亩,森林受损面积近2.6亿亩,倒塌房屋35.4万间。此次灾难最终导致一亿多人口受灾,直接经济损失达540多亿元。灾情发生后,中共中央、国务院、中央军委迅速部署大规模抗灾救灾工作,广大军民团结奋战,保交通、保供电、保民生,取得了抗灾的胜利。

2008年5月12日14时28分,四川汶川发生里氏8级、最大烈度11度的特大地震。波及四川、甘肃、陕西、重庆等十个省(区、市)417个县(市、区),灾区总面积约50万平方公里,受灾群众4 625万多人,造成69 227名同胞遇难、17 923名同胞失踪,房屋大量倒塌损坏,基础设施大面积损毁,引发的崩塌、滑坡、泥石流、堰塞湖等次生灾害举世罕见,直接经济损失8 451亿多元。地震发生后,胡锦涛立即指示尽快抢救伤员,确保灾区人民生命安全。国务院成立抗震救灾总指挥部,温家宝任总指挥并迅抵灾区。中共中央、国务院迅速组织开展了我国历史上救援速度最快、动员范围最广、投入力量最大的抗震救灾。16日,胡锦涛亲赴灾区第一线。18日,国务院发布公告,决定19日至21日为全国哀悼日。人民解放军调动了和平时代以来规模最庞大的队伍进行救灾,中国民间的大批志愿者和来自中国各地以及世界各国的专业人道救援队伍也加入救灾。全中国以至世界上许多国家和地区纷纷捐款捐物援助。灾区人民积极开展自救。截至10月初,84 017名群众被从废墟中抢救出来,149万名被困群众得到解救,430多万名伤病员得到及时救治,1 510万名紧急转移安置受灾群众基本生活得到妥善安排,881万名灾区困难群众得到救助。中小学校在新学期开学前全面复课,采取有效措施确保了大灾之后无大疫。10月8日,全国抗震救灾总结表彰大会举行,胡锦涛宣布,抗震救灾取得了重大胜利。他号召全党全社会大力弘扬"万众一心、众志成城,不畏艰险、百折不挠,以人为本、尊重科学"的伟大抗震救灾精神。

举办奥运会是中华民族的百年梦想与期盼。2001年北京取得第29届夏季奥林匹克运动会主办权后,经过了7年的认真筹备,迎来北京奥运会以及残奥会两大盛会。

2008年8月8日20时,第29届夏季奥林匹克运动会在北京国家体育场鸟巢开幕。204个国家和地区的代表团、11 000多名运动员参加了北京奥运会,成为历史上参赛国家和运动员最多的一届。中国政府秉持绿色奥运、科技奥运、人文奥运的理念,依靠广大人民群众,积极开展国际交流合作,为北京奥运会、残奥会的成功举办提供了保障。各国运动员奋勇拼搏,刷新了43项世界纪录、132项奥运纪录,共有87个国家在赛事中取得奖牌,其中6个国家实现了奥运奖牌零的突破。中国体育代表团获得51枚金牌、21枚银牌、28枚铜牌的好成绩,居金牌榜首位,成为奥运历史上首个登上金牌榜首的亚洲国家。8月24日,奥运会闭幕。

9月6日至17日,第十三届残奥会在北京举行。来自147个国家和地区的4 000多名运动员参加了本届残奥会。经过11天的拼搏,有1 700人次创造了残奥会或残疾人世界纪录。中国代表团以89枚金牌、70枚银牌、52枚铜牌的成绩居于金牌、奖牌榜第一位。

2009年10月1日,首都各界庆祝中华人民共和国成立60周年大会在北京天安门广场隆重举行。胡锦涛检阅了由中国人民解放军陆海空三军和人民武装警察部队、民兵预备役部队组成的44个装备精良的地面方队。随后,胡锦涛在发表的重要讲话中,回顾了新中国成立60年来取得的伟大成就,总结了新中国60年发展进步的成功经验,展望了祖国未来发展的美好前景,指出:"今天,一个面向现代化、面向世界、面向未来的社会主义中国巍然屹立在世界东方。"

之后,阅兵分列式开始。由陆海空三军仪仗队组成的方队走在最前面。由军区、军兵种、武警部队和总部直属部队以及北京市民兵预备役部队8 000余名官兵组成的13个徒步方队、30个装备方队,依次通过天安门广场,接受检阅。由陆海空三军组成的12个空中梯队呼啸而至,预警机、轰炸机、加受油机、歼击机、直升机等151架飞机低空飞过天安门广场。阅兵式后,以"我与祖国共奋进"为主题的群众游行开始。游行分"奋斗创业""改革开放""世纪跨越""科学发展""辉煌成就""锦绣中华"和"美好未来"七个部分,由36个方阵、60辆彩车和6节行进式文艺表演组成。参加游行的各界群众尽情抒发着对祖国的由衷赞美和美好祝福。

　　2010年,我国再次面对严重自然灾害的挑战。2010年4月14日,青海玉树发生里氏7.1级地震,造成2 698人遇难,270人失踪。8月8日,甘肃舟曲发生特大山洪泥石流灾害,造成1 471人遇难,294人失踪。面对灾害,在中央的统一领导下,广大军民日夜奋战,取得了抗震救灾和抢险救灾的重大胜利。

　　2010年世界博览会于5月1日至10月31日在上海举行,其主题是"城市,让生活更美好"。这是我国首次举办综合性世界博览会,也是首次在发展中国家举行的注册类世博会。在展会期间,有246个国家和国际组织参展。中外参观者达7 308万人次,创造了世博会历史上的新纪录。

　　11月12日至27日、12月12日至19日,第十六届亚运会、首届亚残运会分别在广州举办。45个国家和地区的14 000多名官员和运动员参加了亚运会,41个国家和地区的2 500多名残疾人运动员参加了亚残运会。中国体育代表团居金牌榜和奖牌榜首位。

　　这一时期,继"神舟五号""神舟六号"载人飞船取得圆满成功之后,我国航天事业捷报频传。

　　2007年10月24日,中国第一颗绕月探测卫星"嫦娥一号"成功发射。随后进入绕月轨道,传回第一幅月图。这标志着中国全面掌握了绕月飞行技术。2008 年 9 月 25 日,"神舟七号"载人飞船顺利升空。航天员翟志刚、刘伯明、景海鹏飞向天空。翟志刚完成出舱、太空行走等任务,实现了中国空间技术的重大跨越。2010 年 10 月 1 日,"嫦娥二号"月球探测器成功发射,完成了获取分辨率更高的全月影像图等多项实验。2011 年 9 月 29 日,中国首个自主研制的"天宫一号"目标飞行器成功发射。11 月 1 日,"神舟八号"飞船成功发射,3 日与"天宫一号"成功实现首次无人交会对接,14 日再次实现第二次交会对接。这标志着中国在空间交会对接技术上迈出重要一步,是中国载人航天事业发展史上又一个重要的里程碑。2012 年 6 月 16 日,载有航天员景海鹏、刘旺、刘洋三人的"神舟九号"载人飞船发射成功,中国首位女航天员刘洋进入太空。18 日和 24 日,"神舟九号"与"天宫一号"先后实现自动和手控交会对接,29 日顺利返回着陆。这标志着中国首次载人交会对接成功,中国成为世界上第三个完全掌握载人交会对接技术的国家。

四、社会主义民主政治的加强　民族区域自治制度的坚持和完善

中共十六大报告指出:"发展社会主义民主政治,建设社会主义政治文明,是全面建设小康社会的重要目标"。"政治文明"的提法首次出现在中国共产党全国代表大会上,表明中共对发展社会主义民主政治的认识达到了一个新的高度。建设社会主义政治文明任务的提出,适应了改革开放和现代化建设的发展要求,有利于促进社会主义物质文明、政治文明和精神文明的协调发展。2003 年 2 月,胡锦涛在中共十六届二中全会上讲话,指出:建设社会主义政治文明是党领导人民坚持和发展人民民主长期实践的必然结论。建设社会主义政治文明必须坚持社会主义方向。最根本的是要坚持党的领导、人民当家作主和依法治国的有机统一。中共十七大报告进一步强调,要坚定不移发展社会主义民主政治。指出:人民民主是社会主义的生命。政治体制改革作为我国全面改革的重要组成部分,必须随着经济社会发展而不断深化,与人民政治参与积极性不断提高相适应。要坚持和完善人民代表大会制度、中国共产党领导的多党合作和政治协商制度、民族区域自治制度以及基层群众自治制度。

人民代表大会制度作为我国的根本政治制度,它的坚持和完善对于发展社会主义民主政治、建设社会主义政治文明意义重大。2005年5月,中共中央转发《中共全国人大常委会党组关于进一步发挥全国人大代表作用,加强全国人大常委会制度建设的若干意见》。《意见》对于进一步发挥全国人大代表的作用,建立健全代表依法履行职责提出五项具体要求:保障代表的知情权,提高代表审议议案、报告的水平和效能;改进代表议案工作,提高议案提出和处理的质量;完善有关工作制度,提高代表建议、批评和意见提出及处理的质量;加强和规范代表在大会闭会期间的活动,增强代表活动的实效;为代表在大会闭会期间的活动提供必要的条件和保障。《意见》还突出强调了加强全国人大常委会的制度建设问题,指出:要认真落实法律规定的立法制度,继续推进立法工作的民主化;要进一步健全监督机制、完善监督制度,改进和加强监督工作,全国人大常委会对"一府两院"的工作既要监督,又要支持,不代行"一府两院"的行政权、审判权和检察权;要规范专门委员会的工作制度,发挥专门委员会的作用;要改进会议制度,健全信访工作制度,建立对全国人大代表的系统培训制度等。

选举制度是人民代表大会制度的基石。中共十七大第一次提出"逐步实行城乡按相同人口比例选举人大代表"的建议。2010年3月,十一届全国人大三次会议审议并通过了选举法修正案,规定:"全国人民代表大会和地方各级人民代表大会的代表应当具有广泛的代表性,应当有适当数量的基层代表,特别是工人、农民和知识分子代表;应当有适当数量的妇女代表,并逐步提高妇女代表的比例"。"全国人民代表大会代表名额,由全国人民代表大会常务委员会根据各省、自治区、直辖市的人口数,按照每一代表所代表的城乡人口数相同的原则,以及保证各地区、各民族、各方面都有适当数量代表的要求进行分配"。城乡按相同人口比例选举人大代表,保证各地区、各民族、各方面都有适当数量的人大代表。

人民代表大会制度的进一步完善,有利于保障人民的民主权利,体现人民群众当家作主的地位,有利于社会主义民主政治建设的不断加强。

中国共产党领导的多党合作和政治协商制度是我国的一项基本的政治制度,也是具有中国特色的社会主义政党制度。中共十六大以后,这一制度不断得以完善。2004年9月,胡锦涛在庆祝人民政协成立55周年大会上讲话,指出:我们要"进一步推进人民政协事业的发展,把最广泛的爱国统一战线巩固好、发展好,把中国共产党领导的多党合作和政治协商制度坚持好、完善好"。"充分发挥人民政协作为中国共产党领导的多党合作和政治协商重要机构的作用"。2005年2月,中共中央发出《关于进一步加强中国共产党领导的多党合作和政治协商制度建设的意见》。《意见》对新形势下中国共产党领导的多党合作和政治协商的原则、内容、方式和程序等问题,作出了明确规定。《意见》指出,中国共产党领导的多党合作和政治协商制度是与我国人民民主专政的国体相适应的政党制度,其"显著特征是:共产党领导、多党派合作,共产党执政、多党派参政"。还提出:"政治协商是中国共产党领导的多党合作和政治协商制度的重要组成部分,是实行科学民主决策的重要环节,是中国共产党提高执政能力的重要途径。把政治协商纳入决策程序,就重大问题在决策前和决策执行中进行协商,是政治协商的重要原则。"2006年2月,中共中央发出《关于加强人民政协工作的意见》,指出:人民政协是实行中国共产党领导的多党合作和政治协商制度的重要政治形式和组织形式,是我国政治体制的重要组成部分。文件明确强调,人民政协的主要职能是政治协商、民主监督、参政议政。并就做好三个方面工作的原则、内容和形式作出规定。同年7月,中共中央发出《关于巩固和壮大新世纪新阶段统一战线的意见》,强调了新世纪新阶段统一战线的工作范围、发展目标和重要原则,提出了认真贯彻统一战线若干重要领域的方针政策。

上述三个重要文件在总结新中国成立后我国多党合作和政治协商的经验以及分析新世纪新阶段的统一战线工作的新情况的基础上,进一步明确了多党合作和政治协商制度的基本原则、主要内容、主要形式和具体程序,对于加强社会主义民主政治建设发挥了重要的作用。

坚持和完善民族区域自治制度对于发展社会主义民主、建设社会主义政治文明,增强民族团结、解决民族问题,有着十分重要的意义。中共十六大以后,党和政府对坚持和完善民族区域自治制度作出重要部署。2005年5月,国务院制定《实施〈中华人民共和国民族区域自治法〉若干规定》,明确规定了上级人民政府支持和帮助民族区域自治地方的职责等,使这一法律更趋完善。这对于切实保证各少数民族依法自主地管理本民族事务,保证各民族不论大小都享有平等的政治、经济、文化和社会权利产生了积极作用。

与此同时,中共中央多次强调,新形势下做好民族工作还要牢固树立和全面贯彻落实科学发展观,加快少数民族和民族地区经济社会发展;要加强民族地区人才资源开发和少数民族干部队伍建设;要加强民族团结、维护祖国统一。①

冷战结束后,国际形势发生重大变化,国际民族问题和宗教问题日益突出,我国周边国家的暴力恐怖势力、民族分裂势力和宗教极端势力(即"三股势力")趋于活跃。2008年3月14日,西藏拉

---

① 《十六大以来重要文献选编》(中),中央文献出版社2006年版,第905~909页。

萨市区发生打砸抢烧严重暴力犯罪事件。这一事件是达赖集团精心策划和组织的,是境内外"藏独"分裂势力相互勾结制造的。2009年7月5日,新疆乌鲁木齐发生打砸抢烧严重暴力犯罪事件。这是境内外民族分裂势力竭力策划的暴力恐怖活动,妄图在新疆推翻中国共产党的领导,颠覆社会主义制度,肢解我们统一的多民族国家。

上述事件发生后,党和政府采取果断措施,依法妥善进行处置,控制了事态发展,有力地维护了社会的稳定。同时,党和政府旗帜鲜明地反对和打击"三股势力",坚定不移高举维护社会稳定、维护社会主义法制、维护人民群众根本利益、维护祖国统一、维护民族团结的旗帜,把西藏工作和新疆工作置于党和国家工作全局中的重要的战略地位。

坚持民族团结,落实民族区域自治制度,大力发展民族地区经济文化社会事业,坚决维护社会稳定,旗帜鲜明地反对民族分裂势力,维护国家统一,成为新时期新阶段西藏和新疆工作的重要目标,也成为包括西藏、新疆在内的全体人民的共同要求。

五、全面推进党的建设新的伟大工程　文化大发展大繁荣与社会主义核心价值体系建设

对于中国共产党的自身建设,中共十七大提出"以改革创新精神全面推进党的建设新的伟大工程"的战略部署,要求深入学习贯彻中国特色社会主义理论体系,用发展着的马克思主义指导客观世界和主观世界的改造,提高运用科学理论分析和解决实际问题的能力。

根据十七大部署,2008年9月,中共中央正式下发《关于在全党开展深入学习实践科学发展观活动的意见》,决定用一年半左右时间,在全党分批开展深入学习实践活动。9月19日,胡锦涛在全党深入学习实践科学发展观活动动员大会暨省部级主要领导干部专题研讨班开班式上讲话,强调:"党的十七大提出在全党开

展深入学习实践科学发展观活动,就是要在世情、国情、党情发生深刻变化的条件下,更好地用中国特色社会主义理论体系这一马克思主义中国化最新成果武装和统一全党思想,动员全党更好地为实现党的十七大提出的宏伟蓝图和行动纲领而团结奋斗。"《意见》提出:开展学习实践活动,就是要组织广大党员特别是各级领导班子和党员领导干部深入学习实践科学发展观,紧紧围绕党员干部受教育、科学发展上水平、人民群众得实惠,进一步解放思想、实事求是、改革创新,切实增强贯彻落实科学发展观的自觉性和坚定性,把全社会的发展积极性进一步引导到科学发展上来,把科学发展观贯彻落实到经济社会发展的各个方面。

学习实践活动从 2008 年 9 月开始,自上而下分三批进行,每批学习实践时间为半年左右,至 2010 年 2 月基本完成。这期间共有 370 多万个党组织、7 500 多万名党员参加活动。2010年 4 月 6 日,胡锦涛在全党深入学习实践科学发展观活动总结大会上讲话,指出:活动组织广大党员、干部深化理论学习,为促进科学发展打牢了思想基础;大力加强基层组织建设,为促进科学发展夯实了组织基础;依靠群众、发扬民主,广泛吸收群众参与,为促进科学发展巩固了群众基础。"活动基本实现了提高思想认识、解决突出问题、创新体制机制、促进科学发展、加强基层组织的目标,取得明显成效"。学习实践活动的开展以及取得的成效,对于深入贯彻落实科学发展观,以改革创新精神全面推进党的建设新的伟大工程,更进一步实现全面建设小康社会新要求,具有重要意义。

在学习实践活动取得新进展的过程中,2009 年 9 月,中共十七届四中全会通过《中共中央关于加强和改进新形势下党的建设若干重大问题的决定》,指出:世情、国情、党情的深刻变化对党的建设提出了新的要求。全党必须居安思危,增强忧患意识,继续推进党的建设新的伟大工程。《决定》在总结党作为马克思主义执政党加强自身建设的基本经验的基础上,强调要建设马克思主义学习型政党,坚持和健全民主集中制,深化干部人事制度改革,做好抓基层打基础工作,弘扬党的优良作风,加快推进惩治和预防腐败体系建设,不断提高党的建设科学化水平。

为了进一步贯彻学习实践活动的成果,中共中央按照十七大加强党的基层组织建设的部署,从2010年4月开始,着重围绕迎接中国共产党成立90周年开展创先争优活动。党的基层单位坚持抓好学习实践活动整改落实后续工作,切实兑现向群众做出的承诺,建立健全深入学习实践科学发展观的长效机制,切实履行职责,争创一流业绩。2012年"七一"前,中央组织部表彰了2010—2012年创先争优活动先进基层党组织、优秀共产党员,以及开展创先争优活动成绩显著的先进县(市、区、旗)党委,推进了党的建设的深入开展。

加强党风廉政建设,扎实推进惩治和预防腐败体系建设是党的建设的重要内容。十六大以后,中共中央着重从源头上预防和解决腐败问题。2003年10月,十六届三中全会提出,要建立健全与社会主义市场经济体制相适应的教育、制度、监督并重的惩治和预防腐败体系。2003年12月,中共中央发出《中国共产党党内监督条例(试行)》和《中国共产党纪律处分条例》,进一步确立党内监督体系和党内纪律规范。2005年1月,中共中央印发了《建立健全教育、制度、监督并重的惩治和预防腐败体系实施纲要》,明确了建立惩治和预防腐败体系的指导思想、主要目标和工作原则。十七大以后,中共中央和国务院进一步推进建立惩治和预防腐败体系建设,先后出台《建立健全惩治和预防腐败体系2008—2012年工作规划》(2008年5月)、《关于实行党政领导干部问责的暂行规定》(2009年6月)、《中国共产党巡视工作条例(试行)》(2009年7月)、《中国共产党党员领导干部廉洁从政若干准则》(2010年1月)、《关于实行党风廉政建设责任制的规定》(2010年11月)等一系列法律法规,逐步完善了党风廉政建设、惩治和预防腐败体系建设,对新形势下全面推进党的建设新的伟大工程和全面建设小康社会意义重大。

文化建设是中国特色社会主义事业总体布局的重要组成部分,文化繁荣发展是全面建设小康社会的重要目标。中共十六大以后,党和国家将文化建设置于更为重要的战略地位。2003年10月,胡锦涛在中共十六届三中全会上讲话阐述科学发展观时,指出,必须促进社会主义物质文明、政治文明和精神文明协调发展;经济发展是与政治发展、文化发展紧密联系的,不重视经济、政治和文化的协调发展,不重视人与自然的和谐,就会出现增长失调,从而最终制约发展的局面。中共十六届三中全会在阐述完善社会主义市场经济体制问题时,提出了深化文化体制改革的重要任务,要求"按照社会主义精神文明建设的特点和规律,适应社会主义市场经济发展的要求,逐步建立党委领导、政府管理、行业自律、企事业单位依法运营的文化管理体制。转变文化行政管理部门的职能,促进文化事业和文化产业协调发展"。2005年12月,中共中央、国务院制定《关于深化文化体制改革的若干意见》,对文化体制改革进行具体部署,提出:要形成富有效率的文化生产和服务的微观运行机制,增强文化事业单位的活力;形成以公有制为主体、多种所有制共同发展的文化产业格局;形成统一、开放、竞争、有序的现代文化市场体系;形成完善的文化创新体系;形成以民族文化为主体,吸收外来有益文化,推动中华文化走向世界的文化开放格局的目标任务。

中共十七大在总结经验的基础上,提出了"兴起文化建设新高潮、激发全民族文化创造活力、提高国家文化软实力"的战略目标,指出四个方面的具体任务:建设社会主义核心价值体系,增强社会主义意识形态的吸引力和凝聚力;建设和谐文化,培育文明风尚;弘扬中华文化,建设中华民族共有精神家园;推进文化创新,增强文化发展活力。中共十七大还就深化文化体制改革、加快文化事业文化产业发展作出了一系列重大部署。

为了全面贯彻落实十七大精神,进一步推动社会主义文化大发展大繁荣,2011年10月,中共十七届六中全会通过《关于深化文化体制改革推动社会主义文化大发展大繁荣若干重大问题的决定》。《决定》提出了到2020年文化改革发展奋斗目标:社会主义核心价值体系建设深入推进,良好思想道德风尚进一步弘扬,公民素质明显提高;适应人民需要的文化产品更加丰富,精品力作不断涌现;文化事业全面繁荣,覆盖全社会的公共文化服务体系基本建立,努力实现基本公共文化服务均等化;文化产业成为国民经济支柱性产业,整体实力和国际竞争力显著增强,公有制为主体、多种所有制共同发展的文化产业格局全面形成;文化管理体制和文化产品生产经营机制充满活力、富有效率,以民族文化为主体、吸收外来有益文化、推动中华文化走向世界的文化开放格局进一步完善;高素质文化人才队伍发展壮大,文化繁荣发展的人才保障更加有力。《决定》明确了"五个坚持"的文化改革发展方针:坚持以马克思主义为指导;坚持社会主义先进文化前进方向;坚持以人为本;坚持把社会效益放在首位;坚持改革开放。"五个坚持"方针分别强调了文化改革发展的根本指导思想、根本性质、根本目的、根本要求和根本动力。

《决定》是新世纪新阶段指导我国文化改革发展的纲领性文件,对于深化文化体制改革和推动社会主义文化大发展大繁荣,加强我国文化建设,具有重大的历史意义。

随着社会主义市场经济向纵深发展以及世界多极化、经济全球化的影响,我国思想文化领域面临一系列新情况、新挑战。人们思想活动的独立性、选择性、多变性、差异性增强,社会思想活跃,各种文化相互交流、交锋。面对这些情况,坚持马克思主义在意识形态的指导地位,弘扬民族优秀文化传统,借鉴人类有益文明成果,形成全社会共同的理想信念和道德规范,显得尤为重要。

2004年1月,中共中央发出《关于进一步繁荣发展哲学社会科学的意见》,明确提出实施马克思主义理论研究和建设工

544

程。2006年3月,胡锦涛提出以"八荣八耻"①为主要内容的社会主义荣辱观,深化了中共对社会主义道德建设规律的认识。同年10月,中共十六届六中全会提出,"社会主义核心价值体系是建设和谐文化的根本"。建设社会主义核心价值体系对于形成全民族奋发向上的精神力量和团结和睦的精神纽带,是非常必要的。这是中共中央第一次明确提出"建设社会主义核心价值体系"的历史任务。对于社会主义核心价值体系的基本内容,全会明确提出以下四个方面:"马克思主义指导思想,中国特色社会主义共同理想,以爱国主义为核心的民族精神和以改革创新为核心的时代精神,社会主义荣辱观。"建设社会主义核心价值体系是中国共产党在思想文化建设上的重大理论创新。其基本内容的四个方面相互联系、相互贯通、相互促进,构成有机统一的整体。坚持马克思主义指导地位是灵魂,树立共同理想是主题,培育民族精神和时代精神是精髓,践行社会主义荣辱观是基础。据此,中共十七大进一步作出"社会主义核心价值体系是社会主义意识形态的本质体现"的重要论断,提出把"社会主义价值体系深入人心"纳入全面建设小康社会奋斗目标的新要求。

为了推动社会主义核心价值体系建设,中央和地方采取多种途径和形式繁荣哲学社会科学,切实加强核心价值体系融入国民教育和精神文明建设全过程。在中国特色社会主义建设中孕育出的时代精神得到全社会的充分认可,并被大力弘扬,如抗震救灾精

---

① 2006年3月,胡锦涛在参加全国政协十届四次会议民盟、民进界委员联组会时提出,要教育广大干部群众特别是广大青少年树立社会主义荣辱观,坚持"以热爱祖国为荣、以危害祖国为耻,以服务人民为荣、以背离人民为耻,以崇尚科学为荣、以愚昧无知为耻,以辛勤劳动为荣、以好逸恶劳为耻,以团结互助为荣、以损人利己为耻,以诚实守信为荣、以见利忘义为耻,以遵纪守法为荣、以违法乱纪为耻,以艰苦奋斗为荣、以骄奢淫逸为耻"。

神、北京奥运精神、载人航天精神①等。在重大节庆日和纪念日，广泛开展主题宣传教育活动，如隆重纪念毛泽东诞辰110周年、邓小平诞辰100周年、纪念中国人民抗日战争暨世界反法西斯战争胜利60周年、红军长征胜利70周年、香港回归祖国10周年、人民解放军建军80周年、改革开放30周年和中华人民共和国成立60周年等。通过这些活动在全社会唱响了继承革命传统、弘扬爱国主义、坚持改革开放、推进科学发展的时代主旋律。为了扎实推进公民道德建设，从2003年开始，将9月20日确定为"公民道德宣传日"。2007年9月，在全国首次评选表彰道德模范，李素丽等53人荣获"全国道德模范"。中央电视台自2003年起在每年的2月份推出上一年度"感动中国"年度人物评选，通过多种投票方式选取年度最具震撼人心、令人感动的人物和团队，至2013年已连续举办11年。当选人物中，有杨利伟、钟南山、张瑞敏、任长霞、袁隆平、钱学森、朱光亚、吴孟超等各行各业的知名人士，也有张荣锁、徐本禹、丛飞、洪战辉、李隆、白芳礼、张丽莉、罗阳等一大批在基层岗位默默奉献、作出突出贡献的普通民众。"三峡移民""青藏铁路建设者""中国志愿者""载人航天英雄"等模范群体也成为"感动中国"中分量最重的一部分。2005年10月、2009年1月，中央文明委分别召开首届和第二届全国精神文明建设工作表彰大会，授予一批全国文明城市（区）、全国文明村镇、全国文明单位、全国精神文明建设先进工作者等荣誉称号。2011年，各地掀起省区和城市精神大讨论，根据各地地域特色提炼本地精神，如北京提出的是"爱国、创新、包容、厚德"，天津提出的是"爱国诚信、务实创新、开放包容"，广东提出的是"敢为人先、务实进取、开放兼容、敬业奉献"，江苏提出的是"创新、创业、创优"等。

2012年中共十八大进一步提出"三个倡导"是社会主义核心价值观的基本内容，即：倡导富强、民主、文明、和谐，倡导自由、平

---

① 载人航天精神的内涵包括特别能吃苦，特别能战斗，特别能攻关，特别能奉献。

等、公正、法治,倡导爱国、敬业、诚信、友善。这对于引领社会思潮,凝聚社会共识,扎实推进社会主义文化强国建设具有重要指导作用。

第四节　转变经济发展方式的推进

一、转变经济发展方式的提出　农村改革的深入开展

改革开放以后,我国经济快速发展,综合国力迅速增强。但是,在看到成绩的同时,也要看到我国经济发展的方式仍是粗放型的发展方式,重低成本优势、轻自主创新能力,重物质投入、轻资源环境,重国际市场、轻国内需求。中共十六大以后,党和国家在部署经济建设和经济体制改革任务时,强调了要走新型工业化道路、推进产业结构优化升级、加快城镇化进程、促进区域协调发展等内容。2007 年 6 月,胡锦涛在省部级主要领导干部专题研讨班讲话中,在谈到促进国民经济又好又快发展的观点时,首次使用了"转变经济发展方式"的提法。随后,中共十七大进一步提出了"实现未来经济发展目标,关键要在加快转变经济发展方式、完善社会主义市场经济体制方面取得重大进展"的战略任务。加快转变经济发展方式的着重点一方面是"两个坚持",即:坚持走中国特色新型工业化道路;坚持扩大国内需求特别是消费需求的方针。另一个方面是"三个转变",即:在需求结构转变方面,促进经济增长由主要依靠投资、出口拉动向依靠消费、投资、出口协调拉动转变;在产业结构方面,由主要依靠第二产业带动向依靠第一、第二、第三产业协同带动转变;在要素投入结构方面,由主要依靠增加物质资源消耗向主要依靠科技进步、劳动者素质提高、管理创新转变。

正当加快转变经济发展方式的任务渐趋展开之时,2008 年 9 月,以美国次贷危机引发的金融危机愈演愈烈,并迅速从美国扩展

到发达国家,从发达国家传导到新兴市场国家和发展中国家,从金融领域扩展到实体经济领域,形成一场影响深远的国际金融危机。

针对危机,党和政府采取一系列政策措施积极应对。2008年11月5日,国务院常务会议确定应对危机的十大措施,包括加快建设保障性安居工程,加快农村基础设施建设,加快铁路、公路和机场等重大基础设施建设,在全国所有地区、所有行业全面实施增值税转型改革,加大金融对经济增长的支持力度等。会议决定未来两年投资4万亿元以刺激经济。12月,中央经济工作会议提出,必须把保持经济平稳较快发展作为2009年经济工作的首要任务,着力在保增长上下功夫、把扩大内需作为保增长的根本途径,把加快发展方式转变和结构调整作为保增长的主攻方向,把改善民生作为保增长的出发点和落脚点。会议确定了加强和改善宏观调控,实施积极的财政政策和适度宽松的货币政策;保障农产品有效供给、促进农民持续增收;加快发展方式转变,推进经济结构战略调整;着力解决涉及群众利益的难点热点问题等重点任务。

国际金融危机发生后,我国发展面临的外部环境和内部条件都发生了很大变化,转变经济发展方式问题更加凸显出来。2009年12月召开的中央经济工作会议强调,转变经济发展方式已刻不容缓,要真正把经济平稳较快发展和加快经济发展方式转变有机统一起来,在发展中促转变,在转变中谋发展。2010年2月,胡锦涛在省部级主要领导干部深入贯彻落实科学发展观、加快经济发展方式转变专题研讨班上讲话,强调"转变经济发展方式关键是要在'加快'上下功夫、见实效",并部署了加快转变经济发展方式工作的八项任务,主要是:加快推进经济结构调整,加快推进产业结构调整,加快推进自主创新,加快推进农业发展方式转变,加快推进生态文明建设,加快推进经济社会协调发展,加快发展文化产业和加快推进对外经济发展方式转变。

转变经济发展方式问题的提出和贯彻,反映了党和政府对改革开放和社会主义现代化建设规律的认识更深入了一步。

这有利于我国经济和社会发展朝着健康、稳步、科学的轨道前进。

社会主义新农村建设提出后,开局良好,粮食持续增产,农民持续增收,农村公共事业明显加强。但是,农村的基础设施依然薄弱,农民稳定增收依然困难,农村社会事业发展依然滞后。一些地方干部没有把社会主义新农村建设的重点放在生产力的解放和发展上,而是更多关注村庄建设和房子建设。对此,2007 年中央"一号文件"《关于积极发展现代农业扎实推进社会主义新农村建设的若干意见》(即新世纪"三农"工作第四个"一号文件")提出,要把发展现代农业作为社会主义新农村建设的首要任务。强调要加大对"三农"的投入力度;加快农业基础建设,提高现代农业的设施装备水平;推进农业科技创新,强化建设现代农业的科技支撑;开发农业多种功能,健全发展现代农业的产业体系等。

中共十七大在提出全面建设小康社会奋斗目标新要求时,将"统筹城乡发展,推进社会主义新农村建设"作为一项重要任务提出来,指出:"要加强农业基础地位,走中国特色农业现代化道路,建立以工促农、以城带乡长效机制,形成城乡经济社会发展一体化新格局。坚持把发展现代农业,繁荣农村经济作为首要任务,加强农村基础设施建设,健全农村市场和农业服务体系"[1]。为了落实中共十七大精神,从 2008 年至 2012 年,中共中央、国务院在每一年的年初先后发出五个"一号文件"[2],对社会主义新农村建设和农村改革进行全面而具体的部署。2008 年 10 月召开的中共十七届三中全会专门研究农村改革发展问题,通过了《中共中央关于

---

[1]　《十七大以来重要文献选编》(上),中央文献出版社 2009 年版,第 18 页。

[2]　五个中央"一号文件"的名称分别是:《关于切实加强农业基础建设进一步促进农业发展农民增收的若干意见》(2008 年)、《关于 2009 年促进农业稳定发展农民持续增收的若干意见》(2009 年)、《关于加大统筹城乡发展力度进一步夯实农业农村发展基础的若干意见》(2010 年)、《关于加快水利改革发展的决定》(2011 年)和《关于加快推进农业科技创新持续增强农产品供给保障能力的若干意见》(2012 年)。

推进农村改革发展若干重大问题的决定》。《决定》确定农村改革发展的总体思路是："把建设社会主义新农村作为战略任务,把走中国特色农业现代化道路作为基本方向,把加快形成城乡经济社会发展一体化新格局作为根本要求"。《决定》还对农村改革发展各项事业作出全面部署,提出了加强农村制度建设的重大任务、发展现代农业的重大举措、发展农村公共事业的重大安排,规划了到2020年农民人均纯收入比2008年翻一番的目标。这个文件的制定使得新阶段我国农村改革发展的总体布局更加清晰,任务更加明确,有利于农村改革发展向更深层次全面推进。

二、区域协调发展战略　生态文明建设的新进展

由于自然、历史和社会的诸多原因,新中国成立后,我国长期存在地区差距和区域发展不协调的问题。20世纪末提出的西部大开发战略以及中共十六大以后提出的东北老工业基地振兴和中部地区崛起的战略,均是推进区域协调发展的重大举措。在此基础上,党和政府进一步谋划区域协调发展的整体战略。

2004年12月,中央经济工作会议强调了"实施西部大开发,振兴东北地区等老工业基地,促进中部地区崛起,鼓励东部地区率先发展",是促进区域经济协调发展的重大任务。这体现了涉及我国四大区域协调发展的战略构想基本形成。2005年10月,中共中央在"十一五"规划建议中,将"促进城乡区域协调发展"作为统领经济社会发展全局必须坚持的重要原则之一。进一步提出了促进区域协调发展的战略布局,这就是:继续推进西部大开发,振兴东北地区等老工业基地,促进中部地区崛起,鼓励东部地区率先发展。建议还明确提出了实施这一战略的具体要求:(1)西部地区要加快改革开放步伐,加强基础设施建设和生态环境保护,加快科技教育发展和人才开发,充分发挥资源优势,大力发展特色产业,增强自我发展能力。(2)东北地区要加快产业结构调整和国有企业改革改组改造,发展现代农业,着力振兴装备制造业,促进

资源枯竭型城市经济转型,在改革开放中实现振兴。(3)中部地区要抓好粮食主产区建设,发展有比较优势的能源和制造业,加强基础设施建设,加快建立现代市场体系,在发挥承东启西和产业发展优势中崛起。(4)东部地区要努力提高自主创新能力,加快实现结构优化升级和增长方式转变,提高外向型经济水平,增强国际竞争力和可持续发展能力。① 中共十七大在提出全面建设小康社会奋斗目标的新要求中,将"城乡、区域协调互动发展机制和主体功能区布局基本形成"作为一项主要内容,并将"深入推进西部大开发,全面振兴东北地区等老工业基地,大力促进中部地区崛起,积极支持东部地区率先发展"作为"区域发展总体战略"提出。中共十七大还强调,要按照形成主体功能区的要求,完善区域政策,调整经济布局;要遵循市场经济规律,突破行政区划界限,形成若干带动力强、联系紧密的经济圈和经济带;加大对革命老区、民族地区、边疆地区、贫困地区发展扶持力度;帮助资源枯竭地区实现经济转型。这些战略规划和具体布局使得我国区域发展总体战略更趋清晰和完善。

中共十七大以后,中共中央和国务院全面推进东中西部和东北老工业基地加快发展的战略部署。2008年9月,国务院印发了《关于进一步推进长江三角洲地区改革开放和经济社会发展的指导意见》,12月,又批复了《关于珠江三角洲地区改革发展规划纲要(2008—2020年)》,对东部两个经济实力最强的地区加快实现科学发展和率先发展作出部署。2009年9月,国务院下发《关于进一步实施东北地区等老工业基地振兴战略的若干意见》,肯定了五年来实施东北地区等老工业基地振兴战略取得的阶段性成果,要求进一步充实振兴的战略内涵,及时制定新的政策措施。12月,国家发改委制定了《促进中部地区崛起规划(2009—2015)》,指出未来五到十年是中部地区加快崛起的关键时期,要发挥中部

---

① 《十六大以来重要文献选编》(中),中央文献出版社2006年版,第1071页。

地区综合优势,完善中部地区崛起的政策体系。2010年6月,正值西部大开发战略实施十周年,中共中央、国务院印发《关于深入实施西部大开发战略的若干意见》,全面总结了十年来取得的主要成就,提出"西部大开发在我国区域协调发展总体战略中具有优先地位,在构建社会主义和谐社会中具有基础地位,在可持续发展中具有特殊地位"。《意见》就深入实施西部大开发战略的指导思想、基本原则和主要目标作出了明确的阐述。

按照中共十七大部署,建设主体功能区,形成联系紧密的经济区和经济带成为国家经济发展战略新的着力点。从2008年开始,国家先后批复了多个经济区和经济带的发展规划,如:广西北部湾经济区(2008年)、福建海峡西岸经济区(2009年)、关中—天水经济区(2009年)、辽宁沿海经济带(2009年)、图们江区域(2009年)、成渝经济区(2011年)、河北沿海地区(2011年)等。这些发展规划对于区域协调发展战略的全面推进发挥了重要作用,带动了各地经济社会的科学发展。

生态文明建设是中共十六大以来党和政府从贯彻落实科学发展观出发,从中国特色社会主义事业总体布局着眼,深入推进经济建设、政治建设、文化建设和社会建设的基础上,提出的重大战略思想。

改革开放后,我国经济发展速度很快。但由于经济增长方式很大程度上是粗放型的,加上人口多,资源人均占有量少,能源资源高投入、高消耗、高污染的情况普遍存在,环境与发展的矛盾问题日益突出。党和政府对环境问题给予高度的关注。中共十六大明确提出可持续发展战略,将"生态环境得到改善,资源利用效率显著提高,促进人与自然的和谐,推动整个社会走上生产发展、生活富裕、生态良好的文明发展道路"①,列入全面建设小康社会的目标之一。"十一五"规划则把建设资源节约型、环境友好型社会

---

① 《十六大以来重要文献选编》(上),中央文献出版社2005年版,第15页。

确立为国民经济与社会发展的战略任务。中共十七大进一步提出："建设生态文明,基本形成节约能源资源和保护生态环境的产业结构、增长方式、消费模式。"这是首次将"生态文明"写入党代会的政治报告,为生态文明建设的理论和实践的发展提供了广阔的空间。

2002 年以来的十年间,环境保护工作取得积极进展。十年间,我国单位国内生产总值能耗下降了 12.9%。"十一五"期间,我国二氧化硫排放量减少 14.29%,化学需氧量排放量减少 12.45%。2007 年,国家出台促进污染减排的产业、财税、价格等一系列政策,加强责任考核。同年,我国在发展中国家中第一个制定并实施了应对气候变化国家方案。"十一五"期间,我国减少二氧化碳排放 14.6 亿吨,赢得国际社会广泛赞誉。全国沙化土地面积逐年缩减。全国森林面积从 2002 年的 23.9 亿亩增加到 2012 年的 29.3 亿亩,森林覆盖率由 16.55% 提高到 20.36%。2002 年,七大水系重点监测断面中,仅有 29.1% 满足 I—III 类水质要求,2011 年提高到 61.0%。2002 年,近岸海域一、二类海水比例为 49.7%,2011 年提高到 62.8%。2002 年,空气质量达标城市人口比例仅占统计城市人口总数的 26.3%,2011 年,325 个地级以上城市中,城市空气质量达到二级以上(含二级)标准的比例为 89.0%。[①] 此外,国家加大发展清洁能源、可再生能源支持力度,积极发展水电、核电,鼓励有条件的地区大力发展生物质能、太阳能、风能、潮汐、地热等新能源。人民群众的环保意识明显增强。绿色、环保、节能、低耗、再生、生态文明等观念和用语频频见诸报端和社会生活的方方面面。限塑令颁布短短 4 年,全国每年减少塑料购物袋 240 亿个以上,相当于节约石油 480 万吨,约占大庆油田年产量的 1/8。

---

① 《人民日报》2012 年 10 月 24 日,第 1、15 版。

三、以改善民生为重点的社会建设的加快推进　现代社会管理体制的形成

新世纪新阶段,在经济快速发展的同时,社会建设的任务十分艰巨。党和国家高度关注以改善民生为重点的社会建设,将建立和完善社会保障体系作为全面推进小康社会建设中一项十分重要的任务。中共十六大提出"建立健全与经济发展水平相适应的社会保障体系"的目标。中共十六届三中全会在《关于完善社会主义市场经济体制若干问题的决定》中阐述了"加快建设与经济发展水平相适应的社会保障体系"的基本思路。为了进一步推进社会主义和谐社会建设,中共十六届四中全会提出了社会建设这个新概念。中共十七大进一步把中国特色社会主义事业总体布局由经济建设、政治建设、文化建设三位一体扩展为包括社会建设的四位一体。

中共十六大以来,党和国家从人民群众最关心、最直接、最现实的保障和改善民生、加强社会事业建设做起,着力解决好就业难、上学难、看病难、住房难、养老难等基本民生问题,最大限度地增加社会和谐因素,促进社会公平正义,采取了一系列顺民意、得民心的举措。

建立基本医疗保障制度关系到亿万人民群众的切身利益。中共十六大以后,在原有基本医疗保障体系的基础上,国家大力推行了新型农村合作医疗制度和城镇居民基本医疗保险制度。2003年国务院办公厅转发《关于建立新型农村合作医疗制度的意见》后,中国已经初步建立起新型农村合作医疗制度。新型农村合作医疗政府补助标准从最初的人均20元,提高到2011年的200元。2007年国务院出台《关于开展城镇居民基本医疗保险试点的指导意见》,初步建立基本医疗保险制度。2009年3月,国务院下发了《关于深化医药卫生体制改革的意见》,全面启动新一轮医改,提出到2020年基本建立覆盖城乡居民的基本医疗卫生制度,实现人

人享有基本医疗卫生服务。截至 2011 年,基本医疗保障制度覆盖城乡居民。城镇职工基本医疗保险、城镇居民基本医疗保险和新型农村合作医疗参保人数超过 13 亿,覆盖面从 2008 年的 87% 提高到 2011 年的 95% 以上。中国已构建起世界上规模最大的基本医疗保障网。同时,政府加大对基层医疗卫生机构的经费投入,2009—2011 年中央财政投入 471.5 亿元。城乡基层医疗卫生机构得到改造完善。2011 年,全国基层医疗卫生机构达到 91.8 万个,包括社区卫生服务机构 2.6 万个、乡镇卫生院 3.8 万个、村卫生所 66.3 万个。① 覆盖城乡的基层医疗卫生服务体系基本建成。

经过多年努力,到 2004 年年底,以养老保险、医疗保险、失业保险和城市居民最低生活保障制度为主要内容的、适应社会主义市场经济基本要求的社会保障体系框架初步形成。中共十六届六中全会明确提出,到 2020 年基本建立覆盖城乡居民的社会保障体系,并把它作为构建社会主义和谐社会的目标和主要任务。《关于构建社会主义和谐社会若干重大问题的决定》将"覆盖城乡居民的社会保障体系"定义为"适应人口老龄化、城镇化、就业方式多样化,逐步建立社会保险、社会救助、社会福利、慈善事业相衔接的覆盖城乡居民的社会保障体系"。2005 年 12 月,国务院颁布《关于完善企业职工基本养老保险制度的决定》,实现养老保险覆盖范围由职工向城镇灵活就业人员的拓展,改革养老金计发办法,强化激励约束机制,建立长效机制。2006 年 1 月,国务院颁布《关于解决农民工问题的若干意见》,国务院办公厅转发《劳动保障部关于做好被征地农民就业培训和社会保障工作指导意见的通知》,推进农民工和被征地人员社会保障制度建设。2007 年 7 月,国务院颁布《关于在全国建立农村最低生活保障制度的通知》,兜底性的城乡最低生活保障制度在全国建立。为了实现到 2020 年基本建立覆盖城乡居民的社会保障体系,中共十七大政治报告首

---

① 国务院新闻办公室:《中国的医疗卫生事业》,《人民日报》2012 年 12 月 27 日。

次在党的重要文献中提出了三个基础、三个重点和二个补充的发展思路，即"以社会保险、社会救助、社会福利为基础，以基本养老、基本医疗、最低生活保障制度为重点，以慈善事业、商业保险为补充，加快完善社会保障体系"。

社会管理是人类社会必不可少的一项管理活动。当社会建设上升为党和国家战略布局的一项重要任务时，做好社会管理工作，促进社会和谐，成为全面建设小康社会、坚持和发展中国特色社会主义的基本条件。中共十六大强调，要完善政府经济调节、市场监管、社会管理、公共服务职能，改进管理方式，保持良好社会秩序。从此，社会管理进入新的历史阶段。2004 年，中共十六届四中全会明确提出，要加强社会建设和管理，推进社会管理体制创新，要建立健全党委领导、政府负责、社会协同、公众参与的社会管理格局。中共十七大进一步指出"完善社会管理，维护社会安定团结"，提出要健全社会管理格局，健全基层社会管理体制。中共十七届五中全会要求，坚定推进经济、政治、文化、社会等领域改革，加快构建有利于科学发展的体制机制。提出加强和创新社会管理，加强社会管理法律、体制、能力建设，健全基层管理和服务体系。至此，主要包括社会管理工作领导体系、社会管理组织网络以及社会管理基本法律法规的我国社会管理格局初步形成。

2011 年 2 月，胡锦涛在省部级主要领导干部社会管理及其创新专题研讨班上讲话，深入分析了我国社会管理领域存在的问题及原因，提出要充分认识新形势下加强和创新社会管理的重大意义，把社会管理工作摆在更加突出的位置，不断提高社会管理科学化水平。讲话强调要重点抓好八个方面的工作：（1）进一步加强和完善社会管理格局。要切实加强党的领导，强化政府社会管理职能，强化各类企事业单位社会管理和服务职责，引导各类社会组织加强自身建设、增强服务社会能力，发挥群众参与社会管理的基础作用。（2）进一步加强和完善党和政府主导的维护群众权益机制。形成科学有效的利益协调机制、诉求表达机制、矛盾调处机制、权益保障机制,统筹协调各方面利益关系。要加强社会矛盾源头治理,健全社会稳定风险评估机制。(3)进一步加强和完善流动人口和特殊人群管理和服务。(4)进一步加强和完善基层社会管理和服务体系。要努力夯实基层组织、壮大基层力量、整合基层资源、强化基础工作。(5)进一步加强和完善公共安全体系。围绕提高预知、预警、预防、应急处置能力,推动建立主动防控和应急处置相结合、传统方法和现代手段相结合的公共安全体系。(6)进一步加强和完善非公有制经济组织、社会组织管理。(7)进一步加强和完善信息网络管理。要落实互联网管理责任,健全网上舆论引导机制。(8)进一步加强和完善思想道德建设。必须把提高全民族文明素质作为加强和创新社会管理、促进社会和谐稳定的基础性工程抓好抓实。①

2011 年 3 月,十一届全国人大四次会议强调了"加强和创新社会管理"。7 月 5 日,中共中央、国务院印发《关于加强和创新社会管理的意见》,进一步明确了加强和创新社会管理的指导思想、基本原则、目标任务和主要措施,成为当前和今后一个时期加强和创新社会管理的纲领性文件。

四、"十一五"规划的完成和"十二五"规划的制定　保持香港、澳门的繁荣发展

"十一五"时期(2006—2010 年)对于我国经济和社会发展来讲是不平凡的五年。汶川地震等自然灾害接连发生,国际金融危机严重冲击世界经济并波及我国经济。但是,这五年也是我国经济社会发展较快的五年,"十一五"规划确定的目标和任务圆满完成。五年间,国家经济年均实际增长 11.2%,大大超过了规划规定的 7.5%。2010 年,我国国内生产总值达到 397 983 亿元,扣除价格因素,比 2005 年增长 69.9%。国内生产总值 2008 年超过德国,

---

① 《十七大以来重要文献选编》(下),中央文献出版社 2013 年版,第 150~155 页。

位居世界第三位。2010年超过日本成为仅次于美国的世界第二大经济体。2010年国家财政收入超过8万亿元,比2005年增长1.6倍,年均增长21.3%。五年中,人民生活水平显著改善。城镇基本养老保险覆盖人数和新型农村合作医疗覆盖率两个约束性指标顺利完成。农村贫困人口占农村人口的比重从2000年的10.2%下降到2010年的2.8%。五年中,全国节能总量达到6亿多吨标准煤,相当于少排放二氧化碳15亿吨以上,减缓了环境窘迫的压力。

"十一五"规划的完成为"十二五"规划的制定奠定了良好的基础。"十二五"时期(2011—2016年)是全面建设小康社会的关键时期,是深化改革开放、加快转变经济发展方式的攻坚时期。2010年10月,中共十七届五中全会审议并通过《中共中央关于制定国民经济和社会发展第十二个五年规划的建议》。

《建议》确定"十二五"规划的指导思想是:高举中国特色社会主义伟大旗帜,以邓小平理论和"三个代表"重要思想为指导,深入贯彻落实科学发展观,适应国内外形势新变化,顺应各族人民过上更好生活新期待,以科学发展为主题,以加快转变经济发展方式为主线,深化改革开放,保障和改善民生,巩固和扩大应对国际金融危机冲击成果,促进经济长期平稳较快发展和社会和谐稳定,为全面建成小康社会打下具有决定性意义的基础。《建议》制定了"十二五"规划的主线是加快转变经济发展方式。强调:坚持把经济结构战略性调整作为加快转变经济发展方式的主攻方向;坚持把科技进步和创新作为加快转变经济发展方式的重要支撑;坚持把保障和改善民生作为加快转变经济发展方式的根本出发点和落脚点;坚持把建设资源节约型、环境友好型社会作为加快转变经济发展方式的重要着力点;坚持把改革开放作为加快转变经济发展方式的强大动力。《建议》提出今后五年经济社会发展的五项主要目标:经济平稳较快发展;经济结构战略性调整取得重大进展;城乡居民收入普遍较快增加;社会建设明显加强;改革开放不断深

558

化。"十二五"规划坚持科学发展的主题,明确以加快转变经济发展方式为主线,对于促进经济长期平稳较快发展和社会和谐稳定,具有决定性的意义。2012年3月,十一届全国人大四次会议审议并批准了"十二五"规划纲要。

香港、澳门相继回归祖国后,中央政府按照"一国两制""港人治港""澳人治澳"、高度自治的方针和香港、澳门特别行政区《基本法》,全力支持特别行政区政府依法施政,始终把保持香港、澳门的长期稳定繁荣,维护港澳同胞的根本利益,作为处理港澳事务的根本出发点。

2003年"非典"疫情袭来,香港有1 755人感染,298人死亡。这给香港的经济带来不小冲击,也影响到澳门。中央政府推出了内地与香港更紧密经贸关系的安排、开放了内地部分省市居民到港澳自由行、扩大香港人民币业务、推动内地企业在港上市等一系列举措,促进了香港、澳门经济的恢复和发展。6月29日,《内地与香港关于建立更紧密经贸关系的安排》(简称CEPA)在香港签署,2004年1月1日开始实施。其主要内容是:逐步减少或取消双方之间实质上所有货物贸易的关税和非关税壁垒;逐步实现服务贸易的自由化,减少或取消双方之间实质上所有歧视性措施;促进贸易投资便利化等。2003年10月17日,《内地与澳门关于建立更紧密经贸关系的安排》(简称CEPA)正式签署,2004年1月1日起全面实施。内容涉及进一步推动货物贸易自由化、服务贸易自由化和投资贸易便利化等。两个CEPA文件的签署,体现了在"一国两制"方针和世贸组织框架内,内地与港澳之间既同属一个国家、香港和澳门又是单独关税区的特殊地位,有利于内地与港澳经贸关系更加密切、更加互补。

2008年国际金融危机发生后,香港、澳门经济受到极大冲击。中央政府采取多项措施全力支持香港和澳门妥善应对金融危机。2008年底,中央政府提出14项措施支持香港金融稳定和经济发展,如加强内地与香港金融合作,加快涉港基础设施建设,促进粤港经济合作,增加内地居民赴港旅游试点,扩大内地服务业对港开放等。2011年8月,中央政府进一步提出支持香港进一步发展,深化内地与香港经贸、金融等方面合作的六大政策措施,包括大幅提升内地对香港的服务贸易开放水平、巩固和提升香港国际金融中心地位、支持香港成为离岸人民币业务中心、支持香港参与国际和区域经济合作等。对于澳门,中央政府同样支持和帮助澳门克服金融危机的影响。2008年底,中央政府提出扩大澳门开办人民币业务试点、力争2009年底开工建设港珠澳大桥、全力支持澳门经济适度多元发展、鼓励澳门参与广东省珠海市横琴岛开发建设、进一步扩大服务业对澳门开放等。

继2006年国家把香港、澳门纳入"十一五"规划的总体规划之中后,国家"十二五"规划首次将港澳部分独立成章。香港和澳门纳入国家整体战略规划,进一步为港澳发展和繁荣提供了巨大的发展空间。

五、遏制"台独"的斗争　两岸关系和平发展的新局面

2000年5月陈水扁上台后,顽固坚持"台独"立场,竭力推行"台独"分裂活动,为两岸关系制造紧张气氛。2002年8月,台湾当局抛出两岸"一边一国"的分裂主张。2003年9月,公然宣称要"催生台湾宪法",提出2004年"完成历史性首次'公投'"、2006年"催生台湾新宪法"、2008年实施"新宪法"的"台独"时间表。2004年3月,陈水扁采取不正当手段获得连任后,加紧通过"宪政"推行"法理台独"。2006年,台湾当局公然宣布终止"国统纲领"适用和"国统会"的运作。2007年4月以后,台湾当局开始将"台独"活动重点转向举办所谓"以台湾名义加入联合国"的"公投"(即"入联公投")。这种种行径的目的是妄图改变大陆和台湾同属一个中国的事实,把台湾从中国分裂出去。"台独"势力的分裂活动使台海局势进入高危期。

中共中央对"台独"分裂势力的猖狂活动进行了针锋相对的

斗争,旗帜鲜明地表明了大陆的立场和态度。2003年3月,胡锦涛发表对台政策讲话,其要点被概括为"三个有利于"和"四点意见"。"三个有利于"是指要做有利于台湾人民、有利于两岸关系、有利于中华民族振兴的事。"四点意见"即:始终坚持一个中国原则、大力促进两岸经济文化交流、深入贯彻寄希望于台湾人民的方针、团结两岸同胞共同推进中华民族的伟大复兴。2005年3月,胡锦涛发表《坚持一个中国原则,促进祖国统一大业》的讲话,明确提出发展两岸关系的四点意见,即"胡四点":坚持一个中国原则决不动摇;争取和平统一的努力决不放弃;贯彻寄希望于台湾人民的方针决不改变;反对"台独"分裂活动决不妥协。"胡四点"是继"邓六条""江八点"之后中共中央指导解决"台独"问题的基本方针。

2005年3月14日,十届全国人大三次会议通过《反分裂国家法》。指出:"为了反对和遏制'台独'分裂势力分裂国家,促进祖国和平统一,维护台湾海峡地区和平稳定,维护国家主权和领土完整,维护中华民族的根本利益,根据宪法,制定本法"。明确规定:"世界上只有一个中国,大陆和台湾同属一个中国,中国的主权和领土完整不容分割";"国家绝不允许'台独'分裂势力以任何名义、任何方式把台湾从中国分裂出去";台湾问题是中国内战遗留问题,解决台湾问题是中国的内部事务,"不受任何外国势力的干涉";"完成统一祖国的大业是包括台湾同胞在内的全中国人民的神圣职责"。"胡四点"的发表以及《反分裂国家法》的通过和实施,极大地推动和主导了两岸关系向着和平稳定的方向发展,并对两岸关系发展产生了重要影响。

2005年4月29日,中共中央总书记胡锦涛与中国国民党主席连战在北京举行正式会谈。这是60年来国共两党主要领导人首次会谈,举世瞩目。会谈发布"两岸和平发展共同愿景",就两岸关系提出以下主张:建立政治上的互信,相互尊重,求同存异;加强经济上的交流合作,互利互惠,共同发展;开展平等协商,加强沟通,扩大共识;鼓励两岸民众加强交往,增进了解,融合亲情。5月12日,胡锦涛在北京与亲民党主席宋楚瑜举行正式会谈,7月12日,会见了新党主席郁慕明率领的大陆访问团。2006年4月,胡锦涛在第二次会见连战时,进一步提出"和平发展理应成为两岸关系发展的主题"的重要主张。2007年10月,中共十七大报告强调,"坚持一个中国原则,是两岸关系和平发展的政治基础",并郑重呼吁,"在一个中国原则的基础上,协商正式结束两岸敌对状态,达成和平协议,构建两岸关系和平发展框架,开创两岸关系和平发展新局面"。

2008年5月,台湾地区的中国国民党上台执政,为实现两岸和平发展提供了机遇。5月28日,胡锦涛会见了应邀参访大陆的中国国民党主席吴伯雄。会谈中,双方均反对"台独"、均坚持"九二共识",并就新形势下发展两党和两岸关系达成多项共识。12月31日,在纪念《告台湾同胞书》发表30周年座谈会上,胡锦涛发表重要讲话,全面系统地阐述了两岸关系和平发展的重要思想,提出争取祖国和平统一首先要确保两岸关系和平发展的论断,并提出"六点意见":恪守一个中国,增进政治互信;推进经济合作,促进共同发展;弘扬中华文化,加强精神纽带;加强人员往来,扩大各界交流;维护国家主权,协商涉外事务;结束敌对状态,达成和平协议。这一讲话是新形势下指导对台工作的纲领性文件,对于推动两岸和平发展,开创两岸关系新的局面具有重大意义。

2008年6月,大陆海协会与台湾海基会在"九二共识"的基础上恢复协商。海协会会长陈云林与到访北京的海基会董事长江丙坤举行会谈,中断九年的两会制度化协商正式重启。至2012年8月,两会会谈共举行8次。2008年12月15日,根据两会达成的海峡两岸空运协议、海运协议和邮政协议,两岸海运直航、空运直航和直接通邮正式启动。在北京、天津、上海、福州、深圳以及台北、高雄、基隆等城市,同时举行海上直航、空中直航以及直接通邮的启动仪式。两岸"三通"终于实现了。自2008年7月正式开放大陆居民赴台旅游后,大陆居民赴台旅游持续增温。2010年5月,大陆海峡两岸旅游交流协会与台湾海峡两岸观光协会分别在台北和北京设立办事处,推动旅游交流步入常态化轨道。2008年7月到2012年6月底,大陆赴台旅游人数近400万人次,大陆成为台湾第一大客源市场。2010年6月,海协会与海基会在重庆签署《海峡两岸经济合作框架协议》(简称ECFA),两岸经济一体化进程启动。2011年1月,两岸经济合作委员会正式成立并全面运作,ECFA顺利实施并逐步扩大。两岸经济合作不断深化,两岸贸易投资稳步增长。2012年8月,两岸货币管理机构签署货币清算合作备忘录,建立了两岸货币清算机制。

在新形势下,两岸各界各层次的交流呈现立体化的格局,使得两岸关系和平发展的理念深入人心。这符合两岸同胞的共同利益,增进了两岸同胞间的感情。台海局势和平稳定,两岸关系改善发展,得到国际社会的积极评价和高度肯定。

六、坚持走和平发展道路　新世纪新阶段中国外交的总体布局

进入21世纪,世界风云更趋变幻。经济全球化曲折发展,政治多极化不可逆转,科技与信息化加速发展,国际合作成为趋势,维护和平的力量在增长。但是,霸权主义和强权政治依然存在,局部冲突和热点问题迭出,经济失衡加剧,和平与发展仍面临诸多挑战。随着中国的快速发展,中国与世界的关系也发生重大变化。中共十六大以后的十年,党和政府坚定维护国家主权、安全和发展利益,大力推进外交理论和实践的创新。

坚持走和平发展道路,是新世纪新阶段中国政府的战略抉择和外交方略,也是中国政府对国际社会的郑重宣示。2004年4月24日,国家主席胡锦涛在博鳌亚洲论坛年会开幕式上提出:中国将坚持和平发展的道路,高举和平、发展、合作的旗帜。2005年11月,胡锦涛在英国伦敦进一步将中国和平发展道路的基本要义阐释为和平的发展、开放的发展、合作的发展。12月,中国政府发表《中国的和平发展道路》白皮书,深刻阐明中国走和平发展道路的坚定决心。2007年10月,"始终不渝走和平发展道路"被写入中共十七大报告。2011年9月,中国政府再度发表《中国的和平发展》白皮书,进一步将坚持走和平发展道路上升为国家意志。和平发展道路的主要内涵是,"既通过维护世界和平发展自己,又通过自身发展维护世界和平;在强调依靠自身力量和改革创新实现发展的同时,坚持对外开放,学习借鉴国长处;坚持把国家和人民的根本利益作为外交工作的出发点和落脚点,同时坚持把中国人民的利益同世界人民的共同利益结合起来,永不称霸,不搞扩张。"①

在坚持走和平发展道路的过程中,中国政府始终不渝地奉行互利共赢的开放战略。进入新世纪,中国同外部世界利益融合达到前所未有的广度和深度。"中国发展离不开世界,世界繁荣稳定也离不开中国。"中国坚持以自己的发展促进地区和世界共同发展,扩大同各方利益的汇合点。中国决不做损人利己、以邻为壑的事情。互利共赢的开放战略体现了和平、发展、合作的时代潮流,反映了中国的新型国际合作观和利益观,成为新世纪新阶段中国外交的显著标志。与此同时,中国提出建设持久和平、共同繁荣的和谐世界的主张。2005年9月,国家主席胡锦涛在纪念联合国成立60周年首脑会议上,明确提出,中国将同各国一道"共同为建设一个持久和平、共同繁荣的和谐世界而努力"②。中共十七大报告对和谐世界的主张从政治、经济、文化、安全、环保等五个方面进行了全面阐述。

新世纪新阶段,中国高举和平、发展、合作的旗帜,奉行独立自主的和平外交政策,维护国家主权、安全、发展利益,恪守维护世界

---

① 《伟大的创新 丰硕的成果》,《求是》2012年第20期。

② 《十六大以来重要文献选编》(中),中央文献出版社2006年版,第998页。

和平、促进共同发展的外交政策宗旨,始终不渝走和平发展道路,始终不渝奉行互利共赢的开放战略,坚持在和平共处五项原则的基础上同所有国家发展友好合作,完善了中国外交的总体布局。这就是:进一步巩固对大国、周边和发展中国家的工作布局,同时提出多边外交是中国外交工作的重要舞台,人文外交、公共外交是新形势下中国外交工作的重要开拓方向;强调外交工作同国家发展的关系更加紧密,必须依靠发展、服务发展、促进发展。由此,中国外交总体布局不断丰富完善,形成国别、区域和各领域外交工作相辅相成、相互促进,双多边结合、政经文互动的外交架构,全方位推进了中国的外交工作打开一个新局面。

"9·11"事件后,美国调整对华政策。尽管美国有人不时以台湾问题、贸易摩擦问题、人权问题和涉藏问题等干扰两国关系,但两国关系总体平稳发展。两国在反恐领域加强合作,政治和经贸关系取得进展,两国高层交往密切,对话机制逐渐形成。2003年至2008年,胡锦涛主席与小布什总统每年或互访或在国际场合会晤,互动十分频繁。2005年8月,中美首次战略对话在北京举行。2009年7月,进一步升格为中美战略与经济对话。11月,美国总统奥巴马访华,双方决定建立应对共同挑战的伙伴关系。2011年1月,胡锦涛主席访美,双方致力于建设相互尊重、互利共赢的合作伙伴关系。2012年2月,国家副主席习近平成功访美。中美关系日益走向成熟。这一时期中俄关系健康快速发展。2004年10月和2008年7月,中俄签署《关于中俄国界东段的补充协定》和《关于中俄国界线东段的补充叙述议定书》及其附件,彻底解决了历史遗留的边界问题。两国高层领导人互访频繁。2011年,中俄双方将两国关系提升为平等信任、相互支持、共同繁荣、世代友好的全面战略协作伙伴关系。中国非常重视与欧洲的关系,将其视为中国外交的重要战略方向。这期间,中欧全面战略伙伴关系内涵不断充实,中国与欧洲主要大国及中东欧等国关系进一步发展。

中日关系经历一个复杂的变化过程。由于日本首相小泉纯一郎连续六年参拜供奉有第二次世界大战甲级战犯的靖国神社,中日关系陷入僵局。2006年9月,安倍晋三就任日本首相,表现出改善中日关系的意愿。10月其应邀访华。双方同意正视历史,面向未来,妥善处理影响两国关系的问题。之后。两国领导人都有互访。2008年5月,胡锦涛主席对日本进行国事访问,与福田康夫首相举行会谈,双方发表《中日关于全面推进战略互惠关系的联合声明》,成为中日间第四个重要政治文件。正当中日关系逐步回暖之时,2012年9月11日,日本政府不顾中方一再严正交涉,正式签署钓鱼岛"购买合同",完成所谓的"国有化"。中国政府对日本的行径表示强烈抗议并采取措施予以反制。2012年9月13日,中国常驻联合国代表向联合国秘书长交存钓鱼岛及其附属岛屿领海基点基线坐标表和海图。25日,中国国务院新闻办公室发表《钓鱼岛是中国的固有领土》白皮书。随后,中国海监、渔政船在钓鱼岛海域进行巡航,捍卫中国的主权。

中国坚持"与邻为善、以邻为伴"方针,同周边国家合作不断深化。2003年10月,中国与东盟建立面向和平与繁荣的战略伙伴关系,并正式加入《东南亚友好合作条约》,双方政治互信增强。2010年1月,中国与东盟建成发展中国家之间最大的自贸区,涵盖中国及周边国家的基础设施互联互通建设取得重要进展。中国积极推动上海合作组织等区域合作机制不断向前迈进,积极引导东亚峰会发展方向,在周边区域合作进程中保持主动有利地位。中国与朝鲜继续保持友好关系。中国与韩国关系稳步发展,双方高层互访频繁。2008年,两国关系提升为战略合作伙伴关系。两国经贸、文化、旅游等交往发展迅猛。这一时期,中国进一步加强同广大发展中国家的团结,深化传统友谊。2004年,中国—阿拉伯国家合作论坛成立,有效推动了双方的对话与合作。2006年,通过举办中非合作论坛北京峰会等方式,推出加强中非合作新举措,进一步夯实中非新型战略伙伴关系的基础。2008年,出台《中国对拉丁美洲和加勒比政策文件》,同该地区国家的互利合作进一步深化。

中国在多边舞台上发挥负责任的大国作用。以中国领导人出席重要多边会议为契机,有效运用多边机制扩大中国影响、维护中国利益,推动实现人类共同利益。作为联合国安理会常任理事国,中国积极参与联合国维和、人权等领域多边外交活动,维护联合国及安理会权威,反对各种形式的霸权主义。2008年底,针对亚丁湾索马里海盗活动猖獗,联合国安理会通过决议,呼吁国际社会积极参与打击海盗活动。中国海军于2008年12月起派出护航编队前往亚丁湾执行护航任务,至2012年12月,已先后派出13批。这是中国海军首次组织海上作战力量赴海外执行国际人道主义任务。中国通过各种多边峰会增强自身影响力。中国成为亚太经合组织、上合组织、金砖国家、二十国集团等多边峰会的重要参与方,积极参与国际多边合作,在推动全球克服金融危机的影响、加强区域合作、应对气候变化、反对保护主义等问题的解决上发挥了重要作用。

第五节　实现中华民族伟大复兴中国梦的提出

一、中共十八大　提出全面建成小康社会的奋斗目标

2012年11月8日至14日,中共十八大在北京举行。大会正式代表2 268人,特邀代表57人。大会的主题是:"高举中国特色社会主义伟大旗帜,以邓小平理论、'三个代表'重要思想、科学发展观为指导,解放思想,改革开放,凝聚力量,攻坚克难,坚定不移沿着中国特色社会主义道路前进,为全面建成小康社会而奋斗"。大会的主要议程:听取和审议十七届中央委员会的报告;审议中央

纪律检查委员会的工作报告;审议并通过《中国共产党章程(修正案)》;选举中共十八届中央委员会和中央纪律检查委员会。

胡锦涛代表第十七届中央委员会向大会作题为《坚定不移沿着中国特色社会主义道路前进,为全面建成小康社会而奋斗》①的报告。报告分12部分,主要内容有:

(一)总结十七大以来五年的工作和十六大以来十年的奋斗历程,把科学发展观列入党的指导思想。

报告回顾十七大以来的工作,概括了10项成就:经济平稳较快发展;改革开放取得重大进展;人民生活水平显著提高;民主法制建设迈出新步伐;文化建设迈上新台阶;社会建设取得新进步;国防和军队建设开创新局面;港澳台工作进一步加强;外交工作取得新成就;党的建设全面加强。

报告指出,在十六大以来全面建设小康社会的十年实践中,"我们紧紧抓住和用好我国发展的重要战略机遇期,战胜一系列重大挑战,奋力把中国特色社会主义推进到新的发展阶段"。"十年来,我们取得一系列新的历史性成就,为全面建成小康社会打下了坚实基础"。社会生产力、经济实力、科技实力,人民生活水平、居民收入水平、社会保障水平以及综合国力、国际竞争力、国际影响力分别迈上一个大台阶,国家面貌发生新的历史性变化。

报告深入阐述了科学发展观,指出:总结十年奋斗历程,最重要的就是我们坚持以马克思列宁主义、毛泽东思想、邓小平理论、"三个代表"重要思想为指导,勇于推进实践基础上的理论创新,形成和贯彻了科学发展观。报告指出,科学发展观是马克思主义同当代中国实际和时代特征相结合的产物,是马克思主义关于发展的世界观和方法论的集中体现,对新形势下实现什么样的发展、怎样发展等重大问题作出了新的科学回答。科学发展观是中国特色社会主义理论体系的最新成果,是中国共产党集体智慧的结晶,

① 《十八大以来重要文献选编》(上),中央文献出版社2014年版,第1~44页。

是指导党和国家全部工作的强大思想武器。因而,报告明确提出:"科学发展观同马克思列宁主义、毛泽东思想、邓小平理论、'三个代表'重要思想一道,是党必须长期坚持的指导思想"。报告阐述了科学发展观的第一要义、核心立场、基本要求和根本方法以及深入贯彻落实的重大战略意义。

(二)总结中国共产党 90 多年的历史,提出坚定不移地走中国特色社会主义伟大道路。

报告回顾了中国共产党 90 多年来,紧紧依靠人民,把马克思主义基本原理同中国实际和时代特征结合起来,取得革命建设改革伟大胜利,开创和发展中国特色社会主义的历程。报告提出:在改革开放 30 多年一以贯之的接力探索中,我们坚定不移高举中国特色社会主义伟大旗帜,既不走封闭僵化的老路、也不走改旗易帜的邪路。中国特色社会主义道路,中国特色社会主义理论体系,中国特色社会主义制度,是党和人民 90 多年奋斗、创造、积累的根本成就,必须倍加珍惜、始终坚持、不断发展。报告指出:中国特色社会主义道路是实现途径,中国特色社会主义理论体系是行动指南,中国特色社会主义制度是根本保障,三者统一于中国特色社会主义伟大实践,这是党领导人民在建设社会主义长期实践中形成的最鲜明特色。

报告深入阐述了中国特色社会主义,指出:建设中国特色社会主义,总依据是社会主义初级阶段,总布局是五位一体,总任务是实现社会主义现代化和中华民族伟大复兴。发展中国特色社会主义是一项长期的艰巨的历史任务。一定要毫不动摇坚持、与时俱进发展中国特色社会主义,不断丰富中国特色社会主义的实践特色、理论特色、民族特色、时代特色。在新的历史条件下夺取中国特色社会主义新胜利,必须牢牢把握以下"八个基本要求",并使之成为全党全国各族人民的共同信念,这就是:必须坚持人民主体地位;必须坚持解放和发展社会生产力;必须坚持推进改革开放;必须坚持维护社会公平正义;必须坚持走共同富裕道路;必须坚持促进社会和谐;必须坚持和平发展;必须坚持党的领导。

报告指出,我国仍处于并将长期处于社会主义初级阶段的基本国情没有变,人民日益增长的物质文化需要同落后的社会生产之间的矛盾这一社会主要矛盾没有变,我国是世界最大发展中国家的国际地位没有变。党的基本路线是党和国家的生命线,必须坚持把以经济建设为中心同四项基本原则、改革开放这两个基本点统一于中国特色社会主义伟大实践。

(三)提出了到 2020 年全面建成小康社会的奋斗目标,勾画了全面建成小康社会的宏伟蓝图。

报告指出,我国发展仍处于可以大有作为的重要战略机遇期。我们要准确判断重要战略机遇期内涵和条件的变化,全面把握机遇,沉着应对挑战,赢得主动,赢得优势,赢得未来,确保到 2020 年实现全面建成小康社会宏伟目标。报告提出,根据我国经济社会发展实际,要在十六大、十七大确立的全面建设小康社会目标的基础上努力实现新的要求,主要目标是:经济持续健康发展,转变经济发展方式取得重大进展,实现国内生产总值和城乡居民人均收入比 2010 年翻一番;人民民主不断扩大;文化软实力显著增强;人民生活水平全面提高;资源节约型、环境友好型社会建设取得重大进展。

报告进一步勾画了全面建成小康社会的宏伟蓝图。报告指出,要加快完善社会主义市场经济体制和加快转变经济发展方式。第一,全面深化经济体制改革。第二,实施创新驱动发展战略。第三,推进经济结构战略性调整。第四,推动城乡发展一体化。第五,全面提高开放型经济水平。

报告强调,要坚持走中国特色社会主义政治发展道路和推进政治体制改革。要把制度建设摆在突出位置,充分发挥我国社会主义政治制度的优越性。推进政治建设和政治体制改革要抓好以下重要任务:支持和保证人民通过人民代表大会行使国家权力;健全社会主义协商民主制度;完善基层民主制度;全面推进依法治国;深化行政体制改革;健全权力运行制约和监督体系;巩固和发展最广泛的爱国统一战线。

报告指出,要扎实推进社会主义文化强国建设。要加强社会主义核心价值体系建设,全面提高公民道德素质,丰富人民精神文化生活,增强文化整体实力和竞争力。

报告提出,要在改善民生和创新管理中加强社会建设。加强社会建设,必须以保障和改善民生为重点,必须加快推进社会体制改革。这方面的重要任务包括:努力办好人民满意的教育,推动实现更高质量的就业,千方百计增加居民收入,统筹推进城乡社会保障体系建设,提高人民健康水平,加强和创新社会管理。

报告强调,必须把生态文明建设放在突出地位,当前和今后一个时期,要重点抓好以下四个方面的工作:一是要优化国土空间开发格局;二是要全面促进资源节约;三是要加大自然生态系统和环境保护力度;四是要加强生态文明制度建设。

除了上述内容以外,报告还阐述了加快推进国防和军队现代化、丰富"一国两制"实践和推进祖国统一、继续促进人类和平与发展的崇高事业等重要内容,还对全面提高党的建设科学化水平提出了明确要求。

十八大选举产生了新一届中央委员会和纪律检查委员会。11月15日,中共十八届一中全会选举产生新一届中央政治局委员。习近平、李克强、张德江、俞正声、刘云山、王岐山、张高丽当选为中央政治局常委;选举习近平为中央委员会总书记;根据中央政治局常务委员会的提名,通过刘云山等7人为中央书记处书记成员;决定中央军事委员会组成人员,习近平任中共中央军委主席;批准中纪委第一次全体会议选举产生的书记、副书记和常务委员会委员人选,王岐山任书记。

十八大还对《中国共产党章程》进行修正,增加了十七大以来在党的建设方面取得的重大认识和成果等内容,将科学发展观列入党的指导思想。

十八大科学总结了十六大以来十年的成就经验,确保了党的指导思想的与时俱进,增强了中国特色社会主义的高度自信,描绘了全面建成小康社会的宏伟蓝图,对鼓舞和动员全党全国各族人民在新的历史条件下夺取中国特色社会主义新胜利,确保实现全面建成小康社会宏伟目标,具有重大战略意义。

二、实现中华民族伟大复兴的中国梦的提出 十二届全国人大一次会议完成新老交替

2012年11月15日,中共十八届一中全会产生了以习近平为总书记的新一届中央领导集体。全会结束后,新当选的中央政治局常委与中外记者举行见面会。习近平发表重要讲话,感谢全党同志的信任,表示定当不负重托,不辱使命。习近平强调:全党同志的重托,全国各族人民的期望,是对我们做好工作的巨大鼓舞,也是我们肩上的重大责任。这个重大责任,就是对民族的责任、对人民的责任和对党的责任。他指出:"我们的责任,就是要团结带领全党全国各族人民,接过历史的接力棒,继续为实现中华民族伟大复兴而努力奋斗"。"人民对美好生活的向往,就是我们的奋斗目标"。"我们的责任,就是要团结带领全党全国各族人民,继续解放思想,坚持改革开放,不断解放和发展社会生产力,努力解决群众的生产生活困难,坚定不移走共同富裕的道路"。"打铁还需自身硬"。"我们的责任,就是同全党同志一道,坚持党要管党、从严治党,切实解决自身存在的突出问题,切实改进工作作风,密切联系群众,使我们党始终成为中国特色社会主义事业的坚强领导核心"。他表示,"我们一定要始终与人民心心相印、与人民同甘共苦、与人民团结奋斗,夙夜在公,勤勉工作,努力向历史、向人民交出一份合格的答卷。"①

中共十八届一中全会以后,以习近平为总书记的党中央统筹

① 《习近平谈治国理政》,外文出版社2014年版,第3~5页

谋划,狠抓落实,提出了一系列治国兴邦的重要思想和举措。

2012年11月17日,习近平在十八届中央政治局第一次集体学习时强调,要紧紧抓住坚持和发展中国特色社会主义这条贯穿十八大的主线。他指出:实践充分证明,中国特色社会主义是中国共产党和中国人民团结的旗帜、奋进的旗帜、胜利的旗帜。我们要全面建成小康社会、加快推进社会主义现代化、实现中华民族伟大复兴,必须始终高举中国特色社会主义伟大旗帜,坚定不移坚持和发展中国特色社会主义。

11月29日,习近平在参观中国国家博物馆"复兴之路"展览时,提出了"实现中华民族伟大复兴的中国梦"的重要命题。他指出:"全党同志必须牢记,道路决定命运,找到一条正确的道路多么不容易,我们必须坚定不移走下去"。他提出:"每个人都有理想和追求,都有自己的梦想。现在,大家都在讨论中国梦,我以为,实现中华民族伟大复兴,就是中华民族近代以来最伟大的梦想。""实现中华民族伟大复兴是一项光荣而艰巨的事业,需要一代又一代中国人共同为之努力。"①"中国梦"的提出向世人宣示了中国共产党新一届中央领导集体昂扬向上、奋发有为的精神状态,体现了团结带领全国人民坚持走中国特色社会主义道路、实现全面建成小康社会奋斗目标、实现中华民族伟大复兴的坚强决心和坚定信心。

加强党风廉政建设、改进工作作风、密切联系群众是以习近平为总书记的新一届中共中央领导集体履新后重点抓的一项工作。12月4日,中共中央政治局会议提出改进工作作风、密切联系群众的"八项规定",主要内容是:(1)要改进调查研究,要深入了解真实情况,向群众学习,向实践学习,切忌走过场、搞形式主义,要轻车简从、减少陪同、简化接待。(2)要精简会议活动,切实改进会风。(3)要精简文件简报,切实改进文风。(4)要规范出访活

---

① 《习近平谈治国理政》,外文出版社2014年版,第36页。

动,严格控制出访随行人员,严格按照规定乘坐交通工具。(5)要改进警卫工作,减少交通管制,一般情况下不得封路、不清场闭馆。(6)要改进新闻报道,中央政治局同志出席会议和活动应根据工作需要、新闻价值、社会效果决定是否报道,进一步压缩报道的数量、字数、时长。(7)要严格文稿发表,除中央统一安排外,个人不公开出版著作、讲话单行本,不发贺信、贺电,不题词、题字。(8)要厉行勤俭节约,严格执行住房、车辆配备等有关工作和生活待遇的规定。① "八项规定"的出台符合党心民意,得到全党和全社会的广泛拥护。2013 年 1 月,习近平在十八届中央纪委二次全会上提出,"从严治党,惩治这一手决不能放松。要坚持'老虎'、'苍蝇'一起打,既坚决查处领导干部违纪违法案件,又切实解决发生在群众身边的不正之风和腐败问题"。这充分表明了中央切实推进党风廉政建设和反腐败工作这一关系到党和国家生死存亡的大问题的决心和勇气。

2013 年 3 月 3 日,全国政协十二届一次会议在北京举行。会议审议批准了全国政协十一届常委会的工作报告。会议选举俞正声为全国政协主席。14 日,会议闭幕。

2013 年 3 月 5 日至 17 日,十二届全国人大一次会议在北京举行。温家宝作的《政府工作报告》,总结了五年来我国改革开放和社会主义现代化建设取得的巨大成就,明确了 2013 年经济社会发展的总体要求和目标任务。

会议审议和批准了《国务院机构改革和职能转变方案》。改革的重点是,紧紧围绕转变职能和理顺职责关系,稳步推进大部门制改革。实行铁路政企分开,不再保留铁道部。组建国家卫生和计划生育委员会,不再保留卫生部、国家人口和计划生育委员会。组建国家食品药品监督管理总局,不再保留国家食品药品监督管理局和单设的国务院食品安全委员会办公室。组建国家新闻出版

---

① 《人民日报》2012 年 12 月 5 日。

广电总局。重新组建国家海洋局。重新组建国家能源局,不再保留国家电力监管委员会。改革后,除国务院办公厅外,国务院设置组成部门 25 个。

会议选举和决定了新一届国家机构领导人,完成了中央领导集体的新老交替。习近平当选为国家主席、国家中央军委主席,李源潮当选为国家副主席。张德江当选为十二届全国人大常委会委员长。根据国家主席习近平的提名,决定李克强为国务院总理。决定张高丽、刘延东、汪洋、马凯为国务院副总理。

习近平在 17 日的闭幕式上发表重要讲话,指出:实现全面建成小康社会、建成富强民主文明和谐的社会主义现代化国家的奋斗目标,实现中华民族伟大复兴的中国梦,就是要实现国家富强、民族振兴、人民幸福。这既深深体现了今天中国人的理想,也深深反映了我们先人们不懈追求进步的光荣传统。他强调,实现中国梦,必须走中国道路,坚定不移沿着中国特色社会主义道路奋勇前进;实现中国梦,必须弘扬中国精神,传承发展以爱国主义为核心的民族精神和以改革创新为核心的时代精神;实现中国梦,必须凝聚中国力量,以 13 亿中国各族人民的大团结汇集起不可战胜的磅礴力量。

以习近平为总书记的新的中央领导集体,肩负历史的责任和人民的重托,表达了坚定不移走中国特色社会主义道路的决心,表达了实现中华民族伟大复兴的中国梦的抱负,这必将对中国历史发展产生重大推动作用。

复习思考题

1. 中共十六大的主要内容和重要意义。
2. 科学发展观的提出及其主要内容。
3. "构建社会主义和谐社会"的提出及其主要内容。
4. 中共十七大的主要内容和重要意义。

5. 社会主义新农村建设的内容是什么?
6. "转变经济发展方式"提出的背景和内容。
7. 试述"十一五"规划的制定和完成情况。
8. 新世纪新阶段中国外交的总体布局是什么?
9. 中共十八大的主要内容和重要意义。

第七章　哲学社会科学
文化　　科技

　　本章哲学部分简明扼要地介绍了新中国成立后马克思主义哲学在中国主导地位的确立、学习和宣传毛泽东哲学思想、对邓小平哲学思想的探讨和研究、哲学界对马克思主义哲学中一些重要问题进行的探讨和争论、中外哲学史研究的成果等问题。经济学部分对新中国成立以来社会主义经济学，尤其是商品、价值和经济体制问题的讨论过程和发展做了介绍，并列出在社会主义经济理论方面有影响的重要著作。政治学是改革开放后恢复和重建的学科。法学在中共十一届三中全会后加强了建设，出现繁荣的局面，取得很大成就。社会学是在近代就有一定基础的学科，可惜在20世纪50年代被取消了，改革开放后迅速重建起来，得到重视，在社会运行和发展中发挥了重要作用，出版了一批学术著作。教育学主要是介绍它的发展历程，每个时期中国共产党的教育方针和教育界研讨的主要问题以及有影响的著作的出版。心理学介绍了它曲折发展的历程和广阔发展前程，并列出有影响的心理学著作。新中国成立以来，历史学取得的成就是巨大的，但它走过的道路是很不平坦的。50多年来，考古发现的成绩也是举世瞩目的。文学是整个文化事业中最为活跃，也是经历最为曲折的一个学科，并列出各个时期有影响的知名作品。新中国成立以来，科学事业有了很大发展，改革开放更迎来了科学的春天，科研成果累累，高科技更是取得飞跃发展。

　　学习本章主要是扩大知识面，对各个学科发展情况有一个大概的了解。学习重点是哲学和经济学。

一、哲学

马克思主义指导下中国革命取得的胜利,决定了马克思主义哲学在中国哲学领域的指导地位。中国当代哲学的内容基本上就是马克思主义哲学在中国的传播和发展,同时也进行了中外哲学史的研究和外国哲学思想的研究与介绍,而这种研究和介绍也基本上是在马克思主义指导下进行的。

新中国成立以后,马克思主义哲学在中国主导地位的确立,是从学习和宣传毛泽东哲学思想开始的。1950年12月和1952年3月,毛泽东的《实践论》《矛盾论》在《人民日报》上发表,全国掀起学习马克思主义认识论和辩证法的热潮。同时,马、恩、列、斯的一些哲学著作相继再版或新译出版,苏联的一些哲学教科书也被介绍到中国。毛泽东以马克思主义哲学观点来观察和指导中国社会主义革命和建设的实际。1956年4月的《论十大关系》和1957年2月的《关于正确处理人民内部矛盾的问题》,成为运用唯物辩证的观点和对立统一规律解决中国社会主义建设中重大问题的范例。1963年12月到1965年,毛泽东一再提倡学习马克思主义的认识论和辩证法,用以指导实际工作。但毛泽东晚年越来越强调精神、意志的作用;强调矛盾的斗争性,忽视矛盾的同一性;强调生产关系的变革,忽视生产力的发展;强调质的变化,忽视质的相对稳定性。这些思想有很大的片面性,走入形而上学和唯意志论。

哲学理论工作者对马列主义、毛泽东思想的哲学观点进行了大量的解释、传播和普及工作。"文化大革命"前的代表作有:李达的《〈实践论〉解说》《〈矛盾论〉解说》《唯物辩证法大纲》,艾思奇主编的《辩证唯物主义 历史唯物主义》,华岗的《辩证唯物论大纲》,杨献珍的《什么是唯物主义?》等。十一届三中全会以后,对马克思主义哲学的研究大大向前推进一步。具有新意的阐述马克思主义哲学原理和哲学史的著作大量涌现。比较有影响的著作有:肖前等主编的《辩证唯物主义原理》《历史唯物主义原理》,中山大学哲学系等单位主编的《马克思主义哲学史稿》,舒炜光主编的《自然辩证法原理》等。

哲学界对马克思主义哲学中一些重要问题进行了探讨和争论。"文化大革命"前讨论的问题主要有:关于哲学的基本问题(基本问题是一个还是两个?);真理问题(什么是真理? 绝对真理和相对真理是什么关系? 真理有没有阶级性?);主观能动性和客观规律性问题(什么是主观能动性? 怎样发挥主观能动性? 主观能动性和客观规律性是什么关系? 客观规律可否消灭、转化? 它是否具有积极、消极两种作用? 可否区分为自觉与自发两种性质?);"桌子哲学"问题(先有桌子之存在,还是先有桌子之观念? "人造的东西"是否都是先有观念?);"思维和存在的同一性"问题(这一命题的确切含义是什么? 它是不是对哲学基本问题第二个方面的概括? 它能否作唯心和唯物两种解释? 恩格斯是否肯定了这一命题? 两者有没有同一性? 这个命题和反映论是否对立?);矛盾的同一性和斗争性问题(斗争性是否也可以说是相对的? 是否只有斗争性才是事物发展的动力? 同一性是否也是动力?);"一分为二"和"合二而一"问题("对立统一规律"是否可以简单地表述为"一分为二"? 这一规律是否也可以用"合二而一"来表述? 或者应该用"一分为二"与"合二而一"结合起来表述?);内因外因问题(外因在一定条件下能否起决定作用?);经济基础的含义和我国过渡时期的经济基础问题(如何理解经济基础? 它只是"生产关系的总和",还是也包括生产力在内? "生产关系的总和"是指占统治地位的生产关系内部各因素的总和,还是指占统治地位的与不占统治地位的各种生产关系的总和? 我国过渡时期的经济基础是什么? 是否可以说是五种经济成分的总和即"综合经济基础"?)等。由于"左"倾思想的干扰,上述有一些讨论变成为政治性的批判,没能充分开展下去。

"文化大革命"结束后,1978年上半年开始了关于"真理标准"问题的讨论。这个讨论使整个中国思想界获得了解放。十一届三中全会后,"文化大革命"前即已进行讨论的问题大都被重新提出,并对这些问题展开更为深入的探讨,同时又提出一系列新的问题进行研讨争鸣。研讨争鸣中提出的新的见解,列举如下:(1)关于现有哲学体系的缺点和新的哲学体系的构想。以往沿用的苏联20世纪30年代形成的哲学体系,仅限于辩证唯物主义和历史唯物主义两大部分,缺少自然辩证法和辩证逻辑。新的哲学体系应以辩证唯物主义为总论,下分辩证唯物主义的自然观、历史观、认识论和辩证逻辑三个部分;或划分为辩证唯物论和唯物辩证法两大部分,下各分三小部分:唯物主义自然观、历史观、认识论和自然辩证法、历史辩证法、思维辩证法;或划分为世界一般范畴、人类历史的一般范畴、认识的一般范畴三大部分。还有人提出历史唯物主义是马克思主义哲学的核心,而历史唯物主义体系可分为人、人类社会、人类社会历史三大部分。(2)关于认识过程有几个阶段的问题。不少人提出认识过程不应是感性、理性两个阶段,而应是三个阶段,即:感性认识、知性认识、理性认识,或感性认识、抽象认识、思维具体。(3)关于实践问题。对于"实践"概念的含义,实践的系统、结构、功能、属性等,都有新的探讨。(4)关于生产力标准问题。这是"实践标准"的深化和发展。中共十三大报告中正式提出"生产力标准"的概念,并对此作了论述。哲学界展开广泛讨论,认为生产力标准是检验社会实践、社会现象有无进步性及进步性大小的根本标准,因而也是检验认识真理性的最终标准。生产力不仅具有这种价值标准的作用,而且也是考察社会现状的尺度,也就是说,要以生产力标准来判断社会的发展阶段、进步程度。(5)提出一些新的研究范畴和新的哲学门类。前者如系统和要素、结构和功能、有序和无序、价值和劳动等;后者如科学哲学、技术哲学、信息哲学、医学哲学等。(6)上述之外,还有对哲学自身反思的一些问题;毛泽东哲学思想研究;邓小平哲学思想研究;当前改革中的哲学思考;"异化"问题;主体和客体、主观和客观问题;唯心主义评价问题;价值真理问题;等等。

除马克思主义哲学理论的研究外,中外哲学史和当代外国哲学思想的研究方面,也取得很多成果。中国哲学史研究的主要著作有:侯外庐主编的《中国思想通史》《中国近代哲学史》,侯外庐等主编的《宋明理学史》,冯友兰的《中国哲学史新编》,任继愈的《中国哲学史简编》,孙叔平的《中国哲学史稿》,李泽厚的《中国古代思想史论》,萧萐父等主编的《中国哲学史》,吕希晨等的《中国现代哲学史》,许全兴等著的《中国现代哲学史》,黄楠森等主编的《马克思主义哲学史》等。有关外国哲学史和外国当代哲学思想研究的著作有:汪子嵩等的《欧洲哲学史简编》,北京师范大学等单位合编的《欧洲哲学史教程》,全增嘏主编的《西方哲学史》,冒从虎等的《欧洲哲学通史》,李泽厚的《批判哲学的批判——康德评述》,张世英的《论黑格尔的逻辑学》,刘放桐等的《现代西方哲学》,徐崇温的《西方马克思主义》,徐崇温等的《萨特及其存在主义》,葛力主编的《现代外国哲学》,夏基松的《当代西方哲学》,黄心川的《印度哲学史》,汝信的《西方美学史》等。

二、经济学

新中国成立以来,经济学的研究,除对《资本论》等的研究外,主要集中在社会主义经济理论的研究方面。

中国的社会主义经济理论体系,基本上是 20 世纪 50 年代从苏联教科书搬来的。从马克思、恩格斯到列宁、斯大林,为社会主义经济学体系的建立奠定了基础。但是这种传统的经济学,还没有真正成为一门成熟的科学。中国在 20 世纪 70 年代出版的一些政治经济学教科书,在体系上受苏联教科书的影响很深,其特点是把力量放在解释党和国家的经济政策上,内容远不适应中国社会经济发展的要求。十一届三中全会以后,人们越来越清楚地认识到这种传统经济学的局限,并试图建立新的体系。在 1984 年 9 月于苏州召开的社会主义政治经济学理论体系讨论会上,各种不同体系的意见纷纷发表,后已成书者就有 10 种。①

　　适应社会主义经济建设的需要,新中国成立以后,经济学界先后就社会主义基本经济规律、社会主义经济结构、社会主义商品经济和价值规律、社会主义分配原则、社会主义经济体制等问题进行了研究讨论。商品和价值问题,是社会主义经济理论的核心问题,也是长期以来探讨和争论的重点。1949 年以来,社会主义经济理论尤其是商品、价值问题和经济体制问题的讨论,经历了七个阶段。

　　第一阶段,1956—1957 年。讨论是围绕社会主义商品生产存在的客观必然性和计划经济与价值规律的关系问题展开的。当时占统治地位的是斯大林《苏联社会主义经济问题》一书的观点,即认为两种社会主义公有制的并存是社会主义商品经济存在的原因;随着社会主义公有制的确立,国民经济有计划按比例发展规律将取代价值规律而成为生产的调节者;随着国家计划管理范围的扩大,价值规律的范围将进一步受到限制。但也有少数文章突破了这一观点,鲜明地提出了被实践所证明是正确的见解。孙冶方在《经济研究》1956 年第 6 期发文,认为价值规律的作用,是通过由社会平均必要劳动量决定价值来推动社会生产力的发展,以及调节社会生产或分配社会生产力等,因此它不仅在私有制下的商品经济中,而且在社会主义和共产主义社会都是存在的;社会主义经济发展计划必须以价值规律为基础。孙冶方的观点尽管受到批判,但实践证明是正确的。

　　第二阶段,1958—1959 年。在"大跃进"和人民公社化运动中,陈伯达提出取消商品生产、否定价值规律,农村刮起了"共产

---

　　① 10 种不同体系是:许涤新的《广义政治经济学(社会主义部分)》、关梦觉等的《社会主义政治经济学研究》、蒋学模等的《社会主义政治经济学》、雍文远的《社会必要产品论》、王珏的《社会主义经济的理论分析》、刘国光等的《社会主义经济论稿》、曾启贤的《社会主义经济理论与分析》、马家驹的《〈资本论〉和政治经济学社会主义部分的研究》、谷书堂等的《政治经济学(社会主义部分)》、北大经济系的《政治经济学(社会主义部分)》。

风"。中共八届六中全会和毛泽东批判了"企图过早地取消商品生产和商品交换,过早地否定商品、价值、货币、价格的积极作用"的观点,并提出价值法则"是一个伟大的学校"。这时经济学界从批判"共产风"转入对社会主义商品生产的历史地位与作用、建设社会主义要不要发展商品生产、要不要尊重价值规律、为什么说价值规律是一个伟大的学校等问题的讨论。1959年4月召开了以商品生产和价值规律为主题的全国经济理论讨论会。经过这次讨论,经济学界取得了比较一致的看法,认为:中国是商品经济很不发达的国家,必须发展商品生产和商品交换;社会主义的商品生产和商品交换是在国家指导下进行的,不会引导到资本主义;在社会主义各种交换关系中,都要承认和尊重价值规律的作用,坚持等价交换;价值规律和国民经济有计划按比例发展规律并不是互相排斥的,国家在组织经济活动包括制订计划时,要充分考虑两者的作用。

但是这时的讨论也有两方面问题:一是比较普遍的观点仍否认全民所有制内部交换的生产资料实质上是商品,否认价值规律对全民所有制经济也起调节作用,否认社会主义经济的计划调节必须充分运用市场机制等;二是有些观点仍把价值规律看成消极的,同有计划发展规律是互相排斥的。

第三阶段,60年代初期。在国民经济调整中,经济学界开展了关于社会主义经济核算和经济效果问题的讨论。在这一讨论中,孙冶方提出了十分深刻的见解。在经济核算方面,他认为利润是人们自觉利用价值规律管理企业的表现,"利润的多少是反映企业技术水平和经营管理好坏的最综合指标"[1],主张提高利润指标在计划管理体制中的地位。在经济效果方面,他重申了用最小的劳动消耗取得最大的有用效果应该是社会主义政治经济学研究

---

[1] 孙冶方:《社会主义计划管理体制中的利润指标》,《社会主义经济的若干理论问题》,人民出版社1979年版,第265页。

的一条红线。这正是价值规律的要求,即力求使产品的个别劳动消耗低于社会必要劳动消耗。这一期间,一些论著,鉴于50年代末违反客观经济规律带来的严重危害,提出了用经济方法管理经济的主张,即要按经济规律首先是价值规律办事,并提出学习资本主义管理方面有用的经验,如组织托拉斯等。还有一些论著,从社会主义商品经济理论出发,提出了全民所有制经济内部的流通问题。这些都是具有重要学术价值和实践意义的见解。

第四阶段,"文化大革命"及其前后。"文化大革命"中,上述正确见解先后受到了批判。林彪、"四人帮"把过去一些"左"的经济观点,如社会主义计划经济与商品经济不相容、计划调节与价值规律相排斥、商品生产与价值规律产生资本主义等,加以恶性发展,给经济工作造成严重恶果。

粉碎"四人帮"后,广大经济理论工作者对"四人帮"的谬论进行了深刻批判,为大力发展社会主义商品经济,正确认识和利用价值规律,扫清了障碍。

第五阶段,十一届三中全会以后。随着党和国家工作重心转向经济建设,经济理论特别是商品、价值理论的研讨进入了一个新的阶段。1979年4月,在无锡举行了全国性的关于社会主义经济中价值规律作用问题讨论会。这次学术讨论,理论联系实际,使商品、价值问题的探讨取得长足的进展,认为:社会主义经济既是计划经济,又是公有制基础上的商品经济;价值规律对社会主义生产仍然起调节作用;对社会主义经济应当实行计划调节和市场调节相结合等。

第六阶段,中共十二届三中全会以后。十二届三中全会关于经济体制改革的决定,在经济理论尤其是商品、价值理论方面,取得了突破性进展,提出了我国社会主义是公有制基础上的有计划的商品经济、社会主义计划经济必须自觉依据和运用价值规律、使全民所有制企业的所有权与经营权相分离并扩大企业自主权等具有重大理论意义的论点。

综合起来,十一届三中全会以后到 90 年代初,在经济建设和经济体制改革的实践中,经济理论有以下重要的发展和创新:突破了过去把计划经济同商品经济对立起来的观点,提出了社会主义经济是公有制基础上有计划的商品经济的理论;突破了在所有制形式上急于求公、求成、求纯的旧观念,提出了在坚持公有制为主体的前提下,发展多种所有制形式的理论;突破了国家所有、国家经营的传统观念,提出了社会主义经济可以实行所有权与经营权分离,广泛实行承包、租赁等多种经营方式,逐步建立国家以间接管理为主的宏观经济调控体系的理论;突破了计划与市场相互排斥的观念,提出了社会主义经济应该是计划与市场内在统一的体制,计划调节与市场调节相结合,逐步建立起"国家调节市场、市场引导企业"机制的理论;破除了生产资料、劳务、房地产等生产要素不能进入市场的传统观念,提出了发展和完善社会主义市场体系的理论;突破了分配领域中的平均主义观念的束缚,提出了实行以按劳分配为主、多种分配方式并存的理论;突破了长期闭关自守的旧观念,提出了实行对内对外开放,不断扩大国际经济技术交往与合作的新观念;突破了企业是行政机构附属物的传统观念,提出了企业是相对独立的商品生产者,扩大企业自主权,在企业内部全面实行厂长负责制的理论。

第七阶段,1992 年至 21 世纪初。1992 年初,邓小平视察南方,发表重要讲话。指出:"计划经济不等于社会主义,资本主义也有计划;市场经济不等于资本主义,社会主义也有市场。计划和市场都是经济手段。""计划多一点还是市场多一点,不是社会主义与资本主义的本质区别。"[①]1992 年 10 月,十四大正式决定中国经济体制改革的目标是建立和完善社会主义市场经济体制。邓小平南方讲话和十四大关于建立社会主义市场经济体制的决定在我国经济制度改革上具有十分重大的意义。

---

① 《邓小平文选》第 3 卷,人民出版社 1993 年版,第 373 页。

综观 1992 年以后中国经济理论的发展情况,社会主义市场经济理论体系已经形成,但它既不是照搬西方经济学,也不是传统马克思主义政治经济学的简单修正,而是从中国改革开放和现代化建设以及建立和完善社会主义市场经济体制的实践和理论创新的研究中形成的,为马克思主义的发展作出了重要贡献。

新中国成立以来,经济理论及相关领域出版的主要著作有:孙冶方的《社会主义经济论稿》;马寅初的《新人口论》;薛暮桥的《中国社会主义经济问题研究》;于光远的《中国社会主义初级阶段的经济》;许涤新的《中国社会主义经济发展中的问题》;陈岱孙的《政治经济学史》;卓炯的《论社会主义商品经济》;蒋一苇的《论社会主义的企业模式》;刘国光主编的《中国经济体制改革的模式研究》;厉以宁的《非均衡的中国经济》;吴敬琏、刘吉瑞的《论竞争性市场体制》;马洪的《试论我国社会主义经济发展的新战略》;蒋学模的《高级政治经济学》;王珏的《市场经济概论》;胡寄窗的《中国经济思想史》等。

三、政治学　法学

新中国成立后,在新的历史条件下,政治学理应得到进一步发展;在最初的日子里也曾出现过以"新政治学会"命名的组织。但是,由于政治上、认识上的种种原因,主要由于对"政治"缺乏科学的理解,把政治学视为"资产阶级的货色",在 1952 年高等学校院系调整时将政治学系和专业撤销了,与政治学有关的研究和教学内容被分别归入科学社会主义、国际共运、国家与法、政治思想教育等其他学科和专业。用国家和法的基础理论取代了政治学,政治学的教学与研究人员纷纷改行,致使政治学的教学与研究在 30 年内基本上是一片空白。教学无人,科学院没有相应的机构,《1956—1967 年哲学社会科学规划》中竟没有"政治学"一词。20 世纪 60 年代,北京大学、复旦大学、中国人民大学三校曾组建政治学系,但为时不久就改名为国际政治系,其主要研究方向是国际共产主义运动和民族解放运动。于是在中国的政治生活中形成一种奇怪的现象:政治被"突出"到了无以复加的地步,却不准有人研究政治学。直到1978年以后这种状况才逐步改变。

1979年3月30日邓小平在中国共产党的理论工作务虚会上讲话指出:"政治学、法学、社会学以及世界政治的研究,我们过去多年忽视了,现在也需要赶快补课。"这不但为长期被批判的政治学等学科恢复了名誉,重新确定了它们的合法地位,而且指出了政治学研究的迫切性。此后政治学的教学与研究有了明显的进展。

政治学恢复初期,主要集中于学科发展的基础建设,关注学科中和国家政治生活中一些迫切需要研究的问题,为政治学的进一步发展奠定了基础。具体表现在:第一,在不少大专院校恢复或重建了政治学系(专业)。开设了政治学原理与现实政治研究的课程。先后招收本科生、硕士和博士研究生。第二,编出了一批以政治学基础理论为主的教材,如1982年10月北京大学出版社出版的《政治学概论》,1983年8月河南人民出版社出版的《政治学教程》,1987年8月湖南人民出版社出版的《新政治学》等;此外还有《政治学原理》《政治学概要》等。除教材外,还出版了一些专著、译著、文集、工具书等。第三,1985年6月成立了中国社会科学院政治学研究所并创刊了《政治学研究》(双月刊)。该所的研究方向和任务是:研究马列主义毛泽东思想的政治理论,中国社会主义政治制度及现代化建设中提出的重要政治学理论问题,当代国外政治制度、理论及政治学发展状况,中外政治制度、政治思想、行政学、人事制度、市政管理,政治党派、团体政治学和国际关系等。一些省市也建立了政治学研究所。第四,1980年12月成立了中国政治学会,确定以研究社会主义制度下的政治特别是中国社会主义制度下的政治为重点。会后由群众出版社于1981年12月出版了政治学会的第一批学术成果汇编,即《政治与政治科学》。第五,初步开展了国际文化交流。1982年8月在里约热内卢召开国际政治科学协会第12届大会,我国派4人以观察员身份参加,

1984年正式加入该协会,1985年7月以正式会员代表身份出席了在巴黎召开的第13届大会。此后,中国行政学会也加入了国际行政学会。第六,在历届政治学会年会和报刊上展开了学术探讨和争鸣,围绕社会主义初级阶段理论、我国民主政治建设、政治体制改革、人事制度、行政管理以及政治学本身的发展(研究对象、内容、方法)等问题展开了广泛讨论。国内外的政治学者互访活动也日益频繁。

进入20世纪80年代中后期,广大政治学工作者,以高度负责的精神对当时政治学中存在的一些资产阶级自由化问题进行了分析、批判、总结和反思,使政治学研究的指导思想、研究思路与方向更加明确,即中国政治学必须以马列主义、毛泽东思想和邓小平理论为指导,以研究中国政治发展为目标,深入实际、调查研究,科学地思考和探究政治活动和政治发展的内在规律。同时,对西方政治思潮、政治制度进行了较为系统、深入的研究。1988年秋,为适应行政体制改革的要求,中国行政管理学会正式成立,行政管理学开始有了长足的发展。

20世纪90年代以来,政治学工作者用新的眼光重新审视现实政治生活,立足本国,放眼世界,对各种政治学课题进行了科学的理性分析,使政治学研究有了很大发展。对政治学方法论、政治学学科体系建设、马克思恩格斯的政治思想、毛泽东的政治思想、邓小平的政治思想、中央与地方关系、"一国两制"与国家统一、基层政权和政治体制改革等一系列问题进行了新的研究,取得了一批对改革开放和社会主义现代化建设具有指导意义和实际操作价值的理论成果。与此同时,很多专家学者直接参与国家的方针政策的制定或咨询工作。据不完全统计,涉及的方面有:参与宪法的修订,起草公务员制度条例,对行政区划、编制立法、廉政建设、人事制度改革、对台政策等向党政部门提供了建议和意见,在国家政治生活中发挥了应有的作用。尤其是在中国共产党提出建设社会主义初级阶段有中国特色社会主义政治这个议题以来,对政治体制改革、进一步扩大社会主义民主、健全社会主义法制、依法治国、建设社会主义法治国家等重大时代课题，进行了探讨，对积极稳妥地推进社会主义民主政治建设作出了一定贡献。

新中国的法学是在1949年宣布废除了国民党统治时期的六法全书和开展全面学习苏联的基础上，吸收了革命根据地法律工作的经验而建立的。在政法院校和中国人民大学等高校主要是进行国家与法的教学，在总结中国人民政权和革命法制建设经验的基础上研究国家与法的理论，同时研究宪法、立法制度、司法制度、国际法、政治法律学说史，批判资产阶级法学思想。1958年成立了中国法学研究所。法学与政治学类似，走过了由产生至初步发展，中经挫折、破坏，再度恢复发展的曲折过程。"文化大革命"结束后，十一届三中全会提出了"发展社会主义民主、健全社会主义法制"的方针。随着中国社会主义民主与法制建设的不断发展，社会主义市场经济法律体系的逐步建立，中国法学在中国特色社会主义理论指导下，步入了新的阶段，出现了中国历史上法学发展空前繁荣的局面，取得了巨大成就。

法学教育得到迅速恢复和发展，形成从本科到硕士、博士的多层次教育体系。

专业研究队伍迅速壮大。法学研究所由原来只有一个综合的和3个单学科的，发展到40多个。全国人大常委会和省级地方人大常委会、中央和省级政法机关以及国务院有关部委和省级人民政府、一些大学，都新建或恢复了法律研究所(室)。初步形成了理论与实践结合的、学科比较齐全的法学研究队伍。

1982年7月成立了中国法学会。1984年起又陆续成立了法学各有关学科的研究会。地方上也成立了一些法学会，并展开了学术活动。

法学原有的分支学科如法理学、法史学、比较法学、宪法学、刑法学、民法学、诉讼法学、国际法学等一批基础较雄厚的老学科得到恢复，并向新的广度和深度发展，取得了长足进步，出版了一批有价值的著作。新的法学分支如经济法学、环境与资源保护法学、国际经济法学、行政法学、军事法学、物证技术学等一批新兴学科相继建立,并得到较快发展。

法学界人士还积极参加了宪法和一系列重要法律的制定和修改工作,在国家立法、司法实践和普法教育中发挥了重要作用。

在法学研究上,取得了丰硕成果。广大法学工作者从中国实际出发,密切结合改革开放的进程,讨论了一系列法学理论与实际问题,主要有:法律的作用,法律存在的依据,法的阶级性与社会性,法律、意志和规律的关系,改革与法制的关系,法治与人治,中国立法体制,中国国家元首问题,社会主义市场经济体制中的法律问题以及建设社会主义法制国家的法律问题等。从 20 世纪 90 年代初期起,法学界就开始对中华人民共和国成立以来的 40 年法学发展历史进行总结,稍后又延伸至对整个 20 世纪近百年来的中国法学发展历史进行回顾、总结。随着"依法治国"方略的提出与深入,法学研究紧紧围绕着经济和社会发展中的重大问题及人民群众关心的热点问题展开研究。如对 WTO 规则研究,打击恐怖势力的法律研究,加强"和平统一,一国两制"、反对分裂法律研究等。并结合实际积极参与法制宣传、法律咨询和法律培训等活动。

四、社 会 学

新中国的成立是我国社会的巨大变革。广大社会学工作者希望尽快地详实地把旧社会的真实材料掌握起来,以便有效地为新社会服务,同时在马克思主义指导下改造社会学学科。不幸的是在 1952 年高等学校进行院系调整中,对社会学的认识产生了错误:以为有了历史唯物主义,就可以代替社会学科来研究社会;社会主义社会是协调发展的社会,是不存在任何社会问题的;加上教条地学习苏联,就轻率地把社会学系取消了。随后又给社会学戴上"资产阶级伪学科"的帽子。1957 年部分社会学工作者被打成右派遭到迫害。从此以后 20 年的时间里,社会学在中国大地上销声匿迹了。社会学从取消到禁绝,这是社会科学研究指导思想上的一大错误。

1979年3月,中国社会学研究会的成立,标志着中国社会学恢复与重建的开始。中国社会学研究会由费孝通任会长。研究会成立后,遵循"百花齐放,百家争鸣"的方针,举办了各种形式的学术活动,配合国家有关部门、团体和个人,初步进行了一些社会问题的调查研究工作,举办了一些专题报告和讲座,翻译了一些论著,印行了一些参考资料。研究会成立后,开展了国际学术交流活动,促进了中外社会学者和人民之间的交流。

中国社会学重建后,确定了中国社会学的发展方向,这就是要在中国建立和发展具有中国特色的马克思主义社会学。其特点是,以我国社会主义社会的良性运行和协调发展的条件和机制为对象。这决定了学科本身的框架,决定了社会学与哲学及其他学科的区别。

1980年1月,中国社会科学院社会学研究所成立。它是我国社会学研究领域最重要的机构之一。此外,各省、市、自治区等也设有社会学专业研究机构。1982年中国社会学研究会改名为中国社会学会。

自恢复和重建社会学以来,广大社会学工作者积极投身社会学基本理论研究,并取得了令人瞩目的成果。从事研究的课题,涉及社会学理论、社会学方法、科学社会学、经济社会学、工业社会学、劳动社会学、管理社会学、政治社会学、法律社会学、民族社会学、文化社会学、文艺社会学、宗教社会学、教育社会学、城市社会学、小城镇社会学、农村社会学、住宅社会学、老年社会学、青年社会学、家庭社会学、社会心理学、社会现代化、青少年犯罪和医学社会学、体育社会学、军事社会学以及新闻社会学等30余种。社会学研究正在日益渗透到其他各个专门学科的领域中去,在国家与社会生活中发挥着越来越大的作用。社会学界有些研究项目,如小城镇研究、人口问题研究、青少年犯罪研究,提出的一些对策已经成为中央和地方有关领导部门进行社会管理、社会控制的重要决策手段或主要内容，在社会运行和发展过程中发挥了重要作用。

社会学在理论创新上也取得了不少重要成果。20世纪80年代，社会学努力探索中国乡土社会工业化和城市化道路，提出了小城镇发展理论，总结了"苏南模式""温州模式""珠江模式"等乡村工业化路径。20世纪90年代，提出社会转型问题，探讨在经济体制转轨和市场经济深入发展的条件下社会结构变化的机制和规律，回答城乡结构、区域结构、阶级阶层结构、就业结构、消费结构、生活方式、价值观念等方面变化提出的一系列新问题，大力倡导经济和社会协调发展，提出在经济快速发展的同时，要把社会发展摆在重要的位置。进入21世纪，社会学研究新的历史时期社会建设和社会管理的规律，探讨调节社会利益关系和化解社会矛盾的体制机制，探索推动社会协调发展、促进社会和谐的理论和实践道路。

自社会学恢复和重建以后，出版了一批学术著作，主要有：《社会学概论》（费孝通主编）、《社会学概论新修》（郑杭生主编）、《社会学教程》（北京大学社会学系编写）、《社会心理学》（沙莲香著）、《现代社会心理学》（周晓虹主编）、《中国农村社会学》（李守经主编）、《城市社会学概论》（麦夷、江美球编著）、《应用社会学》（李强主编）、《社会调查原理与方法》（袁方主编）、《中国社会学史》（杨雅彬著）、《改革以来中国农村婚姻家庭的新变化》（雷洁琼等著）、《当代中国社会分层与流动》（李强著）、《当代中国社会阶层研究报告》（陆学艺主编）等。

五、教育学　心理学

教育学是以研究教育现象、探讨教育规律、发挥教育功能为己任的学科。新中国成立后，教育学经历了一个由学习苏联到逐步结合中国实际的发展过程。

20世纪50年代初，教育学领域全面地学习和引进苏联的教育理论和实践,大量地翻译介绍苏联的教育学著作和论文。凯洛夫主编的《教育学》自1950年翻译出版后曾广为传播,产生了很大的影响。在学习吸收苏联教育学的同时,教育学界还有针对性地开展了对资产阶级教育思想的批判。1951年开展的对电影《武训传》的批判,引起了教育学界对旧中国资产阶级和小资产阶级改良主义教育思想的批判。1955年秋到1956年夏,教育学界又开展了对杜威、胡适的实用主义教育思想的批判。经过这两次批判,基本上分清了马克思主义教育思想与资产阶级教育思想的不同。但是在批判中也存在简单地全盘否定的倾向。

20世纪50年代中期以后,教育学界着重研究讨论教育学的一般理论和教育实践中出现的问题。1955—1957年,在整个教育领域展开了关于"全面发展与因材施教"的讨论。这是关于教育方针的讨论,也涉及学制、课程、教学内容和教学方法等重要问题的讨论。第一阶段主要讨论对"全面发展教育"的理解问题和如何处理实行"全面发展教育"中出现的矛盾问题。第二阶段主要讨论"要不要把因材施教作为方针"这个问题。1958年9月19日,《中共中央、国务院关于教育工作的指示》中指出:"党的教育工作方针,是教育为无产阶级的政治服务,教育与生产劳动结合",并且认为"要把'全面发展'与'因材施教'结合起来。"此后,"因材施教"一般就作为教育原则或教育方法提出。这次讨论后至1966年,教育学界又展开了一系列的问题讨论,主要有:关于"红专关系"的讨论、关于教学中理论联系实际的讨论、关于"教学原则"的讨论、关于"美育"的讨论、关于批判和讨论"爱的教育"的问题以及关于"启发式教学"的讨论等。

从20世纪50年代到60年代中期,随着教育科学研究的开展,教育科学研究机构也不断发展。1956年中央教育科学研究所筹备处成立,随即着手编制了《1956—1967年教育科学发展远景规划纲要(草案)》。一些高等院校也加强了教育学科的教学和研究工作。1960年10月中央教育科学研究所正式成立。到1966

年,全国有 8 个省市成立了教育学会,共有 15 个教育科研机构。

这一时期,教育学工作者编辑翻译了一些科研资料和外国教育学著作。主要有:《马克思、恩格斯、列宁、斯大林论教育》《中国古代教育史资料》《中国近代教育史资料》《中国古代教育家语录类编》、捷克夸美纽斯的《大教学论》、苏联加里宁的《论共产主义教育》、苏联马卡连柯的《马卡连柯教育文选》、英国洛克的《教育漫话》、英国斯宾塞的《教育论》和《柏拉图论教育》等。

在"文化大革命"期间,教育学研究被迫中断。教育科研机构被撤销,科研人员被遣散,教育学研究遭到空前的摧残。

1978 年十一届三中全会以后,随着"左"倾错误的不断纠正,解放思想、实事求是精神的贯彻,教育科学研究获得空前规模的发展,学术气氛空前活跃。1978 年 7 月中央教育科学研究所重建。1979 年 3 月召开了全国教育科学规划会议,这是新中国成立以来第一次规模较大的教育科学专业会议。会上成立了中国教育学会。随后全国 28 个省、市、自治区恢复或建立了教育学会。教育学研究会、马克思主义教育思想研究会这样的全国性专业研究会也相继建立。教育界的学术活动活跃起来,教育界对一些重大问题进行了研究和讨论。如 1978 年下半年,开展了关于"教育本质"问题的讨论。1981 年对"全面发展教育"问题再次展开讨论。此外还就"智力发展"和"青少年思想政治教育"等问题进行了讨论。

1983 年 9 月,邓小平为北京景山学校题词:"教育要面向现代化,面向世界,面向未来。"教育界贯彻"三个面向"的精神,深入地开展了教育学各个领域的研究。80 年代中期开始,教育界注重讨论"教育与人"的问题。学者们认为传统的"三因素论"(遗传、环境、教育)忽视了发展主体是"人",忽视了人的发展与生物意义上的其他生命的本质区别。有学者认为在"三因素论"基础上应将人的主观心理因素列入影响教育对象发展的基本因素之内。80年代末,对于"教育的出发点是什么?""是社会抑或个人?"学术界展开热烈讨论。一些研究者认为,在人、教育、社会的三者关系中,人处于最基本的地位,人的发展是社会发展的最终决定力量。所以,教育的目的是人。

20世纪80年代末期以来,在教育改革中教育观念的转变与更新越来越引起教育工作者的注意。许多学者指出,教育要改革首先要转变教育观念。这时期推行素质教育问题已被一些学者提出来。90年代中期,素质教育问题引起社会各方面的关注。人们认为,实施素质教育是时代的要求,素质教育是全面发展、面向全体学生的教育,也是重视个性发展的教育。在全社会的共同努力下,实施素质教育已经成为一种共识。为此,教育学界就落实素质教育,着手开展了愉快教育、和谐教育、主体教育、创造教育、成功教育以及考试制度改革等多方面的研究。与此同时,教育学界还对教育创新的问题进行研究,着重从教育理念、教育制度、教育技术和课程教学四个方面展开。随着我国高等教育的快速发展,教育学界对高等教育大众化问题进行研究,认为高等教育大众化是21世纪高等教育发展的必然趋势,我国高等教育大众化时代已到来。进而对高等教育是通才教育、提高高等教育质量、大学生就业、拓宽办学渠道等问题提出重要意见和建议。

改革开放以来,教育学在原有基础上不断发展,已经形成了一个庞大的学科群。特别是在新形势下,教育学广泛接触、吸收国外最新研究成果,结合我国实际,形成了许多新学科,如教育社会学、教育经济学、教育管理学、教育信息学、教育法学、教育学史等,发表了一大批教育学专著和论文。主要著作有:黄济著的《教育哲学》、李诚忠和王序荪合著的《教育控制论》、裴娣娜著的《教育研究方法导论》、陈友松主编的《当代西方教育哲学》、毛礼锐和沈灌群主编的《中国教育通史》、王炳照等著的《中国教育通史》、何兆华编著的《普通教育评估学》、金一鸣主编的《教育社会学》、吴金昌主编的《教育信息学概论》、赵尚东等主编的《素质教育的实践与研究》、朱天利主编的《当代中国的教育理论与实践》、吴式颖和任钟印主编的《外国教育思想通史》以及顾明远主编的《教育大辞典》，等等。此外，一批教育学资料也相继出版。主要有：《陶行知全集》《徐特立教育文集》《蔡元培教育文选》《梁漱溟教育文集》、华东师大教育系和杭州大学教育系编译的《现代西方资产阶级教育思想流派论著选》。

改革开放以来教育学的研究取得的成就是前所未有的。它为进一步发展完善具有中国特色的社会主义教育奠定了坚实的基础。

心理学作为一门独立的学科，新中国成立以来在基本理论研究、基础研究及应用研究等方面开展了大量的工作，取得了很大成就，这一时期是中国现代心理学发展的重要时期。

1950年，中国心理学会参加了全国科联举行的十二学科年会并恢复了会务活动。1951年中国科学院成立了心理研究室，1956年经国务院批准成立了中国科学院心理研究所。同年，心理学作为基础学科之一制定了12年发展的远景规划。从1950年到1956年，心理学界开始系统地学习马克思列宁主义、毛泽东思想，力图以辩证唯物主义来指导科学研究。这一时期，心理学界热衷于学习巴甫洛夫学说，希冀通过学习苏联心理学来改造旧心理学，建立新的理论体系。在这一过程中，在教学上依据苏联的教材，抛开了西方心理学，并对构造学派、实用主义心理学、行为主义，特别是杜威的实用主义心理学观点进行了批判。在批判中流行的片面化的批判方法对心理学的发展产生了负面影响。这一时期，心理学会创办了《心理学报》《心理学通讯》和《心理学译报》。

从1957年到1966年这10年间，心理学界坚持以马克思主义为指导，结合实际，探索符合国情、并能为社会主义建设服务的发展方向，调整落实科研规划，在心理过程、心理的生理机制、发展心理、教育心理、劳动心理及医学心理等方面做了大量的工作，取得了一些成果。如：在基本心理过程方面，20世纪50年代知觉的研究主要包括运动知觉与纯音听觉阈限的测定；20世纪60年代起，视知觉逐步扩大到空间知觉、方位知觉、图形知觉、深度知觉以及颜色知觉等。在发展心理方面,曾研究幼儿对有关数、类和方位的概念、色形抽象及因果思维等课题。在医学心理方面,心理学工作者和医务工作者协作对神经衰弱采取了积极心理治疗的综合快速疗法,后扩大到高血压、溃疡病及精神分裂症等慢性病的治疗上,均取得一定疗效。这一时期,设有心理专业的北京大学、北京师范大学、华东师范大学等院校培养了一批心理学专门人才。同时依据我国教学需要编出了三本心理学教科书:朱智贤主编的《儿童心理学》、曹日昌主编的《普通心理学》和潘菽主编的《教育心理学》。

在"文化大革命"期间,心理学研究遭受了严重的破坏。心理学被"四人帮"诬蔑为"形而上学""唯心主义""反科学"。高校停开心理学课程,实验仪器设备被毁坏,心理学研究处于停顿状态。

"文化大革命"结束后,心理学研究得以重新开展。1977 年 6 月中国科学院心理所正式恢复。8 月,中国心理学会召开心理学规划座谈会,重新调整了学科规划,并恢复了会务活动。从 1978 年起在中国心理学会总会之下设立了发展心理学、心理学基本理论、普通心理学和实验心理学、医学心理学、工业心理学、生理心理学以及体育运动心理学等七个专业委员会。教育系统的科研和教学组织也得到恢复和发展。北京大学、杭州大学、北京师范大学和华东师范大学等院校先后建立了心理学系。1978 年 12 月和 1979 年 11 月先后召开了中国心理学会第二、三届学术年会。两次会议收到论文和资料分别为 248 篇和 600 余篇。几年间在发展心理学、医学心理学、生理心理学以及基本理论研究等方面进行了重点研究和讨论。

20 世纪 80 年代以来,在改革开放的新形势下,心理学工作者进一步解放思想,树立新的学术观点,学习和吸取外国心理学中一切有价值的成分,研究新的问题,使心理学研究在原有基础上,向更深更广的方面开展。此外还将计算机技术引进心理学的研究中。发展心理学集中在儿童认知发展方面的研究,如,形与体的认知、数的概念和运算、时间顺序的掌握等。还有些学者从跨文化角度探讨不同民族儿童的认知发展水平。对于超常儿童和我国独生子女的心理特点研究引起学术界的重视。医学心理学研究集中在临床心理测验和量表方面,结合我国具体情况编制了一些临床用量表,如记忆量表、MMPI 测验等,具有一定的实用价值。生理心理学的研究主要围绕学习记忆的神经机制、学习记忆的神经化学过程、人类心理活动的电生理等问题展开,使这方面研究达到国际上的先进水平。同时,一些新的课题被提出来研究讨论。如法制心理学、社会心理学、管理心理学、商业心理学、体育运动心理学以及心理学史研究等。

心理学中国化是这个时期学者继续关注的问题。学者们普遍认为,心理学存在世界性问题,中国心理学应注重积极引进和学习西方心理学中先进的理论和方法。但西方心理学中的某些理论和方法不适用于中国。当代中国人的心理行为是中国几千年社会文化发展的产物。当代心理学研究要继承和发扬我国心理学的优秀遗产和立足于中国社会现实。

在改革开放时期良好的学术气氛下,许多心理学著作完成出版,其中一些弥补了心理学研究的空白。主要有:潘菽和高觉敷主编《中国古代心理学思想研究》、高觉敷主编《西方近代心理学史》、杨鑫辉主编《心理学通史》、朱智贤著《儿童发展心理学问题》、车文博主编《心理学原理》、朱智贤和林崇德合著《思维发展心理学》、沈德立著《基础心理学》、彭聃龄等著《认知心理学》、陈汝懋主编《大众心理学》、赫葆源等编《实验心理学》、杨治良编著《记忆心理学》、王极盛著《青年心理学》、俞文钊著《管理心理学》、汪安圣主编《心理学及其在工业中的应用》、罗大华等编《犯罪心理学》和严和骎主编的《医学心理学概论》等。

六、历史学　考古发现

新中国成立以来,我国历史学取得了很大的成就。但是,它走过的道路是很不平坦的。这个过程大致可分为三个阶段。

从 1949 年新中国成立到 1966 年"文化大革命"前的 17 年间,成绩是主要的。新中国成立后,全国掀起了学习马克思主义理论的高潮。从 20 世纪 50 年代初开始,我国大量翻译、出版了马克思、恩格斯、列宁、斯大林和毛泽东的著作。马克思主义在史学领域里开始得到广泛传播。通过学习、讨论、批判,我国的马克思主义史学的领域扩大了,水平提高了,马克思主义的史学队伍开始建立并逐渐成长起来。17 年间,历史学所取得的成就,首先是北京大学等全国综合性大学和北京师范大学等师范院校的历史系通过院系调整得以改造或新建。同时建立了中国科学院历史研究所等全国和各省市自治区历史研究机构以及中央档案馆、中国第一历史档案馆和中国第二历史档案馆等国家级档案馆。《历史研究》等全国性史学刊物出版发行。

新中国成立以后,我国史学工作者以马克思主义理论为指导,在古籍校点、资料汇集、档案整理方面做出了突出的成绩。《资治通鉴》和《二十四史》的校点、出版以及《中国丛书综录》的编纂完成,都是这一时期的突出成就。历史资料汇集方面中国近代史的成果最为突出,《中国近代史料丛刊》《中国近代经济史资料丛刊》和《中国近代经济史参考资料丛刊》,都是历史资料汇集方面的巨著。50 年代,史学工作者和民族工作者在全国范围内进行的大规模的民族社会历史的调查,是一项很有意义、很有成绩的工作。

这期间,历史学界先后提出了不少重要的历史问题,进行了热烈的讨论。其中,影响比较大的问题有:中国古代史分期问题(主要是指中国奴隶社会与封建社会的分期问题)、中国近代史分期问题、亚细亚生产方式问题、中国历代土地制度问题、中国封建社会农民战争问题、中国封建社会长期性问题、中国资本主义萌芽问题、汉民族形成问题、历史人物评价问题等。我国历史学界呈现出生机勃勃的繁荣景象。这些问题的讨论,不可能马上得到一致的认识,但是参加讨论的各方提供了不少新材料、新论据,使问题深入了,这就大大地推动了我国历史学界的马克思主义理论水平和学术水平的提高。"争鸣"所获得的成果,大多收集在后来出版的有关论文集里。它们是:《中国的奴隶制与封建制分期问题论文选集》《中国古代史分期问题讨论集》《中国历代土地制度问题讨论集》《汉民族形成问题讨论集》《中国资本主义萌芽问题讨论集》《中国近代史分期问题讨论集》等。

新中国成立后,我国著名的历史学家纷纷出版或发表了新的研究成果。范文澜改写了他的《中国通史简编》(后改称《中国通史》)。郭沫若主编了《中国史稿》,初稿在20世纪60年代初已经写成。吕振羽修订了他的《简明中国通史》。翦伯赞主编了《中国史纲要》。侯外庐完成了《中国思想通史》五卷六册的巨著和编著了《中国封建社会史论》等。这些著作是当时我国马克思主义史学的代表作。

1961年召开全国文科教材会议。会后,中国通史及参考资料、世界通史及参考资料、中国历史文选、中国史学名著选等一些历史学科方面的教材相继出版。会议还推动了历史研究领域的不断扩大,许多新的史学课题越来越受到史学界的重视。例如,史学概论、中国史学史、中国近现代史、断代史、国别史、经济史、文学史等,在60年代中期以前,都取得了不同程度的进展。对中国新民主主义革命时期历史的研究,在20世纪50年代中期以后,开始引起史学界的重视。《新青年》《每周评论》《共产党》月刊、《向导》《布尔什维克》《新华日报》《解放日报》等20多种报纸杂志重新影印出版,为研究这段历史提供了资料方面的便利。1957—1958年出版了何干之主编的《中国现代革命史》,1959年出版了胡华主编的《中国革命史讲义》等多种中共党史和革命史教材。李新等主编的《中国新民主主义革命时期通史》(四卷本)也在20世纪60

年代初出版,这项成果对中国新民主主义革命时期历史的研究有开创性的意义。1960年开始出版全国政协文史资料研究委员会编的《文史资料选辑》。

总的来看,我国马克思主义史学所取得的进展和成就是巨大的。但是,由于1957年后,中国共产党内"左"倾错误思潮的发展,也波及历史研究和教学的领域。对"红""专"关系的辩论,史论关系的辩论,对史料即史学的批判,"以论代(或带)史""厚今薄古""打破王朝体系""写劳动人民的历史"等主张和口号的提出,都对史学的健康发展造成一定影响。

"文化大革命"的十年,造成了我国史学发展史上前所未有的破坏。"文化大革命"的酝酿是从围攻历史学家吴晗的新编历史剧《海瑞罢官》开始的,接着对翦伯赞的历史观点进行了错误的批判,说他的《对处理若干历史问题的初步意见》等文章是"反马克思主义的史学纲领"。林彪和江青一伙把许多有才能、有成就的马克思主义史学家诬陷为"反动学术权威",进行打击和迫害,把许多史学研究成果宣判为"封资修""大毒草"。他们任意歪曲历史,把一部几千年的中国历史编造为"儒法斗争史",把他们认为进步的人物都说成法家,把他们认为反动的人物都说成儒家。

十一届三中全会后,历史工作者开始摆脱现代迷信、教条主义的精神枷锁,摒弃在20世纪50年代后期逐步发展起来的简单化、绝对化的形而上学的思想和方法。20世纪80—90年代,史学界不仅提出了一些多年遭到禁锢的老问题,而且还提出了不少新的研究课题。例如:马克思主义与历史科学、阶级斗争学说和阶级分析方法、历史发展的多样性与统一性、历史发展动力问题、历史文化认同与中国统一多民族国家形成问题、中华民族精神的历史传承、史学的社会功能、关于利用自然科学新方法进行历史研究问题、中国近代历史发展基本线索问题、中国现代史体系问题、历史人物评价、历史上的民族关系与爱国主义、历史遗产与社会主义精神文明建设等。上述这些问题讨论是很热烈的,也有一定的深度。

同许多新问题、新见解的提出相关联的,是不少的"禁区"被打破了,历史研究的领域大大地拓宽了。特别是对第二次世界大战后的世界历史、中国现代史(1919—1949)、中华民国史、中华人民共和国史的研究,取得了不少的成果。

近些年来,历史学加强了与邻近学科的融合和渗透,恢复和开辟了许多新的分支学科,如文化史、社会史、经济史、思想史、民族史、中外关系史以及史学史、史学理论等。与此同时,我国历史学摆脱了过去长期封闭的状态,开始与国际史学接触和对话。国外大量史学著作、史学流派、史学理论和方法被介绍到中国来,这对中国历史学的发展起了推动和借鉴作用。随着科学技术和电子信息的发展,历史研究的观念、手段、工具也正在发生重大变化。

20世纪80年代以来,新的研究成果不断出现。在通史方面,出版了白寿彝主编的《中国通史纲要》。出版了两套大型的中国通史巨著,一套是由范文澜主编、蔡美彪续编的《中国通史》10卷本;一套是由白寿彝任总主编的《中国通史》12卷本,共22册,1 400万字。断代史从先秦至中华人民共和国每一段都有专著问世。最重要的是"夏商周断代工程"项目的完成。它是国家"九五"重大科研项目。"工程"的总特点是自然科学与人文社会科学相结合,以多学科交叉的方法,综合研究夏商周年代。清史研究有相当大的进展,出版了戴逸主编的《简明清史》。启动了国家清史编纂工程,出版了大批清代历史文献和研究专著。抗日战争史是研究的热点之一。已出版的著作主要有军事科学院军事历史研究部著的《中国抗日战争史》、王桧林主编的《抗日战争史丛书》(约50种)等。胡绳的《从鸦片战争到五四运动》一书是中国近代史研究的重要成果。张海鹏主编的《中国近代通史》叙述从1840年鸦片战争到1949年新中国成立这一百多年的历史,成为中国近代史研究领域最新成果。中华民国史的研究取得重大成绩,李新等主编的《中华民国史》已出版全部12卷,代表了中华民国史研究的最高水平。对新中国成立后历史的研究,已出版的《当代中国》

丛书,是一部大型的、有分量的集体著作,共出版了150卷208册。当代中国研究所编辑出版了《中华人民共和国史稿》(五卷本)。中共党史最重要影响最大的有胡绳主编的《中国共产党的七十年》和中共中央党史研究室著的《中国共产党历史》的第一卷(1921—1949)和第二卷(1949—1978)。专题史著作的出版成绩显著,如经济史、政治思想史、民主党派史、法制史、少数民族史、宗教史、地方史、科技史等都有新的著作。在历史地理研究方面,《中国历史地图集》八大册已经出齐。在甲骨文研究方面,《甲骨文合集》是一部总结性的巨制。在中外关系史和国别史的研究方面,也获得了可喜的进展。在工具书编纂方面有14卷本的《中国历史大字典》和《中国大百科全书·中国历史卷》等。

新中国成立以来,在我们拥有古老文明的祖国大地上,古代遗物和遗迹不断地发现。60多年来我国考古学的新成就,使国内外许多考古学家认为,20世纪后半叶将被作为中国考古学的黄金时代而写入史册。

中国是人类文明的发源地之一。在从猿到人的漫长的进化过程中,我国境内就有猿人的足迹。1956—1957年在云南开远小龙潭发现了五颗属于腊玛古猿的牙齿化石,距今1 500多万年。1975—1980年在云南禄丰石灰坝又发现了一个距今约800万年的腊玛古猿头盖骨和下颌骨化石。

考古发现已证明,我们的祖先进化到猿人(直立人)阶段,他们的足迹北达辽南,南到云南。1965年在云南元谋县发现"元谋人",距今约170万年。1964年在陕西蓝田县发现"蓝田人",距今80万—60万年。1949年后,对北京猿人遗址继续进行多次发掘。"北京人"距今50万—20万年。1980年在安徽和县发现"和县人",距今40万—30万年。1974年、1975年在辽宁营口发现"金牛山人",距今约20万年。我国继"北京人"之后,又发现了11个新的猿人化石地点,是世界上出土直立人化石最多的地区。以上属旧石器初期文化。

我们的祖先发展到"古人"（早期智人）阶段,属于旧石器中期文化。1978 年,在陕西大荔县发现一个较完好的人类头骨化石。1954 年、1976 年在山西汾河流域丁村先后发现 3 枚小孩牙齿和一个小孩右顶骨化石,以及 2 000 多件石器及大量哺乳类动物化石。1974—1977 年在山西阳高许家窑先后发现十多个男女老幼不同个体的人类化石。大荔人、丁村人、许家窑人距今 10 万至 5 万年。

距今 5 万年到 1 万年之间,我们的祖先进化到"新人"（晚期智人）阶段。属于旧石器晚期文化。我国境内发现的"新人"化石,新中国成立前在北京周口店龙骨山发现了"山顶洞人"。以后发现的"新人"化石比"古人"分布范围更广。已在 20 多个省区市50 个以上县市,新发现了旧石器晚期人类化石或文化遗存。

1949 年以来,我国发现的新石器时代文化遗址已有 7 000 多处,经过发掘的有 400 多处。黄河流域的新石器时代文化,最重要的是 1921 年发现于河南省渑池县的仰韶村而得名的仰韶文化。1953 年在陕西西安半坡发现仰韶文化遗址。1972—1979 年在陕西临潼姜寨发掘出一处比半坡更为完整的村落遗址。属于半坡类型。1953 年又在河南陕县庙底沟发现仰韶文化遗址,它是与半坡遗址有明显区别的另一类仰韶文化遗址,称庙底沟类型。1960 年在山西芮城西王村发现仰韶文化遗址,称西王村类型。此外,在长江流域、东南沿海、西南地区和北方地区都发现了新石器时代的文化,主要有大汶口文化、河姆渡文化等。

商周时代的考古发现很多。从 1959 年开始,对河南偃师二里头遗址进行大规模的考古发掘,发现了一处规模宏大的早商宫殿基址,这是我国迄今发现的时间最早的宫殿建筑基址。几十年来在河南安阳殷墟发掘的墓葬有 2 000 座,其中以武官大墓的规模最大,而以妇好墓的陪葬品最丰富。妇好墓中有殉葬人 16 个,随葬品总数达 1 928 件。1976 年,在陕西岐山县凤雏村发现了一组大型西周建筑基址,这是我国迄今发现最早的比较完整的中国廊院式建筑遗址;同时在扶风县召陈村也发现了大型的西周建筑基址群。同年，又在离召陈村不远的庄白村，发现包括史墙盘在内的103件铜器窖藏。1977年，在凤雏村的建筑基址的一个窖穴中发掘出1.7万多片西周时期的卜甲。1949年以来各地发现的西周时期的青铜礼器和乐器，数量很多，据不完全统计，有铭文的即达六七百件。1978年在湖北随县（今随州）擂鼓墩发掘了曾侯乙墓，这是一座年代和墓主都很明确的战国早期大墓。这座大墓保存得异常完好。出土铜、金、玉器和竹简等7 000多件贵重文物。所出的各种青铜器件，总重量达10吨左右，是历年所出青铜器中数量最多的一群。曾侯乙墓发掘出一套罕见的古乐器编钟。这套编钟，共65件，是依照铜钟的大小和音高次第组成，故称编钟。1965年在四川成都百花潭出土一件战国时的嵌错赏功宴乐铜壶。1980年在陕西淳化县史家塬村发现一座西周墓葬，出土一批青铜器，其中一件圆形鼎，重226公斤，是迄今发现的最大圆鼎。

秦始皇陵的勘察与发掘是新中国考古发现的重大成就。秦始皇陵的勘察工作，是从60年代初期开始的。1974年以来，对陵区又进行了比较全面的复查，并发掘了陵墓旁边的兵马俑坑及一部分殉葬墓、丛葬坑、刑徒墓，发现了筑陵时打制石材的场地。兵马俑坑发掘部分，已出土武士俑八九百件，木质战车18辆，陶马100多匹，还有青铜兵器、车马器9 000余件。1980年12月初，在秦始皇陵西侧发现了两组大型铜车、铜马、铜人。

西汉时期的考古发现在各时期里是最多的。1968年在河北满城发掘的西汉中山靖王刘胜及其妻子窦绾的两座墓。其中有第一次发掘出来的两套"金缕玉衣"。满城汉墓的发掘是我国重要考古发现之一。1972年，我国考古工作者在湖南长沙市郊的马王堆发掘一座距今2 100多年的西汉早期墓葬。这座古墓保存比较完整，是我国考古发掘工作中一项极为罕见的重要发现。墓中的一具女尸，由于墓葬采取了防腐措施，使尸体不仅外形基本完整，而且皮下组织有弹性，纤维清楚。随葬器物共有千余件，其中最珍贵的是覆盖在内棺上的一幅彩绘帛画。1972年4月，考古工作者在山东临沂银雀山发掘的西汉前期墓葬中,发现了著名的《孙子兵法》和已经失传1 000多年的《孙膑兵法》等竹简4 000多枚。1975年湖北云梦睡虎地11号秦墓出土的1 100多枚竹简,对研究战国晚期秦国历史,特别是秦的法律制度具有重要的价值。1993年10月,在湖北省荆门市郭店村的一座战国墓葬中,出土了一批楚文字竹简,共804枚,1.3万余字,有《老子》残本、《太一生水》和儒家著作摘录等,引起了学术界轰动。1996年湖南长沙走马楼出土的十余万枚汉末至三国吴简牍,为存世匮乏的三国文献史料做了重要的补充,被认为是20世纪中国古代历史文献资料的又一次重大发现。1969年在甘肃武威发现一座东汉墓,墓中发现一件罕见的古代艺术品——马踏飞燕。

魏晋南北朝时期佛教寺院盛行,新中国成立以来,石窟寺的调查与研究广泛开展,取得了不少收获。20世纪50年代,已分别考察了全国各地数以百计的石窟群和摩崖造像,对它们作了详略不同的记录,收集了佛教文书和其他有关遗物。新疆地区,石窟寺遗址十分丰富,已经调查的共14处,大多位于"丝绸之路"沿线。敦煌莫高窟、大同云冈石窟、洛阳龙门石窟是我国三大著名石窟。60年代以后,对部分石窟寺又作了必要的复查和发掘,又有一些新发现。

南北朝到隋唐时期,对外的主要陆路交通线,是横贯中亚和西亚通往伊朗的"丝绸之路"。1949年后,在"丝绸之路"东段我国境内的许多地点都出土了有关中外交通和文化交流的遗物。这些遗物中数量最多的是各国货币,主要是波斯萨珊朝的银币和拜占庭(东罗马帝国)的金币,还有时代较迟的倭马亚王朝的阿拉伯金币。

各地发掘唐墓甚多,总数约数千座,出土遗物以万计。仅西安地区就发掘唐墓两千多座,随葬品相当丰富,壁画也有不少保存较好的。随着考古事业的蓬勃发展,唐代金银器也被大量发现。1970年10月,西安南郊何家村发掘出两瓮唐代窖藏文物,内有金银器 205 件,是新中国成立以来唐代金银器的一次空前发现。唐代考古发掘另一重要成就是长安城的发掘。唐代长安城的周围有 70 多里,比今天的西安旧城(即明清时代的西安城址)大 5 倍以上。

宋元时期,由于朝廷对瓷器需求量的日益增长,国内外贸易的日益发达,瓷窑的数量骤增。宋元时期的瓷窑,现已发现于全国 19 个省、市、自治区,在北方地区,以河南省最多,南方地区以浙江省最多。著名的有浙江龙泉窑、江西景德镇窑、陕西铜川耀州窑、河南禹州钧窑、河北磁县的磁州窑等。元大都的考古是一项重要项目。在元大都居住遗址中出土最多的也是瓷器。1985 年在四川大足县(今属重庆)宋代石墓中,发现两只能变颜色的宋代瓷碗。

明代的考古工作主要是明代陵墓的发掘。北京定陵的“地下宫殿”是 1956 年 5 月开始发掘的,历时两年多。现已成为世界闻名的游览胜地。除定陵以外,1970 年发掘的四川成都明蜀王世子朱悦燫的墓,规模宏大,装饰华丽。鲁恭王朱檀是明太祖朱元璋的第十子,1970 年在山东邹县(今邹城市)和曲阜交界处的九龙山南麓发掘了他的墓葬。出土的九旒冕、皮弁、乌纱折上巾和各种丝棉织成的衣服,反映了明初的衣冠制度。其中一件棉织平纹被单,是现存早期棉布的重要标本。在南京附近和蚌埠市发现的异姓王侯墓,出土了不少精美的瓷器,除影青、龙泉瓷器,最引人注目的是青花瓷器。

总之,考古发现的成绩是巨大的。这些考古发现为我国灿烂的文明提供了非常丰富的真实例证,也为历史研究提供了更多的实物资料。

七、文学 艺术

文学艺术是整个文化事业中最为活跃也是经历最为曲折的一个部门。新中国诞生前夕召开的中华全国文学艺术工作者第一次代表大会,实现了全国各路文艺队伍的会师,确定了"创造为人民服务的文艺"的方针,为新中国文艺事业的发展指明了方向。

从新中国成立至"文化大革命"前的 17 年中,"左"倾思想对文艺的干扰就时断时续地存在着,但由于广大文艺工作者的努力,由于"百花齐放、百家争鸣"方针的提出和一定程度的贯彻,由于周恩来等领导人在 20 世纪 60 年代初为调整文艺政策所作的努力,我国的文学创作总的说是向前发展的,并取得显著成绩。小说、诗歌、戏剧、电影、散文(包括报告文学)等各种文学形式,都出现一批思想上和艺术上比较成熟的作品。文艺理论批评方面,也有开展。

长篇小说创作基本代表了这个时期文学的发展水平。比较知名的作品有:孙犁的《风云初记》,杜鹏程的《保卫延安》,赵树理的《三里湾》,曲波的《林海雪原》,吴强的《红日》,梁斌的《红旗谱》,杨沫的《青春之歌》,周而复的《上海的早晨》,周立波的《山乡巨变》,柳青的《创业史》,罗广斌、杨益言的《红岩》,浩然的《艳阳天》等。这些作品成功地塑造了众多的人物形象,概括了民主革命时期和社会主义革命时期的社会内容,在语言、结构和艺术手法上,也都进行了新的探索。它们不仅在国内有广大的读者,在国际上也赢得了声誉。中短篇小说方面,李准的《不能走那条路》、王蒙的《组织部新来的青年人》成为有影响的作品。

诗歌的代表作有:李季的《杨高传》,闻捷的《复仇的火焰》,郭小川的《投入火热的斗争》《将军三部曲》,贺敬之的《放声歌唱》《雷锋之歌》,臧克家的《李大钊》。郭沫若、周扬合编了新民歌集《红旗歌谣》。云南人民文工团发掘整理了反映撒尼人生活斗争的叙事长诗《阿诗玛》。毛泽东在战争年代和新中国成立后创作的诗词几十首陆续发表。毛泽东的诗作气势雄伟,诗意盎然,有很高的思想性和艺术价值。

在戏剧文学方面,无论是话剧创作,还是传统戏剧改编及现代戏、新编历史剧、新歌剧创作都有很大的进展。话剧创作上,胡可等的《战斗里成长》、老舍的《龙须沟》等是新中国成立之初涌现出的优秀代表作。1953年后，一方面反映现实生活的作品大量出现，如夏衍的《考验》、海默的《洞箫横吹》、杨履方的《布谷鸟又叫了》、何求的《新局长到来之前》等；另一方面出现一批历史题材的优秀之作，如老舍的《茶馆》、陈其通的《万水千山》等。1957年反右派斗争后，有更多的剧作家由现实题材转向历史题材的写作，田汉创作了《关汉卿》《文成公主》，郭沫若创作了《蔡文姬》《武则天》，朱祖贻、李恍创作了《甲午海战》，曹禺等创作了《胆剑篇》等。60年代上半期的重要作品有：胡万春等的《激流勇进》、江文等的《龙江颂》、张仲明的《青松岭》、沈西蒙等的《霓虹灯下的哨兵》、贾元等的《雷锋》等。这个时期，传统戏曲的发掘、整理、改编和创作，在"传统戏、新编历史戏、现代戏三者并举"方针指引下，取得显著成绩。其中的现代戏（利用传统戏曲形式反映现代生活的戏剧），首先是从地方剧种开始，后来发展成为京剧、昆剧等历史悠久、影响较大的剧种。1964年，举行全国京剧现代戏观摩演出大会，涌现出《红灯记》《智取威虎山》《芦荡火种》《节振国》《奇袭白虎团》《六号门》等优秀剧目。在新编历史剧（利用传统戏曲形式反映古代生活的戏剧）中，知名的京剧有吴晗的《海瑞罢官》、田汉的《谢瑶环》等，昆剧有孟超的《李慧娘》等。在传统剧目的挖掘、整理、改编方面，遵循"百花齐放，推陈出新"的方针，全国共挖掘整理出剧目5万多个，上演1万多个，由旧剧目改编而成的《梁山伯与祝英台》《白蛇传》《将相和》《十五贯》《杨门女将》《打金枝》《天仙配》等，都为群众所喜爱。在传统戏曲进行改革和发展的同时，新歌剧也硕果累累，其代表作有《长征》《洪湖赤卫队》《江姐》《刘三姐》等。大型音乐舞蹈史诗《东方红》载歌载舞，更成为我国文艺园地的一朵绚丽的奇葩。

电影创作取得了较大成绩。新中国成立之初拍摄的《白毛女》《钢铁战士》曾在国际电影节上获奖。1951年对《武训传》的批判，延缓了电影事业的发展。1954年开始有转机。此后出现的影响较大或有开拓性的影片有:《渡江侦察记》《董存瑞》《上甘岭》《李时珍》《祝福》《家》《柳堡的故事》《林则徐》《青春之歌》《林家铺子》《红旗谱》《红色娘子军》《达吉和他的父亲》等。1962年至1964年达到"文化大革命"前17年电影事业的高峰,《甲午风云》《早春二月》《革命家庭》《兵临城下》《李双双》《红日》《冰山上的来客》等代表了当时的最高水平。

"文化大革命"前17年中的散文创作,不仅数量巨大,而且有许多优秀之作。除去散文作者的专门文集外,从1953年至1961年,每年都有散文和特写选辑出版。著名作家巴金、老舍、冰心、杨朔、秦牧、刘白羽等,都有不少优秀散文问世。吴晗、邓拓、廖沫沙三人连载于《前线》杂志的《三家村札记》,邓拓连载于《北京晚报》的《燕山夜话》,都是文笔生动、寓意深刻的优秀杂文。

在文艺理论研究方面,"双百"方针提出后的一段时间和60年代初,曾掀起过两次讨论高潮。鉴于新中国成立以来文艺创作中存在着概念化、公式化的倾向,文艺批评中存在着简单化、庸俗化的倾向,文艺工作者在"双百"方针提出后,展开了对社会主义现实主义、文艺与政治的关系、人性和人情等问题的讨论。20世纪60年代初,在国民经济调整工作开始后,对"左"的文艺思想也进行了一定程度的纠正。1961年6月至1962年3月,周恩来三次发表重要讲话,分析批评了文艺界对作家和作品随意套框子、抓辫子、扣帽子、挖根子、打棍子的风气及其他"左"的文艺现象,并对"为谁服务""文艺规律""遗产与创作"等重要文艺理论问题作了阐述。由于文艺政策的调整,文艺理论的讨论重又活跃起来。各地报刊开展了关于题材问题、美学问题、历史剧问题、悲剧问题、戏剧的矛盾冲突问题、文学上的"共鸣"现象与山水诗问题等的讨论,对一些文学作品的评价也展开争鸣。

但是时间不长,八届十中全会强调抓阶级斗争以后,文艺批评中的"左"倾思想又恶性发展起来。小说《刘志丹》被说成"为高岗翻案的反党的毒草",制造了一大冤案。1963年以后,昆剧《李慧娘》、电影《早春二月》和京剧《谢瑶环》等被定为"大毒草",受到批判。

1966年2月,江青在林彪的支持下,召开部队文艺工作座谈会,并写成一个座谈会纪要。这个纪要炮制了"文艺黑线专政"论,否定了新中国成立后文艺战线取得的成绩,为"文化大革命"的发动制造舆论。

"文化大革命"中,中国的文艺事业遭到空前的大摧残。全国文联及所属各学会全部被解散,文艺刊物被停刊,文学出版社被取消,电影被停演,文学作品被封存甚至被焚烧,文艺工作者被迫到农场参加劳动,不少文艺家、作家被迫害致死。从"文化大革命"发动到1971年,五五六年中没有一部文学作品问世,有的只是被"四人帮"夺占并加篡改而树为楷模的八个"样板戏"和若干"语录歌"。1971年后逐渐产生一批文学作品。大致有三类:一类是直接或间接为"四人帮"篡党夺权服务的阴谋文艺,如小说《虹南作战史》,电影《反击》《盛大的节日》等;第二类是受极左思潮严重影响、粗制滥造的作品;第三类是少数内容和艺术性都较好的作品,如姚雪垠的历史小说《李自成》第二卷、黎汝清的《万山红遍》,电影《创业》《海霞》《闪闪的红星》,以及湘剧《园丁之歌》等。

在1976年的"四五"运动中,涌现出由普通工人、学生、战士、干部题写的成千上万首天安门诗歌。这些诗歌不但饱含着广大人民无限热爱周恩来总理、切齿痛恨"四人帮"的政治内容,而且具有朴素真挚、壮烈悲愤、形式灵活多样的鲜明的艺术特性,感染力极为强烈,成为在特殊情况下出现的文艺创作。

粉碎"四人帮"后,中国社会主义文艺迅即复苏。在揭批"四人帮"斗争中诞生的"伤痕文学",在"实践是检验真理的唯一标准"大讨论中诞生的"反思文学",都使"文化大革命"中丧失殆尽的现实主义传统得到了回归。刘心武的短篇小说《班主任》成为"伤痕文学"的发轫之作。其后,长篇小说《我们这一代年轻人》《蹉跎岁月》等大批反映知青生活的"伤痕小说",体现了对昔日极左路线的强烈否定和批判精神。《蝴蝶》《人到中年》《隐形伴侣》《今夜有暴风雪》等中长篇小说,通过真实生动的人物形象,帮助人们重新认识历史,成为反思文学的代表作品。周克芹的《许茂和他的女儿们》锋芒所向,直指"四人帮"横行时期,我国农村的衰败和黑暗,成为第一届"茅盾文学奖"的领篇之作。随着改革大潮的到来,出现了"改革文学"。从短篇小说蒋子龙的《乔厂长上任记》开始,《沉重的翅膀》《花园街五号》《苍天在上》《人间正道》等一系列"改革文学"在全国产生了广泛影响。80年代以后,我国每年创作的中篇小说达1万~2万部,短篇小说逾万篇。从90年代开始,长篇小说每年以500部以上的数量出版。从1981年开始设立的"茅盾文学奖",到1998年已评选五届,获奖的20部作品题材广泛,风格多样,是改革开放时期长篇小说的力作。1998年首次颁布的"鲁迅文学奖",获奖作品囊括了小说、诗歌、散文、文艺评论等各个门类,推出了大批优秀作品。在经历了"伤痕文学"和纯文学阶段以后,从90年代中期开始,文学出现一种"去精英化"潮流。"作家"不再神秘,而成为了"写手"。而随着互联网的普及,写作不再是一个少数人从事的工作,普通人都可以参与其中。文学创作形成了大众化、世俗化的倾向。2012年10月,中国作家莫言获得诺贝尔文学奖。

在文艺理论和文艺批评方面,文艺界对诸如文艺与政治的关系、现实主义、人性和人道主义等许多问题进行了新的探讨。文艺不能脱离政治,这是确定不移的,但是人们放弃了以往"文艺从属政治""文艺为政治服务"的口号,而把文艺工作的总方针确定为"文艺为人民服务,为社会主义服务"。这个方针打开了发展文艺的更广阔的道路。人们批判了"四人帮"鼓吹的"主题先行""从路线出发"之类使文艺创作背离生活实际的口号,认为:现实主义的文艺创作必须从现实生活出发,必须是"写真实"。当然,"写真实"并非是毫无选择地直录现实生活的一切方面,而是必须反映社会生活的本质,必须有倾向性。艺术真实来自生活真实,但又不等于生活真实,它既包括艺术形象的真实性,又包括作家对生活的真知灼见和作家的真情实感。恩格斯关于"真实地再现典型环境中的典型人物"的论述是完全正确的,但对典型环境不能理解为一个时代只有一种典型环境,它应是总的社会历史环境与具体人物生活于其中的具体环境的统一。典型人物也并非一个阶级只有一种,人物的具体形象应是多种多样的。文艺界重新肯定了"文学是人学"的命题,认为:马克思主义并非否定人性的存在,而是反对抽象的人性论。在阶级社会中,人的社会关系较阶级关系远为复杂和广泛,因此作为社会的人,除了阶级性之外,也还有人类的共性。人的本质是"社会关系的总和",但同一社会关系下的人又有千差万别的特性。马克思主义也并非一概否定人道主义,"革命的人道主义"或"社会主义的人道主义",正是马克思主义者所提倡的。马克思主义所反对的,只是资产阶级人道主义的虚伪性和欺骗性。文艺理论和文艺批评的发展,推动了文艺创作的繁荣。

八、自然科学 技术

近代中国的科学技术极其落后。新中国成立前,较有基础的是结合自然条件和资源特点的地质科学和生物学中的分类研究。现代科学所形成的绝大部分新的分支,以及在第二次世界大战后迅速发展起来的各种新学科、新技术,在中国几乎是空白。工业生产大都采用过去陈旧的技术与工艺。农业生产主要依靠从前积累的经验和传统的生产技术。科研人员奇缺,1949 年 10 月,中华人民共和国成立时,全国科学技术人员不足 5 万,其中专门从事科学研究工作的还不到 500 人,专门的科学研究机构只有 30 多个(当时中央研究院和北平研究院有 22 个研究单位,200 多名研究人员)。

新中国成立以来,科学事业有了很大发展,但这个发展经历了曲折的道路。

新中国成立后的前 17 年,是中国科学技术事业艰苦创业、奠定基础的时期。1949 年 11 月 1 日,在原中央研究院和北平研究院的基础上建立了中国科学院,郭沫若任院长。它是中国最高学术机关和研究中心。之后,在北京、上海、南京、沈阳、长春等地先后恢复和新建了几十个研究所。部分产业部门和省市也建立了一些研究机构。同时高等学校的数量、规模和水平有较大的发展和提高。从而为以后逐步形成中国科学院、高等学校、产业部门、国防部门和地方科研机构五个方面组成的科学研究体系打下了基础。到 1955 年底,已初步建立了一系列新的工业部门,科学技术事业也有了一定的基础。这时全国科技人员已有 40 多万人,专门的科研机构有 840 多个。他们在恢复国民经济和完成第一个五年计划建设中发挥了重要作用。在棉蚜虫防治、试制抗菌素、合成橡胶、东北及北方炼焦用煤的分类、球墨铸铁等方面的研究取得了不少成果。在此期间开展了对黄河流域、华南热带植物资源、西北水土保持等的综合考察。

　　为了迅速发展科学事业,迎接经济建设高潮的到来,1956 年 1 月全国知识分子会议后,成立了以陈毅为主任的国家科学规划委员会,并组织全国 600 多位科学家和技术专家,编制《1956 年至 1967 年科学技术发展远景规划》。提出根据国家经济建设和国防建设的需要,拟订了 57 项重点任务,其中特别强调发展原子能、火箭和喷气技术、电子计算机、半导体、自动化、精密机械、仪器仪表等新兴技术。

　　为了把中国有限的人力、物力、财力集中用在最重要、最急需、最能影响全局的方面,决定重点发展以导弹、原子弹为代表的尖端技术。经过努力,"十二年规划"所提出的主要任务,除基础理论一项外,其他项目提前 5 年于 1962 年实现。

　　1963 年制订了第二个科学技术规划《1963 年至 1972 年科学技术发展规划》安排重点科研项目 374 项,其中国民经济和国防建设急需项目 333 项,基础研究项目 41 项。其中包括部署了导弹、氢弹的研究试验,安排了人造卫星的研制,规划了农业、工业等各方面的最新科学技术的研究和运用。

两次科技长远规划的制订和实施,使中国科学技术事业在现代化的道路上迈出了两大步。旧中国遗留下来的许多现代科学技术的新领域空白、薄弱的状况得到了改变。同时赢得了时间,缩短了同世界先进水平的差距,中国科学技术有了较全面的发展。

这个时期,科技工作者对中国的自然资源、自然条件进行了广泛的调查、考察和勘探,发现了许多重要金属矿藏。根据李四光创立的"地质力学"分析中国东部地区地质构造特点,认为中国东部新华夏构造体系的沉降地带是含油远景区。1959年后,经勘探相继发现大庆、胜利、大港等油田。

在科学研究的基础上,无线电工业、半导体工业、电子计算机工业、原子能工业、宇航工业等新兴工业,从无到有,从小到大成长起来。1956年7月19日,第一架喷气式飞机(歼5)试飞成功。1958年6月30日,由苏联援助建成的中国第一座实验性原子能反应堆开始运转,同时建成回旋加速器。它的建成,标志着中国已开始跨进原子能时代。1959年9月,第一台每秒钟运算一万次的快速通用电子数字计算机试制成功。1960年2月19日,第一枚液体燃料探空火箭发射成功。同年11月5日近程导弹发射成功。1964年6月,中国第一枚运载火箭试验成功。同年10月16日,在中国西部地区爆炸了第一颗原子弹。它的爆炸成功标志着中国科学技术当时所达到的水平。中国国防现代化进入了一个新的阶段。

农业科学技术的研究和应用取得了显著成果,中国育成的世界上最早的矮秆水稻得到大面积推广。在种子、灌溉、栽培、肥料等综合的技术措施下,中国粮食作物的复种指数大大提高。此间农业科技工作者深入研究了东亚飞蝗的生活史,为预报虫情和进而抑制飞蝗虫害作出了贡献。

在医疗卫生方面,经过多年努力,天花灭绝,性病、黑热病、回归热、霍乱已基本被消灭,人间鼠疫、血吸虫病、疟疾、百日咳、白喉等多种恶性流行病已基本得到控制。此外，在针刺麻醉、大面积烧伤治疗、断肢再植及显微外科等方面也都获得了突出的成就。

现代科学的新分支，如生物物理、分子生物学、电生理学、酶化学、地球化学、地球动力学、岩石力学、物理力学、海洋学、射电天文、近地空间、化学物理、催化动力学、低温物理、高能物理等也先后开始研究。1961年3月，中国科学院上海实验生物研究所借助人工单性生殖方法培育出世界上第一只"没有外祖父的癞蛤蟆"。1965年9月，中国科学院上海生物化学研究所经过六年多的努力，获得了人工合成牛胰岛素结晶。这是世界上第一次人工合成的一种具有生物活力的结晶蛋白质，标志着人类在探索生命的征途中向前跨出了重要的一步。

在数学研究方面，尤其在解析数论、堆垒数论、代数数论、哥德巴赫问题等方面都取得了不少成果。

可惜，从1966年5月开始的持续了十年的"文化大革命"使中国科技事业遭到严重摧残，许多科技工作者受到迫害，大批研究资料被销毁，大部分科研机构被迫停止了研究工作，中国农业科学院几乎被拆散，许多高等学校也停办了，17年辛苦积累起来的科技力量被糟蹋得七零八落。就中国科学院来说，1973年的研究单位已由1965年的106个下降到53个，全院职工从6万人降到2.8万人，有相当一部分人去"五七干校"从事体力劳动。但由于广大科技工作者的努力，仍在个别领域或项目取得一定成绩。其中突出的有：针刺麻醉临床研究和原理研究有了新进展，抗疟药青蒿素的研究取得重大收获（2015年该项研究的主持人屠呦呦获诺贝尔生理学或医学奖），始创了对克山病的预防方法。1966年10月27日第一次成功地进行了导弹试验。1967年6月17日爆炸了中国第一颗氢弹。从原子弹到氢弹，中国只用了2年零8个月，与美、苏相比，中国的速度是最快的。1969年9月23日中国首次进行地下核试验成功。1969年中远程战略导弹发射成功。1970年4月24日成功地发射了第一颗人造地球卫星"东方红1号"。1975

年11月26日又成功地发射一颗返回型遥感卫星,在正常运行3天后按预定计划返回地面,中国成为世界上第三个掌握卫星回收技术的国家。1973年8月,中国第一台每秒运算100万次的集成电路电子计算机问世。从1961年第一台红宝石激光器研制成功到1973年已研制成数十种常用的激光材料和配套元件。中国农业、工业、医学和科学研究方面广泛研究和应用放射线同位素与射线的新技术,取得许多可喜的成绩。其中,仅农业上应用这种方法育成的水稻、小麦、棉花、玉米、谷子、大豆、油茶等新品种就有几十个,已获得显著增产。1973年12月,中国在世界上首先育成强优势的杂交水稻——籼型杂交水稻。1975年10月,运用花粉单倍体育种方法,培育出水稻新品种。

粉碎"四人帮"后,迎来了科学的春天。1978年3月中共中央召开了有6 000多名代表参加的全国科学大会,讨论通过了《1978—1985年全国科学技术发展规划纲要》。《纲要》对中国自然资源、农业、工业、国防等27个领域和基础科学、技术科学两大门类的科学技术研究任务作了全面安排,从中确定了108个全国重点研究项目。其中农业、能源、材料、电子计算机、激光、空间、高能物理、遗传工程等8个影响全局的综合性课题放在突出的地位。科学大会的召开,尤其是同年12月中共十一届三中全会确定党的工作重心转移到现代化建设上来,对中国科学技术事业的发展带来了深刻的影响。

1981年到1985年科技事业按照"经济建设必须依靠科学技术,科学技术必须面向经济建设"的战略方针,从实际出发积极进行科技体制改革。1985年3月,中共中央发布了《关于科学技术体制改革的决定》,从根本上改变原来的科技体制和运行机制。1987年1月,国务院发布《关于进一步推进科技体制改革的若干规定》。1988年5月,国务院发布《关于深化科技体制改革若干问题的决定》。通过一系列改革,单一的管理体制得到改变,科技和经济脱节的问题开始得到解决,计划管理和市场调节相结合的运行机制开始形成,"经济建设必须依靠科学技术,科学技术工作必须面向经济建设"成为新时期的科技工作指导方针,推动了全社会科技进步的进程,也促成了人才观念的转变。一些民办科研机构已成为我国科技队伍中的一支生力军。

在国家正确方针的指引下,经过广大科技工作者的艰苦努力,通过组织实施一系列国家科技发展计划,形成了我国科技工作在面向经济建设主战场、发展高新技术及其产业、基础研究三个层次上全面发展的战略格局。

面向经济建设主战场的"科技攻关计划"始于1982年,其宗旨是集中全国主要科技力量,对在国民经济和社会发展中遇到的重大科学技术问题进行联合攻关。计划实施以来,获得大量科研成果,取得巨大经济效益。其中仅"八五"期间获得科技成果6万多项(其中有35%达到国际水平),累计取得直接经济效益超过600亿元。"星火计划"是面向农村发展经济的科技计划,宗旨是把先进适用的科技项目像星火一样撒向农村,指导农民依靠科技振兴农业,引导乡镇企业依靠科技提高水平,促进农村经济发展,加快农村经济进程。到1998年底,"星火计划"已组织实施项目50 634项。现在,"星火计划"的发展已逐步从"短、平、快"单个技术试点示范项目,向培育支柱企业和星火技术密集区的方向发展。为提高企业的市场竞争和技术创新能力,形成有利于自主创新的企业技术进步机制,国家于1996年开始启动"国家技术创新工程",并已取得进展。

为跟踪世界高科技发展前沿,自1986年起国家开始实施高新技术研究发展计划("863"计划)。到1998年底,"863"计划囊括的生物技术、航天技术、信息技术、激光技术、自动化技术、能源技术、新材料技术、海洋技术,已有1 398项完成并取得了成果鉴定。其中,550项达到国际先进水平。为引导和推动高技术成果商品化、产业化和国际化,尽快建立起我国的高新技术产业,1988年,国家开始实施"火炬计划"。到1998年底,我国"火炬"计划共组织实施了国家级项目3 536项,地方项目9 036项。由于这些项目以银行贷款和自筹款项作为资金来源,完全按市场经济的方式来实施,因而对国家经济的贡献特别明显。

为发展基础研究,赶超世界水平,从1991年起,我国开始实施"攀登计划"。目前我国基础性研究工作在许多领域取得了举世瞩目的成就。已建立起北京正负电子对撞机、兰州重离子加速器、合肥同步辐射装置、太阳磁场望远镜等一批达到国际先进水平的实验装置;在高温超导研究方面,我国一直处在世界的前列;在材料科学、生命科学等领域也涌现了一批具有世界先进水平的成果。

1992年中央决定依靠科技推动经济和社会发展,提高综合国力。为此,召开了一系列会议,颁布了一系列文件,采取了一系列措施,包括颁布《国家中长期科技发展规划纲要》,制定《中华人民共和国科技进步法》《中华人民共和国促进科技成果转化法》,恢复中国科学院院士称号,成立中国工程院等。

1995年5月,中共中央、国务院颁布了《关于加速科学技术进步的决定》,接着召开了全国科学技术大会,号召全面实施"科教兴国"战略。这次会议是继1956年、1978年之后我国科技发展史上第三个里程碑。1998年6月,国家科技教育领导小组成立,负责实施"科教兴国"战略。面向21世纪发展知识经济的机遇和挑战,提高科技与教育水平,全面增强国家科技创新能力,大力发展高新技术及其产业,推动全社会科技进步和劳动者素质的提高,促进国家经济和社会发展,是实施这个战略所要达到的目标。

自改革开放以来,我国科研成果硕果累累。其中数学上的哥德巴赫猜想、整函数和亚纯函数的值分布理论研究成就得到了世界公认。1979年12月27日中国科学家用人工方法取得了有41个核糖核酸的人工合成成果。它的合成为研究核酸结构与功能的关系,开展遗传工程、病毒、肿瘤等方面的研究工作创造了条件。自1970年发射第一颗人造地球卫星成功到1998年,我国已成功发射了50多颗各种轨道的人造卫星,而且掌握了较高的卫星回收技术和地球同步卫星的控制技术。1981 年 9 月 20 日,我国首次用一枚运载火箭发射三颗不同用途的空间物理探测卫星成功。1984 年 4 月用"长征 3 号"运载火箭发射的地球静止轨道通信卫星,成功地定点在东经 125°赤道上空。从此我国成为世界上少数几个掌握卫星回收技术、"一箭多星"发射技术、地球静止轨道卫星发射技术的国家之一,并具备了为国外用户发射应用卫星的能力。1999 年 11 月 20 日我国发射第一艘"神舟"号试验飞船。从 2003 年 10 月 15 日航天员杨利伟搭乘神舟五号往返太空之后,我国接连完成双人、三人、太空行走和空间交会对接等多项载人航天任务,成为继美国和俄罗斯之后第三个掌握载人航天技术的国家。此外,我国成功地完成水下导弹发射;攻克了高温气冷堆、快中子增值反应堆等关键技术;研制成功"银河—Ⅲ"百亿次计算机;培育成转基因杂交水稻;原子级操纵技术和原子级加工技术居世界前列;纳米电子学超高密度信息存储研究获突破性进展;开始实施嫦娥探月工程,建立北斗卫星导航系统;蛟龙号深海载人潜水器突破 7 000 米;乙型肝炎基因工程、单克隆抗体技术用于临床治疗以及高速铁路建造技术等,已达到和接近国际先进水平。

复习思考题

1. 学习马克思主义哲学的意义。

2. 如何划清社会主义公有制为主体、多种所有制经济共同发展的基本经济制度同私有化和单一公有制的界限?

3. 怎样对待中国的传统文化,怎样对待西方外来的文化,中国特色社会主义文化应循着什么样的道路来发展?

学习参考书目

［1］中共中央文献研究室.建国以来重要文献选编（1～20册）.北京：中央文献出版社,1992—1998.

［2］全国人大常委会办公厅研究室.中华人民共和国人民代表大会文献资料汇编（1949—1990）.北京：中国民主法制出版社,1991.

［3］中共中央办公厅.中国共产党第八次全国代表大会文献.北京：人民出版社,1957.

［4］中共中央文献研究室.三中全会以来重要文献选编（上、下）.北京：人民出版社,1982.

［5］中共中央文献研究室.十二大以来重要文献选编（上、中、下）.北京：人民出版社,1986.

［6］中共中央文献研究室.十三大以来重要文献选编（上、中、下）.北京：人民出版社,1991.

［7］中共中央文献研究室.十四大以来重要文献选编（上、中、下）.北京：人民出版社,1996—1999.

［8］中共中央文献研究室.十五大以来重要文献选编（上、中、下）.北京：人民出版社,2000—2003.

［9］中共中央文献研究室.十六大以来重要文献选编（上、中、下）.北京：中央文献出版社,2005—2008.

［10］中共中央文献研究室.十七大以来重要文献选编（上、中、下）.北京：中央文献出版社,2009—2013.

［11］中共中央文献研究室.十八大以来重要文献选编（上）.北京：中央文献出版社,2014.

［12］毛泽东文集（6～8卷）.北京：人民出版社,1999.

[13] 建国以来毛泽东文稿(1～13册).北京:中央文献出版社,1987—1998.

[14] 中共中央文献研究室.毛泽东传(1949—1976)(上、下).北京:中央文献出版社,2003.

[15] 中共中央文献研究室.毛泽东年谱(1949—1976)(1～6卷).北京:中央文献出版社,2013.

[16] 周恩来选集(下卷).北京:人民出版社,1984.

[17] 建国以来周恩来文稿(1～3卷).北京:中央文献出版社,2008.

[18] 周恩来外交文选.北京:中央文献出版社,1990.

[19] 周恩来年谱(1949—1976)(上、中、下卷).北京:中央文献出版社,1997.

[20] 金冲及.周恩来传(1949—1976)(上、下).北京:中央文献出版社,1998.

[21] 刘少奇选集(下卷).北京:人民出版社,1985.

[22] 刘少奇论新中国经济建设.北京:中央文献出版社,1993.

[23] 建国以来刘少奇文稿(1～7卷).北京:中央文献出版社,2005—2008.

[24] 邓小平文选(1～3卷).北京:人民出版社,1993—1994.

[25] 邓小平年谱(1975—1997)(上、下卷).北京:中央文献出版社,2004.

[26] 陈云文选(2～3卷).北京:人民出版社,1995.

[27] 中共中央文献研究室.陈云传(上、下).北京:中央文献出版社,2005.

[28] 江泽民文选(1～3卷).北京:人民出版社,2006.

[29] 中共中央宣传部."三个代表"重要思想学习纲要.北京:学习出版社,2003.

[30] 胡锦涛.论构建社会主义和谐社会.北京:中央文献出版

社,2013.

[31] 本书编写组.科学发展观学习纲要.北京:新华出版社,2008.

[32] 习近平谈治国理政.北京:外文出版社有限责任公司,2014.

[33] 薄一波.若干重大决策与事件的回顾(上、下卷).北京:中共党史出版社,2008.

[34] 彭德怀自述.北京:人民出版社,1981.

[35] 黄克诚自述.北京:人民出版社,1994.

[36] 吴冷西.十年论战:1956—1966 中苏关系回忆录.北京:中央文献出版社,1999.

[37] 胡绳主编.中国共产党的七十年.北京:中共党史出版社,1991.

[38] 中共中央党史研究室.中国共产党历史(第二卷 1949—1978)(上、下册).北京:中共党史出版社,2011.

[39] 中共中央文献研究室.关于建国以来党的若干历史问题的决议注释本.北京:人民出版社,1983.

[40] 邓力群.中华人民共和国国史百科全书(1949—1999).北京:中国大百科全书出版社,1999.

[41] 当代中国丛书.北京:中国社会科学出版社、当代中国出版社,1985—2001.

[42] 当代中国研究所.中华人民共和国史稿(序卷、1-4 卷).北京:人民出版社、当代中国出版社,2012.

[43] 裴坚章.中华人民共和国外交史(1949—1956).北京:世界知识出版社,1994.

[44] 王泰平.中华人民共和国外交史(二、三卷).北京:世界知识出版社,1998—1999.

[45] 钱其琛.外交十记.北京:世界知识出版社,2003.

[46] 武力.中华人民共和国经济史(1949—1999).北京:中国

经济出版社,1999.

[47] 林蕴晖等.凯歌行进的时期.郑州:河南人民出版社,1996.

[48] 丛进.曲折发展的岁月.郑州:河南人民出版社,1996.

[49] 王年一.大动乱的年代.郑州:河南人民出版社,1998.

[50] 席宣,金春明."文化大革命"简史.北京:中共党史出版社,1996.

[51] 中共中央党史研究室第三研究部.中国改革开放30年.沈阳:辽宁人民出版社,2008.

[52] 中共中央党史研究室.中国共产党新时期简史.北京:中共党史出版社,2009.